Hans Hautmann

Marx & Engels Handbuch

Ein Vademekum über ihr Leben & Werk

*Bibliografische Information der Deutschen Nationalbibliothek:
Die Deutsche Nationalbibliothek verzeichnet diese Publikation in der Deutschen National-bibliografie; detaillierte bibliografische Daten sind im Internet über http://dnb.dnb.de abrufbar.*

Globus Verlag, Wien 2018

Covergestaltung & Layout: Globus Verlag
Herstellung: BoD – Books on Demand, Norderstedt

ISBN: 9783950348590

Inhalt

Anhang

Vorwort 2018

Das Jahr 2018 ist in mehrfacher Hinsicht ein besonderes Jahr: Für Österreich ist es ein Zelebrieren der Gründung der ersten Republik im Jahre 1918 einerseits, ein Gedenken an den Anschluss des damals schon austrofaschistischen Landes an Hitler-Deutschland im Jahr 1938 andererseits. Für die *Kommunistische Partei Österreichs* bedeutet es jedoch zusätzlich noch das inzwischen hundertjährige Bestehen der eigenen Partei, sowie den 200. Geburtstag von Karl Marx. Während das eigene Jubiläum mit einem opulenten Bildband sowie einer Feier begangen wird, stellte sich die Frage, wie denn Marxens Geburtstag gefeiert werden sollte. Hier bot es sich an, sich Hans Hautmanns „Vademekum" zuzuwenden. Das Buch erfreute sich zweier Auflagen, zuletzt erschienen 2001 in der *Alfred Klahr Gesellschaft*, und war stets binnen kürzester Zeit vergriffen. Wen mag das auch wundern? Hautmann bot mit seiner Arbeit einen leicht verständlichen und doch weitgreifenden Überblick über das Werk von Marx und Engels, sowie dessen Interpretation und Wirken bis zur russischen Revolution im Jahre 1917 hin. Es war schnell klar, dass hier eine erneute Publikation durch den zur KPÖ gehörenden *Globus-Verlag* zu geschehen hatte. Eine geschichtsträchtige Verbindung: Hans Hautmann als ein aus der ArbeiterInnenbewegung stammender Historiker, Mitarbeiter am *Dokumentationsarchiv des österreichischen Widerstandes* und Sohn des KPÖ-Widerstandskämpfers Rudolf Hautmann, welcher nach dem Krieg Polizeichef Wiens werden sollte. Der Globus-Verlag als 1945 gegründete Publikationsplattform, die der KPÖ zugehörig war und im schnell zum rabiaten Antikommunismus umschlagenden Klima der zweiten Republik, vielen noch unbekannten Autorinnen und Autoren erste Publikationen ermöglichen konnte (notabene: *„Christina Köstner: „Wie das Salz in der Suppe". Der Globus-Verlag. Zur Geschichte eines kommunistischen Verlages"* sowie *„Stefan Maurer, Doris Neumann-Rieser, Günther Stocker: Diskurse des Kalten Krieges: Eine andere österreichische Nachkriegsliteratur"*).

Aufgrund der inhaltlichen Breite des „Vademekums" entschied man sich dazu, den Titel „Marx & Engels Handbuch" voranzustellen. Hautmanns Buch ist genau das: Ein Handbuch, das es EinsteigerInnen einerseits ermöglicht das Werk dieser großen Denker systematisch und chronologisch zu erforschen, andererseits jedoch auch ein Nachschlagewerk für bereits firme KennerInnen. Wie schon in der zweiten Auflage blieb auch hier der Text im Wesentlichen unverändert.

Es bleibt zu hoffen, dass mit vorliegendem Buch - dem Beitrag von KPÖ und Globus-Verlag zum Marx-Jahr - dem steigenden Interesse an Marx, begründet nicht nur durch das Jubiläum sondern zuvorderst wohl durch den erbarmungslos wütenden Kapitalismus, Rechnung getragen werden kann!

Wien, 1. Mai 2018
Christian Kaserer für den Globus-Verlag

Vorwort zur Neuausgabe (2001)

Die Erstausgabe dieser Monographie, erschienen 1999 unter dem Titel „Geschichte des Marxismus 1841 – 1895“, hat ein positives Echo gefunden und ist bereits vergriffen. Da weiterhin Nachfrage besteht und sich auch die Möglichkeit ergab, die Schrift in einem handlicheren Buchformat herauszugeben, hat der Autor diese Gelegenheit gerne und dankbar benützt. Der Text ist gegenüber der Erstausgabe unverändert, jedoch in die neue Rechtschreibung übertragen. Druckfehler wurden korrigiert.

Linz, im Dezember 2001
Hans Hautmann

Vorwort zur Erstausgabe (1999)

Die vorliegende Darstellung ist eine überarbeitete Fassung der beiden Vorlesungen, die der Autor im Studienjahr 1998/99 an der Universität Linz gehalten hat. Anliegen der Lehrveranstaltung war, die Entwicklung des Marxismus historisch-genetisch zu behandeln und dabei auf die Stationen der Lebenswege von Karl Marx und Friedrich Engels, auf das gesellschaftliche Umfeld, in dem sie wirkten, vor allem aber auf ihre wichtigsten Schriften inhaltlich einzugehen. Dem entsprach die Gliederung der Vorlesung in zwei Teile: „Geschichte des Marxismus I (1841 - 1867)“, abgehalten im Wintersemester 1998/99 (nunmehrige Kapitel 1 bis 14), und „Geschichte des Marxismus II (1867 - 1895)“, abgehalten im Sommersemester 1999 (nunmehrige Kapitel 15 bis 27). Die Lehrveranstaltung musste darauf Bedacht nehmen, das Thema in einer Art und Weise zu präsentieren, die sich für Hörerinnen und Hörer ohne Voraussetzung von eingehenden Kenntnissen der marxistischen Theorie eignete. Dieses Ziel bestimmt daher auch Inhalt und Form der schriftlichen Fassung. Sie erhebt nicht den Anspruch einer allseitigen, bis in die letzten Tiefen schürfenden Analyse, sondern gibt eine kurz zusammengefasste, möglichst verständliche, überblickshafte Einführung. Vielleicht liegt gerade darin ihr Nutzen für jene, die sich mit dem Marxismus bekannt machen oder sie als Leitfaden zur schnellen Orientierung über bestimmte Fragen benützen wollen.

Von den Quellen her fußt sie auf der im 1. Kapitel angegebenen Literatur über Marx, Engels und ihr Werk. Auf Zitatbelege und Anmerkungen wurde, um die Darstellung nicht zu überfrachten, bewußt verzichtet. Die Passagen aus den Werken und Briefen, die wörtlich zitiert sind, können aber, da im Text zumeist näher beschrieben bzw. mit Briefdatum und Adressaten angegeben, von den daran im Detail Interessierten in der Werkausgabe unschwer gefunden werden. Fettgedruckte Wörter innerhalb der mit Anführungszeichen versehenen Zitate sind Hervorhebungen der Verfasser im Original, die besonders bei Karl Marx häufig vorkommen.

Für die Drucklegung wurden drei kürzere Dokumente sowie eine Anzahl von Schautafeln zu Begriffen der marxistischen politischen Ökonomie beigefügt. Die Schautafeln hat der Autor in Anlehnung an das 1972 im

Dietz-Verlag Berlin erschienene Buch „Politische Ökonomie Kapitalismus. Anschauungsmaterial" mit einem Computerprogramm selbst angefertigt.

Als im Herbst 1989 die Implosion der sozialistischen Staaten Europas stattfand und eine ähnliche Entwicklung auch in der Sowjetunion bereits absehbar war, hat der frühere Sicherheitsberater des US-Präsidenten Jimmy Carter, Zbigniew Brzezinski, ein führender Experte in Sachen Kommunismus-Bekämpfung, in einem Interview als Ursache angegeben, dass das sozialistische Gesellschaftssystem letztlich deshalb zusammengebrochen sei, weil es „der Natur des Menschen widerspricht". Teilt man diesen Standpunkt, dann hat es nie einen Sinn gehabt, Sozialist zu sein; dann war es ein von Anfang an zum Scheitern verurteiltes Unterfangen, eine sozialistische Ordnung zu errichten; dann ist auch der Marxismus eine Lehre, die getrost zum alten Eisen geworfen werden kann. Genau so bekommt man es von den bürgerlichen Vordenkern und den Ideologen der nunmehr neoliberal gewordenen sozialdemokratischen Parteien seit zehn Jahren ständig zu hören.

Sozialistisch-kommunistische Ideen hat es aber schon lange vor der Entstehung des Marxismus gegeben. Sie sind so alt wie die Klassengesellschaft selbst. Offenbar ist also die Sehnsucht nach einer Welt ohne Unterdrückung und Ausbeutung, nach Gleichheit, Solidarität, Kollektivität und friedlich-harmonischem Zusammenwirken ein nicht weniger fester Bestandteil der „menschlichen Natur". Dieses elementare Bedürfnis wird und muss daher auch in Zukunft sozialistische, auf die Überwindung der Klassengesellschaft abzielende Ideen und politische Bewegungen hervorbringen.

Der Marxismus ist die bedeutendste sozialistische Lehre und die einzige, die die Herrschenden ernst nehmen und wirklich fürchten. Es ist ihr traditionell viel schärfer als das der Beherrschten ausgeprägte Klassenbewusstsein, das sie instande setzt, die vom Marxismus ausgehende Bedrohung klar zu erkennen. Das ist auch der Grund, warum sich das Hauptfeuer ihres ideologischen, politischen, militärischen und ökonomischen Arsenals gegen ihn gerichtet hat und gegenwärtig, trotz der augenfällig drastischen Minderung des Einflusses des Marxismus auf das Denken und Handeln der Menschen, nach wie vor richtet. Für alle jene, die sich mit der Wiederherstellung der „Einheit der Welt" auf kapitalistischer Grundlage nicht abfinden wollen und erleben müssen, welche Folgen die „Globalisierung" (nichts anderes als ein beschönigendes Synonym für „Imperialismus heute") für die Arbeiterschaft in den Industriestaaten und die Völker der Entwicklungsländer nach sich zieht, muss gerade dieses Bombardement auf den Marxismus Anlass sein, auf seinen Boden zurückzukehren und von der Warte seiner Erkenntnisse her den Kampf für eine sozialistische Perspektive erneut aufzunehmen.

Das von Marx und Engels entwickelte Denken war eine geistige Revolution in der Philosophie, Politökonomie, Gesellschafts- und Geschichtstheorie. Da es die Einheit von Theorie und

Praxis verfocht, auf Eingreifen in die Praxis abzielte und sich an jene soziale Bewegung wandte, die der industrielle Kapitalismus selbst hervorgebracht hatte, an die Arbeiterbewegung, nahm die Wirkung des Marxismus in dem Maße zu, in dem die Arbeiterklasse quantitativ wuchs und zum Bewusstsein ihrer eigenen Lage gelangte. Der Marxismus wurde zu einer Weltbewegung, die die Geschichte des späten 19. Jahrhunderts und das ganze 20. Jahrhundert tiefgehend, allumfassend prägte.

Manche der Erkenntnisse von Marx und Engels wurden von den bürgerlichen Sozialwissenschaften rezipiert und sind heute zu einem selbstverständlichen Allgemeingut geworden: dass z.B. Denkweisen aus gesellschaftlichen Bedingungen zu erklären sind, dass soziale Strukturen bestimmte Interessen und politische Mentalitäten erzeugen, oder dass die Gesellschaft ein Ensemble von ökonomischen, politischen, kulturellen und ideologischen Gegebenheiten darstellt. Was jedoch keinesfalls akzeptiert werden konnte, war erstens die Marxsche Wert- und Mehrwertlehre, auf deren Grundlage man unweigerlich zur Erkenntnis der Ungerechtigkeit der kapitalistischen Ordnung kommen muss, zweitens die materialistische Auffassung der Gesellschaft, die Lehre von Basis und Überbau, und drittens die Geschichtstheorie, die Lehre von der Aufeinanderfolge der Gesellschaftsformationen, weil sie die historische Begrenztheit auch des Kapitalismus postuliert. Die imposante Geschlossenheit des Marxismus als in sich logischer Weltanschauung hatte jedoch auch ihre Gefahren. Nicht wenige, die auf der Seite der Arbeiterbewegung standen und sich als Marxisten betrachteten, konnten der Versuchung nicht widerstehen, ihn als fertiges Rezept aufzufassen, das auf alle auftretenden Probleme schon von vornherein die richtige Antwort enthielt, als ein System von Lehrsätzen, das nur noch der Auslegung bedurfte. Dort, wo der Marxismus zur Staatsideologie wurde, sank er in manchen Fällen - je länger an der Macht, desto stärker - zur bloßen Zitatologie herab. Dagegen haben Marx und Engels immer wieder sehr eindringlich betont und in ihren eigenen Arbeiten auch praktisch demonstriert, dass es ein ein für allemal fertiges Schema nicht geben kann, dass der Marxismus „kein Dogma, sondern eine Anleitung zum Handeln" ist. Da die Welt sich ständig verändert, kann auch marxistische Wissenschaft nur als Prozess begriffen werden, der zu tieferer und umfassenderer Erkenntnis der Wirklichkeit voranschreitet.

Es liegt auf der Hand, dass viele Aussagen von Marx und Engels über ethnologische und geschichtliche, über biologische und physikalische Sachverhalte inzwischen durch neuere Forschungen überholt sind. Und auf eine ganze Reihe von Problemen findet sich bei beiden überhaupt keine oder nur eine grob skizzierte Antwort, weil diese Probleme zu ihren Lebzeiten noch nicht existierten oder sie nicht die Möglichkeit fanden, ihnen forschend nachzugehen. Kritisch angeeignet und schöpferisch angewandt, hat sich jedoch der wissenschaftliche Marxismus als außerordentlich fruchtbar erwiesen und die Erkenntnis geschichtlicher Prozesse wie das Entstehen der beiden Weltkriege sowie ökonomischer Entwicklungen wie den Imperialismus, die Wirtschaftskrisen und die Verelendung in der Dritten Welt in entscheidender Weise bereichert. Dass gegen die Verbreitung dieser Einsichten vom Großkapital ein ständiger, nie nachlassender Kampf geführt wird, hat seinen Grund in eben jenen sozialen Strukturen und Interessen, die Marx und Engels zum ersten Mal wissenschaftlich durchleuchtet haben.

Darin lagen, kurz gesagt, die Motive, die den Gefertigten bewogen, eine zweisemestrige Vorlesung über die Geschichte des Marxismus anzubieten. Das erfreuliche Interesse, auf das sie stieß, und der von vielen schon bald geäußerte Wunsch, sie in schriftlicher Form in Händen zu haben, zeigt, dass ähnliche Gedanken auch in den Köpfen anderer kreisen, bei jungen Menschen, die, sozial engagiert und den heutigen Zuständen kritisch entgegentretend, den Marxismus kennenlernen wollen. Vor allem ihnen ist diese Darstellung gewidmet.

Linz, im Juli 1999
Hans Hautmann

1. Kapitel: Einführung; Nachlass von Marx und Engels, Werkausgaben, Literatur zum Thema; Herkunft und Jugend von Marx und Engels

Der Marxismus war ein Wendepunkt in der Entwicklung des gesellschaftlichen Denkens. Er entstand an der Nahtstelle mehrerer Wissenschaften und ideologischer Strömungen: der Philosophie, der Geschichtswissenschaft, der Nationalökonomie, der sozialistischen und kommunistischen Lehren und der Naturwissenschaften. In der neuen Lehre fassten ihre Begründer, Marx und Engels, die wichtigsten Erkenntnisse des progressiven wissenschaftlichen Denkens zusammen, wie sie anfangs der vierziger Jahre des 19. Jahrhunderts vorlagen und zu ihren Lebzeiten noch entdeckt wurden. Dazu gehörten die klassische deutsche Philosophie, insbesondere die dialektische Methode Hegels; die Schriften Ludwig Feuerbachs, insbesondere dessen materialistische Beantwortung der Grundfrage der Philosophie; die englische klassische politische Ökonomie, insbesondere die Arbeitswerttheorie von Smith und Ricardo; die großen utopischen Sozialisten Saint-Simon, Fourier und Owen, insbesondere deren Idee der Beseitigung des Privateigentums; und die bürgerlichen französischen Historiker der Restaurationszeit (Guizot, Thierry, Mignet, Thiers), insbesondere deren Beschreibung der Klassen und des Klassenkampfes. Später kamen noch wissenschaftliche Erkenntnisse hinzu wie die Erforschung der Urgesellschaft durch den Amerikaner Lewis Morgan, die Zelltheorie Schleidens und Schwanns, die Entdeckung des Energieprinzips durch Mayer, Joule und Helmholtz sowie die Entwicklungslehre Charles Darwins.

Alle diese Ergebnisse wurden von Marx und Engels nicht einfach übernommen und zusammenkompiliert, sondern schöpferisch verarbeitet und zu einer Synthese zusammengefasst. Dabei machten sie eine Reihe einzigartiger, noch nicht dagewesener Entdeckungen, in deren Ergebnis eine prinzipiell neue, in sich geschlossene Weltanschauung entstand.

Man spricht vom Marxismus, obwohl an der Ausarbeitung dieser Lehre zwei Personen, Marx und Engels, beteiligt waren. Dass diese Lehre nicht „Marxismus-Engelsismus" heißt, hat seine guten Gründe, über die Engels selbst an mehreren Stellen seiner Schriften Ausführungen gemacht hat. Zitiert sei hier die wohl bekannteste Passage aus seiner Feuerbach-Schrift aus dem Jahr 1886. Es heißt da:

> „Dass ich vor und während meinem vierzigjährigen Zusammenwirken mit Marx sowohl an der Begründung wie namentlich an der Ausarbeitung der Theorie einen gewissen selbständigen Anteil hatte, kann ich selbst nicht leugnen. Aber der größte Teil der leitenden Grundgedanken, besonders auf ökonomischem und geschichtlichem Gebiet, und speziell ihre schließliche scharfe Fassung, gehört Marx. Was ich beigetragen, das konnte - allenfalls ein paar Spezialfächer ausgenommen - Marx auch wohl ohne mich fertigbringen. Was Marx geleistet,

> hätte ich nicht fertiggebracht. Marx stand höher, sah weiter, überblickte mehr und rascher als wir andern alle. Marx war ein Genie, wir andern höchstens Talente. Ohne ihn wäre die Theorie heute bei weitem nicht das, was sie ist. Sie trägt daher auch mit Recht seinen Namen.“

Jedoch wird man sich den Marxismus nicht wirklich aneignen können, wenn man nicht auch die Schriften von Engels kennt. Ihm ist immer wieder der Vorwurf gemacht worden, dass er die Gedanken von Marx gar zu sehr simplifiziert, ja sogar vulgarisiert habe. Das ist falsch und eine Kritik, die stets aus der Ecke derer kam, die als vom realen Leben abgehobene Intellektuelle agierten. Engels, als Einzelner betrachtet eine der bedeutendsten Gestalten der deutschen Geistesgeschichte, hat verständlich geschrieben - etwas, was man von Marx nicht immer behaupten kann. Namentlich das „Kapital“ und seine Vorarbeiten sind eine schwierige Lektüre, die vom Leser eine hartes Stück geistiger Arbeit erfordert. Engels’ Schriften sind im besten Sinne des Wortes populär gehalten, ohne jemals flach zu sein, immer anregend und durchwegs mit Genuss zu lesen. Für den Einstieg eines Anfängers in den Marxismus eignen sie sich hervorragend und oft besser als einige der Werke von Marx.

Der Nachlass von Marx und Engels

Marx hat über seinen Nachlass nichts Schriftliches testamentarischer Art verfügt, sondern kurz vor seinem Tod mündlich Engels und seine jüngste Tochter Eleanor mit dessen Sicherung beauftragt. Engels hat für die Sichtung ein ganzes Jahr benötigt, denn neben den Büchern und Manuskripten im Arbeitsraum von Marx wartete noch ein ganzer Dachboden voll von Kisten, Paketen und Büchern. Am 25. März 1884 waren endlich alle Teile des schriftlichen Marx-Nachlasses - Manuskripte und Briefe - in sechs große Kisten verpackt, die fortan in der Dachkammer des Hauses von Engels deponiert waren. Darin befanden sich auch die Entwürfe für den zweiten und dritten Band des „Kapital“, deren Herausgabe die Haupttätigkeit von Engels in den achtziger und neunziger Jahren war. Die Marxsche Bibliothek wurde auf verschiedene Personen aufgeteilt; ihren wissenschaftlichen und politischen Kern übernahm aber ebenfalls Engels und verschmolz sie mit seiner Bibliothek.

Beim Tod von Engels 1895 waren hingegen von seiner Seite detaillierte testamentarische Bestimmungen vorhanden. Sie liefen darauf hinaus, die *„Papiere in der Handschrift* von Karl Marx“ Eleanor Marx-Aveling zu überantworten, wobei der zweiten lebenden Tochter, Laura Lafargue, ein volles Mitspracherecht eingeräumt wurde. Alle Engelsschen Manuskripte und Briefe sowie der gesamte Marx/Engels-Briefwechsel sollten August Bebel und Eduard Bernstein von der deutschen Sozialdemokratie übergeben werden. Dadurch wurden die beiden harmonisch zusammengehörigen Nachlässe auseinander gerissen. Zwar scheint Engels zunächst vorgeschwebt zu sein, die Einheit des Marx/Engels-Nachlasses zu wahren; doch sah er sich in diesem

Punkt immer der vereinigten Front der beiden Marx-Töchter gegenüber. Eleanor Marx-Aveling bestand sogar darauf, den Marx/Engels-Briefwechsel auseinander zu reißen, doch setzte sich Engels in dieser Teilfrage durch.

So wurde schließlich nach Engels' Tod dessen literarischer Nachlass in mehrere Kisten verpackt, deren Überwachung zunächst Bebel übernahm. Auf seine Anordnung wurden sie längere Zeit in den Räumen des Parteiarchivs der deutschen Sozialdemokratie aufbewahrt. Nach Bebels Tod im Jahr 1913 überführte man sie in die Wohnung Eduard Bernsteins und vertraute sie seiner Obhut an.

Nach Bernsteins Tod im Jahr 1932 kamen die Nachlassmaterialien für wenige Monate erneut ins Parteiarchiv der SPD, um dann noch rechtzeitig vor dem Zugriff der Nationalsozialisten im Juni 1933 sichergestellt und ins Ausland gerettet zu werden. 1935 verkaufte der Prager Partei- vorstand der SPD den gesamten Nachlass an das „Internationale Institut für Sozialgeschichte“ in Amsterdam, das ihn rechtzeitig (1939) nach London überführte und so sicher über den Zweiten Weltkrieg und die Zeit der deutschen Besetzung der Niederlande brachte. Das IIFS in Amsterdam verwahrt diesen Nachlass bis heute.

Der „handschriftliche“ Marx-Nachlass wurde - wie gesagt - 1895 zwischen Eleanor Marx-Aveling und Laura Lafague aufgeteilt und nach dem Tode Eleanors (1898) von Laura Lafargue zu einem sorgsam gepflegten Marx-Archiv erweitert. Dieses Archiv nahm im Wohnhaus der Lafargues in Frankreich ein ganzes Zimmer ein, und zahlreiche Marx/Engels-Forscher wie Franz Mehring, David Rjasanow und Gustav Mayer benutzen es mit Gewinn. Leider wurde dieses Marx-Archiv nach dem Freitod der Lafargues 1912 von deren Erben nicht mit der gleichen Aufmerksamkeit erhalten.

So kommt es, dass der Marx/Engels-Nachlass heute in mehrere Teile auseinander gerissen ist. Der Hauptteil liegt in Amsterdam. Die einzige Stelle der Welt aber, die einen Überblick über alle existierenden Dokumente und Materialien von Marx und Engels besaß, die in jahrzehntelanger unermüdlicher Sammelarbeit alle in Fremdbesitz befindlichen und nicht käuflichen Originale verfilmt und fotokopiert hat und die über den Autographenhandel der kapitalistischen Länder und aus Privathand einen Fundus an Marx/Engels-Originalhandschriften erwerben konnte, der einmalig dasteht, war das zentrale Parteiarchiv des Instituts für Marxismus-Leninismus beim ZK der KPdSU (früher „Marx-Engels-Institut“) in Moskau. Lenin hatte bereits im Jahr 1920 Anweisung gegeben, mit dieser aufwendigen archivalischen Dokumentationstätigkeit zu beginnen.

Aufgrund dieser Tatsachen ist es verständlich, dass allein das Marx-Engels-Institut in Moskau dazu befähigt war, die zwei großen Ausgaben - einerseits die „Werke“, andererseits die „Marx-Engels-Gesamtausgabe“ (MEGA) - herauszugeben.

Werkausgaben

Die erste Ausgabe der „Werke" erschien in der zwanziger und dreißiger Jahren in 28 Bänden in russischer Sprache in Moskau. Eine deutsche Edition kam aufgrund der politischen Verhältnisse (Machtübernahme Hitlers) nicht zustande. Die zweite Ausgabe in russischer Sprache erschien seit 1950. Sie wurde ab 1953 vom Institut für Marxismus-Leninismus beim ZK der SED im Dietz-Verlag Berlin in der gleichen Anordnung übernommen und in deutscher Sprache herausgegeben. Bis heute ist sie die vollständigste und wichtigste Werkausgabe und umfasst 39 Bände, mit den Ergänzungsbänden 47 Bände. Sie setzt sich folgendermaßen zusammen:

Bd. 1 - 22: Werke, Schriften, Artikel von 1839 bis 1895

Bd. 23 - 26: die Bände des „Kapital" mit den Bänden 26.1 bis 26.3, beinhaltend die „Theorien über den Mehrwert"

Bd. 27 - 39: Briefe von Marx und Engels sowie Briefe dritter Personen an sie von 1842 bis 1895

Dazu kommen noch acht Ergänzungsbände, und zwar:

Bd. 40: Schriften und Briefe von Karl Marx 1837 - 1844

Ein Band ohne Nummer (Bd. 41): Schriften und Briefe von Friedrich Engels 1839 - 1844

Bd. 42: Die ökonomischen Manuskripte von Karl Marx aus den Jahren 1857/58

Bd. 43: Das ökonomische Manuskript von Karl Marx aus den Jahren 1861 - 1863, Teil 1; der Band erschien in Berlin 1990, der zweite Teilband ist durch das Verschwinden der DDR ausgeblieben.

Weiters liegen noch vier nicht nummerierte Bände vor:

Ein Band mit einem Verzeichnis der Werke, Schriften und Artikel von Marx und Engels in Form eines chronologischen Vergleichsregisters;

ein Band mit einem Verzeichnis der Briefe, Postkarten und Telegramme von Marx und Engels in Form eines chronologischen Vergleichsregisters;

und zwei Bände, enthaltend das Sachregister der Bände 1 bis 39.

Die Edition ist technisch hervorragend, eine wirkliche Großleistung, nicht aber vollständig. Es fehlt die sogenannte „Russland-Schrift" von Marx aus den Jahren 1856/57, die aus politischen Gründen in der Stalin-Ära und auch danach nicht in die Werkausgabe aufgenommen wurde. Warum, wird im 11. Kapitel näher erläutert. Weiters werden bis heute einzelne Briefe von Marx und Engels entdeckt und in Auktionen angeboten, die natürlich ebenfalls fehlen.

Der Versuch, eine darüber hinausgehende historisch-kritische Gesamtausgabe der Werke, Schriften und Briefe von Marx und Engels herauszugeben - mit allen Textvarianten und mit einem umfangreichen wissenschaftlichen Apparat - ist zweimal unternommen worden, beide Male aber ein Torso geblieben.

Die erste MEGA erschien ab 1927

in Frankfurt am Main bzw. in Berlin:

Karl Marx/Friedrich Engels: Historisch-kritische Gesamtausgabe. Werke/Schriften/Briefe. Im Auftrage des Marx-Engels-Instituts Moskau herausgegeben von D. Rjasanow (seit 1931 von V. Adoratski). Geplant waren 42 Bände in drei Abteilungen. Es erschienen:

- *Erste Abteilung: Sämtliche Werke und Schriften mit Ausnahme des „Kapital"*
Bd. 1 - 7: 1835 bis Dezember 1848, Frankfurt am Main bzw. Berlin 1927 - 1932; 2. Auflage Moskau 1933 - 1935
Sonderausgabe zum vierzigsten Todestag von Friedrich Engels: Friedrich Engels, Herrn Eugen Dührings Umwälzung der Wissenschaft. Dialektik der Natur. 1872 - 1882, Moskau-Leningrad 1935

- *Zweite Abteilung: Das „Kapital" mit Vorarbeiten*
Sonderausgabe von Karl Marx' Schrift „Grundrisse der Kritik der Politischen Ökonomie. (Rohentwurf) 1857-1858", Moskau 1939 - 1941; Neuauflage Berlin 1953

- *Dritte Abteilung: Briefwechsel*
Bd. 1 - 4: Der Briefwechsel zwischen Marx und Engels 1844 - 1883, Berlin 1929 - 1931

- *Vierte Abteilung: Generalregister*
(kein Band erschienen).

Ab 1975 wurde ein zweiter Anlauf genommen, die neue MEGA, für deren Herausgabe die beiden Institute für Marxismus-Leninismus in Moskau und Berlin verantwortlich zeichneten. Sie war auf etwa 100 Bände geplant. Erschienen sind 47 Bände (bzw.Teilbände), und mit der „Wende" in der DDR 1989 und dem Verschwinden der Sowjetunion 1991 war Schluss. Derzeit laufen Bemühungen des Amsterdamer Instituts, die neue MEGA fortzuführen, was sehr schwierig sein wird und - wenn es gelingt - noch eine Arbeit für Jahrzehnte sein wird. Die neue MEGA sollte aus vier Abteilungen sowie Sonderbänden bestehen:

Erste Abteilung: Werke, Artikel, Entwürfe

Zweite Abteilung: Das „Kapital" und seine Vorarbeiten

Dritte Abteilung: Briefe

Vierte Abteilung: Exzerpte, Notizen, Marginalien

Die Sonderbände sollten sogenannte Lebenszeugnisse enthalten, biographische Dokumente, zeitgenössische Fotos und Zeichnungen u.a.m.

Die Besonderheit der neuen MEGA ist, dass alle Texte in der Sprache der jeweiligen Originale wiedergegeben werden, dass die gesamte Entwicklung der Texte von der ersten Gedankenskizze bis zur Fassung letzter Hand dokumentiert ist und den Texten ein umfangreicher wissenschaftlicher Kommentar beigefügt ist. Dabei ist jeder Band in den eigentlichen Textteil und den Apparat- und Registerteil getrennt gebunden und dem Leser geliefert worden, um die Benützung zu erleichtern. Was wiederum heißt, dass nicht 100, sondern 200 Bände herausgekommen wären.

Die MEGA ist eine Edition für wissenschaftliche Zwecke und nicht für den Normalleser gedacht. Für seine Ansprüche existiert eine große Anzahl von Ausgaben der Schriften von Marx und Engels, ausgewählte Werke in einem Band, zwei oder sechs Bänden, verschiedene Ausgaben der drei bzw. vier Bände des „Kapital", mehrere Editionen des Briefwechsels von Marx und Engels in vier Bänden, die hier nicht alle aufgezählt werden können.

Literatur über Marx-Engels und ihr Werk (Auswahl)

1) Doppelbiographien

Auguste Cornu, Karl Marx und Friedrich Engels. Leben und Werk, 1. Band 1818 - 1844, Berlin 1954; 2. Band 1844 - 1845, Berlin 1962; 3. Band 1845 - 1846, Berlin 1968
(Diese gründlichste und materialreichste biographische Studie des französischen kommunistischen Historikers ist unvollendet geblieben.)

Heinrich Gemkow, Unser Leben. Eine Biographie über Karl Marx und Friedrich Engels, Berlin 1984
(Arbeit eines DDR-Historikers, für junge Leser gedacht, populär geschrieben, aber für den ersten Einstieg geeignet.)

2) Memoirensammlungen

Mohr und General. Erinnerungen an Marx und Engels, Berlin 1965
(Die wichtigsten dieser sehr aufschlussreichen Erinnerungen von Dritten an Begegnungen mit Marx und Engels stammen von Paul Lafargue, Friedrich Leßner, Wilhelm Liebknecht, August Bebel und Charles Longuet.)

Gespräche mit Marx und Engels, hrsg. von Hans Magnus Enzensberger, zwei Bände, Frankfurt am Main 1973
(Enthält ergänzend auch solche Erinnerungen und Augenzeugenberichte, in denen die beiden schlecht wegkommen, u.a. von Michail Bakunin.)

3) Gesamtdarstellungen des Marxismus

D. (David) Rjazanov, Marx und Engels (nicht nur) für Anfänger. Nachwort von Bernd Rabehl, o.O., o.J.
(Fußend auf Vorträgen, die der bekannte russische Marx-Forscher 1922 in Moskau vor Industriearbeitern hielt, daher einfach geschrieben und leicht lesbar. Im Wert beeinträchtigt durch das gänzliche Ausklammern der Marxschen Politökonomie.)

Ernst Fischer/Franz Marek, Was Marx wirklich sagte, Wien-München-Zürich 1968
(Erschienen im Verlag des Antikommunisten Fritz Molden als hastig verfasste Morgengabe für die Anhänger des „Prager Frühlings". Mehr der Spiegel der politischen Ansichten der Autoren, sodass sich bei der Lektüre nur zu oft die berechtigte Frage erhebt, ob Marx das wirklich gesagt hat.)

Predrag Vranicki, Geschichte des Marxismus, 1. Band, Frankfurt am Main 1972; 2. Band, Frankfurt am Main 1974
(Das Lebenswerk von Marx und Engels wird von dem jugoslawischen Autor, wenngleich etwas umständlich, un-übersichtlich und sich bisweilen in Nebensächlichkeiten verlierend, so doch relativ objektiv dargelegt, trotz seines rechtsrevisionistischen Standpunkts.)

Leszek Kolakowski, Die Hauptströmungen des Marxismus, 3 Bände, München 1977
(Ebenso wie bei Vranicki werden Marx und Engels in dieser Monographie eines polnischen Dissidenten im ersten Band behandelt. Schlecht übersetzt, daher mit vielen sprachlich-stilistischen Mängeln. Nützlich durch die detaillierte historisch-genetische Darstellung der geisteswissenschaftlichen Wurzeln des Marxismus.)

4) Biographien und Schriften über Marx (Auswahl)

John Spargo, Karl Marx. Leben und Werk, New York 1910, deutsche Ausgabe Leipzig 1912
(Die erste seriöse Biographie von einem Amerikaner, heute veraltet.)

W.I.Lenin, Karl Marx
(Ausführlicher Artikel im Lexikon der Gebrüder Granat, erschienen auf russisch 1915, auf deutsch in mehreren Ausgaben seit 1920. Nach wie vor lesenswert.)

Franz Mehring, Karl Marx. Geschichte seines

Lebens, Leipzig 1918
(Große Biographie des bekannten Historikers und Vertreters der Linken in der deutschen Sozialdemokratie.)

Max Beer, Karl Marx. Eine Monographie, Berlin 1918
(Beer, ein mit dem Marxismus sympathisierender deutscher Historiker, konnte damit die Qualität der Mehring-Biographie nicht erreichen.)

Otto Rühle, Karl Marx. Leben und Werk, Hellerau bei Dresden 1928
(Rühle, anfänglich Kommunist, dann aber ein scharfer Kritiker der KPD, stellt darin auch einige negative Seiten in Marx' Leben und Charakter dar.)

Karl Marx. Chronik seines Lebens in Einzeldaten. Zusammengestellt vom Marx-Engels-Lenin-Institut in Moskau, Moskau 1934
(Marx' Leben ist darin fast Tag für Tag akribisch beschrieben.)

Karl Marx in Selbstzeugnissen und Bilddokumenten. Dargestellt von Werner Blumenberg, Reinbek bei Hamburg 1962 = rowohlts monographien Nr. 76
(Erschienen in der bekannten Taschenbuch-Reihe Biographien des Rowohlt-Verlags. Für den Anfang geeignet.)

Arnold Künzli, Karl Marx - eine Psychographie, Wien-Frankfurt am Main-Zürich 1966
(Künzli erklärt Marx und dessen Werk aus seinem jüdischen „Selbsthass" und listet penibel alles auf, was über ihn an Negativem vorgebracht werden kann. Dennoch tut man bei der Beschäftigung mit Marx und dem Marxismus gut daran, dieses gründlich recherchierte Werk zu kennen, weil es Dinge enthält, die in den „offiziellen" Marx-Biographien aus Moskau und Ostberlin fehlen.)

Karl Marx. Eine Biographie, hrsg. vom Institut für Marxismus-Leninismus beim ZK der SED, Berlin 1967
(Als Lehrbuch über Marx' Leben und den Marxismus angelegt.)

Maximilien Rubel, Marx-Chronik. Daten zu Leben und Werk, München 1968
(Ähnlich wie die Moskauer Chronik von 1934, aber mit dem Vorteil des resümierenden inhaltlichen Eingehens auf die Lebensumstände und Schriften von Marx vor dem Hintergrund der zeitgenössischen politischen Ereignisse.)

Karl Marx. Dokumente seines Lebens. Zusammengestellt und erläutert von Manfred Kliem, Leipzig 1970
(Erschienen als Taschenbuch im Reclam-Verlag. Ähnlich, aber weit ausführlicher und qualitativ besser als Blumenberg. Sehr selten, da schon bald nach dem Erscheinen vergriffen und nicht wieder aufgelegt.)

Karl Marx. Biographie, hrsg. vom Institut für Marxismus-Leninismus beim ZK der KPdSU, Berlin 1973
(Unkritisch zum Leben von Marx und seinen persönlichen Schwächen. Wertvoll durch die ausführliche inhaltliche Behandlung seiner Schriften.)

5) Biographien und Schriften über Engels (Auswahl)

Max Adler, Engels als Denker, Berlin 1920
(Knapp gefasste, aber anregende Schrift des bekannten Austromarxisten.)

Gustav Mayer, Friedrich Engels. Eine Biographie, 1. Band, Berlin 1920; 2. Band, Den Haag 1934
(Die ausführlichste und berühmteste Engels-Biographie von einem deutschen linksliberalen Historiker. Ein klassisches Werk.)

Friedrich Engels in Selbstzeugnissen und Bilddokumenten. Dargestellt von Helmut Hirsch, Reinbek bei Hamburg 1969 = rowohlts monographien Nr. 142
(In der gleichen Art wie Blumenberg. Für den ersten Einstieg geeignet.)

Friedrich Engels. Eine Biographie, hrsg. vom Institut für Marxismus-Leninismus beim ZK der SED, Berlin 1970
(Mit allen Stärken und Schwächen der im realen Sozialismus obligaten Sichtweise.)

Friedrich Engels. Sein Leben und Wirken, hrsg.

vom Institut für Marxismus-Leninismus beim ZK der KPdSU, Moskau 1973
(Ähnlich, aber konziser und übersichtlicher.)

Friedrich Engels. Dokumente seines Lebens, Leipzig 1977
(Erschienen als Taschenbuch im Reclam-Verlag. In der Art wie Hirsch, aber weit umfangreicher. Eine der besten Veröffentlichungen über Engels und sein Werk.)

Wie soll man als Neuling, der die Gedankenwelt von Marx und Engels in ihren eigenen Schriften kennen lernen will, vorgehen? Lieber nicht mit dem schwierigsten und anspruchvollsten Werk, dem „Kapital“, das erst am Ende der Lektüre stehen sollte. Am geeignetsten für den Einstieg ist zuallererst das „Manifest der Kommunistischen Partei“, eine Schrift von 23 Seiten. Dann die drei Schriften von Engels „Die Entwicklung des Sozialismus von der Utopie zur Wissenschaft“, „Ludwig Feuerbach und der Ausgang der klassischen deutschen Philosophie“ sowie der „Anti-Dühring“, der gewissermaßen ein Handbuch der drei Teile des Marxismus darstellt. Danach die Schriften von Marx „Der achtzehnte Brumaire des Louis Bonaparte“, „Lohnarbeit und Kapital“, „Lohn, Preis und Profit“ und die „Kritik des Gothaer Programms“. Hat man durch die Lektüre dieser Werke eine Grundlage gewonnen, kann man dann zu den anderen übergehen, insbesondere zum 1. Band des „Kapital“.

Herkunft und Jugend von Karl Marx (1818 - 1838)

Karl Marx wurde am 5. Mai 1818 in Trier als Sohn des Rechtsanwalts Heinrich Marx und seiner Frau, geb. Henriette Preßburg (bzw. „Pressborck“), die aus den Niederlanden stammte, geboren. Beide Elternteile waren jüdischer Herkunft, beide entstammten Rabbinerfamilien.

Trier und das Rheinland, wo Marx seine Kindheit und Jugend verlebte, war damals der ökonomisch und politisch am weitesten entwickelte Teil Deutschlands. Mehr als in anderen deutschen Ländern hatte sich dort die bürgerliche französische Revolution von 1789 ausgewirkt. Im Rheinland spielten sich militärische Aktionen revolutionärer Heere ab, gab es Bauernaufstände, Aktionen deutscher Demokraten, die für die Jakobinerideen der Freiheit, Gleichheit und Brüderlichkeit eintraten. Das linke Rheinufer wurde nach den Siegen der französischen Revolutionsarmeen an die Republik Frankreich und an das spätere Napoleonische Kaiserreich angegliedert. Das heißt: Das Gebiet von Trier war von 1794 bis 1814 ein Teil Frankreichs und der Vater von Marx französischer Staatsbürger. In dieser Zeit wurden im linksrheinischen Territorium die feudalen Verhältnisse im wesentlichen beseitigt: Großgrundbesitz und kirchlicher Landbesitz waren aufgehoben, die Ständeprivilegien abgeschafft, Geschworenengerichte eingeführt, in Kraft war der bürgerliche Code Napoleon.

Nach dem Wiener Kongress von 1815 fiel ein großer Teil des Rheinlandes, darunter auch Trier, an das Königreich Preußen. Es entstand die Rheinprovinz innerhalb dieses - neben Österreich - größten deutschen Staates, in dem eine feudalabsolutistische Ordnung herrschte und wo das preußische Militär und die Bürokratie wie ein Eroberer auf besetztem Gebiet agierte. Das führte dazu, dass die rheinische Bourgeoisie sich reserviert und mehr und mehr oppositionell zum preußischen Regime verhielt. Es war kein Zufall, dass die kühnsten und kritischsten Geister des damaligen Deutschland aus dem Rheinland kamen, neben Marx und Engels auch Heinrich Heine und Ludwig Börne.

Die Stadt Trier, am Ufer der Mosel gelegen, hatte damals 15.000 Einwohner. Trier ist eine der ältesten und ehrwürdigsten deutschen Städte. Unter Kaiser Augustus 15 v.Chr. als „Augusta Treverorum" und Militärgarnisonsstandort gegründet, war es im 3. Jahrhundert sogar zeitweilig Residenz der römischen Kaiser und später Hauptstadt einer der vier Präfekturen des Reiches. Bis heute gibt es in Trier Baureste dieser glanzvollen Vergangenheit, ein Amphitheater für 30.000 Zuschauer und die berühmte „Porta Nigra", ein Stadttor. Trier war seit dem 10. Jahrhundert Sitz eines Erzbischofs und geistliches Fürstentum. Der Erzbischof von Trier war einer der sieben Kurfürsten der Heiligen römischen Reiches deutscher Nation, die den Kaiser wählten.

Marx' Vater Heinrich Marx war ein vielseitig gebildeter Mensch. Er kannte ausgezeichnet die Schriften der französischen Denker und Aufklärer des 18. Jahrhunderts, von Rousseau und Voltaire. Auch mit den Werken von Locke, Leibniz und Lessing war er vertraut. Als Advokat am Oberappellationsgericht genoss er bei seinen Kollegen hohes Ansehen. Die politischen Ansichten von Heinrich Marx waren keineswegs radikal, sondern bewegten sich im Rahmen eines gemäßigten Liberalismus. Aber allein schon das machte die preußischen Behörden argwöhnisch. Nachdem er sich am 18. Jänner 1834 auf einem Bankett im Trierer Kasino für eine Repräsentativordnung ausgesprochen hatte, begann sich die Polizei für ihn zu interessieren. Konsequenzen hatte der Vorfall aber nicht.

Heinrich Marx hing den Ideen der Aufklärung an und war ziemlich freidenkerisch in Fragen der Religion, obwohl er einer Rabbinerfamilie entstammte. Glaubensbekenntnis und orthodoxe Dogmen waren ihm recht gleichgültig. Kurz bevor Karl geboren wurde, im Jahr 1816, trat er vom Judentum zur evangelischen Kirche über und ließ sich taufen. Die Motive hingen mit der Sorge um seine berufliche Existenz zusammen. Unter Napoleon wurden 1808 antijüdische Gesetze verabschiedet, nach denen Juden einer Reihe freier Berufe nicht ausüben durften, wohl aber im Staatsdienst tätig sein konnten. In Preußen, seit 1815 Souverän im Trierer Gebiet, war es genau umgekehrt, was bedeutet hätte, die Advokatenstelle am Oberappellationsgericht zu verlieren. Auch dass er sich evangelisch und nicht katholisch im erzkatholischen Trier taufen ließ, das in Preußen mehrheitlich dominierende Bekenntnis annahm, deutet darauf hin.

Im Jahr 1824 ließ er seine Kinder, darunter Karl - er war der Zweitgeborene und damals sechs Jahre alt - evangelisch taufen. 1826 folgte als letzte seine Ehefrau. Daraus lässt sich schließen, dass es von Seiten der Ehefrau Widerstände gab und sie offenbar beim jüdischen Glauben bleiben wollte.

Marx' Mutter Henriette Preßburg stammte aus den Niederlanden. Als Mutter von neun Kindern ging sie ganz im Haushalt auf. Ihr geistiger Horizont war begrenzt. Zu einem Vertrauten, wie es Marx der Vater war, wurde sie dem Sohne nicht. Mehr noch: das Verhältnis zwischen Karl und ihr blieb zeit ihres Lebens gespannt und kühl.

Karl Marx hatte drei Brüder und fünf Schwestern; die Brüder starben früh, und nur drei Schwestern überlebten ihn. Engeren Kontakt zu ihnen pflegte er nicht. Karl war der Liebling der Familie. Lebhafter Geist, Erfindungsgabe beim Spielen, die Kunst, allerlei phantastische Geschichten und Märchen nachzuerzählen oder frei zu erfinden, machten ihn zum Mittelpunkt im Kreis der Spielgefährten.

Im Jahr 1830, mit zwölf Jahren, kam Marx ins Trierer Gymnasium. Er lernte gut, wenn auch ohne überragende Zensuren. Seine Stärken zeigten sich, wenn es auf schöpferische Selbständigkeit ankam. Am Gymnasium eignete er sich die soliden Kenntnisse an, auf die er sich später stützen konnte, namentlich in Latein, Griechisch und Mathematik. (Marx hat einmal im Jahr „zur Entspannung" die Dramen des Äschylus im altgriechischen Text gelesen; in Situationen äußerster psychischer Belastung setzte er sich hin und beschäftigte sich mit höherer Mathematik.) Schon damals zeigte sich bei ihm im Verhältnis zu seinen Schulkameraden eine Eigenschaft, seine Spottlust. Er war wegen seiner scharfen Zunge bei den anderen gefürchtet und verfasste satirische Gedichte über Lehrer und Klassenkameraden.

1833 wurden im Trierer Gymnasium verbotene Schriften und regierungsfeindliche Gedichte gefunden. Ob sie von Marx stammten, weiß man nicht. Einer seiner Mitschüler wurde aber deswegen sogar verhaftet.

Marx' damalige Einstellung kommt treffend in seinem Abituraufsatz zutage, den er im August 1835 zum Thema „Betrachtungen eines Jünglings bei der Wahl eines Berufes" schrieb und der durch Zufall erhalten geblieben ist (mit denen seiner Klassenkollegen; verglichen mit ihnen steht Marx' Aufsatz stilistisch und gedanklich turmhoch darüber.) Darin meinte der 17jährige Marx, dass man einen Beruf wählen müsse, der die größten Möglichkeiten biete, für die Menschheit zu wirken. Er schrieb, dass diese Wahl nicht leicht sei. Man könne nicht immer den Stand ergreifen, zu dem man sich berufen glaubt, denn „unsere Verhältnisse in der Gesellschaft haben einigermaßen schon begonnen, ehe wir sie zu bestimmen imstande sind" - eine erste versteckte Kritik am sozialen Status quo. Gleichzeitig forderte er in seinem Aufsatz, dass sich der Mensch nicht rein egoistisch verhalten dürfe, sondern Mittel und Wege finden müsse, um seiner Mitwelt zu dienen. „Wenn er nur für sich schafft, kann er wohl ein berühmter Gelehrter, ein großer Weiser, ein ausgezeichneter Dichter, aber nie ein vollendeter, wahrhaft großer Mensch sein.

Im Oktober 1835 ließ sich Marx an der Universität Bonn immatrikulieren, um Rechtswissenschaft zu studieren. Er widmete sich dem Jus-Studium anfänglich mit Feuereifer, belegte zahlreiche Vorlesungen und kaufte sich eine Menge Bücher, vor allem zur Geschichte. Wie so viele junge Menschen mit reger Phantasie und Schaffensdrang versuchte auch er sich in der schönen Literatur; er schrieb Gedichte und nahm an einem poetischen Zirkel an der Universität teil.

Das übliche Studentenleben scheint er auch genossen zu haben: 1836 verwickelte er sich in Schulden, zu deren Deckung ihm sein Vater Geld schicken musste (das Nicht-Umgehen-Können mit Geld blieb eine Schwäche von Marx), und im Juni 1836 wurde er wegen „nächtlichen Lärmens und Trunkenheit“ vom Universitätsdekan zu einer eintägigen Karzerstrafe verurteilt.

In Bonn studierte Marx nur zwei Semester, denn sein Vater riet ihm, seine Studien in Berlin fortzusetzen, wo bedeutende Rechtswissenschaftler lehrten.

Vor seiner Abreise nach Berlin verbrachte Marx die Sommerferien des Jahres 1836 zu Hause. In dieser Zeit verlobte er sich heimlich mit Jenny von Westphalen, seiner Freundin aus der Kindheit. Sie war vier Jahre älter als er und die Tochter des Geheimen Regierungsrats Ludwig von Westphalen, also aristokratischer Herkunft. Jennys Vater war jedoch nicht arrogant wie manch andere seinesgleichen, zum Beispiel sein älterer Sohn Ferdinand, Jennys Stiefbruder, der es später bis zum preußischen Minister brachte. Ludwig von Westphalen war mit dem Bürger und konvertierten Juden Heinrich Marx befreundet und mochte auch dessen Sohn gut leiden. Von Ludwig von Westphalen erfuhr der junge Marx zum ersten Mal etwas über die Lehren des utopischen Sozialisten Saint-Simon. Karl Marx brachte dem Trierer Geheimen Regierungsrat größte Sympathie entgegen, hielt ihn für einen seiner Mentoren und widmete ihm später die Doktordissertation.

Jenny von Westphalen war klug, gebildet und hatte den Ruf, das schönste Mädchen von Trier zu sein. Sie beschloss ohne Zögern, ihr Leben mit dem des jungen Studenten aus einer weniger begüterten und nichtadeligen Familie zu verbinden, nachdem sie viele glänzende, standesgemäße „Partien“ ausgeschlagen hatte.

Jenny von Westphalen hat im Leben und Wirken von Marx als Wissenschaftler und Revolutionär eine außerordentlich wichtige Rolle gespielt, auf die noch mehrmals zu sprechen kommen sein wird. Sie ließ ihren Verwandten lange nichts von ihrer Verlobung mit Marx wissen, denn es war zu befürchten, dass sie gegen die Heirat sein würden. Gegen ihre aristokratische Verwandtschaft musste sie einem langen und schweren Kampf durchfechten, um sich mit Marx verbinden zu können. Erst sieben Jahre nach der Verlobung, 1842, konnten Marx und Jenny heiraten. Bis dahin hatte sich viel verändert: 1838 verstarb Heinrich Marx, der Karls Wahl auf das wärmste begrüßt hatte; 1842 starb Ludwig von Westphalen, der Karl wie seinen Sohn behandelt hatte.

Im Oktober 1836 fuhr Marx nach Berlin und ließ sich an der Juridischen Fakultät der dortigen Universität immatrikulieren. In der Hauptstadt des Königreiches Preußen lernte er die großen Widersprüche der damaligen deutschen Wirklichkeit näher kennen - die Junkerherrschaft, die politische Benachteiligung der Bourgeoisie, die Not der Volksmassen. An der Universität Berlin lehrten damals viele namhafte Wissenschaftler. Einige Jahre zuvor, bis zu seinem Tod 1831, hatte den Lehrstuhl für Philosophie Georg Friedrich Wilhelm Hegel innegehabt; an der Juridischen Fakultät wirkte Eduard Gans, ein bedeutender, fortschrittlich gesinnter Jurist.

Marx verbrachte in Berlin fünf Jahre, die eine für seine geistige Entwicklung bedeutungsvolle Zeit waren. Er belegte Vorlesungen über Kriminalrecht, über Geschichte des römischen Rechts und andere juristische Themen. Schon im ersten Berliner Semester arbeitete er einen ganzen Berg an Fachliteratur durch, vornehmlich Quellenwerke, und fertigte umfangreiche Auszüge an. (Das Anlegen von Exzerpten und Konspekten gelesener Bücher blieb für Marx' Arbeitsmethode charakteristisch.) Das Gelesene übernahm er nie unbesehen. Stets bemühte er sich, einen eigenen Standpunkt zu finden.

Vor allem aber fühlte Marx, wie er in einem Brief an den Vater schrieb, „den Drang, mit der Philosophie zu ringen". Er suchte nach einem festen weltanschaulichen Standpunkt, einer verlässlichen Grundlage für seine wissenschaftliche Arbeit wie auch für seine politischen Auffassungen. Er machte sich die Sache nicht leicht und studierte die deutschen Philosophen Immanuel Kant und Johann Gottlieb Fichte, las die Werke von Voltaire und Jean-Jacques Rousseau. Die anstrengenden Studien - oft saß er bei Kerzenlicht bis in den frühen Morgen über den Büchern - drohten seine Gesundheit zu untergraben. Sie war auch in der Folgezeit nicht sehr stabil (Marx litt fast sein ganzes Leben an schmerzhaften körperlichen Beschwerden), so dass er vom Militärdienst befreit werden musste. Dabei dürften Ärzte mit entsprechenden „Attesten" mitgewirkt haben, denn Marx war nicht der Typ, der es schätzte, herausgebrüllten Befehlen von Ausbildnern im Kasernenhof willig zu folgen. Ein Arzt riet Marx, den Sommer auf dem Land zu verbringen. So zog der Student im Frühjahr 1837 vor die Tore der Stadt nach Stralau (Stralow) und quartierte sich dort ein.

In Stralau fand Marx im Sommer 1839 eine ihn zunächst befriedigende Antwort auf die Frage nach dem Sinn und Weg der Menschheitsgeschichte. Er „entdeckte" Hegel. Dessen Versuch, in der Geschichte einen inneren Zusammenhang und eine notwendige Entwicklung nachzuweisen, faszinierte Marx. Und schon bald erkannte der das Wesentliche, das Revolutionäre in der Philosophie Hegels: die Methode seines Denkens, die Dialektik.

Marx eignete sich die Philosophie Hegels nicht allein in der Studierstube an. Im

Sommer fand sich an den Sonntagen in Stralau mitunter ein Kreis junger Intellektueller ein. Sie waren samt und sonders begeisterte Anhänger Hegels. Mehrere von ihnen - so der Philosoph und Religionshistoriker Bruno Bauer oder der Lehrer und Journalist Adolf Rutenberg - hatten bereits promoviert, und so nannte sich dieser diskutierfreudige Kreis kurz und bündig „Doktorklub“. Mit seinen Mitgliedern machte Marx Bekanntschaft, und schon bald wurde er trotz seiner Jugend als gleichwertiger Partner akzeptiert.

Zu dieser Zeit, etwa Anfang 1838, entschloss sich Marx, sich nicht auf den Justizdienst vorzubereiten, sondern Universitätslehrer, möglichst Professor für Philosophie, zu werden. Ohne Begeisterung stimmte der Vater zu, als Marx zu Ostern 1838 nach Hause kam. Es war die letzte Begegnung zwischen beiden, denn am 10. Mai 1838, erst einundsechzigjährig, starb Heinrich Marx. Karl traf dieser Verlust sehr schwer. Bis an sein Lebensende trug er das Bild des Vaters bei sich.

Der „Doktorklub“ wurde Marx bis zum Ende seiner Universitätszeit eine Art geistige Heimat. Er war der Sammelpunkt streitbarer junger Männer, welche die Kritik an der preußisch-reaktionären Ideologie auf ihr Banner geschrieben hatten. Doch soviel auch der Student Marx von seinen älteren Freunden lernte - sein Denken bewegte sich bald in anderen Bahnen. Bei aller Hochachtung vor Hegel wurde Marx nicht zu dessen blinden Anhänger. Immer mächtiger wurde in Marx das Streben, die Philosophie mit der Wirklichkeit zu verbinden. Davon zeugt seine Doktorarbeit, mit der er 1841 sein Studium abschloss.

Damit verlassen wir fürs erste Marx und wenden uns dem anderen Dioskuren zu, Friedrich Engels.

Herkunft und Jugend von Friedrich Engels (1820 - 1842)

Friedrich Engels wurde am 28. November 1820 in Barmen geboren. Seine Vaterstadt, im Tal der Wupper gelegen, grenzte eng an Elberfeld. Die beiden Städte - sie bilden das heutige Wuppertal - gehörten seit dem Wiener Kongress von 1815 zu Preußen. Zur Zeit von Engels’ Geburt zählten sie zusammen 40.000 Einwohner und waren ein wichtiges Zentrum der Textilindustrie in der preußischen Rheinprovinz, das „deutsche Manchester“.

Engels’ Vater, ebenfalls mit Vornamen Friedrich, war ein solcher Textilindustrieller. Er arbeitete zunächst in der Leitung der väterlichen Fabrik Caspar Engels und Söhne, machte sich aber 1837 selbständig und gründete in Manchester - sowie wenige Jahre später in Engelskirchen bei Barmen - zusammen mit verschiedenen Brüdern der Familie Ermen die Baumwollspinnerei Ermen & Engels.

Die Mutter von Friedrich Engels, Elisabeth, geb. van Haar, hatte (wie auch die Mutter von Marx) niederländische Vorfahren und stammte aus einer Akademikerfamilie von Philologen. Wahrscheinlich beruht die ungewöhnliche Sprachbegabung von Engels auf diesem Umstand. (Er beherrschte später zwölf Sprachen in Wort und Schrift und konnte weitere sechs lesen.) Die Mutter war eine hochgebildete Frau, die Musik und Literatur liebte und insbesondere Goethe und sein Werk schätzte. Von 1820 bis 1834 brachte sie acht Kinder zur Welt (vier Söhne und vier Töchter), Friedrich war das erste Kind.

Engels verlebte als Kind begüterter Eltern eine sorgenfreie Jugend. Wie Marx war er ein Bürgersohn, nicht aber ein „Bürgersöhnchen“ - Leute, die auch noch stolz auf diese Herkunft sind und auf Niedrigere mit Verachtung herabblicken. Und „Bürgersohn“ konnte zu dieser Zeit durchaus noch bedeuten, einer historisch progressiven Klasse anzugehören, ja im Kampf gegen die Feudalreaktion zum Revolutionär zu werden, zum bürgerlichen Revolutionär, und in einem weiteren Schritt zum sozialistischen - ein Weg, den Marx und Engels gegangen sind.

Im Unterschied zu Marx' Vater war Engels' Vater zwar weltaufgeschlossen, ein weitgereister Geschäftsmann, politisch aber sehr konservativ. Er achtete auf eine streng religiöse Erziehung der Kinder.

Friedrich Engels besuchte ab 1829 die Stadtschule in Barmen und ab 1834 das Gymnasium im benachbarten Elberfeld, damals weit und breit die beste Lehranstalt. Er sollte dort nach dem Willen des Vaters eine gediegene Ausbildung erhalten, um später zu studieren. Engels war ein ausgezeichneter Schüler, aber kein Stubenhocker. Er betrieb Sport, besonders Schwimmen, lernte Reiten und durchstreifte gern mit Schulfreunden und Geschwistern die Umgebung Barmen-Elberfelds. Was er da beobachten musste, war höchst widersprüchlich. Die Schönheit der Landschaft stand in krassem Gegensatz zu dem Elend, in dem die meisten Wirker und Weber, Färber und Bleicher, ganz zu schweigen von den Tagelöhnern, leben mussten. Viele dieser Ärmsten der Armen, oft ohne Obdach, suchten Vergessen im Branntwein. In den Fabriken Barmen und Elberfelds begegnete Friedrich Hunderten Kindern, die dort für wenige Pfennige arbeiten mussten. Diese Eindrücke, die ihn schon als Jüngling zutiefst empörten, begleiteten ihn sein ganzes Leben.

Eine jähe Wende in seinem Leben trat 1837 ein, als sich der Vater selbständig machte. Von da an ordnete der Vater alle seine Pläne dem Gedeihen seiner Geschäfte unter, auch die Zukunftspläne seiner Kinder. Friedrich sollte sein Nachfolger in der Leitung der Firmen werden, und dazu musste er den Kaufmannsberuf von der Pike auf erlernen - und zwar sofort. Im Herbst 1837, ein Dreivierteljahr vor dem Abitur, nahm der Vater den Sohn vom Elberfelder Gymnasium und steckte ihn als Lehrling in sein Kontor. Friedrich war darüber sehr verbittert, schickte sich aber ins Unvermeidliche und begann, den aufgezwungenen Beruf zu erlernen. Tat er es auch mit Unlust, tat er es doch gründlich. Diese Konsequenz zeigte sich immer wieder in seinem Leben. Und es kam ihm und der Sache, der er sich später verschrieb, sehr zugute, dass er in seinem Beruf ein ausgezeichneter Fachmann wurde.

Die nächste Wende in seinem Leben erfolgte im Juli 1838, als er von seinem

Vater zur weiteren Ausbildung nach Bremen geschickt wurde. Er wurde dort Handelsgehilfe bei der Firma Leupold, die den Überseehandel mit sächsischen Waren besorgte.

Das geistige Leben in Bremen unterschied sich sehr vorteilhaft von dem im Wuppertal. Bremen, eine der vier freien Städte Deutschlands, war damals mit seinen 50.000 Einwohnern der größte Handelshafen und zugleich - Bremerhaven eingeschlossen - der größte Auswandererhafen des Deutschen Bundes. Das weltaufgeschlossene Bremer Bürgertum war gegenüber den Ideen des Liberalismus weit aufnahmebereiter als die strenggläubigen Barmer und Elberfelder Textilfabrikanten. Diese Atmosphäre wirkte sich positiv auf Engels' geistige Entwicklung aus. Wie Marx schrieb er in seiner Freizeit Gedichte. Ausgeprägter waren aber seine journalistischen und literaturkritischen Fähigkeiten, und nicht unbegründet hoffte er in diesen Jahren, dass er trotz der väterlichen Entscheidung einmal als Schriftsteller und Publizist wirken könne. Er begann bereits mit achtzehn Jahren Artikel zu veröffentlichen und wurde schon nach kurzer Zeit ein bekannter fortschrittlicher Publizist.

Mit seiner ersten größeren Arbeit unter dem Pseudonym „Friedrich Oswald" schrieb er sich etwas von der Seele, was ihn schon jahrelang bewegt und bedrückt hatte. Unter dem Titel „Briefe aus dem Wuppertal" enthüllt er in der Zeitung „Telegraph für Deutschland" die menschenunwürdigen sozialen Zustände in seiner Heimat:

„Es herrscht ein schreckliches Elend unter den niedern Klassen, besonders den Fabrikarbeitern im Wuppertal; syphilitische und Brustkrankheiten herrschen in einer Ausdehnung, die kaum zu glauben ist; in Elberfeld allein werden von 2500 schulpflichtigen Kindern 1200 dem Unterricht entzogen und wachsen in den Fabriken auf, bloß damit der Fabrikherr nicht einem Erwachsenen, dessen Stelle sie vertreten, das Doppelte des Lohnes zu geben nötig hat, das er einem Kinde gibt. Die reichen Fabrikanten aber haben ein weites Gewissen."

In dieser Zeit hat er auch die Philosophie Hegels entdeckt und sich für dessen dialektische Denkmethode begeistert. Zwischen 1839 und 1841 veröffentlichte er etwa zwei Dutzend Aufsätze und mehrere Gedichte in verschiedenen deutschen Zeitschriften zu einer Vielzahl von Themen, besonders zur Literatur Goethes, Schillers, Lessings und Herders.

Im März 1841 kehrte er nach erfolgter Praxis als Handelskontorist nach Barmen zurück und begleitete den Vater auf einer Geschäftsreise durch die Schweiz und Norditalien, die für ihn zu einer Bildungsreise wurde.

Ab September 1841 musste Engels seiner Militärdienstpflicht Genüge tun und tat das bei der 12. Gardefußartilleriekompanie in Preußens Hauptstadt Berlin. Aufgrund seiner Gymnasialzeugnisse wurde er als „Einjährig-Freiwilliger" eingestuft, was bedeutete, dass er statt drei Jahre nur ein Jahr zu dienen hatte und nach sechsmonatiger Dienstzeit ein Privatzimmer beziehen durfte. Er eignete sich dabei die militärischen Kenntnisse gründlich an und wurde in seinem späteren Leben ein hervorragender Spezialist für militärische Fragen und Kriegsgeschichte. (Daher sein Spitzname „General", englisch „Dscheneräl" ausgesprochen.)

In der Berliner Zeit besuchte er in seinen freien Stunden Vorlesungen an der Universität und polemisierte in Artikeln gegen den Philosophieprofessor Schelling, der ein Widersacher Hegels war. In Berlin lernte er auch - wie vor ihm Marx - Bruno Bauer kennen und schrieb für die „Rheinische Zeitung" zahlreiche Beiträge, an der bereits Marx als Redakteur wirkte.

Als er im Oktober 1842 Berlin verließ und nach Barmen zurückkehrte, machte er in Köln Station, um Marx kennenzulernen. Der war aber gerade auswärts. Acht Wochen später, als Engels nach England abreiste, unternahm er einen erneuten Versuch, diesmal mit Erfolg. Es war die erste Begegnung zwischen beiden, und sie verlief recht kurz und kühl. Marx war sich nicht sicher, wieweit Engels unter dem Einfluss Bruno Bauers stand, dessen Positionen er mittlerweile kritisierte und ablehnte. Immerhin vereinbarten aber beide, dass Engels für die „Rheinische Zeitung" die Korrespondenz aus England übernehmen solle.

2. Kapitel: Vorläufer und Quellen des Marxismus (deutsche Philosophie, englische Nationalökonomie, utopischer Sozialismus); Marx' Werk „Differenz der demokritischen und epikureischen Naturphilosophie" (Doktordissertation)

Der Marxismus hat drei Bestandteile: den dialektischen Materialismus, die politische Ökonomie und den wissenschaftlichen Sozialismus. Die Quellen und Vorläufer marxistischen Denkens fallen in diese drei Kategorien, gehen aber über diese hinaus und umfassen eine ganze Reihe wissenschaftlicher Erkenntnisse, Ideologien, Gesellschaftsanschauungen und praktischer politischer Erfahrungen. In unserem Rahmen sollen sechs davon behandelt werden: die Philosophie Hegels, die Volkswirtschaftslehre Smith' und Ricardos, der utopische Sozialismus, die französischen „Klassenkampf-Historiker", die Religionskritik von David Friedrich Strauß und Bruno Bauer sowie die ersten Erscheinungen des Kampfes der frühen Arbeiterbewegung.

Hegel

Es wurde schon erwähnt, welch gewaltige und entscheidende Wirkung das philosophische System Hegels auf den jungen Karl Marx und den jungen Friedrich Engels ausgeübt hat.

Georg Wilhelm Friedrich Hegel (1770 - 1831) war der bedeutendste Repräsentant der klassischen bürgerlichen deutschen Philosophie. Er war Universitätsprofessor in Jena, Heidelberg und seit 1818 in Berlin. Mit enzyklopädischem Wissen ausgestattet, schuf er ein philosophisches System des objektiven Idealismus, in dem er den Versuch einer Synthese des gesamten Wissens seiner Zeit unternahm. Seine Hauptwerke sind die „Phänomenologie des Geistes" (1807) und die „Wissenschaft der Logik" (1816). Uns interessiert Hegel hier lediglich unter dem Gesichtspunkt des wichtigsten und vom Marxismus übernommenen Teils seiner Philosophie, der Dialektik, denn in seinen Gesellschaftsauffassungen vertrat er größtenteils konservative Ansichten und verherrlichte den preußischen Junkerstaat.

Hegel war jener Philosoph, der die Grundzüge der Dialektik und der dialektischen Kategorien (Dinge wie Inhalt und Form, Absolutes und Relatives, Abstraktes und Konkretes, Zufall und Notwendigkeit) systematisch ausarbeitete. An einer Stelle seiner Werke schrieb er: „Was überhaupt die Welt bewegt, das ist der Widerspruch", und in der „Phänomenologie des Geistes" begriff er den Menschen als Resultat seiner eigenen Arbeit - wobei er die Arbeit aber idealistisch auf die des Bewusstseins, des Denkens, beschränkte.

Neben dem Widerspruch als Ursache aller Bewegung, Veränderung und Entwicklung (eingegangen in den Marxismus als Gesetz von der Einheit und dem „Kampf" der Gegensätze) beschrieb er zwei weitere Grundzüge der Dialektik, das Umschlagen von quantitativen

Veränderungen in qualitative und die Negation der Negation. Er zeigte, dass in der Dialektik Negieren nicht schlechthin Vernichten, sondern Aufbewahren des Positiven der niederen Entwicklungsstufe in der höheren heißt - „Aufheben" im dreifachen Sinne des Begriffs: als Beseitigen, Bewahren und Auf-Höhere-Stufe-Heben - und Negation der Negation bedeute, dass die Entwicklung spiralartig nach oben verläuft und die höhere Entwicklungsstufe eine scheinbare Rückkehr zum Alten darstelle.

Hegel entdeckte weiters, dass beim Umschlagen von quantitativen Veränderungen in qualitative die Veränderung der Quantität einen gewissen Spielraum hat, innerhalb dessen die alte Qualität erhalten bleibt. An einem bestimmen Knotenpunkt breche die Allmählichkeit ab, und sprungartig („revolutionär") trete die neue Qualität ein.

Ein einfaches und anschauliches Beispiel für das Wirken dieses Gesetzes der Dialektik ist der Übergang des Aggregatzustandes des Wassers in Dampf. Bei 100 Grad Celsius verwandelt sich Wasser in Dampf. Von 0 bis 99 Grad, also beim Anwachsen der Quantität der Temperatur, bleibt der Aggregatzustand des Wassers gleich. Bei 100 Grad schlägt Wasser jedoch in eine neue Qualität um, in Dampf, plötzlich und sprunghaft. Dennoch ist die alte Qualität insofern „aufgehoben" (im Sinne von „bewahrt"), als sich an der chemischen Zusammensetzung H_2O nichts ändert.

In seiner Geschichtsphilosophie stellte Hegel die historische Entwicklung als einen notwendigen und nach inneren Gesetzmäßigkeiten fortschreitenden Prozess dar. Diese Gesetzmäßigkeiten waren für ihn allerdings nur Ausdruck der Entwicklung des „Weltgeistes", der absoluten Idee, zum Selbstbewusstsein.

Das Ungewöhnliche und Geniale am jungen Marx war, dass er diese Gedanken Hegels, die in seinem Werk in mystifizierter Form und in eine dunkle, schwer verständliche Sprache gehüllt verborgen sind, herauszufiltern verstand und aus ihnen eine materialistische Dialektik formte. Marx hat die prinzipielle Einschätzung der Hegelschen Dialektik folgendermaßen ausgedrückt (eine oft zitierte Äußerung von ihm):

> „Meine dialektische Methode ist der Grundlage nach von der Hegelschen nicht nur verschieden, sondern ihr direktes Gegenteil. Für Hegel ist der Denkprozess, den er sogar unter dem Namen Idee in ein selbständiges Subjekt verwandelt, der Demiurg des Wirklichen, das nur seine äußere Erscheinung bildet. Bei mir ist umgekehrt das Ideelle nichts anderes als das im Menschenkopf umgesetzte und übersetzte Materielle... Die Mystifikation, welche die Dialektik in Hegels Händen erleidet, verhindert in keiner Weise, dass er ihre allgemeinen Bewegungsformen zuerst in umfassender und bewusster Weise dargestellt hat. Sie steht bei ihm auf dem Kopf. Man muss sie umstülpen, um den rationellen Kern in der mystischen Hülle zu entdecken."

Neben Hegel hat ein zweiter deutscher Philosoph, Ludwig Feuerbach, eine entscheidende Wirkung auf das Werden der Anschauungen von

Marx und Engels ausgeübt. Darüber jedoch später mehr.

Smith und Ricardo

Die zweite Quelle des Marxismus war die englische politische Ökonomie. Hier ist festzuhalten, dass Marx seine kommunistischen Auffassungen anfänglich allein aus dem Studium der Philosophie und des utopischen Sozialismus gewann und erst später die politische Ökonomie in Angriff nahm, während es bei Engels umgekehrt war. Er drang zum Kommunismus anfänglich von eigenen, praktischen Erfahrungen vor, aus seiner Vertrautheit mit der elenden Lage des Proletariats und aus seinem Beruf, dem ökonomisches Denken eigen sein musste. Er hat sich daher früher als Marx mit volkswirtschaftlichen Fragen beschäftigt.

Einer der Vordenker war Adam Smith (1723 - 1790) mit seinem zweibändigen Hauptwerk aus dem Jahr 1776 „Eine Untersuchung über das Wesen und die Ursache des Reichtums der Nationen". Sein großes Verdienst bestand darin, dass er den Wert der Waren auf die Arbeit zurückführte. Smith erklärte: „Die Arbeit ist der wahre Maßstab des Tauschwertes aller Waren". Dabei unterschied er den Tauschwert ganz eindeutig vom Gebrauchswert und beendete damit die Konfusion in der politischen Ökonomie, die bei seinen Vorgängern immer wieder durch die ungenügende Trennung der beiden Begriffe aufgetreten war. Jedoch war Smith bei seiner Wertbestimmung nicht konsequent und verwickelte sich in Widersprüche, weil er den Begriff der Arbeitskraft nicht kannte bzw. anwandte. Aber - wie Marx später schrieb - „die Widersprüche Smith' haben das Bedeutende, dass sie Probleme enthalten, die er zwar nicht löst, aber dadurch ausspricht, dass er sich widerspricht."

In der Analyse des Mehrwerts machte Smith im Vergleich zu seinen Vorgängern einen großen Schritt nach vorn. Wenn bei den Physiokraten (Quesnay u.a.) der Mehrwert als Ergebnis nur einer einzigen konkreten Arbeit, nämlich der Landarbeit, erschien, so dehnte Adam Smith den Mehrwertbegriff auf alle Sphären des gesellschaftlichen Produktion aus. Bei Smith war der Mehrwert, ob er nun in der Form des Profits, der Grundrente oder in der abgeleiteten Form des Zinses auftrat, nichts anderes als ein Teil der Arbeit, den sich die Eigentümer der sachlichen Produktionsbedingungen ohne Bezahlung aneignen. Smith erkannte damit, dass der Mehrwert ein Produkt der Mehrarbeit des Arbeiters ist.

Diese Erkenntnis wurde jedoch dadurch gemindert, dass es Smith noch nicht gelang, eindeutig die allgemeine Kategorie des Mehrwertes von ihren besonderen Formen zu trennen. So verwechselte er oft Mehrwert und Profit und wendete den einen Begriff an, wenn er den anderen hätte wählen müssen.

Fortgesetzt und vertieft wurden diese Erkenntnisse von David Ricardo (1772 - 1823). Er war Unternehmer und erwarb sich durch Börsenspekulation ein für damalige Begriffe ungeheures Vermögen. Darauf basierend widmete er sich wissenschaftlichen Studien. Ricardo betätigte sich auch in der Politik, wurde als Abgeordneter ins britische Unterhaus gewählt und vertrat dort die Interessen der industriellen Bourgeoisie gegen den Landadel. Sein Hauptwerk erschien 1817 unter dem Titel „Grundsätze der politischen Ökonomie und Besteuerung".

In seiner Theorie des Wertes stützte sich Ricardo auf Adam Smith und übernahm von ihm die Unterscheidung von Gebrauchswert und Tauschwert. Er kam zu dem Schluss, dass der Nutzen, der einen Gegenstand zum Gebrauchswert macht, keinesfalls Maßstab des Wertes ist - obgleich es natürlich ohne diesen Nutzen keinen Tauschwert geben könne.

Ricardo führte einige Waren an, deren Wert ausschließlich durch ihre Seltenheit bestimmt werde, z.B. Rohdiamanten, Goldnuggets. Doch solche seltenen Gegenstände machten seiner Meinung nach nur einen unbedeutenden Teil der täglich zirkulierenden Warenmenge aus. Die überwiegende Mehrheit der Waren, die in den Austauschprozess eingehe, werde durch Arbeit geschaffen; sie sei reproduzierbar, und ihre Menge könne unbegrenzt vergrößert werden.

Ricardo beschränkte das Objekt seiner Untersuchungen auf Waren solcher Art und bestimmte den Ursprung ihres Tauschwertes eindeutig durch die Arbeit. Dabei kritisierte er die bei Adam Smith herrschende Konfusion zwischen der Arbeit, die in einem Produkt enthalten ist, und der Arbeit, die man dafür kaufen kann. Ricardo meinte, dass dem Wert nur eine Quelle zugrunde liege: die bei der Produktion der Ware verausgabte Arbeit. Dabei berücksichtigte er nicht nur die unmittelbar aufgewandte Arbeit, sondern auch die Arbeit, die in den Rohstoffen und Arbeitsinstrumenten enthalten ist und deren Wert auf das Produkt übertragen wird.

Ricardo kam also erstmals dicht heran an die Erkenntnis, dass die Arbeitskraft die Quelle der Werte sei, etwas, was Marx später vertrat. Der Mangel der Werttheorie Ricardos bestand darin, dass er die wertschaffende Arbeit nur von ihrer quantitativen Seite her betrachtete. Mit anderen Worten: Er analysierte nur die Größe des Wertes, nicht aber seine besondere Qualität. Zwar gelangte Ricardo auf diese Weise dazu, alle konkreten Arten von Arbeit auf ihren quantitativen Ausdruck, die Arbeitszeit, zu reduzieren, aber er erkannte nicht die Eigenschaften der „allgemeinen" menschlichen Arbeit, er fand nicht den Begriff der abstrakten Arbeit, den Begriff der Wertsubstanz.

In seiner Mehrwertlehre ging Ricardo über Smith insofern hinaus, als er mit seiner Theorie die Behauptung widerlegte, dass bei einer Erhöhung des Arbeitslohnes die Preise der Waren gesetzmäßig steigen müssten. Auf der Grundlage seiner Arbeitswerttheorie bewies er, dass steigende Löhne nicht Preissteigerungen, sondern eine Profitschmälerung hervorrufen. Damit sprach er klar und offen aus, dass zwischen Bourgeoisie und Proletariat nicht zu versöhnende Klassengegensätze bestehen.

Mit Ricardo erreichte die damalige bürgerliche politische Ökonomie ihre höchste wissenschaftliche Reife;

er wurde von Karl Marx als großer Ökonom immer sehr hoch geschätzt.

Die utopischen Sozialisten Saint-Simon, Fourier und Owen

Die dritte Quelle des Marxismus war der utopische Sozialismus, im besonderen die Lehren Saint-Simons, Fouriers und Owens.

Graf Claude Henri de Saint-Simon (1760 - 1825) war ein französischer Adeliger aus einer vornehmen Familie. Als junger Offizier beteiligte er sich am amerikanischen Unabhängigkeitskrieg gegen die Engländer. Am Beginn der französischen Revolution, 1790, verzichtete er freiwillig auf seinen Adelstitel. Er gelangte zu großem Reichtum und widmete sich fortan dem Studium der Gesellschaft. In seinen Schriften wies er auf die geschichtliche Bedeutung der industriellen Produktion und der mit ihr einhergehenden neuen, differenzierten Arbeitsorganisation sowie des wissenschaftlichen Fortschritts hin.

Elemente seiner Lehren, die in den Marxismus eingingen, waren: 1) Die Idee vom progressiven Charakter der Gesellschaftsentwicklung; 2) Die Idee von der Gliederung des Geschichtsprozesses in aufeinander folgende Epochen. (Er nannte hier drei Stufen: Sklaverei, Hörigkeit, Lohnarbeit, die eine Abnahme der Ausbeutung des Menschen und eine Zunahme der Freiheit im Gefolge hätten.) 3) Die Idee, dass jede Epoche den Keim ihres eigenen Unterganges in sich trage; 4) Die Idee vom Klassenkampf; 5) Die Lehre, dass die produktive Arbeit die letzte und eigentliche Grundlage des gesellschaftlichen Lebens sei.

Weitere bemerkenswerte Vorgriffe auf marxistische Erkenntnisse bei Saint-Simon waren a) die Behauptung, dass im Sozialismus die Anerkennung des Leistungsprinzips obligat bleibe; b) eine Planwirtschaft notwendig sei; und c) dass der Staat verschwinden werde, die Vision einer staatenlosen Welt.

Besonders wichtig ist, dass Saint-Simon in Keimform eine Theorie der Klassen und des Klassenkampfes entwickelte, indem er die Frage aufwarf, wie die Klassen entstanden sind. Seine Antwort war: durch Gewalt, Eroberung, Usurpation. Er knüpfte hier an die berühmte Stelle in Jean-Jacques Rousseaus „Abhandlung über den Ursprung und die Grundlagen der Ungleichheit unter den Menschen“ (1754) an, in der es hieß:

> „Der erste, der ein Stück Land eingezäunt hatte und dreist sagte: ‘Das ist mein’, und so einfältige Leute fand, die das glaubten, wurde zum wahren Gründer der bürgerlichen Gesellschaft. Wie viele Verbrechen, Kriege, Morde, Leiden und Schrecken würde einer dem Menschengeschlecht erspart haben, hätte er die Pfähle herausgerissen oder den Graben zugeschüttet und seinesgleichen zugerufen: ‘Hört ja nicht auf diesen Betrüger. Ihr seid verloren, wenn ihr vergeßt, daß die Früchte allen gehören und die Erde keinem!’“

Zur Klasse der „Produzenten“ rechnete Saint-Simon die Arbeiter *und* die Unternehmer. Sie sei die wichtigste Klasse, „denn sie kann *ohne* alle anderen

Klassen auskommen, aber keine andere Klasse kann *ohne sie* auskommen, denn sie existiert aus eigener Kraft und durch ihre persönliche Arbeit". Der Adel hingegen sei eine Klasse von Müßiggängern und parasitär. Erkennbar ist hier, dass Saint-Simon nicht vorbehaltlos zu den „Sozialisten" gerechnet werden kann. Er wollte das bürgerliche Eigentum unangetastet lassen. Dafür sollten die Unternehmer die Arbeiter gut behandeln, sie beschützen, für die Verbesserung ihrer materiellen Lage sorgen. Als Sozialethiker lehnte er revolutionäre Methoden ab und befürwortete den evolutionären Weg von Reformen. Erst einige seiner Schüler (Bazard, Leroux, Carnot) zogen sozialistische Schlussfolgerungen und proklamierten die Abschaffung des Privateigentums.

Der zweite der großen utopischen Sozialisten war Charles Fourier (1772 - 1837). Er zählt bis heute zu den scharfsinnigsten und wortgewaltigsten Kritikern des Kapitalismus. Für ihn war der Kapitalismus eine Ordnung, die von Fehlern und Mängeln nur so strotzte. Armut, Not, Krisenanfälligkeit seien nicht systemfremd, sondern entsprängen logisch dieser Gesellschaftsordnung, in der sich der Widerspruch zwischen Arm und Reich ständig vertiefe. Schuld sei die unzureichende Massenkaufkraft.

Als Ziel proklamierte Fourier eine Ordnung, die das allgemeine Glück und allgemeinen Wohlstand garantiert. Dorthin wollte er mit friedlichen Mitteln gelangen, durch Reformen, Appelle an die Regierung und an reiche Kapitalisten, Geld für sein gesellschaftspolitisches Experiment zu bekommen, um durch die Kraft des Beispiels zu wirken. Er verfocht die Idee der „Phalansteren", Wohn-, Produktions- und Konsumtionsgemeinschaften, bestehend aus jeweils 1600 Personen. Hier könne jeder nach seinen Neigungen arbeiten, die Arbeit sei Bedürfnis und bedeute freie Entfaltung der dem Menschen innewohnenden Fähigkeiten. Wer geschickt ist und technische Innovationen hervorbringt, solle eine Extrabelohnung bekommen - ein Gedanke, der bei den zumeist streng egalitären Konstruktionen der utopischen Sozialisten und Kommunisten fehlt und dem Prinzip „Jedem nach seiner Leistung" folgt.

Bemerkenswert ist, dass Fourier zwei Stufen einer gerechten Gesellschaft skizziert: die Phase des „Garantismus", in der die Arbeit garantiert ist und jeder ohne Not leben kann, und die Phase des „Harmonismus", in der vollständige soziale Freiheit herrscht und die Arbeit freiwillig und freudig geschieht. Ähnlich unterschied Marx in seiner „Kritik des Gothaer Programms" von 1875 zwischen Sozialismus und Kommunismus.

Fourier war auch einer der ersten Verfechter der Befreiung der Frau, die für ihn die „Proletarierin unter den Proletariern" war, auf der untersten Sprosse der sozialen Rangleiter sich befand. Er sprach den bis heute und künftig gültigen Satz aus: „Das Ausmaß der Privilegien für die Frauen ist das allgemeine Prinzip jeglichen sozialen Fortschritts."

Der dritte große utopische Sozialist war der Waliser Robert Owen (1771 - 1858).

Er war Unternehmer und leitete von 1797 bis 1829 in New Lanark in Schottland eine Baumwollspinnerei. Als zunächst bürgerlicher Philantrop tat er hier sehr viel und für die damaligen Verhältnisse Einzigartiges für die Verbesserung der Lebens- und Arbeitsbedingungen seiner Arbeiterinnen und Arbeiter: Kleinkinderschulen, Turnunterricht für Knaben, Haushalts- unterricht für Mädchen, keine Aufnahme von Kindern unter zehn Jahren in der Fabrik, ein Arbeitstag von zehneinhalb Stunden, hygienische Gestaltung der Fabrikräume, genossenschaftliche Konsumläden mit Waren zu billigen Preisen, Bekämpfung des Alkoholismus, Kranken- und Alterspensionskassen. Im Jahr 1806 zahlte er während einer Geschäftskrise mit Hochschnellen der Arbeitslosigkeit die Löhne weiter, bis die Krise vorüber war.

1825 gründete Owen in den USA eine zweite Musterfabrik, „New Harmony", scheiterte aber nach zwei Jahren, als er zu schnell von der Leistungsentlohnung zum Prinzip der gleichen Entlohnung für alle überging. New Harmony, in das er sein ganzes Vermögen hineingesteckt hatte, bedeutete für Owen den Ruin, sodass er auch New Lanark aufgeben musste.

Sein Zentralgedanke war, dass Charakter und Bewusstsein der Menschen von der Umwelt geformt werde, dass alle sozialen Mängel und Gebrechen der Gesellschaft notwendige Folgen der Unwissenheit seien. Der Erziehung kommt in Owens Konzeption eine entscheidende Rolle zu. Er verstand sie übergreifend als „Charakterbildung", und sie müsse von einer entsprechenden Veränderung des Milieus begleitet werden: durch Arbeitsschutzgesetzgebung, Heraufsetzung der Altersgrenze, Verbot der Kinderarbeit, Armengesetzgebung, usw.

Owen wandte sich als erster unter den utopischen Sozialisten dem konkreten Studium verschiedener ökonomischer Erscheinungen des Kapitalismus zu. In dem Zusammenhang kritisierte er die Bevölkerungstheorie von Thomas Robert Malthus (1766 - 1834), der das Massenelend aus der Schere zwischen der arithmetischen Progression (1,2,3,4,5 usw.) der Existenzmittel und der geometrischen Progression (1,2,4,8,16 usw.) der Bevölkerung erklärte. Owen verwarf diese fatalistisch-reaktionäre Anschauung und gab seine Überzeugung kund, dass der wissenschaftlich-technische Fortschritt die Gewähr dafür biete, auch eine steigende Menschenzahl mit allem Notwendigen zu versorgen.

Anfänglich bürgerlicher Philantrop, kam Owen durch diese Studien schließlich zur Überzeugung, dass die Grundprobleme der menschlichen Gesellschaft ohne Abschaffung des Privateigentums nicht zu lösen seien. Die Gesellschaft der Gleichheit sollte aber nicht revolutionär, sondern auf dem Wege von Reformen erreicht werden, durch Appelle an die Vernunft bei den Regierenden wie bei den Arbeitern.

Einige der Ideen Owens gingen in die englische Arbeiterbewegung ein, z.B. den Chartismus. Ebenso verhielt es sich mit sozialrechtlichen Maßnahmen des Staates. England war das erste kapitalistische Land mit Schutzgesetzen für Kinder und Jugendliche in Industriebetrieben und Bergwerken (1833 bzw. 1844) sowie Arbeitszeitregelungen (1843). Besonders fruchtbar war Owens Genossenschaftsidee, die weit über England hinaus bis zum heutigen Tag wirksam ist.

Die „Klassenkampf"-Historiker

Eine weitere Quelle des Marxismus waren die Schriften der bürgerlichen Historiker der Restaurationszeit in Frankreich nach 1815, von Thierry, Guizot, Mignet und Thiers. Das Umwälzende bei ihnen bestand darin, dass sie auf die Frage nach den eigentlichen Triebkräften der geschichtlichen Entwicklung eine neue Antwort gaben. Es waren bei ihnen nicht mehr die Persönlichkeiten, die „großen Männer", die die Geschichte machten, auch nicht mehr die Ideen, sondern die sozialen Klassen, deren Interessen und Herrschaftsansprüche.

Diese Geschichtsschreiber beschäftigten sich vornehmlich mit der französischen Revolution von 1789, und hier war die Tatsache der Klassen - hier Aristokratie, dort Bürgertum - und ihrer unversöhnlich sich gegenüberstehenden Interessen so offenkundig, dass sie das zum Ausgangspunkt und Schlüssel für das Verständnis der französischen Geschichte seit dem Mittelalter nahmen. Klassen und Klassenkampf waren daher in ihren Augen die eigentlich treibende Kraft der Geschichte der Neuzeit. Marx und Engels haben diese Erkenntnis auf die gesamte Geschichte der Menschheit seit dem Zerfall der Urgesellschaft ausgedehnt.

Nachdrücklich festzuhalten ist also, dass die Vorstellung von den Klassen und vom Klassenkampf keineswegs eine „Erfindung" von Marx ist, sondern eine bürgerliche Idee, geboren in der Auseinandersetzung der Bourgeoisie mit dem Feudalsystem. Wenn seit dem Aufkommen des Marxismus der Klassenkampf-Begriff auf der bürgerlichen Seite als Schreckenswort der Verfemung anheim fiel, weil er nun auch von der Arbeiterklasse benützt wurde, so ändert das nichts daran, dass in der Praxis der Besitzenden nicht „Klassenversöhnung" das Um und Auf ist, sondern nach wie vor Klassenkampf, Klassenkampf „von oben". Was jetzt in Österreich, Europa und der Welt vor sich geht, kann nur so und nicht anders charakterisiert werden.

Die Bibelkritik

Eine große Rolle in den Frühschriften von Marx spielt bekanntlich die Religion und die Kritik am religiösen Bewusstsein. Er stützte sich dabei auf die französischen Aufklärer Voltaire und Diderot sowie atheistische Philosophen wie Holbach und Feuerbach. Bedeutsam wurde dafür aber auch die wissenschaftliche Bibelkritik, namentlich des Neuen Testaments und der Evangelien, durch deutsche Theologen in den dreißiger Jahren des 19. Jahrhunderts (die sogenannte „Tübinger Schule"). Beeinflusst von Hegel erforschten sie erstmals gründlich die frühchristliche Literatur und kamen dabei zu aufsehenerregenden Erkenntnissen.

Am berühmtesten wurde das zweibändige Werk von David Friedrich Strauß (1808 - 1874) „Das Leben Jesu" aus dem Jahr 1836. Strauß legte darin dar, dass die Berichte der vier Evangelisten über Jesus nicht auf Tatsachen von Augenzeugen beruhen, sondern Mythen seien, übernommen aus anderen, vorchristlichen Religionen, und dass dem Glauben an die Göttlichkeit Jesu die unter den Juden verbreitete Ankunft des Erlösers, des Messias, zugrunde lag.

Noch weiter ging der Junghegelianer Bruno Bauer (1809 - 1882), mit dem Marx in seiner Studentenzeit eng verbunden und befreundet war. Bauer veröffentlichte 1840 und 1842 zwei Untersuchungen, in denen er darlegte, dass die Evangelien als Quelle über das Leben Jesu kein Vertrauen verdienen, ja dass die historische Existenz Jesu *verneint* werden müsse. Seine Schriften entfesselten gegen ihn einen wahren Sturm der Kirche. Bruno Bauer verlor das Recht, an der Universität zu lehren, er wurde verfolgt, und seine kritischen Schlussfolgerungen suchte man totzuschweigen.

Lyon und die Chartisten

Zuletzt muss jene Quelle des Marxismus angeführt werden, die in der Jugendzeit von Marx und Engels bereits die Entwicklung prägte: die industrielle Revolution, das in ihrem Gefolge entstandene Industrieproletariat und die ersten Klassenkämpfe der Arbeiter.

In den Jahren 1831 und 1834 erhoben sich in Lyon die Arbeiter der Seidenindustriefabriken, kämpften auf den Barrikaden gegen ihre Unternehmer und leiteten damit als erste selbständige politische Insurrektion der Arbeiterschaft gegen die Bourgeoisie den Beginn der modernen Arbeiterbewegung als nicht mehr bloß leidende, sondern kämpfende Klasse ein. Beide Aufstände wurden blutig niedergeworfen. „Arbeitend leben oder kämpfend sterben“ war die Losung der Lyoner Proletarier, die sich damals unter *roten Fahnen* sammelten. Seither ist Rot die Farbe der Arbeiterbewegung, des Sozialismus und Kommunismus, das Symbol der Linken.

Und in der zweiten Hälfte der dreißiger Jahre entstand in England die erste organisierte politische Massenbewegung der Arbeiter, der Chartismus. Die Chartisten forderten die Annahme einer sechs Punkte umfassenden Volkscharta (daher der Name) mit dem Hauptpunkt der Einführung des allgemeinen Wahlrechts. Die Chartisten waren die ersten, die im *politischen* Kampf (und nicht mehr nur im ökonomischen um höhere Löhne, Verkürzung der Arbeitszeit usw.) ein Mittel zur Verbesserung der Lage der Arbeitermassen sahen. Sie haben auf Friedrich Engels während seines Aufenthalts in England eine tiefe Wirkung bei der Herausbildung seiner kommunistischen Anschauungen ausgeübt.

Die Doktordissertation von Marx

Wir haben Marx im Jahr 1838 verlassen, als er in Berlin studierte und im „Doktorklub“ verkehrte. Die Dissertation ist aber erst im Frühjahr 1841 fertig gestellt worden, drei Jahre später. Was er in diesen drei Jahren machte, ist nur umrisshaft bekannt; es ist die am wenigsten aufgehellte Periode seines

Lebens. Man weiß, dass er Vorlesungen belegte, weiter im „Doktorklub“ verkehrte, Gedichte schrieb und sich in einen Berg von Büchern vertiefte, besonders zur Philosophie Hegels, Spinozas, Leibniz’ und Humes. Im Jänner 1839 begann er mit den Vorarbeiten für die Dissertation, die ursprünglich breiter geplant war, und mit der er sich in Bonn als Dozent für Philosophie zu habilitieren hoffte.

Die erste Frucht dieser Studien waren die 1839 geschriebenen sieben Hefte mit Vorarbeiten, die heute unter der Bezeichnung „Hefte zur epikureischen, stoischen und skeptischen Philosophie“ bekannt sind. In diesen „Heften“ bekannte sich Marx dazu, dass die Philosophie mit der Religion unvereinbar sei. Schon damals sah er in der Philosophie eine aktive Kraft, die auf die Welt Einfluss nehmen könne. Er schrieb: „Wie Prometheus, der das Feuer vom Himmel gestohlen, Häuser zu bauen und auf der Erde sich anzusiedeln anfängt, so wendet sich die Philosophie, die zur Welt sich erweitert hat, sich gegen die erscheinende Welt.“

Ende des Jahres 1840 entschloss er sich dann, ein Teilgebiet seiner Studien über die antike Philosophie zum Dissertationsthema zu machen und wählte für sie den Titel „Differenz der demokritischen und epikureischen Naturphilosophie“. Dass er gerade diese beiden griechischen Denker, Demokrit und Epikur, wählte, war keineswegs ein Zufall, sondern schon Ausdruck des Freisinns und Radikalismus des jungen Marx.

Demokrit und Epikur waren Materialisten, beide waren Atomisten - d.h. der Überzeugung, dass alles in der Welt (auch die „Seele“) aus kleinsten, unteilbaren Partikeln zusammengesetzt sei, beide lehnten den Götterglauben ab. Marx imponierte bei Epikur besonders seine Auffassung über die Freiheit, sein Streben nach Unabhängigkeit des Geistes, nach Befreiung von den Fesseln der Religion, des Aberglaubens und der Furcht vor dem Jenseits. Demokrit und Epikur hatten deswegen in der Philosophiegeschichte traditionell einen schlechten Ruf, auch bei Hegel. Besonders Epikur wurde immer als bloßer Hedonist, als Verfechter einer Auffassung hingestellt, dass das Glück des Menschen sich auf den Genuss und das Genießen im Diesseits reduziere, und als Philosoph der Gottlosigkeit verdammt. Marx verteidigte in seiner Dissertation Epikur vor solchen Vorwürfen und solidarisierte sich mit den atheistischen Schlussfolgerungen seiner Philosophie.

Marx’ Verdienst war es auch, Elemente der Dialektik im philosophischen System Epikurs enthüllt zu haben. Besonders ging er auf Epikurs Lehre von der spontanen Abweichung der Atome ein, worin er einen Ausdruck für das dialektische Prinzip der Selbstbewegung sah. (Demokrit war ein streng mechanischer Atomist, für ihn geschah alles in der Welt mit Notwendigkeit, der Zufall hatte darin keinen Platz.) Epikur hingegen schlussfolgerte aus dem Prinzip der Abweichung das Prinzip der Aktivität, der menschlichen Willensfreiheit. Beim Vergleich der Naturansichten Demokrits und Epikurs gab Marx Epikur den Vorzug, dessen ethische Auffassungen und vor allem dessen Lehre von der Freiheit auf seiner Philosophie beruhten. Marx sah die Probleme der Moral vom Standpunkt einer aktiven Einwirkung der Philosophie auf das Leben. Er trat in seiner Doktorarbeit für eine Umgestaltung der unvernünftigen Welt ein und betonte das Prinzip der Einheit von Philosophie und Leben.

Was die Dissertation von Marx für seine eigene Entwicklung so wichtig macht, war, dass er darin seine atheistischen Ansichten ziemlich offen kundtat. Marx betonte in der Dissertation, dass alle sogenannten Beweise für das Dasein Gottes nichts als hohle Tautologien seien. Gleichzeitig sah er, dass er die religiöse Weltanschauung zwar unvernünftig, die Religion aber trotzdem eine reale Kraft ist. Die echte Wissenschaft, die zur Überwindung der Religion beitragen will, habe nicht nur die Aufgabe, ihre Dogmen zu stürzen, sondern auch ihr Wesen, ihre Herkunft und Verbreitung zu erklären. Marx folgerte, dass das Aufkommen des Götterglaubens die erste Entwicklungsstufe des menschlichen Bewusstseins sei, ein primitives Denken widerspiegle, das noch nicht in der Lage ist, die Welt der Erscheinungen zu begreifen und zu erklären, und ihr übernatürliche, irrationale Eigenschaften zuschreibt. Da die Verteidigung seiner Dissertation an der Berliner Universität damals umständlich und kostspielig war, schickte er sie an die Universität nach Jena, und zwar am 6. April 1841. Neun Tage später, am 15. April, wurde ihm bereits das Diplom eines Doktors der Philosophie von Jena aus ausgefertigt.

Die Doktordissertation war ein Meilenstein in Marx' geistiger Entwicklung. Er blieb in ihr zwar noch Idealist, Hegelianer, äußerte aber bereits offen atheistische Ansichten und verkündete das Prinzip, dass die Philosophie zur Wirklichkeit eine aktive Einstellung haben muss. Wie groß für Marx die Autorität Hegels damals auch war, so offenbarte er doch in verschiedenen Fragen das Bestreben, seinen eigenen, selbständigen Weg zu gehen, die ihn zu ganz anderen Schlussfolgerungen führten, als es die Ansichten Hegels waren. In der Dissertation drang Marx bereits zu den Problemen vor, die in seiner sich herausbildenden Weltanschauung einen wichtigen Platz einnehmen sollten. Die weitere Arbeit an dem Problem der Wechselbeziehungen zwischen Philosophie und Wirklichkeit musste ihn bald an das Problem der Wechselbeziehung zwischen Denken und Sein heranführen. Der bereits sichtbare überzeugte, kämpferische Atheismus, der mit Idealismus im Grunde nicht mehr zu vereinbaren war, erleichterte Marx den Übergang zum Materialismus.

3. Kapitel: Marx' Leben 1841 - 1844; Marx' Werke „Kritik des Hegelschen Staatsrechts", „Zur Judenfrage", „Zur Kritik der Hegelschen Rechtsphilosophie. Einleitung"

Die Jahre 1841 bis 1844 sind ein entscheidender Abschnitt in Marx' Leben. In dieser Zeit begann er sich politisch zu betätigen, entwickelte seine revolutionär-demokratischen Ideen weiter, entdeckte den Ausgangspunkt und Kern seiner künftigen materialistischen Geschichtsauffassung und vollzog den Übergang vom Junghegelianer zum Kommunisten.

Marx hatte nach dem Abschluss des Universitätsstudiums und den Erhalt des Diploms eines Doktors der Philosophie viele Pläne. Er wollte an der Universität Bonn zusammen mit Bruno Bauer Philosophievorlesungen halten, gemeinsam mit Feuerbach eine Zeitschrift mit dem bezeichnenden Titel „Archiv des Atheismus" herausgeben, ja sogar ein Werk über christliche Kunst schreiben.

Es kam aber alles anders. Seine Hoffnungen, einen Lehrstuhl zu erhalten, gingen nicht in Erfüllung. Die politische Situation hatte sich in den zu Preußen gehörenden Rheinlanden seit dem Jahr 1840 verändert, als Friedrich Wilhelm IV. den Thron bestiegen und der liberalen Bourgeoisie schon sehr bald zu verstehen gegeben hatte, dass von ihm keinerlei konstitutionelle Reformen zu erwarten seien. Die immer stärkeren Repressalien der Regierung und der Zusammenbruch der Illusionen mancher Junghegelianer über einen „aufgeklärten Monarchen", der aus freien Stücken eine Verfassung und liberale Zustände einführt, veranlassten die radikalsten Vertreter dieser Richtung, sich der Politik zuzuwenden. In den ersten Reihen dieser radikalen Demokraten standen Karl Marx, Bruno Bauer und Arnold Ruge. Marx wählte für sich endgültig das Los eines politischen Kämpfers. Er reihte sich in den unmittelbaren Kampf gegen den preußischen Absolutismus ein, legte die begonnenen theoretischen Arbeiten beiseite und schrieb von Mitte Jänner bis Anfang Februar 1842 die „Bemerkungen über die neueste preußische Zensurinstruktion". In dieser seiner ersten publizistischen Arbeit setzte er sich scharf mit einem neuen preußischen Zensuredikt auseinander, das von der regierungsamtlichen, teilweise sogar von der gemäßigt-oppositionellen Presse angepriesen wurde als Beweis dafür, dass der neue König liberale Absichten habe. Der zentrale Punkt der Instruktion war das strikte Verbot, die christliche Religion zu kritisieren. Da die Religionskritik damals die Hauptform war, in der oppositionelle politische Ansichten geäußert wurden, wollte die preußische Regierung damit in Wirklichkeit jegliche Kritik an der bestehenden Ordnung unterdrücken.

Marx verband seine Kritik an den Zensurbedingungen mit einer entschiedenen Verurteilung der preußischen Staatseinrichtungen insgesamt, mit einer Kritik der grundlegenden Mängel der feudal-absolutistischen Ordnung. Grundtendenz dieses Artikels von Marx war, dass die gesellschaftlichen Verhältnisse in Deutschland nicht Teilverbesserungen, sondern eine radikale Umgestaltung nötig hätten. Diese erste publizistische Arbeit von Marx konnte unter den damaligen Zensurbedingungen in Deutschland nicht gedruckt werden. Sie erschien erst ein Jahr später, 1843, in der Schweiz.

Die „Rheinische Zeitung"

Marx suchte in diesen Monaten für seine revolutionär-demokratischen Ansichten ein Betätigungsfeld, eine Tribüne, um seine Ideen propagieren zu können. Und er hatte Glück. Seit Jänner 1842 wurde in Köln ein oppositionelles Organ der rheinischen Großbourgeoisie herausgegeben, die „Rheinische Zeitung". Ihre Gründer und Finanziers, liberale Oppositionelle, suchten geeignete Journalisten zu gewinnen, auch unter radikalen Kreisen und speziell unter den Junghegelianern.

Die „Rheinische Zeitung" hatte am Anfang noch kein Profil, wurde kaum gelesen und hatte im Jänner 1842 nur 400 Abonnenten. Nach und nach begannen aber Leute wie Bruno Bauer und dessen Bruder Edgar, Moses Heß, Rutenberg - also alles Bekannte von Marx - für sie zu schreiben. Im Mai 1842 begann auch Marx mit seiner Mitarbeit. Damals wurde sein erster Artikel unter dem Titel „Verhandlungen des 6. Rheinischen Landtages" veröffentlicht, der in Deutschland einen starken Eindruck unter den oppositionellen Kreisen hinterließ. Ab Sommer 1842 wurde Marx' Mitarbeit für die Zeitung noch aktiver. Er veröffentlichte nicht nur seine Artikel, sondern nahm auch immer größeren Einfluss auf die Redaktion. Deshalb übersiedelte er Mitte Oktober 1842 nach Köln. Am 15. Oktober 1842, mit 24 Jahren, wurde er Chefredakteur der „Rheinischen Zeitung". Danach erhielt die Zeitung immer deutlicher eine revolutionär-demokratische Schlagseite, wurde die Kritik am preußischen Absolutismus und an seinen ideologischen Verteidigern immer schärfer. Diese erste Schule praktischer Arbeit erlaubte es Marx, seine vielseitigen Begabungen zu entfalten: sein organisatorisches Talent, seine Kunst, die richtigen Mitarbeiter für die Zeitung zu finden, seine große Leistungsfähigkeit und schriftstellerische Begabung sowohl beim Schreiben als auch beim Redigieren von Artikeln. Als Redakteur einer großen Tageszeitung sah sich Marx ständig mit sozialen und ökonomischen Problemen konfrontiert. Er nahm an den wöchentlichen Zusammenkünften des Redaktionskollegiums teil, wo lebhaft soziale Probleme erörtert wurden.

Marx gelang es, den Kreis der Mitarbeiter zu erweitern und das Ansehen der Zeitung beträchtlich zu heben. Bald erstreckte sich ihr Einfluss weit über die Rheinprovinz und selbst über das Königreich Preußen hinaus. Zu ihren Korrespondenten zählte auch der junge Engels, der seine Artikel aus England schickte. Die „Rheinische Zeitung" wurde zur Wortführerin der demokratischen Kreise ganz Deutschlands. Auch ihre Auflage stieg: Hatte die Zeitung im August 1842 885

Abonnenten, so erreichte ihre Auflage im November 1842 1.820 Exemplare und im Jänner 1843 3.400 Exemplare. Das war für damalige Verhältnisse recht viel. Gleichzeitig wurde die „Rheinische Zeitung" von den Behörden permanent schikaniert. In einem Brief an Arnold Ruge vom 30. November 1842 schrieb Marx, dass er als Chefredakteur „von morgens bis abends die schrecklichsten Zensurquälereien, Ministerialschreibereien, Oberpräsidialbeschwerden, Landtagsklagen, Schreien der Aktionäre" der Zeitung zu ertragen habe und bloß auf dem Posten bleibe, weil er diese Arbeit - die grundsätzliche Linie des Blattes beizubehalten, ohne der preußischen Reaktion eine Handhabe zu ihrem Verbot zu geben - für seine Pflicht halte.

Der Eindruck, den damals Marx auf seine Mitarbeiter und Freunde machte, war gewaltig. Moses Heß schrieb in einem Brief an Berthold Auerbach am 2. September 1841 über ihn:

> „Dr. Marx, so heißt mein Abgott, ist noch ein ganz junger Mann (etwa 24 Jahre höchstens alt), der der mittelalterlichen Religion und Politik den letzten Stoß versetzen wird; er verbindet mit dem tiefsten philosophischen Ernst den schneidendsten Witz; denke Dir Rousseau, Voltaire, Holbach, Lessing, Heine und Hegel in einer Person vereinigt, ich sage **vereinigt**, nicht zusammengeschmissen - so hast Du Dr. Marx."

Die Zeit seiner Tätigkeit in der „Rheinischen Zeitung" war für die Weiterentwicklung von Marx zum Revolutionär und Kommunisten von außerordentlicher Bedeutung. Er wurde zum ersten Mal mit sozialen Problemen konfrontiert, mit den aktuellen und brennenden Fragen des politischen Lebens im damaligen Deutschland. Berühmt wurde sein Artikel „Debatten über das Holzdiebstahlsgesetz" vom Oktober 1842. Darin trat Marx nicht nur für die Interessen der ganzen Gesellschaft gegenüber den Privatinteressen ein, sondern für „die arme, politisch und sozial besitzlose Menge". Damit erreichte sein revolutionärer Demokratismus einen exakter bestimmten sozialen Adressaten. Er schrieb auf seine Fahne die Interessenvertretung der breiten Schichten der von der bestehenden Ordnung unterdrückten werktätigen Menschen. Marx zeigte, dass sich der Rheinische Landtag mit der Verteidigung des neuen Gesetzentwurfs, der höhere Strafen für Holzfrevel und drakonische Maßnahmen sogar für das Aufsammeln von Bruchholz durch arme Leute vorsah, ganz auf den Standpunkt der Waldbesitzer, privater Eigentümer, stellte, deren Interessen im Widerspruch zu den Interessen der besitzlosen Massen standen. Dabei wurde Marx klar, dass nicht nur der Landtag, sondern der ganze Staat das Privateigentum verteidigte.

Marx bezichtigte den preußischen Staat, dass er zum Diener der Waldbesitzer, zum Sklaven des Privatinteresses werde und die Interessen des Volkes missachte. Der Begriff des „Privatinteresses", den Marx in den Artikeln jener Zeit häufig verwendete, bekam für ihn einen immer konkreteren Inhalt. Hinter dem philosophischen Gegensatz zwischen Privatem und Allgemeinem traten immer klarer die Widersprüche zwischen Besitzenden und Besitzlosen hervor.

Noch deutlicher wurde er in seiner Artikelserie im Jänner 1843, die sich mit der drückenden materiellen Lage der Weinbauern an der Mosel auseinandersetzte. Entschieden wandte er sich gegen die Meinung derer, die versuchten, die Schuld für die schwere Lage der Weinbauern an der Mosel den Unbilden der Natur oder Fehlern einzelner Beamter zuzuschreiben. „Bei der Untersuchung *staatlicher* Zustände“, schrieb er, „ist man allzu leicht versucht, *die sachliche Natur der Verhältnisse* zu übersehen und alles aus dem *Willen* der handelnden Personen zu erklären. Es gibt aber *Verhältnisse*, welche sowohl die Handlungen der Privatleute als der einzelnen Behörden bestimmen und so unabhängig von ihnen sind als die Methode des Atemholens.“ Damit half er dem Leser zu erkennen, dass die Hauptschuld für das Elend des Volkes im Charakter der Gesellschaftsordnung Preußens, im Wesen der preußischen Monarchie zu suchen sei. Er schilderte die dem Volk losgelöste und über ihm stehende bürokratische Maschinerie, die sich über die Interessen der Massen hinwegsetzt. Offen sprach er über das Problem des ständigen Gegensatzes zwischen den Interessen des Volkes und der Politik des preußischen Staates. Durch den ganzen Artikel zieht sich der Gedanke: Unter den gegebenen Verhältnissen hat das Volk von der Regierung nichts Gutes zu erwarten.

Der Artikel ließ auch gewisse Veränderungen in Marx’ publizistischem Stil erkennen. Seine etwas abstrakten Gedankenkonstruktionen wurden seltener, er begann die „Hegelei“ in Wort und Schrift in Zeitungen, gegenüber einer breiteren Öffentlichkeit also, einzuschränken, seine Ausführungen wurden deutlicher und verständlicher.

Die Linie, die die „Rheinische Zeitung“ unter Marx’ Chefredaktion einschlug, alarmierte die preußische Regierung. Die Arbeitsbedingungen wurden immer schwieriger. Die Zeitung stand unter doppelter Zensur: außer dem üblichen Zensorwurdesienunauchvoneinemhohen Beamten, dem Regierungspräsidenten, durchgesehen. Manchmal konnte eine von der Zensur verunstaltete Nummer überhaupt nicht erscheinen.

Marx wurde die stickige Atmosphäre im preußischen Polizeistaat unerträglich. An Arnold Ruge schrieb er im Jänner 1843: „Es ist schlimm, Knechtsdienste selbst für die Freiheit zu verrichten und mit Nadeln, statt mit Kolben zu fechten. Ich bin der Heuchelei, der Dummheit, der rohen Autorität und unseres Schmiegens, Biegens, Rückendrehens und Wortklauberei müde geworden.“

Am 19. Jänner 1843 beschloss die preußische Regierung, das Erscheinen der „Rheinischen Zeitung“ ab 1. April zu verbieten. Diese Ankündigung löste eine Protestwelle aus. In der ganzen Rheinprovinz wurden Unterschriften für eine Petition an den preußischen König gesammelt, um die Aufhebung der Verfügung zu erwirken. In Köln wurden in kurzer Zeit 1000 Unterschriften geleistet. Eine eigene Petition schickten auch die Moselbauern. Sie schrieben: „Ob und wie die Rheinische Zeitung Unwahrheiten verbreitet, Behörden verleumdet hat, wissen wir nicht; aber das wissen wir, dass sie von unserer Gegend und unserer Lage, von unserer Verwaltung und unsern Schicksalen nur die Wahrheit geredet hat." Die oppositionelle Presse sah in dem Regierungsakt einen offenen Anschlag der Reaktion auf die der deutschen Presse noch verbliebenen geringen Möglichkeiten, die brennenden Probleme des gesellschaftlichen Lebens des Landes zu diskutieren.

Die liberalen rheinischen Bourgeois, die die Zeitung finanzierten, schickten sich allerdings nicht an, irgendwelche energischen Maßnahmen zu ihrer Verteidigung zu ergreifen. Im Gegenteil, ihr passte die revolutionär-demokratische Richtung, die die Zeitung unter Marx erhalten hatte, schon lange nicht mehr. Unter diesen Umständen sah Marx alle Möglichkeiten für die weitere Arbeit verbaut, und er trat am 18. März 1843 aus der Redaktion aus. Überdies beschloss er, eine radikale Konsequenz zu ziehen, nämlich dem preußischen Staat den Rücken zu kehren und seine Tätigkeit im Ausland fortzusetzen. Gemeinsam mit Arnold Ruge plante er die Herausgabe eines revolutionären Organs, der späteren „Deutsch-Französischen Jahrbücher", und verhandelte darüber mit Ruge im Mai 1843 in Dresden.

Fassen wir zusammen: Die Arbeit in der „Rheinischen Zeitung" bedeutete für seine Weltanschauung einen grundlegenden Wandel - den beginnenden Übergang vom Idealismus zum Materialismus und vom revolutionären Demokratismus zum Kommunismus. In dieser Zeit trat er nicht nur vehement für die Interessen der Volksmassen ein, sondern machte sich allmählich auch die Tatsache klar, dass dem Handeln der Menschen, die verschiedenen sozialen Schichten angehören, gewisse objektive Faktoren zugrunde liegen, dass ihre Privatinteressen in bestimmter Weise durch ihre objektive Stellung in der Gesellschaft bedingt sind.

Als Marx in seiner Redakteurszeit auf ökonomische Probleme stieß, fühlte er nicht nur, dass er sich in ihnen wenig auskannte, sondern erkannte auch die große Rolle, die sie im Leben spielen. Engels erinnerte sich später, dass er „von Marx immer gehört habe, grade durch seine Beschäftigung mit dem Holzdiebstahlsgesetz und mit der Lage der Moselbauern sei er von der bloßen Politik auf ökonomische Verhältnisse verwiesen worden und so zum Sozialismus gekommen." Die Arbeit in der Zeitung ließ Marx auch auf einem anderen Gebiet, dem der Staatsfragen, reiche Erfahrungen sammeln. Ihm wurde klar, dass der Staat durchaus nicht, wie Hegel behauptete, eine Verkörperung des „Weltgeistes", eine Verkörperung des Allgemeinen, des sich über die einzelnen Privatinteressen Erhebenden ist.

Marx stand also - als er sich nach Einstellung der „Rheinischen Zeitung" zeitweilig wieder in die Studierstube zurückzog - vor der Doppelaufgabe, die idealistische Gesellschafts- und Staatskonzeption Hegels kritisch zu überprüfen und die eigentlichen

Triebkräfte der gesellschaftlichen Entwicklung zu erkennen.

Heirat mit Jenny von Westphalen. Die Monate in Kreuznach

Die Lösung dieser Frage gelang Marx in jenen Monaten, als er sich zu seiner Braut Jenny von Westphalen nach Kreuznach begab und dort mit ihr am 19. Juni 1843 die Ehe schloss. Die Kreuznacher Zeit (Mai bis Oktober 1843) war wohl die schönste und glücklichste im Leben dieses Mannes. An Arnold Ruge schrieb er, der sonst nur selten seine Gefühle jemandem offenbarte: „Ich kann Ihnen ohne alle Romantik versichern, dass ich von Kopf bis Fuß, und zwar allen Ernstes liebe." Offenbar hat diese Verliebtheit in Jenny als Begleiterscheinung einen gewaltigen Schub an Schaffenskraft bei Marx ausgelöst. Er suchte in Kreuznach den Zweifeln auf den Grund zu kommen, die ihn gepackt hatten - den Zweifeln an der Richtigkeit der Hegelschen Philosophie. Im Frühjahr und Sommer 1843 unterzog er die Hegelsche Rechtsphilosophie, die Quintessenz der Hegelschen soziologischen Konzeption, einer kritischen Analyse. Als er mitten in dieser Arbeit steckte, wandte er sich der Geschichtsforschung zu. Sein Augenmerk richtete sich auf das Problem des Verhältnisses zwischen Gesellschaft und Staat, Privateigentum und Staat und Recht. Im Gegensatz zu Hegel kam er zu dem Schluss, dass nicht der Staat die bürgerliche Gesellschaft bestimmt, sondern umgekehrt die bürgerliche Gesellschaft (die Gesamtheit der materiellen, ökonomischen Verhältnisse) den Staat, d.h. die ökonomische Basis den politischen Überbau bestimme. Dieser Leitsatz war der erste Ausgangspunkt für die künftige materialistische Geschichtsauffassung.

Marx gelangte so zu dem Schluss, dass die ökonomischen Verhältnisse in der Gesellschaft determinierend sind, dass das Privateigentum in der bestehenden, der bürgerlichen Gesellschaft determinierend ist. Daraus folgte für ihn: Für eine grundlegende Umgestaltung dieser Gesellschaft muss das Privateigentum abgeschafft werden.

Im September 1843 äußerte sich der junge Karl Marx im Grunde genommen schon als Kommunist. In einem Brief an Ruge formulierte er einige Ausgangsprinzipien der neuen Weltanschauung: „Indessen ist das gerade wieder der Vorzug der neuen Richtung, dass wir nicht dogmatisch die Welt antizipieren, sondern erst aus der Kritik der alten Welt die neue finden wollen." Und er rief im Brief zu *„rücksichtsloser Kritik alles Bestehenden"* auf, einer Kritik, die „sich nicht vor ihren Resultaten fürchtet und ebensowenig vor dem Konflikte mit den vorhandenen Mächten."

Die Frucht dieser intensiven Schaffensperiode in Kreuznach waren drei Werke: Die „Kritik des Hegelschen Staatsrechts", „Zur Judenfrage" und „Zur Kritik der Hegelschen Rechtsphilosophie. Einleitung", von denen das erste nicht zur Veröffentlichung kam (es wurde erst 1927 in der Sowjetunion publiziert), und die beiden anderen 1844 in den „Deutsch-Französischen Jahrbüchern" erschienen.

„Kritik des Hegelschen Staatsrechts“

Die erste Schrift „Kritik des Hegelschen Staatsrechts“ ist eine Vorarbeit zu den beiden anderen, ein umfangreiches, in der Werkausgabe 130 Seiten zählendes Konspekt mit langen Exzerpten aus Hegels „Philosophie des Rechts“ sowie eigenen Kommentaren und Einschätzungen dazu. Bücher nicht einfach zu lesen, sondern sie sich exzerpierend, konspektierend, schreibend zu erarbeiten, war übrigens die Hauptmethode von Marx bei seiner Wissensaneignung.

Im Mittelpunkt dieses Konspekts steht die Frage nach dem Verhältnis zwischen Staat und bürgerlicher Gesellschaft. Nach Hegel stand der Staat auf einer höheren Entwicklungsstufe als die bürgerliche Gesellschaft, bestimmte er sie. Marx stellte dazu die Gegenthese auf, dass nämlich die bürgerliche Gesellschaft die Voraussetzung des Staates bildet. Er enthüllte den Zusammenhang zwischen dem Wesen des Staates und dem Charakter der konkreten gesellschaftlichen Verhältnisse und äußerte den Gedanken von der bestimmenden Rolle des Privateigentums gegenüber der politischen Ordnung. Er schrieb: „Die politische Verfassung in ihrer höchsten Spitze ist...die *Verfassung des Privateigentums.*“ Und obwohl Marx das Privateigentum noch vorwiegend juristisch ansah, steht hier die allgemeine materialistische Tendenz bei der Erklärung der gesellschaftlichen und politischen Einrichtungen bereits außer Zweifel.

Im Verlaufe seiner Kritik an Hegel entwickelte Marx seine Auffassung von einer menschenwürdigen Gesellschaftsordnung, von der Demokratie. Die Demokratie war für Marx die Selbstbestimmung des Volkes, ihr Grundgesetz war nach seiner Ansicht das menschliche Dasein, anders gesagt, die Interessen des Menschen, die Interessen des Volkes. Marx kam auf diesem Weg dahin, Demokratie nicht als formale, sondern als reale Volksherrschaft aufzufassen - und stieß damit unvermeidlich auf die Frage, wie man sie verwirklichen könne. Eine Antwort konnte er zu dem Zeitpunkt noch nicht geben.

Die Auseinandersetzung mit der Hegelschen Rechtsphilosophie veranlasste Marx, die Tatsachen zur Widerlegung der Hegelschen Konstruktionen in der Geschichte selbst zu suchen. Das ganze Manuskript „Kritik des Hegelschen Staatsrechts“ lässt die materialistische Tendenz erkennen, von einer Analyse der konkreten Wirklichkeit und nicht von abstrakten Prämissen, von der „Logik der Sache“ und nicht von der „Sache der Logik“ auszugehen. Da Marx begriff, dass das Problem des Zusammenhangs zwischen bürgerlicher Gesellschaft und Staat nur durch ein eingehendes Studium der Entwicklungsgeschichte der Gesellschaft zu lösen war, gab er sich nicht mit einer allgemeinen Fragestellung zufrieden, sondern suchte das Problem historisch zu fassen. Deshalb machte er sich, noch während er an dem Manuskript arbeitete, im Juli und August 1843 an ein gründliches Studium der Geschichte. Er exzerpierte eine Unzahl von Büchern zur Geschichte der französischen Revolution, die Bücher der „Klassenkampf"-Historiker, die Werke Machiavellis, Montesquieus, Rousseaus und anderer. Dadurch kam Marx, wie Engels später schrieb, zur Einsicht, „dass nicht der von Hegel als 'Krönung des Gebäudes' dargestellte Staat, sondern vielmehr die von ihm so stiefmütterlich behandelte 'bürgerliche Gesellschaft' diejenige Sphäre sei, in der der Schlüssel zum Verständnis des geschichtlichen Entwicklungsprozesses der Menschheit zu suchen sei".

„Zur Judenfrage"

Eine Fortentwicklung bildete die zweite Schrift „Zur Judenfrage", die zur Gänze noch während seines Aufenthalts in Kreuznach entstand. Den Anlass bildete eine Studie Bruno Bauers zum Judenproblem, in der er die Frage der Emanzipation in Deutschland idealistisch zu lösen suchte, durch Emanzipation der Juden von ihrer Religion. Marx kritisierte mit großer Schärfe die ungenügende Spannweite der Anschauungen Bruno Bauers zu diesem Problem, seines bisherigen junghegelianischen Mitstreiters und Freundes. Er warf ihm vor, dass seine Kritik nur gegen den „christlichen Staat" gerichtet sei und nicht gegen den Staat schlechthin, und bemängelte an ihm, dass er das Verhältnis der politischen Emanzipation zur Emanzipation des Menschen nicht untersucht habe.

Unter der politischen Emanzipation verstand Marx die Befreiung des Menschen vom Feudalismus und die Verkündung der bürgerlich-demokratischen Freiheiten als Ergebnis der bürgerlichen Revolution. Er räumte zwar der politischen Emanzipation eine große Bedeutung ein, sah aber doch ihre Schranken. „Die *politische* Emanzipation", meinte er, „ist allerdings ein großer Fortschritt, sie ist zwar nicht die letzte Form der menschlichen Emanzipation überhaupt, aber sie ist die letzte Form der menschlichen Emanzipation *innerhalb* der bisherigen Weltordnung". Die Schranken der politischen Emanzipation hingen mit der Existenz des Privateigentums zusammen, und dieses werde von der bürgerlichen Revolution als eine unantastbare Einrichtung aufrechterhalten. Der politischen Emanzipation stellte Marx die menschliche Emanzipation entgegen - die Befreiung des Menschen von den Gebrechen der modernen bürgerlichen Gesellschaft, die Aufhebung der faktischen Ungleichheit, Unterdrückung, gegenseitigen Entfremdung, die Herstellung aller Voraussetzungen dafür, dass in der Gesellschaft wirklich echte gesellschaftliche Grundsätze einziehen statt des engen Egoismus und der gegenseitigen Feindschaft der Individuen.

Diese Überlegungen enthalten schon den ersten Entwurf der Idee der sozialistischen Revolution, die die Grundlage der bürgerlichen Gesellschaft radikal umgestalten und eine neue, wahre Menschengemeinschaft herstellen soll.

Darin liegt der Kern der Schrift „Zur Judenfrage" als Weiterentwicklung und Konkretisierung seiner sich herausbildenden neuen Weltanschauung, das Positive. Es darf aber nicht verschwiegen werden, dass diese Schrift ihre bedenklichen Seiten hat, weil Marx darin die Judenfrage ziemlich konstruiert und wenig faktengerecht in sein neues Weltbild hineinzupressen suchte.

Kapitalismus war zu dem Zeitpunkt für Marx bereits eine Welt des Eigennutzes, des Egoismus, der Geldvergottung, des Schachers. Und was schrieb Marx in dem Zusammenhang über das Judentum? Zitieren wir ihn wörtlich:

> „Betrachten wir den wirklichen weltlichen Juden, nicht den *Sabbatsjuden*, wie Bauer es tut, sondern den *Alltagsjuden*. Suchen wir das Geheimnis des Juden nicht in seiner Religion, sondern suchen wir das Geheimnis der Religion im wirklichen Juden. Welches ist der weltliche Grund des Judentums? Das *praktische* Bedürfnis, der *Eigennutz*. Welches ist der weltliche Kultus der Juden? Der *Schacher*. Welches ist sein weltlicher Gott? Das *Geld*. Nun wohl! Die Emanzipation vom *Schacher* und vom *Geld*, also vom praktischen realen Judentum wäre die Selbstemanzipation unserer Zeit."

Der Jude erscheint hier also bei Marx als der Exemplarfall des Bourgeois, des Kapitalisten, das Judentum als Verkörperung der auf Eigennutz und Geldvergottung beruhenden bürgerlichen Gesellschaft. Das war etwas sehr simpel und vergröbert gesagt, denn Marx hätte damals bereits vorliegenden Fakten unschwer entnehmen können, dass der Geld- und Wucherjude zwar ein ökonomisches und soziologisches Problem darstellte, die überwiegende Mehrheit der in Deutschland lebenden Juden (und noch mehr der in Osteuropa) aber von anderen Berufen lebte - als Handwerker, Gastwirte, Lehrer, Ärzte, Händler, Tagelöhner - d.h. zu den Unterdrückten, und zwar *sozial* Unterdückten gehörten.

Hierin liegt das Problematische dieser Schrift, wenngleich sie von einem diametral anderen Standpunkt ausgeht als die damals und später üblichen antisemitischen Pamphlete, Marx ja die Emanzipation des Judentums in Verbindung bringt mit der allgemeinen menschlichen Emanzipation. Erklären kann man sich die Sache nur damit, dass Marx seine jüdische Herkunft als Belastung empfand und nicht mehr als Jude gelten wollte. Die Schrift sagt also auch etwas darüber aus, was in Marx' Psyche vor sich ging. Er hoffte sich damit anscheinend einen Beweis für sein eigenes „Nicht-mehr-Jude-Sein" zu verschaffen. Wenn „der Jude" ein Kapitalist und Ausbeuter war, dann konnte er, Karl Marx, der Revolutionär und Kommunist, unmöglich Jude sein - das war es, was in seinem Kopf offenbar vor sich ging.

Kurz und gut: *dieser* Teil seiner Schrift „Zur Judenfrage", die ja - wie gesagt - in ihrem Hauptteil sich mit der bürgerlichen Gesellschaft und der Emanzipation des Menschen von ihr im allgemeinen beschäftigt, zählt in der Tat nicht zu Marx' Meisterstücken.

„Zur Kritik der Hegelschen Rechtsphilosophie. Einleitung"

Umso außerordentlicher, ja geradezu ein genialer Wurf, ist Marx' nächste

Schrift „Zur Kritik der Hegelschen Rechtsphilosophie. Einleitung“, die kurz nach seiner Ankunft in Paris entstand, in den Monaten Dezember 1843 und Jänner 1844.

Marx gelangte hier endgültig zu seiner Antwort auf die Frage, *wer* die menschliche Emanzipation verwirklichen soll, *welche* gesellschaftliche Kraft den sozialen Fortschritt verkörpert. Aus der Analyse der Erfahrungen vorangegangener Revolutionen zog er den Schluss, dass in der Revolution eine gesellschaftliche Klasse als Befreierin der ganzen Gesellschaft auftritt, wobei sie allerdings von ihrer eigenen Situation ausgeht und eigene Ziele verfolgt. (Marx dachte da an das Bürgertum in der französischen Revolution, das es verstand, für seine eigenen Ziele die Volksmassen in Bewegung zu setzen.) Andererseits könne diese Klasse die Rolle, Befreierin der ganzen Gesellschaft zu sein, nur dann übernehmen, wenn objektiv „ihre Ansprüche und Rechte in Wahrheit die Rechte und Ansprüche der Gesellschaft selbst sind“. Die Klasse, die eine allgemein menschliche Emanzipation vollbringen kann, muss eine Klasse sein, die sich im Widerspruch zur ganzen bisherigen Gesellschaft befindet, eine Klasse also, die sich nicht emanzipieren kann, ohne die ganze Gesellschaft zu emanzipieren. Eine solche Klasse ist nach Marx’ Überzeugung das *Proletariat*.

Damit war der archimedische Punkt der neuen, marxistischen Weltanschauung gefunden. Marx sah im Proletariat hier erstmals jene Klasse, die aus *objektiven* Ursachen heraus die gesamte Gesellschaft von Unterdrückern und Unterdrückten befreien kann und muss. Das war eine tatsächliche theoretische Entdeckung, etwas Originäres und Neues, für die damalige Zeit unerhört Kühnes, weil die Arbeiterschaft ja noch eine ganz junge Gesellschaftsklasse war, erst in Entwicklung begriffen, am stärksten unterdrückt, in einer elenden Lage, unwissend und scheinbar zum Leiden verdammt.

Marx blieb aber bei dieser Erkenntnis nicht stehen, sondern formulierte in seiner „Kritik der Hegelschen Rechtsphilosophie. Einleitung“ noch etwas Zweites und Umwälzendes: die Notwendigkeit eines Bündnisses zwischen revolutionärer Theorie und revolutionärer Klasse. Er schrieb:

> „Die Waffe der Kritik kann allerdings die Kritik der Waffen nicht ersetzen, die materielle Gewalt muss gestürzt werden durch materielle Gewalt, allein auch die Theorie wird zur materiellen Gewalt, sobald sie die Massen ergreift... Wie die Philosophie im Proletariat ihre *materiellen*, so findet das Proletariat in der Philosophie seine *geistigen* Waffen.“

Mit der Idee von der historischen Rolle des Proletariats distanzierte sich Marx von allen Theorien, die von den dem Proletariat feindlich gesinnten Klassen beeinflusst waren. Nicht zufällig kritisierte er daher gerade in dieser Schrift in gedrängter Form viele Erscheinungsformen konservativer und reaktionärer Ideologien, vertiefte er die früher gemachten kritischen Äußerungen über diese Strömungen. Mehr noch: Marx verwies zum ersten Mal öffentlich auf die Grundmängel der theoretischen Ansichten der Junghegelianer, auf ihr Streben, die Auseinandersetzung auf den Bereich der Theorie zu beschränken.

Über diesen umwälzenden theoretischen Inhalt hinaus ist die „Kritik der Hegelschen Rechtsphilosophie. Einleitung" ein grandioses sprachliches Kunstwerk. Berühmt sind die darin enthaltenen Ausführungen über die Religion:

> „*Der Mensch macht die Religion*, die Religion macht nicht den Menschen... Aber *der Mensch*, das ist kein abstraktes, außer der Welt hockendes Wesen. Der Mensch, das ist die *Welt des Menschen*, Staat, Sozietät. Dieser Staat, diese Sozietät produzieren die Religion, ein *verkehrtes Weltbewusstsein*, weil sie eine *verkehrte Welt* sind... Sie (die Religion, H.H.) ist die *phantastische Verwirklichung* des menschlichen Wesens, weil das *menschliche Wesen* keine wahre Wirklichkeit besitzt. Der Kampf gegen die Religion ist also mittelbar der Kampf gegen *jene Welt*, deren geistiges *Aroma* die Religion ist. Das *religiöse* Elend ist in einem der *Ausdruck* des wirklichen Elends und in einem die *Protestation* gegen das wirkliche Elend. Die Religion ist der Seufzer der bedrängten Kreatur, das Gemüt einer herzlosen Welt, wie sie der Geist geistloser Zustände ist. Sie ist das *Opium* des Volks."

Dieser letzte Satz ist in die Geschichte eingegangen, oft aber in der nicht korrekten Form „Opium *für* das Volk". Zwischen „Opium *für* das Volk" und „Opium *des* Volks" gibt es aber einen beträchtlichen Unterschied. Ersteres hieße, in der Religion einen bloßen Betrug zu sehen, bewusst ausgeheckt von einer Priesterkaste im Auftrag der Herrschenden, um das Volk in Dummheit, Furcht, Demut, Unterwürfigkeit zu halten. Eine solche Auffassung wurde von manchen atheistischen Denkern vertreten. Marx teilte sie nicht. Er erblickte in der Religion ein Phänomen, das als „Ausdruck des wirklichen Elends" dem Menschen selbst entspringt, ein menschliches Bedürfnis in einer bestimmten Phase seiner historischen und gesellschaftlichen Entwicklung reflektiert. Deshalb „Opium *des* Volks".

4. Kapitel: Engels' Leben 1842 - 1844; Engels' „Umrisse zu einer Kritik der Nationalökonomie"; Marx' „Ökonomisch-philosophische Manuskripte aus dem Jahr 1844"; Engels' und Marx' Werk „Die heilige Familie oder Kritik der kritischen Kritik"

Wir haben Engels verlassen, als er auf der Reise nach England im November 1842 in Köln Station machte und damals Marx zum ersten Mal begegnete. In den letzten Novembertagen 1842 traf Engels in der englischen Textilmetropole Manchester ein und begann hier für knapp zwei Jahre zu arbeiten und zu leben. Im Kontor der Baumwollspinnerei Ermen & Engels, deren Mitinhaber sein Vater war, wurde er als „General Assistent" - wir würden heute Betriebsassistent sagen - beschäftigt. Zu den Pflichten seiner Tätigkeit gehörten der internationale Geschäftsbriefwechsel, Hilfe beim Einkauf der Rohbaumwolle und beim Verkauf der verschiedenen Arten der Baumwollgarne, Kennenlernen der Technologie und Kontrolle der Lagerbestände.

Das Leben in England machte auf Engels einen überwältigenden Eindruck. Hier begegnete er der Welt des herrschenden und voll entfalteten Kapitalismus, dessen Anfänge er im heimatlichen Tal der Wupper kennen gelernt hatte. Die Industrie des britischen Inselreichs war in großen Fabrikstädten konzentriert. London zählte damals schon über dreieinhalb Millionen Einwohner, Manchester fast 400.000, Glasgow 300.000. Nahezu die Hälfte der Weltindustrieproduktion wurde in Großbritannien erzeugt. England war das Mutterland des Kapitalismus, der Bankier der Welt und ihre industrielle Werkstatt. Es war Deutschland um eine ganze Epoche der gesellschaftlichen Entwicklung voraus. Manchester war der Mittelpunkt der britischen Baumwollindustrie, der damals modernsten Industrie. Neben dem Reichtum und Luxus der „Baumwoll-Lords" stand das Elend und die drückende Lage des Proletariats. Hatte Engels in seiner Heimat im Wuppertal nur ein leidendes Proletariat vor Augen gehabt, so begegnete ihm hier erstmals das kämpfende Industrieproletariat in Form der Chartisten. Manchester war die Hochburg der englischen Arbeiterbewegung und des Chartismus. Hier hatte zwischen 1838 und 1842 eine gewaltige Massenbewegung für eine demokratische Umgestaltung des Parlaments stattgefunden, und Hunderttausende hatten an den Meetings der Chartisten teilgenommen.

Engels lernte in Manchester zwei Führer der Chartisten kennen, Julian Harney und James Leach, mit denen er freundschaftlich verkehrte und von denen er wichtige Informationen über die Kampfbedingungen und Kampfformen der englischen Arbeiterbewegung erhielt. Engels vertiefte sich hier in die Schriften von Smith, Ricardo und Owen, vor allem aber verwendete er den größten Teil seiner Freizeit, um die Lage der Arbeiter unmittelbar zu studieren. „Ich verzichtete", schrieb er später, „auf die Gesellschaft und die Bankette, den Portwein und den Champagner der Mittelklasse und widmete meine Freistunden fast ausschließlich dem Verkehr mit einfachen *Arbeitern*". Erleichtert wurde ihm, den Fabrikantensohn, dieser Kontakt durch Mary Burns, seine Geliebte und spätere Lebensgefährtin. Mary Burns war eine einfache Fabrikarbeiterin, eine Irin und glühende Patriotin, die die englischen Unterdrücker ihres Volkes aus tiefster Seele hasste und auch bei Engels Sympathien für die irische Nation weckte.

Eine für die spätere Entwicklung des Marxismus wichtige Begegnung hatte Engels im Jahr 1843, als er in London die Führer des „Bundes der Gerechten" kennen lernte, einer Organisation emigrierter deutscher Arbeiter mit utopisch-kommunistischem Programm. Diese waren Heinrich Bauer, Schuhmacher aus Franken, Joseph Moll, Uhrmacher aus Köln, und Karl Schapper, erst Forststudent, dann Schriftsetzer, schließlich Sprachlehrer, aus Nassau. Engels berichtete später:

> „Ich lernte sie alle drei 1843 in London kennen, es waren die ersten revolutionären Proletarier, die ich sah; und soweit auch im einzelnen damals unsre Ansichten auseinandergingen - denn ich trug ihrem bornierten Gleichheitskommunismus damals noch ein gut Stück ebenso bornierten philosophischen Hochmuts entgegen - , so werde ich doch nie den imponierenden Eindruck vergessen, den diese drei wirklichen Männer auf mich machten, der ich damals eben erst ein Mann werden sollte."

Alle diese Erlebnisse und Begegnungen beflügelten Engels, nach den Bewegungsgesetzen der bürgerlichen Gesellschaft zu forschen. Ende 1843 begann er, die bisher gewonnenen Erkenntnisse niederzuschreiben, zunächst in dem Aufsatz „Umrisse zu einer Kritik der Nationalökonomie", erschienen in den „Deutsch-Französischen Jahrbüchern" 1844, dann in dem berühmt gewordenen Buch „Die Lage der arbeitenden Klasse in England", das 1845 erschien und im Folgekapitel zu behandeln sein wird.

„Umrisse zu einer Kritik der Nationalökonomie"

Engels behauptete in dieser Schrift, dass die Widersprüche der kapitalistischen Wirtschaft nicht auf dem Boden der Voraussetzungen dieser Wirtschaft beseitigt werden könnten, dass die periodischen Krisen der Überproduktion die unausweichliche Folge der freien Konkurrenz seien, dass die Konkurrenz selber zur Monopolwirtschaft führe, während das Monopol seinerseits neue Formen der Konkurrenz schaffe. Das Privateigentum erzeuge notwendiger- weise den Antagonismus zwischen den Klassen und zwischen den Individuen innerhalb einer jeden Klasse sowie den unheilbaren Widerspruch zwischen dem Einzel- und Gemeininteresse. Die Anarchie der Produktion und ihre Folgen in Gestalt der Krisen seien dauerhaft mit dem System des Privateigentums verbunden.

Die politischen Ökonomen seien außerstande, diese Zwangsläufigkeit zu verstehen, sofern sie das Privateigentum verteidigen. Sie erfänden daher, wie

Malthus, durch nichts gerechtfertigte Theorien, die vor allem dazu dienen, das soziale Übel auf andere Faktoren abzuwälzen, wie z.B. auf die im Verhältnis zum Produktionswachstum überschüssige natürliche Vermehrung der Bevölkerung. Die Aufhebung des Privateigentums sei die einzige Rettung der Menschheit vor Krisen, Elend und Ausbeutung. Eine planmäßig organisierte Produktion werde sowohl die soziale Ungleichheit wie die absurde Situation abschaffen, in der der Güterüberfluss die Ursache des Elends sei.

> „Wir vernichten den Widerspruch einfach dadurch, dass wir ihn aufheben. Mit der Verschmelzung der jetzt entgegengesetzten Interessen verschwindet der Gegensatz zwischen Übervölkerung hier und Überreichtum dort, verschwindet das wunderbare Faktum, wunderbarer als alle Wunder der Religion zusammen, dass eine Nation vor eitel Reichtum und Überfluss verhungern muss; verschwindet die wahnsinnige Behauptung, dass die Erde nicht die Kraft habe, die Menschen zu ernähren."

Auf die Frage, welche Kraft das bewerkstelligen solle, antwortete Engels in seinen „Umrissen zu einer Kritik der Nationalökonomie":

> „Nur der auf dem Kontinent unbekannte Teil der englischen Nation, nur die Arbeiter... sind wirklich respektabel... , sie haben noch Kraft aufzuwenden für eine große nationale Tat - sie haben noch eine Zukunft."

Mit dieser Erkenntnis drang Friedrich Engels im Jahr 1843 von sich aus zum Kommunismus vor. Er brach hier endgültig mit der bürgerlichen Klasse, aus der er gekommen war und stellte sich fortan mit Leib und Seele an die Seite der Arbeiterschaft. Für den jungen, 23jährigen Mann, der ein bequemes Leben als Fabrikantensohn haben hätte können, war das ein ungewöhnlicher, tapferer und folgenreicher Entschluss.

Als Engels am 20. August 1844 seinen Aufenthalt in Manchester beendete, um auf Wunsch seines Vaters nach Deutschland heimzukehren, wählte er für die Rückfahrt den Umweg über Paris. Dort besuchte er Marx ein zweites Mal, diesmal für zehn Tage, und es wurde eine wahrhaft historische Begegnung, der Beginn einer lebenslangen Freundschaft und Kampfgemeinschaft, für die es in der Geschichte kaum ein weiteres Beispiel gibt. Engels schrieb darüber später:

> „Als ich Marx im Sommer 1844 in Paris besuchte, stellte sich unsere vollkommene Übereinstimmung auf allen theoretischen Gebieten heraus, und von da an datiert unsere gemeinsame Arbeit."

Marx in Paris

Für Marx, der seit Dezember 1843 in selbstgewählter Emigration in Paris lebte, war dieser Aufenthalt ähnlich bedeutsam wie der für Engels in Manchester. Paris war eine Weltstadt mit einem brodelnden geistigen Leben, eine Stadt der Arbeiter und politischen Emigranten. Marx lernte dort Vertreter verschiedenster Strömungen des Sozialismus und Kommunismus kennen, Pierre Leroux, einen Schüler Saint-Simons, Louis Blanc mit seinem „Staats-Sozialismus" und Pierre-Joseph Proudhon mit seinem anarchistisch gefärbten Sozialismus. Unter den politischen Emigranten, mit denen Marx verkehrte, befanden sich der Russe Michail Bakunin, der deutsche Dichter Georg Herwegh, vor allem aber Heinrich Heine. Mit ihm war er bald in echter, tiefer Freundschaft verbunden.

Beide trafen sich in Paris häufig, mitunter täglich. Heine las seine Gedichte Marx und dessen Frau vor, deren Meinung er hoch schätzte. Manchmal war Marx der erste Redakteur der von Heine geschaffenen Werke. Später schrieb Marx' Tochter Eleanor, dass Heine und Marx nicht selten stundenlang über einem Gedicht gesessen seien, es unzählige Male wiederholt und an jeder Zeile gefeilt hätten, bis es seine meisterhafte Form gefunden hatte. Unter dem Einfluss von Marx wandte sich Heine stärker sozialen Motiven zu, und es ist kein Zufall, dass er gerade damals „Die schlesischen Weber" und „Deutschland. Ein Wintermärchen", den Gipfel seiner Poesie, schuf. („Deutschland. Ein Wintermärchen" gehört zu den Schöpfungen der Weltkunst, die man einfach kennen *muss*, will man in seinem Leben nicht etwas unwiederbringlich versäumt haben.)

Im Hause Marx suchte der sensible und krankhaft verletzbare Heine Trost, wenn er von Neidern und Kritikern gehässig angegriffen wurde. Bis zum Ende seines Lebens bewahrte Heine eine hohe Wertschätzung für Marx als Gelehrten, Revolutionär und Menschen. Zwei Jahre vor seinem Tod in der „Matratzengruft", 1854, bezeichnete er die Führer der deutschen Kommunisten, Marx und Engels, als die fähigsten Köpfe und energischsten Charaktere Deutschlands, die einzigen Männer in Deutschland, die Leben in sich haben und denen die Zukunft gehöre.

Mit einem anderen Freund, Arnold Ruge, hatte sich Marx hingegen in der Zwischenzeit zerkracht. Bald nach dem Erscheinen des ersten Hefts der „Deutsch-Französischen Jahrbücher" hatte sich gezeigt, dass der Plan der Zeitschrift nicht fortgeführt werden konnte. Allzu groß waren die Schwierigkeiten, auf die die Verbreitung der in Deutschland als illegale Veröffentlichung verfolgten Zeitschrift stieß. Es gab auch andere, tiefere Ursachen. Schon während der Vorbereitung des ersten Doppelhefts war es zwischen Marx und Ruge als den Herausgebern zu grundsätzlichen Meinungsverschiedenheiten gekommen, die bald offen ausbrachen. Der bürgerliche Radikale Ruge teilte nicht Marx' kommunistische Gesinnung. Als Junghegelianer verachtete er die „unkritische" Masse, das Proletariat. Er schreckte zurück vor dem entschieden revolutionären Ton der Artikel von Marx und Engels, vor ihrer scharfen Kritik der bestehenden Zustände, vor Marx' Bestreben, Beziehungen zu den Arbeitern herzustellen. Den Lesern der ersten Ausgabe der Zeitschrift war der Unterschied zwischen dem Inhalt der Artikel von Marx und Engels einerseits und von Ruge andererseits bereits aufgefallen.

Marx tat nun das, was er in solchen Situationen öfters machte. Er stürzte sich in einer wahren Arbeitswut auf das Studium der politischen Ökonomie, der französischen Sozialisten und der Geschichte Frankreichs. Er saß tage- und nächtelang über einem Berg von Büchern und unterbrach das Studium nur, um hastig zu essen und kurz zu schlafen. Das war jene Zeit, in der er die Schriften der französischen „Klassenkampf"-Historiker analysierte und Werke politischer Ökonomen durchnahm, von Adam Smith, David Ricardo, James Mill, Jean-Baptiste Say u.a. Von diesen Studien sind zahlreiche und umfangreiche Exzerpte von Marx' Hand erhalten.

„Ökonomisch-philosophische Manuskripte aus dem Jahr 1844"

Das Hauptergebnis waren aber die „Ökonomisch-philosophischen Manuskripte", entstanden von April bis August 1844 - eines der großartigsten und tiefschürfendsten Werke von Marx mit einem ungeheuren Reichtum an Gedanken.

Im Mittelpunkt dieser Arbeit steht im Grunde genommen wieder dasselbe fundamentale Problem - das Privateigentum und seine Überwindung. Gestützt auf seine früheren Forschungen und auf die Erkenntnisse von Engels in den „Umrissen" kam Marx hier bei der Erkenntnis der Gesetze, nach denen die menschliche Gesellschaft funktioniert und sich entwickelt, einen wesentlichen Schritt voran.

Wie schon Engels in den „Umrissen" übte Marx, aufbauend auf die Einsicht in den geschichtlichen und folglich vergänglichen Charakter des Privateigentums, Kritik an der geschichtswidrigen Betrachtungsweise der bürgerlichen politischen Ökonomie. Er schrieb, dass die bürgerlichen Ökonomen von der Tatsache ausgehen, dass das Privateigentum existiert, und sie halten es für natürlich und ewig. Erklärungen für diese Tatsache bieten sie nicht; die Annahme, es sei etwas unweigerlich Gegebenes, ist die stillschweigende Voraussetzung für alle ihre theoretischen Konstruktionen. Marx setzte sich das Ziel, die Ursachen, aus denen das Privateigentum entsteht, aufzudecken und die Bedingungen für seine Existenz und folglich auch die Bedingungen für seine Abschaffung zu klären. Bei der Lösung dieser Aufgabe gelangte er zu einer tieferen Einsicht in die Gesetzmäßigkeiten, nach denen die menschliche Gesellschaft funktioniert und sich entwickelt, und zu einer profunderen Begründung der Notwendigkeit, das Privateigentum abzuschaffen, zu einer neuen Begründung der kommunistischen Weltanschauung.

Hinter dem Privateigentum entdeckte Marx die tiefere Grundlage für die Existenz der bürgerlichen Klassengesellschaft: das Spezifikum ihrer Arbeit, ihre *Entfremdung*. Diese Entfremdung äußere sich darin, dass das Produkt der Arbeit, indem es zu fremdem Eigentum wird, dem Menschen gegenübersteht und über ihn herrscht, dass die eigentliche Arbeitstätigkeit, durch äußeren Zwang ausgeübt, dem Menschen selbst fremd wird, dass sich als Folge der ökonomischen Entfremdung alle anderen Formen der Entfremdung entwickeln - die Entfremdung des Menschen vom Menschen, die

Entfremdung der gesellschaftlichen Kräfte des Menschen, die Entfremdung des Staates von der Gesellschaft, die religiöse Entfremdung, usw.

Weiters kam Marx in den „Ökonomisch-philosophischen Manuskripten“ zu dem Schluss, dass die Produktion im Leben der Gesellschaft die bestimmende Rolle spielt: „Religion, Familie, Staat, Recht, Moral, Wissenschaft, Kunst etc. sind nur *besondre* Weisen der Produktion und fallen unter ihr allgemeines Gesetz“. So näherte er sich von verschiedenen Seiten her der Entdeckung, die den Schlüssel zur materialistischen Geschichtsauffassung lieferte: der Klärung des Verhältnisses zwischen den Produktivkräften und den Produktionsverhältnissen, zur Entdeckung der Dialektik ihrer Wechselwirkung und Entwicklung.

Auf diesen Ergebnissen aufbauend, entwickelte Marx einen ganzen Komplex von höchst wichtigen kommunistischen Ideen. Er begann hier erstmals das Verhältnis zwischen Arbeit und Kapital, zwischen Arbeitern und Kapitalisten konkret zu erforschen. Marx zeigte, dass die Emanzipation der Gesellschaft vom Privateigentum in die politische Form der Emanzipation der Arbeiter mündet, denn ihre Emanzipation enthalte die allgemeinmenschliche Emanzipation - und das, so sagte er, weil „die ganze menschliche Knechtschaft in dem Verhältnis des Arbeiters zur Produktion involviert ist und alle Knechtschaftsverhältnisse nur Modifikationen und Konsequenzen dieses Verhältnisses sind“. Marx betrachtete die revolutionäre Umgestaltung der auf dem Privateigentum beruhenden Gesellschaft als unweigerlich bevorstehend, sah sie aber schon damals als einen lang andauernden und komplizierten Prozess der Abschaffung aller Formen der Entfremdung, als Werden einer Gesellschaft, in der sich der Mensch allseitig frei entwickeln kann, als Reich des wirklichen Humanismus. Marx sah in den „Ökonomisch-philosophischen Manuskripten“ bereits verschiedene Stadien der kommenden Umgestaltung der Gesellschaft voraus (im Keim zeichnete sich hier sogar zum ersten Mal ab, dass zwei Entwicklungsphasen der künftigen kommunistischen Gesellschaft zu unterscheiden sind), und er sah auch die Schwierigkeiten dieses Prozesses voraus. Er schrieb:

> „Um den *Gedanken* des Privateigentums aufzuheben, dazu reicht der *gedachte* Kommunismus vollständig aus. Um das wirkliche Privateigentum aufzuheben, dazu gehört eine *wirkliche* kommunistische Aktion. Die Geschichte wird sie bringen, und jene Bewegung, die wir **in** *Gedanken* schon als eine sich selbst aufhebende wissen, wird in der Wirklichkeit einen sehr rauhen und weitläufigen Prozess durchmachen“.

Auf die „Ökonomisch-philosophischen Manuskripte“ geht weiters auch die Tradition zurück, zwischen dem Marxismus und dem rohen, gleichmacherischen „Kasernen“-Kommunismus entschieden einen Trennungsstrich zu ziehen. Marx betrachtete den letzteren als Anschauung, der die Vorstellung von einem „Minimum“, einem „bestimmten begrenzten Maß“ und starren Grenzen für die Entwicklung der menschlichen Gesellschaft wie des Individuums zugrunde liegt. Daher stamme dessen Herabsetzung der Kriterien des sozialen Fortschritts, die Ersetzung ihres objektiven Inhalts durch einen subjektiven, willkürlichen. Für einen solchen Kommunismus, sagte Marx, ist die Gemeinschaft „nur eine Gemeinschaft der *Arbeit* und der Gleichheit des *Salairs* (der Entlohnung, H.H.), den das gemeinschaftliche Kapital... auszahlt".

Die objektiven Quellen für den rohen, primitivem Kommunismus sah Marx vor allem in dem äußerst niedrigen Entwicklungsstand der gesellschaftlichen Verhältnisse, bei dem die Negation des Eigentums nicht von der Möglichkeit zeugt, sich darüber zu erheben, sondern eher von der Notwendigkeit, dazu emporzuwachsen:

> „Dieser Kommunismus - indem er die *Persönlichkeit* des Menschen überall negiert - ist eben nur der konsequente Ausdruck des Privateigentums, welches diese Negation ist... Der Gedanke jedes Privateigentums als eines solchen ist *wenigstens* gegen das *reichere* Privateigentum als Neid und Nivellierungssucht gekehrt... Der rohe Kommunismus ist nur die Vollendung dieses Neides und dieser Nivellierung... Der *rohe* Kommunismus ist also nur eine *Erscheinungsform* von der Niedertracht des Privateigentums, das sich als das *positive Gemeinwesen* setzen will."

Daher komme, was für den rohen Kommunismus typisch sei, dass er nämlich nicht in die Zukunft gerichtet ist, sondern in die Vergangenheit und geschichtlich überwundene Formen des menschlichen Zusammenlebens idealisiert. (Urgesellschaft als „Goldenes Zeitalter", bäuerliche Dorfgemeinschaft, Markgenossenschaft, usw.)

Hier kann nicht auf die Fülle der tiefschürfenden Gedanken in den „Ökonomisch-philosophischen Manuskripten" im einzelnen eingegangen werden. An Hand eines Zitats soll aber demonstriert werden, welche Folgen die Entdeckung der Kategorie der Entfremdung hatte. Marx schrieb:

> „Eine unmittelbare Konsequenz davon, dass der Mensch dem Produkt seiner Arbeit, seiner Lebenstätigkeit, seinem Gattungsleben entfremdet ist, ist die *Entfremdung des Menschen* von dem *Menschen*. Wenn der Mensch sich selbst gegenübersteht, so steht ihm der *andre* Mensch gegenüber. Was von dem Verhältnis des Menschen zu seiner Arbeit, zum Produkt seiner Arbeit und zu sich selbst, das gilt von dem Verhältnis des Menschen zum andren Menschen, wie zur Arbeit und dem Gegenstand der Arbeit des andren Menschen. Überhaupt, der Satz, dass der Mensch seinem Gattungswesen entfremdet ist, heißt, dass ein Mensch dem andern, wie jeder von ihnen dem menschlichen Wesen entfremdet ist."

Dies alles bedeutet, dass mein Produkt nicht mir gehört, dass es mir fremd ist, dass es einem anderen gehört. Dieselbe Produktion, die aus der Entrechtung des Arbeiters resultiert, produziert die Herrschaft von jenem, der nicht selber produziert, sowie seine Macht über die Produktion und das Produkt. Aus der Analyse der entfremdeten Arbeit folgt notwendigerweise die Existenz des Privateigentums, das sich durch die entfremdete Arbeit ständig reproduziert. Mittels dieser Kategorien, der entfremdeten Arbeit und des Privateigentums, könne man alle nationalökonomischen Kategorien entwickeln, und für jede von diesen Kategorien werde man feststellen können, dass sie ein bestimmter Ausdruck dieser ersten Grundlagen seien.

Hier haben wir bereits die Plattform, um die politisch-ökonomische Problematik von einem ganz anderen Standpunkt aus zu betrachten, einen Standpunkt, den Marx später in seiner Kritik der entfremdeten Produktion und ihres theoretischen Ausdrucks - der politischen Ökonomie - einnehmen wird.

Diese „Ökonomisch-philosophischen Manuskripte" aus dem Jahr 1844 blieben viele Jahrzehnte unbekannt und lagen im Nachlass von Marx. Sie wurden erst im Jahr 1927 gedruckt veröffentlicht, als der erste Band der alten MEGA erschien.

„Die heilige Familie"

Zu der Zeit, als Engels Marx in Paris besuchte, im August 1844, plante Marx bereits eine Arbeit gegen die Junghegelianer, vor allem gegen die Ansichten Bruno Bauers und seines Bruders Edgar. Engels ließ während seines Aufenthalts in Paris Marx wissen, dass er dessen Ansichten über die Junghegelianer ganz teile. Marx schlug ihm daraufhin eine gemeinsame Broschüre gegen die Gebrüder Bauer vor, und sie machten sich sofort ans Werk. Während Engels seinen Teil im Umfang von etwa eineinhalb Druckbogen gleich in Paris schrieb, setzte Marx die Arbeit auch nach der Abreise seines Freundes bis November 1844 fort.

Marx und Engels kritisierten die Junghegelianer aus verschiedenen Erwägungen heraus. Sie waren sich darüber im klaren, dass die wissenschaftliche proletarische Weltanschauung nur durch ständige Abgrenzung gegen fremde ideologische Strömungen geschaffen werden könne. Andererseits hatten sich auch die Junghegelianer, vor allem die Berliner um die Brüder Bauer, stark gewandelt. Sie hatten ihre demokratischen Überzeugungen, durch die sie zu Ideologen des radikalen Bürgertums geworden waren, aufgegeben und nach rechts entwickelt. Sie waren nicht mehr wie einst Verbündete im Kampf gegen die Religion und den preußischen Staat, sondern bildeten nun eine Gruppe sich anarchistisch gebärdender Intellektueller, die die „Masse" verachteten, sie als etwas Passives und Träges, als ein Hindernis für den Fortschritt ansahen. Dessen einzige Triebkraft war nach Meinung der Gebrüder Bauer die „kritische Kritik", für deren Verkörperung sie sich selbst hielten.

Zuerst als kleine Broschüre geplant, wuchs die Polemik gegen die Gebrüder Bauer zu einem umfangreichen Werk aus. Ende November 1844 war Marx mit seinem Teil fertig (achtzehnein- halb Druckbogen gegenüber eineinhalb von Engels), und im Februar 1845 erschien es in Frankfurt am Main unter dem Titel „Die heilige Familie oder Kritik der kritischen Kritik. Gegen Bruno Bauer und Consorten". (Es umfasst in der Werkausgabe 216 Seiten.)

Der Inhalt der „Heiligen Familie“ ist vorwiegend philosophischer Natur, die Form die einer satirischen Streitschrift mit Anspielungen, die heute kaum mehr verständlich sind und deshalb das Werk zu einer schwierigen Lektüre machen. Auch hier gilt es, aus der oft sehr persönlich gehaltenen Polemik den rationellen Kern der Schrift mit seiner Bedeutung für die Weiterentwicklung der marxistischen Anschauungen herauszuschälen.

In der „Heiligen Familie“ analysierte Marx erstmals materialistisch die Geschichte der Philosophie vom 17. bis zur ersten Hälfte des 19. Jahrhunderts. Er betrachtete sie unter dem Gesichtspunkt des Kampfes der beiden Grundrichtungen der Philosophie - des Materialismus und des Idealismus - und hob besonders den inneren Zusammenhang der materialistischen Ideen mit den Ideen des utopischen Sozialismus und Kommunismus sowie den Zusammenhang zwischen der Geschichte des Materialismus und der Entwicklung der Naturwissenschaften hervor.

Weiters suchte Marx in der „Heiligen Familie“ die Verschwommenheit und Unbestimmtheit des Begriffs „bürgerliche Gesellschaft“ zu überwinden und zu konkretisieren. Er versuchte das wichtigste herauszuschälen, das die Entwicklung der Gesellschaft bestimmt. Er sah bereits deutlich, dass dieser bestimmende Faktor die Produktion der materiellen Güter ist, und fasste den Begriff der *Produktionsverhältnisse* als die sich im Produktionsprozess herausbildenden gesellschaftlichen Beziehungen zwischen den Menschen. Damit prägte er erstmals einen der wichtigsten Begriffe des Marxismus, den der „Produktionsverhältnisse“.

Weiters formulierte Marx die wichtige These von der entscheidenden Rolle der Volksmassen in der Geschichte und von ihrer wachsenden Bedeutung im Verlauf der historischen Entwicklung. Welche Rolle die Volksmassen spielen, zeige sich besonders in Zeiten der Revolution. Alle bisherigen Umwälzungen seien jedoch Revolutionen im Interesse einer Minderheit gewesen. Daher hätten die Massen in den Revolutionen nur einen beschränkten Einfluss auf den Verlauf der Geschichte gehabt. In dem Maße aber, wie der gesellschaftliche Fortschritt immer mehr die Interessen der Massen selbst widerspiegle, wachse auch ihr Einfluss auf die historischen Prozesse. Die sozialistische Revolution, sagte Marx voraus, werde ein Zeitalter einleiten, da „mit der Gründlichkeit der geschichtlichen Aktion... der Umfang der Masse zunehmen (wird), deren Aktion sie ist“.

Die Idee von der historischen Rolle des Proletariats wurde in der „Heiligen Familie“ entscheidend weiterentwickelt. Im Buch wird dargelegt, wie im Verlauf der geschichtlichen Entwicklung der Gegensatz zwischen dem Proletariat und dem Privateigentum entstand und sich immer mehr verstärkte. Unausbleiblich werde der Augenblick eintreten, in dem „das Proletariat... das Urteil (vollzieht), welches das Privateigentum durch die Erzeugung des Proletariats über sich selbst verhängt...“ Mit dem Sieg des Proletariats verschwinden beide Seiten des Gegensatzes: Indem das Proletariat das Privateigentum aufhebt, verändert es sich selbst grundlegend, hört es auf, Proletariat zu sein. In dem Buch wird eine Grundthese des wissenschaftlichen Kommunismus formuliert: *„(Das Proletariat) kann und muss sich selbst befreien.“* Indem es sich befreit, befreit es die ganze Gesellschaft. Und es kann sich nicht selbst befreien, ohne die ganze Gesellschaft zu befreien.

Ein weiterer überaus wichtiger Leitsatz wird in der „Heiligen Familie“ insofern dargelegt, als ein Unterschied zwischen dem Sein des Proletariats und seiner Erkenntnis seines Seins gemacht wird, zwischen seinem Erkenntnisstand und seiner objektiven geschichtlichen Bestimmung, seiner historischen Mission:

> „Es handelt sich nicht darum, was dieser oder jener Proletarier oder selbst das ganze Proletariat als Ziel sich einstweilen *vorstellt*. Es handelt sich darum, *was es ist* und was es diesem *Sein* gemäß geschichtlich zu tun gezwungen sein wird.“

Gegenüber jenen idealistischen Philosophen, die das menschliche Bewusstsein zur Triebkraft der Geschichte machen wollten, schrieben Marx und Engels:

> „*Ideen* können nie über den alten Weltzustand, sondern immer nur über die Ideen des alten Weltzustandes hinausführen. Ideen können überhaupt *nichts ausführen*. Zum Ausführen der Ideen bedarf es der Menschen, welche eine praktische Gewalt aufbieten.“

Und an anderer Stelle heißt es:

> „Wenn der Mensch von den Umständen gebildet wird, so muss man die Umstände menschlich bilden.“

Das waren Kernsätze der neuen Geschichtsbetrachtung, die Marx und Engels erarbeiteten, Grundpfeiler des historischen Materialismus. Das neue Werk von Marx und Engels zeigte allerdings (wenn auch in geringerem Maße als die „Ökonomisch-philosophischen Manuskripte“) den beträchtlichen Einfluss, den Feuerbach immer noch auf sie hatte. Nach nochmaliger Durchsicht der „Heiligen Familie“ im Jahr 1867 schrieb Marx an Engels: „Ich war angenehm überrascht, zu finden, dass wir uns der Arbeit nicht zu schämen haben, obgleich der Feuerbachkultus jetzt sehr humoristisch auf einen wirkt“. Was Marx „Feuerbachkultus“ nannte, hing mit der Besonderheit zusammen, *wie* die Ansichten von Marx und Engels Gestalt annahmen: da sie ihre Weltanschauung Schritt für Schritt erarbeiteten, wurden sie sich über das prinzipiell Neue in ihr nur allmählich bewusst, wobei dieses Bewusstwerden hinter der objektiven Entwicklung ihrer Anschauungen zurückblieb. Mit anderen Worten: sie gingen in der „Heiligen Familie“ objektiv bedeutend weiter als Feuerbach, hielten sich aber subjektiv für seine Schüler. Daher war Marx noch im August 1844 der Ansicht, dass Feuerbach dem Sozialismus die philosophische Grundlage gegeben habe.

Aber nicht nur in terminologischer, auch in sachlicher Hinsicht hatten sich Marx und

Engels noch nicht ganz von der Lehre Feuerbachs gelöst. Die materialistische Geschichtsauffassung war keineswegs schon fertig. Diese Aufgabe bewältigten Marx und Engels in ihren weiteren Arbeiten.

Marx und Engels verwendeten in der „Heiligen Familie“ nach wie vor den Ausdruck „Entfremdung“ bei der Analyse der Gesetzmäßigkeiten der gesellschaftlichen Entwicklung. Begriffe wie Eigentum, Kapital, Industrie, Lohnarbeit bezeichnete Marx weiterhin als „entfremdete Lebenselemente“, „gegenständliche Erzeugnisse ihrer (der Arbeiter, H.H.) Selbstentfremdung“ etc. Weitere Studien ließen Marx und Engels die gesellschaftlichen Erscheinungen stärker konkret-historisch behandeln. Die abstrakte Kategorie der Entfremdung, die ihre Bedeutung für eine philosophische Interpretation wichtiger Seiten der Wirklichkeit behielt, wich nach und nach exakteren soziologischen und ökonomischen Begriffen.

Insgesamt gesehen war die „Heilige Familie“ eine wichtige Wegmarke bei der theoretischen Grundsteinlegung der proletarischen Weltanschauung und der Distanzierung von Marx und Engels von ihren Vorläufern und ideologischen Gegnern.

Das Buch der beiden fand in der damaligen deutschen Presse ein ziemlich lebhaftes Echo. Eine reaktionäre Zeitung, der „Rheinische Beobachter“ erfasste das Wesen der „Heiligen Familie“ sehr gut, als sie sich scharf gegen die darin enthaltene Kritik am Privateigentum wandte, dagegen, dass darin das „Sinnliche und Materielle“ verehrt werde, dagegen, dass es „aller Metaphysik und Philosophie spottet und den giftigsten Spott auf alles gießt, was ihm den Anstrich eines christlich Germanischen (!) hat“. Noch aufgebrachter war die „Allgemeine Zeitung“, eines der größten konservativen Blätter Deutschlands. Sie schrieb am 8. April 1845: „Jede Zeile predigt Aufruhr... gegen Staat, Kirche, Familie, Gesetz, Religion, Eigentum... Kurz, der ‘radikalste’, unmaskierteste Kommunismus ist es, der uns in diesem Buche entgegentritt, und um so gefährlicher, als dem Hrn. Marx ein ziemlich weit ausgedehntes Wissen und eine große Gewandtheit in den Fechterkünsten der Hegelschen Schule, welche man ‘schneidende Logik’ zu nennen beliebt, gar nicht abzusprechen ist.“

Hier sieht man, welch ausgeprägten und gesunden Klasseninstinkt die Besitzenden haben, wenn es gilt, für sie gefährliche Anschauungen zu erkennen. Das erinnert an einen Satz in Umberto Ecos Roman „Der Name der Rose“, wo es an einer Stelle heißt: „Denn nur die Mächtigen wissen immer genau, wer ihre wahren Feinde sind.“ Ein Satz, der - leider! - eine tiefe, historisch begründete und nachweisliche Wahrheit enthält.

5. Kapitel: Feuerbachs Einfluss und seine Überwindung; Marx' „Thesen über Feuerbach"; Engels' „Die Lage der arbeitenden Klasse in England"; Marx/Engels „Die deutsche Ideologie"

Feuerbach

Ludwig Feuerbach (1804 - 1872) war einer der bedeutendsten materialistischen Philosophen. Ursprünglich Anhänger Hegels, vollzog er einen radikalen Bruch mit der Doktrin des gesamten Idealismus. „Das Sein ist Subjekt, das Denken Prädikat. Das Denken ist aus dem Sein, aber das Sein nicht aus dem Denken" („Zur Kritik der Hegelschen Philosophie", 1839). Wegen seiner materialistischen Anschauungen blieb ihm eine akademische Laufbahn verwehrt. Feuerbach forderte die Abwendung von idealistischer Spekulation und religiöser Weltanschauung und Hinwendung zum Sinnlich-Konkreten, Naturwissenschaftlich-Konstatierbaren. Er fasste das Naturgeschehen als einen gesetzmäßigen Prozess, den Menschen als dessen höchstes Produkt und bemühte sich um die Ausarbeitung einer materialistischen Erkenntnistheorie. So kritisierte er in seinem „Wesen des Christentums" aus dem Jahr 1841 (von Marx und Engels begeistert begrüßt und von ihnen als „Befreiung" empfunden) die erkenntnistheoretischen Wurzeln der Religion. Nach ihm steht in der Religion der Mensch nicht einem Gott, sondern sich selbst, seinem eigenen Wesen gegenüber. Feuerbach wollte den Menschen von einem „Kandidaten des Jenseits" zu einem „Studenten des Diesseits" erziehen.

In der Erkenntnistheorie betonte er die objektive Realität der Außenwelt, und dass das Denken an ein materielles Organ, das Gehirn, gebunden sei. Er vertrat das Prinzip der Erkennbarkeit der Welt und sah in den Empfindungen die Quelle alles Wissens.

Feuerbach starb in bitterster Not und Armut. Einige Jahre vor seinem Tod war er der Sozialdemokratischen Partei beigetreten, die damals unter Bebel und Liebknecht bereits marxistisch orientiert war.

Feuerbach zeigte, dass alle unsere Vorstellungen von Gott, die verschiedenen religiösen Systeme, darunter das Christentum, Produkte des Menschen selbst sind, dass demnach nicht Gott den Menschen, sondern umgekehrt der Mensch selbst sich nach seinem Bilde Gott schafft. Er knüpfte hier an einen altgriechischen Philosophen, Xenophanes, an, der meinte: Besäßen Ochsen, Pferde und Löwen Hände, würden die Bilder und Statuen Gottes von ihrer Hand die Gestalt von Ochsen, Pferden und Löwen annehmen. Feuerbach zufolge müsse man die Welt von überirdischen Dingen, Hexen, Engeln, Göttern, zerstreuen, und übrig bleibe die menschliche Welt.

Der Mensch als Gattungswesen ist das Grundprinzip der ganzen Philosophie Feuerbachs. Als oberstes Gesetz für die menschliche Welt gelte nicht ein Gesetz Gottes, sondern das Wohl des Menschen selbst. Dem alten theologischen, göttlichen Prinzip setzte Feuerbach ein neues Prinzip entgegen, das anthropologische oder menschliche.

Darin bestand das progressive Element der Feuerbach'schen Philosophie, das Befruchtende und Anregende für das Denken von Marx und Engels.

Marx zog aber daraus weit darüber hinausgehende Schlüsse und brachte etwas vollständig Neues in die materialistische Philosophie ein. Er dachte in die Richtung: Genügt es zu sagen, dass der Mensch das Produkt seiner Umwelt ist? Um so verschiedene Menschen heranzubilden wie den preußischen König, den Oberpräsidenten der Rheinprovinz, den Moselbauern und den Fabrikarbeiter, muss doch diese Umwelt selbst in sich verschieden sein, muss sie in sich selbst verschiedene Gegensätze einschließen. Nach Marx erweist es sich, dass diese Umwelt nicht einfach nur eine Ansammlung von Menschen, sondern eine *gesellschaftliche* Umwelt ist, in der die Menschen durch bestimmte Beziehungen miteinander verbunden sind, verschiedenen gesellschaftlichen Gruppen angehören.

Deshalb konnte Marx sich auch mit der Feuerbach'schen Kritik der Religion nicht zufrieden geben. Feuerbach erklärte das Wesen der Religion durch das Wesen des Menschen. Für Marx war aber das „Wesen des Menschen" durchaus nicht etwas Abstraktes, das ihm als Einzelperson innewohnt. Für ihn war der Mensch selbst die Summe, die Gesamtheit bestimmter gesellschaftlicher Verhältnisse. Für Marx war deshalb das religiöse Gefühl nicht etwas von Natur Gegebenes, sondern selbst ein gesellschaftliches Produkt.

Marx genügte es also nicht mehr, zu sagen - wie Feuerbach es tat -, dass der Mensch der Ausgangspunkt der neuen Weltanschauung sei. Man müsse hinzufügen, dass es der gesellschaftliche Mensch ist, d.h. der Mensch als ein Produkt einer bestimmten gesellschaftlichen Entwicklung, dass er sich formt und entwickelt auf dem Boden einer Gesellschaft, die in einer charakteristischen Weise sozial geschichtet, differenziert ist. Und noch näher betrachtet - so ein weiterer Königsgedanke von Marx - zeige sich, dass diese Schichtung, die Differenzierung der Umwelt in verschiedene Klassen, nichts „Ursprüngliches", sondern im Gegenteil selbst wiederum Produkt einer langen historischen Entwicklung ist.

Damit begnügte sich aber Marx nicht, sondern er unterzog auch die anderen Bestandteile der Philosophie Feuerbachs einer Kritik. In die rein theoretische, anschauende Philosophie führte er ein neues Element ein: das revolutionäre, auf die Kritik der Wirklichkeit gegründete, praktische Handeln.

„Thesen über Feuerbach"

Niedergelegt wurden diese Gedanken in den berühmten „Thesen über Feuerbach", geschrieben wahrscheinlich im April 1845 in sein Notizbuch und erstmals veröffentlicht nach Marx' Tod von Engels im Jahr 1888 als Anhang zu einem Sonderdruck seiner Schrift

„Ludwig Feuerbach und der Ausgang der klassischen deutschen Philosophie". (Der Engels-Text aus dem Jahr 1888 weicht vom Original stilistisch etwas ab. Die berühmte 11. These lautet z.B. im Original korrekt: „Die Philosophen haben die Welt nur verschieden *interpretiert*, es kömmt drauf an, sie zu *verändern*.")

Die rasch hingeschriebenen elf Thesen, Notizen für eine spätere umfangreichere Ausarbeitung, zu der Marx nicht mehr kam, nur drei Druckseiten füllend, sind etwas Einzig- artiges und haben an Gedankenkonzentration und -tiefe, an Klarheit und Präzision nicht ihresgleichen.

Der Hauptgedanke der Thesen ist die entscheidende Rolle der materiellen revolutionären Praxis im Leben der Gesellschaft. Die Praxis, meinte Marx, sei der Ausgangspunkt, die Grundlage, das Kriterium und das Ziel jeglicher und damit auch der philosophischen Erkenntnis.

Von hier aus kritisierte Marx den früheren Materialismus wegen seiner Kontemplation, seines passiven Anschauens, und konkret Feuerbach, weil für ihn der Mensch nur ein passives Element war, das gehorsamst alle Anstöße aufnimmt, die er von Natur und Umwelt empfängt. Den Idealismus kritisierte Marx wegen seiner Reduzierung der Praxis auf bloßes Theoretisieren. Im Gegensatz zum Idealismus betonte Marx: Will man die Wirklichkeit verändern, so genügt nicht eine rein theoretische Kritik, sondern es bedarf einer praktisch-kritischen, revolutionären Tätigkeit. Um die Wirklichkeit zu verändern, müsse man nicht nur das Bewusstsein, sondern auch das Sein verändern. Nur durch die revolutionäre Praxis verändere der Mensch sowohl die ihn umgebende Wirklichkeit als auch sich selbst.

Im Gegensatz zu den metaphysischen und unhistorischen Vorstellungen Feuerbachs vom Menschen als einem abstrakten, isolierten Individuum formulierte Marx eine der wichtigsten Thesen des historischen Materialismus: Das Wesen des Menschen ist „in seiner Wirklichkeit... das ensemble der gesellschaftlichen Verhältnisse" (6. These). Der Mensch existiert in der Gesellschaft, er ist ein Produkt der Gesellschaft, und zwar nicht der Gesellschaft schlechthin, sondern jedesmal einer bestimmten Form der Gesellschaft.

Ausgehend von einem konsequenten Atheismus erklärte Marx die Bedingungen zur Überwindung der Religion. Die Materialisten vor Marx, so vor allem Feuerbach, führten die Religion auf ihre irdische Grundlage zurück und kritisierten sie gründlich. Aber erst Marx zeigte, dass die Religion den Widersprüchen dieser irdischen Grundlage, den sozialen Gegensätzen entspringt und dass man, um die Religion zu beseitigen, die bisherige Gesellschaft revolutionieren muss. Später erfuhr dieser Gedanke seine Weiterentwicklung und klassische Formulierung im ersten Band des „Kapitals".

Wesensmerkmale des früheren Materialismus waren - wie schon gesagt - seine Metaphysik und Kontemplation. Marx stellte der Kontemplation die revolutionäre

Praxis, dem alten Materialismus den neuen, dialektischen Materialismus als die philosophische Grundlage des Kommunismus entgegen. Einen Grundsatz der neuen Weltanschauung formulierte er klassisch in der letzten These: „Die Philosophen haben die Welt nur verschieden *interpretiert*, es kömmt drauf an, sie zu *verändern*".

Diese berühmte 11. These über Feuerbach ist wohl jener Satz von Marx, der am häufigsten zitiert wurde und wird. Man darf ihn aber keineswegs so verstehen, als ob Marx damit das Denken über die Welt und das Erforschen der gesellschaftlichen Wirklichkeit als irrelevant und einzig und allein die unmittelbare revolutionäre Tätigkeit als bedeutungsvoll hingestellt hätte. Die 11. These besagt, dass das Verstehen der Welt kein Beurteilen der Welt „von außen" sein soll, sondern ein Akt, in dem das Subjekt das Objekt durch den Akt seines Verstehens verändert und damit zugleich *sich selbst* verändert.

Marx führte damit in die passive Philosophie Feuerbachs ein aktives, revolutionäres Element ein. Die Theorie wird durch die Praxis ergänzt, die Kritik der Wirklichkeit, der uns umgebenden Welt, durch praktisches Handeln. Durch seine Praxis, durch sein Handeln müsse der Mensch die Wahrheit seines Denkens beweisen. Und je besser er es in der Praxis durchführt, je schneller er es in die Praxis umsetzt, desto gründlicher beweist er, dass schon in der Wirklichkeit selbst die Elemente für die Lösung der Aufgaben, die sich der Mensch stellt, enthalten sind - das ist es, was Marx mit der 11. These über Feuerbach meint.

Mit der Überwindung der Feuerbach'schen Anschauungen kam Marx jenen entscheidenden Schritt voran, der ihn instandsetzte, auf die Frage: „Aber *wie* kann die Welt verändert werden?" eine Antwort zu geben, eine Antwort, die er gemeinsam mit Engels wenig später in der „Deutschen Ideologie" aussprach.

„Die Lage der arbeitenden Klasse in England"

Verlassen wir damit vorerst Marx und wenden wir uns Engels zu und seinem Werk „Die Lage der arbeitenden Klasse in England". Engels verfasste es nach seiner Rückkehr aus Manchester und dem Aufenthalt in Paris bei Marx in Barmen von November 1844 bis März 1845. Ende Mai 1845 erschien das Buch im Verlag von Otto Wigand in Leipzig. (In der Werkausgabe umfasst es 307 Seiten.) Es war die erste wirklich ausführliche und gründliche, auf eigenen Eindrücken und Erfahrungen, vielfachen Quellen und reichlicher Literatur beruhende wissenschaftliche Analyse des Kapitalismus und der Lage und Rolle des Proletariats, die erste marxistische soziologische Untersuchung und überdies eine polemische Streitschrift gegen die herrschende bürgerliche Gesellschaftstheorie, die den Kapitalismus als natürliche und harmonische Ordnung verherrlichte und der Masse der werktätigen Menschen jegliche geschichtsbildende Kraft absprach.

Engels schrieb darin, dass die kapitalistische Ordnung durch die

Ausbeutung des Menschen durch den Menschen geprägt sei. Die Kapitalisten rissen „*alles* an sich..., während den vielen Schwachen, den Armen, kaum das nackte Leben“ bleibe. Das Interesse der Bourgeoisie bestehe allein in der Ausbeutung der Arbeiter. Für den Arbeiter reiche „der gute Wille zur Arbeit“ nicht aus, um sein Leben zu sichern, da - wie Engels schrieb - „es nicht von ihm selbst abhängt, ob er morgen auch noch etwas hat“. Der Arbeiter könne den Ausbeutungsverhältnissen nicht entrinnen, er sei „Objekt aller möglichen Kombinationen von Umständen“, über die er keine Macht habe.

Die werktätigen Massen seien der Labilität des kapitalistischen Systems völlig ausgeliefert. Die gesetzmäßige Konzentration und Zentralisation der Produktion und des Kapitals gehe einher mit schweren Krisen, die die ganze Ordnung erschütterten. „So geht es in einem fort, Blüte, Krisis, Blüte, Krisis“, konstatierte Engels. Der Kapitalismus sei eine Ordnung der Existenzunsicherheit und der Existenzangst für die werktätigen Menschen. Die Arbeit im kapitalistischen Fabriksystem sei „Zwangsarbeit“. Die Freiheit, die der Arbeiter besitze, sei eine Scheinfreiheit:

> „Schöne Freiheit, wo dem Proletarier keine andere Wahl bleibt, als die Bedingungen, die ihm die Bourgeoisie stellt, zu unterschreiben oder - zu verhungern, zu erfrieren, sich nackt bei den Tieren des Waldes zu betten!“

Engels charakterisierte auch die Rolle des kapitalistischen Staates. Er setzte sich scharf mit den bürgerlichen Ideologen auseinander, die diesen Staat als Instrument der Klassenversöhnung priesen, während er in Wirklichkeit das genaue Gegenteil sei. Engels behauptete, dass der kapitalistische Staat die Gewalt sei, die die Bourgeoisie gebraucht, um ihr „Monopol aller Lebensmittel im weitesten Sinne des Wortes“ zu schützen und zu erhalten, und dass er somit ein Feind der Arbeiter sei. Polizei und Gesetz würden nur dazu aufgeboten, den Arbeiter zu zwingen, sich bis an sein Lebensende ausbeuten zu lassen. Das Gesetz, dem die Feindschaft gegen das Proletariat zugrunde liege, sei dem Bourgeois heilig, es sei „mit seiner Einwilligung und zu seinem Schutz und Vorteil erlassen“. Für den Arbeiter dagegen stelle es eine „Rute“ dar, „die ihm der Bourgeois gebunden“ habe.

Ausführlich legte Engels dar, dass die Arbeiterklasse aufgrund ihrer Lage, entgegen der Meinung der utopischen Sozialisten, in einem unversöhnlichen Gegensatz zur Bourgeoisie stehe. Die Interessen der Bourgeoisie, erklärte er, seien denen der Arbeiter „diametral entgegengesetzt“. Er erläuterte die Notwendigkeit des Kampfes zwischen den beiden Klassen und wies nach, dass das Proletariat zu diesem Kampfe vollkommen berechtigt ist. Der Klassenkampf sei eine Gesetzmäßigkeit der kapitalistischen Gesellschaft und der Widerstand und das Ringen des Proletariats gegen die Bourgeoisie direkt notwendig. In dem Zusammenhang definierte Engels Streiks als „Kriegsschule“ der Arbeiter. Am Beispiel der englischen Arbeiter zeigte Engels die Tatsache auf, dass der Arbeiter im organisierten Widerstand auch am besten und schnellsten seine Persönlichkeit entfalte. Der Klassenkampf sei das wichtigste Mittel, den Charakter der Arbeiter zu schmieden und ihr Bewusstsein zu entwickeln, und das entscheidende Kriterium dafür, wie weit der einzelne Arbeiter sich dem Schicksal seiner Klasse verpflichtet weiß. Der Verzicht auf den Klassenkampf aber demoralisiere. Alle jene, so Engels, die dem Kampf abschwören, unterwürfen sich

> „in Demut dem Geschick, das sie trifft, leben als ehrliche Privatleute, so gut es geht, kümmern sich nicht um den Gang der Welt, helfen der Bourgeoisie, die Ketten der Arbeiter fester zu schmieden."

Engels' Buch war von der ersten bis zur letzten Zeile von dem Gedanken durchdrungen, dass die Zukunft der Arbeiterklasse gehöre. In scharfer Auseinandersetzung mit der bürgerlichen Ideologie legte er dar, dass das Proletariat sowohl subjektiv - dank seiner moralischen, geistigen und revolutionären Qualitäten - als auch objektiv - aufgrund seiner gesellschaftlichen Stellung und Lage - den Fortschritt der Menschheit verkörpert. Der Bourgeois, vermerkte er,

> „ist wesentlich, wenn auch in liberaler Form, konservativ, sein Interesse ist mit dem Bestehenden verwachsen, er ist aller Bewegung abgestorben. Er tritt ab von der Spitze der historischen Entwicklung, die Arbeiter treten erst rechtlich und dereinst auch faktisch an seine Stelle."

In der Arbeiterklasse ruhe „die Kraft und Entwicklungsfähigkeit der Nation". Engels ließ in seinem Werk jedoch keinen Zweifel daran, dass das englische Proletariat vorerst noch außerstande sei, über die Bourgeoisie zu siegen und die Führung der Nation zu übernehmen. Erst der „echt proletarische Sozialismus" sei berufen, schrieb er, eine „bedeutende Rolle in der Entwicklungsgeschichte des englischen Volkes" zu spielen. Dazu würde aber nicht der utopische Sozialismus fähig sein, sondern allein jener Sozialismus, der von allen Bourgeois-Elementen gereinigt sei. Die „Verschmelzung" dieses Sozialismus mit dem echten, leibhaftigen Proletariat werde eine „neuentspringende Partei" zur Folge haben, erst dann werde „die Arbeiterklasse wirklich die Herrscherin" sein. Gerade einen solchen Sozialismus suchten Marx und Engels zu erarbeiten.

Engels' Buch wurde von den wichtigsten deutschen Zeitungen und Zeitschriften rezensiert und fand in demokratischen Kreisen, besonders unter den Studenten, lebhafte Zustimmung. Wesentlich häufiger waren aber die entrüsteten Ablehnungen. Dennoch war Engels' Buch „Die Lage der arbeitenden Klasse in England" aus dem Jahr 1845 jenes, durch das kommunistische Ideen erstmals stärkere Beachtung in Deutschland gewannen.

„Die deutsche Ideologie"

Das dritte Werk, das wir in dem Kapitel betrachten, ist „Die deutsche Ideologie. Kritik der neuesten deutschen Philosophie in ihren Repräsentanten Feuerbach, B.Bauer und Stirner, und des deutschen Sozialismus in seinen verschiedenen Propheten". Es entstand, nachdem Engels dem

Vater in Barmen erklärt hatte, sich nicht länger „dem Schacher hinzugeben“ und als Kaufmann zu arbeiten, sondern ganz als revolutionärer Schriftsteller tätig sein zu wollen. Er begab sich erneut zu seinem Freund Marx, diesmal nach Brüssel, wohin Marx in der Zwischenzeit übersiedelt war. (Genaueres über das Leben von Marx und Engels 1845 und in den Folgejahren im nächsten Kapitel.) In Brüssel schrieben die beiden in sechs Monaten (von November 1845 bis April 1846) ein umfangreiches Manuskript, dem sie den Titel „Die deutsche Ideologie“ gaben. Es umfasst in der Werkausgabe nicht weniger als 515 Seiten. Die Schrift blieb fast ein Jahrhundert unveröffentlicht und erschien erst 1932 in Moskau in deutscher Sprache.

Oberflächlich betrachtet ist dieses Mammutwerk ebenso wie die „Heilige Familie“ eine satirische, ätzende Polemik gegen Bruno Bauer und Max Stirner sowie gegen die Mängel des Feuerbach’schen Materialismus, im zweiten Teil eine Kritik an den Vertretern des so genannten „wahren“ Sozialismus, darunter Karl Grün und Georg Kuhlmann, die die Befreiung der Menschheit durch „Liebe“ predigten und Klassenkampf und soziale Revolution ablehnten.

Den größten Umfang und die komplizierteste Struktur hat das Kapitel über Max Stirner (eigentlich Kaspar Schmidt, der von 1806 bis 1856 lebte und der „radikalste“ Vertreter der Junghegelianer war.) Dessen Ende Oktober 1844 in Leipzig erschienenes Buch „Der Einzige und sein Eigentum“ widerspiegelte in theoretischer Hinsicht die Auflösung und Verflachung der klassischen deutschen Philosophie. In ihm fehlte völlig alles Positive der Hegelschen Philosophie, alles Negative war unglaublich verschlimmert. Der Objektivismus des Hegelschen Idealismus war zu reinstem Subjektivismus und Voluntarismus, die Dialektik zur Sophistik geworden. Stirner erschien als Verkünder eines aufs äußerste gesteigerten Individualismus. Seine individualistisch-anarchistischen Ideen reflektierten die Unzufriedenheit der deutschen Kleinbürger mit der Entwicklung des Kapitalismus. Seinem eigentlichen Wesen nach jedoch richtete sich der Stirnersche Individualismus gegen den Kommunismus, gegen jegliche Eingriffe in das Privateigentum.

Dem Inhalt nach ist aber die „Deutsche Ideologie“ weit mehr als eine Polemik. Sie ist die *erste systematische Darstellung* der materialistischen Geschichtsauffassung, das erste wirklich reife Werk der Kommunismus, wie ihn Marx und Engels vertraten.

Ausgangspunkt war eine ganz konkrete Entdeckung: Die Klärung der Dialektik von Produktivkräften und Produktionsverhältnissen. Sie gestattete es, die materialistische Geschichtsauffassung als ganzheitliche Konzeption zu entwickeln. Folge dieser Entdeckung war, dass die allgemeine Struktur der menschlichen Gesellschaft (Produktivkräfte, Produktionsverhältnisse und andere gesellschaftliche Verhältnisse wie politischer Überbau, Formen des gesellschaftlichen Bewusstseins) und die allgemeinen Gesetzmäßigkeiten ihrer historischen Entwicklung (Beginn der Lehre von den Gesellschaftsformationen) endgültig geklärt wurden und die Schlussfolgerung gezogen wurde, dass die Entwicklung der Widersprüche zwischen den Produktivkräften und den Produktionsverhältnissen der bürgerlichen Gesellschaft zur proletarischen, kommunistischen Revolution führen müsse. Die Entwicklung der materialistischen Geschichtsauffassung zu einer in sich geschlossenen Konzeption bedingte, dass auch die Theorie des wissenschaftlichen Kommunismus eine bestimmte Gestalt erhielt. Auf ihrer neuen Gesellschaftskonzeption aufbauend, kamen Marx und Engels in der „Deutschen Ideologie" auch auf diesem Gebiet zu einer Reihe grundsätzlich neuer Schlussfolgerungen.

In ihrer Polemik mit den idealistischen Junghegelianern formulierten sie zum Beispiel den wichtigen Leitsatz von den Bedingungen für die wirkliche Befreiung der Menschen. Sie schrieben,

> „dass es nicht möglich ist, eine wirkliche Befreiung anders als in der wirklichen Welt und mit wirklichen Mitteln durchzusetzen... dass man überhaupt die Menschen nicht befreien kann, solange sie nicht imstande sind, sich Essen und Trinken, Wohnung und Kleidung in voll- ständiger Qualität und Quantität zu verschaffen."

Damit formulierten Marx und Engels in der „Deutschen Ideologie" zum ersten Mal einen fundamentalen Leitsatz des wissenschaftlichen Kommunismus - den Leitsatz von den beiden materiellen Voraussetzungen für eine kommunistische Umgestaltung der Gesellschaft. Diese notwendigen Voraussetzungen seien: a) ein hoher Entwicklungsstand der Produktivkräfte, und b) die Herausbildung der revolutionären Klasse. Dann konkretisierten Marx und Engels die erste Voraussetzung: Die kommunistische Umgestaltung der Gesellschaft wird erst im Stadium der großen Industrie möglich und zudem nur dann, wenn diese einen genügend hohen Entwicklungsstand erreicht. Auf bestimmten Entwicklungsstufen der Produktivkräfte sei das Privateigentum notwendig gewesen. Im Stadium der großen Industrie werde es aber für sie zur Fessel. Deshalb muss und kann es jetzt schon um der weiteren Entwicklung der Produktion willen abgeschafft werden. Nur mit der Entwicklung der großen Industrie „ist also auch die Aufhebung des Privateigentums erst möglich". Dementsprechend wird auch die Auffassung von der zweiten Voraussetzung konkretisiert: Erst mit der Entstehung des Industrieproletariats wird die kommunistische Umgestaltung der Gesellschaft möglich. Versuche das Privateigentum abzuschaffen, solange dafür noch die objektiven materiellen Voraussetzungen fehlen, könnten nur zu einer allgemeinen Ausbreitung des Elends führen; der Kampf um das Notwendige, um die Existenzmittel beginnt, und dann ersteht „die ganze alte Scheiße" wieder. Keinerlei gute Absichten könnten die notwendigen materiellen Voraussetzungen für die Revolution ersetzen:

> „Die Menschen bauen sich eine neue Welt... aus den geschichtlichen

Errungenschaften ihrer untergehenden Welt. Sie müssen im Lauf ihrer Entwicklung die *materiellen Bedingungen* einer neuen Gesellschaft selbst erst *produzieren*, und keine Kraftanstrengung der Gesinnung oder des Willens kann sie von diesem Schicksal befreien."

Ferner entwickelten Marx und Engels in der „Deutschen Ideologie" den außerordentlich wichtigen Gedanken, dass die Revolution ein Prozess ist, der nicht nur die gesellschaftlichen Verhältnisse, sondern auch die Menschen verändert und damit Doppelcharakter besitzt. Sie hoben hervor, dass

> „... die Revolution nicht nur nötig ist, weil die *herrschende* Klasse auf keine andre Weise gestürzt werden kann, sondern auch, weil die *stürzende* Klasse nur in einer Revolution dahin kommen kann, sich den ganzen alten Dreck vom Halse zu schaffen und zu einer neuen Begründung der Gesellschaft befähigt zu werden... In der revolutionären Tätigkeit fällt das Sich-Verändern mit dem Verändern der Umstände zusammen."

Daraus folgt: Für den Aufbau einer neuen, kommunistischen Gesellschaft müsse man nicht nur das Privateigentum abschaffen, nicht nur die Produktivkräfte allseitig entwickeln, sondern auch den Menschen selbst verändern, die Bedingungen für seine allseitige Entwicklung schaffen.

In der „Deutschen Ideologie" wurde zum ersten Mal in allgemeinster Form die wichtigste Idee der politischen Lehre des Marxismus aufgestellt, die Idee der Diktatur des Proletariats. Diese darauf historisch erstmals bezogene Formulierung lautet:

> „... jede nach der Herrschaft strebende Klasse (muss), wenn ihre Herrschaft auch, wie dies beim Proletariat der Fall ist, die Aufhebung der ganzen alten Gesellschaftsform und der Herrschaft überhaupt bedingt, sich zuerst die politische Macht erobern..."

Schließlich wurde in der „Deutschen Ideologie" der theoretische Grundstein für die Erarbeitung einer weiteren sehr wichtigen Frage gelegt, des internationalen Charakters der kommunistischen Revolution. Marx und Engels stellten fest, dass die Entwicklung der modernen Produktivkräfte, gerade der großen Industrie, zwei Ergebnisse gezeitigt habe. Erstens sei eine gegenseitige Abhängigkeit aller, namentlich der zivilisierten Länder, entstanden; die Geschichte sei wirklich Weltgeschichte geworden. Zweitens entstehe in allen zivilisierten Ländern eine Klassenstruktur desselben Typs; Hauptklassen werden das Proletariat und die Bourgeoisie. Aus dem einen und dem anderen folge, dass die kommunistische Revolution in jedem zivilisierten Land vor sich gehen muss und den Charakter eines einheitlichen weltgeschichtlichen Prozesses haben werde.

Die „Deutsche Ideologie" ist ein philosophisches Werk. Die Lektüre stellt hohe bis höchste Ansprüche an den Leser. Wer sich aber hindurcharbeitet kann feststellen, dass in dieser Schrift die neue, marxistische Weltanschauung in ihren allgemeinen Umrissen vollendet war.

Für die Veröffentlichung der „Deutschen Ideologie" fand sich trotz intensiver Bemühungen von Marx und Engels und etlichen Freunden kein Verleger. Marx schrieb später:

> „Wir überließen das Manuskript der nagenden Kritik der Mäuse um so williger, als wir unsern Hauptzweck erreicht hatten - Selbstverständigung."

Tatsächlich war das Manuskript durch Mäusefraß und Feuchtigkeit arg beschädigt, als sich die wissenschaftlichen Bearbeiter Ende der zwanziger/Anfang der dreißiger Jahre in Moskau daran machten, es zu entziffern (bei Marx kaum leserlicher Handschrift allein schon eine eigene Kunst) und herauszugeben.

Mit der „Deutschen Ideologie" war der Grundstein der marxistischen Theorie gelegt. Die theoretische Waffe für die Bewegung der Arbeiterklasse war geschmiedet. Auf dem aufbauend, was im Manuskript der „Deutschen Ideologie" vollbracht worden war, schrieb Marx in der ersten Hälfte des Jahres 1847 das „Elend der Philosophie" und Ende 1847/ Anfang 1848 gemeinsam mit Engels das „Manifest der Kommunistischen Partei", die ersten bedeutenden gedruckten Werke des reifen Marxismus.

6. Kapitel: Das Leben von Marx und Engels in den Jahren 1845 - 1847; Marx' Werk „Das Elend der Philosophie"

Mitarbeit im „Vorwärts!". Die Ausweisung

Wir haben Marx verlassen, als er in Paris lebte und der Plan, gemeinsam mit Arnold Ruge die „Deutsch-Französischen Jahrbücher" herauszugeben, sich nach dem Erscheinen der ersten Doppelnummer zerschlug. Als keine Hoffnung mehr bestand, das eigene Presseorgan weiter herauszugeben, suchte Marx nach einer anderen Publikationsmöglichkeit. Bald bot sich ihm und den anderen ehemaligen Mitarbeitern der „Deutsch-Französischen Jahrbücher" die Gelegenheit, in der Emigrantenzeitung „Vorwärts!" zu publizieren.

Die Zeitung wurde in Paris ab Anfang 1844 von dem Geschäftsmann Heinrich Börnstein herausgegeben. Als Chefredakteur gewann er den ehemaligen preußischen Offizier Adalbert von Bornstedt, der, wie sich später herausstellte, ein Spitzel der preußischen und österreichischen Polizei war. Der „Vorwärts!" erschien zweimal wöchentlich. Zunächst war seine politische Tendenz sehr gemäßigt. Das änderte sich, als im Mai 1844 der Radikale Bernays Chefredakteur wurde. Der gebildete und revolutionär gesinnte, mit Marx befreundete Publizist konnte der Zeitung eine demokratische Tendenz geben, obwohl ihr Herausgeber Börnstein dagegen war. So wurde eine Mitarbeit von Marx möglich. Im „Vorwärts!" begannen auch Heine, Herwegh, Bakunin, Bürgers, Ruge und andere zu publizieren. Die wöchentlichen Redaktionsbesprechungen verliefen so stürmisch, dass man - wie ein Redakteur der Zeitung später schrieb - das Fenster nicht öffnen konnte, weil sich sonst bald ein Volksauflauf auf der Straße gebildet hätte, um die Ursache des heftigen Schreiens zu erfahren. Die Hauptauseinandersetzungen gab es zwischen Marx und Ruge. Den Sieg trug Marx davon, und er bestimmte auch vom Sommer 1844 an die Linie der Zeitung immer stärker. Unter seinem Einfluss überschüttete sie, wie Engels später schrieb, „die Misere des damaligen deutschen Absolutismus und Scheinkonstitutionalismus mit beißendem Spotte".

Die Unstimmigkeiten zwischen Marx und Ruge arteten bald in eine öffentliche Polemik aus. Im Juni 1844 war es in Schlesien zu einem Weberaufstand aus Protest gegen die unerträgliche Ausbeutung und die kläglichen Arbeitslöhne gekommen. Es war die erste offene Aktion des deutschen Proletariats, die in ganz Deutschland ein Echo fand. Im Juni und Juli 1844 gab es eine Welle von Streiks und Aktionen der Arbeiter von Bayern bis Ostpreußen und Maschinen- stürme in den böhmischen Kattunfabriken, im Herrschaftsbereich der Habsburger. Die deutsche Bourgeoisie musste erschrocken erkennen, dass das Proletariat nicht nur in England und Frankreich, sondern auch in den deutschen

Staaten furchteinflößend seine Existenz und seine Forderungen anmeldete. Ruges Reaktion auf den Weberaufstand war typisch für einen bürgerlichen Publizisten. In dem im „Vorwärts!“ unter dem Pseudonym „Ein Preuße“ veröffentlichen Artikel behauptete er, die Ereignisse in Schlesien seien ein sinnloser Aufruhr ohne „politische Seele“ gewesen. Ein selbständiges Handeln des Proletariats lehnte er scharf ab. Marx antwortete darauf in der gleichen Zeitung am 7. und 10. August 1844. Sein Beitrag trug den Titel „Kritische Randglossen zu dem Artikel ‘Der König von Preußen und die Sozialreform. Von einem Preußen’“. Im Gegensatz zu Ruge hob er die große Bedeutung des schlesischen Aufstands hervor, worin er einen Ausdruck für das gewachsene Klassenbewusstsein der deutschen Arbeiter, das erwachende Verständnis für den eigenen grundlegenden Gegensatz zur Gesellschaft des Privateigentums sah. Marx betrachtete den Weberaufstand als Zeichen für die Potenzen, die in der Arbeiterschaft schlummerten.

Diese Mitarbeit von Marx im „Vorwärts!“ hatte für ihn schwerwiegende Auswirkungen. Der preußische Botschafter wurde bei der französischen Regierung vorstellig und erreichte von ihr das Verbot der Zeitung. Und nicht nur das: am 16. Jänner 1845 wurde von den französischen Behörden verfügt, die Mitarbeiter des „Vorwärts!“ - Marx, Heine, Bürgers, Bakunin u.a. - des Landes zu verweisen. Unter dem Druck der öffentlichen Meinung musste die französische Regierung einige Konzessionen machen und Heines Ausweisung zurücknehmen. Gegenüber Marx blieb sie jedoch unerbittlich.

Am 3. Februar 1845 verließ Marx Paris und begab sich nach Brüssel. Bald darauf folgte ihm seine Frau mit der Tochter Jenny, die 1843 zur Welt gekommen war. Sie war in der kurzen Frist, die ihr die Behörden ließen, gezwungen gewesen, den Hausrat für einen Spottpreis zu verkaufen, um das Reisegeld zu beschaffen.

Damit endete die Pariser Periode im Leben und Wirken von Marx, die deshalb so wichtig ist, weil sich in ihr sein endgültiger Übergang zum Materialismus und Kommunismus vollzog.

In Brüssel

In Belgien verbrachte Marx mehr als drei Jahre, die mit angestrengtester Arbeit ausgefüllt waren. Er betrieb hier nicht nur theoretische Studien, sondern entfaltete auch eine intensive praktische Tätigkeit in Richtung auf Gründung einer revolutionären Partei.

Belgien zählte damals zu den ökonomisch fortgeschrittensten Ländern Europas. Die bürgerliche Revolution von 1830 hatte das Land von den Niederlanden getrennt und ihm nicht nur politische Unabhängigkeit, sondern auch wirtschaftliche Selbständigkeit gebracht. Mitte der vierziger Jahre verfügte Belgien über eine entwickelte Kohle-, Maschinenbau- und Textilindustrie. Die große Maschinenproduktion hatte die Manufaktur abgelöst, das kleine Handwerk und die traditionelle

Hausindustrie verdrängt. Die Folgen des Kapitalismus für die werktätigen Massen waren erbärmliche Arbeitslöhne und ein Arbeitstag bis zu 14 Stunden. In den Kohlengruben mussten viele Frauen und Kinder arbeiten. Die belgischen Behörden gewährten revolutionären Emigranten nur ungern Asyl. Das Auftauchen von Marx in Brüssel beunruhigte die königliche Regierung sehr. Der Justizminister gab der Polizeiverwaltung Anweisung, den „gefährlichen Demokraten und Kommunisten" zu beaufsichtigen. Am 22. März 1845 musste sich Marx bei der Polizei schriftlich verpflichten, in Belgien nichts über Tagespolitik drucken zu lassen. Nur unter dieser Bedingung durfte er sich in Brüssel aufhalten. Auch die preußische Regierung ließ Marx nicht in Ruhe und strengte seine Ausweisung aus Belgien an. Um den preußischen Behörden die formale Handhabe zu nehmen, ihn belangen zu können, legte Marx im Dezember 1845 offiziell die preußische Staatsangehörigkeit zurück. Er wurde damit ein Staatenloser.

Trotz polizeilicher Schikanen und beschränkter Existenzmittel (sein Haupteinkommen bestand aus recht unregelmäßig ausbezahlten Honoraren für Veröffentlichungen, speziell für das Buch „Die heilige Familie") lebte sich Marx mit seiner Familie am neuen Wohnort rasch ein.

Am 26. September 1845 bekam das Ehepaar Marx eine zweite Tochter, Laura, und im Dezember 1846 einen Sohn, der den Namen Edgar zu Ehren Edgar von Westphalens, des jüngeren Bruders von Jenny und Freundes von Marx, erhielt. Im ersten Jahr ihres Brüsseler Aufenthalts vergrößerte sich die Familie Marx auch um die 22jährige Helene Demuth, die von Jennys Mutter, Karoline von Westphalen, ihr als Hilfe für den Haushalt geschickt wurde. Notwendig wurde das, weil weder Marx noch seine Frau Jenny die Gabe besaßen, allein mit den vielen Sorgen des täglichen Lebens fertig zu werden. Helene Demuth („Lenchen") wurde zum Schutzgeist der Familie Marx, der sie sich bis zum Tod von Jenny und Karl ganz verschrieb. Mit praktischem Verstand und energischem Naturell ausgestattet, übernahm sie fortan die Hauptlast des Haushalts. Alle Angehörigen der Familie, in erster Linie Marx selbst, fügten sich auf diesem Gebiet ihrer „Diktatur" ohne Murren.

Da Marx in Brüssel durch seine Verpflichtung gegenüber den belgischen Behörden, nichts über tagespolitische Themen zu veröffentlichen, jede unmittelbare Erwerbsquelle entzogen war, begannen hier jene drückenden finanziellen Nöte, die ihn und seine Familie noch zweieinhalb Jahrzehnte plagen sollten und die zeitweilig sich bis zum Zustand regelrechten Elends und bitterer Armut verschärften.

In dieser Situation half ihm - noch von Barmen aus - sein Freund Friedrich Engels. „Die Hunde sollen wenigstens das Pläsier nicht haben, Dich durch ihre Infamie in pekuniäre Verlegenheit zu bringen", schrieb er an Marx und organisierte unter gemeinsamen Bekannten und Gesinnungsfreunden eine Solidaritätssammlung. Außerdem stellte er Marx die erste Honorarnote für sein Buch „Die Lage der arbeitenden Klasse in England" zur Verfügung.

Anfang April 1845 traf Engels, aus Barmen kommend, in Brüssel ein und mietete dort eine Wohnung im Nachbarhaus von Marx. Beide waren nun täglich beisammen, und die Frucht dieser ständigen Kommunikation war u.a. die „Deutsche Ideologie".

Die ersten Anhänger

Der Aufenthalt von Marx und Engels in Brüssel war auch aus dem Grund bedeutsam, weil beide sich bemühten, ihre neue Weltanschauung unter der Teilnehmern der damaligen revolutionären Bewegung zu verbreiten. Engels schrieb später:

> „Wir waren verpflichtet, unsre Ansicht wissenschaftlich zu begründen, ebenso wichtig aber war es auch für uns, das europäische und zunächst das deutsche Proletariat für unsere Überzeugung zu gewinnen."

Ihre Ideen verbreiteten sie zunächst nicht so sehr mit Hilfe der Presse, zu der sie damals nur schwer Zugang hatten, als vielmehr durch persönlichen Verkehr mit dem revolutionären Flügel der Brüsseler Emigranten, mit belgischen Demokraten und mit Freunden, die in Deutschland und Frankreich geblieben waren. Um sie herum bildete sich nach und nach ein Kreis von Gleichgesinnten. Wer gehörte nun zu diesen ersten Anhängern der Lehre von Marx?

Einer war Heinrich Bürgers (1820-1878), der aus Paris - wo er im „Vorwärts!" Artikel veröffentlicht hatte - zusammen mit Marx nach Brüssel ausgewiesen worden war. Bürgers blieb in der belgischen Hauptstadt bis zum Herbst 1845 und kehrte dann nach Köln zurück, wo er als Anhänger von Marx wirkte.

Ein anderer war der junge Arzt Roland Daniels (1819-1855), der Marx im November 1844 in Paris kennen gelernt hatte. Er ließ seine Verbindung mit Marx auch nach seiner Rückkehr nach Köln nicht abreißen und wurde ein konsequenter Anhänger der Marxschen Lehre.

In Brüssel machten Marx und Engels auch die Bekanntschaft mit Joseph Weydemeyer (1818-1866), Offizier der Artillerie a.D. Dieser war 1845 wegen seiner oppositionellen Gesinnung aus der preußischen Armee ausgeschieden und hatte sich journalistisch betätigt. Er begeisterte sich für die sozialistischen Ideen und rezensierte als einer der ersten Engels' Buch „Die Lage der arbeitenden Klasse in England". Er wurde zu einem „der tüchtigsten Vorkämpfer der deutschen Arbeiterpartei". Später spielte er eine hervorragende Rolle bei der Propagierung des Marxismus in den USA.

In die belgische Hauptstadt kam im Sommer 1845 der deutsche Dichter und Publizist Georg Weerth (1822-1856), der sich mit Engels schon 1843 in England befreundet hatte. Im Frühjahr 1846 ließ er sich in Brüssel als Agent einer deutschen Handelsfirma nieder. Weerth wurde als Schöpfer der „Handwerksburschenlieder" zum ersten und bedeutendsten Vertreter einer spezifisch proletarischen

Dichtung in Deutschland.

Ein weiterer Anhänger von Marx wurde ein anderer Dichter, Ferdinand Freiligrath (1810-1876). Dieser vertrat bis 1844 die romantische Richtung, begeisterte sich für eine Pseudoexotik und verkündete die Ideen einer „reinen Kunst". Danach wandte er sich aber stärker der Wirklichkeit zu, und in seinen Gedichten klangen revolutionäre Motive an. Im Februar 1845 begegnete er Marx in Brüssel, und obwohl ihre Bekanntschaft dort nur kurze Zeit währte - Freiligrath reiste bald in die Schweiz - prägte sie sich ihm doch tief ein. Sein Schaffen war zwar stark vom „wahren" Sozialismus beeinflusst, doch zeugten einige seiner Werke dafür, dass er sich auch kommunistische Ideen zu eigen gemacht hatte. In der 48er Revolution wurde er - so wie auch die anderen Genannten - Mitarbeiter der „Neuen Rheinischen Zeitung" und hat hier mehrere berühmt gewordene, hinreißende Revolutionsgedichte veröffentlicht. (Besonders zu nennen ist sein „Abschiedswort der Neuen Rheinischen Zeitung".)

Zuletzt erschien in Brüssel ein Mann, der einer der besten Freunde von Marx und Engels werden sollte: Wilhelm Wolff (1809-1864), Sohn eines leibeigenen Bauern, Lehrer aus Schlesien, bekannt geworden durch seine sozialkritischen Reportagen, vor allem durch eine Schilderung der Breslauer Elendsviertel und seine offene Verteidigung des schlesischen Weberaufstandes von 1844. Er war es, dem Marx in geradezu überschwänglichen Worten 1867 den ersten Band des „Kapitals" gewidmet hat. („Gewidmet meinem unvergesslichen Freunde, dem kühnen, treuen, edlen Vorkämpfer des Proletariats Wilhelm Wolff".)

Die Reise nach England

Um die in Brüssel nicht zugängliche wissenschaftliche, vor allem volkswirtschaftliche Literatur zu studieren und die sozialökonomischen Verhältnisse Englands kennenzulernen, unternahm Marx im Sommer 1845 zusammen mit Engels eine Reise nach London und Manchester. Dort hielten sie sich vom 12. Juli bis 21. August auf. Fast anderthalb Monate Studium des entwickeltsten kapitalistischen Landes vermittelten Marx eine bessere Vorstellung von den für die kapitalistische Gesellschaft typischen Erscheinungen, die er zuvor nur in weniger abgeschlossenen Formen in Deutschland, Frankreich und Belgien hatte beobachten können.

In Engels hatte Marx einen unübertrefflichen Reisebegleiter. Nach zweijährigem Aufenthalt auf der Insel beherrschte Engels ausgezeichnet die englische Sprache, die Marx damals erst ungenügend meisterte. Engels kannte die Führer der Chartistenbewegung und schrieb für verschiedene chartistische und sozialistische Zeitungen einschließlich des wichtigsten Chartistenorgans, des „Northern Star". Engels hatte - wie schon erwähnt - 1843 in London die Führer des Bundes der Gerechten Joseph Moll, Karl Schapper und Heinrich Bauer persönlich kennengelernt, und während dieser gemeinsamen Reise machte er auch Marx mit den drei bekannt. Aus dieser

Verbindung erwuchs zwei Jahre später der „Bund der Kommunisten“ und der Auftrag Molls an Marx und Engels, das Programm dieses Bundes auszuarbeiten, das als „Manifest der Kommunistischen Partei“ in die Geschichte eingehen sollte.

Das Kommunistische Korrespondenz-Komitee

Nach Brüssel zurückgekehrt, schufen Marx und Engels mit einigen Gleichgesinnten ein „Kommunistisches Korrespondenz-Komitee“. Marx begründete es in einem Brief an einen französischen Sozialisten mit der Idee, durch einen regen Briefwechsel

> „die Verbindung der deutschen Sozialisten mit den französischen und englischen Sozialisten herzustellen, die Ausländer über die sozialistischen Bewegungen, die sich in Deutschland entfalten werden, auf dem laufenden zu halten, sowie die Deutschen in Deutschland über den Fortschritt des Sozialismus in Frankreich zu informieren. Auf diese Weise werden die Meinungsverschiedenheiten zutage treten können, und man wird zu einem Gedankenaustausch und zu einer unparteiischen Kritik gelangen.“

Die Idee erwies sich als brauchbar. Binnen kurzer Zeit gelang es, in schriftlichen Gedankenaustausch mit revolutionären Vertretern des Chartismus in England, mit französischen und belgischen Sozialisten und mit fortschrittlich gesinnten Intellektuellen in Deutschland zu kommen oder bestehende Kontakte zu festigen. Die besondere Aufmerksamkeit von Marx und Engels galt den deutschen Arbeitern, die sich im Bund der Gerechten zusammengeschlossen hatten. Ende Mai 1846 schlugen Marx und Engels den in London tätigen Bundesfunktionären Bauer, Moll und Schapper vor, dort auch ein Kommunistisches Korrespondenz-Komitee zu bilden. Die drei sagten nicht nur zu, sondern sorgten dafür, dass zahlreiche der geheim wirkenden Gemeinden des Bundes mit dem Brüsseler Komitee in Briefwechsel traten.

Bald bestanden in London und Paris, Le Havre, Kopenhagen, Göteborg, Köln, Elberfeld, Hamburg, Kiel, Magdeburg, Breslau, Leipzig und anderen Städten Korrespondenz-Komitees. Sie erfassten zwar stets nur wenige Mitglieder, waren aber für die Klärung der Auffassungen über den notwendigen Weg der Arbeiterklasse sehr nützlich. Das Brüsseler Komitee wurde auf diese Weise zu einem ideologischen und politischen Zentrum der kommunistischen Bewegung.

Bruch mit Wilhelm Weitling

In dieser Zeit kam es zwischen Marx und Weitling zu einer Auseinandersetzung über grundlegende Fragen, die mit dem Bruch endete.

Wer war nun dieser Wilhelm Weitling, der mit seinen utopisch-kommunistischen Anschauungen einen großen Einfluss auf die frühe Arbeiterbewegung in Deutschland, Österreich und der Schweiz ausübte, den man als eigentlichen theoretischen Kopf des Bundes der Gerechten in den Jahren 1837 bis 1844 und als einzig wirklich bedeutenden Kommunisten der vormarxschen Zeit bezeichnen muss?

Wilhelm Weitling, geboren 1808 in Magdeburg und gestorben 1871 in New York, war ein einfacher Handwerker, ein Schneider, Autodidakt. Sein Hauptwerk „Garantien der Harmonie und Freiheit" aus dem Jahr 1842 wurde von Marx als *„maßloses* und brillantes literarisches Debüt der deutschen Arbeiter" hoch geschätzt. Die „Garantien der Harmonie und Freiheit" und seine Broschüre „Die Menschheit, wie sie ist und wie sie sein sollte" (1838) widerspiegelten sowohl die starken wie auch schwachen Seiten seiner Lehre. Wie wenig er auch die Gesetze der gesellschaftlichen Entwicklung erfasste, wie phantastisch seine Vorstellungen von der zukünftigen kommunistischen Revolution auch waren, mit dem Klasseninstinkt eines Proletariers ahnte er, dass man zum Kommunismus nur über eine tiefgreifende Volksbewegung kommen könne.

Weitlings Hauptverdienst bestand darin, dass er kommunistische Ideen unter den Handwerkern und Arbeitern unermüdlich propagierte. (Er hatte in Wien einen Kreis von Anhängern, wo er 1835 und 1837 für längere Zeit weilte.) Er sah in der Arbeiterklasse allerdings nicht den Umgestalter der Gesellschaft und hob sie nicht von der allgemeinen Masse der Unterdrückten ab. Für das revolutionärste Element hielt er das Lumpenproletariat. Die kommunistische Revolution fasste er vereinfacht als spontane Explosion auf. Er leugnete die Notwendigkeit einer bürgerlichen Revolution in Ländern wie Deutschland und Österreich und war gegen ein Bündnis der Arbeiterschaft mit den bürgerlichen Demokraten. Weitling lehnte die Teilnahme der Arbeiter am politischen Kampf ab und war gegen die Schaffung einer proletarischen Partei.

Weitlings kommunistischen Ansichten lag Gleichmacherei zugrunde. In seinen späteren Schriften zeigten sich die rückständigen Seiten seiner Weltanschauung noch deutlicher. In der Broschüre „Das Evangelium des armen Sünders" (1843) gab er den kommunistischen Ideen einen religiösen Anstrich. Hier verzichtete er bereits auf eine revolutionäre Umgestaltung der Gesellschaft und setzte alle Hoffnungen auf die Gründung kommunistischer Kolonien in Übersee, in den USA, wohin er 1849 auch auswanderte.

Als Weitling Anfang 1846 nach Brüssel kam, bemühten sich Marx und Engels sehr, auf ihn Einfluss zu nehmen und ihm dabei zu helfen, die Mängel seiner Anschauungen zu überwinden. Das war jedoch vergeblich. Krankhaft argwöhnisch, von der Unfehlbarkeit seiner Ansichten überzeugt, war Weitling keinerlei Argumenten zugänglich.

Die Meinungsverschiedenheiten mit Weitling führten in der Sitzung des Brüsseler Komitees am 30. März 1846 zum offenen Konflikt. Der russische Emigrant Annenkow, der zufällig Zeuge der Auseinandersetzung war, schilderte sie anschaulich in seinen Erinnerungen. Die Sitzung eröffnete mit einer Rede der „hochgewachsene, aufrechte, englisch vornehme und ernsthafte" Engels, während Marx am schmalen Ende des Tisches Platz genommen hatte, „den Bleistift in der Hand, sein Löwenhaupt über einen Bogen Papier geneigt". Engels sprach von der Notwendigkeit, dass bei

Leuten, die sich revolutionärer Tätigkeit widmen, Klarheit über ihre gegenseitigen Ansichten herrschen müsse und dass eine gemeinsame Lehre geschaffen werden muss, die allen Anhängern, die entweder nicht die Zeit oder die Möglichkeit haben, sich mit theoretischen Fragen zu befassen, als Banner diene, um das sie sich scharen könnten. Weitlings Antwort, aus der Missachtung der revolutionären Theorie zum Ausdruck kam, wurde von Marx scharf zurückgewiesen. Sich in Deutschland an die Arbeiter zu wenden ohne wirklich wissenschaftlich fundierte Idee und konkrete Lehren sei, wie Marx hervorhob, gleichbedeutend mit einem leeren, gewissenlosen Spiel mit der Propaganda. Als Weitling, so getroffen, Marx und Engels als vom Leben isolierte Stubengelehrte und Doktrinäre, die gegenüber den Drangsalen des Volkes gleichgültig seien, hinstellen wollte, hielt es Marx nicht länger aus, schlug in voller Wut mit der Faust auf den Tisch und rief: „Niemals noch hat die Unwissenheit jemandem genützt".

Nach dieser Niederlage verließ Weitling Ende Mai 1846 Brüssel, und in der Folgezeit billigten und unterstützten die Mitglieder des Kommunistischen Korrespondenz-Komitees die Linie von Marx und Engels, vor allem Bauer, Moll und Schapper in London.

Engels in Paris

Im August reiste Friedrich Engels im Auftrag des Brüsseler Komitees für ein knappes Jahr nach Paris, um den dortigen Mitgliedern des Bundes der Gerechten, emigrierten deutschen Handwerksgesellen und Arbeitern, bei der Überwindung der Ansichten Weitlings und der „wahren" Sozialisten zu helfen.

Als er von denen gefragt wurde, worin denn nach seiner Meinung die Aufgaben der Kommunisten bestünden, antwortete Engels kurz und bündig:

> „1. die Interessen der Proletarier im Gegensatz zu denen der Bourgeoisie durchzusetzen; 2. dies durch Aufhebung des Privateigentums und Ersetzung desselben durch die Gütergemeinschaft zu tun; 3. kein andres Mittel zur Durchführung dieser Absichten anzuerkennen als die gewaltsame, demokratische Revolution."

In seinem Bericht nach Brüssel an Marx fügte Engels hinzu: „Hierüber zwei Abende diskutiert... Als es zur Abstimmung kam, wurde die Versammlung für eine kommunistische im Sinne der obigen Definition erklärt von 13 Stimmen gegen zwei".

Der Beitritt zum Bund der Gerechten

Die intensive Tätigkeit des Brüsseler Kommunistischen Korrespondenz-Komitees trug also langsam Früchte. Im Bund der Gerechten setzte sich mehr und mehr die Erkenntnis durch, dass die verschiedenen utopischen Theorien für die Arbeiter unbrauchbar waren, wohl aber die Ansichten von Marx und Engels sich in der Praxis des Kampfes bewährten.

Im November 1846 berief die Leitung des Bundes - sie lag seit wenigen Wochen in den Händen von Bauer, Moll und Schapper in London - für den 1. Mai 1847 einen Kongress ein, der dann aber erst Anfang Juni stattfand. Er sollte „ein einfaches kommunistisches Glaubensbekenntnis, das allen zur Richtschnur dienen könnte“, beraten.

Ende Jänner 1847 entsandte die Londoner Bundesleitung ihr Mitglied Joseph Moll nach Brüssel zu Marx und nach Paris zu Engels. Moll ersuchte die beiden Freunde, dem Bund beizutreten und an seiner Reorganisation mitzuwirken. Er sicherte ihnen zu, dass sie auf dem Kongress ihre wissenschaftlichen Erkenntnisse darlegen könnten, die dann als Programm des Bundes veröffentlicht werden sollten. Marx und Engels willigten ein. Sie wurden Mitglieder des Bundes, der sich in wichtigen Fragen ihren Ansichten angeschlossen oder genähert hatte.

Proudhon

Mit diesem Beitritt von Marx und Engels zum Bund der Gerechten im Jänner 1847 verlassen wir vorerst ihre Lebensumstände und Aktivitäten und wenden uns einem weiteren wichtigen theoretischen Werk von Marx zu, dem „Elend der Philosophie“ aus dem Jahr 1847, eine Kritik an den Auffassungen des französischen Sozialisten Proudhon. Zunächst einige Ausführungen zu ihm und seiner Lehre, die bis in die siebziger Jahre des 19. Jahrhunderts einen erheblichen Teil der Arbeiterbewegung in Frankreich, Belgien, Italien und Spanien beeinflusste und deren Anhängerschaft dort weit stärker war als der Kreis der Anhänger des Marxismus.

Pierre-Joseph Proudhon (1809 - 1865) stammte aus bäuerlichen Verhältnissen und war von Beruf Schriftsetzer. Er gehört neben dem Engländer Godwin, dem Deutschen Stirner und dem Russen Bakunin zu den Vätern des Anarchismus. Proudhon war der bedeutendste Vertreter des kleinbürgerlichen Sozialismus; er drückte das Denken, Fühlen und Hoffen dieser Sozialschicht aus, der kleinen Unternehmer, selbständigen Handwerksmeister, kleinen Ladenbesitzer sowie der Kleinbauern. 1841 erschien sein bekanntestes Werk „Was ist Eigentum?“, in dem er die lakonische Antwort gab: „Eigentum ist Diebstahl“. Damit meinte er aber nicht jedes Eigentum, sondern nur jenes, das es einem ermöglicht, andere auszubeuten. Das kleine Eigentum verteidigte er sehr wohl.

Proudhons Weltbild war getragen von der Sehnsucht nach einer Gesellschaft selbständiger kleiner Warenproduzenten, die bedroht und zerstört wurde von der maschinellen Industrie und der Habgier der Fabrikanten und Bankiers. Letztere, die Banken, das Kreditwesen, überhaupt das Geld, waren für ihn die großen Verderber, gegen die sich sein Hauptangriff richtete. Das Geld wollte er abschaffen, weil er in ihm die Ursache für das Entstehen einer Ausbeuterschicht sah, die auf Kosten anderer lebte. Er glaubte, mit der Aufhebung des Geldes das Prinzip der Gerechtigkeit verwirklichen zu können, eine Gesellschaft, in der jeder arbeitet und im Austausch für die von ihm hergestellten Waren das volle Äquivalent der aufgewandten Arbeit erhält. Nach diesem Leitgedanken Proudhons wurden in Frankreich und England so genannte „gerechte Austauschbanken“ eingeführt, die aber alle schon nach kurzer Zeit bankrott gingen. Der Grund lag in Proudhons falscher Auffassung vom Wert der Waren. Er glaubte, dass jeder Warenproduzent mit jeder beliebigen Arbeit Wert schaffe, dass sich dieser Wert in Arbeitsstunden ausdrücken lasse und alle Waren daher unter Ausschaltung des Geldes aus- tauschbar seien.

Marx wies aber nach, dass die private Arbeit von Warenproduzenten keineswegs immer Wert schafft. Wert werde nur dann geschaffen, wenn der Arbeitsaufwand der jeweiligen privaten Warenproduzenten zugleich notwendiger Bestandteil der gesellschaftlichen Gesamtarbeit ist, wenn diese Arbeit ein notwendiges Glied der gesellschaftlichen Arbeitsteilung ist, wenn sie von der Gesellschaft benötigte Gebrauchswerte in der erforderlichen Menge schafft. Ist dies nicht der Fall, zeige sich in der Praxis sofort, dass das Produkt dieser Arbeit nicht in den Austausch einbezogen, dass sein Gebrauchswert und Wert nicht vom Markt anerkannt wird.

So war es auch mit Proudhons „gerechten Tauschbanken". Dorthin wurden gewöhnlich die Waren von Kleinproduzenten gebracht, die auf dem normalen Markt nicht absetzbar waren. Trotzdem musste die Bank nach Proudhons Doktrin die Waren annehmen und ihren (nicht vorhandenen) „Wert" entsprechend der darin enthaltenen Arbeitsmenge schätzen. Nach einiger Zeit war die Bank mit solchen unabsetzbaren Waren überhäuft, was zum Bankrott führte. Proudhon zog aus dem (im allgemeinen richtigen) Grundsatz, dass die Waren bei Gleichheit von Angebot und Nachfrage zu ihrem Wert verkauft werden, den Umkehrschluss: wenn die Waren genau zu ihrem Wert verkauft werden, ist damit automatisch Proportionalität, Gleichheit von Angebot und Nachfrage in der Gesellschaft gewährleistet. Er vertauschte Ursache und Wirkung. Marx hat zu diesen Überlegungen - dem Kern der Proudhonschen Politökonomie - im „Elend der Philosophie" sarkastisch geschrieben:

> „Anstatt mit jedermann zu sagen: Wenn das Wetter schön ist, sieht man viele Leute spazierengehen, lässt Herr Proudhon seine Leute spazierengehen, um ihnen gutes Wetter zusichern zu können."

Auch in etlicher anderer Hinsicht war Proudhon eine höchst problematische Figur. 1848 stellte er sich im Juni gegen die aufständischen Pariser Arbeiter, 1851 begrüßte er den Staats- streich Napoleons III.; Organisiertheit und Klassenkampf lehnte er ab; er war ein „friedlicher", gewaltloser Anarchist, gleichzeitig aber auch ein Befürworter der Folter und der Todesstrafe; ein wütender Gegner der Homosexuellen, Juden und Frauen, die für ihn nur an Heim und Herd Platz hatten oder als Kurtisanen. Proudhon war ein typischer „Verbalradikaler", der damit Unreife beeindrucken konnte und sie zu seinen glühenden Verehrern machte.

Mit Proudhon war Marx seit seinem Aufenthalt in Paris bekannt, seit Sommer 1844. Die Beziehungen zwischen ihnen waren zunächst freundschaftlich; Marx schätzte den natürlichen Verstand und die literarische Begabung dieses aus dem Volke stammenden Bauernsohns.

Auch in Brüssel ließ Marx nichts unversucht, auf Proudhon einzuwirken, ihn für eine Zusammenarbeit mit dem Kommunistischen Korrespondenz-Komitee zu gewinnen. In einem Brief vom 5. Mai 1846 an ihn schlug er ihm vor, die Korrespondenz mit dem Komitee für die französische sozialistische Bewegung zu übernehmen. Proudhon lehnte jedoch eine Zusammenarbeit ab. Er sah in der Idee einer revolutionären Umgestaltung der Gesellschaft das Predigen von Gewalt und Willkür und stellte ihr die Idee allmählicher Reformen von oben gegenüber.

„Das Elend der Philosophie“

Im Oktober 1846 veröffentlichte Proudhon ein neues Buch mit dem Titel „System der ökonomischen Widersprüche oder Philosophie des Elends“. Es war als eine Art Evangelium angelegt, das die Grundlagen der Gesellschaftswissenschaften erschüttern und den Schlüssel zur Lösung der sozialen Frage liefern sollte. In Wirklichkeit zeigte die „Philosophie des Elends“, dass ihr Verfasser weder die philosophische Methode Hegels noch die englische bürgerliche Politökonomie verstanden hatte. Was Proudhon für einen großen Fortschritt hielt, war ein Rückschritt gegenüber Hegel, Smith und Ricardo. Diese Schrift bewog Marx endgültig, gegen Proudhon offen aufzutreten. An diesem „Anti-Proudhon“ arbeitete er nicht sehr lange, von Dezember 1846 bis März 1847. Marx schrieb es in französischer Sprache, die er wie eine zweite Muttersprache vollkommen beherrschte. Im Druck erschien es Anfang April 1847 in Paris und Brüssel, auf deutsch erstmals im Jahr 1885. In der Werkausgabe umfasst die Schrift 118 Seiten. Ihr Titel lautet in ironischer Umkehrung des Buches von Proudhon „Das Elend der Philosophie. Antwort auf Proudhons ‘Philosophie des Elends’“.

Marx wollte mit seinem neuen Werk Proudhons Ansichten kritisieren, geworden ist aber weit mehr daraus: eine Weiterentwicklung seiner eigenen philosophischen und ökonomischen Anschauungen mit neuen Gedanken über die Arbeiterbewegung und ihre Taktik. Vor allem aber war dieses Buch das Debüt von Marx als Ökonom, der zuvor ja nur als Philosoph einen Ruf in der Öffentlichkeit hatte.

Marx legte im „Elend der Philosophie“ dar, dass eine echte Ökonomie auf der Erkenntnis der objektiven Prozesse des materiellen Lebens der Gesellschaft, vor allem auf einem Studium der Bedingungen der materiellen Produktion beruhen muss. Abstraktionen, logische Kategorien könnten nur dann helfen, die Erscheinungen wissenschaftlich zu erkennen, wenn sie diese Prozesse abbilden. Andererseits existieren weder die realen Verhältnisse noch die sie ausdrückenden ökonomischen Kategorien ewig, sondern tragen einen historischen, vorübergehenden Charakter.

Zweitens schenkte Marx im „Elend der Philosophie“ bereits der Methode der materialistischen Dialektik selbst besonderes Augenmerk. Zum

Unterschied von Hegel, der die Dialektik nur als eine Eigenschaft des Denkens angesehen hatte, dessen Anderssein die passive Materie sei, sah Marx die Urquelle der dialektischen Bewegung in den materiellen Erscheinungen, im Leben selbst, dessen Abbild die Entwicklung der Ideen und Begriffe ist.

Drittens entwickelte Marx die Grundlagen der materialistischen Geschichtsauffassung. In einer gedrängten Formel drückte er ihr Wesen - Einheit der Produktivkräfte und der Produktionsverhältnisse, unausbleibliche Ablösung der Produktionsweise infolge der Veränderung der sich ständig entwickelnden Produktivkräfte - aus:

> „Die sozialen Verhältnisse sind eng verknüpft mit den Produktivkräften. Mit der Erwerbung neuer Produktivkräfte verändern die Menschen ihre Produktionsweise, und mit der Veränderung der Produktionsweise, der Art, ihren Lebensunterhalt zu gewinnen, verändern sie alle ihre gesellschaftlichen Verhältnisse. Die Handmühle ergibt eine Gesellschaft mit Feudalherren, die Dampfmühle eine Gesellschaft mit industriellen Kapitalisten."

Marx erklärte den Begriff „Produktivkräfte", indem er schrieb, dass er nicht nur die Produktionsinstrumente, sondern auch die Arbeiter umschließt. Er prägte die These, dass „die größte Produktivkraft die revolutionäre Klasse selbst" sei.

Viertens behandelte Marx auch verschiedene Kategorien der politischen Ökonomie neu, vor allem die grundlegende Kategorie des Werts. Im Gegensatz zu Proudhon, der im Wert nur die „Idee des Werts" sah, sie als einen reinen Denkbegriff behandelte, verlegte Marx die Entstehung des Werts in jenes reale Entwicklungsstadium der Produktion und des Austauschs, in dem die Produkte der Arbeit zum Gegenstand des Handels wurden. Im „Elend der Philosophie" verstand Marx unter dem Wert die in den Waren eingegangene menschliche Arbeit. Der Wert werde durch das Quantum der für die Herstellung der Ware verausgabten gesellschaftlich notwendigen Arbeitszeit bestimmt, bemerkte er mit Smith und Ricardo. Zum Unterschied von diesen suchte er jedoch zu beweisen, dass die Produkte der menschlichen Arbeit nur unter spezifischen gesellschaftlichen Bedingungen zu einer Ware werden, Wertform annehmen, nämlich wenn die Produktion gesellschaftlichen Charakter trägt.

Fünftens legte Marx dar, dass nicht das Geld an sich den Widerspruch des bürgerlichen Systems hervorbringt, sondern das System in seiner Grundlage selbst widersprüchlich ist. Es setze notwendigerweise die Existenz des Wertes, des Geldes voraus. Er schrieb: „Das Geld ist nicht eine Sache, sondern ein gesellschaftliches Verhältnis". Die inneren Widersprüche des Kapitalismus ließen sich nicht dadurch beseitigen, dass man das Geld abschafft, denn diese Widersprüche würden durch die Produktionsform hervorgebracht, sie seien Produkt des kapitalistischen Privateigentums.

Obwohl Marx im „Elend der Philosophie"

die Kritik der klassischen politischen Ökonomie noch nicht zu Ende führte, ging er bei der Erforschung der ökonomischen Wirklichkeit von völlig neuen methodologischen Voraussetzungen und ganz anderen Kriterien als die bürgerlichen Ökonomen aus. Er begann mit der Ausarbeitung einer proletarischen politischen Ökonomie auf völlig neuer Grundlage bei gleichzeitiger Ausnutzung alles Rationellen, das seine Vorgänger geleistet hatten.

Aber auch auf dem Gebiet der Strategie und Taktik der Arbeiterbewegung entwickelte Marx im „Elend der Philosophie“ wichtige Prinzipien. Er war grundsätzlich anderer Meinung als Proudhon, der die positive Bedeutung des Streikkampfes für die Arbeiter leugnete und behauptete, dass die Arbeiter sich gewerkschaftlich überhaupt nicht organisieren wollten (und sollten). Marx widerlegte diese Erfindungen anhand konkreter Tatsachen und zeigte, dass die Vereinigung zu Koalitionen für die Arbeiter eine Schule des Klassenkampfes, eine Form der Vorbereitung für ihren revolutionären Angriff auf die kapitalistische Ordnung sei.

Marx nannte die Gewinnung eines klassenmäßigen, sozialistischen Bewusstseins entscheidend bei der Verwandlung des Proletariats aus einer Masse, die „bereits eine Klasse gegenüber dem Kapital, aber noch nicht für sich selbst“ ist, in eine „Klasse für sich“.

Über die Bedeutung des ökonomischen Kampfes der Arbeiter schrieb Marx, dass er sich unbedingt in politische revolutionäre Aktionen verwandeln müsse, weil jeglicher Kampf einer Klasse gegen eine andere ein politischer Kampf sei. Er formulierte damit eine der wichtigsten Thesen, die These von der Einheit des ökonomischen und des politischen Kampfes des Proletariats und von der entscheidenden Rolle des politischen Kampfes bei seiner Befreiung.

7. Kapitel: Der „Bund der Kommunisten“ 1847; Engels’ „Grundsätze des Kommunismus“; Marx/Engels „Manifest der Kommunistischen Partei“

Europa 1846/47

1846/47 zeichnete sich in Europa das Wetterleuchten der herannahenden Revolution schon deutlich am Horizont ab. Im Jahr 1847 brach eine Wirtschaftskrise aus, die Frankreich, Deutschland, Belgien, die USA und andere Länder erfasste. Besonders stark traf sie England. Der durch die Krise verursachte Notstand wurde durch Getreide- und Kartoffelmissernten in verschiedenen Ländern Europas noch verschlimmert. Irland wurde wegen einer Kartoffelkrankheit 1845 bis 1847 von einer schweren Hungersnot heimgesucht.

Hungerunruhen erfassten die Länder des europäischen Festlands von Ostpreußen bis zur Bretagne. In Frankreich streikten die Arbeiter. Die Wut der Volksmassen richtete sich gegen den Feudaladel, die Bürokratie, die Hofcliquen in den Ländern, in denen die Überreste des Absolutismus erhalten geblieben waren (Preußen, Österreich, Italien), und gegen die Finanzoligarchie, die ihre Macht in bürgerlichen Monarchien wie Frankreich und Belgien monopolisiert hatte. Unter dem Druck der revolutionären Stimmung der Massen wagten die Vertreter der demokratischen und liberalen Opposition entschiedenere Aktionen. Anfang 1847 entstand in Frankreich eine Bewegung, die eine Reform des Wahlrechts forderte. Zu einem akuten Konflikt zwischen Regierung und bürgerlicher Opposition kam es in Preußen. Wegen der finanziellen Notlage musste König Friedrich Wilhelm IV. im April 1847 den Vereinigten Landtag einberufen. Dessen bürgerliche Mehrheit wollte jedoch nicht für eine Anleihe stimmen, solange die Verfassung nicht eingeführt war. Der König löste den Landtag am 26. Juni auf, ohne von ihm Zugeständnisse erreicht zu haben. Zu einer Verschärfung der Lage kam es auch in den anderen deutschen Staaten.

Auch der nationale Befreiungskampf der unterdrückten Völker erfuhr eine Zuspitzung. Im Februar 1846 hissten polnische Revolutionäre die Fahne der nationalen Unabhängigkeit in der Freistadt Krakau, die unter dem gemeinsamen Protektorat von Österreich, Preußen und Russland stand. Der Aufstand wurde niedergeschlagen und Krakau gewaltsam Österreich angegliedert. In Ungarn forderte die nationale Opposition unter der Führung von Lajos Kossuth die Autonomie. In den deutschen Gebieten Österreichs wuchs unter den Volksmassen und den bürgerlichen Schichten der Hass gegen das Regime des Kanzlers Metternich. In den italienischen Staaten breitete sich die Unzufriedenheit mit der österreichischen Herrschaft in Nord- und Mittelitalien, gegen den Kirchenstaat und das despotische Regime in Neapel mit wachsender Stärke aus. Der revolutionäre Aufschwung führte im Jänner 1848 zu einem Volksaufstand in Palermo, der sich gegen die Herrschaft der Bourbonen richtete.

Der erste Kongress des Bundes der Gerechten

In dieser Situation tagte vom 2. bis 9. Juni 1847 in London der erste Kongress des Bundes der Gerechten, dem Marx und Engels im Februar beigetreten waren. Auf dem Bundeskongress sollte ein neues Statut und ein neuer Programmentwurf beraten werden. Marx und Engels trugen wesentliche Gedanken zum Statuten- und Programmentwurf bei. Karl Marx konnte am Kongress nicht persönlich teilnehmen. Es fehlte, trotz aller Bemühungen, am Reisegeld. Durch Friedrich Engels, der von den Pariser Bundesmitgliedern delegiert worden war, und seinen Freund Wilhelm Wolff wusste er sich jedoch aufs beste vertreten.

Die Delegierten, insgesamt etwa zwölf bis fünfzehn, diskutierten ausführlich die künftigen Organisationsprinzipien und formulierten einen Statutenentwurf, der allen Bundesmitgliedern bis zum nächsten Kongress zur Beratung unterbreitet wurde. Der Bund sollte eine demokratisch, aber straff organisierte Partei mit gewählten, rechenschaftspflichtigen und abberufbaren Leitungen werden. Der jährlich durchzuführende Kongress wurde zum höchsten Organ bestimmt und der Bund in Zentralbehörde, Kreise und Gemeinden gegliedert. Die einzelnen Gemeinden durften nicht weniger als drei und - da der Bund noch im geheimen wirken musste - nicht mehr als zwölf, später zwanzig Mitglieder zählen. Das alles waren bereits Organisationsprinzipien, die später als demokratischer Zentralismus bezeichnet wurden. Große Bedeutung maßen Marx und Engels den Pflichten jedes Bundesmitglieds zu. Der Statutenentwurf forderte von jedem, sich zum Kommunismus zu bekennen und sich den demokratisch gefassten Beschlüssen zu fügen, im politischen Auftreten und persönlichen Leben Vorbild zu sein, revolutionäre Energie und Eifer bei der Aneignung der Theorie zu zeigen.

Die Delegierten beschlossen einen neuen Namen für den Bund: Bund der Kommunisten. An die Stelle der alten Bundeslosung „Alle Menschen sind Brüder!“ setzten sie, vermutlich auf Vorschlag von Engels, den neuen Kampfruf „Proletarier aller Länder, vereinigt euch!“

In der Programmdiskussion verfochten Friedrich Engels und Wilhelm Wolff die neuen wissenschaftlichen Erkenntnisse. Davon zeugte das Ergebnis der Kongressdebatte, ein Programmentwurf unter dem Titel „Entwurf eines kommunistischen Glaubensbekenntnisses“ in der damals unter den Arbeitern populären Form von 22 Fragen und Antworten. Engels, der nicht sein alleiniger Verfasser war, schrieb ihn nieder; Karl Schapper als Vorsitzender und Wilhelm Wolff als Sekretär des Kongresses unterzeichneten ihn. Der Entwurf enthielt bereits marxistische Grundsätze, zugleich aber auch noch Reste nicht überwundener utopischer und idealistischer Ansichten. Auch dieser Entwurf wurde den Bundesmitgliedern zur gründlichen Diskussion übersandt.

Mit dem ersten Kongress war ein wichtiger Schritt auf dem Weg zur Partei getan. Der nächste Kongress wurde für Ende November 1847 nach London einberufen. Er sollte endgültig die Statuten beschließen und die Debatte über das Programm zum Abschluss bringen. Hierfür durch energische Propagierung ihrer Auffassungen die Vorbedingungen zu schaffen, betrachteten Marx und Engels als ihren persönlichen Auftrag. Die folgenden Monate waren durch eine fast hektisch zu nennende Aktivität gekennzeichnet.

Gründung des Deutschen Arbeitervereins in Brüssel

Anfang August 1847 konstituierte sich in Brüssel die Kreisbehörde des Bundes der Kommunisten, zu deren Leiter Karl Marx gewählt wurde. In Paris wurde Engels Mitglied der Kreisbehörde. Gemeinsam mit Engels - er hielt sich von Ende Juli bis Mitte Oktober 1847 wieder in Brüssel auf - ging Marx daran, die Verbindungen des Bundes mit den Arbeitern zu erweitern und enger zu knüpfen. Zu diesem Zweck gründeten beide Ende August in Brüssel den Deutschen Arbeiterverein. Er war eine legale Organisation, die unter dem Einfluss der geheim tätigen örtlichen Gemeinde des Bundes stand und bald etwa hundert Mitglieder umfasste.

Jeden Mittwoch- und Sonntagabend trafen sich die Mitglieder des Arbeitervereins im heute noch erhaltenen Haus „Zum Schwan“ an der Grande Place, dem alten Zunfthaus der Brüsseler Fleischhauer. Marx nahm regelmäßig an den Veranstaltungen teil, denn er meinte, „dass, so klein sie sein mag, die öffentliche Tätigkeit unendlich erfrischend auf jeden wirkt“. Wurde am Mittwochabend über politische und soziale Themen diskutiert, so standen an den Sonntagen nach einer politischen Wochenübersicht von Wilhelm Wolff gesellige Unterhaltungen auf dem Programm (Gesang, Tanz, Theaterspiele, Rezitationen von Jenny Marx aus der Weltliteratur). Karl Marx hielt hier um die Jahreswende 1847/48 mehrere Vorträge über das kapitalistische System, die 1849 unter dem Titel „Lohnarbeit und Kapital“ veröffentlicht wurden. Hier sammelte er Erfahrungen als Referent und Propagandist gegenüber Hörern, denen er komplizierte Zusammenhänge möglichst einfach erklären musste.

Im Spätsommer 1847 gelang es Marx und Engels, auf die „Deutsche-Brüsseler-Zeitung“ Einfluss zu gewinnen. Dieses demokratische Blatt war unter deutsch lesenden Arbeitern und fortschrittlichen Intellektuellen in Belgien, Frankreich, der Schweiz und London beliebt. Moses Heß, Karl Schapper, Georg Weerth und Ferdinand Wolff arbeiteten daran mit, schließlich auch Karl Marx, Friedrich Engels und Wilhelm Wolff. Ende 1847 konnten die in Brüssel lebenden deutschen Bundesmitglieder die Zeitung sogar völlig in ihre Hand nehmen. Sie wurde, wenn auch nur für kurze Zeit, zum Organ des Bundes der Kommunisten. Marx und Engels betonten in mehreren Artikeln darin den Zusammenhang des Kampfes um die Demokratie mit dem Kampf um den Sozialismus.

Das sogleich in die Tat umsetzend, beteiligten sie sich in Brüssel an der Gründung der „Association démocratique“. Diese Gesellschaft vereinte proletarische Revolutionäre mit bürgerlichen und kleinbürgerlichen Demokraten aus Belgien, Deutschland, Frankreich, Italien, der Schweiz und Polen. Präsident war ein Belgier, Vizepräsidenten waren ein französischer Sozialist und Friedrich Engels. Er hatte zuerst nicht kandidieren wollen, weil er „so schrecklich jung aussehe“. Dann meinte er aber, man habe in Brüssel „nichts Demokratisches geschehen zu lassen, wobei wir nicht beteiligt seien“. Als Engels wieder nach Paris ging, wurde an seiner Stelle Marx zum Vizepräsidenten gewählt.

„Grundsätze des Kommunismus“

Für den zweiten Kongress des Bundes der Kommunisten arbeitete Friedrich Engels im Oktober 1847 unter Verwendung des „Kommunistischen Glaubensbekenntnisses“ einen verbesserten Entwurf aus, die „Grundsätze des Kommunismus“. Sie wurden damals nicht gedruckt, nur in lithographierter Form an die Bundesmitglieder ausgesandt, später in seinem Nachlass gefunden und 1914 erstmals publiziert. In der Werkausgabe umfasst die Schrift 18 Seiten.

Formal hatte sich Engels in diesem Dokument an den Londoner Entwurf des „Glaubensbekenntnisses“ gehalten. Die Gliederung, die meisten Fragen und auch einige Antworten hatte er übernommen, viele wesentliche Aussagen jedoch - entsprechend neu gewonnenen eigenen Erkenntnissen und dem von Marx im „Elend der Philosophie“ Dargelegten - vollständig neu formuliert. Aber er war mit der Form der Darstellung nicht recht zufrieden. Kurz vor der gemeinsamen Reise mit Marx zum zweiten Bundeskongress nach London schrieb er an ihn:

> „Überleg Dir doch das Glaubensbekenntnis etwas. Ich glaube, wir tun am besten, wir lassen die Katechismusform weg und titulieren das Ding: Kommunistisches *Manifest*. Da darin mehr oder weniger Geschichte erzählt werden muss, passt die bisherige Form gar nicht. Ich bringe das hiesige mit, das ich gemacht habe, es ist einfach erzählend, aber miserabel redigiert, in fürchterlicher Eile. Ich fange an: Was ist Kommunismus? und dann gleich das Proletariat - Entstehungsgeschichte, Unterschied von früheren Arbeitern, Entwicklung des Gegensatzes des Proletariats und der Bourgeoisie, Krisen, Folgerungen.“

Die erste Frage nach dem Wesen der kommunistischen Theorie beantwortete Engels mit der bündigen Definition: „Der Kommunismus ist die Lehre von den Bedingungen der Befreiung des Proletariats“. Als Aufgaben der Kommunisten bezeichnete er „die Verteidigung, Diskussion und Verbreitung ihrer Grundsätze und damit die Vereinigung des Proletariats zu einer eng verbündeten, kampfbereiten und organisierten Klasse“.

Nach einer kurzen Darstellung der Entstehung und der Rolle der Arbeiterklasse formulierte Engels seine Gedanken über die sozialistische Revolution. Er wandte sich gegen die ultraradikale Auffassung, dass eine Revolution willkürlich „gemacht“ werden könne. Die Kommunisten wissen, schrieb er, „dass alle Verschwörungen nicht nur nutzlos, sondern sogar schädlich" sind. Die objektiven und subjektivem Bedingungen der sozialen Revolution entstünden durch die Entwicklung des Kapitalismus selbst, einerseits durch „die wachsende Unzufriedenheit, andererseits durch die wachsende Macht des Proletariats".

Die grundlegende Aufgabe des Proletariats und seines neuen demokratischen Staates bestehe nach der Machteroberung darin, das Privateigentum abzuschaffen. Die Aufhebung des Privateigentums sei „die kürzeste und bezeichnendste Zusammenfassung der aus der Entwicklung der Industrie notwendig hervorgehenden Umgestaltung der gesamten Gesellschaftsordnung" und werde „daher mit Recht von den Kommunisten als Hauptforderung hervorgehoben". Engels wies die Behauptung zurück, die Kommunisten wollten jegliches persönliches Eigentum abschaffen, und er erläuterte, dass es vielmehr um die Abschaffung des kapitalistischen Privateigentums an den Produktionsmitteln und um seine Vergesellschaftung gehe. Die neue Gesellschaftsordnung werde „vor allen Dingen den Bereich der Industrie und aller Produktionszweige überhaupt aus den Händen der einzelnen, einander Konkurrenz machenden Individuen nehmen". Auf die Frage, ob die Beseitigung des Privateigentums auf friedlichem Wege möglich sei, antwortete Engels:

> „Es wäre zu wünschen, dass dies geschehen könnte, und die Kommunisten wären gewiss die letzten, die sich dagegen auflehnen würden."

Die Kommunisten sehen aber auch, schrieb er weiter, „dass die Entwicklung des Proletariats in fast allen zivilisierten Ländern gewaltsam unterdrückt wird und dass hierdurch von den Gegnern der Kommunisten auf eine Revolution mit aller Macht hingearbeitet wird".

Engels sprach hier erstmals den Gedanken aus, dass ein friedlicher Weg zum Sozialismus nicht auszuschließen und möglich sei - unter welchen Umständen, wurde von Marx und Engels in ihren späteren Schriften präzisiert.

Weiters machte Engels darauf aufmerksam, dass die Abschaffung des Privateigentums nicht mit einem Schlag möglich sein wird, sondern dass das Proletariat „nur allmählich" die Gesellschaft umgestalten könne. In diesem Zusammenhang konzipierte er die Idee von den zwei Etappen der Revolution - einer demokratischen und einer darauf folgenden proletarisch-sozialistischen - und ließ bereits den Gedanken vom Hinüberwachsen der einen in die andere Etappe anklingen.

In der neuen Ordnung, erklärte Engels, werden das Privateigentum an Produktionsmitteln und die Konkurrenz aufgehoben. An ihre Stelle wird die Assoziation treten, „die gemeinsame Benutzung aller Produktionsinstrumente". Alle Produktionszweige werden „durch die ganze Gesellschaft, d.h. für gemeinschaftliche Rechnung, nach gemeinschaftlichem Plan und unter Beteiligung aller Mitglieder der Gesellschaft" betrieben werden. Damit zeichnete Engels die wichtigsten Prinzipien sozialistischer Planwirtschaft vor.

Schließlich entwarf Engels in den „Grundsätzen des Kommunismus" ein Bild des neuen Menschen. Die gemeinsam und planmäßig von der ganzen Gesellschaft betriebene Industrie setze „Menschen voraus, deren Anlagen nach allen Seiten hin entwickelt sind, die imstande sind, das gesamte System der Produktion zu überschauen". Um das zu erreichen, werde die Gesellschaft „ihren Mitgliedern Gelegenheit geben, ihre allseitig entwickelten Anlagen allseitig zu betätigen". In den neuen Familienbeziehungen werde auch die „Abhängigkeit des Weibes vom Mann" aufhören.

Die „Grundsätze des Kommunismus" von Engels waren der erste, ganz und gar auf marxistischen Prinzipien beruhende Entwurf eines Programms einer Partei der Arbeiterklasse. Er skizzierte darin zum ersten Mal ausführlicher einige Wesenszüge der sozialistischen Gesellschaft: Gebundenheit an bestimmte Grundvoraussetzungen; politische Macht der Arbeiterklasse; Gemeineigentum an den Produktionsmitteln; Bündnis zwischen den objektiv mit der Arbeiterschaft übereinstimmenden gesellschaftlichen Kräften; Herstellung neuer menschlicher Beziehungen auf der Grundlage der sozialistischen Demokratie.

Der zweite Kongress des Bundes der Kommunisten

Engels hatte die „Grundsätze des Kommunismus" in seinem Reisegepäck, als er am 27. November 1847 in Ostende mit Karl Marx zur gemeinsamen Überfahrt nach England zusammentraf. Schon am 29. November nahmen beide in London an einem Meeting teil, das die „Fraternal Democrats", eine ähnliche Organisation wie die Demokratische Gesellschaft in Brüssel, veranstalteten. Es galt dem Jahrestag des polnischen Aufstandes von 1830 und fand im Saal des Londoner Kommunistischen Arbeiterbildungsvereins statt.

Marx und Engels wurden zu Reden aufgefordert. Beide solidarisierten sich mit dem Kampf des polnischen Volkes für seine nationale Unabhängigkeit. Friedrich Engels sprach hier den berühmt gewordenen Satz:

> „Eine Nation kann nicht frei werden und zugleich fortfahren, andre Nationen zu unterdrücken."

Und er fügte dem noch hinzu:

> „Die Befreiung Deutschlands kann also nicht zustande kommen, ohne dass die Befreiung Polens von der Unterdrückung durch Deutsche zustande kommt."

Am Abend des 29. November 1847 begann dann der zweite Kongress des Bundes der Kommunisten. Delegierte waren aus Belgien, Deutschland, England, Frankreich, der Schweiz und anderen Ländern erschienen. Erneut wurde Karl Schapper zum Präsidenten gewählt, zum

Sekretär diesmal Friedrich Engels. Der Kongress tagte länger als eine Woche, immer nur abends und nachts, weil die in London lebenden Delegierten tagsüber ihrer zwölf- oder noch mehrstündigen Berufsarbeit nachgehen mussten.

Der Großteil der Sitzungen widmete sich der Programmdiskussion. Marx und Engels legten nochmals ausführlich die Leitideen ihrer Theorie dar und stellten sie den Arbeiterdelegierten zur Diskussion.

Am Abend des 8. Dezember gingen die Beratungen zu Ende. Die Delegierten bestätigten die Statuten, die nach erneuter Debatte überarbeitet worden waren und im ersten Artikel den Grundgedanken des wissenschaftlichen Kommunismus klar aussprachen:

> „Der Zweck des Bundes ist der Sturz der Bourgeoisie, die Herrschaft des Proletariats, die Aufhebung der alten, auf Klassengegensätzen beruhenden bürgerlichen Gesellschaft und die Gründung einer neuen Gesellschaft ohne Klassen und ohne Privateigentum."

Die von Marx und Engels vertretenen programmatischen und taktischen Grundsätze wurden von den Delegierten gebilligt und die beiden „mit der Abfassung eines für die Öffentlichkeit bestimmten, ausführlichen theoretischen und praktischen Parteiprogramms" beauftragt.

Der Eindruck, den Marx auf die Kongressteilnehmer machte, war tief. Ein Delegierter aus Deutschland, das Bundesmitglied Friedrich Leßner, schrieb später in seinen Erinnerungen:

> „Um diese Zeit sah ich Marx und Engels zum ersten Male. Der Eindruck, den diese Männer auf mich machten, werde ich nie vergessen. Marx war damals noch ein junger Mann; er zählte ungefähr 28 Jahre, dennoch hat er uns allen mächtig imponiert. Marx war mittelgroß, breitschultrig, von kräftigem Körperbau und energischer Haltung. Die Stirn war hoch und fein ausgearbeitet, das Kopfhaar dicht und rabenschwarz, der Blick durchdringend. Der Mund zeigte schon zu jener Zeit jenen sarkastischen Zug, den die Gegner so fürchteten. Marx war zum Volksführer geboren. Seine Rede war kurz, bündig und von zwingender Logik. Er machte keine überflüssigen Worte; jeder Satz - ein Gedanke, und jeder Gedanke - ein notwendiges Glied in der Kette seiner Beweisführung. Marx hatte nichts Träumerisches an sich. Je mehr ich den Unterschied zwischen dem Kommunismus der Weitlingschen Periode und dem des 'Kommunistischen Manifests' erkannte, desto klarer wurde es mir, daß Marx das Mannesalter des sozialistischen Gedankens repräsentierte."

Die Ausarbeitung des Manifests und seine Drucklegung

Noch in London begannen Marx und Engels mit der Ausarbeitung des Parteiprogramms. Mitte Dezember kehrten sie nach Brüssel zurück und setzten dort die gemeinsame Niederschrift bis gegen Ende Dezember 1847 fort. Eine wesentliche Hilfe waren die „Grundsätze", auch wenn beide die darin benützte Form von Frage und Antwort nicht mehr anwandten. Zum Jahresausgang mußte Engels aber mit politischen Aufträgen wieder nach Paris zurück. Marx arbeitete nun allein am

Programmtext weiter, und seine Frau Jenny half ihm dabei als Sekretärin.

Die Zeit verging. Die Londoner Zentralbehörde wurde nervös. Am 25. Jänner 1848 schickte sie eine dringende Mahnung an die Brüsseler Kommunisten, „ dem K. Marx anzuzeigen, dass, wenn das 'Manifest der Kommunistischen Partei'... nicht bis Dienstag, 1. Februar d.J., in London angekommen ist, weitere Maßregeln gegen ihn ergriffen werden".
Auch für Marx galt also die Parteidisziplin. Doch das Ultimatum war nicht nötig. Das Manuskript war zu diesem Zeitpunkt bereits auf dem Weg nach London.

Das Manifest ist zum Großteil von Marx verfasst worden. Er bemühte sich, es äußerst knapp zu halten, die Grundideen der neuen Lehre in konzentrierter, gedrängter Form darzulegen. Die zweite schwierige Aufgabe bestand darin, der Schrift eine literarisch vollkommene Form zu geben, die Leidenschaft und revolutionäres Pathos mit klarem und ausgefeiltem Stil verband. In diesem Werk zeigte sich Marx nicht nur als Genie revolutionären Denkens, sondern auch als großer Meister des Wortes.

Uns ist nur eine einzige Manuskriptseite des Manifests erhalten geblieben. Sie macht deutlich, wieviel Marx sich selbst abverlangte. Er feilte an jedem Satz, strich und wechselte Ausdrücke aus, die ihn nicht befriedigten und suchte unentwegt nach den richtigen Worten.

Das Manifest wurde in einer kleinen Londoner Druckerei gedruckt. Sie gehörte dem deutschen Emigranten J.E. Burghard, einem Mitglied des Bundes der Kommunisten und des deutschen Arbeiterbildungsvereins. Das Erscheinen der ersten Auflage fiel mit der Februarrevolution in Frankreich zusammen. Mitte März 1848 trafen in Paris 1000 Exemplare zur Verbreitung in Frankreich und Deutschland ein. Der Rest der Auflage ging in andere Länder.

Im April und Mai 1848 wurden in derselben Druckerei eine weitere Auflage gedruckt. Gleichzeitig erschienen Auszüge des Manifests von März bis Juli 1848 in der „Deutschen Londoner Zeitung".

Sehr bald gab es verschiedene Versuche, das Manifest in anderen europäischen Sprachen herauszugeben. In Frankreich kam es in den Jahren 1848 bis 1851 zu drei oder vier Übersetzungen, 1848 wurde es in Paris ins Italienische und Spanische übersetzt. Diese Übersetzungen blieben jedoch unveröffentlicht. Im April 1848 übersetzte Engels das Manifest während seines Aufenthalts in Barmen ins Englische. Die erste englische Ausgabe erschien jedoch erst zwei Jahre später als Artikelserie in der Chartistenzeitschrift „The Red Republican" von Juli bis November 1850. Der Redakteur der Zeitschrift, Harney, nannte in seiner Einleitung zum ersten Mal *die Namen der Verfasser*; in allen vorangegangenen - auch im Erstdruck - und vielen nachfolgenden Ausgaben erschien das Manifest *anonym*.

Durch Bemühungen dänischer Mitglieder der Gesellschaft der Fraternal Democrats kam 1848 eine dänische

Ausgabe zustande. Ende 1848 erschien in Paris eine polnische Ausgabe, wenig später in Stockholm eine schwedische.

Mit dem Anwachsen der proletarischen Bewegung vergrößerte sich der Leserkreis des Manifests, erschienen immer neue Ausgaben. Es wurde zur meistgedruckten Schrift des Marxismus und darüber hinaus zu einer der meistgedruckten Schriften in der Geschichte des Buchwesens überhaupt, mit Millionenauflagen in fast allen Sprachen.

Das „Manifest der Kommunistischen Partei", eine 23 Seiten starke Broschüre in einem graugrünen Umschlag, ist die bedeutendste politische Flugschrift, die es je gab; keine andere hat in der Menschheitsgeschichte auch nur entfernt eine vergleichbare Wirkung ausgeübt wie sie. Sie ist ein unübertroffenes Meisterwerk der politischen Propagandaliteratur.

Der Inhalt des „Manifests der Kommunistischen Partei"

Das Manifest gliedert sich in vier Teile. In den Kapiteln I und II werden die theoretischen Grundlagen des wissenschaftlichen Kommunismus dargelegt, Kapitel III ist eine Kritik an den verschiedenen Richtungen des nichtmarxistischen Sozialismus und Kapitel IV eine Ausformulierung der Taktik des Proletariats in den verschiedenen Ländern.

Im Kapitel I, „Bourgeois und Proletarier", wird die Unausbleiblichkeit der kommunistischen Revolution begründet. Die Darlegung beginnt mit einer der wichtigsten Verallgemeinerungen, zu der die marxistische Geschichtskonzeption führt: „Die Geschichte aller bisherigen Gesellschaft ist die Geschichte von Klassenkämpfen". Von dieser Warte aus wird dann die zeitgenössische, die bürgerliche Gesellschaft betrachtet. Diese Gesellschaft zerfalle mehr und mehr in zwei gegensätzliche, antagonistische Klassen - die Bourgeoisie und das Proletariat. Dann folgt die Analyse der Entwicklung und des Kampfes dieser beiden Hauptklassen der bürgerlichen Gesellschaft, die auf eine Analyse der wichtigsten materiellen Voraussetzungen für die kommunistische Umwälzung hinausläuft.

In der ersten Hälfte des Kapitels I wird die Entwicklung der neuen Produktivkräfte betrachtet, die unter der Herrschaft der Bourgeoisie vor sich geht. Marx und Engels strichen hier hervor, dass die Bourgeoisie in der Geschichte eine „höchst revolutionäre Rolle gespielt" habe, indem sie die patriarchalischen, scheinbar „natürlichen" Bindungen zwischen den Menschen zerstörte, alle menschlichen Beziehungen auf das von nichts mehr verhüllte „nackte" Interesse reduzierte, indem sie die alten „ehrwürdigen" Berufe auf gewöhnliche Lohnarbeit zurückführte, indem sie der Industrie, dem Handel und damit auch der menschlichen Kultur einen kosmopolitischen Charakter verlieh, die nationale Geschlossenheit und Beschränktheit sprengte und alle Völker der Erde in den Sog technologischer und kultureller Entwicklung hineinzog.

In der zweiten Hälfte des Kapitels I werden Entstehung und Entwicklung des Proletariats untersucht, jener Kraft, die dazu berufen sei, die bürgerlichen Produktionsverhältnisse, die für die weitere Entwicklung der modernen Produktivkräfte zur Fessel werden, aufzuheben. Marx und Engels schrieben:

> „Aber die Bourgeoisie hat nicht nur die Waffen (gemeint die modernen Produktivkräfte, H.H.) geschmiedet, die ihr den Tod bringen, sie hat auch die Männer erzeugt, die diese Waffen führen werden - die modernen Arbeiter, die *Proletarier*."

Danach untersuchen Marx und Engels die Herausbildung des Proletariats und stellen in diesem Prozess eine Reihe von Stufen fest. Auf der ersten Stufe ist die Umwandlung der Masse der Bevölkerung in Arbeiter das Wesen des Prozesses. Die Herrschaft des Kapitals nivelliert die Lebens- und Arbeitsbedingungen dieser Masse und fördert damit die Herausbildung der objektiven Gemeinsamkeiten ihrer Interessen. Im sozialen Sinne ist dies schon eine Klasse, denn sie steht dem Kapital als gesellschaftliche Kraft gegenüber. In politischer und ideologischer Hinsicht hat sie sich jedoch noch nicht formiert, denn sie hat sich noch nicht als selbständige, geschichtsverändernde Kraft erkannt. Die zweite Stufe werde dann erreicht, wenn das Proletariat (oder zumindest seine Vorhut) sich seines Platzes im System der gesellschaftlichen Verhältnisse bewusst wird, seine historische Mission begreift und sich weitgehend am organisierten Kampf für deren Verwirklichung beteiligt.

In ihrer ökonomischen Begründung der Rolle des Proletariats unterstrichen Marx und Engels:

> „Von allen Klassen, welche heutzutage der Bourgeoisie gegenüberstehen, ist nur das Proletariat eine wirklich revolutionäre Klasse. Die übrigen Klassen verkommen und gehen unter mit der großen Industrie, das Proletariat ist ihr eigenstes Produkt."

Kapitel II trägt die Überschrift „Proletarier und Kommunisten". Dieses Thema wird am Anfang des Kapitels unmittelbar untersucht. Insgesamt hat es aber die bevorstehende kommunistische Umgestaltung der Gesellschaft zum Gegenstand. (Kapitel I verfolgt also die Entwicklung bis zur Revolution, Kapitel II die danach.)

Eingangs greifen Marx und Engels die wichtigste Schlussfolgerung des Kapitels I auf, indem sie formulieren:

> „Der nächste Zweck der Kommunisten ist derselbe wie der aller übrigen proletarischen Parteien: Bildung des Proletariats zur Klasse, Sturz der Bourgeoisieherrschaft, Eroberung der politischen Macht durch das Proletariat."

Das Verhältnis zwischen Kommunisten und Arbeitern wird im Manifest durch die Aussage bestimmt, dass „die Kommunisten... der entschiedenste immer weiter treibende Teil der Arbeiterparteien aller Länder" seien und sie „theoretisch vor der übrigen Masse des Proletariats die Einsicht in die Bedingungen, den Gang und die allgemeinen Resultate der proletarischen Bewegung voraus" hätten.

Der Hauptteil des Kapitels II beschäftigt sich mit den gegen die Kommunisten erhobenen Beschuldigungen, sie wollten 1. das Eigentum, 2. die Familie, 3. die

Nationalität, das Vaterland, und 4. die Religion und die Moral abschaffen.

In Verbindung mit dem Eigentum werden drei andere Fragen berührt: die Persönlichkeit, die Anreize zur Arbeit und die Bildung; in Verbindung mit der Familie wird das Erziehungsproblem zur Sprache gebracht; die Frage der Religion und Moral wird zum Problem des gesellschaftlichen Bewusstseins schlechthin ausgeweitet.

Auf den ersten Blick sind die vier genannten Punkte der Antikritik nur eine Widerlegung. Bei näherem Hinsehen kann man jedoch feststellen, dass diese Fragen und eben in dieser Reihenfolge nicht zufällig herausgegriffen worden sind, sondern aufgrund innerer Logik. Die ersten drei Punkte entsprechen den drei Typen der gesellschaftlichen Beziehungen: den Produktionsbeziehungen (Eigentum), den Familienbeziehungen und den nationalen Beziehungen. Sie werden als Beziehungen dreier verschiedener Ebenen bzw. Maßstäbe behandelt: im Maßstab jeder gegebenen Gesellschaft, der Familie und zwischen den Ländern. Der vierte Punkt folgt ihnen als Ableitung der Formen des gesellschaftlichen Bewusstseins vom gesellschaftlichen Sein.

Diese Reihenfolge (Eigentum - Familie - Nation - Bewusstsein) entspricht der materialistischen Gesamtkonzeption von Marx und Engels, wonach sich die Struktur der Gesellschaft aus mehreren Komponenten zusammensetzt: den Produktivkräften; den Produktionsverhältnissen und den anderen gesellschaftlichen Verhältnissen; dem politischen Überbau; den Formen des gesellschaftlichen Bewusstseins.

In dem Zusammenhang muss darauf aufmerksam gemacht werden, dass gerade im Manifest zum ersten Mal ein direkter Unterschied zwischen „Produktionsverhältnissen“ und „Gesamtheit der gesellschaftlichen Verhältnisse“ gemacht wurde, die in anderen Arbeiten von Marx und Engels aus dieser Periode häufig noch in gewissem Sinne gleichgesetzt wurden.

Die Anschuldigungen der Gegner zurückweisend, charakterisieren beide in der Folge die Merkmale der künftigen kommunistischen Gesellschaft. Als Aufgabe wird formuliert: 1. der Bourgeoisie „nach und nach alles Kapital zu entreißen“, 2. „alle Produktionsinstrumente in den Händen des Staats, d.h. des als herrschende Klasse organisierten Proletariats zu zentralisieren“ (d.h. das Privateigentum an den Produktionsmitteln in gesellschaftliches - zu der gegebenen Zeit in staatliches - Eigentum zu verwandeln), und 3. „die Masse der Produktionskräfte möglichst rasch zu vermehren“, d.h. die Produktion maximal schnell zu erhöhen. Als konkrete Übergangsmaßnahmen sind zehn Punkte aufgezählt, darunter Dinge wie „starke Progressivsteuer“, „Abschaffung des Erbrechts“ und „öffentliche, unentgeltliche Erziehung der Kinder“.

Die zusammenfassende Charakteristik der kommunistischen Gesellschaft am Schluss des Kapitels II ist sehr knapp. Drei Momente werden genannt: „Die Klassengegensätze verschwinden“, „die öffentliche Gewalt verliert ihren politischen Charakter“ (d.h. als organisierte Gewalt „einer Klasse zur Unterdrückung einer andren“) und die „freie Entwicklung eines jeden“ wird gesichert. Es heißt:

> „An die Stelle der alten bürgerlichen Gesellschaft mit ihren Klassen und Klassengegensätzen tritt eine Assoziation, worin die freie Entwicklung eines jeden die Bedingung für die freie Entwicklung aller ist.“

Diese sehr allgemeine Umschreibung wurzelte in der Abneigung von Marx und Engels, eine Zukunftsgesellschaft auf dem Reißbrett in allen Details zu entwerfen, wie es die sozialen Utopien eines Morus und Campanella und die utopischen Sozialisten taten. Nähere und höchst wichtige Erläuterungen darüber, wie eine kommunistische Gesellschaft aussehen kann und soll, hat Karl Marx dann 1875 in der „Kritik des Gothaer Programms“ gegeben.

Das Kapitel III enthält eine scharfe polemische Abrechnung mit den verschiedenen nichtproletarischen sozialistischen Theorien jener Zeit. Hier wird der prinzipielle Unterschied zwischen jeglicher Art von Utopismus à la Owen und Fourier und dem wissenschaftlichen Kommunismus herausgearbeitet. Marx und Engels haben ja das Manifest bewusst „kommunistisches“ und nicht „sozialistisches“ betitelt. Als Grund gab Engels an, dass man damals unter „Sozialisten“ einerseits Anhänger utopischer Systeme verstand, andererseits die „mannigfaltigsten sozialen Quacksalber, die mit ihren Allerweltsheilmitteln und jeder Art von Flickarbeit die gesellschaftlichen Missstände beseitigen wollten, ohne dem Kapital und dem Profit im geringsten wehe zu tun“. Bei beiden Richtungen handelte es sich um Leute, die außerhalb der Arbeiterbewegung standen, die vielmehr Unterstützung suchten bei den so genannten „gebildeten“ Schichten. „Kommunisten“ hingegen nannte sich damals schon jener Teil der Arbeiter, der revolutionär war, der eine wirkliche, grundlegende Umgestaltung der Gesellschaft forderte.

Das Kapitel IV umreißt schließlich mit der Festlegung der Stellung der Kommunisten zu den verschiedenen anderen oppositionellen Gruppierungen deren Politik und Taktik international wie in den verschiedenen europäischen Ländern. Von großer und nach wie vor aktueller Bedeutung sind hier die Ausführungen zur Bündnisproblematik.

Zur Frage der Bündnisse steht hier erstens zu lesen, dass die Kommunisten „überall jede revolutionäre Bewegung gegen die bestehenden gesellschaftlichen und politischen Zustände unterstützen“. Das galt zur Zeit von Marx und Engels besonders für die Unterstützung des Bürgertums und Kleinbürgertums dann und dort, wo diese bereit waren, entschieden gegen die noch herrschenden feudalen Regimes anzukämpfen. Zweitens betonten Marx und Engels, dass die Kommunisten „überall an der Verbindung und Verständigung der demokratischen Parteien aller Länder“ arbeiten müssten. Hier finden wir bereits den Gedanken von der Aktionsgemeinschaft aller progressiven und revolutionären Kräfte sowohl im nationalen wie im internationalen Maßstab. Zugleich ist dies eine Absage an jede sektiererische Selbstisolierung, das unbedingte Gebot, im Kampf gegen das Kapital jeden nur möglichen Verbündeten zu gewinnen. Drittens hoben Marx und Engels die *Selbständigkeit* der Arbeiterpartei in allen Bündnissen hervor, die Notwendigkeit, dass die Kommunisten nicht unterlassen dürfen, bei den Arbeitern „ein möglichst klares Bewusstsein über den feindlichen Gegensatz zwischen Bourgeoisie und Proletariat herauszuarbeiten", d.h. als richtig erkannte Grundsätze bei aller Elastizität in der Bündnispolitik nicht über Bord zu werfen.

Ebenso wichtig und aktuell sind die Ausführungen im Manifest über die Problematik des Verhältnisses zwischen Nationalem und Internationalem. Marx und Engels waren die ersten in der Geschichte des sozialistischen Denkens, die diese komplizierte Frage aufgriffen und eine Antwort gaben. Sie betrachteten das Verhältnis zwischen Nationalem und Internationalem als Frage des Verhältnisses zwischen dem Besonderen, das auf eine einzelne Nation zutrifft, und dem Allgemeinen, Sozialen, das für die gesellschaftliche Entwicklung aller Länder charakteristisch ist. Sie betrachteten das Nationale und das Soziale in dialektischer Einheit. Während der soziale Klassenfaktor das Wesen, den Inhalt dieses Prozesses bestimmt, gibt der nationale Faktor ihm die Form, individualisiert ihn entsprechend den Bedingungen des jeweiligen Landes. „Obgleich nicht dem Inhalt, ist der Form nach der Kampf des Proletariats gegen die Bourgeoisie zunächst ein nationaler. Das Proletariat eines jeden Landes muss natürlich zuerst mit seiner eigenen Bourgeoisie fertig werden", heißt es dazu im Manifest.

Seither, seit 150 Jahren, wird zwischen den Marxisten und den Verfechtern anderer sozialistischer Auffassungen unaufhörlich um die Problematik der Verbindung von Nationalem und Internationalem gestritten. Die Linken und Ultralinken verabsolutieren den einen Leitsatz des Manifests, dass „die Arbeiter kein Vaterland haben", und machen daraus eine unsinnige Proklamation von nationalem Nihilismus. Die rechten Anpassler hinwieder gehen mit dem anderen Leitsatz in Manifest hausieren, nämlich dass „das Proletariat sich selbst zur Nation konstituieren muss" und suchen ihn zur Begründung der Doktrin vom „nationalen Sozialismus" zu verwenden, die mit den Prinzipien des proletarischen Internationalismus unvereinbar sei.

Der Sinn dieser Leitsätze liegt in folgendem: Das Proletariat, das den Gedanken an ein bürgerlich-nationalistisches Vaterland ablehnt, ist berufen, die werktätigen Massen im antikapitalistischen Kampf mitzureißen, zur führenden Klasse der Nation zu werden, um sie zum Sozialismus zu führen. So wird das Nationale im revolutionären Kampf der Arbeiter als Internationales realisiert, das in einer Form, die den konkreten Bedingungen eines jeden Landes entspricht, die gemeinsamen, von der Nationalität unabhängigen Interessen des internationalen

Proletariats zum Ausdruck bringt.

Marx und Engels haben in Vorworten zu späteren Ausgaben des Manifests selbst zugestanden, dass es stellenweise bereits veraltet sei. Beide wurden sich beispielsweise bald klar darüber, dass ihre politische Prognose einer baldigen kommunistischen Revolution in Europa eine verfrühte Hoffnung war. Stets betonten sie aber, dass die allgemeinen Grundsätze ihre Richtigkeit behalten hätten - mit einer Ausnahme, der Frage der Übernahme der Staatsmacht. Nach der Pariser Kommune von 1871 überzeugten sich beide, dass das Proletariat in den Revolution den bestehenden Staatsapparat nicht erobern und für seine Zwecke benützen könne, sondern ihn zertrümmern müsse, dass für die Übergangszeit zu einer sozialistischen Ordnung eine bestimmte Staatsform, die Diktatur des Proletariats, notwendig sei.

Das heißt: Marx und Engels haben außer in dieser Frage in den weiteren theoretischen Arbeiten nach 1848 die im Manifest formulierten Grundsätze in keinem wesentlichen Punkt verändern müssen, sie aber durch detaillierte Analysen bereichert, die dann die gelegentlich pauschalen, manchmal in Form von Aphorismen und Parolen gefassten Ideen im Manifest in ein mächtiges theoretisches Gebäude verwandelten.

8. Kapitel: Marx und Engels in der Revolution 1848/49; Die „Neue Rheinische Zeitung“; Marx’ „Lohnarbeit und Kapital“

Als die druckfrischen Exemplare des „Manifests der Kommunistischen Partei“ bei den Bundesmitgliedern auf dem Kontinent eintrafen, hatte die europäische Revolution von 1848/49 bereits begonnen. Marx und Engels erlebten diese Tage gemeinsam, denn Engels war - von der königlichen französischen Regierung Ende Jänner 1848 aus Frankreich ausgewiesen - wieder zu Marx nach Brüssel übersiedelt.

Vier Wochen später setzten die Pariser Arbeiter der Monarchie ein Ende und proklamierten die Republik. Friedrich Engels kommentierte dieses Ereignis in der „Deutschen-Brüsseler-Zeitung“ hochgestimmt und mit übergroßem Optimismus so:

> „Das französische Proletariat hat sich durch diese glorreiche Revolution wieder an die Spitze der europäischen Bewegung gestellt. Ehre den Pariser Arbeitern! Sie haben der Welt einen Stoß gegeben, den alle Länder nach der Reihe führen werden, denn der Sieg der Republik in Frankreich ist der Sieg der Demokratie in ganz Europa.“

Nun, nicht „ganz Europa“ wurde erfasst, immerhin aber Österreich, Böhmen, Ungarn, Polen, Italien, Preußen und Süddeutschland.

Der Ausbruch der Revolution überraschte Marx und Engels nicht. Sie hatten sie kommen sehen und alles getan, um die wenigen hundert Mitglieder der Partei, des Bundes der Kommunisten, darauf vorzubereiten. Jetzt war es so weit, die neue Theorie in der Praxis zu erproben.

Die nächsten Tage und Wochen waren voller Dramatik. Am 26. Februar 1848 erreichte Marx und Engels die Nachricht vom Sieg der Revolution in Paris. Wenige Tage später empfingen sie den Beschluss der Londoner Zentralbehörde des Bundes der Kommunisten, angesichts der revolutionären Bewegung auf dem Kontinent den Sitz der Leitung nach Brüssel zu verlegen. Damit wurde die Brüsseler Kreisbehörde zur Leitung des Bundes.

Marx’ Rückkehr nach Paris

In Brüssel machte jedoch die Regierung gegen die politischen Emigranten und belgischen Demokraten mobil. Unter anderen wurde Wilhelm Wolff verhaftet und ausgewiesen. Daraufhin fassten die Mitglieder der neuen Zentralbehörde am 3. März 1848 auf einer Zusammenkunft in Marx’ Wohnung weitreichende Beschlüsse: Sie verlegten den Sitz der Zentralbehörde nach Paris und beauftragten Marx, sofort nach Paris zu übersiedeln.

Am Nachmittag desselben Tages erhielt Marx den Ausweisungsbefehl, am Abend wurden er und seine Frau Jenny verhaftet, aber schon tags darauf aus Mangel an Beweisen wieder entlassen. Am Abend des 4. März 1848 verließ Karl Marx mit seiner Familie Brüssel in Richtung Paris, in der Tasche ein freundliches Einladungsschreiben der neuen, republikanischen französischen Regierung:

> „Wackerer, aufrichtiger Marx! Der Boden der französischen Republik ist eine Freistätte für alle Freunde der Freiheit. Tyrannenmacht hat Sie verbannt, das freie Frankreich öffnet Ihnen seine Tore wieder.“

Schon am 12. März berichtete Marx aus Paris an Engels: „Zentralbehörde ist hier konstituiert worden, da Jones, Harney, Schapper, Bauer, Moll sich hier befinden. Man hat mich zum Präsidenten und Schapper zum Sekretär ernannt. Mitglieder sind: Wallau, Lupus (Wilhelm Wolff, H.H.), Moll, Bauer und Engels... Ich rate Dir herzukommen“. Diesem Rat folgte Engels umgehend.

In der Zwischenzeit hatte Marx in Paris einen Klub der deutschen Arbeiter ins Leben gerufen. Mit dessen Hilfe trat er gegen den Plan einiger Emigranten auf, die Revolution mit militärischen Mitteln von Frankreich nach Deutschland zu exportieren. (Verfechter dieser abenteuerlichen Idee waren Georg Herwegh und Michail Bakunin.) Ein Mitkämpfer von Marx berichtete später: „Die Sozialisten und Kommunisten sprachen sich entschieden gegen jede bewaffnete Einimpfung einer deutschen Republik von außen her aus“. Die Warnungen blieben erfolglos. Herweghs kleine Schar von Legionären rückte schlecht bewaffnet aus und erlitt schon an der französisch-badischen Grenze eine vernichtende Niederlage.

Die „Forderungen der Kommunistischen Partei in Deutschland“

Am 13. März 1848 griff die Revolution mit dem Aufstand in Wien auf die deutschen Länder über, und der Kaiser der Habsburgermonarchie wurde gezwungen, eine bürgerliche Verfassung zu versprechen. Ihren Höhepunkt erreichten die revolutionären Kämpfe wenige Tage später, am 18. März, in Berlin. Nach erbittertem Straßenkampf siegten Berlins Arbeiter, Handwerker, Kleinbürger und Studenten über die Truppen des Königs. In panischem Schrecken beteuerte König Friedrich Willhelm IV., der Bourgeoisie Rechte einzuräumen und das Streben nach nationaler Einheit zu fördern. Die Zensur wurde aufgehoben, und die Verhaftungsbefehle gegen deutsche Patrioten wurden zurückgenommen.

Daraufhin bereiteten Marx und Engels die Rückkehr der in Paris befindlichen Bundesmitglieder und der vom Klub der deutschen Arbeiter erfassten Handwerksgesellen und Arbeiter - insgesamt mehrere hundert - nach Deutschland vor. Sie sollten einzeln über die Grenze gehen. Auch sie wurden ausgerüstet, aber nicht mit alten Flinten und Säbeln, sondern mit geistigen Waffen: mit dem „Manifest der Kommunistischen Partei“ und mit einem Aktionsprogramm der Kommunisten für die Revolution in Deutschland. Dieses wurde von Marx und Engels in den letzten Märztagen entworfen. Sein Titel lautete: „Forderungen der Kommunistischen Partei in Deutschland“.

Die erste der 17 Forderungen lautete: „ Ganz Deutschland wird zu einer einigen, unteilbaren Republik erklärt“. Ferner verlangten Marx und Engels das allgemeine und gleiche Wahlrecht, die allgemeine Volksbewaffnung, Trennung von Staat und Kirche sowie Gleichheit vor dem Gesetz. Sie forderten die Verstaatlichung des Großgrundbesitzes, der Bergwerke, Banken und Transportmittel, das Recht auf Arbeit und auf Versorgung der zur Arbeit Unfähigen sowie gleiche Bildungsmöglichkeiten. Für die Landbevölkerung verlangten sie die entschädigungslose Abschaffung aller feudalen Lasten, der Abgaben und Frondienste.

Diese Forderungen zielten darauf ab, den Feudaladel politisch und ökonomisch zu entmachten. Sie waren so gehalten, dass sich alle progressiv eingestellten Sozialschichten der aufstrebenden bürgerlichen Gesellschaft mit ihnen identifizieren konnten. Es war kein sozialistisches oder kommunistisches Programm, sondern ein bürgerlich-revolutionär-demokratisches, weil Marx und Engels sich 1848 darüber im klaren waren, dass diese europäische Revolution noch nicht sozialistisch, sondern bürgerlich-demokratisch sein werde. Konsequent verwirklicht, waren aber die 17 Forderungen dazu angetan, die Revolution über den bürgerlich-demokratischen Rahmen hinauszuführen.

Die Gründung der „Neuen Rheinischen Zeitung“

Anfang April 1848 verließen Marx und Engels Paris und reisten nach Deutschland. Nach viereinhalb Jahren betrat Karl Marx, nach drei Jahren Friedrich Engels erstmals wieder heimatlichen Boden. In Mainz erörterten beide mit dortigen Bundesmitgliedern, wie in ganz Deutschland Arbeitervereine unter Anleitung von Kommunisten ins Leben gerufen werden könnten. Dann ging die Reise nach Köln. Dort wollten sie eine Zeitung gründen, um mit deren Hilfe die demokratischen Kräfte beim Fortgang der Revolution zu beraten und zu formieren sowie die Konterrevolution zu attackieren. Als Geldmittel für die Zeitung fungierten ein Teil des väterlichen Erbes, das Marx Anfang 1848 ausbezahlt worden war, Darlehen und Kredite bei privaten Geldgebern sowie eine Sammlung bei den Mitgliedern des Bundes der Kommunisten.

Am 31. Mai 1848 war es soweit. In den Abendstunden versammelten sich die Kölner Zeitungsausträger im Redaktionslokal „Unter Hutmacher 17“. Sie nahmen die erste Nummer der „Neuen Rheinischen Zeitung. Organ der Demokratie“, datiert vom 1. Juni 1848, in Empfang und gingen mit ihr in die Stadt. Auf Seite eins der ersten Nummer stellte sich das Redaktionskomitee vor: Karl Marx, Chefredakteur; Heinrich Bürgers, Ernst Dronke, Friedrich Engels, Georg Weerth, Ferdinand Wolff und Wilhelm Wolff. Im Oktober 1848 kam der Dichter Ferdinand Freiligrath hinzu. Alle waren Mitglieder des Bundes der Kommunisten. Die Auflage der Zeitung belief sich auf sechstausend Exemplare.

Warum lautete der Untertitel der Zeitung „Organ der Demokratie“? Engels antwortete darauf: Unsere Fahne „konnte nur die der Demokratie sein, aber die einer Demokratie, die überall den spezifisch proletarischen Charakter im einzelnen hervorhob, den sie noch nicht ein für allemal aufs Banner schreiben konnte. Wollten wir das nicht, ... so blieb uns nichts, als Kommunismus in einem kleinen Winkelblättchen dozieren und statt einer großen Aktionspartei eine kleine Sekte stiften". Deshalb verfochten Marx und Engels in der „Neuen Rheinischen Zeitung" ein Programm, das sich auf die 17 Forderungen der Kommunistischen Partei stützte, das also - wie schon gesagt - kein kommunistisches, sondern ein revolutionär-demokratisches Programm war. Seine zwei zentralen Forderungen lauteten: Zerschlagung des preußischen und österreichischen Staates, um ganz Deutschland in einer demokratischen Republik zu einigen, sowie revolutionärer Krieg gegen das zaristische Russland, der die Wiederherstellung Polens einschloss.

Im russischen Zarismus sahen Marx und Engels das damaligen Hauptbollwerk der europäischen Reaktion. Der Zar war die mächtigste außenpolitische Stütze der Feudalstaaten Preußen und Österreich. Ohne seinen Sturz war auch die Befreiung Polens nicht möglich. So lag ein revolutionärer Volkskrieg gegen den Zarismus, der die Vormachtstellung des Zaren brach oder seinen Einfluss zumindest zurückdrängte, im Interesse der Durchsetzung bürgerlich-demokratischen Verhältnisse in allen europäischen Ländern.

Engels schrieb im Rückblick auf jene Monate, da er als stellvertretender Chefredakteur an der Seite seines Freundes wirkte:

> „Die Verfassung der Redaktion war die einfache Diktatur von Marx. Ein großes Tageblatt, das zur bestimmten Stunde fertig sein muss, kann bei keiner anderen Verfassung eine folgerechte Haltung bewahren. Hier aber war noch dazu Marx' Diktatur selbstverständlich, unbestritten, von uns allen gern anerkannt. Es war in erster Linie sein klarer Blick und seine sichere Haltung, die das Blatt zur berühmtesten deutschen Zeitung der Revolutionsjahre gemacht haben."

Die meisten Leitartikel schrieb Engels. Er prägte als Spezialist für außenpolitische und militärische Fragen die Linie des Blattes auf diesen Gebieten entscheidend. In der Redaktionsarbeit wurde deutlich, wie gut sich Marx und Engels ergänzten. Jeder von beiden war in seiner Art ein glänzender Journalist und Stilist, wobei Engels in der Regel allgemeinverständlicher und einfacher schrieb. Marx, Engels und die anderen Redakteure bemühten sich, enge Beziehungen zu den Kölner Arbeitern und Demokraten herzustellen. Sie wirkten in verschiedenen demokratischen und proletarischen Vereinen mit, um das Bündnis von Kommunisten und Demokraten, von Arbeitern, Kleinbürgern und Intellektuellen zu festigen. Aus diesem Grund trat Engels z. B. der Kölner Bürgerwehr bei. Als ihren wichtigsten Stützpunkt betrachteten Marx und Engels den Kölner Arbeiterverein, der bald mehrere tausend Mitglieder zählte. In ihm traten die beiden Freunde sowie andere Mitarbeiter der „Neuen Rheinischen Zeitung" häufig als Referenten oder Diskussionsredner auf.

Die Pariser Junischlacht

Ende Juni 1848 trat ein Ereignis ein, das für den Verlauf der gesamten europäischen Revolution von entscheidender Bedeutung war. Das Pariser Proletariat erstieg zum ersten Mal die Barrikaden für seine eigenen Klasseninteressen. Wie war es dazu gekommen?

Im Februar 1848 hatte die französische Bourgeoisie, an die Macht gelangt durch den Kampf des revolutionären Pariser Proletariats, den Arbeitern das Recht auf Arbeit versprechen müssen. Sie beschäftigte die über 100.000 Arbeitslosen der Hauptstadt mit Erdarbeiten. Kaum fühlte sich die neue bürgerliche Regierung aber stark genug, setzte sie die Arbeiter wieder auf die Straße. Jetzt erkannten die Arbeiter den an ihnen begangenen Betrug. Zornentbrannt erhoben sie sich am 23. Juni 1848 zum bewaffneten Aufstand. Ihre Losungen lauteten: „Brot oder Tod!“ und „Arbeitend leben oder kämpfend sterben!“ (wie seinerzeit der Ruf der aufständischen Arbeiter in Lyon 1831 und 1834.) Die Bourgeoisie rief die Armee zu Hilfe, dieselbe Armee, die noch vier Monate zuvor auf Befehl des Königs gegen sie geschossen hatte. 40.000 Pariser Arbeitern standen mindestens 150.000 Mann der bewaffneten Macht der Bourgeoisie gegenüber. Vier Tage tobte der Kampf. Am 26. Juni erlagen die letzten der proletarischen Revolutionäre. Tausende waren im Kampf gefallen, weitere Tausende wurden nach dem Sieg der Bourgeoisie ermordet, etwa 25.000 eingekerkert und ungefähr 3.500 von ihnen später in die Kolonien deportiert. Marx schrieb dazu in einem berühmt gewordenen Artikel in der „Neuen Rheinischen Zeitung“:

> „Die Fraternité, die Brüderlichkeit der entgegengesetzten Klassen, von denen die eine die andere exploitiert, diese Fraternité, im Februar proklamiert, mit großen Buchstaben auf die Stirne von Paris geschrieben, auf jedes Gefängnis, auf jede Kaserne - ihr wahrer, unverfälschter, ihr prosaischer Ausdruck, das ist der - *Bürgerkrieg*, der Bürgerkrieg in seiner fürchterlichsten Gestalt, der Krieg der Arbeit und des Kapitals.“

Marx und Engels würdigten in ihren Beiträgen in der „Neuen Rheinischen Zeitung“ den Pariser Juniaufstand als Vorboten kommender Klassenschlachten des Proletariats im Kampf um seine soziale Befreiung. Sie erläuterten ihren Lesern, dass der Sozialismus nie und nimmer im Rahmen der bürgerlichen Gesellschaft verwirklicht werden könne, sondern nur dann, wenn die Bourgeoisherrschaft gestürzt wird.

Die Ereignisse in Paris im Juni 1848 waren der Wendepunkt dieser Revolution. Die Bourgeoisie scherte aus der revolutionären Front aus und drängte nach der Beendigung der Revolution, der Wiederherstellung von Ruhe und Ordnung. Die Konterrevolution ging zur Gegenoffensive über. (Niederwerfung des Prager Aufstandes im Juni 1848, Siege Radetzkys in Norditalien, verstärkte Polizeiübergriffe, Versammlungsverbote, Presseprozesse.) Die Schikanen gegen die „Neue Rheinische Zeitung“ begannen häufiger zu werden. Marx und Engels sahen, dass gegenüber dieser planmäßigen Konzentration der konterrevolutionären Kräfte die revolutionäre, demokratische Bewegung nach wie vor sehr zersplittert war. Sie versuchten auf vielfältige Weise, den so notwendigen Zusammenschluss aller Demokraten und Arbeiter zu fördern.

Karl Marx in Wien

Zu diesem Zweck unternahm Marx Ende August/Anfang September 1848 eine Reise nach Berlin und Wien. In Berlin hielt er sich nur kurz auf und führte dort Gespräche mit linken Abgeordneten der preußischen Nationalversammlung sowie mit Bakunin.

Als Marx in Wien Ende August 1848 ankam, hatte sich hier die politische Situation bereits zugespitzt. Die österreichische Konterrevolution war durch die Niederlage des Prager und des Pariser Aufstandes sowie den Einmarsch der Truppen Radetzkys am 6. August 1848 in Mailand ermuntert worden und zur Offensive übergegangen. Durch eine Senkung der Löhne und Abschaffung der Arbeitslosenunterstützung provozierte sie Arbeiterunruhen, die dazu führten, dass die bürgerliche Nationalgarde am 23. August unter den Arbeitern ein Blutbad anrichtete (die sogenannte „Praterschlacht“).

Am 28. August 1848 sprach Marx im „Demokratischen Verein“ während einer Debatte über die jüngsten Wiener Ereignisse. Dabei kam es zu einer erregten Auseinandersetzung zwischen ihm und dem nach Wien gekommenen Mitglied des Berliner Zentralausschusses der Demokraten Julius Fröbel. Dieser unterstützte den Vorschlag, eine Abordnung zum Kaiser zu schicken, um eine Absetzung des an den Ereignissen vom 23. August unmittelbar schuldigen Arbeitsministers Ernst Schwarzer zu erbitten. Marx wandte sich dagegen und empörte sich über die Berliner „theoretischen“ so genannten Demokraten, die sich „praktisch“ mit den Fürsten zu „vereinbaren“ suchten. Wie die Wiener demokratische Zeitung „Der Radikale“ schrieb, war seine Rede „sehr geistvoll, scharf und belehrend“. Marx hob hervor, dass es sich sowohl in Wien als auch in Paris „um den Kampf zwischen der Bourgeoisie und dem Proletariat“ handle.

Am 30. August 1848 sprach Marx im „Ersten Wiener Arbeiterverein“, gegründet von dem Schustergesellen Friedrich Sander. Er begrüßte die Mitglieder des Vereins und sagte, dass es ihm zur Ehre gereiche, „auch in Wien vor einem Arbeiterverein zu sprechen, wie er es bereits in Paris, in London und in Brüssel getan“ habe. Das Thema seines Vortrags waren die sozialen Verhältnisse in Europa. Er erwähnte, dass deutsche emigrierte Arbeiter am Pariser Juniaufstand teilgenommen und das schwere, aber ehrenvolle Los der französischen Brüder geteilt hätten. Die deutschen Arbeiter, sagte er, könnten auf diese Verhaltensweise ihrer Landsleute stolz sein. Er berichtete dann über die letzten Tätigkeiten der englischen Chartisten, vom Kampf um die Emanzipation des Proletariats in Europa und ging auch auf die Lage in Belgien ein.

Am 2. September 1848 schließlich sprach Marx, erneut im Sander-Verein, über Lohnarbeit und Kapital. Er bot eine Zusammenfassung seiner damaligen Ergebnisse der Kritik der politischen Ökonomie. Er bemühte sich, die Probleme möglichst einfach und populär darzustellen, und setzte bei seinen Zuhörern, einfachen Handwerkern und Arbeitern, nicht einmal die „elementarischen Begriffe" der Politökonomie voraus. Dass ihm dies nur schwer gelingen konnte, lag weniger an Marx (der seine Vorträge durchaus didaktisch aufzubauen verstand, Begriffe genau erklärte, bevor er sie verwendete, sie immer wieder an Beispielen veranschaulichte, usw.), als an der Schwierigkeit der Materie selbst. Marx begnügte sich eben nicht damit, populäre Phrasen zu hinauszuposaunen; er gab einen wirklichen Einblick in seine wissenschaftliche Werkstatt. Die Bildungsdifferenz zwischen ihm und den Wiener Arbeitern war aber groß und mit einem einzigen Vortrag nicht zu überbrücken.

Die Reise nach Berlin und Wien hätte auch dazu dienen sollen, Geld für die „Neue Rheinische Zeitung" aufzutreiben. Marx blieb hier, ausgenommen eine Spende von 2000 Talern seitens eines polnischen Emigranten, erfolglos. Am 8. September 1848 verließ Marx Wien und kehrte über Dresden und Berlin nach Köln zurück. Dort wurden die finanziellen Sorgen mit der „Neuen Rheinischen Zeitung" immer größer.

Die Konterrevolution im Vormarsch

Neue Bedrängnisse kamen hinzu. Mitte September begann die Kölner Polizei, gegen Heinrich Bürgers, Ernst Dronke, Friedrich Engels, Karl Schapper, Ferdinand und Wilhelm Wolff vorzugehen. Sie konnten zwar entkommen, aber Marx musste auf Monate hinaus auf ihre Mitarbeit verzichten. Engels ging mit Dronke zunächst nach Belgien, dort ausgewiesen, nach Frankreich und hielt sich dann in der Schweiz auf. Er versorgte zwar von dort aus die „Neue Rheinische Zeitung" fleißig mit Beiträgen, wirkte auch aktiv in mehreren Schweizer Arbeitervereinen, fehlte in der Kölner Redaktion aber sehr.

Im Herbst 1848 erlitt die Revolution weitere Niederlagen. Am 31. Oktober erstürmten kaiserliche Truppen das belagerte Wien und erstickten die Freiheit in einem Strom von Blut. Bitter und zugleich nüchtern vorausschauend schrieb Marx am 6. November 1848 in der „Neuen Rheinischen Zeitung":

> „In *Wien* ist soeben der zweite Akt des Dramas aufgeführt worden, dessen ersten Akt man zu Paris spielte unter dem Titel: 'Die Junitage'... Zu *Berlin* werden wir bald den dritten Akt erleben."

Wenige Tage später war es soweit: Ein Hohenzollernsprössling, Graf von Brandenburg, übernahm die Regierung, und preußische Garderegimenter marschierten unter dem Befehl des Grafen von Wrangel in Berlin ein. So wurden durch einen Staatsstreich die vorrevolutionären Machtverhältnisse wiederhergestellt. Die vom Volk im Frühjahr gewählten bürgerlichen Abgeordneten ließen sich widerstandslos vom Militär auseinanderjagen. Lediglich zu einem Aufruf, dem wortbrüchigen König die Steuern zu verweigern, rafften sie sich auf. Vor außerparlamentarischen Aktionen schreckten sie jedoch zurück. Auf diese Weise wurde die Revolution Zug um Zug erdrosselt.

Um diese Zeit, im Herbst 1848, begannen Marx und Engels bereits einige Schlussfolgerungen aus dem Verlauf der Revolution zu ziehen. Die Hoffnungen, die sie noch im Manifest auf eine progressive Bourgeoisie gesetzt hatten - obwohl sie auch dort schon eine ganze Reihe von Vorbedingungen für eine Zusammenarbeit mit ihr aufstellten - erfüllten sich nicht. Und so änderten beide seit dem Herbst 1848 ihre Taktik. Im selben Köln und in den Spalten derselben „Neuen Rheinischen Zeitung" verlagerte Marx, ohne sich von der Unterstützung der bürgerlichen Demokratie loszusagen oder organisatorisch mit der demokratischen Partei zu brechen, das Schwergewicht seiner Arbeit in das proletarische Milieu.

Gemeinsam mit Moll und Schapper verstärkte er die Arbeit im Kölner Arbeiterverein. Trotz Arbeitsüberlastung übernahm Marx die Leitung des Vereins, als man ihm den Vorsitz anbot. Das war insofern riskant, weil man ihn als Staatenlosen jederzeit mit einem einfachen Erlass ausweisen konnte. Marx war nur von der Kölner örtlichen Behörde als Bürger der Rheinprovinz anerkannt. Das heißt: wenn die Revolution erstarkte, wenn sich die Bedingungen verbesserten, trat er auch öffentlich auf, doch sobald die Reaktion erstarkte und die Verfolgungen in Köln selbst sich verstärkten, zog sich Marx zurück und begnügte sich mit der literarischen Tätigkeit der Leitung der „Neuen Rheinischen Zeitung". Das war auch der Grund dafür, dass er eher ungern eingewilligt hatte, Vorsitzender des Kölner Arbeitervereins zu werden.

„Lohnarbeit und Kapital"

In Übereinstimmung mit der Wendung hin zu den Arbeiterinteressen änderte sich auch der Inhalt der „Neuen Rheinischen Zeitung". Ab 5. April 1849 begann Marx hier mit seiner Artikelserie über „Lohnarbeit und Kapital", fußend auf den Vorträgen, die er 1847 im Brüsseler Deutschen Arbeiterverein gehalten hatte.

Die Schrift „Lohnarbeit und Kapital" ist nach dem „Elend der Philosophie" die zweite größere Arbeit von Marx aus den vierziger Jahren zur politischen Ökonomie. Sie ist ein Beispiel dafür, wie Marx seine Anschauungen popularisierte. Hier gelang es ihm, den Arbeitern komplizierte ökonomische Probleme klar und einfach darzulegen.

In der Hauptsache ging es ihm hier darum, die ökonomischen Grundlagen für die Herrschaft der Bourgeoisie bloßzulegen. Das war wichtig, weil die Auffassung weit verbreitet war, dass die Arbeiter für ihre Arbeit einen „gerechten" Lohn und die Unternehmer im Gewinn ein ebenso „gerechtes" Entgelt für das Kapital bekämen, mit dem sie die Arbeiter beschäftigen. Dagegen wandte sich Marx. Er erklärte, was es mit dem

Arbeitslohn auf sich hat und wodurch er bestimmt wird. Beim Handelseinigwerden mit dem Kapitalisten, führte er aus, verkauft der Arbeiter seine Arbeit. Der Kapitalist bezahlt den Arbeiter für die abgearbeitete Zeit oder für eine bestimmte Menge hergestellter Gegenstände. Der Arbeitslohn ist der Geldausdruck, eine besondere Bezeichnung für den Preis der einzigen Ware, über die der Arbeiter verfügt. Der Arbeiter könne nicht existieren, wenn er dieses Geschäft nicht abschließt, seine Arbeit dem Kapitalisten nicht verkauft. Die grundlegende Form seiner Lebenstätigkeit, seine Arbeit, ist die einzige Existenzquelle für ihn und seine Familie. Daher sei die Lohnarbeit nur scheinbar eine „freie“ Arbeit, weil der Lohnarbeiter faktisch sein ganzes Leben lang an die Klasse der Bourgeoisie gefesselt sei. Er kann höchstens den Käufer seiner Arbeit wechseln, von dem einen Kapitalisten zum anderen gehen.

Analog zu den anderen Waren setzten sich die Produktionskosten der Arbeit aus den Kosten für die Ausbildung der Arbeiter und für seine Erhaltung zusammen. Das seien die Produktionskosten der für den Arbeiter notwendigen Lebensmittel. Ihr Preis bilde eben den Arbeitslohn.

Von der Bestimmung des Arbeitslohns zur Bestimmung des Profits übergehend, attackierte Marx die in der bürgerlichen politischen Ökonomie übliche Vorstellung, dass das Kapital eine Summe von Gegenständen und Mitteln, aufgehäufte Arbeit sei, die als Mittel zu neuer Produktion dient. Vor Marx hatten schon viele darauf hingewiesen, dass das Kapital eine sachliche Hülle habe, als ein Ding erscheine. Aber erst Marx stellte fest, dass ein solches Ding nicht unter allen Umständen Kapital ist, dass die Verwandlung eines Arbeitsprodukts, einer angehäuften Arbeit, in Kapital bestimmte gesellschaftliche Verhältnisse voraussetzt. Das Kapital sei das Produkt einer bestimmten geschichtlichen Entwicklungsstufe der Gesellschaft und selbst ein gesellschaftliches Verhältnis, nämlich das herrschende Verhältnis der bürgerlichen Produktionsweise, der bürgerlichen Gesellschaft. Welche sachliche Form das Kapital auch immer haben, aus welcher Summe von waren es auch immer bestehen mag, es bedeute stets das Vorhandensein gesellschaftlicher Verhältnisse, unter denen der Besitz von Dingen die kostenlose Aneignung unmittelbarer lebendiger Arbeit von Arbeitern ermöglicht, die nichts besitzen als ihre Fähigkeit, zu arbeiten.

> „Die Herrschaft der aufgehäuften, vergangenen, vergegenständlichten Arbeit über die unmittelbare, lebendige Arbeit macht die aufgehäufte Arbeit erst zum Kapital.“

Marx lieferte in der Schrift „Lohnarbeit und Kapital“ nicht nur eine Definition des Kapitals, sondern entwickelte auch die These von der Ausbeutung der Lohnarbeit durch das Kapital weiter. Anhand von Beispielen veranschaulichte er, dass die Profitquelle des Kapitalisten der Überschuss des Werts des vom Arbeiter hergestellten Produkts über den Wert der Lebensmittel sei, den dieser als Arbeitslohn erhält. Bei der Erörterung der verschiedenen Seiten des Arbeitslohns unterschied Marx zwischen dem nominellen und dem reellen Arbeitslohn und stellte die wichtige These vom relativen Arbeitslohn auf, der den Anteil des Lohnarbeiters und des Kapitalisten am fertigen Produkt widerspiegle. Dabei kam er zum Schluss, dass sogar unter den für den Arbeiter günstigen Umständen die relative Einnahme des Arbeiters sinkt und die relative Einnahme des Kapitalisten steigt.

Später anerkannten Marx und Engels, dass nicht alle Thesen der Schrift „Lohnarbeit und Kapital“ richtig seien. Vor allem behandelte Marx darin - noch so wie die bürgerlichen Klassiker der politischen Ökonomie - die Arbeit als Ware. In der Folgezeit präzisierte Marx, dass der Arbeiter dem Kapitalisten nicht seine Arbeit, sondern seine *Arbeitskraft* verkaufe. Das war keine terminologische Spitzfindigkeit, sondern bedeutete eine grundlegende Entdeckung in der politischen Ökonomie. Des weiteren identifizierte damals Marx noch den Wert einer Ware - wie die bürgerlichen Klassiker - mit ihren Produktionskosten. So kam es, dass im Wert eine so wesentliche Komponente wie der Wert des vom Arbeiter hervorgebrachten und vom Kapitalisten angeeigneten Mehrprodukts fehlte.

Die Schrift „Lohnarbeit und Kapital“ widerspiegelte also eine noch nicht abgeschlossene Entwicklungsetappe der Marxschen ökonomischen Theorie. Es war die Höhe, die Marx als Ökonom Ende der vierziger Jahre erreicht hatte. Auf ihr aufbauend entwickelte er in den fünfziger und sechziger Jahren die neue, die proletarische ökonomische Lehre.

Die „Reichsverfassungskampagne“

Im Frühjahr 1849 reifte in Deutschland die Entscheidungsschlacht zwischen den revolutionären Kräften und der feudalen Konterrevolution, die nun bereits mit der Bourgeoisie verbündet war, heran. Sie ging unter dem Namen Reichsverfassungskampagne in die Geschichte ein.

Der äußere Anlass war die Ende März 1849 beschlossene Reichsverfassung, welche die Frankfurter Nationalversammlung nach monatelangen Debatten endlich verabschiedet hatte. Es war eine bürgerliche Verfassung, ein ärmlicher Kompromiss. Sie sah nicht eine einheitliche demokratische Republik vor, sondern ein erbliches deutsches Kaiserreich mit einem gesamtdeutschen Parlament. So dürftig sie war, so war sie doch ein Fortschritt gegenüber der bisherigen politischen und wirtschaftlichen Zersplitterung Deutschlands und der bisher uneingeschränkten Herrschaft der feudalen Machthaber.

Wegen dieser Tendenz lehnten die deutschen Fürsten die Reichsverfassung ab. Aus demselben Grunde wurde sie für die Volksmassen zum Symbol der Revolution. Das Volk sah, wie Friedrich Engels schrieb,

> „in jedem, wenn auch noch so lumpigen Schritt näher zur Einigung Deutschlands einen Schritt näher zur Beseitigung der kleinen Fürsten.“

In den ersten Maitagen erhoben sich in verschiedenen Teilen

Deutschlands - in Sachsen und Schlesien, im Rheinland, in Baden und in der Pfalz - das Volk zum bewaffneten Kampf für die Reichsverfassung. Marx und Engels ergriffen in der „Neuen Rheinischen Zeitung" für die Aufständischen Partei. Sie hofften, dass diese revolutionäre Erhebung über das unmittelbare Ziel, die Reichsverfassung, hinauswachsen könnte zu einem Kampf um die demokratische Republik.

Als im rheinisch-westfälischen Industriegebiet der Aufstand begann, zur Leitung des Widerstandes Sicherheitsausschüsse gebildet wurden und die preußische Regierung Truppen gegen die revolutionären Arbeiter und Handwerker, Kleinbürger und Bauern marschieren ließ, eilte Friedrich Engels in seine Heimatstadt Barmen.

> „Gleich am ersten Tag seiner Anwesenheit organisierte Engels eine Kompanie Pioniere und vervollständigte die Barrikaden an mehreren Ausgängen der Stadt... An den folgenden Tagen setzte er seine Tätigkeit fort, veränderte mehrere Barrikaden, gab die Positionen für neue an und verstärkte die Pionierkompanien."

Der Barmener Sicherheitsausschuss, vorwiegend aus Kleinbürgern zusammengesetzt, bekam Angst vor dem Kommunisten Engels und ersuchte ihn, die Stadt zu verlassen. Engels kehrte nach Köln zurück. Auf dem Weg dorthin holte er an der Spitze einer Arbeiterfreischar Waffen aus dem Gräfrather Zeughaus, wofür er bald darauf steckbrieflich verfolgt wurde.

Das Ende der „Neuen Rheinischen Zeitung"

Doch auch in Köln konnte Engels nicht mehr lange bleiben. Die preußische Reaktion holte zum Vernichtungsschlag gegen die „Neue Rheinische Zeitung" aus. Marx, Dronke und Weerth wurden ausgewiesen, gegen die übrigen Redakteure wurden gerichtliche Verfolgungen eingeleitet. Damit war ein weiteres Erscheinen der Zeitung unmöglich geworden.

„Wir mussten", berichtete Engels zurückblickend, „unsere Festung übergeben, aber wir zogen ab mit Waffen und Bagage, mit klingendem Spiel und mit der fliegenden Fahne der letzten, roten Nummer". In dieser von der ersten bis zur letzten Zeile rot gedruckten Abschiedsnummer vom 19. Mai 1849, eingeleitet mit einem großartigen, berühmt gewordenen Gedicht von Ferdinand Freiligrath („Abschiedswort der Neuen Rheinischen Zeitung"), hieß es: „Die Redakteure der 'Neuen Rheinischen Zeitung' danken Euch (den Arbeitern, H.H.) für die ihnen bewiesene Teilnahme. Ihr letztes Wort wird überall und immer sein: *Emanzipation der arbeitenden Klasse!*".

Erneut blieb Karl Marx nur der Weg ins Exil. Während Jenny Marx mit den drei Kindern und Helene Demuth zunächst nach Trier zu ihrer Mutter reiste, fuhren Marx und Engels ins Zentrum des Aufstandes, nach Südwestdeutschland. Zuvor mussten aber noch die Gläubiger der Zeitung zufrieden gestellt, die Löhne der Setzer und Drucker, die Schulden an die Papierlieferanten, die Honorare der Korrespondenten bezahlt und auch die steckbrieflich verfolgten Mitstreiter versorgt werden. Karl und Jenny Marx opferten dabei das letzte, was sie hatten - während der beiden Revolutionsjahre insgesamt 7000 Taler. Für die Familie blieb nichts als Jennys Silberzeug, und auch das musste nun ins Pfandhaus wandern, um das dringend benötigte Reisegeld zu beschaffen.

In der Freischar August Willichs

In Bingen am Rhein trennten sich Marx und Engels. Karl Marx ging im Auftrag der Pfälzer Demokraten nach Paris, um mit den französischen Demokraten darüber zu verhandeln, wie die Erhebung in Deutschland unterstützt werden könnte. Doch Mitte Juni 1849 erlitt auch in Paris die demokratische Partei eine endgültige Niederlage. Voll Spannung verfolgte Marx, dem inzwischen Jenny mit der Familie nach Paris nachgereist war, die Nachrichten aus Südwestdeutschland. Er wusste, dass sich unter den vielen tausend bewaffneten Arbeitern, die gegen die vorrückende preußische Armee fochten, zahlreiche Mitglieder des Bundes der Kommunisten befanden.

Einer von ihnen war Friedrich Engels. Er schloss sich der von August Willich geführten 800 Mann starken Freischar an und wurde dessen Adjutant. Bei mehreren Gefechten im Juni 1849 kämpfte er tapfer mit. Bei einem Feuerwechsel, am 29. Juni, fiel an seiner Seite sein alter Freund Joseph Moll, einer der führenden Köpfe im einstigen Bund der Gerechten und späteren Bund der Kommunisten.

Die Reichsverfassungskampagne, gipfelnd im badisch-pfälzischen Aufstand, endete mit einer Niederlage der revolutionären Freischaren gegen die preußischen Truppen. Am 12. Juli 1849 ging die Willich'sche Freischar als letzte Abteilung dieser ersten deutschen Revolutionsarmee über die Grenze in die Schweiz, Engels mit ihr.

Wieder im Exil

Nach mehreren Wochen der Trennung, auch der Unterbrechung des Briefwechsels, antwortete Marx aus Paris auf ein Schreiben Engels': „Ich habe sehr viel Unruhe für Dich ausgestanden und war wirklich erfreut, gestern einen Brief von Deiner Hand zu empfangen". Und weiter: „Du hast jetzt die schönste Gelegenheit, eine Geschichte oder ein Pamphlet über die badisch-pfälzische Revolution zu schreiben". Engels ließ sich das nicht zweimal sagen und machte sich, nachdem er in Lausanne eine Bleibe gefunden hatte, ans Werk.

Seine Schrift „Die deutsche Reichsverfassungskampagne" ist sowohl eine historische Studie als auch ein spannender Erlebnisbericht. Zugleich enthält sie wichtige Ausführungen über die Taktik einer revolutionären Partei im bewaffneten Aufstand, die Engels bereits als scharfsinnigen Militärtheoretiker ausweisen und seine späteren militärwissenschaftlichen Abhandlungen ankündigen.

Damals in der Schweiz begegnete Engels einem seiner künftig engsten Kampfgefährten, dem 23-jährigen Wilhelm Liebknecht, der ebenfalls in den Reihen der Revolutionsarmee gefochten hatte.

Zur Zeit dieser Begegnung weilte Marx schon nicht mehr in Paris. Am 23. August 1849 war in seiner Wohnung ein Polizeioffizier mit dem Befehl erschienen, binnen 24 Stunden die französische Hauptstadt zu verlassen. Es war die vierte Ausweisung im Leben von Marx - Paris, Brüssel, Köln und nun wieder Paris. Am selben Tag schrieb er an Engels in die Schweiz: „Ich verlasse also Frankreich. Nach der Schweiz gibt man mir keinen Pass, ich muss also nach London, und zwar morgen... In London habe ich *positive* Aussicht, ein deutsches Journal zu stiften... Du also musst sofort nach London. Zudem erheischt es Deine Sicherheit".

Zusammenfassend kann man über die Revolutionsjahre 1848/49 sagen, dass Marx und Engels in ihnen als Protagonisten des radikalsten Flügels der deutschen Demokraten agierten. Sie sahen die Einbeziehung der Arbeiter in den organisierten politischen Kampf als Aufgabe von größter Wichtigkeit an. Ihr gesamtes Wirken 1848/49 war aber einer Hauptaufgabe untergeordnet: in jeder Weise dazu beizutragen, dass das deutsche Proletariat in der bürgerlich-demokratischen Revolution vorkämpferische, konsequent demokratische Positionen bezieht, damit der volle Sieg der bürgerlich-demokratischen Umwälzung der Arbeiterschaft die Möglichkeit verschaffe, den Kampf für *ihre*, die sozialistische Umwälzung unter günstigen Bedingungen zu entfalten.

9. Kapitel: Marx in der Londoner Emigration 1849 - 1852; Marx' „Die Klassenkämpfe in Frankreich 1848 bis 1850"; Marx' „Der achtzehnte Brumaire des Louis Bonaparte"

Am 26. August 1849 traf Marx in London ein. Er glaubte, einige Monate - bis zum Wiederaufleben der Revolution auf dem Kontinent -, vielleicht ein Jahr, bleiben zu müssen. Doch aus den Monaten wurden Jahre, aus den Jahren Jahrzehnte. England wurde ihm wider Willen zu seiner zweiten Heimat, die er, abgesehen von kurzen Reisen, nicht mehr verließ.

Es war eine verzweifelte Situation, in der sich Marx befand: die Revolution, auf die er alle Hoffnungen gesetzt hatte, niedergeworfen; die ihm ausgezahlte Summe aus dem väterlichen Erbteil samt und sonders durch das Ende der „Neuen Rheinischen Zeitung" verloren; statt dessen Schulden und die Familie fast ohne einen Franc in Paris zurückgelassen. Mitte September folgte ihm Jenny mit Helene Demuth und den drei Kindern, sie selbst hochschwanger. Mit Hilfe Georg Weerths wurde eine Wohnung im Stadtteil Chelsea in der Anderson Street aufgetrieben. Hier kam am 5. November 1849 das vierte Kind, Heinrich Guido Marx, zur Welt.

Marx im Elend

Die Zeit des Londoner Exils war bis weit in die sechziger Jahre hinein für Marx und seine Familie von bitterster Not gekennzeichnet. Am schlimmsten waren aber die ersten Jahre. Zum einen begann Marx hier an jener Krankheit zu leiden, die ihn bis zu seinem Tod plagte - eine schwere Leberkrankheit, offenbar erblich veranlagt (sein Vater war 1838 daran gestorben). Marx war bis dahin, abgesehen von Verkühlungen, Kopfschmerzen, Zahnweh etc., gesund gewesen und hatte auch eine robuste Konstitution besessen. Wahrscheinlich hing der Ausbruch der Leberkrankheit, zu der bald noch andere quälende körperliche Beschwerden dazukamen, mit dem aufreibenden Jahr in Köln 1848/49 zusammen, als er unter der Arbeitslast, den Schikanen der Behörden und Polizeiverfolgungen physisch und psychisch an die Grenzen der Belastbarkeit geriet. Zum zweiten mussten diese nun fast ununterbrochenen körperlichen Leiden durch die Umstände eskalieren, unter denen er als politischer Flüchtling, seine Frau und seine Kinder lebten.

Karl und Jenny Marx waren mit ihren vier Kindern im Frühjahr 1850 aus der Wohnung in der Anderson Street wegen rückständiger Miete delogiert worden. Im Stadtbezirk Soho, in den engen Gassen nahe der City, fanden sie ein Quartier, das jedoch nur aus zwei Zimmern und Küche bestand. Der gemeinsame Wohnraum diente Marx zugleich als Arbeitsstätte. In dem nach hinten gelegenen Zimmer schlief die gesamte Familie. Da es ihnen in der ersten Zeit an Möbeln fehlte, betteten sich alle auf dem Fußboden. Helene Demuth schlief in der Küche. Die hygienischen Verhältnisse waren katastrophal. Vor dem Hungertod bewahrte sie damals allein eine bescheidene finanzielle

Unterstützung durch Jennys Mutter. Die materielle Not der Familie Marx war unbeschreiblich. Die Schulden wuchsen: bei den Hausherren, den Kaufleuten, den Ärzten. Ständig drohte Delogierung und Obdachlosigkeit. Marx musste die letzten Habseligkeiten ins Pfandhaus bringen, um Geld zu beschaffen (bei 25% Zinsen), gelegentlich sogar die Kleider der Kinder, sodass diese nicht mehr zur Schule gehen konnten. Immer wieder erschien der Pfändungsbeamte und drohte mit dem Absperren von Wasser und Gas, immer wieder wurde Marx vom Milch- und dem Gemüsehändler wegen seiner Schulden vor Gericht zitiert. In der feuchten und ungesunden Wohnung in Soho und im berüchtigten Londoner Nebel erkrankten die Kinder häufig, und der Tod hielt in die Familie Marx Einzug. Am 19. November 1850 starb der gerade einjährige Guido Marx als erstes Opfer dieser Misere. Im März 1851 kam eine Tochter zur Welt, Franziska, die im April 1852 starb. Jenny Marx musste sich bei einen befreundeten französischen Flüchtling Geld ausborgen, um den Sarg und das Begräbnis bezahlen zu können. Der schwerste Schlag war aber der Tod des achtjährigen Sohnes Edgar, genannt „Musch", im April 1855, an dem Marx, fassungslos und verzweifelt, fast zu zerbrechen drohte. Dass Marx damals mit seiner Familie nicht verhungerte oder im Armenhaus endete, verdankte er in erster Linie dem Entschluss seines Freundes Friedrich Engels, erneut in die Firma seines Vaters Ermen & Engels in Manchester einzutreten und aus seinem (anfangs keineswegs hohen) Verdienst zunächst sporadisch, später regelmäßig Woche für Woche kleinere und größere Geldsendungen per Post nach London zu schicken.

Diesen Hintergrund muss man sich vergegenwärtigen, wenn man die politische Tätigkeit von Marx in London in den Jahren 1849 bis 1852 betrachtet. Sie umfasste drei Bereiche: Hilfe für die politischen Flüchtlinge, die Reorganisation des Bundes der Kommunisten und die Auseinandersetzung mit der Gruppe Willich-Schapper sowie die theoretische Verallgemeinerung der Erfahrungen aus der Revolution von 1848/49.

Hilfe für die politischen Flüchtlinge

Als erstes gründete Marx gemeinsam mit anderen deutschen Emigranten ein Unterstützungskomitee, um das Elend der Flüchtlinge zu mildern. Auch die Mitglieder des Komitees litten große Not. Trotzdem hatten sie sich darüber verständigt, für sich selbst keine Unterstützung aus dem Solidaritätsfonds zu beziehen. Wie ihre Gefährten, darunter die kommunistischen Arbeiter Heinrich Bauer und Carl Pfänder, mühten sich Marx und Engels monatelang, immer neue Hilfsquellen ausfindig zu machen, Sympathisierende um Geld zu bitten, Notquartiere zu beschaffen, Arbeitsplätze zu vermitteln. Als Sekretär des Komitees fungierte Engels. Er war für die Korrespondenz und die Sammlung der Gelder verantwortlich. In einem Solidaritätsappell des Komitees hieß es: „Wir hoffen, dass es nicht dahin kommen wird, dass Leute, die für die Freiheit und die Ehre des deutschen Volkes die Waffen geführt haben, ihr Brot an den Straßenecken von London erbetteln müssen". Der Aufruf fand Gehör. Aus London und Paris, aus Huddersfield in England und aus Cincinnati in den USA, aus Frankfurt am Main und Hamburg, Köln und Rostock, Schwerin, Trier und anderen Städten gingen Spenden ein. Meist waren es 50 bis 60 Arbeiter, die mit diesen Mitteln vom Komitee so lange unterstützt wurden, bis sie Arbeit fanden. Zeitweise unterhielt das Komitee ein Wohnheim, eine Gemeinschaftsküche und eine kleine handwerkliche Produktionsstätte, um die Flüchtlinge vor Obdachlosigkeit und dem Hungertod zu schützen.

Marx und Engels wussten aus eigener Erfahrung, wie sehr diese Solidarität, materiell wie ideell, den gehetzten Kämpfern der Revolution neue Kraft verlieh, ihnen Mut gab.

Die Reorganisation des Bundes der Kommunisten

Zweitens bemühte sich Marx, die durch den Sieg der Konterrevolution versprengten revolutionären Kräfte wieder zusammenzuschließen und als wichtigsten Schritt hierzu den Bund der Kommunisten zu reorganisieren. Die Zentralbehörde arbeitete faktisch nicht mehr. Die meisten örtlichen Organisationen waren aufgelöst. Viele Bundesmitglieder waren verhaftet oder in den bewaffneten Kämpfen gefallen. Die Verbindungen waren abgerissen.

Marx bildete zunächst eine neue Zentralbehörde, um der Partei wieder ein politisches und organisatorisches Zentrum, eine Führung, zu geben. Von den Mitgliedern der alten Zentralbehörde fanden sich Heinrich Bauer, Friedrich Engels und - einige Monate später - Karl Schapper in London ein. Joseph Moll war gefallen. Neu aufgenommen wurden der aus Thüringen stammende Schneider Georg Eccarius, der Miniaturmaler Carl Pfänder, der Publizist Conrad Schramm - alles bewährte Bundesmitglieder - und der ehemalige Offizier August Willich, Engels' Kommandant in der badisch-pfälzischen Revolutionsarmee.

Angesichts des Konterrevolution musste der Bund erneut wie vor 1848 im geheimen wirken. Auf illegalen Wegen wurden die Kontakte zu den in Deutschland verbliebenen Kommunisten mühsam wiederhergestellt, wurden Briefverbindungen geschaffen und bald auch Emissäre auf den Kontinent geschickt, um beim Aufbau der örtlichen Organisationen zu helfen.

Die „Ansprachen der Zentralbehörde an den Bund"

Mit zwei Rundschreiben, genannt „Ansprachen der Zentralbehörde an den Bund", wandte sich die Parteiführung im März und im Juni 1850 an die Bundesmitglieder. Beide hatten Marx und Engels ausgearbeitet. Sie sind von großer Bedeutung für die Weiterentwicklung der marxistischen Theorie. Als erste Schlussfolgerung aus der Revolution 1848/49 zogen Marx und Engels, dass eine Arbeiterpartei künftig „möglichst organisiert, möglichst einstimmig und möglichst selbständig auftreten muss". Als zweite, dass das Proletariat unter keinen Umständen

„wieder zum Anhängsel der offiziellen bürgerlichen Demokratie herabsinken“ darf. Es müsse künftig allen Versuchen entschieden entgegentreten, es in die Organisationen der Kleinbürger hineinzuzerren, es dazu zu degradieren, den bürgerlichen Demokraten „als beifallklatschender Chor zu dienen“.

Wenn Marx und Engels für die Abgrenzung des Proletariats vom Kleinbürgertum eintraten, leugneten sich damit keineswegs die Bedeutung gemeinsamer Aktionen der Arbeiter und der kleinbürgerlichen Demokraten in bestimmten Etappen des Kampfes. Sie erläuterten in der „Ansprache“, dass die proletarische Partei zur Bekämpfung der konterrevolutionären Kräfte mit den Demokraten zeitweilig Bündnisse und Blocks eingehen darf, dabei aber selbständig bleiben und eine von der kleinbürgerlichen Demokratie unabhängige revolutionäre Politik betreiben muss.

Weiters finden sich in den beiden „Ansprachen der Zentralbehörde an den Bund“ Ausführungen zur Vorstellung von der permanenten Revolution. Marx und Engels gingen hier von der Voraussetzung aus, dass bald „eine neue Revolution bevorsteht“. (Schon nach einem halben Jahr wurde ihnen jedoch klar, dass diese Annahme nicht begründet war.) Das Ergebnis dieser Revolution würde die Herrschaft kleinbürgerlicher Demokraten sein. Erst nachdem demokratisch gesinnte Kleinbürger an die Macht gekommen seien, werde der unmittelbare Kampf um die politische Herrschaft des Proletariats beginnen können. Bei der Entwicklung dieser Konzeption formulierten Marx und Engels den Gedanken von der permanenten Revolution:

> „Während die demokratischen Kleinbürger die Revolution möglichst rasch... zum Abschlusse bringen wollen, ist es unser Interesse und unsere Aufgabe, die Revolution permanent zu machen, so lange, bis alle mehr oder weniger besitzenden Klassen von der Herrschaft verdrängt sind, die Staatsgewalt vom Proletariat erobert und die Assoziation der Proletarier nicht nur in einem Lande, sondern in allen herrschenden Ländern der ganzen Welt so weit vorgeschritten ist, dass die Konkurrenz der Proletarier in diesen Ländern aufgehört hat und dass wenigstens die entscheidenden produktiven Kräfte in den Händen der Proletarier konzentriert sind. Es kann sich für uns nicht um Veränderung des Privateigentums handeln, sondern nur um seine Vernichtung, nicht um Vertuschung der Klassengegensätze, sondern um Aufhebung der Klassen, nicht um Verbesserung der bestehenden Gesellschaft, sondern um Gründung einer neuen.“

Welchen Inhalt gaben Marx und Engels dem Begriff „permanente Revolution“? Die bevorstehende revolutionäre Umgestaltung der Gesellschaft sei kein einmaliger Akt, sondern ein langer Prozess. Sein Endziel sei die kommunistische Gesellschaft. Die permanente Revolution habe stadialen Charakter. Es sei ein Prozess, der in seiner Entwicklung gesetzmäßig einige bestimmte Phasen durchlaufe. Dabei können Perioden des direkten Kampfes um die Macht mit solchen einer relativen

Stabilität wechseln. An der Macht lösen sich nacheinander verschiedene Klassenkräfte bis zur Errichtung der Herrschaft des Proletariats ab, die den Übergang zur klassenlosen kommunistischen Gesellschaft bildet. Die Revolution hat außerdem internationalen Charakter und erfasst als wechselseitig zusammenhängender einheitlicher Prozess die am *weitesten* entwickelten Länder. Insgesamt könne dieser revolutionäre Prozess bis zur Errichtung der Herrschaft des Proletariats in diesen Ländern einige Jahrzehnte, sogar ein halbes Jahrhundert dauern. Marx sprach damals von „15, 20, 50 Jahren Bürgerkrieg und Völkerkämpfen", die die Arbeiter durchzumachen hätten, um die Verhältnisse zu ändern und zur politischen Herrschaft befähigt zu sein.

Die Auseinandersetzung mit der Fraktion Willich-Schapper

Um eben diese Frage, die Frage nach den Perspektiven der Revolution, entbrannte im Bund der Kommunisten eine scharfe Auseinandersetzung zwischen den Anhängern der Linie von Marx und Engels und denen der ultralinken Gruppe um August Willich und Karl Schapper.

Zu Beginn des Jahres 1850 gingen Marx und Engels noch von der Annahme aus, dass ein neuer revolutionärer Ausbruch nahe bevorstehe. Sie überschätzten die revolutionären Möglichkeiten des Proletariats. Doch schon wenige Monate später, im Sommer 1850, kamen sie aufgrund ihrer sozialökonomischen Studien zu der Überzeugung, dass eine *„neue Revolution... nur möglich (ist) im Gefolge einer neuen Krisis*". Das hieß für sie, dass die Strategie und Taktik des Bundes der Kommunisten geändert werden müsse, dass statt unmittelbarer Vorbereitung auf eine nahe bevorstehende, neue Revolution nun die Orientierung auf eine langwierige und mühsame Sammlung der Kräfte notwendig sei, eine geduldige und systematische Stärkung der Organisation, der Versuch, Verbündete zu gewinnen und die Aufgabe, die Parteimitglieder theoretisch zu schulen.

Diese Zielstellung lehnten manche Kommunisten entrüstet ab. Selbst einige Mitglieder der Zentralbehörde des Bundes verstanden nicht, dass und warum sich die Situation geändert hatte. Der Haudegen August Willich gehörte zu dieser Gruppe, aber auch der in vielen Kämpfen bewährte Karl Schapper. Sie glaubten, zu jedem beliebigen Zeitpunkt Revolution „machen" und den Kommunismus „einführen" zu können, und schmiedeten ständig neue Pläne zum sofortigen bewaffneten Losschlagen in Deutschland.

Marx und Engels versuchten, den Anhängern dieser ultralinken Auffassungen klarzumachen, dass sich die Arbeiterpartei bei der Festlegung ihrer politischen Linie nicht von subjektiven Wünschen, sondern allein von den objektiven Kampfbedingungen leiten lassen müsse. Das war vergebens. Revolutionäre Ungeduld und theoretische Unreife trübten Willich, Schapper und ihren in London recht zahlreichen Anhängern den Blick für die Realitäten. Sie bildeten einen Sonderbund innerhalb der Partei und wurden daraufhin aus dem

Bund der Kommunisten ausgeschlossen. Schapper hat sich dann einige Jahre später, nachdem er seine Haltung als fehlerhaft selbstkritisch eingestanden hatte, mit Marx und Engels wieder versöhnt. Willich ging in die USA und stieg dort im Bürgerkrieg zum General der Nordstaaten-Armee auf.

Der Kölner Kommunistenprozess

Das Vorhandensein der Fraktion Willich-Schapper im Bund der Kommunisten nahm die preußische Regierung zum Vorwand, um auch Marx und Engels und deren Anhänger als Putschisten hinzustellen. Im Mai und Juni 1851 verhaftete die preußische Polizei führende Mitglieder des Bundes, darunter die Kölner Zentralbehörde. Die Tätigkeit des Bundes war damit in Deutschland nahezu lahm gelegt.

Der preußische König befahl, in einem spektakulären Prozess die Kommunisten eines „hochverräterischen Komplotts“ zu bezichtigen und dafür - koste es, was es wolle - das erforderliche Belastungsmaterial herbeizuschaffen. Gegen Marx und Engels wurden Haftbefehle erlassen und Order gegeben, sie bei Betreten deutschen Bodens festzunehmen.

Anderthalb Jahre mühte sich die Polizei, voran der berüchtigte Polizeirat Stieber, Spitzelberichte zu fabrizieren, Verräter im Bund der Kommunisten zu finden, gefälschtes Material herzustellen, um die „Partei Marx-Engels“ durch den in Köln vorbereiteten Prozess zu vernichten. Marx und Engels nahmen, unterstützt von Wilhelm Liebknecht und anderen Freunden, den Kampf gegen diese Polizeiintrigen auf. Durch Briefe und Zeitungsartikel, durch Hinweise an die Verteidiger der angeklagten Kommunisten waren beide bestrebt, die Machenschaften und Fälschungen der Polizei aufzudecken und die Spitzelmethoden der preußischen Regierung anzuprangern - eine Arbeit, die Marx viel Zeit kostete.

Im Herbst 1852 kam es in Köln zum Prozess. Die Geschworenen, ausnahmslos Junker, Bourgeois und Staatsbeamte, erwiesen sich als verlässlich. Sie sprachen am 12. November 1852 die meisten der elf angeklagten Kommunisten schuldig (vier wurden freigesprochen), und das Gericht verurteilte sie zu mehrjährigen Festungsstrafen, darunter enge Kampfgefährten von Marx und Engels wie Friedrich Leßner und den Schneider Peter Nothjung. Einer von Marx’ engsten Freunden, der Arzt Roland Daniels, wurde zwar freigesprochen, verstarb aber an den Folgen der Untersuchungshaft. Damit war ein Weiterbestehen des Bundes der Kommunisten illusorisch geworden. Am 19. November 1852 schrieb Marx an Engels: „Der Bund hier hat sich vergangenen Mittwoch auf meinen Antrag hin *aufgelöst* und die Fortdauer des Bundes auch auf dem Kontinent für *nicht mehr zeitgemäß erklärt*“. So endete der Bund der Kommunisten, wobei aber Marx und Engels weiterhin fest davon überzeugt blieben, dass man eine Kraft wie die Arbeiterbewegung hemmen und zeitweilig zurückwerfen, nicht aber in ihrer Entwicklung aufhalten könne.

Die „Neue Rheinische Zeitung. Politisch-ökonomische Revue“

Trotz der drückenden Not und Familiensorgen, der nervenaufreibenden Auseinandersetzungen mit der Gruppe Willich-Schapper und des Kampfes gegen die Verleumdungen und Intrigen der preußischen Polizei im Vorfeld des Kölner Kommunistenprozesses hatte Marx in dieser Zeit die Kraft, zwei seiner brillantesten Werke zu verfassen, Schriften, die die marxistische Theorie bereicherten und auf eine neue Stufe hoben.

Die erste, „Die Klassenkämpfe in Frankreich 1848 bis 1850“, erschien in einer neuen, von Marx und Engels herausgegebenen Zeitschrift mit dem Titel „Neue Rheinische Zeitung. Politisch-ökonomische Revue“. Eine neue Zeitung oder wenigstens Zeitschrift zu gründen, sahen beide sofort nach ihrer Ankunft in England als wichtige politische Aufgabe an, um ihre Einschätzung der 48er-Revolution in der Öffentlichkeit publizistisch zu verbreiten.

Das Schwerste war, einen Verlag zu finden und das für Papier, Druck und Versand notwendige Geld zu beschaffen. Nach unendlichen Mühen gelang es den beiden, Anfang März 1850 das erste Heft der „Neuen Rheinischen Zeitung. Politisch-ökonomische Revue“ herauszubringen. Fünf weitere Hefte folgten. Dann war das Unternehmen finanziell am Ende, zumal die Buchhändler in Deutschland wegen der polizeilichen Verfolgungen meist Angst hatten, die Zeitschrift zu vertreiben. Doch in den wenigen Heften erschienen Schriften und Aufsätze von bleibendem Wert, Meisterwerke wissenschaftlicher Analyse. Engels steuerte zwei größere Studien bei: „Die deutsche Reichsverfassungskampagne“ und „Der deutsche Bauernkrieg“, auf die im nächsten Kapitel einzugehen sein wird.

„Die Klassenkämpfe in Frankreich 1848 bis 1850“

Die Schrift von Karl Marx „Die Klassenkämpfe in Frankreich 1848 bis 1850“ erschien hier in mehreren Fortsetzungen von Jänner bis Oktober 1850, ist also (ebenso wie der „Achtzehnte Brumaire“) „Zeitgeschichte“ im reinsten Sinne des Wortes. Marx analysierte hier die Ursachen, den Charakter und den Verlauf der bürgerlich-demokratischen Revolution in Frankreich und kam dabei zu wichtigen Einsichten in die Bedeutung von Revolutionen in der menschlichen Gesellschaft insgesamt. Er prägte hier das berühmt gewordene, bildhafte Wort: „Die Revolutionen sind die Lokomotiven der Geschichte“, und schrieb:

> „In diesem Wirbel der Bewegung, in dieser Pein der geschichtlichen Unruhe, in dieser dramatischen Ebbe und Flut revolutionärer Leidenschaften, Hoffnungen, Enttäuschungen mussten die verschiedenen Klassen der französischen Gesellschaft ihre Entwicklungsepochen nach Wochen zählen, wie sie früher nach halben Jahrhunderten gezählt hatten.“

Nach Marx sind die Revolutionen die treibende Kraft des gesellschaftlichen Fortschritts, sie beschleunigen ihn. Und die geschichtliche Entwicklung nehme in revolutionären Perioden einen viel schnelleren Verlauf, lege in kürzester Zeit einen Weg zurück, der unter gewöhnlichen Verhältnissen Jahrzehnte dauere.

Weiters prägte hier Marx zum ersten Mal den Begriff „Diktatur des Proletariats“ und zum ersten Mal den Ausdruck „Vergesellschaftung der Produktionsmittel“ als der Hauptforderung des Kommunismus marxistischer Prägung. Darauf lenkte Engels in seiner 1895 geschriebenen Einführung in die Arbeit von Marx die Aufmerksamkeit:

> „Was unserer Schrift noch eine ganz besondere Bedeutung gibt, ist der Umstand, dass sie zuerst die Formel ausspricht, in welcher die allgemeine Einstimmung der Arbeiterparteien aller Länder der Welt ihre Forderung der ökonomischen Neugestaltung kurz zusammenfasst: die Aneignung der Produktionsmittel durch die Gesellschaft... Hier ist also - zum ersten Mal - der Satz formuliert, durch den der moderne Arbeitersozialismus sich scharf unterscheidet ebenso wohl von allen verschiedenen Schattierungen des feudalen, bürgerlichen, kleinbürgerlichen etc. Sozialismus wie auch von der konfusen Gütergemeinschaft des utopischen wie des naturwüchsigen Arbeiterkommunismus.“

Wie der gesamte revolutionäre Prozess müsse auch die Vergesellschaftung des Privateigentums verschiedene Stadien durchlaufen. Dieser Gedanke fand seinen Niederschlag in dem Artikel „Die englische Zehnstundenbill“, den Engels im März 1850 schrieb: „Die erste Folge der proletarischen Revolution in England wird die Zentralisation der großen Industrie in den Händen des Staats, d.h. des herrschenden Proletariats sein...“ Engels stützte sich hier direkt auf die bekannte Passage im „Manifest der Kommunistischen Partei“, konkretisierte sie aber jetzt. Ja, *Schritt für Schritt* werde das Proletariat alle Produktionsmittel zentralisieren müssen, aber das *erste Ergebnis* der proletarischen Revolution werde die Zentralisierung der *Großindustrie* in den Händen des Staates sein. Das sei aus dem einfachen Grund so, weil die Produktion gerade in der Großindustrie bereits gesellschaftlichen Charakter habe und mit dem Privateigentum unvereinbar werde.

Den ebenso wichtigen Begriff der „Diktatur des Proletariats“ verwendete Marx in einer Passage, in der er den kleinbürgerlichen Sozialismus von Louis Blanc kritisierte. In Abgrenzung davon schrieb er über seine Auffassung von Sozialismus:

> „Dieser Sozialismus ist die *Permanenzerklärung der Revolution*, die *Klassendiktatur* des Proletariats als notwendiger Durchgangspunkt zur *Abschaffung der Klassenunterschiede überhaupt*, zur Abschaffung sämtlicher Produktionsverhältnisse, worauf sie beruhen, zur Abschaffung sämtlicher gesellschaftlichen Beziehungen, die diesen Produktionsverhältnissen entsprechen, zur Umwälzung sämtlicher Ideen, die aus diesen gesellschaftlichen Beziehungen hervorgehen.“

Marx war schon im Jahr 1848 zu dem Schluss gekommen, dass die bürgerlich-demokratische Revolution nur durch eine energische Macht, die fähig ist, die Konterrevolution zu unterdrücken, nur durch eine revolutionäre Diktatur des Volkes zu Ende geführt werden kann. Über diese Fähigkeiten müsste in noch stärkerem Maße die Diktatur der Arbeiterklasse verfügen, die vor noch weit komplizierteren und größeren Aufgaben stehen werde.

Als Hauptaufgabe der proletarischen Diktatur bei der ökonomischen Umwälzung der Gesellschaft nannte Marx in den „Klassenkämpfen in Frankreich" folgende Momente:

> „... die Aneignung der Produktionsmittel, ihre Unterwerfung unter die assoziierte Arbeiterklasse, also die Aufhebung der Lohnarbeit, des Kapitals und ihres Wechselverhältnisses."

Zwei Jahre später, in einem vielzitierten Brief an Joseph Weydemeyer vom 5. März 1852, fasste Marx das Wesen seiner Erkenntnisse auf dem Gebiet wie folgt zusammen:

> „Was mich betrifft, so gebührt mir nicht das Verdienst, weder die Existenz der Klassen in der modernen Gesellschaft noch ihren Kampf unter sich entdeckt zu haben. Bürgerliche Geschichtsschreiber hatten längst vor mir die historische Entwicklung dieses Kampfes der Klassen und bürgerliche Ökonomen die ökonomische Anatomie derselben dargestellt. Was ich neu tat, war 1. nachzuweisen, dass die *Existenz der Klassen* bloß an *bestimmte historische Entwicklungsphasen der Produktion* gebunden ist; 2. dass der Klassenkampf notwendig zur *Diktatur des Proletariats* führt; 3. dass diese Diktatur selbst nur den Übergang zur *Aufhebung aller Klassen* und zu einer *klassenlosen Gesellschaft* bildet."

Im Kontext der Aufarbeitung der Erfahrungen der 48er-Revolution gelangte Marx zu einer weiteren höchst wichtigen Erkenntnis, nämlich zu der, dass zwischen Wirtschaftskrisen und sozialer Revolution ein Zusammenhang besteht. Im November 1850 schrieb er in einem Artikel in der „Neuen Rheinischen Zeitung. Politisch-ökonomische Revue":

> „Bei dieser allgemeinen Prosperität, worin die Produktivkräfte der bürgerlichen Gesellschaft sich so üppig entwickeln, wie dies innerhalb der bürgerlichen Verhältnisse überhaupt möglich ist, kann von einer wirklichen Revolution keine Rede sein. Eine solche Revolution ist nur in Perioden möglich, wo diese *beiden Faktoren*, die *modernen Produktivkräfte* und die *bürgerlichen Produktionsformen*, miteinander in *Widerspruch* geraten... *Eine neue Revolution ist nur möglich im Gefolge einer neuen Krisis. Sie ist aber ebenso sicher wie diese*."

Marx hat diesen Gedanken noch weiter präzisiert, nachdem 1857 eine Weltwirtschaftskrise hereingebrochen war und es dennoch zu keinem neuen revolutionären Ausbruch kam, als sich somit der Zusammenhang zwischen Krise und Revolution als noch komplexer und indirekter erwies. Darauf Bezug nehmend schrieb er im bekannten Vorwort zu seiner Arbeit „Zur Kritik der Politischen Ökonomie" (1859): „Eine Gesellschaftsformation geht nie unter, bevor alle Produktivkräfte entwickelt sind, für die sie weit genug ist".

Zugleich damit näherten sich Marx und Engels im Herbst 1850 der Entdeckung einer anderen, außerordentlich bedeutungsvollen Erscheinung des revolutionären Prozesses. Das am weitesten entwickelte Land der bürgerlichen Welt war damals England. Warum aber entflammte dann die Revolution auf dem Kontinent und warum war der Beginn einer neuen Revolution gleichfalls auf dem Kontinent zu erwarten? Wenn Krisen vor allem auf dem Kontinent Revolutionen hervorbringen, so liege dennoch ihre Ursache stets in England.

> „*In den Extremitäten des bürgerlichen Körpers muss es natürlich eher zu gewaltsamen Ausbrüchen kommen als in seinem Herzen, da hier die Möglichkeit der Ausgleichung größer ist als dort.*" (Hervorhebung H.H.)

Hier ist die Entdeckung einer tiefen historischen Gesetzmäßigkeit niedergelegt, die, schlagend bestätigt im 20. Jahrhundert, die Möglichkeit enthält, dass eine revolutionäre Umgestaltung der Gesellschaft an der Peripherie der bürgerlichen Gesellschaftsformation beginnt, außerhalb der höchstentwickelten kapitalistischen Länder.

„Der achtzehnte Brumaire des Louis Bonaparte"

Ein Ereignis in Frankreich regte Marx zu seinem vielleicht in Stil und Sprachgewalt vollendetsten und am meisten bewunderten Werk an. Am 2. Dezember 1851 jagten die Anhänger des Präsidenten Louis Bonaparte die gesetzgebende Nationalversammlung auseinander und verübten einen Staatsstreich. In Frankreich wurde eine bonapartistische Diktatur errichtet. Ein Jahr darauf erklärte sich Bonaparte zum Kaiser Napoleon III.

Engels schlug Marx in einem Brief vom 16. Dezember 1851 vor, einen Artikel über die französischen Ereignisse für Weydemeyers Zeitschrift „Die Revolution" zu schreiben. Marx machte sich sofort an die Arbeit. In kurzer Zeit schuf er ein unvergleichliches Werk, die Schrift „Der achtzehnte Brumaire des Louis Bonaparte", die er am 25. März 1852 nach New York schickte. Dort gab es Schwierigkeiten mit der Veröffentlichung, weil sich Weydemeyers Wochenschrift in finanziellen Nöten befand. Marx' Studie erschien „in zwanglosen Heften" als erstes Heft, und auch das nur, weil ein deutscher Arbeiter, ein Schneider aus Frankfurt, seine Ersparnisse von 40 Dollar Weydemeyer zur Verfügung stellte. Versuche, diese Schrift auch in Deutschland und England zu publizieren, blieben bis 1869 ohne Erfolg.

Der „Achtzehnte Brumaire des Louis Bonaparte" beginnt mit dem oft zitierten, zum geflügelten Wort gewordenen Satz:

> „Hegel bemerkt irgendwo, dass alle großen weltgeschichtlichen Tatsachen und Personen sich sozusagen zweimal ereignen. Er hat vergessen hinzuzufügen: das eine Mal als Tragödie, das andere Mal als Farce."
>
> Und es heißt dann weiter:
>
> „Die Menschen machen ihre eigene Geschichte, aber sie machen sie nicht aus freien Stücken, nicht unter selbstgewählten, sondern unter

> unmittelbar vorgefundenen, gegebenen und überlieferten Umständen. Die Tradition aller toten Geschlechter lastet wie ein Alp auf den Gehirnen der Lebenden."

Drei Gedanken im „Achtzehnten Brumaire" sind von großer Bedeutung für die Weiterentwicklung der marxistischen Theorie und die spätere Diskussion über das Wesen und die Rolle des Staates: 1) die Bonapartismus-These, 2) die Bündnisfrage zwischen Arbeiterschaft und Bauernschaft, und 3) die Ausführungen über das Zerbrechen der alten Staatsmaschine.

Zum ersten: Marx betrachtete den bonapartistischen Staatsstreich als das unausbleibliche Ergebnis des Klassenkampfes in Frankreich, dessen Verlauf „Umstände und Verhältnisse schuf, welche einer mittelmäßigen und grotesken Personage das Spiel der Heldenrolle ermöglichten". Die Klassengegensätze der bürgerlichen Gesellschaft erreichten in Frankreich eine Stufe, auf der jede weitere Vertiefung der Revolution die Verwirklichung sozialistischer Maßnahmen nach sich gezogen hätte. Deshalb verzichtete die Bourgeoisie auf solche unmittelbaren und reinen Herrschaftsformen wie die bürgerliche Republik, und übergab, um ihre Ordnung zu retten, die Macht einer reaktionären Clique zügelloser Abenteurer. Marx sah also im bonapartistischen Staatsstreich eine gesetzmäßige Folge des verstärkten konterrevolutionären Charakters der Bourgeoisie. Das bonapartistische Regime war für ihn das Ergebnis eines Verhältnisses der Klassenkräfte, bei dem die Bourgeoisie nicht mehr mit den gewöhnlichen parlamentarischen Methoden herrschen konnte und das Proletariat noch zu schwach war, ihren konterrevolutionären Machenschaften mit Erfolg entgegenzutreten.

Marx erklärte den Bonapartismus als eine Diktatur konterrevolutionärer Elemente der Bourgeoisie und machte auf ihre Merkmale aufmerksam: die Politik des Lavierens zwischen den Klassen, die eine gewisse Selbständigkeit der Staatsmacht schafft, hemmungslose Demagogie, die die Verteidigung der Interessen der Ausbeuterschicht verschleiert und sich mit politischem Terror paart, Allmacht des Militärs, Käuflichkeit und Korruption, Ausnutzung des Lumpenproletariats, der Verbrecherwelt, der Bestechung und anderer schmutziger Mittel. Erwähnt sei, dass diese Bonapartismus-Theorie von Marx später höchst anregend auf linke Gesellschaftsdenker bei der Deutung eines Phänomens wie des Faschismus wirkte (ebenso die Theorie des „Gleichgewichts der Klassenkräfte" z.B. auf Otto Bauer in der österreichischen Revolution von 1918 bis 1920). In beiden Fällen kam es jedoch zu Übertreibungen und Entstellungen der Marxschen Auffassungen.

Zum zweiten: Durch die Beschäftigung mit Frankreich, einem Land mit einem traditionell starken Bauerntum, stieß Marx auf das Problem des Bündnisses zwischen dem Proletariat und der Bauernschaft als einer notwendigen Voraussetzung der sozialistischen Revolution. In der Erstausgabe des „Achtzehnten Brumaire" (1869 ist diese Passage weggelassen) hob er hervor: Wenn die Bauernschaft zum Bundesgenossen des Proletariats wird, „erhält *die proletarische Revolution das Chor* (sic), *ohne das ihr Sologesang in allen Bauernnationen zum Sterbelied wird*". Und am 16. April 1856 schrieb Marx an Engels: „The whole thing in Germany (Die ganze Sache in Deutschland, H.H.) wird abhängen von der Möglichkeit, to back the Proletarian revolution by some second edition of the Peasants' war (die proletarische Revolution durch eine Art zweite Auflage des Bauernkrieges zu unterstützen, H.H.). Dann wird die Sache vorzüglich". Bei der weiteren Entwicklung des Gedankens vom Bündnis des Proletariats mit der Bauernschaft gelangten Marx und Engels zur Idee der Hegemonie des Proletariats, seiner führenden Rolle gegenüber der Bauernschaft. Die Bauern, resümierte Marx im „Achtzehnten Brumaire", „finden also ihren natürlichen Verbündeten und Führer in dem *städtischen Proletariat*, dessen Aufgabe der Umsturz der bürgerlichen Ordnung ist". Das war eine bedeutsame Erkenntnis bei der Entwicklung der marxistischen Theorie. Die im „Manifest der Kommunistischen Partei" niedergelegte Feststellung, dass sich die Gesellschaft immer mehr in zwei große Klassen - Bourgeoisie und Proletariat - spalte, reichte nicht aus, um die Theorie auf Bedingungen anzuwenden, unter denen die Hauptmasse der Bevölkerung sogar im Großteil der entwickelten kapitalistischen Länder nicht vom Proletariat allein, sondern vom Proletariat und der Bauernschaft gebildet wurde. Der Gedanke vom Bündnis zwischen Proletariat und Bauernschaft, in dem das Proletariat die führende Rolle spielt, eröffnete die Perspektive einer erfolgreichen Verwirklichung der bürgerlich-demokratischen und in der Folge auch der sozialistischen Umwälzung, ein Gedanke, den Lenin - auf die Verhältnisse Russlands angewandt - vor 1917 theoretisch aufgriff und in der Oktoberrevolution praktisch und mit Erfolg in die Tat umsetzte.

Zum dritten: Marx folgerte im „Achtzehnten Brumaire" aus den Erfahrungen der Revolution von 1848/49 erstmals, dass ein siegreiches Proletariat den alten Staatsapparat zerschlagen müsse. Über die Entstehung und Entwicklung der militärisch-bürokratischen Staatsmaschine in Frankreich schrieb er: „Alle Umwälzungen vervollkommneten diese Maschine statt sie zu brechen".

Allerdings war Marx noch nicht in der Lage, eine Antwort darauf zu geben, was das Proletariat an die Stelle der alten Staatsmaschinerie setzen wird, wie die Staatsform der Diktatur des Proletariats aussehen muss. Auch das „Zerbrechen" selbst wurde noch nicht konkretisiert: Welche Elemente der Staatsmaschine müssen zerstört und welche können ausgenutzt werden? Eine Antwort auf diese Fragen konnte er erst aufgrund der Erfahrungen mit der Pariser Kommune von 1871 geben. Sehr wohl war es Marx aber schon 1852 klar, dass das Zerbrechen der alten Staatsmaschine in keiner Weise eine Schwächung der Zentralisation der Gesellschaft bedeuten werde und solle. Er schrieb im „Achtzehnten Brumaire": „Die Zertrümmerung der Staatsmaschine wird die Zentralisation nicht gefährden".

Und in der Ausgabe von 1869 präzisierte er den Gedanken folgendermaßen: „Die staatliche Zentralisation, deren die moderne Gesellschaft bedarf, erhebt sich nur auf den Trümmern der militärisch-bürokratischen Regierungsmaschinerie, die (vom Bürgertum, H.H.) im Gegensatz zum Feudalismus geschmiedet ward“.

Zusammenfassend kann festgehalten werden, dass die Auswertung der Erfahrungen der Revolution von 1848/49 durch Marx und Engels in den Jahren 1850 bis 1852 eine qualitativ neue Etappe in der marxistischen Theorie bildete. Zugleich stellte sich aber heraus, dass die ökonomischen Grundlagen der Theorie noch ungenügend ausgearbeitet waren, dass hier ein Nachholbedarf bestand nach weiteren, vertieften Untersuchungen. Von 1852 an wurde daher die Schaffung der ökonomischen Theorie zur Haupttätigkeit von Marx, wobei ihn bei diesen schwierigen und langwierigen Studien die Tatsache begünstigte, dass der zeitweilige Rückschlag der Arbeiterbewegung es ihm erlaubte, sich von der politischen Tagesbetätigung zurückzuziehen und sich vornehmlich der wissenschaftlichen Arbeit zu widmen.

10. Kapitel: Engels' Leben 1849 - 1852; Engels' „Die deutsche Reichsverfassungskampagne"; Engels' „Der deutsche Bauernkrieg"; Engels' „Revolution und Konterrevolution in Deutschland"; Marx/Engels „Die großen Männer des Exils"; Marx „Enthüllungen über den Kommunisten-Prozess zu Köln"

Friedrich Engels befand sich nach der Niederwerfung des badisch-pfälzischen Aufstandes in der Schweiz, als er von Marx brieflich aufgefordert wurde, nach London nachzukommen. Nach einer fünfwöchigen Reise über Genua und an Bord eines Schoners durch die Straße von Gibraltar und den Golf von Biskaya traf er am 10. November 1849 in der englischen Hauptstadt ein und wurde sofort in die wieder aufgebaute Zentralbehörde des Bundes der Kommunisten aufgenommen. Hier war er ein Jahr lang, bis zum November 1850, politisch tätig und wirkte an der Seite von Marx im Flüchtlingshilfekomitee, bei der Gründung der „Neuen Rheinischen Zeitung. Politisch-ökonomische Revue" und bei der Auseinandersetzung mit der Fraktion Willich-Schapper mit. Wie Marx befand sich Engels in diesem Londoner Jahr in einer argen finanziellen Notlage. Er war so gut wie ausschließlich auf die gelegentlichen Zuwendungen von zu Hause, von seinen Eltern, angewiesen, weil die Chartistenblätter, in denen er publizierte, kaum Honorare zahlen konnten. Im Londoner Jahr verfasste Engels zwei größere Arbeiten, die „Deutsche Reichsverfassungskampagne" und den „Deutschen Bauernkrieg", die beide in der „Neuen Rheinischen Zeitung. Politisch-ökonomische Revue" erschienen.

„Die deutsche Reichsverfassungskampagne"

Unter den Darstellungen der badisch-pfälzischen Erhebung von 1849, die das letzte Aufflackern der 48er-Revolution war, erreicht keine andere die Engels'sche an Lebendigkeit der Schilderung, an Glanz des Stils, vor allem aber an Schärfe der Beobachtung und Höhe und Weite des Blicks. Sie ist ein Meisterstück deutscher beschreibender Prosa.

Als Engels an die Niederschrift ging, war das Material, das er für seinen Zweck hätte benutzen können, begreiflicherweise noch so unvollständig und so verworren, dass er es vorzog, sich auf die Erzählung dessen zu beschränken, was er selbst gesehen und gehört hatte.

Am interessantesten an dieser Schrift ist die beißende Charakterisierung der Zwiespältigkeit und Wankelmütigkeit des Kleinbürgertums in revolutionären Situationen, die treffende Beobachtung seiner Mentalität. Engels wurde durch die Erfahrungen im badisch-pfälzischen Aufstand, dessen Träger das Kleinbürgertum war, in der Auffassung bestärkt, dass es nur eine sehr geringe revolutionäre Aktionskraft besitze, dass es nur dann bestimmter und energischer auftrete, wenn andere Klassen die in seinem Interesse gelegene Bewegung aufnahmen und sich ihrer bemächtigten.

War das städtische Proletariat oder ein Teil der Bauern dazu bereit, so schloss sich der fortgeschrittenste Flügel des Kleinbürgertums ihnen für eine Zeitlang an.

Engels schrieb, dass das höchste Ideal der badisch-pfälzischen Kleinbürger und Bauern eine kleine Republik in der Art der Schweiz gewesen sei:

> „Ein kleines Tätigkeitsfeld für kleine bescheidene Leute, der Staat eine etwas vergrößerte Gemeinde, ein 'Kanton'; eine kleine, stabile, auf Handarbeit gestützte Industrie, die einen ebenso stabilen und schläfrigen Gesellschaftszustand bedingt; wenig Reichtum, wenig Armut, lauter Mittelstand und Mittelmäßigkeit, kein Fürst, keine Zivilliste, keine stehende Armee, fast keine Steuern; keine aktive Beteiligung an der Geschichte, keine auswärtige Politik, lauter inländischer kleiner Lokalklatsch und kleine Zänkereien en famille; keine große Industrie, keine Eisenbahn, kein Welthandel, keine sozialen Kollisionen zwischen Millionären und Proletariern, sondern ein stilles, gemütliches Leben in aller Gottseligkeit und Ehrbarkeit, in der kleinen geschichtslosen Bescheidenheit zufriedener Seelen."

Die „Deutsche Reichsverfassungs-kampagne" enthält auch einige wichtige Gedanken zur revolutionären Kriegführung: dass diese und die Kunst des Aufstands eigene Gesetze habe, ohne deren Beherrschung es revolutionären Klassen unmöglich sei, den Sieg zu erringen.

„Der deutsche Bauernkrieg"

Seine Arbeit „Der deutsche Bauernkrieg" schrieb Engels in den Sommermonaten des Jahres 1850. Es ging ihm hier um die Beantwortung der Frage, warum die Revolution von 1848/49 unterlegen war und welche Politik einer neuen Revolution zum Sieg verhelfen könnte. Der Vergleich mit dem Bauernkrieg als dem Höhepunkt der mit der Reformation begonnenen frühbürgerlichen Revolution in Deutschland erwies sich als fruchtbar. Zum ersten Mal wandte Engels hier die von ihm gemeinsam mit Marx entdeckten Bewegungsgesetze der Gesellschaft auf eine konkrete Geschichtsepoche an. Damit beschritt er auch als Historiker neue Wege.

Die geschichtlichen Fakten entnahm Engels einer umfassenden Darstellung des Bauernkrieges durch den demokratischen Historiker Wilhelm Zimmermann aus dem Jahr 1843. (Diese ist so materialreich und qualitätvoll, dass sie bis heute neu aufgelegt wird.) Zum Unterschied von ihm und anderen Geschichtsforschern ging Engels dialektisch-materialistisch, von den ökonomischen Grundlagen an die Sache heran. Damit war der deutsche Bauernkrieg auf einmal nicht mehr nur ein folgenloses Aufflammen religiöser und politischer Leidenschaften, sondern ein Angel- und Wendepunkt der deutschen Geschichte. Reformation und Bauernkrieg wurden zu notwendigen Etappen jenes historischen Prozesses, der als früh- bürgerliche Revolution in die Geschichte eingegangen ist. Martin Luther und Thomas Müntzer stellten sich als Repräsentanten bestimmter Klassenkräfte dar, und die bis dahin stets falsch als religiös interpretierten Kämpfe erschienen als das, was sie waren: als der Reflex sozialökonomischer Vorgänge.

Wenn diese Klassenkämpfe damals religiöses Gewand trugen, wenn die Interessen, Bedürfnisse und Forderungen der einzelnen Klassen sich unter einer religiösen Decke verbargen, so erklärte sich dies aus den Zeitverhältnissen. Gerade die Ausbreitung religiös-politischer Ideen erfüllte, wie Engels hervorhob, die wichtige Funktion, dass sie zum ersten Mal, freilich nur sehr mühsam und annähernd, die deutsche Nation unter großen Parteigesichtspunkten gruppierte. In Luther und Müntzer verkörperten sich für ihn die bürgerliche und die proletarische Opposition gegen die „mittelalterliche Barbarei" und ihre sozialen Zustände.

Luther, behauptete Engels, habe in den Jahren 1517 bis 1525 ganz dieselben Wandlungen durchgemacht, die jede bürgerliche Partei durchmache, die, an die Spitze einer revolutionären Bewegung gestellt, in dieser Bewegung von der hinter ihr stehenden plebejischen oder proletarischen Partei überflügelt werde. Als der Blitz, den Luther geschleudert hatte, einschlug und nun das ganze Volk, vor allem das niedere, in Bewegung geriet, da ließ der Schützling des Kurfürsten von Sachsen, der angesehene, über Nacht mächtig und berühmt gewordene Professor der Theologie die populären Elemente der Bewegung fallen und schloss sich der bürgerlichen, adligen und fürstlichen Seite an. Die Aufrufe zum Krieg gegen Rom verstummten, er predigte die friedliche Entwicklung und den passiven Widerstand. Die Augsburger Konfession war die schließlich erhandelte Verfassung der reformierten Bürgerkirche.

Der spießbürgerliche Charakter der offiziellen Reformation sei damit offen zutage getreten. Das Volk aber, schrieb Engels, wusste sehr gut, was es tat, wenn es behauptete, Luther sei Fürstendiener geworden.

Für Luthers Antipoden Thomas Müntzer empfand Engels weit größere Sympathien. Er schrieb:

> „Unter dem Reich Gottes verstand Müntzer nichts anderes, als einen Gesellschaftszustand, in dem keine Klassenunterschiede, kein Privateigentum und keine den Gesellschaftsmitgliedern gegenüber selbständige, fremde Staatsgewalt mehr bestehe. Sämtliche bestehenden Gewalten, wofern sie sich nicht fügen und der Revolution anschließen wollen, sollten gestürzt, alle Arbeiten und alle Güter gemeinsam und die vollständigste Gleichheit durchgeführt werden."

Dieser Müntzer'sche Egalitarismus sei Ausdruck der utopischen Sehnsüchte der plebejischen Schichten gewesen, die jedoch zu einer Umbildung der gesamten Gesellschaft noch nicht fähig waren. Daraus, dass er mit seinen Ideen über seine Zeit weit hinausgriff, erklärte Engels das tragische Ende Müntzers. Es sei das Schlimmste, schrieb er, was dem Führer einer extremen Partei widerfahren kann, wenn er gezwungen wird, in einer Periode das Ruder zu übernehmen, in der die Bewegung noch nicht reif sei für die Herrschaft der Klasse, die er vertritt, und für die Durchführung der Maßregeln, die die Herrschaft dieser Klasse erfordert.

Engels zeigte also im „Deutschen Bauernkrieg“ die ökonomischen und politischen Analogien der Revolutionen von 1525 und 1848 auf, den Zusammenhang von sozialer und nationaler Frage in Deutschland unter den jeweiligen historischen Bedingungen und betonte die Notwendigkeit der Überwindung der feudalen Kleinstaaterei und die Herstellung einer einheitlichen, zentralisierten deutschen Republik.

Wieder im „hündischen Commerce“

In dieser Zeit in London 1849/50 erwies sich, wie im vorigen Kapitel ausgeführt, die Notwendigkeit, die Voraussetzungen für die Weiterentwicklung der theoretischen Grundlagen der kommunistischen Bewegung zu schaffen. Für Engels stand fest, dass vor allem Marx geholfen werden musste, Zeit für die Studien zu finden, die zur ökonomischen Begründung des Kommunismus nötig waren. Dazu wollte er beitragen, indem er sich selbst eine feste Einnahmequelle verschaffte, die es ihm erlauben sollte, auch Marx zu unterstützen. Nach mancherlei Debatten mit der Familie entschloss er sich, wieder in Manchester zu arbeiten.

Engels ging also zurück in die Firma Ermen & Engels, deren einer Teilhaber sein Vater war. Dort hatte er bereits von 1842 bis 1844 gearbeitet. Er begann im November 1850 als Angestellter und Assistent des Geschäftsführers Ermen. Zehn Stunden und mehr musste er täglich im Kontor, umgeben von Garnen und Zwirnen, zubringen, Geschäftsbücher führen, den internationalen Briefwechsel in englischer, französischer, deutscher, wenn nötig auch in italienischer oder spanischer Sprache abwickeln und die Börsennachrichten notieren. In der ersten Zeit bekam Engels kein festes Gehalt, sondern lediglich „Repräsentations- und Tafelgelder“ vom Vater. Erst allmählich erhielt er ein regelmäßiges Einkommen und wurde in zunehmendem Maße am Gewinn der Firma beteiligt. Damit wuchsen auch seine Verpflichtungen. Er wurde Bevollmächtigter und schließlich, nach dem Tod des Vaters 1861, Teilhaber der Fabrik. Jetzt musste er selbst die Firma auf der Börse vertreten und mancherlei Repräsentationspflichten übernehmen. So hatte Engels, wie er sich drastisch ausdrückte, den größten Teil des Tages dem „Scheißhandel“ zu opfern, statt die Zeit vorwiegend wissenschaftlichen Arbeiten widmen zu können. Doch die Notwendigkeit, seinen Lebensunterhalt zu verdienen, außerdem die ständigen Hilferufe von Marx und das Wissen um die Notlage des Freundes bestärkten Engels immer wieder in dem einmal gefassten Entschluss, das Joch des „hündischen Commerce“ so lange zu ertragen, wie es Freundschaft und Einsicht in das politisch Notwendige geboten. Als Angestellter einer renommierten Firma und Spross einer angesehenen Fabrikanten- und Kaufmannsfamilie musste Engels in der Öffentlichkeit sehr auf Etikette achten und sich in mancher Hinsicht den Lebensgewohnheiten der englischen Kapitalistenkreise anpassen. Er führte ein Doppelleben: einerseits als Firmenmanager, in seiner Wohnung Geschäftsfreunde empfangend und bewirtend und an feudal-bourgeoisen Lustbarkeiten teilnehmend wie den halsbrecherischen Fuchsjagden hoch zu Ross, andererseits als Lebensgefährte von Mary Burns, in deren Wohnung er sein wahres Zuhause fand und wo er sich mit den linken Führern der Chartistenbewegung traf.

Dana und die „New-York Daily Tribune"

Die finanzielle Unterstützung, die Engels Marx angedeihen ließ, war nur eine Form seiner Hilfe. Kaum weniger wichtig war, dass er ihm beistand, als es galt, der - wie Marx es nannte - „gebieterischen Notwendigkeit einer Erwerbstätigkeit" zu genügen. Und das kam so: Im August 1851 fragte der Redakteur der „New-York Daily Tribune", Charles Dana, der Marx in Köln 1848 kennen gelernt hatte, bei Marx an, ob er regelmäßig für das Blatt schreiben könne. Marx sagte zu, weil sich ihm damit endlich eine Möglichkeit bot, seiner Familie ein bescheidenes Einkommen zu sichern. Außerdem wollte er die Gelegenheit nutzen, durch seine Artikel in dieser damals weit verbreiteten und bürgerlich-fortschrittlich orientierten Zeitung die demokratische Bewegung zu stärken. (Die „New-York Daily Tribune" war damals mit 250.000 Exemplaren die auflagenstärkste Zeitung der Welt.) Doch sogleich türmten sich neue Schwierigkeiten auf. Die journalistische Arbeit hätte ihm einen Großteil der Zeit geraubt, die er bisher seinen Studien über die politische Ökonomie widmete; zudem beherrschte er die englische Sprache noch nicht so, dass er in ihr publizieren konnte.

Marx wandte sich in dieser Situation an Engels um Hilfe und schrieb ihm nach Manchester: „Wenn es Dir möglich ist, mir einen englisch geschriebenen Artikel über die *deutschen* Verhältnisse bis *Freitag morgen* (15. August) zu liefern, so wäre das ein famoser Anfang". Engels half, um dem Freund die dringend benötigte Einkommensquelle zu sichern: „Schreib mir... bald, in welcher Art es sein soll - ob ein einziger beliebiger Artikel, oder ob Du eine Reihe haben willst, und 2., wie das Zeugs zu halten ist". Die von Marx eintreffende Instruktion war sehr knapp: „Schreibe eine Reihe von Artikeln über Germanien von 1848 an. Jeistreich und ungeniert". Und am 21. August 1851 begann Engels' Brief: „Lieber Marx, Du erhältst hierbei einen beliebigen Artikel. Verschiedne Umstände haben konspiriert, das Ding schlecht zu machen... Kurzum, mach damit, was Du willst".

Dieses angeblich schlecht geratene „Ding" war der erste Artikel einer schließlich 19 Beiträge umfassenden Reihe, die von Oktober 1851 bis Oktober 1852 in der „New-York Daily Tribune" erschien und die geschlossen erstmals 1896 zunächst in englischer, dann in deutscher Sprache unter dem Titel „Revolution und Konterrevolution in Deutschland" herausgegeben wurde. Nicht nur der erste, sondern alle Beiträge dieser Serie stammten von Engels. Davon aber erfuhren weder Dana noch die Leser der Zeitung; sie wähnten, Marx sei der Autor. Nur so war es möglich, die Abmachung mit Dana aufrechtzuerhalten und Marx die Honorare zu sichern.

Doch das war nur der Anfang. Fast ein Jahrzehnt, bis zu Jahr 1861, schrieb Engels auf Bitten seines Freundes mehr als 120 weitere Artikel für die amerikanische Zeitung unter Marx' Namen. Zu zahlreichen Beiträgen von Marx steuerte er ganze Teile bei, und fast ausnahmslos besorgte er in den ersten zwei Jahren die Übersetzung der von Marx erarbeiteten Manuskripte. Die meisten dieser Aufsätze erschienen unter Marx' Namen, vielfach aber auch anonym. Der geschäftstüchtige Dana verwendete sie mitunter sogar als Leitartikel, ohne ihre Herkunft überhaupt zu erwähnen. Engels jedoch wurde als Autor nie genannt.

Das ist nur eines der vielen Beispiele für die enge Gemeinschaft der beiden und die selbstlosen Freundschaftsdienste, die Engels für Marx erbrachte. Denn Engels wusste, dass Marx - und nur Marx - imstande war, die nunmehrige Hauptaufgabe zu bewältigen: die bisherigen bürgerlichen Theorien über die Ökonomie des Kapitalismus kritisch zu überwinden und eine neue, proletarische Politökonomie zu schaffen.

„Revolution und Konterrevolution in Deutschland“

Die Schrift „Revolution und Konterrevolution in Deutschland“ figurierte lange Zeit unter den Werken von Marx, auch noch 1896, als sie in englischer und deutscher Sprache von Eleanor Marx-Aveling herausgegeben wurde. Erst 1913, als der Briefwechsel zwischen Marx und Engels erstmals in Buchform erschien, wurde bekannt, dass Engels der Autor war.

In ihr legte Engels die Voraussetzungen, den Charakter und die Triebkräfte der deutschen Revolution von 1848/49 dar. Sie ist ein hervorragendes Beispiel für eine marxistische Untersuchung vielschichtiger und verwickelter historischer Ereignisse. Scharf kritisierte Engels die Unfähigkeit der liberalen deutschen Bourgeoisie, die Führung in der bürgerlichen Revolution zu übernehmen und ihr Abgleiten auf konterrevolutionäre Positionen. Nicht weniger heftig prangerte er die politische Kurzsichtigkeit, Unentschlossenheit und Verzagtheit der Führer der kleinbürgerlich-demokratischen Kräfte an, die damit zur Niederlage der Revolution beigetragen hätten, besonders ihren „parlamentarischen Kretinismus“, ihren Glauben an die Allmacht der bürgerlichen Volksvertretungsinstitutionen, ihren Widerwillen gegen außerparlamentarische Kampfformen, ihre Furcht, an das Volk zu appellieren und ihre Angst vor der Unterstützung durch die bewaffneten Massen.

Von der revolutionären Klasse und ihrer Partei forderte Engels die Fähigkeit, energische, offensive Operationen durchzuführen. Er schrieb: „In der Revolution wie im Kriege ist es immer notwendig, dem Feind die Spitze zu bieten, und wer angreift, ist im Vorteil“. Weiters hob er hervor,

> „dass es Augenblicke in der Revolution gibt, wo die kampflose Preisgabe von Positionen an den Feind die Massen mehr demoralisiert als die Niederlage im Kampfe.“

Er stellte den Satz auf, dass es in der Revolution wie im Kriege unumgänglich notwendig sei, im entscheidenden Moment alles zu wagen, wie die

Chancen auch stehen mögen. Denn eine Niederlage nach hartnäckigem Kampf sei eine Tatsache von ebenso revolutionärer Bedeutung wie ein leicht errungener Sieg. In einer Revolution verdiene jeder als Verräter behandelt zu werden, der eine entscheidende Position befehligt und sie übergibt, statt den Feind zu zwingen, sie im Sturm zu nehmen.

In „Revolution und Konterrevolution in Deutschland" berührte Engels auch die Frage der nationalen Bewegungen der slawischen Völker, die damals zum Habsburgerreich gehörten, der Tschechen und Slowaken, Kroaten und Slowenen. Hier kam er jedoch zu ungerechtfertigten und falschen Einschätzungen ihrer historischen Rolle, Einschätzungen, die übrigens auch Marx völlig geteilt hat. Für ihn zählten diese Völker zu den „geschichtslosen" Nationen, zu den „Völkerruinen" ohne Zukunft, denen er seine Verachtung mit Ausdrücken wie „Völkerknirpse", steckengeblieben in „Barbarei", kundtat. Er sah in ihnen „konterrevolutionäre" Völker, weil ihnen 1848 die Bewahrung ihrer Nationalität wichtiger gewesen sei als die Erkämpfung der demokratischen Freiheit. Die österreichischen Slawen (er erwähnte hier ausdrücklich die Kroaten unter Banus Jellacic bei der Erstürmung Wiens im Oktober 1848 und beim Feldzug gegen das revolutionäre Ungarn) hätten das Habsburgerreich gerettet. Dieser Vorwurf kehrte bei ihm und Marx immer wieder.

Engels ging dabei von seinem eigenen, spezifisch „westlichen" Verständnis von Geschichte aus, vom Gegensatz zwischen „Zivilisation" und „Barbarei". Zivilisation bedeutete für ihn: Industrialisierung, Kapitalismus, bürgerliche Kultur; Barbarei hingegen: ökonomische Rückständigkeit, Feudalismus, Bauernkultur. Es fehlte ihm daher der Blick für die Funktion des Nationalismus im Modernisierungsprozess rückständiger Völker und Länder. Er war überzeugt, dass diese „geschichtslosen" Nationen bereits nicht mehr fähig seien zu einer selbständigen nationalen Existenz und dass es ihr unvermeidliches Los sei, von ihren kraftvolleren Nachbarn aufgesaugt zu werden. Bei der (grundsätzlich richtigen) Einschätzung der dem Kapitalismus im 19. Jahrhundert inhärenten Tendenz zur Zentralisation und zur Schaffung großer Staaten berücksichtigte Engels die andere Tendenz nicht: den Kampf der kleinen Völker gegen die nationale Unterdrückung und für ihre Unabhängigkeit, ihr Streben nach der Bildung eines eigenen Staatswesens. Die geschichtliche Entwicklung hat Engels hier unrecht gegeben, weil später diese kleinen slawischen Völker der Donaumonarchie sehr wohl ihre Fähigkeit zu einer selbständigen nationalen Entwicklung und zur Schaffung eines eigenen Staatswesens unter Beweis stellten.

Dennoch ist „Revolution und Konterrevolution in Deutschland" ein glänzend geschriebenes, bis heute lesenswertes Werk mit tiefen Einsichten in die Dialektik von ökonomischer Basis und politischem Überbau und den Widerspruch zwischen dem Charakter und den Triebkräften in bürgerlich-demokratischen Umwälzungen.

Der Briefwechsel

Seit November 1850 lebten Marx und Engels zwei Jahrzehnte lang getrennt. London und Manchester lagen etwa 300 Bahnkilometer auseinander. Das waren damals ungefähr acht Stunden Fahrt, aber für gegenseitige Besuche fehlten Marx wie Engels zumeist Zeit und Geld. Besonders in den ersten Jahren des Getrenntseins sahen sich beide nur selten. Lediglich zu den Weihnachtstagen weilte Engels öfter in London. Seine Arbeitszeit in der Firma Ermen & Engels war von Montag bis Samstag zunächst von 7 bis 17 Uhr, ab 1857 von 10 bis 18 Uhr, und erst ab 1864, seit er Teilhaber geworden war, betrug sie sechs Stunden. Freizeit war daher knapp, zumal er sie zu teilen hatte zwischen seinen eigenen wissenschaftlichen Arbeiten und vielfacher Hilfe für Marx in London. Diese Hilfe war keineswegs nur materieller Art. Trotz der räumlichen Entfernung blieben Marx und Engels in ständigem geistigen Kontakt, führten sie viele wissenschaftliche und publizistische Pläne gemeinsam aus. Selten verging eine Woche in jenen Jahren ohne Brief, oft schrieben sie einander täglich, mitunter sogar mehrmals am Tag.

Über 1300 erhalten gebliebene Briefe allein aus den Jahren zwischen 1850 und 1870 dokumentieren dieses schriftlich geführte Gespräch. Oft bestanden sie aus vielen Blättern, wuchsen sie zu ganzen Abhandlungen an. Für uns ist es daher ein Glück, dass der Brief damals noch nicht durch das Telefongespräch ersetzbar war. Äußerlich unterscheiden sich ihre Briefe beträchtlich. Engels, der als Kaufmann wohl an die Zehntausende Geschäftsbriefe hat schreiben müssen, behielt bis ins hohe Alter seine steile, schwungvolle, klar und gut lesbare Handschrift. Marx' hastig und kritzlig wirkende Schrift, seine mit zahlreichen Korrekturen und oft mit Unterstreichungen versehenen Briefe und Manuskripte bereiteten beim Entziffern schon seinen Zeitgenossen Schwierigkeiten, ganz zu schweigen von uns Heutigen. Marx und Engels waren nicht nur ungeheuer fleißige, sondern vor allem originelle Briefschreiber. Und sie machten ihrer Stimmung oft mit sehr drastischen Worten Luft. Es wimmelt von Schimpfworten, bei deren Erfindung beide schier unerschöpflich waren. Alles, was sie bewegte, womit sie sich herumschlagen mussten, was sie erfreute oder niederdrückte, alles - von der kläglichen Alltagsmisere, den verpfändeten Hosen und den verteufelten Karbunkeln, von der Schanzerei im Büro bis hin zu grandiosen Höhenflügen der Gedanken - spiegelt sich in ihren Briefen wider.

So ärgerlich ihnen der Verzicht auf den persönlichen Kontakt auch war, die räumliche Trennung hatte auch ihren Vorteil: Der schriftliche Gedankenaustausch erlaubte nicht nur ein ruhigeres Durchdenken, sondern zwang auch beide zur präzisen Formulierung - jedenfalls immer dann, wenn es um wissenschaftliche oder politische Angelegenheiten ging. Fragen der Philosophie und der internationalen Politik, der Naturwissenschaften und der Mathematik, der Strategie und Taktik der Arbeiterbewegung und des Militärwesens, der Sprachwissenschaften und der Technik, der Geschichte und der Literatur und immer wieder der politischen Ökonomie sind hier diskutiert. Neue Einsichten wurden mitgeteilt, im schriftlichen Zwiegespräch erörtert, um schließlich akzeptiert oder verworfen zu werden. Ein unermüdliches Streben nach Erkenntnis durchzieht diese Briefe und macht sie noch heute zu einer spannenden Lektüre.

Selbstverständlich kann in dem riesenhaften Briefwechsel, der vier Bände mit 2520 Seiten füllt, nicht alles von überragendem geistigen Belang sein. Es findet sich auch manch Dubioses darunter, irrige Anschauungen, Prognosen über politische Entwicklungen, die nicht eintraten, kleinlicher Klatsch über Freunde und Bekannte mit oft ungerechten Urteilen und Beschimpfungen, die der Größe dieser beiden Männer nicht würdig waren und ihre persönlichen Schwächen, die Schattenseiten ihres Charakters offenbarten. Aber auch das muss zu einer Einschätzung ihrer Persönlichkeit und geschichtlichen Rolle dazugehören, und es wäre kindisch, diese Dinge unter den Teppich zu kehren und beide als Inkarnation makellosen Edelmuts hinzustellen, wie es die Marx-Engels-Forschung in den realsozialistischen Ländern über Jahrzehnte hinweg tat.

Alte und neue Freunde. Die Arbeitsteilung

Angesichts der Trennung waren Marx und Engels immer froh, wenn sie einander besuchen konnten. Engels weilte mehrmals während der Weihnachts- oder Neujahrstage bei der Familie Marx oder machte später auf seinen Reisen zum Kontinent bei Marx in London Station. Marx hielt sich, wenn er nach Manchester kam, meist längere Zeit dort auf. Oft blieb er - in den sechziger Jahren mitunter mit Familienangehörigen - mehrere Wochen bei Engels. Einmal, im Jahr 1855, weilte er sogar ein Vierteljahr lang in Manchester. (Er tat das auch aus dem Grund, den gerichtlichen Verfolgungen eines seiner Gläubiger zu entgehen.)

Zum Freundesbund gesellte sich der alte Kampfgefährte Wilhelm Wolff. Er hatte in Manchester als Privatlehrer sein Auskommen gefunden und blieb Marx und Engels eng verbunden. (Auch er unterstützte Marx hie und da mit Geld.) Weiters gehörte der Dichter Georg Weerth dazu, wenn er, nunmehr Handelsreisender, in Manchester Station machte. Aber schon 1856 starb er an Tropenfieber während eines Aufenthalts in Kuba.

Neue Freunde kamen hinzu. Durch Engels lernte Marx den in Manchester lebenden Deutschen Carl Schorlemmer kennen, einen der bedeutendsten Chemiker seiner Zeit und von Kopf bis Fuß revolutionärer Sozialist, Anhänger des wissenschaftlichen Kommunismus. Politisch und persönlich verbunden fühlten sich Engels und Marx in Manchester auch mit dem englischen Arbeiterführer und Publizisten Ernest Jones sowie mit dem Juristen Samuel Moore, der später Marx' „Kapital“ ins Englische übersetzte. Und schließlich lebte dort der deutsche Arzt Eduard Gumpert, dem Marx und Engels mehr als allen anderen Ärzten vertrauten. Diese Freundschaften machten Engels das Leben in Manchester, das ihm zuwider blieb, erträglicher.

In den fünfziger Jahren bildete sich zwischen Marx und Engels eine gewisse Arbeitsteilung heraus. Engels vertiefte sich in militär- und sprachwissenschaftliche, später auch immer mehr in naturwissenschaftliche Forschungen. Marx konzentrierte sich vornehmlich auf das Studium der politischen Ökonomie, der Weltgeschichte und der Außenpolitik der europäischen Staaten. Doch hüteten sich beide, ihre Arbeitsteilung in ein enges Spezialistentum ausarten zu lassen. Das verhinderte schon ihr permanenter schriftlicher oder mündlicher Meinungsaustausch.

Auch im Arbeitsstil unterschieden sie sich zeitlebens stark voneinander. Marx rang in seiner rigorosen wissenschaftlichen Genauigkeit oft qualvoll um die treffendste Formulierung und entschloss sich nur schwer, ein Manuskript als fertig aus der Hand zu geben. Engels war, nach den Worten von Marx, nicht minder gründlich, aber zugleich „arbeitsfähig zu jeder Stunde des Tags und in der Nacht, voll und nüchtern, quick im Schreiben und Begreifen, wie der Teufel". So sehr sich das Leben und Schaffen von Marx und Engels verwob, blieb doch jeder eine eigene Persönlichkeit. Auch ihre Freundschaft hatte, wie jeder Bund zwischen zwei Menschen, Belastungen standzuhalten. Die gefährlichste entstand beim Tod von Mary Burns, als die kalte Reaktion von Marx Engels so erregte, dass es um ein Haar zur Aufkündigung der Freundschaft gekommen wäre. Auf diesen Zwischenfall wird noch zurückzukommen sein.

„Die großen Männer des Exils"

Betrachten wir zum Schluss noch zwei minder wichtige, weil theoretisch nichts bis wenig hergebende Werke aus diesem Zeitabschnitt.

Das erste, von Marx und Engels gemeinsam unter dem Titel „Die großen Männer des Exils" verfasst, datiert vom Frühjahr 1852. Es entstand, weil ein ungarischer Emigrant namens János Bangya, der sich an Marx herangemacht hatte, die Veröffentlichung eines solchen Pamphlets gegen gutes Honorar in Aussicht gestellt hatte. Marx übergab im Juli 1852 das umfangreiche Manuskript Bangya, der jedoch ein Spion im Dienste mehrerer europäischer Polizeiapparate war, damit verschwand und es der preußischen Polizei verkaufte. Marx besaß zwar eine Rohschrift des Manuskripts, und er unternahm weitere Versuche, das Pamphlet innerhalb und außerhalb Deutschlands, auch in den USA, herauszugeben, jedoch ohne Erfolg. Die Schrift erschien erst 1930 in der Sowjetunion.

Das Pasquill „Die großen Männer des Exils" ist eine polemische Satire auf die deutschen kleinbürgerlichen Emigranten, darunter Gottfried Kinkel, Arnold Ruge, Karl Heinzen, August Willich u.a., die nach der Niederlage der 48er-Revolution mit Angriffen gegen die politische Linie von Marx und Engels und gegen sie persönlich auftraten. Marx war aber gerade da - nämlich dem Niedermachen politischer Gegner mit der Feder - in seinem Element und er schlug zurück. Mit Engels und Ernst Dronke, der ebenfalls einige Abschnitte verfasste, porträtierte er die Genannten in grellen Farben, prangerte er ihre politische Labilität, ihre Wichtigtuerei, ihr Wortgeklingel und demagogisches Spekulieren mit revolutionären Phrasen an, nannte die Auseinandersetzungen einen „Froschmäuselerkrieg“, sich äußernd in kleinlichem Geplänkel und Gezänk verschiedener Emigrantencliquen. Bei der Lektüre kann man sich aber des Eindrucks nicht erwehren, dass Marx diesen Personen ein viel zu großes Gewicht beimaß, gewissermaßen mit Kanonen auf Spatzen schoss und sich selbst in diesen „Froschmäuselerkrieg“ hineinziehen ließ, anstatt Nützlicheres zu tun.

„Enthüllungen über den Kommunisten-Prozess zu Köln“

Die zweite Schrift, von Marx allein verfasst, entstand von Oktober bis Dezember 1852 als Antwort auf den Kölner Kommunistenprozess. Marx hielt es für seine Pflicht, den preußischen Staat und seine Methoden zur Bekämpfung der kommunistischen Bewegung in einer Broschüre an den Pranger zu stellen. Wieder gab er ihr die Form eines Pamphlets und betitelte sie „Enthüllungen über den Kommunisten-Prozess zu Köln“. Sie wurde in Basel im Jänner 1853 anonym gedruckt. Bei ihrer Beförderung nach Deutschland fiel jedoch fast die ganze Auflage von 2000 Exemplaren in dem badischen Grenzort Weill der Polizei zum Opfer und wurde beschlagnahmt. In Amerika erschien die Schrift zunächst in Fortsetzungen in der demokratischen Bostoner „Neu-England-Zeitung“ und Ende April 1853 im Verlag dieser Zeitung als Broschüre. Aber auch die Bostoner Ausgabe, die unter den deutschen emigrierten Arbeitern in den USA recht bekannt wurde, konnte in Deutschland keine weite Verbreitung finden. Die Schrift gelangte hier erst nach ihrer Neuauflage von 1875, diesmal mit Marx als Verfasser gezeichnet, an einen größeren Leserkreis.

Die „Enthüllungen über den Kommunisten-Prozess zu Köln“ schrieb Marx sowohl als Kämpfer, der seine Stimme erhob, um die Ehre der Partei der Kommunisten zu verteidigen, als auch als Ankläger der Drahtzieher für die gerichtlichen und polizeilichen Verfolgungen der Angeklagten. Er wies darin nach, dass die Organisatoren des Kommunistenprozesses verbrecherische Handlungen begingen (Fälschungen von Dokumenten, erpresste falsche Zeugenaussagen usw.) und attackierte den preußischen Staat mit seinem polizeilich-bürokratischen Regime, die preußische Justiz als tendenziös und willfährig, das bürgerliche Geschworenengericht als klassengebunden und (sobald es um politische Delikte ging) als Verkörperung der Klassenjustiz. Marx schrieb dazu höchst treffend:

> „Der Zensus erteilt einer bestimmten Klasse das Privilegium, aus ihrer Mitte die Geschwornen hervorgehen zu sehen. Die Anfertigung der Geschwornenlisten erteilt der Regierung das Monopol, aus der privilegierten Klasse die ihr zusagenden Individuen herauszulesen... Das Gewissen der Geschwornen, wird man uns nun antworten, - verlangt man eine größere Garantie? Aber mon Dieu, das Gewissen hängt mit der ganzen Daseinsweise eines

Menschen zusammen. Ein Besitzender hat ein anderes Gewissen als der Besitzlose... Das 'Gewissen' der Privilegierten ist ein privilegiertes Gewissen.“

11. Kapitel: Die Jahre 1853 - 1860; Marx' „Enthüllungen über die Geschichte der Diplomatie im 18. Jahrhundert"; Engels' „Po und Rhein"; Engels' „Savoyen, Nizza und der Rhein"

Das Leben und Wirken von Marx und Engels in den Jahren 1853 bis 1860 lässt sich in zwei Abschnitte unterteilen: in die viereinhalb Jahre bis zum Herbst 1857, als weltweit eine Wirtschaftskrise des Kapitalismus ausbrach, und in die drei Jahre danach. Es waren vor allem Vorgänge in der internationalen Politik, die in dieser Zeit beide beschäftigten, mit denen sie sich im Briefwechsel auseinandersetzten und die den Anstoß für Zeitungsartikel und andere Veröffentlichungen gaben. Marx, der noch Anfang der fünfziger Jahre geglaubt hatte, sein ökonomisches Hauptwerk in wenigen Monaten abschließen zu können, wurde sich bei den Vorstudien in der Bibliothek des „British Museum" der gigantischen, noch zu bewältigenden Fülle des Stoffes bewusst. Die Schicksalsschläge häuften sich und hinderten ihn an der Weiterarbeit. Er ließ das Werk vier Jahre liegen und geriet während dieser Zeit mit seiner Familie bis auf den Grund der „bürgerlichen Misere".

Marx' einzige selbständige Erwerbsquelle waren Zeitungsartikel zum politischen und wirtschaftlichen Tagesgeschehen. Der „New-York Daily Tribune" lieferte er von 1863 bis 1860 an die 320 Beiträge, der liberalen „Neuen Oder-Zeitung" in Breslau im Jahr 1855 etwa 100 Artikel und der „New American Cyclopaedia" im Jahr 1858 fünfzehn biographische und geschichtliche Beiträge. (Auch Engels schrieb für dieses Lexikon mehrere Artikel zu militärischen Themen.)

Die fünfziger Jahre waren die Periode eines weltweiten Booms des Kapitalismus. Nach dem Ende der Revolution 1848/49 wandten sich die Energien der Bourgeoisie ganz der ökonomischen Betätigung zu. Von Frankreich breitete sich eine neue Form der Emissions- und Kreditbanken aus („Crédit mobilier"), die auf breiter Basis die Finanzierung von Eisenbahnbauten, Industrie- und Handelsunternehmungen gestattete. England wiederum investierte gewaltige Kapitalien in überseeischen Gebieten, vor allem in Nordamerika. Die enge wirtschaftliche Verflechtung zwischen den Kontinenten, die man im modernen Sinne als Weltwirtschaft bezeichnen kann, begann um diese Zeit Gestalt anzunehmen. Hinzu kamen die Goldfunde in Kalifornien und Australien, die den Einwandererstrom sprunghaft anschwellen ließen und ausgedehnte, wenig erschlossene Weltteile über Nacht zu wirtschaftlichen Hoffnungsgebieten werden ließen. Engels musste dem Freunde gegenüber in einem Brief vom 24. August 1852 sein Erstaunen bekennen:

> „Kalifornien und Australien sind zwei Fälle, die im 'Manifest' nicht vorgesehen waren: Schöpfung großer neuer Märkte aus Nichts. Sie müssen noch hinein."

Der Krimkrieg

Die Hochkonjunktur der fünfziger Jahre überraschte Marx und Engels vor allem wegen ihrer Dauer. Beide waren noch 1851 überzeugt, dass die nächste Krise nicht später als 1853 eintreten werde. Sie vertraten nämlich auf der Basis ihrer alten Untersuchungen - hauptsächlich derer von Engels - die Ansicht, dass die Krisen, die periodischen Stockungen im Bereich der kapitalistischen Produktionsweise, sich alle fünf bis sieben Jahre wiederholen. Nach dieser Rechnung musste die nächste Krise nach der von 1847 im Jahr 1853 folgen. Doch Marx und Engels irrten. Der Zyklus erwies sich als dauerhafter, und die Krise brach erst 1857 aus.

In dieser Situation erweckte der Krimkrieg neue Hoffnungen. Marx und Engels begrüßten ihn begeistert, einerseits, weil er die Abrechnung mit dem verhassten zaristischen Russland, dem Rückhalt der Reaktion in ganz Europa, zu bringen schien, andererseits, weil sie in seinem Gefolge revolutionäre Bewegungen erwarteten. Weder das eine noch das andere trat ein. Der Krieg, der 1853 zwischen Russland und der Mächtekoalition Frankreich, England, Türkei, Sardinien ausbrach und erst 1856 mit dem Pariser Frieden endete, nahm keine europäischen Ausmaße an, sondern wurde auf dem engen Raum der Krim-Halbinsel im Schwarzen Meer ausgetragen. Und von Revolution fand sich nirgends eine Spur.

Marx und Engels, der eine unter den diplomatischen und ökonomischen Aspekten, der andere vom Militärischen her, kommentierten den Krimkrieg in einer Reihe von Zeitungsartikeln und in ihrem Briefwechsel. Russland wurde dabei einer unerbittlichen Kritik unterzogen. Indem sie gegen Russland auftraten, stellten sie sich aber keineswegs auf die Seite der bürgerlich-"zivilisierten" Kriegsgegner England und Frankreich. Sie betrachteten den Krimkrieg unter dem Gesichtspunkt: Wenn Diebe sich streiten, können die ehrlichen Leute nur dabei gewinnen. Für sie gab es nur ein Kriterium: Immer wieder prüften sie die Frage, inwieweit ein bestimmtes Ereignis den Ausbruch der Revolution beschleunigen kann, inwieweit es jenen Grundfaktor verstärken kann, der für sie der wichtigste war.

China und Indien

In den fünfziger Jahren wandten Marx und Engels ihre Aufmerksamkeit erstmals auch Vorgängen außerhalb Europas zu und suchten sie in den Gang der weltweiten kapitalistischen Entwicklung einzuordnen. 1850 entbrannte in China der Taiping-Aufstand, der auf Jahre hinaus das Land aufwühlte und seine sozialen Überlieferungen in Frage stellte. Karl Marx wies auf den Zusammenhang dieser Bewegung mit dem europäischen Kapitalismus hin. England hatte im Opiumkrieg (1840 - 1842) China gezwungen, sich dem europäischen Handel zu öffnen. Für ihn war das ein Ereignis von epochaler Bedeutung. In einem Artikel in der „New-York Daily Tribune" vom 14. Juni 1853 schrieb er:

> „Zur Erhaltung des alten China war völlige Abschließung die Hauptbedingung. Da diese Abschließung nun durch England

ihr gewaltsames Ende gefunden hat, muss der Zerfall so sicher erfolgen wie bei einer sorgsam in einem hermetischen Sarg aufbewahrten Mumie, sobald sie mit frischer Luft in Berührung kommt. Die Frage ist jetzt, nachdem England die Revolution über China gebracht hat, wie diese Revolution mit der Zeit auf England und - über England - auf Europa zurückwirken wird... Es wäre ein merkwürdiges Schauspiel, wenn China Unruhe in die westliche Welt brächte, während die Westmächte auf englischen, französischen und amerikanischen Kriegsschiffen 'Ruhe und Ordnung' nach Shanghai, Nanking und den Mündungen des Großen Kanals befördern."

1857 konstatierte Marx dann bereits: „... in nicht allzu ferner Zeit werden wir Zeugen vom Todeskampf des ältesten Kaiserreiches der Welt und vom Anbruch einer neuen Ära für ganz Asien sein". Das war eine kühne Vorhersage, verfrüht für den Augenblick und erst im 20. Jahrhundert sich bewahrheitend, aber doch voller Sinn für historische Möglichkeiten.

Neben China gehörte Indien zu den Ländern, denen Marx damals verstärktes Interesse entgegenbrachte, weil Indien seiner Ansicht nach ebenfalls dazu bestimmt war, früher oder später aus einem Objekt und Spielball der Kolonialpolitik Englands zu einer eigenständigen Macht zu werden. 1853 sprach Karl Marx von der doppelten Mission Englands in Indien, einer einebnenden und einer aufbauenden: „die Zerstörung der alten asiatischen Gesellschaftsordnung und die Schaffung der materiellen Grundlagen einer westlichen Gesellschaftsordnung in Asien". Dabei wurden von ihm die unifizierenden Leistungen der englischen Verwaltung und Technik, des englisch gedrillten Eingeborenenheeres als einer Bedingung „sine qua non für Indiens Selbstbefreiung" und der als „machtvoller Hebel der Erneuerung" wirkenden freien Presse durchaus anerkannt.

Als 1857 der große Aufstand der Sepoys in Indien begann, erhoffte Marx die Vertreibung der Kolonialmacht und verglich die Lage der Engländer in Indien mit der Napoleons I. in Spanien. England warf jedoch den Aufstand nach schweren, mit äußerster Brutalität geführten Kämpfen nieder. Marx und Engels mussten erkennen, dass die Stunde Asiens noch nicht gekommen war. Aber sie schöpften Trost aus der Tatsache, dass England und Russland als „die beiden asiatischen Mächte" nunmehr einander direkt gegenüberstanden, sodass ein Zusammenprall ihrer Interessen zu erwarten sei.

Karl Marx hat damals betont, dass die Herstellung des Weltmarktes und damit „die eigentliche Aufgabe der bürgerlichen Gesellschaft" durch die Kolonisation von Kalifornien und Australien sowie den „Aufschluss von China und Indien" zum Abschluss gebracht worden sei. In einem Brief vom 8. Oktober 1858 an Engels hieß es dann:

„Die schwierige question (Frage, H.H.) für uns ist die: auf dem Kontinent ist die Revolution imminent (bevorstehend, H.H.) und wird auch sofort einen sozialistischen Charakter annehmen. Wird sie in diesem kleinen Winkel nicht notwendig gecrusht (überwältigt, zermalmt, H.H.)

> werden, da auf viel größerm Terrain das movement (die Bewegung, H.H.) der bürgerlichen Gesellschaft noch ascendent (aufsteigend, H.H.) ist?“

Das Bewusstwerden dieser zentralen Frage von welthistorischer Bedeutung hat Marx zwar nicht davon abgehalten, weiterhin seine Hoffnungen auf die sozialistische Revolution in Europa zu setzen. Indem er sie aber stellte, rang er sich zur Einsicht durch, dass der Kapitalismus noch große Entwicklungspotenzen besaß, dass ihm offenbar noch längere Zeit blieb, sein Werk im Großen zu vollenden, ehe er im Großen gestürzt werden konnte. Die Vorgänge der fünfziger Jahre schärften also seinen Sinn für die globalen Umwälzungssymptome, dafür, dass ein revolutionärer Sturz des Kapitalismus im Weltmaßstab wahrscheinlich erst in fernerer Zukunft möglich sein werde.

„Enthüllungen über die Geschichte der Diplomatie im 18. Jahrhundert“

Unter dem Eindruck des Krimkrieges und der Anstrengungen, die die westeuropäische Diplomatie während seines Verlaufs unternahm, damit der Kampf gegen den Rivalen Russland dem reaktionären zaristischen Regime keinen Schaden zufüge, kam Marx der Gedanke, diese versteckte Seite der Politik der Westmächte, vor allem Englands, zu entlarven.

Der Plan zu einer solchen Arbeit reifte in Marx im Frühjahr 1856, als er im Britischen Museum auf alte Ausgaben diplomatischer Urkunden und politischer Pamphlete stieß. Er verhandelte daraufhin mit dem Londoner deutschen Verleger Nikolaus Trübner und schlug ihm die Veröffentlichung eines Buches im Umfang von 20 Druckbogen auf der Grundlage dieser und anderer Materialien vor. Die Verhandlungen führten jedoch zu keinem Ergebnis, und so beschloss Marx, die Arbeit in Publikationsorganen des bürgerlich-konservativen englischen Politikers David Urquhart und seiner Anhänger herauszubringen.

Das 1856/57 veröffentlichte Material war nur der einleitende Teil eines geplanten größeren Werkes und stellte eine Verbindung von Dokumentation und erläuterndem Text dar. Die Arbeit erschien unter dem Titel „Revelations of the Diplomatic History of the 18. Century“ („Enthüllungen über die Geschichte der Diplomatie des 18. Jahrhunderts“). Nach Marx’ Tod besorgte seine Tochter Eleanor Marx-Aveling eine Einzelausgabe, die 1899 unter dem Titel „Secret Diplomatic History of the Eighteenth Century“ („Geheime Geschichte der Diplomatie des 18. Jahrhunderts“) auf den Büchermarkt kam.

Diese Schrift wurde wissentlich nicht in die Marx-Engels-Werkausgabe aufgenommen und ist weder in der Sowjetunion noch in den anderen realsozialistischen Ländern jemals publiziert worden. Allein schon die Tatsache ihrer Unterschlagung ist als Hinweis auf ihre politische Brisanz anzusehen, die offensichtlich nicht nur historisch-vorübergehender Natur sein konnte. Die Explosivität liegt zweifellos in jenen Passagen, in denen

Marx auf die asiatischen Ursprünge der russischen Despotie und deren Kontinuität im zaristischen Russland seiner Zeit zu sprechen kommt. Dort schilderte Marx, wie sich im mongolisch beherrschten Russland des 13. Jahrhunderts das Fürstentum Moskau zunächst unter dem Protektorat der Tataren, dann durch Anwendung und Assimilation tatarischer Herrschaftsformen allmählich zur bestimmenden Macht unter den russischen Fürstentümern emporwindet. Durch die geduldige Ausnützung von inneren Gegensätzen, das intrigantenhafte Schüren von Rivalitäten und schließlich durch militärische Gewalt seien die übrigen russischen Fürstentümer und Republiken (Nowgorod und Pskow) allmählich unter Moskowiter Vorherrschaft gebracht und ausgebeutet wurden. Schließlich sei der Zeitpunkt gekommen, an dem einerseits die Moskauer Stärke groß genug war, andererseits der Zerfall des mongolischen Reiches der „Goldenen Horde" so weit fortgeschritten war, dass die tatarische Tributherrschaft abgeschüttelt werden konnte. Marx wies aber nachdrücklich darauf hin, dass die Beendigung des mongolischen Herrschaft und die Gründung des Russischen Reiches nicht das Produkt eines nationalen Befreiungskampfes gewesen sei, sondern dass sie auf „asiatischem" Wege vor sich ging. Die russischen Zaren setzten sich lediglich an die Stelle der tatarischen Khane und übernahmen deren Funktionen, Herrschafts- und Sozialstrukturen, sodass letztlich die Verhältnisse für die Bevölkerung dieselben blieben. Die Basis für die entstehende Dominanz Moskaus in Russland, und später Russlands in Europa, lag nach Meinung von Marx nicht etwa im Vorhandensein fortschrittlicher nationaler, ökonomischer, politischer und kultureller Verhältnisse, sondern beruhte im Gegenteil auf einer Annexionspolitik, weil jeder Reichtums- und Machtzuwachs nur auf expansionistischem Wege vor sich gehen konnte. Daraus erklärte sich für ihn das charakteristische aggressive Großmachtstreben des zaristischen Russland. Die gesellschaftliche Basis für die russische Adaption der „asiatischen Despotie" erblickte Marx in den unterentwickelten Produktions- und Klassenverhältnissen und vor allem in der Zersplitterung der Bevölkerung in den staatlich kontrollierten bäuerlichen Gemeinwesen, deren Mitglieder in autarker Selbstgenügsamkeit lebten und zu keiner nationalen Initiative fähig seien, die deshalb von der zentralisierten Staatsdespotie übernommen werde. Sozialer Fortschritt sei in dieser Gesellschaftsform nur über den Weg der Übernahme westlicher Errungenschaften möglich, nicht aber aus einer eigenständigen inneren Entwicklung heraus. Aus diesem Grund betrachteten Marx und Engels auch den ständig vergrößerten Einflussbereich des zaristischen Russland mit doppeltem Vorbehalt. Zum einen prinzipiell wegen der expansionistischen Form und zum anderen wegen der Rückschrittlichkeit des gesellschaftlichen Inhalts, der so den anderen Nationen aufgezwungen werde.

All diese Ausführungen hätten die Führer der Kommunistischen Partei der

Sowjetunion, Lenin, Stalin und deren Nachfolger, nicht zu stören brauchen, weil sie historischer Art, auf das zaristische Russland bezogen, waren. Aus deren Sicht untragbar und gefährlich waren jedoch die Passagen über die „asiatische Despotie", die nach Marx' Überzeugung das Charakteristikum Russlands bildete. Er verstand darunter die völlige politische Willkürherrschaft, die Untertänigkeit der gesamten Bevölkerung. Ökonomisch werde sie durch Staatssklaverei und Zwangsarbeit bzw. andere Formen massiver staatlicher Ausbeutung genutzt. Damit gewinne der Staat auf ökonomischem und politischem Gebiet in allen gesellschaftlichen Bereichen eine derart dominierende Stellung, dass er sozialen Fortschritt, solange er nicht durch staatliche Initiative vermittelt ist, a priori verhindert. Zugleich sei damit die Notwendigkeit der Herausbildung und Konservierung eines äußerst zentralisierten und bürokratischen Staatsapparats verbunden, der tendenziell parasitäre Züge annehme. Der inneren Ausplünderung und Entmündigung der Bevölkerung entspreche außenpolitisch ein aggressiver Expansionsdrang, der durch die Vorgabe eines nationalistischen oder religiösen Sendungsbewusstseins legitimiert werde.

Das waren Einschätzungen von Marx, bei denen die Gefahr bestand, dass Leser dieser Schrift sie mit dem System verglichen, das sich unter Stalin in der Sowjetunion herausgebildet hatte und das eben diese „asiatisch-despotischen" Merkmale aufwies: völlige Dominanz der sowjetkommunistischen Partei- und Staatsbürokratie über die Gesellschaft, Fehlen justiziell abgesicherter Grundrechte und Freiheiten, Allmacht und Willkür der Staatssicherheitsorgane, bestimmte Züge des großrussischen Chauvinismus. Letzterer fühlte sich zusätzlich attackiert durch die Tatsache, dass Marx in dieser Schrift die „Normannen-Theorie" befürwortete, wonach der Kiewer Staat nicht von Slawen, sondern von den schwedischen Warägern, also von einem Germanenstamm, geschaffen worden sei - eine These, die (im übrigen ohne den geringsten Zweifel auf historischer Wahrheit beruhend) von den russischen Nationalisten immer als Beleidigung empfunden und wütend abgelehnt wurde, auch von den offiziösen Sowjethistorikern in der Zeit der Herrschaft der KPdSU.

Dennoch wäre es verfehlt, diese Schrift zu verabsolutieren. In den „Enthüllungen über die Geschichte der Diplomatie des 18. Jahrhunderts" unternahm Marx lediglich einen ersten Exkurs in die historische Vergangenheit Russlands. Und obwohl er dabei nur den Zweck verfolgte, die zaristische Diplomatie zu entlarven und ihre Anfänge aufzuspüren, lernte er doch einige Seiten des Lebens des russischen Volkes näher kennen. Damit legte er den Grundstein für ein eingehendes Studium Russlands, das ihn später dazu führte, die revolutionären Potenzen, die in diesem Land schlummerten, weit positiver einzuschätzen.

Die Wirtschaftskrise von 1857 und ihre Folgen

Im Spätsommer des Jahres 1857 trat das Ereignis ein, das Marx und Engels voll Ungeduld erwartet hatten: der rasante Aufschwung des Kapitalismus der fünfziger Jahre ging jäh zu Ende. Es brach eine Krise mit bis dahin noch nicht dagewesener Heftigkeit und Verbreitung aus, die erste wirklich weltweite Wirtschaftskrise des kapitalistischen Systems.

Je mehr die Börsenkurse fielen, je düsterer die Stimmung der Unternehmer wurde, desto mehr lebten Marx und Engels auf. Wie beide vorausgesehen hatten, gab die Wirtschaftskrise den Anstoß für das Wiedererwachen politischer Bewegungen sowohl in Europa als auch in anderen Teilen der Welt. In den USA gelangte die Abschaffung der Sklaverei auf die Tagesordnung, in Indien kam es zum großen Sepoy-Aufstand. In Europa endete die Periode der Reaktion; die ungelösten Aufgaben der bürgerlichen Revolution traten erneut in den Vordergrund. In Deutschland und in Italien wurde in dem Maße, wie sich der Kapitalismus entwickelte, die Bildung eines einheitlichen bürgerlichen Nationalstaates immer dringlicher. Im zaristischen Russland häuften sich die Bauernaufstände und die revolutionär-demokratische Bewegung erstarkte. Die Aufhebung der Leibeigenschaft wurde hier zum vordringlichsten Problem. In Frankreich wuchs die Unzufriedenheit des Volkes mit der Diktatur Napoleons III., und die Arbeiter begannen sich erneut zu organisieren. Die englischen Trade-Unions (Gewerkschaften) nahmen die Agitation für das allgemeine Wahlrecht wieder auf. Auch in Deutschland kündigten immer häufiger Streiks ein Wiedererwachen der Arbeiterbewegung an.

Der einsetzende revolutionäre Aufschwung veranlasste Engels, seine militärischen Studien mit verstärkter Energie fortzusetzen, während Marx seine seit vier Jahren unterbrochenen ökonomischen Forschungen wieder aufnahm und Tag und Nacht daran arbeitete, sie zu einem vorläufigen Abschluss zu bringen. Immer wieder drängte Engels seinen Freund auf rasche Veröffentlichung der neu gewonnenen Erkenntnisse. Das Resultat war das Buch „Zur Kritik der Politischen Ökonomie. Erstes Heft“, das im Juni 1859 in Berlin erschien und auf das im Folgekapitel einzugehen sein wird. Begünstigt wurden die von Marx erneut in Angriff genommenen ökonomischen Studien durch ein Ereignis im Herbst 1856. Eine Verwandte von Jenny Marx starb in Schottland und vermachte ihr eine Summe von 200 Pfund. Die Erbschaft gestattete es der fünfköpfigen Familie Marx, die beengte, ungesunde Wohnung in Soho zu verlassen und in ein zweistöckiges Reihenhaus im Norden Londons in Maitland Park zu übersiedeln. Marx, der nun endlich über einen eigenen Arbeitsraum verfügte und der aus der Erbschaft vorübergehend sogar alle Schulden abbezahlen konnte, lebte dort bis Ende März 1864.

Lassalle

Um die Kontroverse der Jahre 1859 und 1860 im Zusammenhang mit dem Krieg Frankreichs und Sardiniens gegen Österreich zu verstehen, ist es angebracht, schon hier die Persönlichkeit vorzustellen, deren Beziehung zu Marx geschichtliche Bedeutung erlangt hat: Ferdinand Lassalle.

Der Werdegang Lassalles (1825 - 1864) zeigt gewisse Parallelen zu demjenigen von Karl Marx. Auch er entstammte dem Judentum, auch ihm wurde während seiner Breslauer und Berliner Studienzeit die Begegnung mit der Philosophie Hegels zum entscheidenden Bildungserlebnis. Auch er entwickelte sich noch vor der 48er Revolution zum radikalen Junghegelianer und schließlich zum Sozialisten weiter. Daneben hatte und pflegte er jedoch einen Zug zum mondänen Leben. Sein Eintreten als Anwalt für die Gräfin Hatzfeld brachte ihm frühe, wenn auch etwas zweifelhafte Berühmtheit. 1848 kam es in Köln zur Begegnung mit Karl Marx, die in freundschaftliche Bekanntschaft überging; die beiden Männer haben sich fortan geduzt, und der Jüngere bekannte sich als Anhänger des Älteren. Doch ist Lassalle damals nur zu eingeschränkter revolutionärer Tätigkeit gekommen, da er die wichtigsten Monate der Jahre 1848/49 im Gefängnis zubringen musste. Während der Reaktionszeit verlegte er sich auf wissenschaftliche Arbeiten: sein Werk über Heraklit und das „System der erworbenen Rechte“ machten ihn zum angesehenen und in der Berliner Gesellschaft wohlgelittenen Gelehrten. Marx und Lassalle standen in den fünfziger Jahren in einem lebhaften Briefwechsel. Die Beziehungen waren gut. Lassalle unterstützte Marx des öfteren mit Geld und vermittelte ihm Einnahmequellen: 1855 die Tätigkeit als Korrespondent für die „Neue Oder-Zeitung“, ein in Breslau erscheinendes liberales Blatt, 1857 die Verbindung zu Max Friedländer, Redakteur der „Presse“ in Wien, für die Marx in der Folgezeit ebenfalls Artikel schrieb. Die Briefe von Marx an Lassalle aus dieser Zeit, vor allem seine Einschätzungen des Buches von Lassalle „Die Philosophie Herakleitos des Dunklen“ und dessen Dramas „Franz von Sickingen“ (die so genannte „Sickingen-Debatte“) sind hochinteressante Erörterungen philosophischer und ästhetischer Grundfragen.

Marx stand aber Lassalle schon damals reserviert gegenüber und äußerte sich in Briefen an Engels abfällig über dessen persönliche Schwächen, namentlich den Drang Lassalles, in der „Bürgerwelt“ etwas zu gelten, von ihr als großer Gelehrter anerkannt zu werden, sein Stecken- bleiben im „spekulativen Begriff“, im Idealismus und in der „Hegelei“, seinen parvenühaften Lebensstil, seine Eitelkeit und Theatralik.

Der Krieg von 1859

Dass Lassalle trotz aller Versicherungen, Anhänger des Kommunismus Marx’scher Prägung zu sein, schon bald eigene Wege ging, solche, die - vom proletarischen Klassenstandpunkt betrachtet - als zweifelhaft zu bezeichnen waren, erwies sich im italienischen Krieg von 1859.

Um den inneren Schwierigkeiten zu entrinnen, trachtete Napoleon III. damals, die Aufmerksamkeit des Volkes durch eine außenpolitische Sensation abzulenken. Er stellte die wirkungsvolle Parole der

Befreiung Italiens vom österreichischen Joch auf. 1858 schloss er mit dem Grafen Cavour, dem Ministerpräsidenten des Königreiches Sardinien-Piemont, ein Geheimabkommen, in dem es jedoch nicht um die lauthals verkündete Einigung Italiens ging, sondern um die Vergrößerung Sardiniens, dem die Lombardei und Venetien versprochen wurden. Als Kompensation dafür erhielt Napoleon, außer dem Versprechen Sardiniens, den päpstlichen Besitz (Kirchenstaat) nicht anzutasten, Savoyen und Nizza. Napoleon, der sich zwischen der Opposition von links und der klerikalen Partei durchwinden musste, wollte nicht mit dem Papst in Streit geraten und war deshalb gegen die wirkliche Vereinigung Italiens. Auf der anderen Seite glaubte er, durch die Eingliederung zweier neuer Territorien die französischen Nationalisten zufriedenstellen zu können.

Damit erhob sich eine neue, höchst wichtige politische Frage, die ganz Europa und noch mehr die Revolutionäre der verschiedenen Länder erregte: welche Position sollten die Sozialisten beziehen, auf welche Seite sollten sie sich stellen - auf die Seite Napoleons, der fast wie ein Revolutionär auftrat und eine so progressive Losung wie „Italiens Recht auf Selbstbestimmung" aufgestellt hatte, oder auf die Seite Österreichs?

Napoleon III. und seine Gesinnungsgenossen verstanden es ausgezeichnet, die öffentliche Meinung zu beeinflussen. Es wurde eine Unmenge von Broschüren und Pamphleten auf den Markt geworfen, in denen auf jede erdenkliche Art der Liberalismus Napoleons und die Gerechtigkeit der italienischen Sache gepriesen wurden. An diesem literarischen Aufmarsch beteiligten sich nicht nur gekaufte, sondern auch, aus freien Stücken, ehrliche Publizisten. Sie fanden sich hauptsächlich unter den ungarischen und polnischen Emigranten, die ihrer Überzeugung Ausdruck gaben, dass Napoleon für den Fortschritt und das Recht der Völker auf Selbstbestimmung kämpfe und dass man ihm unbedingt zu Hilfe eilen müsse.

Aber auch Österreich war wachsam. Es finanzierte die Publizisten, die zu beweisen versuchten, dass es in diesem Krieg die Interessen ganz Deutschlands verteidige, dass Napoleon, falls er Österreich besiege, zum Rhein vorstoßen werde, dass es sich also nicht um Italien, sondern vielmehr um Deutschland handle, dass folglich Österreich, indem es Norditalien unter seiner Herrschaft hielt, Deutschland verteidige. In der Sprache des Militärs hieß das: wer den Rhein verteidigen will, darf den Po, in dessen Flusstal die Lombardei und Venetien liegen, nicht aufgeben. Darauf ließen sich die beiden Hauptströmungen zurückführen, die man in der damaligen europäischen Propagandaliteratur unterscheiden konnte. In Deutschland wurde die Frage noch verzwickter durch den Streit zwischen der großdeutschen und der kleindeutschen Partei. Es lag auf der Hand, dass die Großdeutschen der Seite Österreichs zuneigten, während die Kleindeutschen, die sich zu Preußen hingezogen fühlten, zu beweisen suchten, dass man Österreich seinem Schicksal überlassen müsse.

„Po und Rhein". Die Broschüre Lassalles

In dieser komplizierten politischen Situation übernahm es Engels, die Haltung der proletarischen Revolutionäre zu diesem Konflikt und zur Frage der Einigung Deutschlands öffentlich darzulegen.

Marx und Engels waren aufgrund einer Analyse der Lage in Europa und der ökonomischen, sozialen und politischen Bedingungen in Deutschland zu dem Schluss gekommen, dass die Einheit Deutschlands nur auf zwei Wegen hergestellt werden könne: entweder durch eine revolutionäre Volksbewegung, die sich gegen die feudale Reaktion und ihre Stützen inner- und außerhalb Deutschlands zu richten hatte, oder auf dynastischem Weg. Engels betrachtete deshalb den italienischen Krieg in erster Linie unter dem Aspekt, ob er einen möglichst raschen und umfassenden Aufschwung der demokratischen Volksbewegung in Deutschland herbeiführen und damit die Entwicklung der Arbeiterbewegung und die Herausbildung einer selbständigen Arbeiterpartei erleichtern könnte.

Weil es unmöglich war in Deutschland direkt politisch als Kommunist aufzutreten, benutzte Engels die Analyse der militärstrategischen Lage, um seine politische Orientierung für die demokratisch-patriotischen Kräfte darzulegen. Im April 1859 kam Engels' Arbeit als Flugschrift unter dem Titel „Po und Rhein" in 1000 Exemplaren in Berlin heraus, und zwar auf Anraten von Marx ohne Angabe des Verfassers, damit sie legal verbreitet werden konnte.

Engels legte darin dar, dass Deutschland nicht nur nicht auf Norditalien angewiesen sei, um den Rhein zu verteidigen, sondern auch in aller Ruhe zusehen könne, wenn Österreich alle seine italienischen Gebiete an ein geeintes Italien verliert. Jeder Versuch, sich auf die Seite Österreichs zu schlagen - auch unter dem Vorwand, das geschähe im Interesse eines vereinigten Deutschlands - bedeute ein Geschäft mit dem österreichischen Despotismus zu machen.

Ebenso entschieden trat aber Engels gegen die Einmischung Napoleons III. auf und wies nach, dass das bonapartistische Kaiserreich unter dem Vorwand, den italienischen Unabhängigkeitskampf unterstützen zu wollen, seine Hand nach italienischen Territorien ausstreckte und mit der Theorie von den „natürlichen Grenzen" Frankreichs zugleich Anspruch auf die linksrheinischen Gebiete Deutschlands erhob. Engels trat dafür ein, dass angesichts dieser Bedrohungen die deutschen Regierungen - ihnen voran die preußische - an der Seite Österreichs den Annexionsgelüsten Napoleons III. entschlossen entgegentreten müssten. Er hegte dabei die Hoffnung, dass ein Krieg gegen das mit dem zaristischen Russland verbündete bonapartistische Frankreich in Deutschland eine breite Volksbewegung auslösen würde, die sowohl die preußische als auch die österreichische Regierung hinwegfegen und ganz Deutschland auf bürgerlich-demokratischer Grundlage einigen könnte. Er stellte deshalb folgende These auf: die Vereinigung Italiens muss sich ebenso wie die Vereinigung Deutschlands aus eigenen Kräften vollziehen. Darum dürfen sich in der italienischen Frage die Revolutionäre weder auf die Seite Napoleons noch auf die Seite Österreichs schlagen.

Das Erscheinen der Broschüre erregte einiges Aufsehen. Die „Allgemeine Militär-Zeitung", das bedeutendste Militärblatt Deutschlands, sowie andere Zeitungen würdigten dieser Schrift.

Lassalle betrachtete die Frage anders. In der kurz danach herausgekommenen Broschüre „Der italienische Krieg und die Aufgabe Preußens" kalkulierte er so: der gefährlichste Gegner Deutschlands, gefährlicher als das liberale Frankreich und das zaristische Russland, sei der „innere Feind" Österreich. Das Habsburgerreich sei die Hauptstütze aller reaktionären Kräfte, deren Joch auf Deutschland laste. Napoleon hingegen, obzwar Usurpator und durch Staatsstreich an die Macht gekommen, repräsentiere den Liberalismus, den Fortschritt, die Zivilisation. Deshalb bestehe in dem jetzigen Krieg die Aufgabe der preußischen Demokratie darin, Österreich seinem Schicksal zu überlassen, wobei der wünschenswerteste Ausgang eine Niederlage Österreichs sei. Preußen sollte den Konflikt Österreichs mit Italien und Frankreich dazu benützen, sich an die Spitze des übrigen Deutschlands zu stellen und es unter seiner Hegemonie zu vereinigen. Wenn die preußische Regierung diese Aufgabe übernähme, so „würde die deutsche Demokratie *selbst Preußens Banner tragen* und alle Hindernisse vor ihm zu Boden werfen", schrieb Lassalle. (Hervorhebung H.H.)

Während also Engels das deutsche und das italienische Volk aufrief, die Schaffung des bürgerlichen Nationalstaates in die eigenen Hände zu nehmen, erweckte Lassalle bei den demokratischen Kräften die Illusion einer „nationalen Mission" des preußischen Junkerstaates. Hier machte sich erstmals eine *politische* Meinungsverschiedenheit zwischen Lassalle und Marx und Engels bemerkbar, die später noch ausgeprägtere Formen annehmen sollte. Schon damals ließ sich Lassalle - von dem Bedürfnis getragen, sofort einen spektakulären Erfolg zu erzielen und vom Wunsch getrieben, „Realpolitiker" zu sein und kein „Doktrinär" - zu Argumenten verleiten, die ihm gegenüber der herrschenden Junkerklasse in Preußen die Hände banden. Das Geschimpfe auf Österreich, die weiche Haltung gegenüber Frankreich und Russland, das Kokettieren mit dem offiziellen Preußen - all das blieb vorläufig die Meinung eines Publizisten, der nicht im Namen einer Partei schrieb. Aber dieselbe taktische Orientierung barg, wenn sie im unmittelbaren politischen Kampf eingeschlagen wurde, große Gefahren in sich, wie später die Tätigkeit Lassalles zeigen sollte.

„Savoyen, Nizza und der Rhein"

Der Krieg von 1859 endete bekanntlich mit der Niederlage Österreichs, aber doch anders, als man vermutet hatte. Sobald der Krieg ein Volkskrieg zu werden drohte und sich damit eine wirkliche revolutionäre Vereinigung ganz Italiens am Horizont abzeichnete (folglich auch die Beseitigung des Kirchenstaates), besann sich Napoleon eines anderen und beeilte sich, durch die Vermittlung Russlands, den Krieg zu beenden und Österreich zu schonen. Sardinien-Piemont musste sich mit der Lombardei zufrieden geben, Venetien blieb aber in den Händen Österreichs. Für sich selbst, als Entschädigung für die französische Waffenhilfe und die finanzielle Unterstützung, nahm Napoleon III. die Provinz Savoyen in Besitz, die Heimat der sardinischen Könige, und gliederte auch Nizza Frankreich ein.

Anfang 1860 meldete sich Engels noch einmal zu Wort mit der Broschüre „Savoyen, Nizza und der Rhein“. Sie war gewissermaßen eine Fortsetzung der Schrift „Po und Rhein“ und wie jene ein Beispiel für die Untersuchung schwieriger internationaler Probleme vom Standpunkt des proletarischen Revolutionärs.

In ihr erläuterte Engels erneut, warum die unter dem Vorwand der Verteidigung der nationalen Interessen betriebene Politik der herrschenden Klassen mit den wirklichen nationalen Interessen des italienischen und des deutschen Volkes unvereinbar sei. Engels legte dar, dass das Proletariat auch bei der Beurteilung der Aufgaben des *nationalen* Kampfes von seinen Klasseninteressen und von der Position des Internationalismus ausgehen müsse. Demzufolge konnte, wie Engels schrieb, auch nach der Beendigung des italienischen Krieges der einzige Weg zur Schaffung eines bürgerlichen Nationalstaates sowohl in Deutschland als auch in Italien nur darin bestehen, die revolutionär-demokratischen Kräfte auf den Kampf gegen die vom bonapartistischen Frankreich und zaristischen Russland angeführten reaktionären Dynastien zu orientieren. Engels hob in diesem Zusammenhang die Bedeutung der revolutionären Situation in Russland hervor und begrüßte die russischen Bauern, die sich gegen die Zarenherrschaft erhoben, als Verbündete des europäischen Proletariats.

12. Kapitel: Der Werdegang des „Kapital“ 1850 bis 1867; Marx’ „Zur Kritik der politischen Ökonomie. Erstes Heft“; Marx’ „Herr Vogt“

Das Kapitel widmet sich - mit einer Ausnahme, der polemischen Schrift von Marx „Herr Vogt“ - zur Gänze den ökonomischen Studien von Marx in der Zeit von 1850 bis 1867, dem Jahr, als der 1. Band des „Kapital“ erschien. Es geht also darum, die Entstehungsgeschichte des „Kapital“ darzulegen.

Die Vorarbeiten zum „Kapital“

Der Veröffentlichung des 1. Bandes des „Kapital“ im Jahr 1867 ging ein langer Studien- und Ausarbeitungsprozess voraus. Als erste ökonomische Arbeit von Marx werden allgemein die „Ökonomisch-philosophischen Manuskripte von 1844“ angesehen, als zweite die Auseinandersetzung mit Proudhon im „Elend der Philosophie“ aus dem Jahr 1847, als dritte die Artikelserie „Lohnarbeit und Kapital“, veröffentlicht in der „Neuen Rheinischen Zeitung“ im April 1849. Diese drei Schriften haben wir bereits kennen gelernt. Nach der Emigration aus Deutschland nach London begann Marx erneut mit intensiven ökonomischen Studien. Er exzerpierte in der Bibliothek des „British Museum“ die wichtigsten Schriften von Adam Smith, David Ricardo, John Stuart Mill, John Fullarton, Thomas Tooke, Robert Torrens, James Taylor und Thomas Robert Malthus. Die 24 Londoner Hefte aus den Jahren 1850 bis 1853 dokumentieren, wie Marx sich umfassend und kritisch durch das ungeheure Material der Geschichte der bürgerlichen politischen Ökonomie durcharbeitete und dabei erstmals den Funktionsmechanismen des sich herausbildenden kapitalistischen Geldmarktes auf die Spur kam. (Aus seinen Notizbüchern und Exzerptheften wissen wir, dass er im Lauf von etwa zwanzig Jahren mehr als 1500 politökonomische Bücher und Broschüren durchstudierte; etwa 800 von ihnen zitierte er im „Kapital“.) Nach einer vierjährigen Unterbrechung nahm Marx 1857, als die erste Weltwirtschaftskrise des Kapitalismus ausbrach, die ökonomischen Studien wieder auf und arbeitete mit höchster Anspannung daran, das Ganze seiner neuen Erkenntnisse möglichst rasch zu Papier zu bringen, bevor nach seinen Erwartungen die Krise in die proletarische Revolution umschlagen werde. So entstand das riesenhafte Manuskript von 1857/58 mit einem Gesamtumfang von mehr als 50 Druckbogen und über 900 Druckseiten, ein *erster Entwurf* des „Kapital“, der bei seiner Erstveröffentlichung 1939/41 in Moskau redaktionell den Titel „Grundrisse der Kritik der politischen Ökonomie“ bekam. Neben einer „Einleitung“, in der von Marx wichtige Grundsätze der Methode der politischen Ökonomie und des Verhältnisses von Produktion, Konsumtion, Distribution und Zirkulation erörtert wurden, gliedert sich das Manuskript in das „Kapitel vom Geld“ und das „Kapitel vom Kapital“.

Gleichzeitig legte sich Marx drei Hefte an, in denen er thematisch geordnet die Börsendaten aus dem

Verlauf der Krise in den einzelnen Ländern auswertete. Nebenher verfasste er für die „New-York Daily Tribune“ Artikel über die wirtschaftliche Entwicklung und Finanzpolitik, die eine neue wissenschaftliche Literaturgattung begründeten: die Konjunkturdatenanalyse.

Mitte 1857 skizzierte Marx in der „Einleitung“ zu den „Grundrissen“ die Struktur seines geplanten Werkes, die er am 22. Februar 1858 in einem Brief an Ferdinand Lassalle zu einem Sechs-Bücher-Plan erweiterte. Danach sollten in sechs Bänden die Themen „Kapital“, „Grundeigentum“, „Lohnarbeit“, „Staat“, „Auswärtiger Handel“ und „Weltmarkt“ behandelt werden. Der erste Band („Kapital“) sollte die Abschnitte über das Kapital im Allgemeinen, die Konkurrenz, den Kredit und das Aktienkapital beinhalten. Zugleich entstand die Idee, das erste Kapitel „Das Kapital im Allgemeinen“ als Folge zwanglos erscheinender Hefte herauszugeben. Im Juni 1859 erschien das erste Heft „Zur Kritik der politischen Ökonomie“ mit den Kapiteln „Die Ware“ und „Das Geld oder die einfache Zirkulation“ in einer Auflage von 1000 Exemplaren in Berlin. Die Veröffentlichung bei dem Verleger Franz Duncker hatte Ferdinand Lassalle ermöglicht. Die Arbeit an diesem Werk von knapp 200 Druckseiten, aber auch die Erfahrung des Ausbleibens revolutionärer Erschütterungen trugen dazu bei, dass sich Marx langsam von seinen Vorstellungen eines engen Zusammenhangs zwischen kapitalistischer Krise und proletarischer Revolution löste.

In seinen weiteren Studien orientierte sich Marx an dem Plan, den er im Juni 1858 in einem selbst verfassten „Index zu den 7 Heften“ der „Grundrisse“ entworfen hatte. Nach einer Unterbrechung, in der er sich mit minder wichtigen Dingen beschäftigte und das Buch „Herr Vogt“ schrieb, setzte Marx 1861 die Arbeit am Manuskript fort, und es entstanden bis 1863 23 neue Hefte. Als historisch-kritischen Teil enthielten sie eine Analyse der bürgerlichen Theorien über Mehrwert, Profit, Rente und Zins. Erst während der weiteren Arbeit entstand bei Marx die Idee, diese historischen Exkurse zusammenzufassen, durch weitere Darlegungen zu ergänzen und als in sich Geschlossenes als 4. Band des „Kapital“ herauszugeben. Nach Marx’ Tod nahm sich Karl Kautsky dieser Aufgabe an und veröffentlichte zwischen 1905 und 1910 diesen Teil des Manuskripts als „Theorien über den Mehrwert“.

Das Manuskript von 1861-1863 wird in der Forschungsliteratur häufig als *zweiter Entwurf* des „Kapital“ bezeichnet. Erstmals veröffentlicht wurde es in der neuen MEGA in den Jahren 1976 bis 1982 in sechs Teilbänden.

Im Jänner 1863 entwarf Marx einen neuen Plan für sein Werk, in dem er sich von seinem ursprünglichen Vorhaben der sechs Bände trennte. Nunmehr sollte das Werk in drei große Abschnitte gegliedert werden: „Der Produktionsprozess des Kapitals“, „Der Zirkulationsprozess des Kapitals“ und „Kapital und Profit“ (späterer Titel: „Der Gesamtprozess der kapitalistischen Produktion“). Von 1863 bis 1865 erstellte er faktisch einen *dritten Entwurf* des „Kapital“, wobei vor allem erste systematische Ausarbeitungen für das zweite und dritte Buch entstanden, auf die sich Engels bei der Herausgabe des 2. und 3. Bandes des „Kapital“ nach Marx’ Tod stützte.

Am 20. und 27. Juni 1865 präsentierte Marx seine ökonomische Theorie, insbesondere den Zusammenhang zwischen Lohn, Preis und Profit, in einem Vortrag vor dem Generalrat der I. Internationale. Er ging darin auf die dort gestellten dringenden Fragen des Generalratsmitglieds John Weston ein, der Forderungen der Gewerkschaften noch Lohnerhöhungen abgelehnt hatte. Marx legte in dem Referat dar, dass eine Lohnerhöhung den Wert der Ware nicht beeinflusse, weil der Arbeiter nicht seine Arbeit, sondern seine Arbeitskraft verkaufe. Eine Lohnerhöhung bedeute deshalb eine Veränderung in der Relation zwischen dem vom Arbeiter neu geschaffenen Wert in Lohn und dem vom Kapitalisten angeeigneten Profit, der unbezahlten Mehrarbeit des Arbeiters, bewirke daher eine Profitschmälerung. Marx hielt diesen Vortrag in englischer Sprache, in der er auch (unter dem Titel „Value, Price and Profit“) von seiner Tochter Eleanor Marx-Aveling 1898 erstmals veröffentlicht wurde.

Soviel zur verwickelten und langwierigen Entstehungsgeschichte des „Kapital“. Gehen wir nun auf diese Vorarbeiten näher ein. Vorauszuschicken ist, dass sie im folgenden inhaltlich nicht nach den Marxschen ökonomischen Kategorien (Ware, Geld, Mehrwert, Akkumulation des Kapitals usw.) behandelt werden. Das soll zweckmäßigerweise erst dann geschehen, wenn der 1. Band des „Kapital“ auf dem Programm steht, im 14. Kapitel.

„Grundrisse der Kritik der politischen Ökonomie“

Auf dem Höhepunkt der Weltwirtschaftskrise von 1857 begann Marx seine bis dahin betriebenen ökonomischen Studien zu verallgemeinern. Bevor er jedoch an die Öffentlichkeit treten wollte, entschloss er sich, zur Selbstverständigung ein Rohmanuskript anzufertigen. So entstand in der Zeit von August 1857 bis Mai 1858 eine Serie von Heften, die später die Bezeichnung „Grundrisse der Kritik der politischen Ökonomie“ erhielten. Sie zählen zu Marx’ Meisterwerken und haben trotz der skizzenhaften Darstellungsweise und des unausgefeilten, bisweilen nachlässigen Stils eigenständigen theoretischen Rang.

Erstaunlich ist, dass das Werk in so kurzer Zeit entstand, noch dazu unter Bedingungen, als die Not geradezu erdrückend auf ihn und seiner Familie lastete. Die erhaltenen Briefe von Marx und seinen Angehörigen verdeutlichen seine damalige schwere Lage. Am 20. Jänner 1857 schrieb er an Engels:

> „Ich sitze also vollständig auf dem Sand, in einer Wohnung, worin ich mein weniges Bares gesteckt... Ich weiß absolut nicht, was ich anfangen soll, und bin in der Tat in einer verzweifelteren Situation als vor 5 Jahren.“

Bald wurde die Lage noch schlimmer, weil die „New-York Daily Tribune“ angesichts der Krise Einsparungsmaßnahmen traf und Marx nur mehr die Veröffentlichung von vier Artikeln im Monat zusicherte. (Vorher waren es gewöhnlich acht gewesen, was faktisch eine Kürzung des Honorars um die Hälfte bedeutete.)

Allen Misslichkeiten zum Trotz arbeitete Marx mit größter Energie. Am 8. Dezember 1857 schrieb er an Engels:

> „Ich arbeite wie toll die Nächte durch an der Zusammenfassung meiner ökonomischen Studien, damit ich wenigstens die Grundrisse im klaren habe bevor dem déluge“ (vor der Sintflut, H.H.)

Die „Grundrisse“ beginnen mit einer „Einleitung“, die zu den theoretisch gehaltvollsten Ausführungen des reifen Marxismus zählt. Ihr wissenschaftlicher Wert beruht vor allem darauf, dass Marx hier umfassender als anderswo seine Auffassung vom Gegenstand und von der Methode der politischen Ökonomie als einer besonderen Wissenschaft formuliert hat.

Zunächst erörterte Marx die Frage nach der Rolle und dialektischen Wechselwirkung der einzelnen Momente der gesellschaftlichen Produktion. Im Produktionsprozess passen die Menschen die Naturprodukte ihren Bedürfnissen an; die Distribution stellt die Proportion für die Nutzung der erzeugten Güter her; über den Austausch erhält das Individuum die Produkte, die es selbst nicht besitzt, aber besitzen möchte; in der Konsumtion werden die Produkte zu Gegenständen der individuellen Aneignung. In dieser Kette ist also die Produktion der Ausgangspunkt, die Konsumtion der Endpunkt, sind Distribution und Zirkulation die Mitte, das Glied, das die Produktion und die Konsumtion vermittelt. Besonders betont Marx den Gedanken, dass die Produktion gegenüber der Distribution das Primat hat und die Art der Distribution in allen Fällen durch die Produktionsweise bedingt ist.

Ferner behandelte Marx in der „Einleitung“ im Abschnitt über die Methode der politischen Ökonomie eingehend die Rolle, die die wissenschaftliche Abstraktion dabei spielen muss und entwickelte bei dieser Gelegenheit die Prinzipien einer richtigen wissenschaftlichen Untersuchung und Darstellung.

Nach Marx muss ein fruchtbarer Untersuchungsweg zunächst von der Oberfläche, von dem, was in der Vorstellung gegeben ist, in die Tiefe der Erscheinungen führen, bis man schließlich bei den einfachsten Bestimmungen anlangt. Danach kann man die „Reise wieder rückwärts“ antreten - von der Analyse zur Synthese, von speziellen Abstraktionen und Definitionen zu „einer reichen Totalität von vielen Bestimmungen und Beziehungen“. Das Aufsteigen vom Einfachen (z.B. Arbeit, Teilung der Arbeit, Bedürfnis, Tauschwert etc.) zum Komplizierten (z.B. Staat, internationaler Austausch, Weltmarkt etc.) sei „die wissenschaftlich richtige Methode“.

Besonders interessant ist, wie die „Einleitung“ das Verhältnis zwischen dem Historischen und dem Logischen im Erkenntnisprozess behandelt. Marx sprach sich zugunsten der logischen

Methode aus, indem er hervorhob, dass man die ökonomischen Kategorien nicht in der Reihenfolge betrachten soll, in der sie historisch die entscheidende Rolle gespielt haben, sondern mit Rücksicht auf das Verhältnis, in dem sie zueinander in der modernen bürgerlichen Gesellschaft stehen. Will man die vorhandenen und die verschwundenen Formen richtig erfassen, so komme es darauf an, jedes Mal in der Kette der logischen Kategorien die bestimmende zu finden.

Daraus zu schließen, dass Marx die historische Methode ablehnte, wäre jedoch falsch. Er wusste sehr gut, dass die politische Ökonomie im Grunde eine historische Wissenschaft ist, weil sie die ökonomischen Entwicklungsgesetze der Gesellschaft, die Bedingungen für ihr Funktionieren und den Wechsel der Produktionsformen untersucht. Er formulierte daher den Grundsatz, dass die historische und die logische Methode in der Forschungsarbeit stets zusammengehören. Der 31 Druckseiten umfassenden, tiefschürfenden „Einleitung" entspricht auch der Ideenreichtum der übrigen Abschnitte des Manuskripts von 1857/58.

Das „Kapitel vom Geld" behandelte die Probleme der allgemeinen Theorie des Wertes und des Geldes. Marx kritisierte darin die Auffassung, wonach Angebot und Nachfrage den Wert des Geldes bestimmen, und führte aus, dass die Produktionskosten der edlen Metalle und nicht ihr in der Zirkulation befindliches Quantum die im Wert des Metalls gemessenen Warenpreise bestimmen:

> „Steigen die Produktionskosten der edlen Metalle, so fallen alle Warenpreise; fallen die Produktionskosten der edlen Metalle, so steigen alle Warenpreise. Dies ist das allgemeine Gesetz."

Marx verfolgte Schritt für Schritt den langen historischen Weg des Geldes. Dieses entstehe ebenso wenig wie der Staat durch „Übereinkunft". Es sei ein Produkt des Austauschs, der seinerseits Produkt der Arbeitsteilung sei. „Die Warenzirkulation", schrieb Marx, „ist die ursprüngliche Voraussetzung der Geldzirkulation". Am Anfang sei Geld eine Ware gewesen, die beim Austausch am häufigsten angenommen wurde, weil sie ein Gebrauchsgegenstand der ganzen Gesellschaft oder eines Teils von ihr war. Im Frühstadium des Austauschs fungierten Salz, Leder, Vieh, Sklaven als Geld, und erst viel später begann eine Ware den Austausch als solchen zu befriedigen, die am wenigsten für den individuellen oder produktiven Konsum genutzt wurde.

Den größten Teil des ökonomischen Manuskripts von 1857/58 macht das „Kapitel vom Kapital" aus, an dem Marx von November 1857 bis Mai 1858 arbeitete. Es enthält die ursprüngliche Darlegung der Mehrwerttheorie, des Ecksteins der Marxschen ökonomischen Lehre. Dahin gelangte er durch die erstmalige Formulierung der Begriffe „fixes Kapital" (Wert der Produktionsmittel) und „variables Kapital" (Wert der Arbeitskraft). Diese Entdeckung war von entscheidender Bedeutung, weil daraus folgerte, dass der Profit im Produktionsprozess nicht schlechthin durch das Kapital, d.h. nicht durch das gesamte Kapital, sondern nur durch denjenigen Teil hervorgebracht wird, der für den Arbeitslohn verausgabt wird.

Die Klassiker der bürgerlichen politischen Ökonomie, Smith und Ricardo, hatten niemals den unbezahlten Teil des Produkts, den der Arbeiter seinem Unternehmer hingeben muss, „in seiner Gesamtheit als ein Ganzes" untersucht, obwohl sie wussten, dass der Profit und die Rente nur Teile dieses unbezahlten Teiles sind. In seinem Manuskript bemerkte Marx:

> „au fond (im Grunde, H.H.) ist der Mehrwert - soweit er zwar die Grundlage des Profits, aber noch von dem commonly (gemeinhin, H.H.) sogenannten Profit unterschieden ist, - nie entwickelt worden."

Die Erforschung des Mehrwerts unabhängig von seinen besonderen Formen (Profit, Zins, Grundrente) ist Marx' eigenständiges wissenschaftliches Verdienst. Sie bildet die große Trennungslinie zwischen der ökonomischen Lehre des Marxismus und der klassischen bürgerlichen Politökonomie, die die besonderen Formen des Profits ständig mit seiner allgemeinen Form vermengte.

„Zur Kritik der politischen Ökonomie. Erstes Heft"

Auf der Basis der „Grundrisse" verfasste Marx zwischen August und November 1858 die Schrift „Zur Kritik der politischen Ökonomie. Erstes Heft", die unter misslichsten Begleitumständen zu Papier kam. Die Leberkrankheit mit peinigenden Schmerzen, die ihn bisweilen völlig arbeitsunfähig machten, sowie die chronische finanzielle Notlage verzögerten den Abschluss und wirkten sich auch negativ auf Sprache und Stil aus. (Weite Abschnitte dieses Werks sind derart abstrakt und kompliziert formuliert, dass sie für einen ökonomisch nicht vorgebildeten Leser kaum verständlich sind. Marx sprach in einem Brief an Lassalle vom 12. November 1858 selbstkritisch von einer „dumpfen, hölzernen Schreibmanier".) Die Geldknappheit ging so weit, dass Marx nicht einmal das Porto bezahlen konnte, um das Manuskript „assekuriert" (so viel wie: „eingeschrieben", H.H.) nach Berlin zu schicken. (Nötig war das, weil er keine Kopie davon besaß.) Die fertige Arbeit musste solange liegen bleiben, bis eine Geldüberweisung von Engels eintraf.

Endlich, am 26. Jänner 1859, ging das Manuskript an den Verleger Duncker ab. Es war doppelt so umfangreich wie vereinbart. Einen Monat später, am 23. Februar, folgte das Vorwort nach. Dieses Vorwort zählt zu den Geniestreichen von Marx. Es enthält neben einer kurzen Beschreibung seines Lebens und des Werdegangs seiner politisch-ökonomischen Studien die klassische Formulierung der materialistischen Geschichtsauffassung. Da man es prägnanter und besser nicht ausdrücken kann, soll hier diese berühmte, oft zitierte Passage in vollem Wortlaut wiedergegeben werden:

> „In der gesellschaftlichen Produktion ihres Lebens gehen die Menschen bestimmte, notwendige, von ihrem Willen unabhängige

Verhältnisse ein, Produktionsverhältnisse, die einer bestimmten Entwicklungsstufe ihrer materiellen Produktivkräfte entsprechen. Die Gesamtheit dieser Produktionsverhältnisse bildet die ökonomische Struktur der Gesellschaft, die reale Basis, worauf sich ein juristischer und politischer Überbau erhebt, und welcher bestimmte gesellschaftliche Bewusstseinsformen entsprechen. Die Produktionsweise des materiellen Lebens bedingt den sozialen, politischen und geistigen Lebensprozess überhaupt. Es ist nicht das Bewusstsein der Menschen, das ihr Sein, sondern umgekehrt ihr gesellschaftliches Sein, das ihr Bewusstsein bestimmt. Auf einer gewissen Stufe ihrer Entwicklung geraten die materiellen Produktivkräfte der Gesellschaft in Widerspruch mit den vorhandenen Produktionsverhältnissen, oder was nur ein juristischer Ausdruck dafür ist, mit den Eigentumsverhältnissen, innerhalb deren sie sich bisher bewegt hatten. Aus Entwicklungsformen der Produktivkräfte schlagen diese Verhältnisse in Fesseln derselben um. Es tritt dann eine Epoche sozialer Revolution ein. Mit der Veränderung der ökonomischen Grundlage wälzt sich der ganze ungeheure Überbau langsamer oder rascher um. In der Betrachtung solcher Umwälzungen muss man stets unterscheiden zwischen der materiellen naturwissenschaftlich treu zu konstatierenden Umwälzung in den ökonomischen Produktionsbedingungen und den juristischen, politischen, religiösen, künstlerischen oder philosophischen, kurz ideologischen Formen, worin sich die Menschen dieses Konflikts bewusst werden und ihn ausfechten. So wenig man das, was ein Individuum ist, nach dem beurteilt, was es sich selbst dünkt, ebenso wenig kann man eine solche Umwälzungsepoche aus ihrem Bewusstsein beurteilen, sondern muss vielmehr dies Bewusstsein aus den Widersprüchen des materiellen Lebens, aus dem vorhandenen Konflikt zwischen gesellschaftlichen Produktivkräften und Produktionsverhältnissen erklären. Eine Gesellschaftsformation geht nie unter, bevor alle Produktivkräfte entwickelt sind, für die sie weit genug ist, und neue, höhere Produktionsverhältnisse treten nie an die Stelle, bevor die materiellen Existenzbedingungen derselben im Schoß der alten Gesellschaft selbst ausgebrütet worden sind. Daher stellt sich die Menschheit immer nur Aufgaben, die sie lösen kann, denn genauer betrachtet wird sich stets finden, dass die Aufgabe selbst nur entspringt, wo die materiellen Bedingungen ihrer Lösung schon vorhanden oder wenigstens im Prozess ihres Werdens begriffen sind. In großen Umrissen können asiatische, antike, feudale und modern bürgerliche Produktionsweisen als progressive Epochen der ökonomischen Gesellschaftsformation bezeichnet werden. Die bürgerlichen Produktionsverhältnisse sind die letzte antagonistische Form des gesellschaftlichen Produktionsprozesses, antagonistisch nicht im Sinne von individuellem Antagonismus, sondern eines aus den gesellschaftlichen Lebensbedingungen der Individuen hervorgewachsenen Antagonismus, aber die im Schoß der bürgerlichen Gesellschaft sich entwickelnden Produktivkräfte schaffen zugleich die materiellen Bedingungen zur Lösung dieses Antagonismus. Mit dieser Gesellschaftsformation schließt daher die Vorgeschichte der menschlichen Gesellschaft ab.“

Das Werk „Zur Kritik der politischen Ökonomie. Erstes Heft“ enthält außer dem Vorwort zwei Kapitel: „Die Ware“ und „Das Geld oder die einfache Zirkulation“.

Das Kapitel „Die Ware“, darstellungsmäßig besonders stark geprägt von den oben erwähnten Umständen, gehört zu den am schwierigsten zu lesenden Texten von Marx. Es enthält erstmals in ausführlicher Weise seine Lehre von der Doppelnatur der Ware als einer Einheit von Gebrauchswert und Tauschwert und vom Doppelcharakter der Arbeit als konkreter und abstrakt-allgemeiner Arbeit. Beigefügt ist ein Abschnitt „Historisches zur Analyse der Ware“, in der Marx die Forschungsergebnisse seiner bürgerlichen Vorläufer kritisch würdigte (William Petty, Boisguillebert, Benjamin Franklin, James Steuart, Adam Smith, David Ricardo, Sismondi).

Das zweite Kapitel mit der Überschrift „Das Geld oder die einfache Zirkulation“ ist umfangreicher und besser ausgearbeitet. Sind im Kapitel „Die Ware“ einige Punkte, die eine Weiterentwicklung im 1. Band des „Kapital“ erfuhren, kaum behandelt, so gibt es umgekehrt im zweiten Kapitel „ausführlich Entwickeltes“, das Marx beim Resümieren im „Kapital“ von 1867 nur mehr andeutete. Das „Ware“-Kapitel ist für den 1. Band des „Kapital“ etwa im doppelten Umfang erweitert und gründlich überarbeitet worden, während das „Geld“-Kapitel ungefähr auf die Hälfte gekürzt und in den Aussagen nicht wesentlich verändert worden ist.

Insgesamt ist dieses zweite Kapitel eine umfassende Darstellung der marxistischen Theorie des Geldes und der Geldzirkulation. (Es enthält ebenfalls einen historischen Abschnitt über die Geldtheorien von David Hume, James Steuart, Adam Smith, David Ricardo, James Mill, Thomas Tooke und John Fullarton.) Dadurch, dass es viel ausführlicher ist als das analoge Kapitel im 1. Band des „Kapital“ und den erwähnten historischen Exkurs enthält, der dort fehlt, hat das Buch „Zur Kritik der politischen Ökonomie. Erstes Heft“ eine selbständige, bleibende wissenschaftliche Bedeutung.

Den tiefen Inhalt verstanden zunächst selbst einige Freunde von Marx nicht, z.B. Wilhelm Liebknecht, der sich fragte, warum dutzende Seiten mit Ausführungen über den Charakter von Ware und Geld für die sozialistische Bewegung von Nutzen sein sollen. Die offizielle bürgerliche Presse Deutschlands strafte diese Schrift mit einer „Verschwörung des Schweigens“. Sie fand keinerlei Resonanz. Marx war darüber enttäuscht und verbittert. An Lassalle schrieb er:

> „Du irrst Dich übrigens, wenn Du glaubst, ich habe lobende Anerkennung von der deutschen Presse erwartet oder gebe einen Deut dafür. *Ich erwartete Angriffe oder Kritik, nur nicht gänzliches Ignorieren...* hatten die Leute doch bei verschiedenen Gelegenheiten so weidlich über meinen Kommunismus geschimpft, dass nun zu erwarten stand, sie würden über die theoretische Begründung desselben ihre Weisheit loslassen.“ (Hervorhebung H.H.)

„Herr Vogt“

Das dürfte einer von mehreren Gründen gewesen sein, warum Marx die Aufforderungen des Verlegers Duncker und die Ermunterungen Lassalles und

Engels' ignorierte, dem „Ersten Heft" rasch weitere folgen zu lassen. Statt dessen stürzte er sich für ein ganzes Jahr mit Feuereifer in eine Aktivität, deren Wichtigkeit mehr als zweifelhaft war. Sicherlich hing das auch damit zusammen, dass die Dauerbeschäftigung mit der Politökonomie, eine harte Knochenarbeit, ihn oft genug so frustrierte, dass er sie mit deftigen Ausdrücken wie „Scheiße" verfluchte. Psychologisch ist es daher verständlich, wenn Marx aus dieser Tretmühle ausbrach, als sich ihm die Gelegenheit bot, seiner unstillbaren Neigung (und unbestreitbaren Begabung) zur satirisch-sarkastischen Polemik nachzukommen. Das Ergebnis war das im Dezember 1860 in London erschienene lange (und heute wegen Nicht-Nachvollziehbarkeit der Anspielungen, Zeit- und Personenbezüge langweilige) Pamphlet „Herr Vogt".

Wie kam es dazu? Carl Vogt (1817 - 1895), neben Ludwig Büchner und Jakob Moleschott der Hauptvertreter des „Vulgärmaterialismus", hatte im Dezember 1859 eine Broschüre mit dem Titel „Mein Prozess gegen die Allgemeine Zeitung" verfasst, in der er Marx und dessen Kampfgefährten im einstigen Bund der Kommunisten verleumdete. Er stellte sie darin als Verschwörer hin, die künstlich Revolutionen zu entfachen suchten, gleichzeitig aber auch in geheimer Verbindung zur Polizei stünden und ihre Geldmittel aus dunklen Quellen schöpften.

Marx begann mit der Materialsammlung für seine Gegenschrift im Jänner 1860. Um Informationen zur Widerlegung der Vogtschen Erfindungen zu erhalten und Vogt selbst zu entlarven, versandte er mehr als fünfzig lange Briefe an Freunde, Bekannte und sogar Unbekannte in mehreren europäischen Ländern, studierte er eine Unzahl von Dokumenten und eine umfangreiche Literatur. Damit nicht zufrieden, fuhr er Mitte Februar 1860 zu Engels nach Manchester, wo er bis zum 25. März blieb. Mit ihm beriet er den Plan des polemischen Werkes und sah die bei ihm vorhandenen Unterlagen zur Geschichte des Bundes der Kommunisten ein.

Engels, ziemlich perplex über Marx' Furor, mahnte ihn, sich durch Vogts Angriff nicht von der Hauptaufgabe ablenken zu lassen und kostbare Zeit zu verlieren, stieß aber bei dem Freund auf Granit.

Im Mittelpunkt von Marx' Pamphlet stand die Bloßstellung Vogts als eines gedungenen bonapartistischen Agenten. Als Marx Vogts anderes, im März 1859 erschienenes Buch unter dem Titel „Studien zur gegenwärtigen Lage Europas" zu Gesicht bekam, erkannte er, dass es auf direkte Weisung aus Frankreich hin geschrieben war und Napoleon III. es brauchte, um auf die öffentliche Meinung Europas ideologisch einwirken zu können. Marx schrieb, dass

> „*Vogt* bloß eins der unzähligen Mundstücke war, durch die der groteske Bauchredner der Tuilerien sich selbst in fremden Zungen vernehmen ließ."

Vogts Dienste für Napoleon III. hätten sich damit aber nicht erschöpft. Marx deckte auf, dass Vogt mit einem verzweigten

Netz bonapartistischer Agenten in mehreren Ländern in Verbindung stand und die Rolle eines ihrer Anwerber spielte.

Dokumente, die Marx seinerzeit unbekannt waren, später aber veröffentlicht wurden, bestätigten die Richtigkeit seiner Meinung, dass der „Demokrat" Vogt (er war 1848 Vertreter der Linken in der Frankfurter Nationalversammlung gewesen und deswegen seines Amtes als Professor an der Universität Gießen enthoben worden) tatsächlich im Dienst der bonapartistischen Regierung stand. Aus den nach dem Sturz des Zweiten Kaiserreiches veröffentlichten Materialien über den Geheimfonds Napoleon III. ging hervor, dass Vogt im August 1859 vom französischen Monarchen 40.000 Franc erhalten hatte.

Damit kann diese Streitschrift auch schon abgehakt und im Kuriositätenkabinett des Marxschen Oeuvres deponiert werden. Und wenn Engels am 19. Dezember 1860 in einem Brief an Marx äußerte: „Es ist sicher die beste polemische Schrift, die Du noch geschrieben", dann mischte sich das Lob mit dem Seufzer der Erleichterung, dass es nun wieder mit der Arbeit am „Kapital" weitergehen werde.

Das ökonomische Manuskript von 1861-1863. Die „Theorien über den Mehrwert"

Von August 1861 bis Juli 1863 entstand der zweite Entwurf des „Kapital" in 23 Heften mit durchgehender Paginierung von 1 bis 1472 und in einem Gesamtumfang von etwa 200 Druckbogen. Am 18. Juni 1862 schrieb Marx an Engels: „Ich dehne diesen Band mehr aus, da die deutschen Hunde den Wert der Bücher nach dem Kubikinhalt schätzen". Der Riesenumfang des Manuskripts von 1861-1863 beruhte aber nicht auf diesem Ehrgeiz, sondern ergab sich aus der gewaltigen Fülle des behandelten Materials.

Marx untersuchte darin Probleme wie die Verwandlung des Geldes in Kapital, den absoluten und den relativen Mehrwert, die Arbeitsteilung, die Rückverwandlung des Mehrwerts in Kapital und die ursprüngliche Akkumulation des Kapitals. Darüber hinaus erforschte er im ersten Halbjahr 1863 gründlich die Geschichte der Technik und der Technologie der Produktion. Wieder arbeitete er längere Zeit im Britischen Museum und studierte dort die einschlägige Literatur.

Im Manuskript von 1861-1863 analysierte Marx historisch-kritisch und sehr ausführlich (im Umfang von ungefähr 110 Druckbogen) die Ansichten der bürgerlichen Ökonomen. Dieser Teil wurde später unter dem Titel „Theorien über den Mehrwert" dem „Kapital" als 4. Band beigefügt. Das Werk vermittelt ein anschauliches Bild von der Entstehung, Entwicklung und Blüte sowie vom Niedergang der bürgerlichen politischen Ökonomie bis zur Mitte des 19. Jahrhunderts. Marx zeigte darin „die historisch entscheidenden Formen, worin die Gesetze der politischen Ökonomie zuerst ausgesprochen und weiterentwickelt wurden". Er würdigte besonders die großen Verdienste von Adam Smith und David Ricardo. Diese Anerkennung verband er mit einer prinzipiellen Kritik ihrer Fehler und Inkonsequenzen, wobei er deren klassenmäßige und methodologische Ursachen aufdeckte. Marx zitierte und behandelte aber auch zahlreiche weniger bekannte ökonomische Autoren, wenn sie eine neue Stufe der wissenschaftlichen Erkenntnis in bestimmten Fragen verkörperten und kritisierte jene, deren Arbeiten keinerlei Fortschritt brachten oder die nur eine Apologetik im Dienste der herrschenden Klassen betrieben.

Für das Verständnis der Geschichte der politischen Ökonomie sind die „Theorien über den Mehrwert" nach wie vor von großer Bedeutung. Zudem sind darin wesentliche Einzelprobleme viel breiter behandelt als in den später geschriebenen drei theoretischen Bänden des „Kapital". Das betrifft beispielsweise das Problem der produktiven und unproduktiven Arbeit, die Unvermeidlichkeit der Krisen im Kapitalismus, die absolute Grundrente und die Nationalisierung des Grund und Bodens, das Verhältnis von individuellem Wert und Marktwert der Waren.

Die „Theorien über den Mehrwert" wurden zum ersten Mal in den Jahren 1905 bis 1910 von Karl Kautsky veröffentlicht. Leider wurde die Edition den Ansprüchen einer wissenschaftlichen Marx-Ausgabe nicht gerecht. Bei den „Theorien" handelte es sich um einen ersten Entwurf, um eine Rohfassung. Neben ausführlichen Darlegungen stehen vielfach knappe, abgerissene Sätze, oft nur kurze Hinweise für die spätere Ausarbeitung. Marx wechselte auch beständig innerhalb dreier Sprachen, die er gleichermaßen beherrschte - Deutsch, Französisch und Englisch. Kautsky betrachtete die „Theorien" als ein Werk, dem ein logischer Plan und jegliche Ordnung fehle. Er stieß die Kapitelfolge um und nahm zahlreiche, durch nichts begründete Kürzungen des Marxschen Textes vor. Selbst deutlich geschriebene Stellen entzifferte er fehlerhaft, wodurch mehrfach Gedanken von Marx entstellt oder unverständlich gemacht wurden. Außerdem ersetzte er Marxsche Termini durch seine eigenen, z.B. statt „Arbeitsbedingungen" „Produktionsmittel", statt „Arbeitsinstrumente" „Arbeitsmittel" und statt „Durchschnittspreis" „Produktionspreis".

Die Mängel der Ausgabe von Karl Kautsky machten eine neue Edition der „Theorien über den Mehrwert" notwendig. Im Jahr 1954 gab das Institut für Marxismus-Leninismus beim ZK der KPdSU nach langer Vorbereitungsarbeit den ersten Teil in russischer Sprache heraus; ihm folgte 1957 der zweite und Anfang 1961 der dritte Teil. In dieser Anordnung und ins Deutsche übersetzt fanden die „Theorien über den Mehrwert" als Bände 26.1 bis 26.3 Aufnahme in die Werkausgabe.

Das ökonomische Manuskript von 1863-1865

Im August 1863 stellte sich Marx vorwiegend auf die Ausarbeitung derjenigen Abschnitte seines Werkes um, die er in den 23 Heften des ökonomischen Manuskripts von 1861-1863 nicht ausführlich genug entwickelt hatte: die Zirkulation des Kapitals und die verwandelten Formen des Mehrwerts. Von jenem Zeitpunkt an vertiefte er sich also in die Probleme des späteren 2. und 3. Bandes des „Kapital".

Auch diesmal musste Marx seine Arbeit an diesem dritten Entwurf des „Kapital" des öfteren unterbrechen. Er erkrankte erneut schwer. Fast den ganzen Dezember 1863 und den Jänner und Februar 1864 war er in persönlichen Angelegenheiten in Deutschland und Holland unterwegs. (Der Grund war die Regelung der Erbschaftsfrage nach dem Tod seiner Mutter im Dezember 1863.) Im September 1864 wurde die Internationale Arbeiterassoziation gegründet. Die Tätigkeit in der I. Internationale lenkte ihn stark von der regelmäßigen Arbeit an der politischen Ökonomie ab und brachte die geplanten Termine durcheinander.

Nur mit äußerster Willensanspannung gelang es Marx, diesen dritten Entwurf des „Kapital" Ende Dezember 1865 fertig zu stellen. Das Manuskript war so umfangreich, dass das Kapitel über die Grundrente allein ein ganzes Buch ausmachen hätte können.

Die zwanzigjährigen ökonomischen Forschungen, die an Intensität, Gründlichkeit und Bewältigung einer gigantischen Fülle an Material nicht ihresgleichen in der Geschichte der Wissenschaften haben, waren damit zu einem vorläufigen Abschluss gebracht. Ab Jänner 1866 machte sich Marx an die redaktionelle Bearbeitung des 1. Bandes des „Kapital", die er im Frühjahr 1867 vollendete.

13. Kapitel: Marx und Engels in den Jahren 1860 bis 1867; Gründung der I. Internationale; Marx' „Inauguraladresse und provisorische Statuten der Internationalen Arbeiter-Assoziation"; Engels' „Die preußische Militärfrage und die deutsche Arbeiterpartei"; Marx' „Lohn, Preis und Profit"

Die Zeit von 1860 bis 1867 war die wahrscheinlich intensivste Arbeitsperiode im Leben von Karl Marx. In diesen Jahren nahm sein Hauptwerk, das „Kapital", endgültig Gestalt an, und ab 1864, mit der Gründung der I. Internationale, warf er sich nach längerer Unterbrechung erneut mit großem Engagement in das politische Tagesgeschehen. In seiner Privatsphäre kam es zu wichtigen Veränderungen, aber auch zu unerquicklichen Turbulenzen.

Marx und Lassalle 1860 - 1864

Neben Proudhon wurde Ferdinand Lassalle in den sechziger Jahren zu einem theoretischen Rivalen von Marx, der ihn bezüglich des Einflusses seiner Ideen in Deutschland einige Zeit erheblich übertraf.

Die eigentliche Tätigkeit Lassalles als Politiker und Ideologe der Arbeiterbewegung begann erst 1862 und dauerte nicht länger als zwei Jahre. In Berlin nahm Lassalle an der Auseinandersetzung um die Verfassung teil und trat mit heftigen Angriffen gegen die deutsche liberale Bewegung auf, die in der Fortschrittspartei ihren Sammelpunkt hatte. Im Frühjahr 1862 hielt er vor Arbeitern die Rede „Über den besonderen Zusammenhang der gegenwärtigen Geschichtsperiode mit der Idee des Arbeiterstandes", die unter der Bezeichnung „Arbeiterprogramm" bekannt wurde. Sie war im wesentlichen die Darlegung der Grundgedanken des „Kommunistischen Manifests", allerdings sehr abgeschwächt und den Bedingungen der damaligen legalen Wirklichkeit in Preußen angepasst. Dennoch war diese Rede seit der Niederlage der 48er Revolution die erste offene Verkündung der Notwendigkeit, die Arbeiterklasse in einer selbständigen politischen Bewegung zu organisieren, die sich scharf von allen, auch den demokratischsten bürgerlichen Parteien abgrenzte. Die Fortschrittspartei hatte damals in Preußen großen Einfluss auf die Arbeiterschaft. Einer ihrer Führer, Hermann Schulze-Delitzsch, war eifriger Propagierer der „Selbsthilfe", der Bildung von wirtschaftlichen Assoziationen, Konsumgenossenschaften und Arbeiterversicherungskassen, die die Lage des Proletariats unter den Auspizien der Klassenzusammenarbeit von Kapital und Arbeit verbessern sollten. Es gab aber auch Arbeitervereine, die sich von der Bevormundung seitens des liberalen Bürgertums lösen wollten. Eine dieser Gruppen mit Sitz in Leipzig wandte sich an Lassalle mit dem Ersuchen, er möge seinen Standpunkt zum Problem der Arbeiterbewegung darlegen. Lassalle antwortete im März 1863 mit einem offenen Schreiben, dem so genannten „Arbeitermanifest", das zum programmatischen Dokument der ersten sozialistischen Arbeiterpartei Deutschlands wurde, des „Allgemeinen Deutschen Arbeitervereins“ (ADAV), dessen Gründung im Mai 1863 erfolgte und der Lassalle zu seinem Präsidenten wählte.

Es unterliegt keinem Zweifel - und das anerkannte auch Marx -, dass nach der langen Periode der Reaktion seit 1849 gerade Lassalle die Arbeiterfahne auf deutschem Boden wieder aufpflanzte, dass er der erste Organisator einer deutschen Arbeiterpartei war. Darin besteht das historische Verdienst dieses Mannes.

Die Beziehungen zwischen Marx und Lassalle waren auch in den besten Zeiten nie reibungslos gewesen. Die beiden Begegnungen, 1861 in Berlin und 1862 in London, trugen dazu bei, sie zu verschlechtern, weil Marx die Eitelkeit und Renommiersucht Lassalles anwiderte. Verärgern musste Marx auch, dass Lassalle nicht nur die Verbindung des von ihm gegründeten ADAV mit der alten kommunistischen Bewegung nicht hervorhob, sondern sie, im Gegenteil, vehement bestritt. Obwohl er alle Grundideen aus dem „Manifest der Kommunistischen Partei“ und anderen Arbeiten von Marx entlehnt hatte, vermied er hartnäckig jeden Hinweis darauf. Lassalle rechtfertigte das mit taktischen Erwägungen. Er wollte nicht die „ungenügend bewussten Arbeitermassen“ abstoßen, die, noch unter dem ideologischen Protektorat der bürgerlich-liberalen Fortschrittler stehend, deren Märchen vom schrecklichen Gespenst des Kommunismus Glauben schenkten. Der Konflikt zwischen Marx und Lassalle hatte seine Hauptquelle jedoch nicht in persönlichen Ressentiments. Im Grunde genommen unterschieden sich die beiden in fast allen entscheidenden Fragen: in der ökonomischen Lehre, in der politischen Taktik, in ihrem Verhältnis zum Staat im allgemeinen und zum preußischen Staat im besonderen.

Der erste Punkt der Meinungsunterschiede war das von Lassalle vertretene „eherne Lohngesetz“. Es besagte, dass unter den kapitalistischen Bedingungen von Angebot und Nachfrage der Lohn um das physische Minimum sich bewegen („oszillieren“) müsse, d.h. auf ein Niveau reduziert bleibe, das für den notwendigen Lebensunterhalt des Arbeiters und für seine Fortpflanzung erforderlich sei. Der Grund dafür liege darin, dass jede Lohnsteigerung automatisch die Geburtenrate der Arbeiter erhöhe; somit drücke das erhöhte Angebot an Arbeitskraft erneut die Löhne auf ein Minimum; wenn der Lohn im Gegenteil unter das Minimum falle, zeugen die Arbeiter weniger Kinder, und die Nachfrage beginne das Angebot zu übersteigen, was wiederum Lohnerhöhungen zur Folge habe. Aus diesem Teufelskreis gebe es kein Entrinnen, solange das Gesetz von Angebot und Nachfrage die Löhne bestimme.

Eine Konsequenz dieser Auffassung war, dass Lassalle Gewerkschaften für überflüssig hielt und gewerkschaftliche Betätigung mit dem Ziel des Kampfes um höhere Löhne ablehnte.

Das „eherne Lohngesetz“ hatte Lassalle fast wörtlich von Malthus übernommen, der den demographischen Faktor als einzig maßgebenden im Verhältnis zwischen Angebot von und Nachfrage nach Arbeitskraft ansah. In Wirklichkeit konnte man sich unschwer davon überzeugen, dass Angebot und Nachfrage sich nicht in absoluten Zahlen messen ließen, sondern immer nur durch die Bezogenheit auf die gesamte ökonomische Situation, die unter anderem solche Umstände aufweist wie Konjunkturschwankungen, Stand der Weltmärkte, technischer Fortschritt, Proletarisierung der Kleinbürger und Bauern und nicht zuletzt die Auswirkungen des Lohnkampfes der Arbeiterklasse. Diese Faktoren können in beide Richtungen wirksam werden, d.h. sowohl zum Sinken wie zum Steigen der Löhne beitragen. In jedem Fall musste aber die Reduzierung des Lohnproblems allein auf die Geburtenrate des Proletariats in Marx' Augen eine grobe, unzulässige Vereinfachung darstellen.

Der zweite Punkt der Meinungsverschiedenheiten, ebenfalls dem „ehernen Lohngesetz" logisch entspringend, betraf Lassalles Überzeugung, dass der eigentliche Weg zur Befreiung des Proletariats in der Bildung von Produktivgenossenschaften bestehe, mit deren Hilfe man die Kapitalisten nach und nach niederkonkurrieren könne. In diesen Betrieben sollten die Arbeiter für ihre Arbeit das „volle Äquivalent" der von ihnen erzeugten Waren erhalten. Da die Arbeiter diese Aufgabe jedoch nicht von allein meistern könnten, sei es Aufgabe des Staates, ihnen mit Hilfe von Kreditinstituten die Gründung solcher Unternehmen zu ermöglichen. (Lassalle setzte damit der Losung der „Selbsthilfe" die der „Staatshilfe" entgegen.) Zu diesem Zweck müssten die Arbeiter jedoch erst über einen hinreichenden Einfluss auf die Staatsorgane verfügen, was wiederum aber nur denkbar sei auf der Grundlage des allgemeinen, gleichen und direkten Wahlrechts, errungen mit legalen, friedlichen Methoden.

In mindestens drei wesentlichen Punkten widersprach dieses Programm in eklatanter Weise der Marxschen Theorie. Die Idee der Produktivgenossenschaften, die die Wirtschaft dominieren sollten, war in Marx' Augen nichts anderes als die Wiederholung der Proudhonschen Illusion von den „gerechten Tauschbanken". Diese voneinander unabhängigen ökonomischen Einheiten könnten selbst dann, wenn sie im Eigentum der Arbeiter wären, nur auf der Basis derselben Konkurrenz existieren, die das kapitalistische Wirtschaftssystem beherrscht. Somit blieben alle Marktgesetze unverändert in Kraft, Bankrott, Krisen und Konzentration des Kapitals mit eingeschlossen. Darüber hinaus lasse sich das Projekt eines Arbeitslohns, der der volle Gegenwert des von den Arbeitern erzeugten Werts wäre (der - wie Lassalle ihn nannte - „unverkürzte Arbeitsertrag"), in keiner Gesellschaft verwirklichen, denn in jeder müsse ein Teil des Wertes für allgemeine gesellschaftliche Bedürfnisse umgewandelt werden, für nicht produktive, aber unentbehrliche Tätigkeiten, für Rücklagen usw. Schließlich ging das Lassallesche Programm davon aus, dass unter den Bedingungen der kapitalistischen Wirtschaft, die weiterhin erhalten bliebe, der Staat zum Hebel der Emanzipation der Arbeiterklasse werden könnte, was vom Marxschen Standpunkt aus der Funktion des Staates als eines Instruments der herrschenden Klassen diametral widersprach.

Lassalle, der Hegelianer blieb, sah den Staat idealistisch: als höchste Form der Vereinigung der Menschen in einem „sittlichen Ganzen“, dessen Aufgabe es sei, die „menschliche Gattung zur Freiheit“ zu führen. Und wenn Lassalle vom Staat sprach, meinte er den preußischen Staat. Im Gegensatz zu Marx war er ein „deutscher Patriot“ und beurteilte die laufenden politischen Ereignisse mehr vom Standpunkt der nationalen Interessen als dem des internationalen Proletariats. Da für ihn die Vereinigung Deutschlands eines der höchsten Ziele darstellte, versprach er sich von Bismarcks Politik mehr, als vom Klassenstandpunkt aus realistischerweise zulässig war.

Damit nicht genug: Lassalle ging davon aus, dass die liberale Bourgeoisie der eigentliche Gegner des Proletariats sei, gegen den man den Hauptstoß richten müsse, sodass er das Bündnis mit den konservativen Kräften, mit Bismarck und dem preußischen Junkertum für erstrebenswert hielt. Das war eine Position, die der von Marx vertretenen Strategie genau entgegengesetzt war. Ihr zufolge musste immer und überall, wo die Ansprüche des liberalen Bürgertums mit den Interessen der konservativen, feudalen oder monarchistischen Kräfte kollidierten, es die Aufgabe des Proletariats sein, in diesem Kampf an der Seite des Bürgertums teilzunehmen. In seinen hochgesteckten Ambitionen scheute Lassalle sogar nicht davor zurück, vollkommen unzulässige Kompromisse zu schließen. 1864 führte er hinter dem Rücken der Arbeiterorganisationen geheime Unterredungen mit Bismarck, wobei er riskierte, nicht nur seinem politischen Ansehen, sondern auch der Sache, der er diente, einen nicht wieder gutzumachenden Schaden zuzufügen. (Er bot Bismarck gegen die Gewährung des allgemeinen Wahlrechts die Unterstützung des ADAV bei der Verwirklichung der „Revolution von oben“ an; für Engels war das „objektiv... ein Verrat der ganzen Arbeiterbewegung an die Preußen“.)

Bei den Divergenzen zwischen Marx und Lassalle handelte es sich um zwei grundsätzlich verschiedene Sozialismusauffassungen. Sie machten es Marx und Engels unmöglich, mit der Autorität ihrer Namen die Agitation Lassalles zu unterstützen. Gleichzeitig vermieden sie es aber, gegen ihn zu seinen Lebzeiten öffentlich aufzutreten. Sehr wahrscheinlich wäre es aber zum offenen Bruch gekommen, hätte nicht Lassalle am 31. August 1864 in einem Duell bei Genf in der Schweiz der Tod ereilt.

Lassalles Erfolg war unbestritten: Seine Agitation für die politische Selbständigkeit des Proletariats wurde zum Grundpfeiler der organisierten sozialistischen Bewegung in Deutschland. Deutlich zu sehen war aber auch, dass Lassalles theoretischer Horizont im Gegensatz zu dem von Marx innerhalb der Grenzen Deutschlands blieb, und dass ebenso sein Einfluss nicht über diese hinausging. In Deutschland aber war er stark und nachhaltig; auch dann noch, als die deutsche Sozialdemokratie die Spuren des „Lassalleanismus" aus ihren Prinzipienerklärungen endlich tilgte (im „Erfurter Programm" von 1891), hat sie der Geist Lassalles nie ganz verlassen. Es blieb der Nährboden für die rechtsopportunistischen Auffassungen eines „nationalen Sozialismus", für die „Volksstaats"-Illusionen und den sich in „Staatsfrömmigkeit" äußernden Nur-Legalismus.

Am Tiefpunkt der „bürgerlichen Misere"

In den Monaten, als Marx an dem Pamphlet „Herr Vogt" arbeitete, geriet seine Frau Jenny (die wie immer das Abschreiben des Manuskripts besorgte) durch die häuslichen Kalamitäten und die ständigen Geldnöte in einen Zustand nervöser Erschöpfung. Am 19. November 1860 erkrankte sie an den Pocken und schwebte eine Woche lang zwischen Leben und Tod. Die Aufregung brachte Marx derart aus dem Gleichgewicht, dass sich - kaum war Jenny genesen - sein chronisches Leberleiden verschärfte und ihn den ganzen Jänner 1861 ans Bett fesselte.

Diese Ereignisse fielen in eine Zeit, in der sich die materielle Lage der Familie erneut verschlechterte. Um ihr wenigstens etwas abzuhelfen, fuhr Marx Ende Februar 1861 nach Zalt-Bommel, eine Stadt in Holland, zu seinem Onkel Lion Philips, der das Vermögen von Marx' Mutter verwaltete. Er hoffte, einen Teil seines Erbschaftsanspruchs von ihm als Vorschuss zu erhalten. Der Plan ging auf. „Meinem Onkel habe ich zunächst 160 Pfund abgepresst, so dass wir den größten Teil unserer Schulden abzahlen konnten", schrieb er an Engels am 7. Mai 1861, als er wieder in London war. (Marx reiste im Anschluss an den Aufenthalt in Zalt-Bommel zu Lassalle nach Berlin und besuchte auf dem Heimweg seine Mutter in Trier, die auf seine Bitte hin einige alte Schuldscheine vernichtete.)

Das drückende Elend erreichte im Herbst 1862 solche Ausmaße, dass sich Marx zu einem ungewöhnlichen Schritt entschloss: er bewarb sich um einen Posten in einem Eisenbahnbüro, wurde aber wegen seiner schlechten Handschrift nicht aufgenommen. Die Not stieg höher und höher. Marx kränkelte fortwährend. Neben neuen Anfällen seines Leberleidens begannen ihn, auf lange Jahre hinaus, schmerzhafte Furunkeln und Karbunkeln zu plagen, und seine Frau drohte unter der gänzlichen Aussichtslosigkeit der Lage abermals zusammenzubrechen. Den Kindern mangelten selbst die für den Schulbesuch nötigen Kleider und Schuhe. Die älteste Tochter Jenny machte, getrieben von den verzweifelten finanziellen Verhältnissen der Familie, hinter dem Rücken ihrer Eltern den vergeblichen Versuch, zum Theater zu gehen.

Marx war nun so weit, dass er ernsthaft erwog, dem Landlord (Hausherrn) alle seine Möbel zu überlassen, den übrigen Gläubigern sich für bankrott zu erklären, den beiden älteren Töchtern Stellen als Gouvernanten zu verschaffen, Helene Demuth in einen anderen Dienst zu entlassen, selbst aber mit seiner Frau und der jüngsten Tochter Eleanor („Tussy“, geb. 1856) in eine der Mietskasernen umzuziehen, die auf die Bedürfnisse der ärmsten Volksklassen zugeschnitten waren. Wieder wandte Engels dies Äußerste ab. Er trieb in einem riskanten Manöver 100 Pfund Sterling auf, mit denen sich Marx einige Zeit über Wasser halten konnte. Mühsam das Jahr 1863 über die Runden bringend, kam es an dessen Ende durch den Tod seiner Mutter zu einem Geldzufluss. Er erbte von ihr die ansehnliche Summe von 6900 Talern, von denen er aber den Großteil zur Abdeckung alter Schuldverschreibungen der „Neuen Rheinischen Zeitung“, die seit 1849 offen standen, verwenden musste. Erst der Tod seines engen Freundes Wilhelm Wolff am 9. Mai 1864, der ihm 824 Pfund vermachte, milderte die „bürgerliche Misere“. Von dieser Erbschaft bestritt die Familie Marx in den Folgejahren ihren Lebensunterhalt und war in der Lage, in ein geräumigeres Haus in Maitland Park umzuziehen. Marx hatte dort bessere Arbeitsmöglichkeiten und konnte alle seine Kräfte auf die Abfassung des „Kapital“ und die Tätigkeit in der Internationalen Arbeiter-Assoziation konzentrieren. Und als das Geld erneut zur Neige ging, vermochte Engels effektiver als bisher zu helfen. (Er war seit 1864 Teilhaber der Firma Ermen & Engels, was einen erheblichen Zuwachs seiner Bezüge zum Gefolge hatte.)

Diese selbstlosen Freundschaftsbeweise von Engels sind umso höher zu bewerten, als sie zu Beginn des Jahres 1863 durch Marx’ Schuld einer schweren Belastungsprobe ausgesetzt gewesen waren. Am 6. Jänner 1863 war völlig unerwartet Mary Burns gestorben, was Engels tief erschütterte. Auf die Mitteilung von ihrem Tod antwortete Marx mit einigen kurzen und kühlen Beileidsfloskeln, um im Anschluss daran seine eigene verzweifelte Situation eingehend zu schildern. Engels reagierte erst nach fünf Tagen mit der Briefanrede „Lieber Marx“ (sonst stets „Lieber Mohr“) und setzte fort: „Du wirst es in der Ordnung finden, dass diesmal mein eigenes Pech und Deine frostige Auffassung desselben es mir positiv unmöglich machten, Dir früher zu antworten. Alle meine Freunde, einschließlich Philisterbekannte, haben mir bei dieser Gelegenheit, die mir wahrhaftig nahe genug gehen musste, mehr Teilnahme und Freundschaft erwiesen, als ich erwarten konnte. Du fandest den Moment passend, die Überlegenheit Deiner kühlen Denkungsart geltend zu machen. (H.H.: Im Konzept zu diesem Brief steht hier noch folgender Satz: „Genieße Deinen Trumpf, er wird Dir nicht bestritten“.) Soit! (Sei’s! H.H.)“ Marx ließ diesen Brief zehn Tage liegen und tat dann etwas, was sonst nicht seine Art war: er entschuldigte sich! „Es war von mir sehr unrecht, als ich Dir den Brief schrieb, und ich bereute ihn, sobald er abgeschickt war. Es geschah dies jedoch keineswegs aus Herzlosigkeit“. Engels antwortete am 26. Jänner 1863: „Ich danke Dir für Deine Aufrichtigkeit. Du begreifst selbst, welchen Eindruck Dein vorletzter Brief auf mich gemacht hatte... Ich sage Dir, der Brief lag mir eine Woche lang im Kopf, ich konnte ihn nicht vergessen. Never mind (Tut nichts, H.H.), Dein letzter Brief macht ihn wett, und ich bin froh, dass ich nicht auch mit der Mary gleichzeitig meinen ältesten und besten Freund verloren habe".

Marx wusste nun, welche Konsequenzen sein Verhalten heraufzubeschwören gedroht hatte und schrieb am 28. Jänner 1863 an Engels. „Ich kann Dir jetzt auch ohne weitere Umstände sagen, dass trotz aller Presse, worin ich während der letzten Wochen lebte, nichts auch nur verhältnismäßig so auf mich presste, als die Furcht, dass ein Riss in unserer Freundschaft".

Frederick Demuth

Der Marx-Biograph Franz Mehring meinte zu diesem Vorkommnis: „Es war die erste, aber auch die letzte Spannung in dem Verhältnis der beiden Männer". Im Lichte einer Enthüllung eines anderen Marx-Biographen, Werner Blumenberg, gemacht im Jahr 1962, scheint das eher zweifelhaft zu sein. Wenngleich diese Frage für die Bewertung der marxistischen Theorie belanglos ist, hat sie seither vor allem für Leute, die den Marxismus entweder nur vom Hörensagen kennen oder ihm offen feindlich gegenüberstehen, einen hohen Rang: einerseits als prickelndes Hinterhofhistörchen, andererseits als moralische Keule, mit deren Schwingen Karl Marx herabgesetzt und schlecht gemacht werden soll. Das ist der Grund, warum wir sie hier mit der nötigen Angemessenheit behandeln.

Helene Demuth brachte einen Sohn zur Welt, der den Namen Frederick bekam. Der Zeitpunkt ist nicht bekannt, weil die Geburt amtlich nicht registriert wurde. Heinrich Gemkow, der diese Tatsache nur im Vorübergehen erwähnt, verlegt sie in die frühen fünfziger Jahre; Manfred Kliem nennt als Datum „um 1855"; Werner Blumenberg und Maximilien Rubel den Beginn der sechziger Jahre; Arnold Künzli das Jahr 1864 oder 1865. Am wahrscheinlichsten ist das von Blumenberg angegebene Datum (1861 oder 1862). Blumenberg fand im Nachlass von Eduard Bernstein, der sich - wie das Marx-Engels-Archiv - im Amsterdamer Internationalen Institut für Sozialgeschichte befindet, die Abschrift eines Briefes von Louise Freyberger, der früheren Frau von Karl Kautsky, an August Bebel. (Louise Freyberger führte von 1890 bis 1895 den Haushalt von Friedrich Engels; zuvor - von 1883 bis 1890, als sie starb - hatte Helene Demuth ihn nach dem Tod von Marx für Engels besorgt.) Der Brief wurde von Blumenberg 1962 gekürzt und von Künzli 1966 in vollem Wortlaut veröffentlicht.

Dass es einen Frederick Demuth gab, wusste die Marx-Forschung schon immer. Sie wusste auch, dass er sofort nach der Geburt zu einer englischen Pflegemutter kam, zunächst deren Namen erhielt, später darüber aufgeklärt wurde, wer seine eigentliche Mutter sei und erst nach dem Tod von Helene Demuth deren Namen annahm. Als er älter geworden war, besuchte er oft seine Mutter im Hause von Marx und schloss vertraute Freundschaft mit Marx' jüngster Tochter Eleanor. Er blieb ein einfacher, ungelernter Arbeiter, der nur fehlerhaft englisch schrieb. Beim Tod von Eleanor Marx-Aveling 1898 war er noch am Leben, weil aus diesem Jahr ein Brief von ihr an ihm erhalten ist. Dann verlieren sich seine Spuren. Das geheimnisvolle Dunkel, das Frederick Demuth umgibt, rührt daher, dass man seit dem Tag seiner Geburt über ihn striktes Stillschweigen bewahrte und die Töchter von Marx sowie Helene Demuth nach dem Tod von Karl Marx eine Reihe von Briefen privaten Inhalts verbrannten. (Auch solche, die nicht allein Frederick Demuth betrafen.) All das geschah natürlich im Hinblick auf die Frage, wer der Vater von Frederick war. Dabei war dessen Name, solange Engels lebte, dem engen Kreis der Familie Marx und noch einigen wenigen Eingeweihten durchaus bekannt: Es war Engels selbst, der die Verantwortung für die Vaterschaft vor Jenny Marx, deren Töchtern und der Außenwelt (sofern diese überhaupt davon Kenntnis hatte und möglicherweise neugierige Fragen stellte) auf sich nahm. Daher auch der mit Engels' Vornamen identische Vorname „Frederick". Im Brief an August Bebel, datiert vom September 1898 und erstmals publiziert von Werner Blumenberg 1962, teilte Louise Freyberger jedoch mit, dass Frederick Demuth der Sohn von Karl Marx sei und sie dies von Engels selbst wisse. Als Eleanor Marx-Aveling, die nach wie vor an Engels' Vaterschaft glaubte, Engels einen Tag vor seinem Tod aufsuchte, habe er ihr das bestätigt. Da Frederick außerdem Engels gar nicht, Marx aber sehr in seinem Äußeren ähnelte, steht die Glaubwürdigkeit der Angaben von Louise Freyberger wohl außer Zweifel. Wir können nur vermuten, welche Folgen dieses Ereignis im Verhältnis von Marx zu seiner Ehefrau, in der Beziehung von Jenny Marx zu Engels, in den Augen der beiden älteren Töchter, für Helene Demuth und nicht zuletzt zwischen Marx und Engels nach sich zog, ob alle der „offiziellen" Version Glauben schenkten, oder einen solchen nur vorschützten, usw. Fragen über Fragen türmen sich hier auf. Es ist gewiss auszuschließen, dass Engels spontan und hellauf begeistert ja sagte, als es darum ging, die Vaterschaft auf sich zu nehmen. Trotzdem tat er es und leistete damit für Marx sicherlich den größten und wichtigsten seiner vielen Freundschaftsdienste. Denn - was immer in den Köpfen aller Betroffenen vor sich gegangen sein mag - nach außen konnte man damit die Fassade aufrechterhalten. Es gab keinen Bruch zwischen Jenny und Karl Marx. Sie blieben einander bis zum Tod in Liebe verbunden. Es gab keinen Riss zwischen Jenny Marx und Helene Demuth. Sie führte weiterhin den Haushalt, und die Dinge in der Familie Marx liefen weiter, als ob nichts gewesen wäre. Sich über die Affäre Frederick Demuth ein Urteil zu bilden, bleibt jedem selbst überlassen. Dass Karl Marx unter solchen Umständen in den Jahren 1861 bis 1863 sein epochales Werk fortzuführen vermochte und den zweiten Entwurf des „Kapital" im Umfang von 1472 Seiten schuf, mutet wie ein Wunder an. Und dass er an den dramatischen Ereignissen, Aufregungen und Belastungen dieser beiden Jahre alles andere denn unschuldig war, wissen wir jetzt. In die Kategorie der Menschen ohne Fehl und Tadel lässt sich Marx jedenfalls nicht einordnen. (Aber die gibt es ohnehin nur als Phantasmagorie, nicht in der Wirklichkeit.) Der geschichtlichen Bedeutung seines

Werks kann das keinen Abbruch tun.

Die Gründung der I. Internationale

Am 28. September 1864 fand in der St. Martins Hall in London eine Versammlung statt, deren Bedeutung damals wohl nur wenigen Zeitgenossen bewusst gewesen ist. Es handelte sich um ein internationales Arbeitermeeting, das einen ganz ungewöhnlichen Zulauf fand. Der große Saal war mit 2000 Besuchern „dicht bis zum Ersticken besetzt". Karl Marx, der uns dies berichtet, fährt in seinem Brief an Friedrich Engels fort: „Es wurde beschlossen die Stiftung einer 'Workingmens International Association' (Internationalen Arbeiter-Assoziation, H.H.), deren General Council (Generalrat, H.H.) in London sitzen und die Arbeiter societies (Vereine, H.H.) in Deutschland, Italien, Frankreich und England 'vermitteln' solle". Dann erfahren wir noch von der Bestellung eines auf dem Meeting bestimmten „Provisional Committee" (Provisorischen Komitees, H.H.), in das neben verschiedenen anderen Personen auch Karl Marx als Vertreter Deutschlands gewählt wurde. Die Tonart des Briefes lässt darauf schließen, dass Marx der Neugründung, der er „als stumme Figur auf der Plattform" beiwohnte, wohl einiges Interesse entgegenbrachte, sie aber noch keineswegs als weltbewegendes Ereignis zu bewerten geneigt war. Er hatte in den Wechselfällen seines bisherigen Lebens schon mehr als eine Arbeiterorganisation entstehen und vergehen gesehen. Der Erfolg der Lassalleschen Agitation muss aber in Karl Marx Zweifel an der Richtigkeit seines Rückzugs aus dem politischen Tagesgeschehen geweckt haben. Er sah nun die Gefahr, die im Verpassen des Anschlusses an die Realität der sich neu formierenden Arbeiterbewegung lag. Insofern musste er es begrüßen, dass sich ihm schon bald nach Lassalles Tod die Gelegenheit bot, im Rahmen der neu geschaffenen Internationalen Arbeiter-Assoziation mitzuarbeiten. Diese Organisation konnte allerdings in keiner Weise mit dem alten Bund der Kommunisten verglichen werden. Eigentlich revolutionäre Ziele setzte sie sich zunächst nicht. Der Anstoß zu ihrer Bildung war eher zufälliger Art gewesen. 1862 hatte in London eine Weltausstellung stattgefunden, die auch von einer Delegation französischer Arbeiter besucht worden war. Bei diesem Anlass kam es zur Begegnung mit englischen Arbeitern und zu einem „Fest der internationalen Verbrüderung".

Man beschloss, es nicht bei diesem Treffen bewenden zu lassen. Im Sommer 1863 fand ein neuerliches Meeting in London statt. Es brachte Sympathiekundgebungen für die aufständischen Polen, galt aber auch den konkreten Anliegen der Arbeiter. Die Engländer wiesen auf die von den Unternehmern gehandhabte Praxis hin, Lohnforderungen der Arbeiter durch den Zuzug ausländischer Arbeitskräfte entgegenzutreten. So sei es möglich gewesen, Proletarier gegen Proletarier auszuspielen, „nicht aus bösem Willen unserer kontinentalen Brüder, sondern aus dem Mangel einer regulären, systematischen Verbindung der arbeitenden Klassen aller Länder". Der Wille zur Beibehaltung der aufgenommenen Kontakte wurde allmählich zu einem sozialen Machtfaktor. Darin liegt die Bedeutung des Gründungsaktes vom 28. September 1864.

Die Schaffung der Internationalen Arbeiter-Assoziation war von englischer wie französischer Seite angeregt worden. Ihr provisorisches Komitee umfasste 32 Mitglieder aus England, Frankreich, Deutschland, Italien und Polen. Unter den englischen Delegierten überwogen die Tradeunionisten (d.h. die Anhänger der Nur-Gewerkschaftsbewegung), unter den Franzosen die Proudhonisten. Auch Mazzinis bürgerlich-republikanische Ideen machten sich geltend. Es war klar, dass Marx in diesem Gremium vorerst nur einen bescheidenen Spielraum für seine Ansichten hatte.

Das zeigte sich schon bei der Ausarbeitung des Entwurfs einer Prinzipienerklärung, die ohne ihn zustande gekommen war. Marx ärgerte sich sehr über das Elaborat: „Ein schauderhaft phraseologisches, schlechtgeschriebenes und ganz und gar unreifes Préamble, pretending to be a declaration of principles (Präambel, die Anspruch darauf erhob, eine Prinzipienerklärung zu sein, H.H.), ... wo der Mazzini überall durchguckte, überkrustet mit den vagsten Fetzen von französischem Sozialismus“. Er erreichte durch „gelinde Opposition“ schließlich, dass ihm die Redaktion übertragen wurde.

„Inauguraladresse und provisorische Statuten der Internationalen Arbeiter-Assoziation“

Am 21. Oktober 1864 machte sich Marx an die Arbeit und formulierte in sechs Tagen zwei Schriftstücke, die zu den wichtigsten Grundsatzdokumenten der internationalen Arbeiterbewegung werden sollten: die „Provisorischen Statuten“ der Internationalen Arbeiter-Assoziation und ein erläuterndes Programm, das die Bezeichnung „Inauguraladresse“ (so viel wie: „Gründungsdeklaration“) erhielt.

Marx ging von folgender Überlegung aus: Das Programm muss so weit gefasst sein, dass es möglichst vielen Arbeiterorganisationen den Beitritt erlaubt. Das gilt es auch bei den benutzten Begriffen und Losungen zu berücksichtigen. Zugleich muss es in seiner Zielsetzung auf die objektiv vor der Arbeiterbewegung stehenden Aufgaben orientieren, unabhängig davon, ob die einzelnen Organisationen bereits selbst zu dieser theoretischen Einsicht gelangt sind. Es muss die Voraussetzung bieten, nach und nach alle Glieder der Internationale auf marxistische Positionen zu führen.

Am 27. Oktober 1864 stimmten die Mitglieder der redaktionellen Arbeitsgruppe beiden Entwürfen mit geringen Änderungswünschen zu. An Engels berichtete Marx am 4. November:

> „Es war sehr schwierig, die Sache so zu halten, dass unsre Ansicht in einer Form erschien, die sie dem jetzigen Standpunkt der Arbeiterbewegung acceptable (annehmbar, H.H.) machte... Es bedarf Zeit, bis die wiedererwachte Bewegung die alte Kühnheit der Sprache erlaubt. Nötig ist fortiter in re, suaviter in modo (stark in der Sache, mäßig in der Form, H.H.)“

Marx leitete die „Provisorischen Statuten“

mit der programmatischen Erklärung ein,

> „dass die Emanzipation der Arbeiterklasse durch die Arbeiterklasse selbst erobert werden muss; dass der Kampf für die Emanzipation der Arbeiterklasse kein Kampf für Klassenvorrechte und Monopole ist, sondern für gleiche Rechte und Pflichten und für die Vernichtung aller Klassenherrschaft; dass die ökonomische Unterwerfung des Arbeiters unter den Aneignern der Arbeitsmittel, d.h. der Lebensquellen, der Knechtschaft in allen ihren Formen zugrunde liegt - allem gesellschaftlichen Elend, aller geistigen Verkümmerung und politischen Abhängigkeit; dass die ökonomische Emanzipation der Arbeiterklasse daher der große Endzweck ist, dem jede politische Bewegung, als Mittel, unterzuordnen ist"

Damit war der proletarische Klassencharakter der neuen Organisation eindeutig festgelegt. Diese programmatische Erklärung an der Spitze der Statuten machte es später leichter, sowohl den Versuchen bürgerlich-demokratischer Kräfte, die Internationale ihren Zielen dienstbar zu machen, Paroli zu bieten als auch jenen, die sich zum Fürsprecher des ausschließlich ökonomischen Kampfes aufwarfen.

Die von Marx erstellten „Provisorischen Statuten" (sie galten fast unverändert bis zum Ende der I. Internationale) legten folgende organisatorische Struktur fest: Oberstes Organ war der jährlich einzuberufende Arbeiterkongress. Er wurde von Delegierten aller angeschlossenen Arbeiterorganisationen beschickt. Zwischen den Kongressen leitete der Zentralrat, später Generalrat, die IAA. Er setzte sich aus Vertretern verschiedener Länder zusammen und koordinierte die Tätigkeit der einzelnen Organisationen und Sektionen (wie die örtlichen Organisationen auch genannt wurden). Der Generalrat wurde vom Kongress gewählt und musste diesem Rechenschaft geben. Ihm gehörten über fünfzig Personen an, Vertreter verschiedener Arbeiterorganisationen und Nationen. Als engeres Leitungsgremium schuf er sich ein Ständiges bzw. Leitendes Komitee, das die Sitzungen und Beschlüsse des Generalrats vorbereitete.

Die von Marx verfasste „Inauguraladresse" begann mit einem Überblick über die Geschichte der Arbeiterbewegung von 1848 bis 1864. Marx prangerte die zunehmende Verelendung des europäischen Proletariats gerade in jenem „goldenen Zeitalter des Freihandels" an, das im Hinblick auf den Aufschwung der Industrie in der Geschichte nicht seinesgleichen hatte. Er schrieb,

> „dass keine Entwicklung der Maschinerie, keine chemische Entdeckung, keine Anwendung der Wissenschaft auf die Produktion, keine Verbesserung der Kommunikationsmittel, keine neuen Kolonien, keine Auswanderung, keine Eröffnung von Märkten, kein Freihandel, noch alle diese Dinge zusammengenommen das Elend der arbeitenden Massen beseitigen können, sondern dass vielmehr umgekehrt, auf der gegenwärtigen falschen Grundlage, jede frische Entwicklung der Produktivkräfte der Arbeit dahin streben muss, die sozialen Kontraste zu vertiefen und den sozialen Gegensatz zuzuspitzen."

Marx hob dann die von der

Arbeiterbewegung in jener Periode erzielten Erfolge hervor: die Erkämpfung des Zehnstundentages und das Anwachsen der Genossenschaftsbewegung. Wenn die gesetzliche Beschränkung des Arbeitstages grundsätzlich das Dogma der liberalen Bourgeoisie widerlegte, dass sich der Staat in die ökonomischen Verhältnisse nicht einmischen dürfe, so bewiesen die Erfolge der Genossenschaften, dass die Arbeiter bei der Organisation der Produktion auch ohne Kapitalisten auskommen. Allerdings könne das Genossenschaftswesen innerhalb der kapitalistischen Gesellschaft die Lage der Arbeiter nicht merkbar erleichtern. Um die arbeitenden Menschen zu befreien, schrieb Marx, bedürfe das Kooperativsystem der Entwicklung auf nationaler Stufenleiter und der Förderung durch nationale Mittel. Das verhinderten jedoch die Herren von Grund und Boden und die Herren vom Kapital, die „ihre politischen Privilegien stets gebrauchen zur Verteidigung und zur Verewigung ihrer ökonomischen Monopole“. Und Marx vermittelte den Arbeitern die Schlussfolgerung:

> „Politische Macht zu erobern ist daher jetzt die große Pflicht der Arbeiterklassen.“

Ein Element des Erfolges, die Zahl, besitzen die Arbeiter, bemerkte er, fügte jedoch gleich hinzu:

> „Aber Zahlen fallen nur in die Waagschale, wenn Kombination sie vereint und Kenntnis sie leitet.“

Am Ende der „Inauguraladresse“ entwickelte Marx die Grundsätze einer proletarischen Außenpolitik und der internationalen Solidarität:

> „Die vergangene Erfahrung hat gezeigt, wie Missachtung des Bandes der Brüderlichkeit, welches die Arbeiter der verschiedenen Länder verbinden und sie anfeuern sollte, in allen ihren Kämpfen für Emanzipation fest beieinanderzustehen, stets gezüchtigt wird durch die gemeinschaftliche Vereitlung ihrer zusammenhangslosen Versuche.“

Marx rief die Arbeiter zum Kampf gegen die aggressive Außenpolitik der herrschenden Klassen auf, die „mit Nationalvorurteilen ihr Spiel treibt und in piratischen Kriegen des Volkes Blut und Gut vergeudet“. Gegenüber dieser Politik, betonte er, müsse die Arbeiterklasse in internationalen Fragen einen auf den Prinzipien des proletarischen Internationalismus beruhenden eigenen Klassenstandpunkt beziehen. Sie habe die Pflicht,

> „in die Geheimnisse der internationalen Politik einzudringen, die diplomatischen Akte ihrer respektiven Regierungen zu überwachen, ihnen wenn nötig entgegenzuwirken; wenn unfähig zuvorzukommen, sich zu vereinen in gleichzeitigen Denunziationen und die einfachen Gesetze der Moral und des Rechts, welche die Beziehungen von Privatpersonen regeln sollen, als die obersten Gesetze des Verkehrs von Nationen geltend zu machen.“

Schon bald nach der Gründung der Internationale zeigte sich, dass Marx in ihr eine bestimmende Rolle spielte, und das, obwohl er nie an der Spitze des Generalrats stand. Präsident und Generalsekretär waren meist englische Arbeiterführer. Marx wurde korrespondierender Sekretär für Deutschland und in dieser Eigenschaft Mitglied des Leitenden Komitees. Diese Funktion übte er bis 1872 ohne Unterbrechung aus. Durch seinen Einfluss auf dieses Komitee leitete er aber faktisch den Generalrat. Von Marx stammten nahezu alle programmatischen Dokumente der IAA, sowohl die, die der Generalrat verabschiedete, als auch jene, die von den Kongressen zu Beschlüssen erklärt wurden.

„Die preußische Militärfrage und die deutsche Arbeiterpartei“

In den ersten Jahren nach 1864 hatte Marx als Sekretär für Deutschland keinen Rückhalt in der Arbeiterbewegung seines Heimatlandes. Marx fühlte sich dabei mitunter wie ein General ohne Armee. Verursacht war das durch den Lassalleanismus. „Solange dieser Lassallesche Dreck obenauf in Deutschland, wird die ‘International Association’ grade dort kein Feld haben“, schrieb Marx ergrimmt an Engels, um dann hinzuzufügen: „Indes, man muss Geduld haben“.

Bernhard Becker und Johann Baptist von Schweitzer, die Nachfolger an der Spitze des ADAV, setzten die Politik Lassalles fort: Reformierung des preußischen Junkerstaates mit Hilfe des allgemeinen Wahlrechts und durch Arbeiterproduktionsgenossenschaften, die ausgerechnet dieser Staat finanzieren sollte. Und in der nationalen Frage unterstützten sie den preußischen Ministerpräsidenten Bismarck bei seinem Plan, Deutschland durch Eisen und Blut unter der Vorherrschaft Preußens von oben zu einigen. Um dem entgegenzutreten, ergriff Engels in Übereinstimmung mit Marx die Initiative und verfasste im Februar 1865 binnen zehn Tagen eine Broschüre, die unter dem Titel „Die preußische Militärfrage und die deutsche Arbeiterpartei“ im Verlag Otto Meißners in Hamburg erschien. Sie war gleichsam als Leitfaden für die Politik einer revolutionären deutschen Arbeiterpartei angelegt.

Erstens schrieb Engels, dass die Arbeiter nur für eine demokratische, von den Volksmassen getragene nationalstaatliche Einigung Deutschlands eintreten könnten. Der preußische Militärstaat sei der Hauptfeind einer demokratischen Lösung der nationalen Frage. Mit ihm dürfe die Arbeiterklasse nie und nimmer einen Kompromiss schließen.

Zweitens erläuterte Engels, warum die Arbeiter die Bourgeoisie in deren Kampf für bürgerlich-demokratische Freiheiten im eigenen Klasseninteresse unterstützen müssten: Jeder Sieg der Bourgeoisie über die Feudalklasse wäre „nach einer Seite hin zugleich ein Sieg der Arbeiter, trägt zum endlichen Sturz der Kapitalistenherrschaft bei“ und rücke „den Zeitpunkt näher heran, wo die Arbeiter über die Bourgeoisie siegen werden“. Was aber, wenn sich die Bourgeoisie, wie schon 1848/49, aus Furcht vor den Arbeitern „unter der Schürze der Reaktion verkriechen und... um Schutz gegen die Arbeiter appellieren sollte“? Engels antwortete:

> „Selbst dann wird der Arbeiterpartei nichts übrigbleiben, als die von den Bürgern verratene Agitation für bürgerliche Freiheit, Pressfreiheit, Versammlungs- und Vereinsrecht trotz der Bürger fortzuführen. Ohne diese Freiheiten kann sie selbst sich nicht frei bewegen; sie kämpft in diesem Kampf für ihr eigenes Lebenselement, für die Luft, die sie zum Atmen nötig hat.“

Drittens ließ Engels keinen Zweifel daran, dass die von ihm und Marx verfochtene Strategie und Taktik eines unbedingt voraussetzte: eine selbständige revolutionäre Klassenpartei. Niemals dürfe das Proletariat „als der bloße Schwanz der Bourgeoisie“ handeln, sondern müsste stets „als eine durchaus von ihr unterschiedene, selbständige Partei“ auftreten.

Das war die erste in der *Öffentlichkeit* vorgetragene Kritik am Lassalleanismus seitens Marx und Engels. Um die politische Wirkung der Broschüre zu fördern, wandten sich beide an gute Freunde (unter anderem an Wilhelm Liebknecht, an Engels’ Verwandten Carl Siebel und an den Arzt Dr. Ludwig Kugelmann) und baten sie, für Anzeigen und Besprechungen in der deutschen Presse zu sorgen. Ein übriges tat der „Social-Demokrat“, das Organ des ADAV. Er brachte einen Artikel, der sich heftig gegen Engels’ Auffassungen wandte. So verbreiteten sich Engels’ Gedanken unter den politisch fortgeschrittenen deutschen Arbeitern und belebten die Auseinandersetzungen innerhalb des ADAV. An mehreren Orten begannen kleinere Gruppen innerhalb des Vereins, zur Politik Schweitzers in Opposition zu treten, eine Bewegung, die vier Jahre später in der Gründung der auf marxistischen Positionen stehenden „Eisenacher Partei“ münden sollte.

„Lohn, Preis und Profit“

Am 20. Mai 1865 schrieb Marx seinem Freunde Engels, er müsse am gleichen Abend in einer Sondersitzung des Generalrats der Internationale gegen den Owenisten John Weston auftreten. Weston habe die Gewerkschaften für schädlich erklärt, da ein allgemeines Steigen der Löhne den Arbeitern nichts nützen könne. (Dabei berief auch er sich auf das Walten des „ehernen Lohngesetzes“.) Am 24. Juni teilte Marx dann noch nachträglich mit, dass man beabsichtige, seine Rede gegen Weston drucken zu lassen. Der Vortrag enthalte „im zweiten Teil in außerordentlich gedrängter, jedoch verhältnismäßig populärer Form viel Neues, das aus meinem Buch vorweggenommen ist“. Mit dem „Buch“ war natürlich der 1867 erschienene 1. Band des „Kapital“ gemeint.

Das dann doch erst 1898 in englischer Sprache unter dem Titel „Value, Price and Profit“ veröffentlichte Referat ist in seinem Hauptteil eine Darlegung der Wert- und Mehrwerttheorie, die in unübertrefflicher Weise den Kern der ökonomischen Lehre von Marx vermittelt. Gegenüber den mannigfachen, jedoch sehr ungleichartigen und oft missglückten Versuchen späterer Zeit, den Ideengehalt des 1. Bandes des „Kapital“ allgemeinverständlich und kurz wiederzugeben, kann diese

Popularisierung durch Marx selbst gar nicht hoch genug eingeschätzt werden. Der Vortrag zählt deshalb zu den wichtigsten Schriften der marxistischen politischen Ökonomie. Jedem Interessierten an dem Gebiet kann er auch heute noch nachdrücklich zur Lektüre empfohlen werden.

Marx gab in seiner Rede zugleich auch eine praktische Anwendung seiner Theorie. Vor Gewerkschaftsführern gehalten, legte der Vortrag gegenüber aller kurzsichtigen Anzweiflung die Notwendigkeit gewerkschaftlicher Arbeit dar. Marx wandte sich gegen die Anschauungen Westons, aber auch gegen die der Proudhonisten und der Lassalleaner mit ihrem Dogma vom „ehernen Lohngesetz" und ihrer Ablehnung des ökonomischen Kampfes der Arbeiter. Nach der Analyse des ökonomischen Wesens des Arbeitslohns und des Mehrwerts zeigte Marx, wie das Kapital auf maximalen Profit abzielt, und dass die Arbeiter, wenn sie auf ihren Widerstand gegen die Gewalttaten des Kapitals verzichten, „zu einer unterschiedslosen Masse ruinierter armer Teufel" degradiert werden, „denen keine Erlösung mehr hilft". Ausgehend von seiner ökonomischen Lehre begründete Marx in diesem Vortrag theoretisch die Rolle und Bedeutung des ökonomischen Kampfes der Arbeiter und betonte, dass dieser Kampf dem Endziel des Proletariats - der Vernichtung des Systems der Lohnarbeit - untergeordnet werden muss.

„Lohn, Preis und Profit" hat schließlich große Bedeutung für das richtige Verständnis der Marxschen Verelendungstheorie. Marx betonte, dass es die allgemeine Tendenz der kapitalistischen Produktionsweise sei, den Lohn zu senken, den Preis der Arbeitskraft bis zu seiner Minimalgrenze zu drücken, d.h. bis zum Wert der Existenzmittel, die für den Arbeiter und seine Familie zum Leben absolut unentbehrlich sind. Diese Tendenz sei jedoch keineswegs schicksalhaft und unaufhörlich. Sie stoße auf den Widerstand und die entschiedenen Abwehraktionen der Arbeiter. Je nach den verschiedenen historischen und gesellschaftlichen Bedingungen, je nach den verschiedenen Phasen des industriellen Zyklus trete in den verschiedenen Ländern diese Tendenz stärker oder schwächer zutage.

14. Kapitel: Marx' „Das Kapital. Kritik der politischen Ökonomie" - 1. Band „Der Produktionsprozess des Kapitals" 1867; Die Wert- und Mehrwerttheorie; Auseinandersetzungen um das Marxsche Wertgesetz

Drucklegung und Erscheinen der Erstauflage

Auf Engels' Ratschlag hin machte sich Marx am 1. Jänner 1866 daran, nicht gleich das ganze Werk, sondern nur das erste Buch über den Produktionsprozess des Kapitals für den Druck fertig zu machen. Er tat das mit großer Begeisterung, ging es doch darum, „das Kind glattzulecken nach so vielen Geburtswehen". Erneute Anfälle der Leberkrankheit, die arbeitsaufwendige Tätigkeit in der I. Internationale und Marx' Ehrgeiz, die neueste Literatur unbedingt noch einzusehen und im Text zu berücksichtigen, verzögerten den Abschluss.

Endlich, am 2. April 1867, teilte Marx seinem Freund Engels mit, dass das Buch fertig sei. Er wollte das Manuskript selbst nach Hamburg zu seinem Verleger Otto Meißner bringen, aber nicht nur seine Uhr, auch seine wichtigsten Kleidungsstücke waren zu der Zeit wieder einmal im Pfandhaus. Erneut half Engels und schickte Geld, damit Marx die für die Reise notwendigen Sachen auslösen und die Überfahrt bezahlen konnte. Am 10. April verließ Marx hochgestimmt London. In Hamburg angelangt, stellte sich heraus, dass die Zahl der Drucker und gelernten Korrektoren nicht ausreichte. So wurde beschlossen, das Buch in Leipzig bei Otto Wigand zu drucken. (Meißner blieb der Verleger.) Damit wurde am 29. April 1867 begonnen. Von Hamburg fuhr Marx nach Hannover zu dem Arzt Dr. Ludwig Kugelmann, mit dem er seit 1862 korrespondiert hatte und den er bei dieser Gelegenheit zum ersten Mal persönlich kennen lernte. (Kugelmann war ein begeisterter Anhänger der Marxschen Lehre, hatte von sich aus mit Marx brieflich Kontakt aufgenommen und besaß eine komplettere Sammlung der Schriften von Marx und Engels als die beiden selbst. Die Briefe von Marx an Kugelmann sind von größtem Wert, weil Marx hier gezwungen war, komplizierte Fragen seiner Theorie verständlich darzulegen.) Bei der Familie Kugelmann blieb Marx etwa einen Monat und sah dort die ersten Korrekturfahnen ein. Am Korrekturlesen beteiligte sich auch Engels. Er empfahl Marx, den Abschnitt über die Entwicklung der Wertform durch mehr Unterabteilungen und Separatüberschriften anschaulicher zu gestalten. Den gleichen Ratschlag gab Kugelmann. Marx berücksichtigte das in Form eines „Anhangs", in dem er die Sache „so einfach als möglich und so schulmeisterlich als möglich" darstellte. (In den späteren Ausgaben arbeitete Marx diesen Anhang in den Textteil ein.)

Marx kehrte am 19. Mai nach London zurück. Drei Monate später, in der Nacht vom 15. zum 16. August 1867, konnte der freudig erregte Marx an Engels folgenden Brief senden:

„Dear Fred,
Eben den *letzten Bogen* (49.) des Buchs fertig korrigiert. Der Anhang - *Wertform - kleingedruckt*, umfasst 1 1/4 Bogen. *Vorrede* ditto gestern korrigiert zurückgeschickt. Also *dieser Band ist fertig*. Bloß *Dir* verdanke ich es, dass dies möglich war! Ohne Deine Aufopferung für mich konnte ich unmöglich die ungeheuren Arbeiten zu den 3 Bänden machen. I embrace you, full of thanks! (Ich umarme Dich dankerfüllt!, H.H.)"

Fünfundzwanzig Jahre hingebungsvoller Arbeit an einem Werk, für das er - wie er selbst sagte - „Gesundheit, Lebensglück und Familie geopfert", lagen nun hinter Marx. Selten wohl ist ein Buch unter schwierigeren Umständen geschrieben worden. Das Ergebnis war jedoch ein Opus, das Geschichte machte und die Welt veränderte; eine Schrift, von der sich - nach den Worten Engels' - sagen ließ: „Solange es Kapitalisten und Arbeiter in der Welt gibt, ist kein Buch erschienen, welches für die Arbeiter von solcher Wichtigkeit wäre wie das vorliegende".

Der 1. Band des „Kapital" erschien am 14. September 1867 in einer Auflage von 1000 Exemplaren, für ein wissenschaftliches Buch in der damaligen Zeit nicht wenig. Allerdings war der Preis mit 3 1/3 Reichstalern hoch, sodass das Buch für einen gewöhnlichen Arbeiter kaum erschwinglich war. (Diese Summe verdiente er bestenfalls in einer Woche.) Dennoch fanden sich viele, die es kauften: Arbeitervereine und -büchereien, natürlich auch Wissenschaftler und öffentliche Bibliotheken.

Um nicht erneut von der Bourgeoisie mit einer „Verschwörung des Schweigens" belegt zu werden, entwickelte Engels in Absprache mit Marx einen originellen Plan. Er schrieb mehrere Rezensionen über das „Kapital", in denen er das Buch teils sachlich besprach, teils scheinbar angriff. Mit Hilfe von Freunden brachte er diese Rezensionen in bürgerlichen Zeitungen und Zeitschriften unter, wo sie meist anonym erschienen. Unter dem Deckmantel der Kritik trug er Marx' Anschauungen derart an den Leser heran, dass dieser die Überzeugung gewann, nicht der Kritiker, sondern Marx habe recht.

Die Artikel von Engels trugen dazu bei, das Buch zu popularisieren. Die bürgerliche Wissenschaft gab die Totschweigetaktik nach und nach auf, rezensierte das „Kapital" und machte es damit der Öffentlichkeit bekannt. Es blieb aber noch viel zu tun, um den Ideen des Buches Eingang in das Gedankengut des internationalen Proletariats zu verschaffen. Das geschah erst im Lauf eines sich über zwei Jahrzehnte erstreckenden Prozesses der Aneignung der marxistischen Theorie als Richtschnur des Handelns der europäischen Arbeiterbewegung.

Die anderen Ausgaben zu Lebzeiten von Marx

Die erste Übersetzung des „Kapital", besorgt von den revolutionären Demokraten Nikolai Danielson und German Lopatin, die dabei Marx eingehend konsultierten, erschien im März 1872 in St. Petersburg, in einem Land also, von dem es Marx vermutlich am wenigsten erwartete. Der Zensor, ein gewisser Skuratow, hatte die

Druckerlaubnis gegeben, weil er der Überzeugung war, „dass es nur wenige Leute in Russland lesen, und noch weniger verstehen werden“. Da irrte er: die Auflage von 3000 Stück war schnell vergriffen, und 1880 konnte Marx an seinen Freund Friedrich Adolph Sorge schreiben: „Noch größer ist unser Erfolg in Russland, wo ‘Das Kapital’ mehr gelesen und geschätzt wird als irgendwo anders“. Hier deutete sich bereits eine Entwicklung an, die um die Wende vom 19. zum 20. Jahrhundert zur Verlagerung des Schwerpunkts eines in Theorie und Praxis schöpferisch-revolutionären Marxismus nach Russland führen sollte.

Als im Herbst 1871 die Originalausgabe des 1. Bandes des „Kapital“ vergriffen war, veranlasste die steigende Nachfrage nach dem Buch den Verleger Meißner, Marx eine baldige zweite Auflage vorzuschlagen. Die Vorbereitung dieser Ausgabe kostete Marx viel Mühe. Die vorgenommenen Änderungen betrafen vor allem die Struktur des Buches. Aus den sechs Kapiteln der ersten Auflage wurden nun sieben selbständige Abschnitte und 25 Kapitel. Fast sämtliche Kapitel wiederum wurden in kleinere Paragraphen gegliedert. Dabei berücksichtigte Marx auch die Bemerkungen, die Engels schon 1867 gemacht hatte.

Die zweite Auflage enthielt zahlreiche neue Fußnoten, sodass der Gesamtumfang der in den Text aufgenommenen Veränderungen und Ergänzungen beträchtlich war. Die zweite Auflage erschien in den Jahren 1872 und 1873 zunächst in neun Lieferungen, d.h. in Form einzeln zu erwerbender Hefte. Die erste Lieferung kam Mitte Juli 1872 heraus. Im Jänner 1873 entstand das Nachwort zu dieser Auflage, in dem Marx auf die bisherigen positiven wie negativen Besprechungen der Erstausgabe einging und seine dialektische Darstellungsmethode verteidigte. Als Buch gebunden erschien der Band Anfang Juli 1873. Seine Auflagenhöhe war dreimal so hoch wie die der ersten Auflage, betrug also 3000 Exemplare.

Ebenfalls zunächst in Lieferungen erschien von 1872 bis 1875 die französische Ausgabe des 1. Bandes des „Kapital“. An ihrer Herstellung nahm Marx regen Anteil, weil er das Werk weiter verbessern und den französischen Lesern maximal verständlich machen wollte. (Auch aus dem Grund, „die Franzosen von den falschen Anschauungen, worin sie Proudhon mit seinem idealistischen Kleinbürgertum vergraben hat, zu emanzipieren“.) Außerdem wurde Französisch eher als Deutsch in Belgien, der Jura-Schweiz, Spanien und Italien verstanden, wo die Anarchisten bedeutenden Einfluss auf die Arbeiterbewegung hatten. Eine Verbreitung der Ideen des „Kapital“ in diesen Ländern sollte die Stellung der Führer der Anarchisten schwächen. Der Übersetzer des 1. Bandes des „Kapital“ ins Französische war Joseph Roy, der auch die Werke Feuerbachs ins Französische übertragen hatte. Roys Übersetzung war allzu wörtlich und befriedigte Marx nicht. Er arbeitete deshalb das Manuskript von Roy „vollständig um“ und beschränkte sich dabei nicht auf eine bloße Korrektur, sondern fasste viele Stellen neu. Die französische Ausgabe unterscheidet sich daher wesentlich von den beiden ersten deutschen Auflagen. Sie hat eine andere Kapiteleinteilung, ist populärer geschrieben, und einzelne Thesen sind in ihr weitläufiger ausgeführt. In seinem Nachwort zur französischen Ausgabe vom 28. April 1875 hob Marx hervor, dass sie „einen wissenschaftlichen Wert unabhängig vom Original" besitze und „selbst von Lesern herangezogen werden (sollte), die der deutschen Sprache mächtig sind".

Die dialektische Methode

Das „Kapital" ist ganz anders aufgebaut als die üblichen Darstellungen oder Lehrbücher der bürgerlichen politischen Ökonomie, die in der Regel die einzelnen, an der Oberfläche erscheinenden „Gebiete" und „Fächer" der Volkswirtschaftslehre aneinanderreihen, wie z. B. Industrie, Handel, Landwirtschaft, Bankwesen usw. Das „Kapital" ist vielmehr ein „dialektisch Gegliedertes", wie Marx am 31. Juli 1865 an Engels schrieb. Sein Aufbau entspricht der tatsächlichen materiellen Entwicklung des Gegenstandes, den es behandelt, der kapitalistischen Produktionsweise und der ihr entsprechenden Produktions- und Verteilungsverhältnisse.

Ausgehend vom Wesen der kapitalistischen Produktionsweise als einer Warenproduktion, in der die Arbeit selbst zur Ware wird, schritt Marx, die widerspruchsvolle Entfaltung ihrer Erscheinungsformen, deren Verselbständigung und „Fetischisierung" verfolgend, von den einfachsten, grundlegenden Produktionsverhältnissen der Warenerzeugung bis zu den kompliziertesten Erscheinungsformen, dem Profit, dem zinstragenden Kapital, der Grundrente empor. Dem entspricht der Aufbau der drei Bände des „Kapital": Erstes Buch - der Produktionsprozess des Kapitals, zweites Buch - der Zirkulationsprozess des Kapitals, drittes Buch - der Gesamtprozess der kapitalistischen Produktion. Der 1. Band, der den Produktionsprozess behandelt, ist daher die Grundlage des ganzen gewaltigen Werks und sein wichtigster Teil.

Die dialektische Methode des „Kapital" äußert sich darin, dass sie jedes Fragment der kapitalistischen Wirklichkeit als Bestandteil eines nach spezifischen Gesetzen funktionierenden Ganzen auffasst. Ihre nicht minder wichtige Regel, ja sogar das, was Marx selbst für ihren konstitutiven Zug hielt, besteht in der Betrachtung jeder vorgefundenen Form als Ergebnis eines Prozesses, d.h. in der Untersuchung der Phänomene in ihrer historischen Entwicklung.

Nach Marx hat die gesellschaftliche Bewegung einen „naturgeschichtlichen" Charakter, d.h. sie vollzieht sich kraft Gesetzen, die von den Absichten der Menschen unabhängig sind. Eine jede geschichtliche Epoche habe ihre eigenen Gesetze, die von anderen Gesetzen in der darauf folgenden Epoche abgelöst werden. Doch, wie Marx sagte, „in dem positiven Verständnis des Bestehenden" schließe die Dialektik zugleich „auch das Verständnis seiner Negation, seines notwendigen Untergangs" ein, fasse „jede gewordne Form im Flusse der Bewegung, also auch nach ihrer vergänglichen Seite“ auf, lasse „sich durch nichts imponieren“, sei „ihrem Wesen nach kritisch und revolutionär“. Der Gedanke von der Wechselhaftigkeit der gesellschaftlichen Phänomene allein genüge jedoch nicht für ihre erfolgreiche Analyse. Die ganze bisherige Geschichte müsse darüber hinaus erfasst werden, indem man sie auf ihre höchsten Entwicklungsformen bezieht. Mehr noch: verständlich seien nicht nur die vergangenen Gesellschaftsformen erst in ihrer Bezogenheit auf die gegenwärtige Form, auch die gegenwärtige gewinne erst einen Sinn, wenn man sie mit ihrem künftigen Schicksal konfrontiert, d.h. mit der Form, von der sie nach ihrem unweigerlichen Untergang ersetzt werden wird. Hier ist ein wesentlicher Unterschied zwischen dem Marxschen und dem Hegelschen Konzept zu verzeichnen, das auf die Interpretation bereits vergangener Wirklichkeit gerichtet war. Marx vertrat die Idee einer *in die Zukunft vorlaufenden Dialektik*. Er deutete die vorgefundene bürgerliche Wirklichkeit aus der Sicht ihrer unentrinnbaren Ablöse durch eine neue Gesellschaftsformation. Da, wo er vom kapitalistischen Eigentum als der Negation des auf Arbeit basierenden Privateigentums der kleinen Warenproduzenten schreibt, entwirft er die Perspektive des Sozialismus als *Negation der Negation*, d.h. der Rückkehr zu einem Zustand auf höherer Stufe, in dem Eigentum nicht mehr auf privatem Besitz, sondern auf der Gemeinsamkeit der Produktionsmittel basieren werde. Der wichtigste Ort der Dialektik der inneren Widersprüche des Kapitals ist Marx’ Analyse der Krisen und der geschichtlichen Tendenz der kapitalistischen Akkumulation. Der Drang nach unaufhörlicher Vermehrung der absoluten Mehrwertmasse führe, infolge der Krisen, zum Ruin der Kapitale, also zu Resultaten, die den dem Kapital inhärenten Absichten zuwiderlaufen. Das Kapital bringe somit Phänomene hervor, die sich ihm widersetzen, bis es zum Schluss, ungeachtet aller Gegenbemühungen, diesen Widerspruch bis zu einem Punkt treibt, auf dem seine Existenz selbst zu einer Unmöglichkeit wird. In der wohl berühmtesten Passage des 1. Bandes des „Kapital“ schrieb Marx über die allgemeine Tendenz der kapitalistischen Akkumulation:

> „Diese *Expropriation* vollzieht sich durch das Spiel der immanenten Gesetze der *kapitalistischen Produktion selbst*, durch die *Zentralisation der Kapitale*. Je ein Kapitalist schlägt viele tot. Hand in Hand mit dieser Zentralisation oder der *Expropriation vieler Kapitalisten durch wenige* entwickelt sich die kooperative Form des Arbeitsprozesses auf stets wachsender Stufenleiter, die bewusste technische Anwendung der Wissenschaft, die planmäßige Ausbeutung der Erde, die Verwandlung der Arbeitsmittel in nur gemeinsam verwendbare Arbeitsmittel, die Ökonomisierung aller Produktionsmittel durch ihren Gebrauch als Produktionsmittel kombinierter, gesellschaftlicher Arbeit, die Verschlingung aller Völker in das Netz des Weltmarkts, und damit der internationale Charakter des kapitalistischen Regimes. Mit der beständig abnehmenden Zahl der Kapitalmagnaten, welche alle Vorteile dieses Umwandlungsprozesses usurpieren und monopolisieren, wächst die Masse des Elends, des Drucks,

der Knechtschaft, der Entartung, der Ausbeutung, aber auch die Empörung der stets anschwellenden und durch den Mechanismus des kapitalistischen Produktionsprozesses selbst geschulten, vereinten und organisierten Arbeiterklasse. Das *Kapitalmonopol wird zur Fessel der Produktionsweise*, die mit und unter ihm aufgeblüht ist. Die Zentralisation der Produktionsmittel und die Vergesellschaftung der Arbeit erreichen einen Punkt, wo sie unverträglich werden mit ihrer kapitalistischen Hülle. Sie wird gesprengt. *Die Stunde des kapitalistischen Privateigentums schlägt. Die Expropriateurs werden expropriiert*."

Ein unbekannter bürgerlicher Rezensent erkannte den Charakter des 1. Bandes des „Kapital" sehr gut, als er in der Zeitschrift „Athenaeum" anlässlich der ersten englischen Übersetzung 1887 schrieb: „Unter dem Deckmantel einer kritischen Analyse des Produktionsprozesses des Kapitals entpuppt sich Marx' Werk vor allem als eine Polemik gegen Kapitalisten und kapitalistische Produktionsmethoden". Wie Marx selbst einmal sagte, sei das „Kapital" das „furchtbarste Missile (Geschoß, H.H.), das den Bürgern (Grundeigentümer eingeschlossen) noch an den Kopf geschleudert worden ist", und meinte, ironisch auf seinen beim Schreiben des „Kapital" von Furunkulose geplagten Körper anspielend, in einem Brief an Engels: „Ich hoffe, dass sich die Bourgeoisie meiner Karbunkel zeit ihres Lebens erinnern wird".

Der Inhalt

Der 1. Band des „Kapital" besteht aus sieben Abschnitten mit fünfundzwanzig Kapiteln.

Der *erste* Abschnitt („Ware und Geld") ist im wesentlichen ein Resümee jener Erkenntnisse, die Marx in der Schrift „Zur Kritik der politischen Ökonomie" 1859 publiziert hatte, doch waren „viele früher nur angedeutete Punkte hier weiter entwickelt". Am Beginn der Untersuchung steht die Analyse der Ware als der Elementarform des Reichtums in der kapitalistischen Gesellschaft. Marx behandelt neben Wert und Gebrauchswert der Ware vor allem den Doppelcharakter der warenproduzierenden Arbeit als den „Springpunkt..., um den sich das Verständnis der politischen Ökonomie dreht", die Wertform in ihrer Entwicklung, den Austauschprozess sowie Geld und Warenzirkulation.

Im Mittelpunkt des *zweiten* Abschnitts („Die Verwandlung von Geld in Kapital") steht die Marxsche Lehre von der Ware Arbeitskraft, „deren Gebrauchswert selbst die eigentümliche Beschaffenheit" besitzt, „Quelle von Wert zu sein, deren wirklicher Verbrauch also selbst Vergegenständlichung von Arbeit..., daher Wertschöpfung" ist. Nicht seine Arbeit, sondern seine Arbeitskraft verkaufe der Arbeiter dem Kapitalisten; damit war der Austausch zwischen Kapital und Arbeit erstmals übereinstimmend mit dem Wertgesetz erklärt. Die Lehre von der Ware Arbeitskraft bildet den direkten Ausgangspunkt für die Entwicklung der Mehrwerttheorie.

Der *dritte* („Die Produktion des absoluten Mehrwerts"), der *vierte* („Die Produktion des relativen Mehrwerts") und der *fünfte* Abschnitt („Die Produktion des absoluten und des relativen Mehrwerts") umfassen nahezu die Hälfte des gesamten 1. Bandes des „Kapital". Der dritte Abschnitt enthält ein langes Kapitel über den Arbeitstag und die Geschichte des Kampfes der Arbeiter für die Verkürzung der Arbeitszeit, basierend auf den amtlichen Berichten der englischen Fabrikinspektoren, das in der Lebendigkeit der Darstellung und im Stil einen der Glanzpunkte des Werkes bildet. Im dritten, vierten und fünften Abschnitt fasste Marx den Mehrwert als Ausdruck ökonomischer Beziehungen der Menschen im Kapitalismus, als gesellschaftliches Verhältnis. Er behandelte - im Gegensatz zur klassischen bürgerlichen politischen Ökonomie - den Mehrwert rein als solchen, *„unabhängig von seinen besondren* Formen als Profit, Zins, Grundrente etc." Erst dadurch war es Marx möglich, den Ursprung des Mehrwerts zu ermitteln und das Wesen der kapitalistischen Exploitation aufzudecken. Es gebe prinzipiell zwei Formen der Mehrwertproduktion: „Die Verlängerung des Arbeitstages über den Punkt hinaus, wo der Arbeiter nur ein Äquivalent für den Wert seiner Arbeitskraft produziert hätte, und die Aneignung dieser Mehrarbeit durch das Kapital - das ist die Produktion des absoluten Mehrwerts". Die zweite Form, die Produktion des relativen Mehrwerts, ergibt sich „aus der Verkürzung der notwendigen Arbeitszeit und entsprechender Veränderung im Größenverhältnis der beiden Bestandteile des Arbeitstags", d.h. durch die Steigerung der Arbeitsproduktivität. Marx untersucht dann im vierten Abschnitt die drei historischen Etappen der Produktivitätssteigerung im Kapitalismus: einfache Kooperation, Teilung der Arbeit und Manufaktur sowie Maschinerie und große Industrie. Er legt dar, dass der technische Fortschritt im Kapitalismus in jedem Falle zur Erhöhung des Grades der Ausbeutung führt. „Produktion von Mehrwert oder Plusmacherei", formuliert Marx als das Wesen des Kapitalismus, „ist das absolute Gesetz dieser Produktionsweise".

Im *sechsten* Abschnitt („Der Arbeitslohn") beschreibt Marx auf der Grundlage des Mehrwertgesetzes, dass der Arbeitslohn, der als Bezahlung der Arbeit erscheint und damit geeignet ist, die Ausbeutung zu verschleiern, nichts anderes ist als die verwandelte Form des Wertes bzw. Preises der Arbeitskraft.

Im *siebenten* und letzten Abschnitt wird „Der Akkumulationsprozess des Kapitals" behandelt. Marx stellt dar, wie im kapitalistischen Reproduktionsprozess der Mehrwert kapitalisiert wird, entwickelt das allgemeine Gesetz der kapitalistischen Akkumulation und zeigt, dass der Reproduktionsprozess auch die gesellschaftlichen Verhältnisse des Kapitalismus fortwährend reproduziert. Damit werde aber auch der Grundwiderspruch des Kapitalismus, der Widerspruch zwischen gesellschaftlicher Produktion und privater Aneignung, ständig reproduziert und verschärft. Im berühmten 24. Kapitel „Die sogenannte ursprüngliche Akkumulation", einer grandiosen Beschreibung der brutalen Gewaltmethoden, mit denen der Frühkapitalismus in England seit dem

16. Jahrhundert die völlige Trennung der unmittelbaren Produzenten von den Produktionsmitteln durchsetzte, zieht Marx am Ende seine Schlussfolgerungen über das Schicksal des Kapitalismus: Die geschichtliche Tendenz der kapitalistischen Akkumulation führe - wie im obigen Zitat schon ausgeführt - zur Schaffung der objektiven Voraussetzungen für die sozialistische Umwälzung.

Die Werttheorie

Es ist im Rahmen eines einzigen Vorlesungstermins klarerweise unmöglich, auf den gesamten Inhalt des 1. Bandes des „Kapital" in den Details einzugehen. Das zu versuchen, würde mit Leichtigkeit Stoff für einen eigenen zweisemestrigen Vorlesungszyklus abgeben. (Um die wichtigsten Begriffe der Marxschen Politökonomie zu verdeutlichen. hat der Autor Schautafeln angefertigt, die im Anhang einzusehen sind.) Wir konzentrieren uns hier deshalb auf jene beiden Kernpunkte, die Marx selbst in einem Brief an Engels vom 24. August 1867 folgendermaßen bezeichnet hat:

> „Das beste an meinem Buche ist 1. (darauf beruht *alles* Verständnis der facts [Tatsachen, H.H.]) der gleich im *ersten* Kapitel hervorgehobene *Doppelcharakter der Arbeit*, je nachdem sie sich in Gebrauchswert oder Tauschwert ausdrückt; 2. Die Behandlung des *Mehrwerts, unabhängig von seinen besondern* Formen als Profit, Zins, Grundrente etc."

Eine weitere Zusammenfassung der entscheidenden wissenschaftlichen Entdeckungen von Marx auf dem Gebiet der politischen Ökonomie gab Engels 1885 im Vorwort zum 2. Band des „Kapital", als er schrieb:

> „Marx... untersuchte die Arbeit auf ihre wertbildende Qualität und stellte zum ersten Mal fest, *welche* Arbeit, und warum, und wie sie Wert bildet, und dass Wert überhaupt nichts ist als festgeronnene Arbeit *dieser* Art... Marx untersuchte dann das Verhältnis von Ware und Geld, und wies nach, wie und warum, kraft der ihr innewohnenden Werteigenschaft, die Ware und der Warenaustausch den Gegensatz von Ware und Geld erzeugen muss... Er untersuchte die Verwandlung von Geld in Kapital, und bewies, dass sie auf dem Kauf und Verkauf der Arbeitskraft beruhe... Indem er die Unterscheidung des Kapitals in konstantes und variables konstatierte, kam er erst dahin, den Prozess der Mehrwertbildung in seinem wirklichen Hergang bis ins einzelnste darzustellen, und damit zu erklären - was keiner seiner Vorgänger fertig gebracht... Den Mehrwert selbst untersuchte er weiter, fand seine beiden Formen: absoluter und relativer Mehrwert... Auf Grundlage des Mehrwerts entwickelte er die erste rationelle Theorie des Arbeitslohns, die wir haben, und gab zum ersten Mal die Grundlage einer Geschichte der kapitalistischen Akkumulation und eine Darstellung ihrer geschichtlichen Tendenz."

Die Werttheorie ist also der Ausgangspunkt der gesamten Politökonomie von Karl Marx, aus der sich alle Folgerungen ableiten. Sie hat eine lange Geschichte, die bis zu Aristoteles zurückreicht, und das Fazit war, dass man zweitausend Jahre vergeblich versuchte, die Wertform zu erfassen, obwohl diese auf den ersten Blick sehr einfach zu sein scheint.

Die Werttheorie entsprang sowohl dem rein theoretischen Interesse als auch praktischen Bedürfnissen, die mit dem Warenaustausch zusammenhingen. Die theoretische Fragestellung war: Wenn die Waren in bestimmten Proportionen gegeneinander ausgetauscht werden, dann besitzen sie offensichtlich eine Eigenschaft, die sie, trotz aller qualitativen Unterschiede, quantitativ vergleichbar macht; worin besteht diese gemeinsame Eigenschaft, die die Vielheit der Waren auf ein gemeinsames Maß reduziert? Die praktische Frage wiederum, die häufig von den Autoren des Mittelalters erörtert wurde, lautete: Wie soll der „gerechte" Preis der Waren bestimmt werden? Diese Frage war in Wirklichkeit dieselbe Frage wie die nach den Bedingungen des äquivalenten Austauschs, d.h. eines Austauschs, in dem der Käufer dem Verkäufer den Wert erstattet, der ihm „wirklich" zusteht. Diese Frage war unmittelbar mit einer anderen verknüpft, die von vielen Moraltheologen (z.B. von Thomas von Aquin) behandelt wurde: Ist das Zinsnehmen legitim, und in welcher Weise kann man seine Legitimität begründen? Es war klar, dass das Problem des „gerechten Preises" und des Zinses nicht anders gelöst werden konnte als durch die Entscheidung darüber, worin der Wert der Ware „in Wahrheit" bestehe und auf welche Weise man ihn messen könne.

Wie schon im 2. Kapitel ausgeführt, waren es die Klassiker der bürgerlichen politischen Ökonomie, Adam Smith und David Ricardo (und ihr Vorgänger William Petty [1623 - 1687], den Marx hoch schätzte), die bei ihrer Suche nach dem Gesetz der Preise von der Oberfläche zum Wesen der Erscheinungen, von den diversen Nachfrage-Angebot-Theorien und Nutzenstheorien zur Arbeitswerttheorie vorstießen. Sie leiteten erstmals den Wert der Waren aus der für ihre Herstellung aufgewandten Arbeit ab. Und aus Ricardos Arbeitswerttheorie ergaben sich sogar Schlussfolgerungen, die die bürgerliche Gesellschaft der Ausbeutung von Lohnarbeit überführten und Zweifel an ihrer „Vollkommenheit" und „Vernunft" erweckten. Dieser Umstand veranlasste die bürgerliche politische Ökonomie, von der Arbeitswerttheorie wieder abzugehen. Nach dem Erscheinen des 1. Bandes des „Kapital" wurde die Widerlegung der Marxschen Arbeitswerttheorie und der auf ihr beruhenden Mehrwerttheorie vollends zur ideologischen Hauptaufgabe der bürgerlichen Politökonomie. Nach Marx, der an Ricardo anknüpfte, ist die lebendige Arbeit nicht nur Wertmesser, sondern auch die einzige Quelle des Werts. Seine Theorie zielte nicht auf die Beantwortung der Frage ab, was die Preise bestimme, sondern auf die Frage: „Was ist der Wert in Wahrheit?" Sein Wertgesetz hat er folgendermaßen definiert:

> „Der Wert einer Ware verhält sich zum Wert jeder anderen Ware wie die zur Produktion der einen notwendigen Arbeitszeit zu der für die Produktion der anderen notwendigen Arbeitszeit."

Und Engels führte aus, dass das Wertgesetz das ökonomische Gesetz der Warenproduktion sei, „wonach der Warenwert bestimmt wird durch die in den Waren verkörperte gesellschaftlich notwendige, allgemein menschliche Arbeit, die wieder nach ihrer Zeitdauer gemessen wird.“ Auf der Grundlage dieser Werttheorie *muss* man unweigerlich zu dem Ergebnis kommen, dass die kapitalistische Ordnung ungerecht ist, weil der Arbeiter als einziger wirklicher, unmittelbarer Produzent der Werte bei ihrer Teilung zu kurz kommt, während der Kapitalist den Mehrwert und Profit ausschließlich kraft seines Eigentumstitels einstreicht, ohne selbst im geringsten zur Vermehrung des Wertes beizutragen. Wenn allein die lebendige Arbeit Quelle des Wertes ist, *muss* man die Schlussfolgerung ziehen, dass a) das Produkt der Arbeit auch dem zu gehören habe, der es schafft, dem Arbeiter als dem unmittelbaren Produzenten, und b) dass die Bourgeoisie als *nichtarbeitende* Klasse kapitalistischer Privateigentümer an den Produktionsmitteln faktisch von den Ergebnissen fremder Arbeit lebt, sich das gesellschaftliche Produkt der *Arbeiterklasse* - nämlich die von dieser erzeugten Werte - aneignet. Das war die erste Bombe, die Marx unter das Gebäude des kapitalistischen Systems legte.

Die Mehrwerttheorie

Auf der Werttheorie basiert die Marxsche Mehrwerttheorie, die nichts weniger als ein qualitativer, revolutionärer Sprung auf dem Gebiet der politischen Ökonomie war. Die bürgerliche Volkswirtschaftstheorie hat nämlich folgende Frage nicht zu lösen vermocht: Wenn aller Wert von der menschlichen Arbeit kommt, wo kommt dann der Mehrwert her, über den der Kapitalist frei verfügen kann? Dieses Mehr kann nicht im Prozess des Tausches entstanden sein, denn wenn der eine seine Ware über ihrem Wert verkauft, so ist der andere geschädigt; die Summe der Werte bleibt gleich. Wenn jedoch die bisherige Voraussetzung der politischen Ökonomie gilt, dass der Kapitalist die Arbeit voll bezahlt, so stellt sich wiederum die Frage nach dem Mehrwert, der sich - für jeden klar und deutlich sichtbar - in den Händen der Kapitalisten häuft, obwohl sie doch die gesamte Arbeit der Arbeiter bezahlen.

Diese Schlüsselfrage der kapitalistischen Produktionsweise sowie ihrer politischen Ökonomie wurde von Marx als erstem beantwortet. Das Wesen seiner Mehrwerttheorie hat niemand besser und zugleich allgemeinverständlicher erläutert als Friedrich Engels. Deshalb sei ihm hier ausführlich das Wort gegeben. (Das Zitat stammt aus seinem Artikel „Karl Marx“, erschienen im „Volkskalender“, Braunschweig 1878, nachzulesen im 19. Band der Marx-Engels-Werkausgabe, S. 104 - 106)

> „Seitdem die politische Ökonomie den Satz aufgestellt hat, dass die Arbeit die Quelle alles Reichtums und alles Werts sei, war die Frage unvermeidlich geworden: Wie es denn damit vereinbar sei, dass der Lohnarbeiter nicht die ganze, durch seine Arbeit erzeugte Wertsumme erhalte, sondern einen Teil davon an den Kapitalisten abgeben müsse? Sowohl die bürgerlichen Ökonomen wie die Sozialisten mühten sich ab, auf diese Frage eine wissenschaftlich stichhaltige Antwort zu geben, aber vergebens, bis endlich Marx

mit der Lösung hervortrat. Diese Lösung ist folgende: Die heutige kapitalistische Produktionsweise hat zur Voraussetzung das Dasein zweier Gesellschaftsklassen; einerseits der Kapitalisten, die sich im Besitz der Produktions- und Lebensmittel befinden, und andererseits der Proletarier, die, von diesem Besitz ausgeschlossen, nur eine einzige Ware zu verkaufen haben: ihre Arbeitskraft; und die diese ihre Arbeitskraft daher verkaufen müssen, um in den Besitz von Lebensmitteln zu gelangen. Der Wert einer Ware wird aber bestimmt durch die in ihrer Erzeugung, also auch in ihrer Wiedererzeugung verkörperte gesellschaftlich notwendige Arbeitsmenge, der Wert der Arbeitskraft eines durchschnittlichen Menschen während eines Tages, Monates, Jahres also durch die Menge von Arbeit, die in der zur Erhaltung dieser Arbeitskraft während eines Tages, Monates, Jahres notwendigen Menge von Lebensmitteln verkörpert ist. Nehmen wir an, die Lebensmittel des Arbeiters für einen Tag erforderten sechs Arbeitsstunden zu ihrer Erzeugung oder, was dasselbe ist, die in ihnen enthaltene Arbeit repräsentiere eine Arbeitsmenge von sechs Stunden; dann wird der Wert der Arbeitskraft für einen Tag sich ausdrücken in einer Geldsumme, die ebenfalls sechs Arbeitsstunden in sich verkörpert. Nehmen wir ferner an, der Kapitalist, der unsern Arbeiter beschäftigt, zahle ihm dafür diese Summe, also den vollen Wert seiner Arbeitskraft. Wenn nun der Arbeiter sechs Stunden des Tages für den Kapitalisten arbeitet, so hat er diesem seine Auslagen vollständig wieder ersetzt - sechs Stunden Arbeit für sechs Stunden Arbeit. Dabei fiele freilich nichts ab für den Kapitalisten, und dieser fasst deshalb auch die Sache ganz anders auf: Ich habe, sagt er, die Arbeitskraft dieses Arbeiters nicht für sechs Stunden, sondern für einen ganzen Tag gekauft, und demgemäß lässt er den Arbeiter je nach den Umständen 8, 10, 12, 14 und mehr Stunden arbeiten, so dass das Produkt der siebenten, achten und folgenden Stunden ein Produkt unbezahlter Arbeit ist und zunächst in die Tasche des Kapitalisten wandert. So erzeugt der Arbeiter im Dienste des Kapitalisten nicht nur den Wert seiner Arbeitskraft wieder, den er bezahlt erhält, sondern er erzeugt auch darüber hinaus einen *Mehrwert*, der, zunächst vom Kapitalisten angeeignet, im weiteren Verlauf nach bestimmten ökonomischen Gesetzen auf die gesamte Kapitalistenklasse sich verteilt und den Grundstock bildet, aus dem Bodenrente, Profit, Kapitalanhäufung, kurz, alle von den nichtarbeitenden Klassen verzehrte oder angehäufte Reichtümer entspringen. Hiermit war aber nachgewiesen, dass die Reichtumserwerbung der heutigen Kapitalisten ebensogut in der Aneignung von fremder, unbezahlter Arbeit besteht, wie die der Sklavenbesitzer oder der die Fronarbeit ausbeutenden Feudalherren, und dass sich alle diese Formen der Ausbeutung nur unterscheiden durch die verschiedene Art und Weise, in der die unbezahlte Arbeit angeeignet wird. Damit war aber auch allen heuchlerischen Redensarten der besitzenden Klassen, als herrsche in der jetzigen Gesellschaftsordnung Recht und Gerechtigkeit, Gleichheit der Rechte und Pflichten und allgemeine Harmonie der Interessen, der letzte Boden unter den Füßen weggezogen, und die heutige bürgerliche Gesellschaft nicht minder als ihre Vorgängerinnen enthüllt als eine großartige Anstalt zur Ausbeutung der ungeheuren Mehrzahl des Volks durch eine geringe und immer kleiner werdende Minderzahl."

Das war die zweite Bombe, die Marx unter das Gebäude des

kapitalistischen Systems legte.

Die Kritik am Marxschen Wertgesetz

Die Marxsche Werttheorie ist seither wiederholt von unterschiedlichen Standpunkten aus angegriffen und verworfen worden. Zu nennen sind Ökonomen wie Böhm-Bawerk, Sombart, Struve, Bernstein, Pareto, Marshall, Robinson, Aron, Samuelson und andere. Die Gegner stehen nicht auf dem Boden einer einheitlichen, monistischen Werttheorie, sondern bieten eine Verbindung verschiedenster Erklärungen auf der Grundlage der Nachfrage-Angebot-Theorie, der Produktionskostentheorie, der Theorie der „drei Produktionsfaktoren“ und der Grenznutzentheorie an. (Um nur die wichtigsten aufzuzählen.) Gemeinsam ist ihnen aber, dass die Arbeitswerttheorie wegen der bereits erwähnten Klassenmotive keinen Platz in ihren Lehren hat.

Warum das so ist, lässt sich an der Theorie der „drei Produktionsfaktoren“ gut ablesen. Sie geht auf den französischen Ökonomen Jean-Baptiste Say (1767 - 1832) zurück und findet sich bis heute in fast allen bürgerlichen Lehrbüchern der politischen Ökonomie wieder. Ihr Wesen besteht in folgendem: An der Wertbildung sind drei Faktoren, nämlich Arbeit, Kapital und Boden beteiligt. Jeder dieser Faktoren schafft den ihm entsprechenden Wertteil, der von der jeweiligen Klasse angeeignet wird. Die Arbeit erzeugt den Lohn, das Kapital den Profit und der Boden die Rente der Grundbesitzer. So stellt sich heraus, dass jeder seinen Anteil bekommt, der dem jeweiligen Produktionsfaktor entspricht, und dass in der bürgerlichen Gesellschaft niemand ausgebeutet wird. Da auch das Kapital an der Wertbildung beteiligt sei, habe der Unternehmer das natürliche und damit selbstverständlich auch moralische Recht, sich in Form des Profits seinen Anteil an der Masse des erzeugten Reichtums anzueignen. (Oder, wie man immer wieder zu hören bekommt, dass der „Gewinn“ die dem Unternehmer zustehende „Prämie“ für das Risiko sei, das er mit seinem wirtschaftlichen Engagement eingeht, oder ein „Geschäftsführungslohn“, also eine höhere Art von Arbeitslohn, oder ein „Entsagungslohn“, eine Vergütung dafür, dass er sein Kapital nicht verjubelt und verprasst hat, usw.)

Der Hauptvorwurf gegen die Werttheorie von Marx ist, dass sie für jedwede empirische Analyse unbrauchbar sei. Der Wert im Marxschen Sinn sei nicht messbar, weil erstens sich der Wert einer beliebigen Ware nicht in Einheiten der notwendigen Arbeitszeit ausdrücken lasse und zweitens unterschiedliche Arten von Arbeit unmöglich auf ein gemeinsames Maß reduziert werden könnten. Die Marxsche Behauptung, dass der wirkliche Wert ausschließlich durch die gesellschaftlich notwendige Arbeitszeit bestimmt werde, sei kein Gesetz, sondern eine willkürliche Definition, die sich weder begründen noch für irgendwelche Zwecke der empirischen Beschreibung realer ökonomischer Phänomene verwenden lasse. Die Marxsche Frage, worin der Wert in Wahrheit bestehe, habe keinen wissenschaftlichen Sinn, wenn sie etwas anderes bedeuten soll als die Frage nach den Entstehungsbedingungen der Preise. Marx wird daher vorgeworfen, dass seine Theorie „metaphysisch" sei, weil er - die Entdeckung des unter der „Oberfläche" verborgenen „Wesens" der Erscheinung beanspruchend - keine Methoden angebe, mit deren Hilfe die „Wesens"-Behauptungen sich verifizieren ließen. Sein Wertgesetz sei keine Erklärung der Funktionsmechanismen der kapitalistischen Wirtschaft, sondern eine Kritik an der Entfremdung und Enthumanisierung des menschlichen Subjekts in einem System, in dem „alles käuflich" ist. Es sei nur die Fortsetzung des sozialromantischen Angriffs gegen eine Gesellschaft, die der Allmacht des Geldes unterliegt.

Marx' Antwort

Karl Marx selbst ist in einem Brief an Ludwig Kugelmann vom 11. Juli 1868 auf die bürgerliche Kritik an seiner Werttheorie eingegangen. Die entscheidenden Passagen lauten:

> „Was das 'Zentralblatt' angeht, so macht der Mann die größtmögliche Konzession, indem er zugibt, daß, wenn man unter Wert sich überhaupt etwas denkt, man meine Schlussfolgerungen zugeben muss. Der Unglückliche sieht nicht, dass, wenn in meinem Buch gar kein Kapitel über den 'Wert' stände, die Analyse der realen Verhältnisse, die ich gebe, den Beweis und den Nachweis des wirklichen Wertverhältnisses enthalten würde. Das Geschwätz über die Notwendigkeit, den Wertbegriff zu beweisen, beruht nur auf vollständiger Unwissenheit, sowohl über die Sache, um die es sich handelt, als die Methode der Wissenschaft. Dass jede Nation verrecken würde, die, ich will nicht sagen für ein Jahr, sondern für ein paar Wochen die Arbeit einstellte, weiß jedes Kind... Der Vulgärökonom hat nicht die geringste Ahnung davon, dass die wirklichen täglichen Austauschverhältnisse und die Wertgrößen nicht unmittelbar identisch sein können. Der Witz der bürgerlichen Gesellschaft besteht ja eben darin, dass a priori keine bewusste gesellschaftliche Regelung der Produktion stattfindet. Das Vernünftige und Naturnotwendige setzt sich nur als blind wirkender Durchschnitt durch. Und dann glaubt der Vulgäre eine große Entdeckung zu machen, wenn er der Enthüllung des inneren Zusammenhangs gegenüber darauf pocht, dass die Sachen in der Erscheinung anders aussehen. In der Tat, er pocht darauf, dass er an dem Schein festhält und ihn als letztes nimmt. Wozu dann überhaupt eine Wissenschaft? Aber die Sache hat hier noch einen andren Hintergrund. Mit der Einsicht in den Zusammenhang stürzt, vor dem praktischen Zusammensturz, aller theoretische Glaube in die permanente Notwendigkeit der bestehenden Zustände. Es ist also hier absolutes Interesse der herrschenden Klassen, die gedankenlose Konfusion zu verewigen. Und wozu anders werden die sykophantischen Schwätzer bezahlt, die keinen andern wissenschaftlichen Trumpf auszuspielen wissen, als dass man in der politischen Ökonomie überhaupt nicht denken darf?"

In dieser Polemik gegen den unbekannten „Vulgärökonomen" im „Zentralblatt" kommt Marx erneut auf einen seiner Hauptgedanken bei der Waren- und Wertanalyse zurück: Er betont, dass Wareneigenschaft und

Wert im Kapitalismus *keine* sachliche Eigenschaft der Güter, sondern Ausdruck des gesellschaftlichen Verhältnisses sind, in dem sie produziert werden und zirkulieren. Weiters legt er dar, dass die Rolle des Wertgesetzes im gesamtgesellschaftlichen Reproduktionsprozess des Kapitalismus in dessen *regulierender* Wirkung besteht, dass es sich spontan, als „blind wirkender Durchschnitt" durchsetzt. Damit nicht genug: Marx zeigte in der „Kritik des Gothaer Programms" von 1875 und im 3. Band des „Kapital" (erschienen 1894) auf, dass das Wertgesetz auch im *Sozialismus* maßgebend bleiben werde, nicht nur bei der Verteilung der Konsumgüter, sondern auch als regulierender Faktor im Bereich der Produktionsmittel. Wörtlich schrieb er im 3. Band des „Kapital":

> „... bleibt, nach Aufhebung der kapitalistischen Produktionsweise, aber mit Beibehaltung gesellschaftlicher Produktion, die Wertbestimmung vorherrschend in dem Sinn, dass die Regelung der Arbeitszeit und die Verteilung der gesellschaftlichen Arbeit unter die verschiedenen Produktionsgruppen, endlich die Buchführung hierüber, wesentlicher denn je wird."

Trotz aller verbalen Beteuerungen, dass das Wertgesetz auch im sozialistischen System wirke und bei der Regulierung des Konsums, der Zirkulation und Produktion zu berücksichtigen sei, war es gerade seine ungenügende Beachtung in der Praxis, die - neben vielem anderen - mit dazu beitrug, die Disproportionen in der sozialistischen Volkswirtschaft zu vergrößern und schlussendlich das sowjetische Sozialismus-Modell 1989/1991 zum Scheitern zu bringen.

Die Realität der Marxschen Werttheorie

An diesem für Marxisten leider negativen Beispiel ist ablesbar, dass die Marxsche Werttheorie keine „willkürliche", „unbeweisbare" Behauptung ist. sondern eine Realität widerspiegelt.

Marx stellte von einer neuen weltanschaulichen Position aus Fragen, die vor ihm noch keiner gestellt hatte, und gelangte dadurch zu neuen Antworten. Er ging an das Objekt seiner Untersuchung fundamental anders heran als die „normale" Volkswirtschaftslehre. Sein Hauptwerk, das „Kapital", lässt sich in keine offizielle Rubrik des Systems der Wissenschaften einordnen. Es nur als eine politökonomische Untersuchung zu klassifizieren, ist ebenso unrichtig, wie es nur für ein philosophisches, ein soziologisches oder sonstiges Werk zu halten.

Die Grundintention von Marx war die Analyse der Strukturen der bürgerlichen Gesellschaft, ihrer Gesetzmäßigkeiten, der Mechanismen ihres Funktionierens, ihrer Entwicklung und ihrer *Grenzen*. Die Voraussetzung dafür war eine neue Konzeption des Menschen und der Geschichte. Durch diese Konzeption unterscheidet er sich, was die Behandlung der gesellschaftlichen Probleme angeht, von allen übrigen Wissenschaftlern.

Die Werttheorie steht auf dem Boden ökonomischer Wirklichkeit, was sich allein schon daraus ergibt, dass es keineswegs Marx war, der sie „erfand", sondern dass sie auf Petty, Smith und Ricardo fußt, also auf Erkenntnissen der bürgerlichen politischen Ökonomie, solange diese *progressiven* Charakter hatte, die Interessen einer jungen und aufstrebenden Klasse, der Industriebourgeoisie, zum Ausdruck brachte, die gegen die Reste der überlebten Feudalordnung und die Landaristokratie kämpfte. Die Wahrheiten von Petty, Smith und Ricardo, niedergelegt in ihrer Arbeitswerttheorie, mussten für die Bürgerwelt und ihre Politökonomie in dem Augenblick zum unverdaulichen Brocken, zur „empirisch unbrauchbaren", „wissenschaftlich sinnlosen" Schimäre werden, als der offene Kampf zwischen Bourgeoisie und Proletariat ausbrach und Marx sie in diesem Kampf als Waffe gegen das kapitalistische System benützte.

Die Mühe, die Marx für das „Kapital" aufwandte, war nicht vergeblich. Es bedeutete den größten theoretischen Sieg des wissenschaftlichen Denkens einer neuen gesellschaftlichen Kraft, der Arbeiterbewegung. Es bezeugte die Vitalität und Fähigkeit sozialistischen Denkens, inmitten des kapitalistischen Systems dessen Gesetzmäßigkeiten, Entwicklungstendenzen und Grenzen, vor allem aber dessen Vergänglichkeit zu erkennen. Heute, 130 Jahre nach dem Erscheinen des Marxschen Hauptwerks und 10 Jahre nach dem vermeintlichen „Endsieg" des Kapitalismus, ist es hoch an der Zeit, dass sozialistisches Denken diese Fähigkeit auf neuer Stufe wiedererlangt.

15. Kapitel: Marx und Engels in den Jahren 1867 - 1870; der Deutsch-Französische Krieg von 1870/71; Marx' „Adressen des Generalrats der IAA"; Engels' „Über den Krieg"

Am Anfang dieses Kapitels gilt es einige Dinge nachzutragen, die bisher noch nicht behandelt wurden. Dazu zählt die Haltung von Marx und Engels zu den kriegerischen Auseinandersetzungen der sechziger Jahre, zum amerikanischen Bürgerkrieg und zum Preußisch-Österreichischen Krieg von 1866.

Der Bürgerkrieg in den USA

Im November 1860 wurde der Republikaner Abraham Lincoln zum Präsidenten der USA gewählt. Dieses Ereignis brachte den Konflikt, der schon seit längerer Zeit zwischen dem Norden und dem Süden der Vereinigten Staaten geschwelt hatte, zum offenen Ausbruch. Im Süden lebten 1860 etwa 9 Millionen Einwohner, davon waren knapp 4 Millionen Sklaven. Diese waren Eigentum von nur fünf Prozent der weißen Bevölkerung, unter der die Gruppe der mittleren und großen Sklavenhalter einen Anteil von lediglich 0,2 % ausmachte. Dem entsprach die Verteilung des Reichtums: 0,2 % der Familien des Südens verfügten über ein Einkommen von 50 Millionen Dollar, der Rest der Bevölkerung über eines von nur 60 Millionen Dollar. Den großen Baumwollplantagenbesitzern und Sklavenhaltern des Südens war es seit 1820 gelungen, die Politik in den USA zunehmend zu beherrschen. Der Großteil der Präsidenten in den dreißiger, vierziger und fünfziger Jahren vertrat deren Interessen und suchte das 1820 ausgehandelte Verbot der Sklaverei nördlich des 36. Breitengrades zu Fall zu bringen. Um dieser Bedrohung zu begegnen, schlossen sich gegen diese von der Demokratischen Partei des Südens getragenen Bestrebungen im Jahr 1854 die sklavereifeindlichen, bürgerlichen und demokratischen Kräfte in der Republikanischen Partei zusammen. Sie errang bei den Präsidentschaftswahlen im November 1860 die Mehrheit. Der neue Präsident Lincoln war ein Gegner der Sklaverei der Schwarzen und der Auffassung, dass der erste Schritt zu ihrer Abschaffung die Einschränkung ihres Ausbreitungsgebiets sein müsse. Das veranlasste die Plantagen- und Sklavenbesitzer des Südens zum Putsch. Am 20. Dezember 1860 erklärte South-Carolina seine Lostrennung (Sezession) von der amerikanischen Union. Bis Juni 1861 folgten weitere zehn Südstaaten (von insgesamt 34 Bundesstaaten). Diese vereinigten sich zu den separaten „Konföderierten Staaten von Amerika" unter einem eigen Präsidenten, Jefferson Davis. Am 12. April 1861 eröffneten Truppen der Konföderierten mit der Beschießung von Fort Sumter die Kampfhandlungen gegen die Union; damit begann ein Bürgerkrieg ungeahnten Ausmaßes.

Marx und Engels hielten den Bürgerkrieg in den USA, der vier Jahre, bis April 1865, dauerte, von Anfang an für ein Ereignis von welthistorischer Bedeutung. Marx schrieb über ihn mehr als vierzig Artikel, die vorwiegend in den Jahren 1861 und 1862 in Wien in der „Presse“ erschienen. Engels kommentierte die militärische Seite des Bürgerkrieges. In ihrem Briefwechsel und in Briefen an Dritte schätzten beide die Vorgänge in den USA ein, legten die ökonomischen und sozialen Wurzeln des Bürgerkrieges dar und analysierten dessen Charakter und Triebkräfte. Der Bürgerkrieg, führte Marx aus, sei durch den Kampf zweier sozialer Systeme ausgelöst worden, durch das in den Nordstaaten verankerte kapitalistische „System der freien Arbeit“, der Lohnarbeit der Industriearbeiter, der Arbeit der Handwerker sowie - in der Landwirtschaft - der Farmer, und durch das im Süden herrschende System der Sklaverei, einer vorkapitalistischen Form der Ausbeutung der unmittelbaren Produzenten. Dieses Weiterbestehen der Sklaverei widerspreche immer mehr der kapitalistischen Entwicklung der Vereinigten Staaten. Marx betonte, dass gerade das Sklavenproblem das Wesen des Bürgerkrieges ausmache. Im Oktober 1861 schrieb er:

> „Die ganze Bewegung beruhte und beruht, wie man sieht, auf der *Sklavenfrage*. Nicht in dem Sinne, ob die Sklaven innerhalb der bestehenden Sklavenstaaten direkt emanzipiert werden sollten oder nicht, sondern ob die 20 Millionen Freien des Nordens sich länger einer Oligarchie von 300.000 Sklavenhaltern unterordnen sollten; ob die ungeheuren Territorien der Republik Pflanzstätten freier Staaten oder der Sklaverei werden sollten.“

Marx und Engels wandten sich entschieden gegen die in der europäischen Presse verbreiteten Versuche, die wahren Ziele der Sklavenhalter des Südens zu vernebeln und zu beschönigen, sie als Verfechter der Rechte der Einzelstaaten vor zentralisierenden Eingriffen der Bundesregierung, als zur Selbsthilfe greifende Verteidiger der Autonomie hinzustellen. Für beide waren die Handlungen der Sezessionisten „kein Verteidigungskrieg, sondern ein Eroberungskrieg, ein Eroberungskrieg zur Ausbreitung und Verewigung der Sklaverei“. Folgerichtig betonte Marx den progressiven Charakter der Krieges von Seiten der Nordstaaten. Gleichzeitig kritisierte er aber heftig die Unentschlossenheit und Wankelmütigkeit der bürgerlichen Kreise des Nordens, weil sie dem Krieg nicht sofort einen gesamtnationalen, revolutionären Charakter verleihen wollten. In der Tat war diese Politik der Regierung des Nordens im Anfangsstadium des Krieges der Hauptgrund für die militärischen Niederlagen der Union, obwohl sie, vom ökonomischen Potential und von den Menschenreserven her gesehen, der Konföderation überlegen war. Marx erkannte völlig richtig, dass die Armee des Nordens in der Anfangsphase des Bürgerkrieges durch reaktionäre, mit dem Süden sympathisierende Offiziere zersetzt war. Besonders heftig kritisierte er die Führer der Nordstaaten wegen ihrer Politik in der „Negerfrage“. Aus Furcht vor revolutionären Erschütterungen konnten sie sich in der ersten Zeit nicht entschließen, Schwarze in die Armee aufzunehmen. Marx war der Überzeugung, dass die Einbeziehung von Afroamerikanern in die Streitkräfte des Nordens den Kriegsverlauf stark beeinflussen, die Chancen des Nordens sehr verbessern und das Hinterland der Sklavenhalter im Süden schwächen würde. Marx prophezeite, dass der Norden unter dem Druck der Volksmassen früher oder später gezwungen sein werde, endlich ernsthaft Krieg zu führen und zu revolutionären Mitteln zu greifen - eine Voraussage, die sich im Herbst 1862 erfüllte. Die Lincoln-Regierung setzte nun eine Reihe revolutionär-demokratischer Maßnahmen, die den Grundstein für den schließlichen Sieg des Nordens bilden sollten: dazu zählten die Erlaubnis zur Aufstellung von Heeresverbänden aus Schwarzen, ein Gesetz über die Beschlagnahme des Eigentums der sezessionistischen Aufrührer, ein darauf fußendes „Heimstättengesetz“, das Hunderttausenden billigen Landerwerb ermöglichte, die Befreiung derjenigen schwarzen Sklaven, die den am Aufstand beteiligten südlichen Plantagenbesitzern gehört hatten, und als Krönung die am 1. Jänner 1863 erfolgte Verkündung der Sklavenbefreiung auf dem gesamten Territorium der USA.

Marx imponierte die Gestalt Abraham Lincolns sehr: seine Herkunft aus einfachen Verhältnissen, seine Nüchternheit und Sachlichkeit, seine Art, nicht viel Worte zu machen und der bei amerikanischen Präsidenten so oft festzustellenden Neigung zu blumigen Phrasendreschereien gänzlich abhold zu sein. Marx war es, der im November 1864 im Namen des Generalrats der I. Internationale an Lincoln anlässlich seiner Wiederwahl ein Glückwunschschreiben richtete, in dem er die Sympathie des europäischen Proletariats für den Kampf der fortschrittlichen Kräfte Amerikas gegen das Sklavenhaltersystem ausdrückte. Dieses Schreiben gehörte zu den wenigen, das Lincoln nicht bloß mit einer Empfangsbestätigung und mit den üblichen lapidaren Dankfloskeln, sondern länger und sehr freundlich beantwortete.

Der Preußisch-Österreichische Krieg von 1866

Ebenso aufmerksam verfolgten Marx und Engels den Konflikt, auf den der preußische Ministerpräsident Bismarck seit dem Frühjahr 1866 bewusst hinsteuerte, um Österreich aus den deutschen Angelegenheiten auszuschalten und die deutsche Frage durch „Eisen und Blut“ unter Preußens Hegemonie zu lösen. Als die Kriegshandlungen zwischen Preußen und Österreich Mitte Juni 1866 begannen, erwarteten Marx und Engels einen raschen Vormarsch der österreichischen Truppen und die militärische Zerschlagung Preußens. Hier täuschten sie sich aber gründlich. Die preußische Armee war infolge der von Bismarck, Moltke und Roon durchgeführten Heeresreformen erheblich stärker und besser ausgebildet als die österreichische und schlug sie am 3. Juli 1866 auf dem Schlachtfeld von Königgrätz vernichtend.

Preußens Sieg hatte weitreichende Folgen. Der Deutsche Bund wurde aufgelöst und Österreich bei der Lösung des Problems der nationalen Einigung Deutschlands ausgebootet. Durch Annexion verschiedener kleiner deutscher Staaten und die Bildung der Norddeutschen Bundes aus 22 Einzelstaaten und Freien Städten, in dem sich die preußische Monarchie die Vorherrschaft sicherte, machte sich Preußen faktisch ganz Deutschland gefügig. Die Einigung Deutschlands kam nicht „von unten", sondern „von oben" zustande, in der schlechten Variante. Dadurch wuchs der Einfluss des preußischen Militarismus und Junkertums in Deutschland. Die liberale Bourgeoisie, bis dahin Bismarck distanziert gegenüberstehend, verfiel in einen chauvinistischen Taumel, ging mit fliegenden Fahnen in sein Lager über und kapitulierte vor ihm politisch völlig. Marx und Engels mussten sich eingestehen, dass die demokratische Volksbewegung zu schwach war, um eine Verpreußung Deutschlands zu verhindern. Am 25. Juli 1866 schrieb Engels an Marx:

> „Die Geschichte in Deutschland scheint mir jetzt ziemlich einfach. Von dem Augenblick an, wo Bismarck den kleindeutschen Bourgeoisplan mit der preußischen Armee und so kolossalem Sukzeß durchführte, hat die Entwicklung in Deutschland diese Richtung so entschieden genommen, dass wir ebensogut wie andre das fait accompli (die vollendete Tatsache, H.H.) anerkennen müssen, we may like it or not (ob es uns gefällt oder nicht, H.H.)"

Und dann, den Blick bereits wieder in die Zukunft gerichtet:

> „Die Sache hat das Gute, dass sie die Situation vereinfacht... Die ganze Kleinstaaterei wird in die Bewegung hineingerissen, die schlimmsten lokalisierenden Einflüsse hören auf, und die Parteien werden endlich wirklich nationale, statt bloß lokale."

Marx pflichtete dem bei, als er antwortete: „Für die Arbeiter ist natürlich alles günstig, was die Bourgeoisie zentralisiert". Für beide hatte der Ausgang des Krieges von 1866 also den positiven Effekt, dass er die vielen Hindernisse beseitigte, die die politische Zersplitterung Deutschlands für die Arbeiterbewegung geschaffen hatte. Beide empfahlen ihren Freunden und Gesinnungsgenossen in Deutschland fortab, die neu geschaffenen Tatsachen nüchtern einzuschätzen, die verbesserten Bedingungen für die Organisierung der Arbeiter im nationalen Rahmen auszunutzen, alle Kraft auf die Bildung einer selbständigen Arbeiterpartei zu konzentrieren und auch unter den veränderten Verhältnissen weiter für eine demokratische Republik, gegen die „Überflutung Deutschlands durch das Preußentum" zu kämpfen.

Aktivitäten der Internationalen Arbeiter-Assoziation 1864 - 1870

Neben der Arbeit am „Kapital" wandte Marx in der zweiten Hälfte der sechziger Jahre einen beträchtlichen Teil seiner Zeit für die Tätigkeit in der I. Internationale auf. Obwohl er an keinem der jährlich abgehaltenen Kongresse von 1866 bis 1869 persönlich teilnahm, übte er aufgrund seiner Stellung im Generalrat, wo er als Sekretär für Deutschland amtierte, einen großen Einfluss auf die Verhandlungen aus. Die I. Internationale nahm rasch an Ausdehnung und Ansehen zu. Neben Frankreich, England, Italien und Deutschland gewann sie Mitglieder in der Schweiz (vor allem im französischsprachigen Teil), Spanien, Belgien, den Niederlanden, Dänemark und den USA.

Von 1866 bis 1869 fanden vier Kongresse der IAA statt, auf denen sozialökonomische Fragen und die Auseinandersetzung mit den Anhängern Proudhons im Mittelpunkt standen. Der nach der Gründung 1864 erste regulär abgehaltene Jahreskongress tagte in *Genf* vom 3. bis 8. September 1866. An ihm nahmen 60 Delegierte aus Deutschland, England, Frankreich und der Schweiz teil. Marx hatte für die Vertreter des Generalrats aus London eine detaillierte schriftliche Stellungnahme zu allen Punkten der Tagesordnung verfasst, die „Instruktionen für die Delegierten des Generalrats". Der Genfer Kongress bestätigte zunächst die von Karl Marx ausgearbeiteten Statuten der IAA. In den inhaltlichen Fragen kam es aber zu einem Streit mit den französischen Proudhonisten, die zu allen Tagesordnungspunkten mit einem eigenen Programm auftraten. Beispielsweise sprachen sie sich sehr scharf gegen die Frauenarbeit aus und behaupteten, der Frau sei von Natur aus ein Platz am häuslichen Herd zugewiesen; sie müsse sich um die Familie kümmern und dürfe nicht in die Fabrik gehen. Sie wandten sich auch gegen Streiks und Gewerkschaften und verteidigten das Genossenschaftswesen und vor allem die Tauschbanken. Sie bestanden darauf, dass der Kongress sogar eine internationale Kreditorganisation bestätigen solle, doch gelang es ihnen nur, eine Resolution zu erreichen, die allen Sektionen der Internationale empfahl, sich mit der Kreditfrage und der Frage der Vereinigung aller Arbeiter-Kreditgesellschaften zu beschäftigen. Schließlich wandten sich die Proudhonisten auch gegen eine gesetzliche Beschränkung des Arbeitstages. Dennoch fasste der Genfer Kongress zu den wichtigsten Fragen Beschlüsse, denen die von Marx ausgearbeiteten Instruktionen zugrunde lagen: über die internationale Vereinigung im Kampf zwischen Arbeit und Kapital, über die Gewerkschaften, über den Achtstundentag, über die Arbeit von Jugendlichen und Kindern, über Produktivgenossenschaften und über die stehenden Heere. Die Resolutionen unterstrichen besonders die Bedeutung des ökonomischen Klassenkampfes der Arbeiter und hoben die Notwendigkeit hervor, ihn mit dem politischen Kampf und dem revolutionären Endziel des Proletariats zu verbinden. Der Genfer Kongress von 1866 hatte eine enorme Propagandawirkung. Alle seine Resolutionen, die die Grundforderungen der Arbeiterbewegung formulierten und fast ausschließlich von Marx verfasst waren, gingen in der Folge in die Programmatik der europäischen Arbeiterparteien ein. Mit dem Genfer Kongress wurde die IAA mit einem Schlag bekannt und populär.

Der Kongress des Jahres 1867 fand in *Lausanne* vom 2. bis 8. September statt. Erneut zwangen die Proudhonisten der Tagung eine Diskussion über die Fragen auf, die in Genf behandelt worden waren. Obwohl es ihnen gelang, zu einigen Fragen ihre Resolutionen durchzusetzen, vermochten sie nicht - wie angestrebt - die Führung in der Internationale an sich zu reißen. Die Grundprinzipien der IAA blieben unangetastet. Im Gegensatz zu den Auffassungen der Proudhonisten bestätigte der Kongress die These, dass die soziale Befreiung der Arbeiterklasse untrennbar mit ihrer politischen Befreiung verbunden sei. Während der Beratung über die Genossenschaftsfrage kam es in Lausanne zur Diskussion über das gesellschaftliche Eigentum an Grund und Boden. Sie zeigte, dass es unter den Mitgliedern der IAA bereits eine bedeutende Gruppe von Anhängern der marxistisch-sozialistischen Weltanschauung gab. Dazu gehörten vor allem die deutschen Delegierten Johann Georg Eccarius, Friedrich Leßner, Johann Philipp Becker, Ludwig Kugelmann und Friedrich Albert Lange.

1868 tagte vom 6. bis 13. September der Jahreskongress der IAA in *Brüssel*. An ihm nahmen rund 100 Delegierte aus Belgien, Deutschland, England, Frankreich, Italien, der Schweiz und Spanien teil. Karl Marx hatte der Vorbereitung des Kongresses große Aufmerksamkeit gewidmet und wie gewohnt den Bericht des Generalrats verfasst. Eine Resolution verlangte die Überführung der großen Produktionsmittel in das Eigentum der Gesellschaft. Der Kongress proklamierte mit den Beschlüssen über den Grund und Boden und über die Anwendung von Maschinen durch die Kapitalistenklasse das erste Mal in entwickelter und konkreter Form die sozialistischen Prinzipien über die Vergesellschaftung der Produktionsmittel. Auch in der Diskussion über Gewerkschaften und Streiks, über die Verkürzung der Arbeitszeit, über Produktivgenossenschaften und über den Kredit trat die Mehrheit der Delegierten offen gegen den Proudhonismus auf. Der Brüsseler Kongress empfahl auf Initiative der deutschen Delegierten allen Arbeitern das Studium von Marx' Werk „Das Kapital". Die Stellung der Arbeiter zum Krieg kennzeichnete eine weitere Resolution, die allerdings kompromisslerisch gehalten war, weil der eine Teil der Delegierten darauf bestand, dass man im Kriegsfalle einen Generalstreik organisieren müsse, während die anderen zu beweisen suchten, dass nur der Sozialismus dem Krieg ein Ende setzen könne. Insgesamt brachten aber die Beschlüsse des Brüsseler Kongresses in wesentlichen Fragen das wachsende Übergewicht der proletarisch-revolutionären Kräfte über den Proudhonismus zum Ausdruck.

Auf dem letzten Kongress vor der historischen Wendemarke der IAA 1870/71, der in *Basel* vom 6. bis 11. September 1869 stattfand, erlitten die Proudhonisten ihre endgültige Niederlage. Die 78 Delegierten aus Belgien, Deutschland, Frankreich, Italien, der Schweiz, den USA, Spanien und erstmals auch Österreich unterstrichen die Notwendigkeit, Gewerkschaften zu bilden und sie im nationalen Rahmen zusammenzuschließen. Der Baseler Kongress fasste außerdem eine Reihe von Beschlüssen, die die IAA organisatorisch festigten und die Position des Generalrats stärkten. Er bestätigte die Resolution des Brüsseler Kongresses über die Vergesellschaftung von Grund und Boden und betonte die Notwendigkeit, die Bauern als Verbündete der Arbeiter zu gewinnen. Der Beschluss über das gesellschaftliche Eigentum an Grund und Boden förderte wesentlich die Auseinandersetzungen zur Überwindung kleinbürgerlicher Einflüsse in der Arbeiterbewegung.

Das war die positive Seite der Bilanz. Die negative und für das weitere Wirken der IAA schicksalhafte Seite des Baseler Kongresses von 1869 zeigte sich jedoch, als neue Meinungsverschiedenheiten zwischen der proletarisch-sozialistischen Richtung und der anarchistischen Strömung des Bakunismus zutage traten, besonders in der von den Bakunisten geforderten Aufhebung des Erbrechts. Die von ihnen eingebrachte Resolution erhielt jedoch nicht die Mehrheit. Es gelang den Anhängern Bakunins auch nicht, die Führung der IAA an sich zu reißen. Über die erbitterte Auseinandersetzung zwischen Marx und Bakunin in den Folgejahren wird noch ausführlich zu sprechen sein.

Engels wieder „ein freier Mann"

Im Herbst 1868 begann sich für Engels das ersehnte Ende seines Berufs als Baumwollunternehmer und Kaufmann abzuzeichnen. Sein Geschäftspartner Gottfried Ermen bot ihm an, eine bestimmte Entschädigungssumme zu zahlen, sofern Engels auf seine Ansprüche an der Firma verzichte und sich verpflichte, den Ermen-Brüdern fünf Jahre lang keine Konkurrenz zu machen. Engels hatte niemals die Absicht gehegt, das alte Leben auf neue Weise - als konkurrierender Unternehmer - fortzusetzen. Wohl kam es ihm aber darauf an, im Interesse der Familie Marx eine möglichst hohe Entschädigungssumme herauszuschlagen. Als Ermen einen Vorschlag machte, forderte Engels sofort von Marx genaue Auskunft darüber, ob er „mit 350 Pfund Sterling für die *gewöhnlichen* regelmäßigen Bedürfnisse im Jahr auskommen" würde. Diese Summe würde er dem Freund „jährlich *sicher* für 5 - 6 Jahre" überweisen können „und bei außergewöhnlichen Fällen auch selbst noch etwas mehr". Marx antwortete seinem „dear Fred": „Ich bin ganz knocked down (überwältigt, H.H.) durch Deine zu große Güte". So zahlte Ermen nach langem Verhandeln schließlich eine einmalige Entschädigungssumme von 1750 Pfund, und dieses Geld wurde in den nächsten Jahren ausschließlich als Zuschuss für den Lebensunterhalt der Familie Marx verwendet. Ehe noch Mitte August 1869 der Auflösungsvertrag mit Gottfried Ermen unterzeichnet wurde, zog Engels den größten Teil seines Geschäftskapitals aus der Firma und bald darauf den Rest. Das war jener Betrag, von dem er in den Folgejahren seinen Lebensunterhalt bestritt.

Am 1. Juli 1869 war es so weit. An Marx ging sofort ein Brief: „Hurra! Heute ist's mit dem doux commerce (süßen Handel, H.H.) am Ende, und ich bin ein freier Mann". Marx antwortete mit einem herzlichen Glückwunsch zu der Flucht „aus der ägyptischen Gefangenschaft" und fügte hinzu: „Ich habe zu Ehren dieses Ereignisses ein 'Glas über den Durst' getrunken".

Nicht weniger als achtzehn Jahre waren es her, dass sich Engels in Manchester niedergelassen und sein ungebundenes Schriftstellerdasein mit dem Kaufmannsleben vertauscht hatte. Stets war in ihm der Wunsch wach geblieben, wieder nach London, wieder zu Marx zurückzukehren. Jetzt rückte die Erfüllung dieses Wunsches in greifbare Nähe. Doch die Abwicklung mancher Geschäfte hielt Engels noch über ein Jahr in Manchester fest. Im Juli 1870 übersiedelte Engels mit seiner Lebensgefährtin Lizzy Burns endgültig nach London, in das Haus 122, Regent's Park Road, das nur eine Viertelstunde Fußweg von Marx' Wohnung entfernt war.

Der Deutsch-Französische Krieg 1870/71

In diesen Wochen der Wohnungssuche und des Umzugs der Familie Engels überstürzten sich auf dem Kontinent die politischen Ereignisse. In Europa sprachen wieder die Waffen.

Am 19. Juli 1870 erklärte der französische Kaiser Napoleon III. Preußen den Krieg, nachdem ihn Bismarck durch mannigfache diplomatische Intrigen (u.a. die „Emser Depesche“) dazu provoziert hatte. Marx und Engels waren von dieser schnellen Wendung der Dinge überrascht. Aber als der Krieg ausgebrochen war, machten sie sich sogleich daran, die Arbeiter der verschiedenen Länder, insbesondere Deutschlands und Frankreichs, auf die über Nacht entstandene neue Situation einzustellen. Marx und Engels hatten zur Frage des Krieges einen klaren Standpunkt. Beide verabscheuten den Krieg, waren sich aber auch der Tatsache bewusst, dass es in der Geschichte der Menschheit Kriege gibt, die dazu beitragen, den gesellschaftlichen Fortschritt durchzusetzen, und die trotz aller Leiden und Opfer, die sie mit sich bringen, eine positive Rolle spielen, weil sie den Kampf des Neuen gegen das Alte fördern. Beide betrachteten jeden Krieg in seinem konkreten historischen Zusammenhang. Sie untersuchten den Klassencharakter des jeweiligen Krieges, seine historisch-ökonomischen Ursachen und absehbaren Folgen und sein oft widerspruchsvolles und zwiespältiges Wesen. So handelten sie auch 1870.

Die erste „Adresse des Generalrats der IAA“

Marx brachte auch Engels' Meinung zum Ausdruck, als er in der von ihm erarbeiteten und vom Generalrat gebilligten ersten Adresse über den Deutsch-Französischen Krieg den Charakter des ausgebrochenen Krieges analysierte und die notwendige Taktik der revolutionären Arbeiterbewegung unter den Bedingungen dieses Krieges darlegte. Das geschah bereits am 23. Juli 1870 und ist ein Beispiel für Marx' Fähigkeit, in einer komplizierten und vom Propagandagetöse beider kriegführenden Seiten zusätzlich verwirrten Situation eine prinzipielle und durch die Ereignisse als politisch richtig bestätigte Position einzunehmen. Marx zeigte in der ersten Adresse auf, dass der Krieg von Seiten Frankreichs ein dynastischer Krieg war, der die persönliche Macht Bonapartes, des französischen Kaisers, sichern und, wenn möglich, vergrößern sollte. Angesichts dessen führte nach Überzeugung von Marx Deutschland im Interesse seiner nationalen Unabhängigkeit einen Verteidigungskrieg. Marx ermahnte die deutschen Arbeiter, darüber zu wachen, dass dieser Verteidigungskrieg gegen das bonapartistische Frankreich nicht durch die herrschenden Klassen Deutschlands in einen Krieg gegen das französische Volk umgewandelt werde. Er forderte von der deutschen Arbeiterbewegung, sie solle der antinationalen Kriegspolitik der Herrschenden ihre nationale Friedenspolitik, eine eigene außenpolitische Alternative, entgegensetzen. Die deutschen Arbeiter müssten den Krieg unterstützen, solange er ein gerechter Krieg, ein Krieg gegen Napoleon III., den Hauptfeind der nationalstaatlichen Einigung Deutschlands, bleibe. Sie müssten ihn aber mit aller Energie bekämpfen, sobald Bismarck ihn weiterführen wolle als einen Krieg gegen das französische Volk.

In einem Brief an Engels vom 20. Juli 1870 nannte Marx noch einen weiteren Aspekt: die Hoffnung, dass ein deutscher Sieg (wenigstens indirekt) einen Sieg seiner Lehre herbeiführen werde.

> „Siegen die Preußen, so wird die Zentralisation der state power (Staatsmacht, H.H.) nützlich der Zentralisation der deutschen Arbeiterklasse. Das deutsche Übergewicht würde ferner den Schwerpunkt der westeuropäischen Arbeiterbewegung von Frankreich nach Deutschland verlegen, und man hat bloß die Bewegung von 1866 bis jetzt in beiden Ländern zu vergleichen, um zu sehn, dass die deutsche Arbeiterklasse theoretisch und organisatorisch der französischen überlegen ist. Ihr Übergewicht auf dem Welttheater über die französische wäre zugleich das Übergewicht unsrer Theorie über die Proudhons etc.“

Engels' „Über den Krieg“

Ein günstiger Umstand ermöglichte es Engels, seine Ansichten zum Deutsch-Französischen Krieg nicht nur in Briefen an Freunde und Gesinnungsgenossen zu äußern, sondern auch in der Presse. Die Redaktion der in London erscheinenden Zeitung „Pall Mall Gazette“ hatte Marx angetragen, für das Blatt als Kriegsberichterstatter zu schreiben. Marx sah sich dazu nicht imstande, fragte aber sofort bei Engels an. Dieser sagte zu, wöchentlich etwa zwei Artikel über den Verlauf der Kampfhandlungen zu liefern.

Engels hatte sich in den Jahren zuvor bereits ein klares Urteil über die recht unterschiedlichen militärischen Verhältnisse in Frankreich und Deutschland gebildet. Bereits am 29. Juli 1870 begann er in der „Pall Mall Gazette“ seine regelmäßige Berichterstattung. In ihrer Mehrheit mit „Notes on the War“ („Über den Krieg“) betitelt, folgten bis zum Kriegsende weitere 58 Beiträge. Engels' fundierte militärische Kommentare erregten in London bald großes Aufsehen. Da er anonym publizierte, wurden viele Vermutungen über die Person des Verfassers angestellt. Die aus seiner Feder stammenden Artikel waren so außergewöhnlich, dass selbst große Zeitungen wie die „Times“

recht ungeniert von ihm abschrieben oder ihn als Kronzeugen zitierten. Das Glanzstück der Analysen Engels' über den Verlauf des Deutsch-Französischen Krieges war, als er in einem der Artikel fast auf den Tag und nahezu auf die Quadratmeile genau das Ziel des deutschen Generalstabschefs Moltke voraussagte, die letzte noch frei operierende französische Armee unter Marschall Mac-Mahon einzuschließen und zu vernichten. Tatsächlich kam es zum prophezeiten Zeitpunkt, am 1. September 1870, an dem von Engels bezeichneten Ort zur Schlacht von Sedan. Sie führte zur Kapitulation der Truppen Mac-Mahons und zur Gefangennahme Napoleons III. Damit war dessen militärische Niederlage besiegelt, und das bonapartistische Kaiserreich brach wie ein Kartenhaus zusammen. Bei seinen Freunden erregte Engels mit seinen Artikeln über den Krieg große Bewunderung. Marx meinte schon am 3. August 1870, dass Engels auf dem besten Wege sei, „als *erste militärische Autorität in London* anerkannt" zu werden. Und seine Frau Jenny schrieb über die Artikel ganz begeistert an Engels: „Sie glauben nicht, welch ein Aufsehen dieselben hier machen! Sie sind aber auch ganz wunderbar klar und anschaulich geschrieben, und ich kann nicht umhin, Sie den jeune (jungen, H.H.) Moltke zu nennen." Jenny, Marx' älteste Tochter, verlieh ihrer Begeisterung für Engels dadurch Ausdruck, dass sie scherzhaft von ihm als den General Staff (Generalstab) sprach. Den Spitznamen „General" sollte Engels dann bis an sein Lebensende behalten.

Die zweite „Adresse des Generalrats der IAA"

Mit der Schlacht von Sedan änderte der Deutsch-Französische Krieg seinen Charakter. Als die republikanischen und demokratischen Kräfte Frankreichs nach der Niederlage und Gefangennahme Napoleons am 4. September 1870 die Französische Republik ausriefen, entfiel für die deutsche Seite jeder Grund, den Krieg fortzusetzen. Fünf Tage später, am 9. September 1870, erschien die von Marx verfasste zweite „Adresse des Generalrats der IAA" über den Deutsch-Französischen Krieg. Darin protestierte Marx gegen das Verbrechen, dass „in der zweiten Hälfte des 19. Jahrhunderts die *Politik der Eroberungen* aufs neue ins Leben gerufen" werde und sagte historisch richtig voraus, dass die Annexion Elsass-Lothringens zu einem Militärbündnis zwischen Frankreich und Russland gegen Deutschland führen und damit den Keim zu einem neuen europäischen Krieg legen werde und müsse.

Die nun aktuelle Aufgaben der deutschen Arbeiterbewegung kennzeichnete Marx so: Kampf gegen die Annexion von Elsass-Lothringen, für den Abschluss eines ehrenvollen Friedens mit Frankreich und für die Anerkennung der Französischen Republik. Er warnte die deutschen Arbeiter davor, dass die herrschenden Klassen in Deutschland versuchen würden, den Sieg über die bonapartistischen Armeen zur Festigung ihrer Herrschaft im Inneren des Landes auszunutzen und so in eine Niederlage des deutschen Volkes zu verwandeln. Die französischen Arbeiter rief Marx auf, die nach dem Sturz des Zweiten Kaiserreiches entstandenen Bedingungen entschlossen zu nutzen, um die Organisierung ihrer Klasse gründlich durchzuführen, damit sie imstande sei, den Kampf für die Befreiung der Werktätigen zu entfalten.

Ebenso wie Marx unterstützte auch Engels die deutschen Arbeiterführer, die wegen ihres mutigen Auftretens gegen die Bismarcksche Eroberungspolitik verhaftet worden waren. Besondere Hochachtung zollte Marx der Haltung von August Bebel und Wilhelm Liebknecht. Beide hatten sich als Mandatare im Norddeutschen Reichstag entschieden gegen die Weiterführung des Krieges, gegen jede Annexion und für einen sofortigen ehrenhaften Frieden mit der Französischen Republik ausgesprochen und waren dem Wutgeheul der konservativen und liberalen Abgeordneten standhaft begegnet.

In seinen Artikeln „Über den Krieg" nach dem 4. September 1870 trat Engels für das Recht des französischen Volkes ein, die Unversehrtheit seiner Heimat mit allen Mitteln zu verteidigen. Er kritisierte die nach dem Sturz Bonapartes in Paris gebildete bürgerliche Regierung, weil sie zu wenig Tatkraft zeigte und zum nationalen Verrat neigte.

Vom September 1870 an flammte in ganz Frankreich der Franktireurkrieg auf. Engels, in dessen Augen jedes Volk eine Nation von Feiglingen war, das „seine Unterwerfung zuließ, nur weil seine Heere zum Widerstand unfähig geworden waren", hielt den irregulären Volkskrieg von Partisanen und Freischärlern gegen die deutschen Truppen für völlig gerechtfertigt, sofern er nur energisch genug geführt wurde. Er prangerte die Brutalität der Deutschen an, die mit Geiselnahmen, Geiselerschießungen, Niederbrennen von Dörfern den Volkswiderstand der Franzosen brechen wollten, nichts anderes aber erreichten, als seine Energien zu vervielfachen. Militärisch erwartete Engels von den Franktireurs eine spürbare materielle und moralische Schwächung des Gegners. „Dies stete Nagen der Wogen des Volkswiderstands unterhöhlt auf die Dauer die stärkste Armee und lässt Stück für Stück von ihr abbröckeln", schrieb er im Dezember 1870 in der „Pall Mall Gazette". Eine völlige Wende konnte jedoch, wie er wusste, nur durch das Auftreten kampfstarker Truppen an den entscheidenden Schwerpunkten des Kriegsgeschehens erreicht werden. Das aber verhinderten Frankreichs besitzende Klassen, die städtische Bourgeoisie und die größeren Landbesitzer. Sie hintertrieben in ihrer Mehrheit den weiteren Widerstand und begannen aus Angst um ihre Herrschaft mit Bismarck zu paktieren.

Am 19. Februar 1871 schrieb Engels den letzten seiner Artikel über den Deutsch-Französischen Krieg. Kurz zuvor war Waffenruhe eingetreten und damit eine neue Situation, die den Nährboden für eines der bedeutendsten Ereignisse des 19. Jahrhunderts bilden sollte, die Pariser Kommune.

16. Kapitel: Die Pariser Kommune von 1871; Marx' „Adresse des Generalrats über den Bürgerkrieg in Frankreich 1871"

Die Pariser Kommune war die erste proletarische Machtergreifung der Geschichte. Sie bestand 72 Tage, vom 18. März bis zum 28. Mai 1871, als die Truppen der bürgerlichen französischen Regierung in Versailles sie nach siebentägigen schweren Kämpfen in einem Meer von Blut ertränkten.

Die Vorgeschichte

Nach der Schlacht von Sedan und der Gefangennahme Napoleons III. wurde am 4. September 1870 in Paris die Republik ausgerufen, womit sich der Charakter des Deutsch-Französischen Krieges grundlegend wandelte. Auf französischer Seite wurde er aus einem Aggressions- zu einem nationalen Verteidigungskrieg, auf deutscher Seite aus einem Verteidigungs- zu einem Eroberungskrieg. Die französischen Arbeiter waren deshalb bereit, der neuen bürgerlich-republikanischen Regierung, in der Leon Gambetta, Louis Trochu und Jules Favre die führende Rolle spielten, im Kampf gegen die Preußen beizustehen, wobei sie an die unvergessene Tradition von 1792/93, an die „levee en masse", die Volksbewaffnung, anknüpften. Die neue Regierung war aber nicht bereit, dieser Forderung nachzukommen; zu groß war ihre Angst vor unabsehbaren Konsequenzen eines solchen Schritts. Der Krieg wurde daher von ihr im Herbst 1870 nicht wirklich energisch, nur halbherzig, fortgeführt. Dadurch kam es in Frankreich zu einer raschen Verschärfung der Klassenwidersprüche und zur Herausbildung einer nationalen und sozialen Krisensituation. In Paris gab es bereits seit September 1870 Arbeiterunruhen, die sich gegen die antinationale Politik der großbürgerlichen Regierung richteten. Als die Deutschen vor Paris rückten und es zu belagern begannen, musste sich aber die französische Regierung dazu entschließen, die Pariser Bevölkerung zur Verteidigung zu mobilisieren und sie zu bewaffnen. Es bildete sich die 150.000 Mann starke Pariser Nationalgarde, die relativ demokratisch organisiert und in der Arbeiterschaft verwurzelt war. Sie sollte zur Haupttriebkraft der revolutionären Bewegung werden. Durch eine Hungersnot im Winter 1870/71 spitzte sich die Lage in Paris weiter zu. Das Zentralkomitee der Nationalgarde ging daran, sich eine inoffizielle Verwaltungsorganisation zu schaffen, um die unfähigen staatlichen Behörden in der Hauptstadt zu kontrollieren. Damit kam es schon im Jänner 1871 in Paris zu einer Art „Doppelherrschaft" ähnlich der Situation in Russland nach der Februarrevolution 1917. Am 28. Jänner 1871 wurde zwischen den kriegführenden Seiten ein Waffenstillstand geschlossen, in dem die Deutschen unter anderem Wahlen in eine konstituierende Nationalversammlung forderten. Diese fanden am 8. Februar in ganz Frankreich statt und erbrachten eine Mehrheit der monarchistischen und bürgerlich-konservativen Kräfte. Die Nationalversammlung trat am 13. Februar

1871 in Bordeaux zusammen und übersiedelte am 12. März nach Versailles vor die Tore von Paris. Regierungschef wurde Adolphe Thiers (übrigens jener einstige „Klassenkampf"-Historiker, den wir im 2. Kapitel erwähnt haben; in der Zwischenzeit hatte er sich zum bourgeoisen Erzreaktionär gewandelt). Die Pariser Bevölkerung war über die Zusammensetzung der Nationalversammlung und ihre politischen Maßnahmen sehr empört. Am 1. März hatte Thiers den Vorfrieden unterzeichnet, in dem neben einer Kontribution in der enormen Höhe von fünf Milliarden Goldfranc die Abtretung Elsass-Lothringens besiegelt wurde. Mit dem Vorfrieden bekam die Regierung Thiers den Rücken frei, um gegen die renitenten Pariser vorgehen zu können, mit dem Ziel, die Nationalgarde zu entwaffnen. Dies wurde am 18. März 1871 versucht, als eine Abteilung der Regierungstruppen in Paris überraschend einmarschierte und die Kanonen fortschaffen wollte. Damit fiel der Funken ins Pulverfass. Die Nationalgarde wehrte sich entschlossen, die Regierungstruppen verweigerten den Gehorsam, liefen zu den Parisern über, und die beiden Generäle, die den Handstreich kommandiert hatten, wurden von ihrer eigenen Mannschaft noch am gleichen Tag erschossen.

Die Ausrufung der Kommune

Vielleicht mehr als jede andere Revolution in der Geschichte war der Aufstand vom 18. März 1871 ein spontanes, unorganisiertes Ereignis. Niemand hatte die Kommune bewusst vorbreitet und geplant, am wenigsten die Internationale Arbeiter-Assoziation. Der Schrecken der herrschenden bürgerlichen Kreise in Frankreich war groß. Noch am 18. März verließ der Großteil der Behörden fluchtartig die Stadt und begab sich nach Versailles, das zum Synonym für die Konterrevolution wurde. Damit hatte die Nationalgarde in Paris alle Macht in ihren Händen.

Am 26. März 1871 fanden die Wahlen in die Kommune („Commune" bedeutet „Gemeinde" bzw. „Gemeinderat") statt. Von ca. 480.000 eingetragenen Wahlberechtigten wählten etwa 230.000 tatsächlich; viele Bürgerliche waren nämlich aus Paris geflohen. Dennoch gab es an die 90.000 bürgerliche Wähler, in der Mehrheit Gegner der Kommune, deren Deputierte allerdings noch am selben Tag zurücktraten. Die überwiegende Majorität der Gewählten waren Arbeiter, Handwerker und revolutionär-demokratisch gesinnte Kleinbürger. Unter dem Jubel von 200.000 Versammelten wurde so am 28. März 1871 vor dem Hotel de Ville, dem Pariser Rathaus, die Kommune ausgerufen. Das Zentralkomitee der Nationalgarde übergab seine Macht dem Kommunerat, blieb aber daneben weiter bestehen.

Unter den führenden Kommunarden befanden sich Männer wie Louis-Eugène Varlin (einer der aktivsten Anhänger der I. Internationale; er fiel in den Straßenkämpfen im Mai), der berühmte Maler Gustave Courbet, der Dichter Eugène Pottier (Verfasser des Textes der „Internationale") und der Ungar Leo Frankel, der in der österreichischen Arbeiterbewegung nach 1871 eine hervorragenden Platz einnahm und zu den politisch klügsten Kommunarden zählte. Überhaupt waren Sozialisten verschiedenster Nationalität im Kommunerat vertreten, Ungarn wie Leo Frankel, Polen, Russen, Italiener und Belgier - ein Zeichen, dass sich die Kommunarden als Internationalisten betrachteten und den internationalen Charakter ihrer Erhebung betonten. Bemerkenswert war auch die große Zahl von Frauen, die sich in der Kommune engagierten; die bekannteste war Louise Michel.

Höchstes Organ der Pariser Kommune war das „Exekutivkomitee", dem je ein Mitglied der neun „Kommissionen" angehörte. Die neun „Kommissionen" wurden unter dem Vorsitz einer Person von fünf bis acht Mitgliedern kollektiv geleitet und waren etwa das, was man unter einem „Ministerium" versteht. Es gab Kommissionen für Krieg, Finanzen, Justiz, Inneres, Äußeres, Arbeit und Handel (unter Leitung Leo Frankels), Öffentliche Dienste (Post, Fernmeldewesen, Verkehr), Unterricht und Lebensmittelversorgung.

Die politischen Träger

In der Pariser Kommune herrschten zwei politische Richtungen vor. Die eine bestand aus Blanquisten und „Neojakobinern". Sie vertrat die Ansichten des französischen revolutionären Republikaners und utopischen Kommunisten Louis Auguste Blanqui (1805 - 1881), eines Verfechters der These von der „aktiven Minderheit" entschlossener Berufsrevolutionäre, der schon an der Julirevolution 1830 teilgenommen hatte und 43 Jahre seines Lebens im Gefängnis bzw. unter Polizeiaufsicht verbringen musste (auch zur Zeit der Pariser Kommune befand er sich in Haft). Die Blanquisten sahen in der Kommune eine Fortsetzung der bürgerlichen Revolutionen von 1789 und 1848, erkannten also nicht ihren proletarischen Charakter (was von Karl Marx kritisiert wurde). Sie waren eher politisch eingestellt und wandten der Notwendigkeit sozialer Umgestaltungsmaßnahmen wenig Augenmerk zu. Ihre starke Seite bestand darin, dass sie für die Zentralisierung der Macht und für einen entschlossenen Kampf gegen Thiers eintraten.

Die zweite Richtung repräsentierten die Proudhonisten. Sie konzentrierten sich mehr auf die sozialökonomischen Fragen, zeichneten für deren Reformdekrete verantwortlich und leisteten auf diesem Gebiet Bemerkenswertes - vor allem, wenn man bedenkt, dass sie dabei in der Regel *entgegen* den kleinbürgerlichen Doktrinen ihres 1865 verstorbenen Mentors handelten. Darin lag ihre positive Rolle in der Zeit der Pariser Kommune. Schwächen zeigten die Proudhonisten hingegen auf politischem Gebiet durch zu große Nachgiebigkeit gegenüber dem Klassengegner. Unter dem Schlagwort „Demokratie" und „Meinungsvielfalt" setzten sie durch, dass bürgerliche Zeitungen in Paris weiter erschienen durften, die die Maßnahmen der Kommunarden wüst attackierten und von Falschmeldungen nur so strotzten. Ein entschiedenes Vorgehen zur Bekämpfung der Konterrevolution lehnten sie ab.

Zwischen beiden Richtungen gab es zeitweise scharfe Auseinandersetzungen. Sie verloren erst an Gewicht, als der gemeinsame militärische Kampf auf Leben und Tod gegen die Versailler Truppen alles andere in den Hintergrund treten ließ.

Die Maßnahmen

Das historisch Neue und Bedeutsamste an der Pariser Kommune war, dass sie den alten Staatsapparat zerschlug und nach dem Rätesystem strukturierte, demokratische Machtorgane schuf:

- Das stehende Heer wurde abgeschafft und durch die allgemeine Volksbewaffnung, die Nationalgarde aller wehrfähigen Bürger, ersetzt;
- An die Stelle der Polizei trat die Nationalgarde;
- Alle Staatsfunktionäre wurden gewählt, waren verantwortlich und jederzeit absetzbar (das Prinzip des sogenannten „imperativen [gebundenen] Mandats", das auch für die Richter galt);
- Die Trennung von Legislative und Exekutive wurde beseitigt, die Machtorgane waren zugleich gesetzgebend und ausführend;
- Das Gehalt der höchsten Staatsfunktionäre durfte die Lohnhöhe eines qualifizierten Arbeiters nicht übersteigen. (Strebertum und Stellenjägerei suchte man damit einen festen Riegel vorzuschieben.)

Im Interesse der Werktätigen wurden folgende soziale Reformen durchgeführt:

- Fabriken und Werkstätten geflüchteter Unternehmer wurden Arbeiter-Kooperationen übergeben und von ihnen weitergeführt;
- Das Geldstrafensystem in den Fabriken und Werkstätten wurde abgeschafft;
- Die Nachtarbeit für einzelne Berufsgruppen, z.B. die Bäcker, wurde verboten;
- Alle leer stehenden Wohnungen wurden beschlagnahmt und Wohnungsbedürftige in sie eingewiesen;
- Der Mietwucher wurde untersagt;
- Die Hausmieten wurden rückwirkend bis Oktober 1870 erlassen, mit der Begründung, dass auch die Hauseigentümer Opfer auf sich nehmen müssten;
- Die Pfandleihanstalten wurden abgeschafft und verpfändete Arbeitsgeräte den Berechtigten unentgeltlich rückerstattet;
- Bedürftigen wurden soziale Unterstützungen gezahlt.

Ein weiteres Dekret verkündete die allgemeine Schulpflicht und die Befreiung vom Schulgeld. Kirche und Staat wurden strikt getrennt. Alle Kirchen, sofern sie besitzende Körperschaften waren, wurden enteignet. Einige gingen in den Besitz revolutionärer Klubs über, die, wie ein damaliger Beobachter schrieb, „dort geräuschvolle Sitzungen abhielten, wobei die Kanzel rot ausgeschlagen und Christus mit der roten Fahne drapiert war". Die Klubs benützten die Kirchen als Versammlungsorte und sangen dort bei Orgelbegleitung die (unter Napoleon III. verpönte) Marseillaise. Am 17. Mai hob ein Erlass den Unterschied zwischen ehelichen und unehelichen Kindern vor dem Gesetz auf. Frauen suchte man Arbeit zu verschaffen und die Lohnunterschiede zu den Männern zu nivellieren. Eine sehr aktive und zahlenmäßig bedeutende Frauenbewegung unterstützte die Kommune bei der Krankenpflege, suchte die Arbeiterinnen gewerkschaftlich zu organisieren und kämpfte im Mai mit der Waffe in der Hand gegen die Versailler Truppen.

Am 16. Mai 1871 wurde auf Vorschlag des Malers Courbet Anordnung gegeben, die Vendôme-Säule zu stürzen, die aus erbeuteten Kanonen der Schlacht bei Austerlitz 1805 gegossen worden war. In dem Dekret hieß es:

> „In Anbetracht dessen, dass die kaiserliche Säule auf dem Place Vendôme ein Monument der Barbarei ist, ein Symbol brutaler Gewalt und falschen Ruhms, eine Lobpreisung des Militarismus, eine Absage an das internationale Recht, eine ständige Beleidigung der Besiegten durch die Besieger, ein fortwährender Angriff auf eines der drei Prinzipien der Französischen Republik, nämlich die Brüderlichkeit, soll die Säule auf dem Place Vendôme zerstört werden."

Die siegreiche Reaktion machte nach dem Fall der Kommune Courbet für die Niederreißung verantwortlich und wollte ihm die Kosten der Wiedererrichtung auferlegen. Da das seinen finanziellen Ruin bedeutet hätte, emigrierte Courbet (den man als ersten „sozialistischen Realisten" in der Malerei bezeichnen kann), in die Schweiz, wo er starb. 1876 wurde die Vendôme-Säule wieder aufgestellt.

Die Fehler

Neben den positiven Errungenschaften hatte die Kommune infolge mangelnder konzeptioneller Klarheit eine Reihe schwerwiegender Fehler zu verbuchen. So verabsäumte man es, am 18. und 19. März 1871 bewaffnet nach Versailles zu marschieren und die Mitglieder der Nationalversammlung samt der Thiers-Regierung zu verhaften. Das wäre möglich gewesen, weil sich die Truppen Thiers zu dem Zeitpunkt puncto Moral und Ausrüstung in einem äußerst schlechten Zustand befanden und ihren Kommandanten wahrscheinlich den Befehl verweigert hätten. Überhaupt verhielt sich die Kommune militärisch zu defensiv, sodass Thiers bis Mitte April Gelegenheit bekam, etwa 100.000 Mann zusammenzuziehen (mit Unterstützung Bismarcks, der dafür bereitwillig Kriegsgefangene entließ). Gegenüber den 40.000 Bewaffneten der Kommune war das eine gewaltige Übermacht. Weiters wurde verabsäumt, die Bank von Frankreich, in der drei Milliarden Franc lagerten, zu beschlagnahmen. Die Kommune, die an chronischer Finanznot litt, erhielt von den Pariser Banken nur 20 Millionen Franc an Krediten für ihre Aufwendungen, während Thiers zur gleichen Zeit nicht weniger als 300 Millionen zur Verfügung gestellt wurden. Gegen die konterrevolutionäre Spitzeltätigkeit und Subversion der Versailler in Paris wurde nicht entschlossen genug vorgegangen. Offen antikommunardisch auftretende Zeitungen wurden zu spät, erst im Mai, verboten; zum Teil erschienen sie unter anderem Namen weiter und setzten ihre Minierarbeit mit der Verbreitung von Tatarenmeldungen fort. Schließlich gelang es nicht, die Bewegung über die Forts von Paris auszudehnen. Zwar gab es mit Marseille, Lyon, Toulouse, St. Etienne, Narbonne und Limoges Städte, in denen ebenfalls die Kommune ausgerufen wurde; sie hielt sich dort aber nur drei bis vier Tage. Die Bauern konnten nicht zur Solidarität mit der Kommune mobilisiert werden, schon allein deshalb, weil man keinen Versuch unternahm, mit ihnen Kontakt aufzunehmen.

Das blutige Ende

Die Versäumnisse auf militärischem Gebiet ermöglichten es den Versaillern, vom 2. April 1871 an Angriffe auf die Außenforts und Befestigungsanlagen von Paris zu starten. Im Gegenzug nahmen die Kommunarden den Erzbischof von Paris, Darboy, und weitere hundert Personen als Geiseln gefangen. (Wobei sie hofften, Darboy gegen Blanqui, der sich in den Händen der Thiers-Regierung befand, auszutauschen; Thiers lehnte dies ab.) Während die Versailler gefangene Kommunekämpfer reihenweise niedermetzelten, unternahmen die Kommunarden nichts und ließen die Geiseln ungeschoren. Erst als sich der Kampf dem Ende zuneigte, wurden Darboy und die anderen ca. hundert Geiseln erschossen. Nachdem Mitte Mai zwei Außenforts verloren gegangen waren, drangen die Truppen Thiers in die Stadt ein. Eine Woche lang kam es in den Pariser Straßen zu erbitterten Kämpfen, die am 28. Mai 1871 beim Friedhof Père-Lachaise endeten. Die Rache der Sieger war furchtbar. Etwa 30.000 Kommunarden wurden ohne Gerichtsverfahren erschossen, etwa 40.000 verhaftet, von denen 20.000 zu Gefängnisstrafen verurteilt wurden. 8000 Pariserinnen und Pariser deportierte man nach Neukaledonien, wo die meisten in dem ungesunden tropischen Klima starben. Mit den ca. 100.000 verfolgten Männern und Frauen schaltete die triumphierende Bourgeoisie faktisch den progressiven Kern des französischen Volkes für viele Jahre aus. Erst 1888 wurde eine Amnestie für ehemalige Kommunarden erlassen.

Karl Marx und die Pariser Kommune

Marx hatte in der zweiten Adresse des Generalrats der IAA vom September 1870 verfrühte Aktionen der Pariser Arbeiter in einer für den Aufstand ungünstigen Situation befürchtet und ihnen geraten:

> „Jeder Versuch, die neue Regierung zu stürzen, wo der Feind fast schon an die Tore von Paris pocht, wäre eine verzweifelte Torheit... Mögen sie (die französischen Arbeiter, H.H.) ruhig und entschlossen die Mittel ausnutzen, die ihnen die republikanische Freiheit gibt, um die Organisation ihrer eignen Klasse gründlich durchzuführen. Das wird ihnen neue, herkulische Kräfte geben für die Wiedergeburt Frankreichs und für unsre gemeinsame Aufgabe - die Befreiung des Proletariats."

Als die Ereignisse einen anderen Lauf nahmen, stellte er sich aber vorbehaltlos auf die Seite der Kommunarden und unterstützte sie mit allen ihm zu Gebote stehenden Mitteln. Er musste sich erstmals zu einem Problem äußern, das später in der internationalen Arbeiterbewegung so oft zu heißen Diskussionen führte: Wie hat man sich als Sozialist und Kommunist zu einem Aufstand zu verhalten, der verfrüht, unter ungünstigen Bedingungen, losbricht?

Marx war ein entschiedener Gegner jeder Revolutionsspielerei und hatte sich mehr als einmal mit solchen „Führern“ auseinandergesetzt, die nach eigenem Gutdünken „Revolution machen“ wollten. Wenn sich aber - wie nun in Paris - wirklich die *Volksmassen* zum Kampf erhoben, gab es für ihn und Engels kein Zögern.
In dem berühmten Brief an Ludwig Kugelmann vom 12. April 1871 schrieb Marx:

> „Welche Elastizität, welche historische Initiative, welche Aufopferungsfähigkeit in diesen Parisern! Nach sechsmonatiger Aushungerung und Verruinierung, durch inneren Verrat noch mehr als durch den auswärtigen Feind, erheben sie sich, unter preußischen Bajonetten, als ob nie ein Krieg zwischen Frankreich und Deutschland existiert habe und der Feind nicht noch vor den Toren von Paris stehe! Die Geschichte hat kein ähnliches Beispiel ähnlicher Größe! Wenn sie unterliegen, so ist nichts daran schuld, als ihre ‘Gutmütigkeit’.“

Lenin kommentierte später in seinem Vorwort zur russischen Übersetzung der Briefe von Marx an Kugelmann diese Haltung so:

> „Marx hatte *im September 1870, ein halbes Jahr* vor der Kommune, die französischen Arbeiter direkt gewarnt. Der Aufstand wäre eine *Torheit*, schrieb er in der bekannten Adresse der Internationale... Als sich aber die *Massen* erhoben, will Marx mit ihnen marschieren, mit ihnen vereint im Kampfe selbst lernen, nicht aber ihnen Kanzelpredigten halten. Er begreift, dass der Versuch, im voraus die Chancen mit *absoluter Präzision* zu bestimmen, entweder Scharlatanerie oder hoffnungslose Pedanterie wäre. Er stellt *über alles* die Tatsache, dass die Arbeiterklasse heldenmütig, aufopferungsvoll, initiativ Weltgeschichte macht. Marx betrachtet die Geschichte vom Standpunkte derer, die sie ohne die Möglichkeit der *unfehlbaren* Vorausberechnung der Chancen **machen**, nicht aber vom Standpunkte des kleinbürgerlichen Intelligenzlers, der da moralisiert: ‘Es war leicht vorauszusehen...’ oder ‘Man hätte nicht... greifen sollen’. Marx verstand es sogar zu würdigen, daß es Augenblicke in der Geschichte gibt, wo ein verzweifelter Kampf der *Massen* selbst um einer aussichtslosen Sache willen *notwendig* ist für die weitere Erziehung dieser Massen und ihre Vorbereitung zum *nächsten* Kampfe.“

Verbindungen zu den Kommunarden

Marx nutzte jede Möglichkeit, um zu den Führern der Kommune Kontakt herzustellen und ihnen mit Ratschlägen zu helfen. Auf Beschluss des Generalrats wurde Auguste Serraillier nach Paris geschickt. Seine Briefe lieferten Marx wertvolle Informationen. Die Versailler und die preußische Feldpolizei konnten jedoch bald Paris blockieren. Deswegen mussten Briefe insgeheim aus der Stadt gebracht und in einem der Vororte aufgegeben werden; zuverlässiger war es, sie jemandem mitzugeben, doch kamen sie dann mit großer Verspätung an. Aus Gründen der Konspiration zog es Marx vor, seine Ratschläge an die Kommune mündlich über Vertrauensleute zu übermitteln. Außer mit Serraillier unterhielt er Verbindungen zu Leo Frankel und Louis-Eugène Varlin. Über sie suchte er die Kommune zu energischerem Vorgehen gegen die Konterrevolution innerhalb von Paris zu veranlassen; nachdrücklich empfahl er eine offensivere Taktik gegenüber Versailles. Am 13. Mai 1871 schrieb er an Frankel und Varlin: „Die Kommune scheint mir zuviel Zeit mit Kleinigkeiten und persönlichen Streitereien zu verlieren. Man sieht, dass es hier noch andere Einflüsse gibt als die der Arbeiter". Aus einem erhalten gebliebenen Brief von Frankel, der die Kommission für Arbeit leitete, geht hervor, dass er sich mit Marx darüber beriet, wie am besten „eine Umgestaltung der sozialen Verhältnisse zu bewerkstelligen" sei. Marx riet der Kommune in erster Linie, sich der Unterstützung der Provinzen zu versichern und so zu versuchen, die verhängnisvolle Isolierung von Paris zu überwinden. Damit stellte er die Kommunarden im Grunde vor die Frage der Verbündeten des Proletariats in der sozialistischen Revolution. Er verwies von den ersten Tagen der Kommune an auf die Notwendigkeit, die französischen Bauern für die proletarische Umwälzung zu gewinnen.

Andererseits lobte Marx ausdrücklich die von der Kommune im Interesse des städtischen Kleinbürgertums durchgeführten Maßnahmen: Annullierung der Mietschulden, Stundung der Rückzahlung sonstiger Schulden und Erlassung der Zinsen dafür. Im Generalrat bezeichnete er die Dekrete über die Mieten und die Pfandleihhäuser als „zwei meisterhafte Schläge".

„Der Bürgerkrieg in Frankreich"

Schon Mitte April 1871 beauftragte der Generalrat der Internationale Marx, eine Adresse, eine Denkschrift über die Kommune, zu verfassen. Durch sie sollten die Arbeiter in allen Ländern in Kenntnis gesetzt werden, was die Kommune ist und was sie will.

Marx machte sich sogleich an die Niederschrift und ließ sich auch durch eine Erkrankung nicht von der Arbeit abhalten. Seine Tochter Jenny und Engels halfen ihm bei der Sammlung des Materials, vor allem bei der Durchsicht der englischen und französischen Presse. Engels lieferte ihm eine Analyse der militärischen Maßnahmen der Kommune. Marx erarbeitete zwei Entwürfe, verwarf sie aber, da er mit ihnen noch nicht zufrieden war. Am 29. Mai 1871, einen Tag nach dem Ende der Pariser Kommune, war der endgültige Text fertig. Am 30. Mai las ihn Marx den Mitgliedern des Generalrats vor. Sie billigten das Dokument einstimmig.

Am 13. Juni 1871 erschien die Adresse unter dem Titel „Der Bürgerkrieg in Frankreich" in London in englischer Sprache. Sie wurde von den Mitgliedern des Generalrats unverzüglich in England verbreitet und nach dem Kontinent versandt. Engels übersetzte sie ins Deutsche. Ab Ende Juni erschien sie im Zentralorgan der Eisenacher Partei. Schnell folgten Übersetzungen ins Dänische, Flämische, Französische,

Holländische, Italienische, Polnische, Russische, Serbokroatische und Spanische. Keine andere Schrift von Marx und Engels war zuvor so rasch und weit verbreitet worden.

Die von Marx verfasste Adresse des Generalrats über den Bürgerkrieg in Frankreich zählt zu den grundlegenden programmatischen Schriften des Marxismus. Sie ist eines seiner klassischen Werke und zeichnet sich besonders durch den revolutionären Stil und die unverblümt-radikale Sprache aus. Da die Arbeiterbewegung ideologisch gewachsen war und sich in der Internationale seit ihrer Gründung tiefgreifende Veränderungen vollzogen hatten, konnte Marx nun die gemäßigte Form bei der Darlegung seiner Ideen fallenlassen, die er in der Anfangszeit der IAA aus taktischen Erwägungen wahren hatte müssen. Er hatte jetzt die Möglichkeit und hielt es auch für erforderlich, wieder zur Sprache des „Manifests der Kommunistischen Partei“ zurück- zukehren.

Die Weiterentwicklung der Staats- und Revolutionstheorie

Der historisch wichtigste Akt der Pariser Kommune, hob Marx hervor, sei die Vernichtung des bürgerlichen bürokratischen Staatsapparats, der alten Armee und Polizei, der Verwaltungs- und Justizorgane gewesen. Für ihn bestätigte die Kommune voll und ganz die von ihm nach 1848 gezogene Schlussfolgerung, dass die Zerschlagung der bürgerlichen Staatsmaschine als Voraussetzung für die soziale Befreiung der Arbeiterschaft notwendig sei. Marx unterstrich:

> „Die Arbeiterklasse kann nicht die fertige Staatsmaschinerie einfach in Besitz nehmen und diese für ihre eigenen Zwecke in Bewegung setzen. Das politische Werkzeug ihrer Versklavung kann nicht als politisches Werkzeug ihrer Befreiung dienen.“

Gleichzeitig behandelte Marx die Stellung der Arbeiter zum bürgerlichen Staat und wandte sich hier gegen ein Verabsolutieren der einen oder anderen Thesen. Kritisierte er den bürgerlichen Parlamentarismus und hob er die Grenzen der bürgerlichen Demokratie hervor, so deutete er damit aber keineswegs an, dass man darauf verzichten dürfe, die demokratischen Freiheiten und das Parlament im Interesse der Arbeiterklasse und der werktätigen Massen auszunutzen. Der Prozess der Zerstörung des bürgerlichen Staates, führte Marx aus, schließe keineswegs die Möglichkeit aus, die in echtem Volksgeist umzugestaltenden traditionellen demokratischen Einrichtungen, wie z.B. das allgemeine Wahlrecht, zu erhalten. Er schrieb:

> „Während es galt, die bloß unterdrückenden Organe der alten Regierungsmacht abzuschneiden, sollten ihre berechtigten Funktionen einer Gewalt, die über der Gesellschaft zu stehn beanspruchte, entrissen und den verantwortlichen Dienern der Gesellschaft zurückgegeben werden.“

Marx hat hier etwas Neues und sehr Wichtiges dargelegt: dass die sozialistische Umwälzung nicht ausnahmslos *alle* Institutionen des bürgerlichen Staates zu zertrümmern brauche, sondern dass das Wesen der Veränderungen im staatlichen Mechanismus darin bestehe, einerseits die unterdrückenden Organe „abzuschneiden“ und andererseits die *gesellschaftlich notwendigen* (Volksvertretungsorgane, Bildungswesen, Gesundheitswesen, soziale Einrichtungen etc.) *zu demokratisieren*.

Bemerkenswert ist weiters, dass Marx die These von der gewaltsamen Vernichtung des alten Staatsapparats in erster Linie durch die Geschichte des *kontinentalen* Europa belegte, denn er hielt sie unter den damaligen Bedingungen für die meisten, nicht aber für ausnahmslos alle Länder für obligatorisch. In dem Brief an Kugelmann vom 12. April 1871 schrieb er in dem Satz mit dieser Schlussfolgerung ausdrücklich, dass er die proletarischen Revolutionen auf dem europäischen Kontinent meine. Für Länder jedoch, die wie England damals noch keinen entwickelten militärisch-bürokratischen Apparat hatten, räumte er die Möglichkeit einer Machtergreifung durch die Arbeiter und einer revolutionären Umgestaltung des Staatssystems *ohne* bewaffneten Aufstand, mit *friedlichen* Mitteln ein.

Hervorzuheben ist, dass Marx nicht nur die materiellen Machtinstrumente der früheren Regierung (stehendes Heer, Polizei usw.), sondern auch die Mittel der *geistigen* Beherrschung zu den *unterdrückenden* Organen zählte. Eine hohe Wertschätzung bekundete er deshalb den Bemühungen der Kommune, die auf die Trennung von Kirche und Staat und die radikale Demokratisierung der Schulbildung gerichtet waren.

Für Marx war die Pariser Kommune nichts weniger als die Keimform des künftigen proletarischen Staates, diejenige Form der Arbeitermacht, durch die der zerschlagene Staatsapparat der Bourgeoisie ersetzt werden müsse. Er sah in der Kommune „die endlich entdeckte politische Form, unter der die ökonomische Befreiung der Arbeit sich vollziehen konnte“. Aus dem proletarischen Wesen dieses 72 Tage existierenden Staates habe sich sein konsequenter Demokratismus ergeben: die Wählbarkeit, Abberufbarkeit und Verantwortlichkeit aller Machtorgane und Amtspersonen vor dem Volk, die wirklich demokratischen Prinzipien im Aufbau und der Organisation der Streitkräfte (der Nationalgarde), im neuen Verwaltungs- und Justizsystem, im System der öffentlichen Sicherheit. Überall sei dieser Staat bestrebt gewesen, den Bürokratismus auszumerzen und die Vorrechte, die die Beamten über das Volk stellten, abzuschaffen. Daher müssten nach Marx in einem künftigen proletarischen Staat alle Volksvertreter wählbar, rechenschaftspflichtig und jederzeit absetzbar sein; die gesetzgebende und vollziehende Gewalt müsse in einer Hand vereinigt werden - Prinzipien, die das Rätesystem, die Rätedemokratie kennzeichnen. Marx wies aber auch darauf hin, dass die neue proletarische Macht ausreichend zentralisiert und gefestigt sein müsse. Die Notwendigkeit der Zentralisierung begründete er mit der riesigen Arbeit, die es nach dem Sieg der Revolution bei der Umgestaltung der sozialen Verhältnisse zu leisten gelte. Die Kommune hatte in den nur 72 Tagen ihres Bestehens nicht genügend Zeit und Möglichkeiten, diese Arbeit so zu entfalten, wie es erforderlich gewesen wäre. Die sozialen Maßnahmen jedoch, die sie durchführen konnte (Übergabe der Betriebe der aus Paris geflohenen Unternehmer an Arbeitergenossenschaften usw.), lobte Marx sehr als erste Schritte, die die Richtung der ökonomischen Politik des proletarischen Staates zur Verwandlung der Produktionsmittel, des Bodens und des Kapitals in „Werkzeuge der freien und assoziierten Arbeit" markieren konnten. Dabei warnte er vor einer Überstürzung bei der Durchführung ökonomischer und sozialer Umwälzungen. Er erklärte, dass sie nicht auf einmal realisierbar seien, dass man weder von der Kommune noch von irgendeiner anderen proletarischen Regierung Wunder erwarten dürfe. Diese Aufgabe sei nur in einer ganzen Übergangsperiode, in einem relativ langwierigen Prozess lösbar, in dessen Verlauf sich sowohl die Verhältnisse als auch die Menschen selbst verändern müssten. In diesem Zusammenhang maß Marx auch der Kultur- und Bildungspolitik des proletarischen Staates große Bedeutung bei, denn er sollte die Bildung „für jedermann zugänglich" machen und so den Volksmassen die Errungenschaften der Weltwissenschaft und Weltkultur vermitteln.

Zur Rolle der Partei

Bezüglich der Rolle der Partei führte Marx im „Bürgerkrieg in Frankreich" aus: Hauptursache der Niederlage der Kommune sei gewesen, dass an der Spitze der Arbeiterregierung eine erfahrene und ihre Aufgaben klar erfassende revolutionäre Arbeiterpartei fehlte. Eine solche Rolle zu spielen seien weder die den größten Einfluss in der Kommune ausübenden Blanquisten noch die linken Proudhonisten und noch weniger die kleinbürgerlichen Neojakobiner imstande gewesen. Der Verlauf der revolutionären Ereignisse und der Klasseninstinkt der Massen habe zwar die der revolutionären Sache treu ergebenen Kommunarden dazu gebracht, die richtige Handlungsweise zu suchen und oft auch zu finden. Diese Handlungsweise habe jedoch ihren eigenen kleinbürgerlichen Doktrinen, die sie noch nicht überwunden hatten, widersprochen. Eine solche spontan, im Dunkeln und oft gegen die eigene Überzeugung wahrgenommene Führung könne keine konsequente revolutionäre Politik gewährleisten und sie vor verhängnisvollen Fehlern bewahren. Außerdem habe die Uneinigkeit zwischen den verschiedenen Richtungen die Arbeit der Kommune oft gelähmt. Das Proletariat brauche eine kampffähige, festgefügte, mit dem Wissen über den Gang der gesellschaftlichen Entwicklung ausgerüstete Vorhut. Diese Schlussfolgerung, zu der Marx schon früher gelangt war, war nun für ihn durch die Erfahrungen der proletarischen Revolution in Paris endgültig bestätigt: Ohne revolutionäre Partei könne die

Arbeiterklasse die eroberte Macht nicht behaupten und die sozialistischen Umwälzungen nicht durchführen.

Allen jenen, die die Kommunarden entweder wegen ihrer revolutionären Maßnahmen oder wegen ihrer Fehler und Versäumnisse verdammten, hielt Marx im „Bürgerkrieg in Frankreich“ entgegen:

> „Jawohl, meine Herren, die Kommune wollte jenes Klasseneigentum abschaffen, das die Arbeit der vielen in den Reichtum der wenigen verwandelt. Sie beabsichtigte die Enteignung der Enteigner... Aber dies ist der Kommunismus, der ‘unmögliche’ Kommunismus!... Die Arbeiterklasse verlangte keine Wunder von der Kommune. Sie hat keine fix und fertigen Utopien durch Volksbeschluss einzuführen. Sie weiß, dass, um ihre eigene Befreiung und mit ihr jene höhere Lebensform hervorzuarbeiten, der die gegenwärtige Gesellschaft durch ihre eigene ökonomische Entwicklung unwiderstehlich entgegenstrebt, dass sie, die Arbeiterklasse, lange Kämpfe, eine ganze Reihe geschichtlicher Prozesse durchzumachen hat, durch welche die Menschen wie die Umstände gänzlich umgewandelt werden. Sie hat keine Ideale zu verwirklichen; sie hat nur die Elemente der neuen Gesellschaft in Freiheit zu setzen, die sich bereits im Schoß der zusammenbrechenden Bourgeoisgesellschaft entwickelt haben. Im vollen Bewusstsein ihrer geschichtlichen Sendung und mit dem Heldenentschluss, ihrer würdig zu handeln, kann die Arbeiterklasse sich begnügen, zu lächeln gegenüber den plumpen Schimpfereien der Lakaien von der Presse, wie gegenüber der lehrhaften Protektion wohlmeinender Bourgeoisdoktrinäre, die ihre unwissenden Gemeinplätze und Sektierermarotten im Orakelton wissenschaftlicher Unfehlbarkeit abpredigen.“

Und in seiner Einleitung zur Neuauflage des „Bürgerkriegs in Frankreich“, datiert vom 18. März 1891, schrieb Engels über die Staatsfrage und mit Bezugnahme auf die in Deutschland besonders verbreitete „Staatsfrömmigkeit“:

> „Und daraus folgt dann eine abergläubische Verehrung des Staates und alles dessen, was mit dem Staat zusammenhängt, und die sich um so leichter einstellt, als man sich von Kindesbeinen daran gewöhnt hat, sich einzubilden, die der ganzen Gesellschaft gemeinsamen Geschäfte und Interessen könnten nicht anders besorgt werden, als wie sie bisher besorgt worden sind, nämlich durch den Staat und sein wohlbestallten Behörden. Und man glaubt schon einen ganz gewaltig kühnen Schritt getan zu haben, wenn man sich frei gemacht vom Glauben an die erbliche Monarchie und auf die demokratische Republik schwört. In Wirklichkeit aber ist der Staat nichts als eine Maschine zur Unterdrückung einer Klasse durch eine andere, und zwar in der demokratischen Republik nicht minder als in der Monarchie; und im besten Fall ein Übel, das dem im Kampf um die Klassenherrschaft siegreichen Proletariat vererbt wird, und dessen schlimmste Seiten es, ebensowenig wie die Kommune, umhin können wird, sofort möglichst zu beschneiden, bis ein in neuen, freien Gesellschaftszuständen herangewachsenes Geschlecht imstande sein wird, den ganzen Staatsplunder von sich abzutun. Der sozialdemokratische Philister ist neuerdings wieder in heilsamen Schrecken geraten bei dem Wort: Diktatur

des Proletariats. Nun gut, ihr Herren, wollt ihr wissen, wie diese Diktatur aussieht? Seht euch die Pariser Kommune an. Das war die Diktatur des Proletariats.“

17. Kapitel: Marx und Engels in den Jahren 1871 bis 1875; die Auseinandersetzung mit dem Anarchismus; der Niedergang der I. Internationale; Engels' „Die Bakunisten an der Arbeit"; Engels' „Zur Wohnungsfrage"

Die späten sechziger und ersten siebziger Jahre waren jener Abschnitt im Leben und Wirken von Marx und Engels, in dem der Kampf gegen Bakunin und den Anarchismus im Vordergrund stand. Diese immer mehr eskalierende, zuletzt erbitterte Auseinandersetzung erfasste auch die Internationale, in der die Bakunisten seit 1868 vertreten waren, führte zu ihrer Schwächung und trug so zu ihrer Auflösung bei.

Marx und Bakunin

Michail Alexandrowitsch Bakunin (1814 - 1876), ein Russe, widmete sich bereits Ende der dreißiger Jahre in Moskau dem Studium der Philosophie, speziell Fichtes, Schelling und Hegels. Das Interesse für deren Lehren führte ihn 1840 nach Berlin, wo er sich unter dem Einfluss der Junghegelianer publizistisch in oppositionellen deutschen Zeitschriften betätigte. Beeindruckt von Moses Heß und Wilhelm Weitling begann Bakunin bald darauf, kommunistische Vorstellungen zu vertreten. 1844 begab er sich nach Paris und lernte dort Proudhon und Marx kennen, mit dem er zunächst freundschaftlich verkehrte. Ein erster Riss zwischen beiden trat ein, als Bakunin zu Beginn der Revolution 1848 sich auf die Seite jener ultraradikalen deutschen Emigranten in Paris schlug, die mit Waffengewalt die Revolution nach Deutschland hineintragen wollten, mit ihrer Freischar aber kläglich scheiterten. (Siehe 8.Kapitel)

Während der Revolution 1848/49 bemühte Bakunin sich, in Böhmen die slawischen Revolutionäre zu vereinigen, und nahm am Aufstand in Dresden teil, unter dessen Führern sich bekanntlich auch der Komponist Richard Wagner befand. Von der sächsischen und österreichischen Regierung wegen revolutionärer Tätigkeit verurteilt und inhaftiert, wurde Bakunin 1851 von Österreich an Russland ausgeliefert, wo ihn Zar Nikolaus I. in Schlüsselburg einkerkern ließ und ihn nach einigen Jahren nach Sibirien verbannte. 1861 gelang ihm die Flucht, und er kehrte über Japan und Amerika nach Europa zurück. Hier widmete er sich bis 1863 der polnischen Befreiungsbewegung. 1864 begegnete er in London erneut Marx. Der fand ihn gereift: „Ich muss sagen, dass er mir sehr gefallen hat und besser als früher... Im Ganzen ist er einer der wenigen Leute, die ich nach 16 Jahren nicht zurück, sondern weiter entwickelt finde", schrieb er am 4. November 1864 an Engels.

Von Marx erfuhr Bakunin von der Gründung der IAA und versprach seine Mitarbeit. Marx ermunterte ihn zu revolutionärer Tätigkeit in Italien, weil er dort, wie er am 11. April 1865 an Engels schrieb, „durch Bakounine in Florenz Gegenminen gegen Herrn Mazzini legen" wollte. Diesen Zweck erreichte er auch vollständig: Bakunin gewann in kurzer Zeit unter den italienischen Arbeitern zahlreiche Anhänger.

1868 gelang es Bakunin, eine Organisation zu gründen, die „Allianz der sozialistischen Demokratie". Um deren Wirkungskreis zu erweitern, wandte er sich an den Generalrat der IAA mit dem Ersuchen, die „Allianz" in die Internationale aufzunehmen, und zwar als besondere Gesellschaft mit eigenem Statut und eigenem Programm. Auf Anraten von Marx lehnte das der Generalrat kategorisch ab. Daraufhin erklärte Bakunin, dass seine „Allianz" beschlossen habe, ihre Organisation aufzulösen und ihre Sektionen in Sektionen der Internationale umzuwandeln, jedoch unter Beibehaltung ihres theoretischen Programms. Der Generalrat zeigte sich nun kompromissbereit und nahm unter der Bedingung der Anerkennung der allgemeinen Grundsätze der IAA die Sektionen der formell aufgelösten „Allianz" 1868 in die Internationale auf. Damit schien alles zu einem guten Ende gekommen zu sein. Was Bakunin aber verschwieg, war die Tatsache, dass die „Allianz" seit ihrer Gründung neben der öffentlichen auch eine geheime Organisation hatte, die fortexistierte und gegen die I. Internationale einen hartnäckigen Kampf führte.

Bakunins Anschauungen

Die Anschauungen Bakunins vereinigten verschiedene philosophische und soziale Ideen, die er teilweise bereits in den vierziger Jahren kennen gelernt hatte. Seine anarchistisch-atheistische sozialrevolutionäre Gesellschaftslehre enthielt Ideen Feuerbachs, des französischen Materialismus des 18. Jahrhunderts sowie Auffassungen Max Stirners und vor allem Proudhons. Kernstück seiner sozialen Ansichten, die Bakunin selbst „anarchistisches System" nannte, war die Forderung nach der „sozialen Liquidation" - der „radikalen Auflösung aller bestehenden religiösen, politischen, ökonomischen und sozialen Organisationen und Einrichtungen" - als dem notwendigen Ausgangspunkt und der unentbehrlichen Basis einer neuen Organisation der Gesellschaft. Das Funktionieren der neu „einzuführenden" Gesellschaft machte Bakunin von der sofortigen Abschaffung jeglicher politischen Macht abhängig.

Die Zerstörung der bürgerlichen Gesellschaft, die soziale Revolution - das war es, was Bakunin anstrebte. Marx hatte sich dasselbe Ziel gesetzt. Das heißt, dass die Meinungsverschiedenheiten auf einer anderen Ebene lagen. Und tatsächlich gingen die Ansichten von Marx und Bakunin scharf auseinander in der Frage der Mittel, dieses Ziel zu erreichen.

Der Hauptgegner für Bakunin war nicht das kapitalistische System, sondern der Staat und *jede Form* staatlicher Ordnung. Den Staat zuerst müsse man zerstören, und dann werde sich schon alles von selbst entwickeln. Es genüge, die revolutionäre Intelligenz und die durch ihr Elend erbitterten Arbeiter zum Aufstand zu bringen. Dazu müsste man eine Gruppe haben, die aus entschlossenen, revolutionär gesinnten Menschen besteht. Im wesentlichen lässt sich darauf die Lehre von Bakunin reduzieren. Von der Eroberung der politischen

Macht durch das Proletariat wollte Bakunin nichts wissen. Er lehnte jeden politischen Kampf ab, soweit er auf dem Boden der existierenden bürgerlichen Gesellschaft zu führen war und soweit es sich dabei um die Schaffung günstiger Bedingungen für die Klassenorganisation des Proletariats handelte. Deshalb waren Marx und alle, die mit ihm den politischen Kampf für notwendig hielten und die Arbeiterschaft für die Eroberung der politischen Macht organisieren wollten, in den Augen von Bakunin und seinen Anhängern verknöcherte Opportunisten und Bremser, die die Heraufkunft der sozialen Revolution aufhielten.

Soziale Basis seiner Ansichten waren eindeutig die kleinbürgerlichen Verhältnisse und Lebensumstände. Ursprünglich waren dies die zurückgebliebenen Verhältnisse des zaristischen Russlands, die Bakunin dann in der italienischen Wirklichkeit, wie er sie in den sechziger Jahren kennen lernte, wieder fand: verarmte werktätige Massen, vor allem eine verarmte Bauernschaft, und eine proletarische Bewegung, die sich von der allgemeinen demokratischen Bewegung eben erst abzuheben begann. Bakunins Ansichten wurden vorwiegend von den hier vorgefundenen ökonomischen Verhältnissen geformt, von der handwerklichen Produktion, von den kleinen kapitalistischen Unternehmen, der ärmlichen Bauernwirtschaft usw. Sich an dieser kapitalistischen Kleinproduktion orientierend, übersah er die kapitalistische Entwicklung des industriellen Großbetriebs, die sich auch in diesen Ländern den Weg bahnte. Bakunins Aufrufe zur Befreiung der menschlichen Individualität von jeglicher ideologischen, politischen und ökonomischen Autorität verbanden sich bei ihm mit einer Leugnung des politischen Klassenkampfes und einer künftigen proletarischen Staatsmacht. Darin stimmte er mit dem Anarchismus im Sinne Stirners und Proudhons überein. Und so wie Stirner und Proudhon begriff er nicht die grundlegende Rolle der ökonomischen Beziehungen. Engels stellte wiederholt fest, dass Bakunin „ nicht das Kapital, d.h. den durch die gesellschaftliche Entwicklung entstandenen Klassengegensatz zwischen Kapitalisten und Lohnarbeitern für das zu beseitigende Hauptübel ansieht, sondern den *Staat*“; dass er meine, „der *Staat* habe das Kapital geschaffen, der Kapitalist habe sein Kapital bloß *von der Gnade des Staats*“.

Für die Ungleichheit, das Vorrecht der Wenigen und die Unterdrückung der Vielen machte Bakunin das vom Staat geschützte *Erbrecht* verantwortlich. Deshalb vermutete er - die ökonomischen Ansichten von Marx, denen er angeblich beipflichtete, völlig missverstehend -, dass die Abschaffung des Erbrechts die erste Tat der sozialen Revolution sein müsse. Mit dieser Frage setzte 1869 Marx' Kritik an Bakunin auf dem Kongress der I. Internationale in Basel ein. Marx wies darauf hin, dass die Abschaffung des Erbrechts ein zwangsläufiges Ergebnis der sozialen Revolution sein werde und es daher - auch mit Rücksicht auf das Bündnis mit den Bauern - falsch sei, sie an den *Anfang* zu stellen. Die Proklamierung der

„Abschaffung des Erbrechts“ wäre, wie Marx schrieb, „keine ernstzunehmende Tat, sondern eine törichte Drohung, die die ganze Bauernschaft und das ganze Kleinbürgertum um die Reaktion scharen würde“. Davon abgesehen betrachtete Marx die Aufhebung des Erbrechts als eine sekundäre Frage, die sich mit der Aufhebung des Privateigentums an Produktionsmitteln von selbst löst, weil die Erbschaftsgesetze, wie jede andere bürgerliche Gesetzgebung, „nicht die Ursache, sondern die Wirkung, die juristische Folge der bestehenden ökonomischen Organisation der Gesellschaft, die auf das Privateigentum an den Mitteln der Produktion begründet ist, d.h. Land, Rohmaterial, Maschinen usw.“ sind. Gleichzeitig trat Marx schon in Basel auch gegen ein anderes Prinzip auf, das im bakunistischen Programm enthalten war, gegen die „Gleichmachung der Klassen“. Diese laufe, so schrieb Marx, „auf die *Harmonie von Kapital und Arbeit* hinaus, welche die Bourgeoissozialisten so aufdringlich predigen“, und sei dem Prinzip der vollständigen Emanzipation der Arbeiterklasse, das im Programm der Internationale verankert war, entgegengesetzt.

Bakunins Programm sei, wie Marx am 29. November 1871 in einem Brief an Bolte schrieb,

> „ein rechts und links oberflächlich zusammengeraffter Mischmasch - *Gleichheit* der *Klassen* (!), *Abschaffung des Erbrechts* als *Ausgangspunkt* der sozialen Bewegung (St. Simonistischer Blödsinn), *Atheismus als Dogma* den Mitgliedern vordiktiert usw. und als Hauptdogma (proudhonistisch) Abstention von politischer Bewegung.“

Bakunin über Marx und dessen Lehre

Aus dem Jahr 1871 stammt eine von mehreren Einschätzungen Marx’ seitens Bakunins, die wie folgt anhebt:

> „Marx ist ein Mann von großer Intelligenz und dazu ein Gelehrter im weitesten und tiefsten Sinne dieses Worts. Er ist ein gründlicher Nationalökonom, im Vergleich zu welchem Mazzini, dessen ökonomische Kenntnisse äußerst oberflächlich sind, kaum ein Schüler genannt werden kann. Marx ist ferner der Sache des Proletariats leidenschaftlich ergeben. Daran hat niemand das Recht zu zweifeln, denn er dient ihr seit bald dreißig Jahren mit nie verleugneter Ausdauer und Treue. Er widmete ihr sein ganzes Leben... Zu diesen großen und unbestreitbaren Verdiensten kommt dieses dazu, dass Marx der Initiator und Hauptinspirateur der Gründung der Internationale war. Dies sind die Dienste, die er geleistet hat...“

Nach diesem Loblied zog Bakunin über Marx mit folgenden Vorwürfen her: Er sei ein „Doktrinär“, der absolut an seine Theorien glaube und von der Höhe dieser Theorien herab alle Welt verachte; als „autoritärer Kommunist“ hasse er nicht nur die Bourgeois, sondern alle - auch revolutionäre Sozialisten -, die ihm zu widersprechen wagen; Marx sei „äußerst eitel, eitel bis zum Schmutz und zur Tollheit“; wer seine Eitelkeit verletze, dessen unversöhnlicher Feind werde er, „und dann hält er alle Mittel für erlaubt..., um einen solchen in der öffentlichen Meinung zu verderben. Er lügt, erfindet und bemüht sich, die schmutzigsten Verleumdungen zu verbreiten".

Zuletzt brach Bakunins Judenfeindschaft durch, wobei er sich zu folgender Absurdität (ein Paradebeispiel an „Weltverschwörungs"-Paranoia) verstieg:

> „Diese ganze jüdische Welt, die eine ausbeuterische Sekte, ein Blutegelvolk, einen einzigen fressenden Parasiten bildet..., diese jüdische Welt steht heute zum großen Teil einerseits Marx, andererseits Rothschild zur Verfügung. Ich bin sicher, dass die Rothschild auf der einen Seite die Verdienste von Marx schätzen und dass Marx auf der anderen Seite instinktive Anziehung und großen Respekt für die Rothschild empfindet. Das mag sonderbar erscheinen. Was kann es zwischen dem Kommunismus und der Großbank gemeinsames geben? Oh! der Kommunismus von Marx will die *mächtige staatliche Zentralisation* (Hervorhebung H.H.), und wo es eine solche gibt, muss heutzutage unvermeidlich eine zentrale Staatsbank bestehen, und wo eine solche Bank besteht, wird die parasitäre jüdische Nation, die in der Arbeit des Volkes spekuliert, immer ein Mittel zu bestehen finden..."

Nebenbei bemerkt hat Marx nicht verabsäumt, die Injurien Bakunins ebenso grob zu erwidern: „Ochse. Panslawistisches Pack. Verdammter Russe. Intrigant. Ehrgeizige eitle Unfähigkeit. Scharlatan. Schamlose Ignoranz und Oberflächlichkeit. Esel. Theoretische Null. Zu jeder Gemeinheit fähig."

Ernster zu nehmen ist die Kritik Bakunins am Marxschen „Etatismus". Als Marx im „Bürgerkrieg in Frankreich" den Gedanken von der Notwendigkeit der Zertrümmerung der bisherigen Staatsmaschine bekräftigte, wurde das von den Bakunisten als Übergang zum anarchistischen Standpunkt begrüßt. Diese Freude war jedoch unbegründet, weil Marx seine Überzeugung von der Notwendigkeit einer Diktatur des Proletariats in der Übergangsperiode und der Notwendigkeit einer zentralen Wirtschaftsverwaltung in ihr und danach keineswegs aufgab; er glaubte lediglich, der künftige Staat werde seine politischen Funktionen verlieren.

Es ist jedoch nicht von der Hand zu weisen, dass Marx sich nicht klar darüber äußerte, auf welcher Grundlage das Gesellschaftsleben unter Bedingungen organisiert werden könnte, unter denen der Staat aufgehoben und die Wirtschaft einer zentralisierten Regelung unterworfen werde.

Bakunins Vorstellungen von politischer Ökonomie waren überaus primitiv. Er glaubte ganz einfach, dass die Menschen sofort ihre Gemeinschaftsinstinkte und angeborenen Fähigkeiten zur solidarischen Zusammenarbeit frei mobilisieren würden, sobald sie sich von der Bürde des Staates befreit hätten, und dass kein Interessenskonflikt je wieder in Erscheinung treten werde. Die Demokratie stellte er sich nach dem Muster der Schweizer Dörfer vor, in denen die gesamte volljährige Bevölkerung sich in gewissen Abständen versammelt, um über Gemeindeprobleme zu entscheiden. Auf welche Weise ein derartiges System auf der Ebene einer

Provinz, eines Landes und schließlich der ganzen Menschheit Anwendung finden könne unter der Voraussetzung, dass die repräsentative Demokratie abgeschafft ist, darüber geben Bakunins Schriften keinerlei Auskunft.

In diesen Disputen war die ökonomische Kritik Marx' starke Seite, vor allem seine Überzeugung, dass die von Bakunin angestrebte Unabhängigkeit aller Produktionseinheiten sämtliche katastrophalen Gesetze der Marktwirtschaft zwangsläufig reproduzieren werde. Die starke Seite Bakunins wiederum war vor allem seine Kritik des „Etatismus", der in Marx' Weltanschauung explizit bzw. latent enthalten war.

Bakunin griff hier ein Problem auf, das alles andere als ein imaginäres war: Auf welche Weise hat man sich eine zentralisierte Wirtschaft ohne politischen Zwang vorzustellen? Und wenn die Zukunftsgesellschaft die Scheidung in Regierende und Regierte aufrechterhalten sollte, wie kann dann die Entstehung eines neuen Privilegiensystems verhindert werden, wenn die bisherige Geschichte gezeigt habe, dass das Machtprivileg eine natürliche Tendenz zur Selbstverewigung aufweist? Diese Fragen sollten sich von nun an häufig in den Kritiken wiederholen, die Anarchisten und Syndikalisten gegen den Marxismus richteten. Dass Marx sich den Sozialismus nicht als eine despotische Herrschaft vorgestellt hat, in der der politische Apparat seine Privilegien auf der Grundlage des Monopols bei der Verwaltung der Produktionsmittel sichern würde, ist evident. Und doch stellte Bakunin ihm zu diesem Problem Fragen, die Marx nicht befriedigend und überzeugend beantwortete.

Bakunin glaubte, dass die sich selbst überlassenen Menschen sich als gut erweisen würden, weil das Böse nicht von ihnen stamme, sondern vom Staat und vom Privateigentum; durch welche Mechanismen der gute Mensch die ganze Unmenge des weltbeherrschenden Bösen geschaffen haben soll, das allerdings blieb ihm unklar. Er erwartete, dass mit der Aufhebung von Staat und Erbrecht das Böse, die Konflikte, Kämpfe und Aggressionen automatisch verschwinden würden.

Marx erwog dieses Problem im allgemeinen überhaupt nicht, und schon gar nicht in diesen Kategorien. Er hielt die Frage, ob die Menschen von Natur aus gut seien oder nicht, für naiv. Ihn beschäftigte die Menschheit als Gattung, ihre fortschreitende Entwicklung, die auf der wachsenden Herrschaft des Menschen über die Natur basierte, und er glaubte, dass die persönliche Entwicklung des Menschen gegenüber der Entwicklung der Gattung irrelevant sei.

Nicht leugnen lässt sich, dass hier eine Frage zur Sprache kam, die in der Epoche der Existenz des realsozialistischen Staatensystems zwischen 1917 und 1989/91 von ungeheurer Bedeutung war und die eine erneuerte marxistische Theorie klären muss, um die Voraussetzung für einen zweiten Anlauf zum Sozialismus zu schaffen.

Die Londoner Konferenz der IAA

Die Niederwerfung der Pariser Kommune löste eine Welle der Reaktion in ganz Europa aus, führte in Frankreich und Deutschland zu verschärften Repressionen gegen die Arbeiterbewegung und zu Verfolgungen der Mitglieder der Internationale. Auch innerhalb der IAA entbrannte jetzt ein heftiger Kampf um das politische Erbe der Kommunarden. Diese Auseinandersetzung forderte zu Beginn der siebziger Jahre alle Kräfte von Marx und Engels, denn außer den rechten Führern der englischen Trade-Unions, die in dieser sehr schwierigen Situation die Internationale Arbeiter-Assoziation im Stich ließen (sie vollzogen einen faktischen Austritt und beschränkten sich fortan auf die Sicherung ihrer Betätigung im Rahmen des bestehenden Systems), verstärkte die anarchistische Opposition ihre Angriffe gegen den Generalrat.

Angesichts dessen war an einen der sonst obligaten Jahreskongresse auf dem Kontinent nicht zu denken. Es wurde deshalb beschlossen, im September 1871 lediglich eine geschlossene Konferenz in London abzuhalten. Schon während der Vorbereitungszeit kam es zu scharfen Auseinandersetzungen zwischen Marx und den Verfechtern anarchistischer Auffassungen, wobei Bakunin sich lautstark als den wahren Erben der Kommune ausgab.

Die Londoner Konferenz der IAA fand vom 17. bis 23. September statt. Teilnehmer waren 17 Mitglieder des Generalrats, darunter Marx und Engels, sowie 23 Delegierte aus Belgien, England, Frankreich, Irland, der Schweiz und Spanien. Die wichtigsten Fragen der Konferenz waren das Verhältnis zwischen dem politischen Kampf und der sozialen Bewegung des Proletariats, die Formen des proletarischen Klassenkampfes sowie die Notwendigkeit, selbständige politische Arbeiterparteien in jedem Land zu bilden. In dem Beschluss über die politische Wirksamkeit der Arbeiterklasse erklärte die Konferenz, dass die „Konstituierung der Arbeiterklasse als politische Partei unerlässlich ist für den Triumph der sozialen Revolution und ihres Endziels - *Abschaffung der Klassen*."

Mit dieser Grundsatzentscheidung stellte sich die IAA auf die Positionen von Marx und Engels. Die Londoner Konferenz wies die Angriffe der Bakunisten auf die Taktik und die organisatorischen Prinzipien der IAA zurück und ernannte auf Antrag von Marx eine Kommission, die das Treiben der „Allianz der sozialistischen Demokratie" untersuchen sollte. Die Beschlüsse zu organisatorischen Fragen waren auf die Erweiterung des Einflusses der IAA auf die arbeitende Bevölkerung in Stadt und Land gerichtet. Karl Marx schlug die Bildung von Frauensektionen vor.

Der Haager Kongress der IAA

Die Beschlüsse der Londoner Konferenz bedeuteten einen eindeutigen Sieg der Auffassungen von Marx und Engels. Als sie veröffentlicht wurden, gerieten die Bakunisten in hellen Aufruhr. Sie bezichtigten den Generalrat der Usurpation der Macht, sprachen von einer Diktatur der Deutschen im

Generalrat und forderten, dass man in der Arbeiterbewegung die Zentralisation und Autorität ihrer Führung abschaffen müsse. Damit nicht genug: Auf ihrem Kongress in Sonvillier in der Schweiz lehnten die Bakunisten die Beschlüsse der Londoner Konferenz ab und beschuldigten den Generalrat, er habe seine Vollmachten missbraucht. Sie appellierten an die Sektionen, sich ebenso wie sie gegen die Beschlüsse der Londoner Konferenz zu wenden. Dieser Aufruf zum Zusammengehen aller dem Marxismus feindlichen Elemente in der Arbeiterbewegung fand sowohl bei den rechten Führern der englischen Trade-Unions als auch bei den Lassalleanern im ADAV Zustimmung. In dieser für Marx und Engels immer bedrohlicher werdenden Situation verfassten beide im Frühjahr 1872 in wochenlanger gemeinsamer Arbeit ein umfangreiches Dokument, in dem sie die desorganisierende Tätigkeit der Bakunisten anprangerten und deren arbeiterfeindliches Treiben vor den Mitgliedern der Internationale offen darlegten. In dieser Arbeit, der sie den Titel „Die angeblichen Spaltungen der Internationale“ gaben, charakterisierten sie den historischen Platz des Bakunismus als die „Kindheit der Proletarierbewegung“, die sich ebenso grundsätzlich von der proletarischen Massenbewegung unterscheide wie Astrologie und Alchimie von der modernen Naturwissenschaft.

Nie zuvor war die Lage der Internationale so ernst gewesen wie im Vorfeld des nächsten regulären Jahreskongresses, den man nach Den Haag in den Niederlanden einberufen hatte. Während die Bakunisten nicht nur in Spanien und Italien, sondern auch im Schweizer Jura und in Belgien zum Sturmangriff auf den Londoner Generalrat bliesen, suchten Marx und Engels ihre Anhänger zur Verteidigung des politischen Programms der Internationalen Arbeiter-Assoziation zu sammeln. Beide beschlossen, an einem Kongress der IAA erstmals persönlich teilzunehmen, und bereiteten sich auf ihn sorgfältig vor. Bakunin hingegen zog es vor, dem Haager Kongress fernzubleiben.

Der Haager Kongress, der vom 2. bis 7. September 1872 tagte und auf dem 65 Delegierte aus 13 europäischen Ländern sowie aus den USA und Australien vertreten waren, war der repräsentativste und politisch wichtigste in der Geschichte der I. Internationale, zugleich aber auch die letzte große Tagung vor ihrem Ende.

Der Haager Kongress bestätigte die von der Londoner Konferenz angenommene Resolution über die „Politische Wirksamkeit der Arbeiterklasse“, gegen die seit Herbst 1871 die Bakunisten und andere kleinbürgerliche Kräfte aufgetreten waren. Der Kongress beschloss, den Inhalt der Resolution wörtlich in die Statuten der IAA als Artikel 7a aufzunehmen. Durch das höchste Organ der Internationale wurden so die entscheidenden Grundprinzipien des Marxismus, dass die Errichtung der politischen Herrschaft der Arbeiterklasse Voraussetzung für den Aufbau des Sozialismus ist und diese Herrschaft nur unter Führung einer revolutionären politischen Partei erobert werden kann, in den Statuten der I. Internationale verankert. Damit errang der Marxismus einen wichtigen

Sieg über die kleinbürgerliche Ideologie.

Die anarchistischen Bakunisten wurden auf dem Haager Kongress in allen Punkten geschlagen; ihre Führer wurden aus der Internationale ausgeschlossen. Durch erweiterte Vollmachten erhielt der Generalrat der IAA wirkungsvollere Möglichkeiten, die zersetzenden Elemente in der Internationale zu bekämpfen. Weiters beschloss der Haager Kongress, den Sitz des Generalrats von London nach New York zu verlegen. Das hatte Engels, auch in Marx' Namen, beantragt, obwohl damit unvermeidlich sein und Marx' Ausscheiden aus dem Generalrat verbunden war. Engels begründete seinen Vorschlag damit, dass die Spaltertätigkeit der Bakunisten und Störaktionen kleinbürgerlicher Emigrantengruppen die Arbeit des Generalrats in London außerordentlich erschwert hätten. Auch sei London nunmehr acht Jahre Sitz des Generalrats gewesen, und „man müsse einmal wechseln, um einer zu fürchtenden Verknöcherung vorzubeugen". Hinzu kam, dass in Europa der Polizeiterror gegen die Arbeiterbewegung sprunghaft zugenommen und in einigen Ländern, so in Frankreich, die Tätigkeit der IAA fast völlig lahm gelegt hatte. Angesichts dieser Argumente und Tatsachen entschloss sich nach langer und kontroverser Diskussion eine knappe Mehrheit, der Verlegung des Sitzes des Generalrats nach New York zuzustimmen.

Heute wissen wir, dass diese Verlegung faktisch das Ende der I. Internationale bedeutete. Sie führte in Amerika nur noch ein kurzes Schattendasein und löste sich auf dem Kongress in Philadelphia 1876 endgültig auf. Engels schrieb später dazu:

> „Die Folge hat bewiesen, wie richtig dieser - damals und seither oft getadelte - Beschluss war. Einerseits war und blieb allen Versuchen die Spitze abgebrochen, auf den Namen der Internationale hin nutzlose Putsche zu machen, und andererseits aber bewies der fortdauernde innige Verkehr zwischen den sozialistischen Arbeiterparteien der verschiedenen Länder, dass das durch die Internationale geweckte Bewusstsein der Interessengleichheit und der Solidarität des Proletariats aller Länder sich zur Geltung zu bringen weiß *auch ohne das für den Augenblick zur Fessel gewordene Band einer förmlichen internationalen Assoziation*." (Hervorhebung H.H.)

Mit anderen Worten: In Den Haag hatte der jahrelange Kampf von Marx und Engels gegen alle Arten des Sektierertums in der Arbeiterbewegung innerhalb der I. Internationale seinen Abschluss gefunden. Die Beschlüsse des Haager Kongresses legten die Grundlage für die Entwicklung *selbständiger nationaler politischer Parteien* der Arbeiterschaft. Die Internationale hatte damit die Voraussetzungen für den Übergang zu einer höheren Stufe der Arbeiterbewegung geschaffen und trat von der geschichtlichen Bühne zurück. Ihre Tradition wirkte jedoch fort: Der Gedanke internationaler Verbundenheit blieb in der Arbeiterschaft lebendig und gewann an politischem Spielraum, je stärker sich die sozialistischen Parteien in den einzelnen Ländern entfalteten. Noch zu Lebzeiten Engels' sollte diese Tendenz mit der Gründung der II. Internationale 1889 in Paris Ausdruck finden.

„Die Bakunisten an der Arbeit“

Auch nach dem Haager Kongress setzten sich Marx und Engels in mehreren Publikationen, so in der Broschüre „Die Allianz der sozialistischen Demokratie und die Internationale Arbeiter-Assoziation“ als auch in Aufsätzen in der Arbeiterpresse mit den anarchistischen Auffassungen der Bakunisten und ihrer putschistischen Praxis auseinander. Zur Hauptarena des Kampfes wurde seit dem Sommer 1872 Spanien, wo sich die geheime Organisation der Bakuninschen „Allianz“ am tiefsten eingenistet hatte. Da Engels im Generalrat der IAA als korrespondierender Sekretär für Spanien fungierte, musste er dazu Stellung nehmen.

In dem 1873 verfassten Aufsatz „Von der Autorität“ bezeichnete Engels es als „absurd, vom Prinzip der Autorität als von einem absolut schlechten, und vom Prinzip der Autonomie als von einem absolut guten Prinzip zu reden“. Am Beispiel des Arbeitsablaufs in einer Baumwollspinnerei, des Eisenbahnbetriebes und eines Schiffes in Seenot zeigte er die Notwendigkeit einer „gebieterischen Autorität“ auf, die sich den Menschen aufzwinge „unabhängig von aller sozialen Organisation, zusammen mit den materiellen Bedingungen, unter denen wir produzieren und die Produkte zirkulieren lassen“. Und, auf die Anarchisten gemünzt:

> „Sie fordern, dass der erste Akt der sozialen Revolution die Abschaffung der Autorität sei. Haben diese Herren nie eine Revolution gesehen? Eine Revolution ist gewiss das autoritärste Ding, das es gibt; sie ist der Akt, durch den ein Teil der Bevölkerung dem anderen Teil seinen Willen vermittelst Gewehren, Bajonetten und Kanonen, also mit denkbar autoritärsten Mitteln aufzwingt; und die siegende Partei muss, wenn sie nicht umsonst gekämpft haben will, dieser Herrschaft Dauer verleihen durch den Schrecken, den ihre Waffen den Reaktionären einflößen.“

Ebenfalls im Jahr 1873 erschien die Schrift „Die Bakunisten an der Arbeit“, in der Engels die kritische Analyse der theoretischen Doktrinen der Anarchisten durch eine Kritik an ihrer Praxis ergänzte. Er schrieb den Artikel anlässlich des völligen Scheiterns der Versuche der Bakunisten, ihre Lehren während der spanischen bürgerlich-demokratischen Revolution von 1873 in die Tat umzusetzen. Der Artikel ist ein Beispiel für das wissenschaftliche Herangehen bei der Bestimmung der Aufgaben der Arbeiterschaft unter Berücksichtigung der konkret-historischen Besonderheiten der Entwicklung eines bestimmten Landes. Engels wies hier darauf hin, dass die Taktik des Proletariats in einem sozialökonomisch so rückständigen Land wie Spanien vor allem von der Notwendigkeit bestimmt sei, die bürgerlich-demokratische Revolution zu Ende zu führen. Die Ignorierung dieser Aufgabe durch die Anarchisten bilde eine der fehlerhaftesten Seiten ihrer Taktik. Engels legte dar, wie die Bakunisten, denen damals ein bedeutender Teil der spanischen Arbeiter folgte, sich bemühten, ihre Doktrinen zu verwirklichen, und wie sie in der Praxis, trotz all ihrer „ultrarevolutionären Phrasen“, ins Schlepptau der Bourgeoisie gerieten.

„Die Bakunisten in Spanien“, resümierte Engels, „haben uns ein unübertreffliches Muster davon geliefert, wie man eine Revolution *nicht* machen muss“.

„Zur Wohnungsfrage“

Am 30. Jänner 1917 schrieb Lenin aus Zürich an Ines Armand:

> „Noch etwas anderes. Ich habe noch einmal Engels’ ‘Zur Wohnungsfrage’ mit dem Vorwort von 1887 gelesen. Kennen Sie es? Wunderbar! Ich bin immer noch ‘verliebt’ in Marx und Engels und kann keinerlei Schmähungen gegen sie ruhig hinnehmen. Nein, das sind wirkliche Menschen! Von ihnen muß man lernen. Diesen Boden dürfen wir nicht verlassen. *Diesen* Boden haben sowohl die Sozialchauvinisten als auch die Kautskyaner verlassen.“

Die Schrift, die Lenin so begeisterte, zählt in der Tat zu Engels’ Meisterwerken und verdeutlicht seine Fähigkeit, anhand einer gesellschaftlichen Sonderfrage die Grundsätze der marxistischen Anschauungen anschaulich darzulegen.

Die Artikelserie „Zur Wohnungsfrage“ erschien vom Sommer 1872 bis zum Frühjahr 1873 im „Volksstaat“ in Deutschland. Geschrieben in lebendigem Ton und polemischer Form griff Engels damit in eine Diskussion ein, die damals in der Presse eine große Rolle spielte. Im Gefolge des sprunghaften Aufschwungs der Industrie und der damit verbundenen Zusammenballung des Proletariats in den Städten hatte das Wohnungselend der Arbeiter Anfang der siebziger Jahre in Deutschland katastrophale Ausmaße angenommen. In dieser Situation traten Sozialreformer, die so genannten „Kathedersozialisten“ (eine Gruppe bürgerlicher Universitätsprofessoren) auf, die verschiedenartige Projekte zur angeblichen Lösung der Wohnungsfrage wie der „Arbeiterfrage“ überhaupt propagierten. Alle diese Projekte ließen samt und sonders das bürgerliche Eigentum und die kapitalistische Ordnung unangetastet.

Engels war der Überzeugung, dass dieser Gegner sofort bekämpft werden musste, ehe ihm ein Einbruch in die Reihen der deutschen Arbeiterpartei gelang. In seiner Polemik mit den Vertretern des Proudhonismus, der in den romanischen Ländern die Ausbreitung des Bakunismus gefördert hatte und der sich mit den lassalleanischen Auffassungen in mancher Hinsicht berührte, stellte Engels fest, dass die Lehren Proudhons wie Lassalles den praktischen Erfordernissen des proletarischen Klassenkampfes nicht entsprachen. Um diese Behauptung zu beweisen, ging er ausführlich auf Marx’ ökonomisches Hauptwerk, auf das „Kapital“, ein. Er erläuterte die Grundgedanken der Marxschen Kritik an der kapitalistischen Produktionsweise und machte auf diese Weise Propaganda für das Buch, das damals gerade in zweiter Auflage in Deutschland erschien.

Den Projekten eines Proudhonisten namens Mülberger und eines bürgerlichen Philanthropen namens Sax stellte Engels das marxistische Programm entgegen. Die Wohnungsnot, schrieb Engels, sei eine gesetzmäßige Folge des ganzen kapitalistischen Systems, werde mit der Entwicklung des Kapitalismus immer größer, und nur das Proletariat könne nach seinem Sieg, bei der Lösung der Grundprobleme des Aufbaus der sozialistischen Gesellschaft, auch die Wohnungsfrage lösen.

Kernpunkt der Vorschläge Mülbergers und Sax' war, die Arbeiter zu Eigentümern ihrer Wohnungen zu machen. Engels zufolge könne so etwas nur jemand einfallen, der die durch die moderne Großindustrie geschaffenen Zustände als krankhafte Auswüchse betrachte und an dem Glauben festhalte, daß die untergehende Welt der Kleingewerbebetriebe sich wiederherstellen lasse. Gegen diese „reaktionäre" Vorstellung wiederholte Engels die Argumente, die er schon 1845 in der „Lage der arbeitenden Klasse in England" gegen das Cottage-System des Hauses mit Garten vorgebracht hatte. Er verwies auf die Gefahren, die jede Erschwerung der Freizügigkeit für den Arbeiter mit sich bringe und bejahte die moderne Mietskaserne. Das hörte sich so an:

> „Um die moderne revolutionäre Klasse des Proletariats zu schaffen, war es absolut notwendig, dass die Nabelschnur durchschnitten wurde, die den Arbeiter in der Vergangenheit noch an den Grund und Boden knüpfte. Der Handweber, der sein Häuschen, Gärtchen und Feldchen neben seinem Webstuhl hatte, war bei aller Misere und bei allem politischen Druck ein stiller, zufriedener Mann 'in aller Gottseligkeit und Ehrbarkeit', zog den Hut vor den Reichen, Pfaffen und Staatsbeamten und war innerlich durch und durch ein Sklave. Gerade die moderne Industrie, die aus dem an den Boden gefesselten Arbeiter einen vollständig besitzlosen, aller überkommenen Ketten los und ledigen *vogelfreien* Proletarier gemacht, gerade diese ökonomische Revolution ist es, die die Bedingungen geschaffen hat, unter denen allein die Ausbeutung der arbeitenden Klasse in ihrer letzten Form, in der kapitalistischen Produktion, umgestürzt werden kann... Erst das durch die moderne große Industrie geschaffene, von allen ererbten Ketten, auch von denen, die es an den Boden fesselten, befreite und in den großen Städten zusammengetriebene Proletariat ist imstande, die große soziale Umgestaltung zu vollziehn, die aller Klassenausbeutung und aller Klassenherrschaft ein Ende machen wird. Die alten ländlichen Handweber mit Haus und Herd wären nie imstande dazu gewesen, sie hätten nie solch einen Gedanken fassen, noch weniger seine Ausführung wollen können."

Von großer theoretischer Bedeutung sind Engels' Ausführungen über die Möglichkeit der Beseitigung des Gegensatzes zwischen Stadt und Land. Mülberger hatte das als Utopie bezeichnet. Darauf erwiderte ihm Engels: Sie sei nicht mehr und nicht minder eine Utopie als die Aufhebung des Gegensatzes zwischen Kapitalisten und Lohnarbeitern: „Sie wird von Tag zu Tag mehr eine praktische Forderung der industriellen wie der ackerbauenden Produktion". Nur eine möglichst gleichmäßige Verteilung der Bevölkerung über das ganze Land, nur die innige Verbindung der industriellen mit der agrarischen Produktion nebst der dadurch möglich werdenden Ausdehnung der Verkehrsmittel könne die Landbevölkerung aus ihrer Isolierung und Verdummung, ihrer „geistigen Nullität", herausreißen.

„Nicht das ist eine Utopie, zu behaupten, dass die Befreiung des Menschen aus den durch ihre geschichtliche Vergangenheit geschmiedeten Ketten erst dann vollständig sein wird, wenn der Gegensatz zwischen Stadt und Land abgeschafft ist; die Utopie entsteht erst dann, wenn man sich unterfängt, 'aus den bestehenden Verhältnissen heraus' die Form vorzuschreiben, worin dieser oder irgend ein anderer Gegensatz der bestehenden Gesellschaft gelöst werden soll."

18. Kapitel: Die deutsche Arbeiterbewegung 1866 bis 1875; Marx' „Kritik des Gothaer Programms"

Auf dem Weg nach Eisenach

Die Situation in der deutschen Arbeiterbewegung war seit 1863 durch das Vorherrschen des Lassalleanismus und dessen Partei, des „Allgemeinen Deutschen Arbeitervereins" (ADAV) geprägt. Erst die Ereignisse des Jahres 1866 mit dem Preußisch-Österreichischen Krieg bewirkten, dass die I. Internationale auch in Deutschland Fuß fassen konnte. Damals bildeten sich 26 kleine Sektionen der Internationalen Arbeiter-Assoziation, hauptsächlich im Rheinland, in Sachsen, Schlesien und Schleswig-Holstein. Diese Sektionen waren politisch und organisatorisch nicht sehr gefestigt. Dennoch zeigten sie - nach dem Bund der Kommunisten in der Revolution von 1848/49 - das erste Wiederaufleben marxistischer Ideen in der deutschen Arbeiterbewegung an. Kennzeichnend dafür war, dass Wilhelm Liebknecht im Sommer 1866 in der „Mitteldeutschen Volkszeitung" in Leipzig die Inauguraladresse der I. Internationale veröffentlichte und August Bebel um die Jahreswende 1866/67 deren Mitglied wurde.

Damit sind die Namen jener beiden Männer gefallen, deren Wirken untrennbar mit dem Aufstieg der deutschen Sozialdemokratie verbunden ist und denen das Hauptverdienst bei der Verbreitung marxistischer Anschauungen in Deutschland zukommt.

Wilhelm Liebknecht (1826 - 1900) hatte in Gießen, Berlin und Marburg Philologie und Philosophie studiert, an der 48er-Revolution in Baden teilgenommen und war danach in die Schweiz emigriert, wo er Präsident des Genfer Arbeitervereins wurde. 1850 ging er nach London, schloss Freundschaft mit Marx und Engels und trat dem Bund der Kommunisten bei. 1862 kehrte er nach Deutschland zurück. Dort wurde er in Berlin Redakteur der „Norddeutschen Allgemeinen Zeitung" und trat 1863 dem ADAV bei, ohne sich jedoch auf die Positionen Lassalles zu begeben. 1865 aus Preußen ausgewiesen, ging er nach Leipzig, wo er seitdem mit Bebel zusammenarbeitete. Er war der Vater von Karl Liebknecht, des Mitbegründers der Kommunistischen Partei Deutschlands. 1881 verfasste er ein von den deutschen Arbeitern viel benütztes Buch, das mehrere Auflagen erlebte, das „Volksfremdwörterbuch".

August Bebel (1840 - 1913) stammte aus ärmlichsten Verhältnissen, wurde mit 13 Jahren Vollwaise, erlernte das Drechslerhandwerk und durchwanderte als Geselle zwei Jahre Süddeutschland und Österreich. 1860 kam er nach Leipzig, wo er sich dem Arbeiterbildungsverein anschloss und so seine politische Laufbahn begann. Bebel war eine der bedeutendsten Gestalten der deutschen Sozialdemokratie und der II. Internationale, der fähigste marxistische Parlamentarier in ganz Europa, persönlich integer und der Sache des Sozialismus mit Leib und Seele ergeben. Er schrieb zwei Bücher, die weithin bekannt wurden und bis heute lesenswert sind: „Die Frau und der Sozialismus“ (1883) und die dreibändige Autobiographie „Aus meinem Leben“ (1910/14).

Bebel und Liebknecht entfalteten seit 1866 eine lebhafte Agitation und bildeten in vielen Industriestädten und -orten Volksvereine als lokale Organisationen der Sächsischen Volkspartei. (Diese war 1866 als Sammelpartei von kleinbürgerlichen Demokraten, Handwerkern und Arbeitern gegründet worden; ihr Ziel war die Einigung Deutschlands auf demokratischer Grundlage bei Ablehnung des preußisch-obrigkeitlichen Weges.) Mitglieder dieser Volksvereine waren vorwiegend Arbeiter, während die Arbeiterbildungsvereine in einigen Orten immer noch unter bürgerlich-liberalem Einfluss standen. Die Volksvereine waren es, die bei den Wahlen zum Norddeutschen Reichstag Bebel und Liebknecht als Kandidaten aufstellten. Dabei kandidierten sie in den Wahlbezirken, in denen die Arbeiterschaft stark war und die Volksvereine dominierte. Das im Norddeutschen Bund seit 1866 eingeführte allgemeine, gleiche, geheime und direkte Wahlrecht trug dazu bei, die weitere Zusammenfassung der Arbeiter zu fördern. August Bebel wurde sogleich von den sächsischen Arbeitern in den verfassunggebenden Norddeutschen Reichstag geschickt, während die Kandidaten des lassalleanischen ADAV überall in Norddeutschland eine Niederlage erlitten.

1867 schuf sich Bebel durch seine aufopferungsvolle und kluge Tätigkeit unter den sächsischen Arbeitern die Voraussetzung, noch stärkeren Einfluss auch außerhalb Sachsens auszuüben. Einen wichtigen Sieg errang die von ihm geführte Richtung auf dem 4. Vereinstag der Arbeitervereine im Oktober 1867 in Gera, wo Bebel zum Präsidenten des Verbandes deutscher Arbeitervereine gewählt wurde. Mit dieser Wahl wurde Leipzig zum Vorort des Verbandes. Dort gab auch Wilhelm Liebknecht seit 1868 das „Demokratische Wochenblatt“ heraus.

Im September 1868 fand in Nürnberg ein weiterer Vereinstag des Verbandes deutscher Arbeitervereine mit 115 Delegierten statt, die 13.000 Mitglieder vertraten. Das auf dem Kongress mit großer Mehrheit angenommene Programm entsprach in allen wesentlichen Punkten dem der I. Internationale. Es enthielt die Forderung nach Abschaffung aller Klassenherrschaft. Weiters wurde gesagt, dass die Grundlage aller Knechtschaft das Privateigentum an den Produktionsmitteln sei. Die Forderung nach der Vergesellschaftung der Produktionsmittel war allerdings noch nicht darin enthalten.

Der Nürnberger Kongress war einer der Höhe- und Wendepunkte in der Geschichte der deutschen Arbeiterbewegung der sechziger Jahre. Ein Rückblick auf die fünfjährige Entwicklung des Verbandes deutscher Arbeitervereine macht das deutlich: 1863 befand er sich noch im Schlepptau des Liberalismus; 1865 emanzipierte er sich schon von ihm und trat für die bürgerlich-demokratische Revolution ein; 1867 stellte er August Bebel an die Spitze des Verbandes und straffte die ganze Organisation; jetzt, 1868, bekannte er sich zur Internationale, die die Worte auf ihre Fahnen geschrieben hatte, dass die Befreiung der Arbeiterklasse das Werk der Arbeiterklasse selbst sein müsse.

In dieser Zeit gesellte sich zu Bebel und Liebknecht eine dritte Führerpersönlichkeit von bedeutendem Format, Wilhelm Bracke (1842 - 1880). Aus bürgerlichem Geschäftshause stammend, kam der junge Bracke über die Turnbewegung Anfang der sechziger Jahre zur Arbeiterbewegung. Nach dem Studium einiger Schriften von Lassalle gründete Bracke in Braunschweig eine Gemeinde des ADAV. Unermüdliche politische Arbeit und fleißiges Studium ließen ihn sehr bald über Braunschweig hinaus bekannt werden. Schon 1867 hielt er auf der Generalversammlung des ADAV ein Referat über die Frauenfrage. Nachdem Bracke als einer der ersten in Deutschland Marx' „Kapital" durchgearbeitet hatte, propagierte er 1867 in mehreren Artikeln die Marxschen Erkenntnisse und sprach auch 1868 auf der Generalversammlung des ADAV in Hamburg über das „Kapital". 1869 lernte Bracke Karl Marx, der seinen Freund Dr. Kugelmann in Hannover besuchte, persönlich kennen.

Die Gründung der Sozialdemokratischen Arbeiterpartei

Als korrespondierender Sekretär für Deutschland in der I. Internationale war Marx bestrebt, beide Organisationen der deutschen Arbeiter - den Verband deutscher Arbeitervereine unter Bebel und den Lassalleschen ADAV - auf dem Boden des Programms der IAA zu einen. Im Sommer 1869 erfüllte sich ein Teil dieser Hoffnung. Marx erfuhr, dass sich Ende Juni der von Bebel und Liebknecht geführte Verband deutscher Arbeitervereine und die antilassalleanische Opposition im ADAV verständigt hatten, für August einen allgemeinen deutschen sozialdemokratischen Arbeiterkongress nach Eisenach einzuberufen.

Auf dem Eisenacher Kongress waren 262 Delegierte aus 193 Orten anwesend, darunter auch, wie 1868 in Nürnberg, Vertreter der Wiener Arbeiter und der deutschen Arbeiter in der Schweiz. Johann Baptist von Schweitzer, der Präsident des ADAV, beorderte unter der Führung Tölckes, eines berüchtigten Krakeelers und lassalleanischen Fanatikers, gleichfalls viele Delegierte nach Eisenach, die versuchen sollten, entweder den Kongress in die Hand zu bekommen oder ihn zu sprengen. Dieser Versuch scheiterte jedoch; den randalierenden Lassalleanern wurde am zweiten Kongresstag keine Möglichkeit mehr gegeben, sich in die Verhandlungen einzumischen, worauf der Kongress ohne Störung bis zum Ende durchgeführt wurde.

Sowohl Programm als auch Statut, die beide Bebel ausgearbeitet hatte, wurden mit wenigen Änderungen angenommen. Gleich der erste Programmpunkt erklärte, dass die Sozialdemokratische Arbeiterpartei die Errichtung des freien Volksstaates anstrebe. Die Forderung nach dem „freien Volksstaat" war die wissenschaftlich unklare

Umschreibung der Forderung nach der demokratischen Republik. Marx und Engels konnten diese Formulierung nur vorübergehend gelten lassen und haben sie später, im Jahr 1875, scharf kritisiert.

In Eisenach konnte, seit dem Bund der Kommunisten von 1848, zum ersten Mal wieder eine revolutionäre Partei des Proletariats geschaffen werden, die im prinzipiellen Gegensatz sowohl zu den Junkern als auch den bürgerlichen Klassen stand. Wilhelm Liebknecht hatte schon vor der Parteigründung im Mai 1869 erklärt: „Die sozialistische Idee kann nicht innerhalb des heutigen Staates verwirklicht werden; sie muss ihn stürzen, um ins Leben treten zu können. Kein Friede mit dem heutigen Staat!" Und die neue Arbeiterpartei hatte nicht einige hundert Mitglieder wie damals, sondern es waren bereits über 10.000. Die Eisenacher erklärten stets ihre Übereinstimmung mit der I. Internationale, hatten engsten persönlichen und politischen Kontakt mit Marx und Engels und stellten beiden ihre Presseorgane für deren Publikationen zur Verfügung. In entscheidenden taktischen und organisatorischen Prinzipien standen die Eisenacher in bewusstem Gegensatz zur lassalleanischen Theorie und Praxis. Kurz: Die Führer der Eisenacher, ohne selbst schon geschulte Marxisten zu sein, orientierten die Partei der Arbeiterklasse auf den Marxismus hin.

Die Haltung der Eisenacher im Deutsch-Französischen Krieg und zur Pariser Kommune

Als der Deutsch-Französische Krieg begann, stand die deutsche Arbeiterbewegung und ihre junge marxistische Partei vor einer schweren Aufgabe. Sie durfte weder den proletarischen Internationalismus und die Sache der bürgerlich-demokratischen Freiheiten noch die Interessen des von Preußen und Bismarck geführten nationalen Verteidigungskrieges preisgeben. Die deutschen Arbeiter mussten sich bemühen, sich weder von der internationalen Arbeiterbewegung noch vom deutschen Volk zu isolieren.

Als die Nagelprobe am 19. Juli 1870 kam, enthielten sich Bebel und Liebknecht im Norddeutschen Reichstag beim Votum über die Kriegsanleihe der Stimme. Diese Stimmenthaltung war im damaligen Moment als politische Demonstration des Misstrauens der Partei der Eisenacher gegen Bismarck und als Bekenntnis zum proletarischen Internationalismus richtig und wohl am Platze. Sie war die mutige Tat zweier Arbeiterführer, die sich gegen den nationalistischen Taumel stemmten, in den der echte Patriotismus bereits zu Anfang des Krieges umzuschlagen drohte. Bebels und Liebknechts Erklärung im Reichstag fand als Demonstration in jenem „Moment" zu Beginn des Krieges die ausdrückliche Billigung von Marx.

Die Führer der Lassalleaner hingegen konnten sich von der nationalistischen Hysterie zu Beginn des Krieges nicht frei machen und unterstützten den Krieg ohne Vorbehalt. Sie stimmten deshalb bedingungslos für die Bewilligung der für die Kriegführung notwendigen Gelder. Das war die logische Folge ihrer bisherigen politischen Haltung zur nationalen Einigung von oben.

Nach Sedan, als sich der Charakter des Krieges grundlegend wandelte, veröffentlichte der Parteiausschuss der Eisenacher am 3. September 1870 einen Aufruf, in dem er gegen die Annexion Elsass-Lothringens Protest einlegte und den Abschluss eines ehrenvollen Friedens mit der französischen Republik forderte. Der Aufruf fand starke Beachtung unter den Arbeitern in Deutschland und im Ausland. Es zeigte sich nun, dass Deutschland unter dem preußischen Militärstiefel lebte. Ungeachtet der Tatsache, dass der Parteiausschuss die Arbeiter aufgefordert hatte, Kundgebungen und Demonstrationen für Frieden und gegen die Annexion „in streng gesetzlicher Weise“ durchzuführen, befahl der Generalgouverneur für Norddeutschland, General Vogel von Falkenstein, die Verhaftung der führenden Parteifunktionäre, unter ihnen Wilhelm Bracke. Sie wurden am 9. September 1870 in Ketten auf die Festung Lötzenstein gebracht. Bei Hausdurchsuchungen wurden sämtliche vorgefundenen Papiere beschlagnahmt.

Während der Debatte des Norddeutschen Reichstages über eine nochmalige Kreditbewilligung zur Weiterführung des Eroberungskrieges - es war am 26. November 1870 - brandmarkte es Liebknecht, dass der gefangene Napoleon in kaiserlichem Luxus auf Wilhelmshöhe bei Kassel lebe und von Wilhelm I. als „lieber Bruder“ angesprochen werde. Gegenüber der monarchischen Verbrüderung erklärte sich Liebknecht für das französische Brudervolk. Am gleichen Tag wandte sich Bebel gegen jede weitere Geldbewilligung und setzte sich für einen sofortigen Friedensschluss mit der französischen Republik ein.

Bei der Abstimmung lehnten alle sozialistischen Abgeordneten die Kredite ab. Selbst die Lassalleaner waren unter dem Druck der Arbeiter gezwungen, sich in dieser Frage den Eisenachern anzuschließen. Diese Abstimmung fand im Ausland große Beachtung und unter den europäischen Arbeitern Zustimmung. Sie war eine mutige und zugleich patriotische Tat, zeugte sie doch vom Geiste der Völkerverständigung und des proletarischen Internationalismus. Sofort danach stellte die preußische Regierung bei der sächsischen Regierung den Antrag, Bebel und Liebknecht wegen Landesverrats festzunehmen. Gegen beide begann ein Kesseltreiben, an dem sich die liberale Presse eifrig beteiligte. Um die Jahreswende wurden beide verhaftet.

Am 3. März 1871 - das Deutsche Kaiserreich war mittlerweile in Versailles gegründet worden - fanden in ganz Deutschland die ersten Reichstagswahlen statt. Umbrandet von einer sich überschlagenden Flut des Chauvinismus, verfemt durch eine bis dahin beispiellose Hetze aller nichtsozialistischen Parteien, aufs äußerste bedrängt durch Terrormaßnahmen der herrschenden Klassen, errang die Sozialdemokratische Arbeiterpartei (SDAP) etwa 39.000

Stimmen, davon allerdings die meisten - nämlich rund 31.000 - im Königreich Sachsen. Damit hatte die noch nicht zwei Jahre bestehende Partei unter ungünstigsten Bedingungen, trotz Verhaftung ihrer hervorragendsten Führer August Bebel und Wilhelm Liebknecht sowie des Parteiausschusses, ihre Lebensfähigkeit unter Beweis gestellt. August Bebel, wegen seiner Haltung im Deutsch-Französischen Krieg im Leipziger Bezirksgerichtsgefängnis gefangen gehalten, konnte im 17. sächsischen Wahlkreis Glauchau-Meerane-Hohenstein 7344 gegen 4679 Stimmen, die Schulze-Delitzsch erhielt, und damit das Reichstagsmandat erringen.

Der Allgemeine Deutsche Arbeiterverein (ADAV) erhielt knapp 63.000 Stimmen, davon allein in Preußen rund 46.000, konnte aber keinen Kandidaten durchbringen. Der Führer der Lassalleaner, J. B. von Schweitzer, unterlag in Barmen-Elberfeld ausgerechnet einem konservativen Kandidaten. Beide Fraktionen der deutschen Arbeiterbewegung, die SDAP und der ADAV, vereinigten in der Hauptwahl auf sich über 101.000 Stimmen, mit Berücksichtigung der Stichwahlergebnisse sogar 124.000. Bei einer Wahlbeteiligung von etwas über 50 % errangen beide Parteien 3 % der gültigen Stimmen. In den rein städtischen Wahlkreisen lag der prozentuale Durchschnitt wesentlich höher: Er betrug 17,1 %.

Während August Bebel einziger Arbeitervertreter im ersten Deutschen Reichstag war, kündigte Schweitzer, der Präsident des ADAV, in einer Erklärung vom 24. März 1871 unmittelbar nach seiner Wahlniederlage den Rücktritt von der Leitung des ADAV an. Mit dem Ausscheiden Schweitzers, des fähigsten und gefährlichsten Gegners einer Arbeitereinheit, wurde es für Bebel und Liebknecht leichter, ihrem Ziel näher zu kommen. die Spaltung der deutschen Arbeiterbewegung zu überwinden und eine vereinte Arbeiterpartei sukzessive nach revolutionär-marxistischen Prinzipien zu formen.

Als die Pariser Kommune Ende März 1871 ausgerufen wurde, waren Bebel und Liebknecht erst wenige Tage zuvor aus dem Gefängnis entlassen worden. Beide setzten sich sofort mit Marx und Engels in Verbindung, um Informationen und Rat einzuholen. Beide erkannten in der Pariser Kommune „eine Arbeiterregierung im wahrsten Sinne des Wortes“ (wie es in einem Aufruf im „Volksstaat“ vom 15. April 1871 hieß). Liebknecht verglich am 12. April die „weltbewegenden Ereignisse“ von Paris mit der „lächerlichen Nichtigkeit des Berliner Reichstags“ und Bebel fasste all das, was die Revolutionäre in jenen Wochen bewegte, in einer berühmten, Freund wie Feind aufrüttelnden Rede vom 25. Mai 1871 im Reichstag zusammen. Die Schlussworte des damals 31jährigen Arbeiterführers lauteten:

> „Wenn auch im gegebenen Moment die Kommune unterworfen ist, so erinnere ich Sie daran, ... dass die Hauptsache in Europa uns noch bevorsteht und dass, ehe wenige Jahrzehnte vergehen, der Schlachtenruf des Pariser Proletariats: 'Krieg den Palästen, Friede den Hütten,

> Tod der Not und dem Müßiggang' zum Schlachtenruf des gesamten europäischen Proletariats werden wird."

Mit 1870/71 stand für alle klarsichtigen Beobachter schon damals eines fest: Da die deutsche Arbeiterschaft als einzige in Europa eine von der Bourgeoisie unabhängige Massenpartei hervorgebracht hatte, eine Partei, die sich die marxistischen Prinzipien der I. Internationale zu eigen gemacht und sich in der moralisch-politischen Belastungsprobe während des Deutsch-Französischen Krieges glänzend bewährt hatte, verlagerte sich nach der Niederlage der Pariser Kommune der Schwerpunkt der internationalen Arbeiterbewegung für die gesamte Epoche von 1871 bis 1914 nach *Deutschland*.

SDAP und ADAV im Vorfeld von Gotha

Die SDAP nahm den Marxismus nicht mit einem Schlage, gleichsam als Schulsystem im ganzen auf, sondern zuerst in Form jener politischen Prinzipien, die in der I. Internationale in internen Auseinandersetzungen und unter beständiger Überprüfung im praktischen Klassenkampf errungen worden waren. Die Positionen, auf denen die Partei Bebels und Liebknechts stand, lassen sich nach drei Gesichtspunkten zusammenfassen:

Das *erste* Kennzeichen der SDAP war ihre grundsätzliche Gegnerschaft gegen den deutschen Militärstaat und die ihn tragenden Klassen. Allen bestehenden Parteien feindlich gesinnt, ließ sie dennoch Bündnismöglichkeiten mit der bürgerlichen Demokratie offen. Mit dem von ihr propagierten „Volksstaat" bzw. „Zukunftsstaat" setzte sie dem junkerlich-bourgeoisen Militärstaat Bismarckscher Prägung ihre demokratische und sozialistische Alternative entgegen.

Das *zweite* Kennzeichen der SDAP war ihre Verbindung mit der elementaren Klassenbewegung. Im Gegensatz zum ADAV war sie vom Sektierertum frei. Mitglieder der SDAP waren Motor und Führer der ökonomischen Kämpfe des Proletariats, denen sie durch lebensfähige Gewerkschaftsorganisationen kräftigen Rückhalt gaben. Eine schöpferische Pionierarbeit für die gesamte internationale Arbeiterbewegung leistete die SDAP in der Entwicklung von Prinzipien und Methoden eines revolutionären Parlamentarismus, in der Ausnutzung der parlamentarischen Tätigkeit für die politische Erziehung der Massen und später, während des Sozialistengesetzes 1878 - 1890, in der Verbindung von legalem und illegalem Kampf.

Das *dritte* Kennzeichen der SDAP war ihr Internationalismus. Im Unterschied zum ADAV war sie frei von nationalistischer Beschränkung.

Diese Merkmale schufen die Voraussetzung dafür, dass Deutschland nach 1871 zum Land mit der ersten sozialistischen *Massen*partei wurde.

Diese Entwicklung konnte auch durch den gegen Bebel, Liebknecht und Hepner inszenierten Hochverratsprozess vor dem Schwurgericht in Leipzig vom 11. bis

26. März 1872 nicht aufgehalten werden. Obwohl Bebel und Liebknecht zu je 22 Monaten Festungshaft verurteilt wurden, erhöhte das revolutionäre Auftreten der Angeklagten die Autorität der Partei. Der einzige (kurzfristige) Erfolg des Prozesses war, dass August Bebel bis 1874 sein Mandat als einziger Vertreter einer Arbeiterpartei im Reichstag durch die Haft nicht wahrnehmen und die Parlamentstribüne als wichtiges Agitationsmittel nicht nutzen konnte.

Komplizierter wurde der politisch-ideologische Reifeprozess; er wurde sowohl durch vulgärdemokratische als auch lassalleanische Nachwirkungen und Einflüsse erschwert.

Die Eisenacher Partei war trotz ihres erklärten Gegensatzes zum ADAV und zum Lassalleanismus ständig lassalleanischen Einflüssen ausgesetzt. Der Kampf musste von der SDAP mit doppelter Stoßrichtung geführt werden: Er musste sich gegen den gleichsam „offenen“ Lassalleanismus richten, der im ADAV Gestalt angenommen hatte, und gegen die mehr versteckten Überreste des Lassalleanismus, die in der SDAP selbst vorhanden waren. Hier gewann die Schrift von Wilhelm Bracke „Der Lassalle’sche Vorschlag. Ein Wort an den 4. Kongress der Sozialdemokratischen Arbeiterpartei“, die 1873 erschien, besondere Bedeutung. Die grundsätzliche Auseinandersetzung mit dem Lassalleanismus war der notwendige Ausgangspunkt für eine elastische Politik gegenüber dem ADAV, die das Ziel haben musste, alle Kräfte gegen den preußisch-deutschen Militärstaat zusammenzufassen.

Trotz einer noch imponierenden Mitgliederzahl war der ADAV gegenüber der Partei Bebels und Liebknechts seit 1871 in der historischen Defensive. Allein die Existenz der SDAP und erst recht ihr Kampf gegen Junkertum, Bourgeoisie und Militärdespotismus zwang die Führer des ADAV zum Lavieren und nötigte sie dazu, die Lassalleschen Doktrinen in der politischen Praxis abzuschwächen oder zu umgehen.

Nachfolger Schweitzers als Präsident des ADAV wurde am 1. Juli 1871 Wilhelm Hasen- clever. Ihm war es von vornherein unmöglich, eine auch nur im Entferntesten an Schweitzer erinnernde Diktatur auszuüben.

Bei den Reichstagswahlen im Jänner 1874 errang die Arbeiterbewegung einen bedeutsamen Erfolg. 171.351 Wähler stimmten für die SDAP, 180.319 für die Kandidaten des ADAV. Das waren insgesamt 351.670 Stimmen, 6,8 % der gültigen Stimmen. Dem entsprach freilich nicht die Zahl der gewonnenen 9 Mandate: Bebel, Geib, Liebknecht, Vahlteich, Most, Motteler von der SDAP, Reimer, Hasenclever, Hasselmann vom ADAV. Gleich zu Beginn der Reichstagssession unterbreiteten die Abgeordneten der SDAP den ADAV-Mandataren den Vorschlag zur Bildung einer einheitlichen Fraktion. Dem widersetzten sich Hasselmann, Hasenclever und Reimer; es wurde jedoch eine Übereinkunft erreicht, wonach man sich bei Anträgen unterstützen und auf die Einstellung der gegenseitigen Angriffe in Versammlungen und in der Presse hinwirken wollte. Indem der ADAV gezwungen war, mehr denn je das Ohr bei den Massen zu haben, mehr denn je Rücksicht zu nehmen auf die elementare Arbeiterbewegung und schließlich in die durch die Politik der SDAP verfolgte revolutionäre Frontstellung gegen den Militärstaat und die ihn tragenden Klassen einzuschwenken, wurden wichtige Voraussetzungen für die Einigung der deutschen Arbeiterbewegung geschaffen. Die Reichstagswahlen von 1874 hatten etwa gleiche Stärke beider Fraktionen bewiesen, sodass der Anspruch des ADAV auf alleinige Repräsentation der gesamten Arbeiterbewegung Deutschlands grotesk erscheinen musste. Gegenüber der polizeilichen Verfolgungswelle erwies sich die überzentralistische Organisation des ADAV weit weniger widerstandsfähig als die der SDAP, die bei aller zentralen Führung und Zusammenfassung der Kräfte stärker auf der Initiative und Selbständigkeit der lokalen und bezirklichen Organisationen aufgebaut war.

Marx' „Kritik des Gothaer Programms“

Marx und Engels waren selbstverständlich für die Vereinigung beider Arbeiterorganisationen in Deutschland. Aber sie waren gegen jede übereilte Einigung, gegen eine Einheit um jeden Preis. Und so erfüllten sich die Erwartungen, die beide hinsichtlich der Vereinigung von Eisenachern und Lassalleanern hegten, nur zum Teil. Zwar kam es auf dem Kongress in Gotha Ende Mai 1875 zur Vereinigung beider Organisationen zur „Sozialistischen Arbeiterpartei Deutschlands“, zwar war damit der jahrelange Zwist in der deutschen Arbeiterbewegung beendet und eine einheitliche starke Partei geschaffen, aber das neue Parteiprogramm stellte einen Rückschritt gegenüber dem Eisenacher Programm von 1869 dar. Das war das Ergebnis übereilten Handelns und zu großer Nachgiebigkeit einiger Führer der Eisenacher, besonders Wilhelm Liebknechts.

Marx und Engels waren darüber sehr erbost, auch deshalb, weil man sie vor vollendete Tatsachen stellte. Man hatte sie erst über den Programmentwurf informiert, als er bereits in der Arbeiterpresse veröffentlicht war und alle Vereinbarungen mit den lassalleanischen Führern getroffen waren.

Marx und Engels verständigten sich untereinander. Engels schrieb einen langen (und in der Staatsfrage theoretisch hochbedeutsamen) Brief mit einer eingehenden Analyse des Programmentwurfs an Bebel (datiert mit 18.-28. März 1875). Marx' Kritik nahm den Umfang einer kleinen Broschüre an. Er sandte den „langen Wisch“, dessen Niederschrift ihm „keineswegs ein ‘Genuß’“ war, am 5. Mai 1875 an Wilhelm Bracke mit der Bitte, ihn ebenfalls „zur Einsicht an Geib und Auer, Bebel und Liebknecht mitzuteilen“. Bracke hatte sich nämlich - auch im Namen von August Bebel - an Marx und Engels gewandt, weil er den Programmentwurf für sehr mangelhaft hielt.

Marx gab seiner Kritik den Titel „Randglossen zum Programm der deutschen Arbeiterpartei“. Später wurden die „Randglossen“, nachdem sie 1891 erstmals von Engels veröffentlicht worden waren, unter dem Namen „Kritik des Gothaer Programms“ bekannt. Sie gehören zusammen mit dem „Manifest der Kommunistischen Partei“ und dem „Kapital“ zu den wichtigsten theoretischen Schriften des Marxismus.

Der Grundtenor der Marxschen Kritik war, dass die Führer der Eisenacher Partei einem Programmentwurf zustimmten, der nicht vom Geist des wissenschaftlichen Sozialismus geprägt war, sondern weitgehend vom überlebten Lassalleanismus und vom Vulgärdemokratismus. Marx ging es um die Überwindung der theoretischen Verschwommenheit. An die Stelle der inhaltslosen Phrase sollte Exaktheit der Begriffe und Ernst im Durchdringen des wissenschaftlichen Sozialismus treten.

Ein bedeutsamer Punkt war die Kritik Marxens an der Phrase von der „gerechten Verteilung des Arbeitsertrages“, an der Forderung des Gothaer Programms, dass im Sozialismus jedes Mitglied der Gesellschaft den „unverkürzten Arbeitsertrag“, das „volle Produkt seiner Arbeit“ erhalten müsse. Marx zeigte, dass das gesellschaftliche Gesamtprodukt selbst in der kommunistischen Gesellschaft keineswegs ganz für den persönlichen Verbrauch der einzelnen Individuen verausgabt werden darf. Aus dem Gesamtprodukt, führte Marx aus, müssen vor allem die Fonds abgezweigt werden, die zum Ersatz der im Produktionsprozess selbst verbrauchten Produktionsmittel und zur Gewährleistung der erweiterten Reproduktion dienen. Es müsse auch ein Reservefonds für Notfälle, zur Versicherung usw. geschaffen werden. Aber selbst der Teil des Produkts, der für den Konsum bestimmt ist, könne unter den Individuen erst dann verteilt werden, wenn daraus die Teile herausgelöst sind, die zur Deckung der Ausgaben für die Verwaltung, die Versorgung der Arbeitsunfähigen, schließlich zur Befriedigung der gemeinsamen Bedürfnisse der Gesellschaftsmitglieder dienen (Bildung, Gesundheitswesen usw.)

Ein weiterer wichtiger Punkt in den Randglossen von Marx war seine Kritik an dem von den Lassalleanern übernommenen Schlagwort von der angeblich „einheitlichen reaktionären Masse“, die dem Proletariat und seiner Partei gegenüberstehe. Die Lassalleaner wollten keine Zusammenarbeit zwischen der Partei des Proletariats und den bürgerlichen Demokraten, was aber im Kampf gegen den, wie Marx hier formulierte, „mit parlamentarischen Formen verbrämte(n), mit feudalem Beisatz vermischte(n), schon von der Bourgeoisie beeinflusste(n), bürokratisch gezimmerte(n), polizeilich gehütete(n) Militärdespotismus“ des Deutschen Kaiserreiches notwendig war. Diese Zusammenarbeit mit den antijunkerlichen und antimilitaristischen Kräften im Kleinbürgertum und Bürgertum würde nach Marx’ Überzeugung dann umso besser möglich sein, je selbständiger die Partei des Proletariats in ideologischer, politischer und organisatorischer Hinsicht sei.

Weiter: Während Marx im „Kapital“

das Mehrwertgesetz aufgedeckt hatte, enthielt der Programmentwurf die Lassallesche These vom „ehernen Lohngesetz“, demzufolge die Arbeiter im Kapitalismus keinerlei Verbesserungen erkämpfen könnten. Auf diese Weise wurde den Arbeitern eingeredet, dass es sinnlos sei, sich gewerkschaftlich zu organisieren und gegen die Unternehmer für höhere Löhne zu streiken. Marx’ Wut war hier besonders groß. Er schrieb:

> „Es ist, als ob unter Sklaven, die endlich hinter das Geheimnis der Sklaverei gekommen und in Rebellion ausgebrochen, ein in veralteten Vorstellungen befangener Sklave auf das Programm der Rebellion schreibe: die Sklaverei muss abgeschafft werden, weil die Beköstigung der Sklaven im System der Sklaverei ein gewisses niedriges Maximum nicht überschreiten kann! Die bloße Tatsache, dass die Vertreter unserer Partei fähig waren, ein so ungeheuerliches Attentat auf die in der Parteimasse verbreitete Einsicht zu begehen, beweist sie nicht allein, mit welchem frevelhaften Leichtsinn, mit welcher Gewissenlosigkeit sie bei der Abfassung des Kompromissprogramms zu Werke gingen!“

Die politische Kernfrage in den Randglossen war die Frage von Staat und Revolution. Im Gegensatz zum Marxismus sahen die orthodoxen Lassalleaner im Staat nicht ein Instrument zur Unterdrückung einer Klasse durch eine andere, sondern eine über den Klassen stehende Einrichtung. Mit Hilfe des allgemeinen Wahlrechts wollten sie die Mehrheit im Parlament erringen, um vom Staat die Finanzierung von Produktivgenossenschaften zu erreichen. Die Übernahme der lassalleanischen Forderung nach Bildung von Produktivgenossenschaften mit Staatshilfe in das Gothaer Programm war nicht deswegen gefährlich und falsch, weil es sich um eine illusorische Forderung handelte, sie war vielmehr deshalb falsch, weil dadurch die Vorstellung vom friedlichen Hineinwachsen in den Sozialismus innerhalb der Arbeiterbewegung genährt wurde.

Dazu kam noch die vulgärdemokratische Phrase vom freien Volksstaat und von der „freiheitlichen Grundlage des Staates“. Diese Phrase, deren logische Unmöglichkeit und Widersprüchlichkeit Marx (und auch Engels in dem Brief an Bebel) zerpflückte, umschrieb nichts anderes als den bürgerlich-demokratischen Staat. Auch die Eisenacher neigten zur Auffassung, dass ein solcher Staat den Aufbau des Sozialismus möglich mache.

Gegenüber diesen Anschauungen hob Marx, nicht zuletzt in Auswertung der Erfahrungen der Pariser Kommune, die These von der „revolutionären Diktatur des Proletariats“ hervor, die kennzeichnend sei für die Periode der revolutionären Umwandlung zwischen der kapitalistischen und der kommunistischen Gesellschaft. Er schrieb:

> „Zwischen der kapitalistischen und der kommunistischen Gesellschaft liegt die Periode der revolutionären Umwandlung der einen in die andre. Der entspricht auch eine politische Übergangsperiode, deren Staat nichts anderes sein kann als *die revolutionäre Diktatur des Proletariats*.“

Interpretiert werden kann das nur so, dass Marx der Überzeugung war, dass die Menschheit nach dem Sturz des Kapitalismus nicht über Nacht, sozusagen mit einem großen Sprung, in das Reich des Kommunismus gelangen könne; dass die kommunistische Gesellschaft nicht verordnet, sondern nur das Ergebnis eines langen historischen Prozesses sein könne. Das Wesen der Diktatur des Proletariats bestand für Marx keineswegs nur darin, revolutionäre Gewalt gegenüber den sich widersetzenden Ausbeuterklassen anzuwenden, sondern vor allem darin, eine mannigfache Organisations- und Wirtschaftstätigkeit für den Aufbau der Grundlagen einer neuen Gesellschaft zu entfalten, dabei die Trägheit, die Gewohnheiten und Sitten der alten Gesellschaft allmählich zu überwinden, die kleinbürgerlichen Massen und die Arbeiter im sozialistischen Geiste zu erziehen.

Sozialismus und Kommunismus

In welchen Etappen wird sich der Übergang zum Kommunismus vollziehen? Auf diese Frage waren Marx und Engels in ihren bisherigen Schriften noch nicht eingegangen. Erst die Erfahrungen der Pariser Kommune ließen frühere Überlegungen weiter reifen und Marx in den Randglossen zu der Feststellung gelangen, dass die künftige kommunistische Gesellschaft *zwei* Phasen durchlaufen werde: die niedere mit einer Gesellschaftsordnung, „die gewöhnlich als Sozialismus bezeichnet wird, während Marx sie als erste Phase des Kommunismus bezeichnet" (Zitat Engels), und die höhere, den Kommunismus im eigentlichen Sinn.

Marx differenzierte in der „Kritik des Gothaer Programms" sehr deutlich zwischen den Umwälzungen, die beim Übergang von der bürgerlichen Gesellschaft zum Sozialismus vollzogen werden, und denjenigen, die es beim Übergang vom Sozialismus zum Kommunismus zu verwirklichen gilt. Im ersten Fall habe man es mit einer Gesellschaft zu tun, „wie sie eben aus der kapitalistischen Gesellschaft *hervorgeht*, also in jeder Beziehung, ökonomisch, sittlich, geistig, noch behaftet ist mit den Muttermalen der alten Gesellschaft, aus deren Schoß sie herkommt". Auf der nächsten Stufe entwickelt sich die kommunistische Gesellschaft auf dem Weg zu ihrer höheren Phase „auf ihrer eigenen Grundlage". Die Aufgabe bestehe darin, diese Grundlage allseitig zu entwickeln und zu verbessern, zu gewährleisten, dass materielle Produktion und Kultur einen solchen Aufschwung nehmen, dass die „Muttermale" des Kapitalismus endgültig überwunden werden und die kommunistischen Grundsätze in sämtlichen Lebensbereichen Einzug halten können.

Marx zeigte in Grundzügen die besonderen Merkmale beider Phasen. Schon in der ersten Phase wird das Privateigentum an den Produktionsmitteln und die Ausbeutung beseitigt werden. Allerdings werden noch nicht alle Mitglieder der Gesellschaft das gleiche Lebensniveau haben. Die Befriedigung der Bedürfnisse der Arbeiter, die Verteilung der materiellen Güter wird sich nach dem Prinzip richten, dass jeder nach seiner Leistung entlohnt wird. („Jeder nach seinen Fähigkeiten, jedem nach seiner Leistung!“) Auch die Unterschiede zwischen körperlicher und geistiger Arbeit, zwischen Stadt und Land werden im Sozialismus noch nicht zu überwinden sein. Da außerdem die verschiedenen Menschen nicht die gleiche individuelle Begabung, Arbeitsfähigkeit usw. haben können und es Unterschiede auch in anderen Beziehungen (Familienstand usw.) gibt, gewährleiste das „gleiche Recht“, ein Produkt entsprechend der verausgabten gesellschaftlich notwendigen Arbeit zu erhalten, unter diesen Bedingungen nicht eine tatsächliche Gleichheit. Diese faktische Ungleichheit in der Verteilung - Marx bezeichnete sie als „engen bürgerlichen Rechtshorizont“ - lasse sich nur durch eine mächtige Entwicklung der Produktivkräfte überwinden, die materielle und geistige Güter im Überfluss hervorbringt und den Übergang zu dem neuen, vollkommeneren Verteilungsprinzip erlaubt:

> „In einer höhern Phase der kommunistischen Gesellschaft, nachdem die knechtende Unterordnung der Individuen unter die Teilung der Arbeit, damit auch der Gegensatz geistiger und körperlicher Arbeit verschwunden ist; nachdem die Arbeit nicht nur Mittel zum Leben, sondern selbst das erste Lebensbedürfnis geworden; nachdem mit der allseitigen Entwicklung der Individuen auch ihre Produktivkräfte gewachsen sind und alle Springquellen des genossenschaftlichen (hier synonym für ‘gesellschaftlichen’, H.H.) Reichtums voller fließen - erst dann kann der enge bürgerliche Rechtshorizont ganz überschritten werden und die Gesellschaft auf ihre Fahnen schreiben: Jeder nach seinen Fähigkeiten, jedem nach seinen Bedürfnissen!“

Schließlich ging Marx auch auf die Frage ein, wie sich der proletarische *Staat* beim Übergang zur kommunistischen Gesellschaft entwickeln werde. Die Diktatur des Proletariats betrachtete er als eine Form des Staates der Übergangsperiode, die so lange dauern wird, bis die kapitalistische Gesellschaft revolutionär zur kommunistischen umgestaltet ist. Das Problem des weiteren Schicksals des Staates, und zwar in ganz allgemeinen Zügen berührend, schrieb Marx von einem „zukünftigen Staatswesen der kommunistischen Gesellschaft“. Dabei machte er einen Unterschied zwischen diesem und der Diktatur des Proletariats. Er schrieb, dass der Staat mit der Errichtung der kommunistischen Gesellschaft eine „Umwandlung“ erfahren werde, dass einige gesellschaftliche Funktionen übrig bleiben werden, „die jetzigen Staatsfunktionen analog sind“.

Diese Äußerungen zeigen, dass Marx das Absterben des Staates in der künftigen kommunistischen Gesellschaft keineswegs so auffasste, dass am Tag nach dem Sieg der neuen Gesellschaftsordnung jegliches Staatswesen einfach verschwinden werde. Er erkannte die Notwendigkeit, dieses Problem wissenschaftlich zu untersuchen, ohne detaillierte Antworten geben zu können. Marx war sich aber bereits zu jenem Zeitpunkt klar darüber, dass sich der Prozess in jenem Stadium so vollziehen werde, dass das alte Staatswesen allmählich neue Formen der gesellschaftlichen Verwaltung annimmt, die den veränderten sozialen Bedingungen und Erfordernissen der Gesellschaft entsprechen.

Marx entwickelte in der „Kritik des Gothaer Programms“ eine grandiose Zukunftsprognose der menschlichen Gesellschaft. Die Schrift war gleichsam das Fazit seines gesamten Lebenswerks, die Quintessenz seiner ganzen Lehre vom Staat und von der sozialistischen Revolution.

Seine Ratschläge wurden auf dem Vereinigungsparteitag in Gotha nur zu einem sehr geringen Teil beachtet. Dabei muss aber im Auge behalten werden, dass das Gothaer Programm neben falschen Formulierungen und rein lassalleanischen Behauptungen auch marxistische Thesen enthielt, wenngleich diese nicht immer treffend ausgedrückt waren. So hieß es im Programm, dass die Ursache des Elends und der Knechtschaft der Werktätigen das Monopol der Kapitalistenklasse an den Produktionsmitteln sei und dass (damit wurde an das Eisenacher Programm angeknüpft) die Befreiung der Arbeiterklasse das Werk der Arbeiter selbst sein müsse. Es wurde die Forderung erhoben, die Arbeitsmittel in Gemeingut der Gesellschaft umzuwandeln und die sozialistische Ordnung zu errichten; hervorgehoben wurde der inter- nationale Charakter der Arbeiterbewegung. Diese marxistischen Thesen wurden später auch von anderen europäischen Parteien bei der Ausarbeitung ihrer Programme übernommen. Wie turmhoch die Ausführungen von Marx das damalige theoretisch-programmatische Niveau selbst der am weitesten fortgeschrittenen Arbeiterpartei, der deutschen Sozialdemokratie, geschweige denn der sonstigen „Löser der Arbeiterfrage“ und Kathedersozialisten überragten, zeigte sich daran, dass sowohl die Befürworter als auch Gegner des Gothaer Programms es als „kommunistisch“ deuteten! Das bewog Marx und Engels letztlich, auf eine *öffentliche* Kritik des Programms zu verzichten, zumal auch bald erkennbar war, dass die Vereinigung von Gotha zur weiteren Entfaltung des Kampfes der deutschen Arbeiter, zur Stärkung des Ansehens und Einflusses der Partei beitrug. Am 11. Oktober 1875 schrieb Engels an Wilhelm Bracke:

> „Glücklicherweise ist es dem Programm besser ergangen, als es verdient. Arbeiter wie Bourgeois und Kleinbürger lesen das hinein, was eigentlich drin stehen sollte, aber nicht drin steht... Das hat es uns möglich gemacht, zu diesem Programm zu schweigen.“

Damit bewahrheitete sich das, was Marx in seinem Begleitbrief an Bracke geschrieben hatte: „Jeder Schritt wirklicher Bewegung ist wichtiger als ein Dutzend Programme“. So gesehen war es geradezu ein Glück, dass das Gothaer Programm schwerwiegende Mängel aufwies, weil sonst eines der bedeutendsten Werke des Marxismus nicht geschrieben worden wäre.

19. Kapitel: Die Jahre 1875 - 1880; Engels' „Anti-Dühring"; Marx/ Engels „Zirkularbrief"; Engels' „Die Entwicklung des Sozialismus von der Utopie zur Wissenschaft"

Die aufreibende Tätigkeit in der I. Internationale hatte Marx' angeschlagene Gesundheit weiter zerrüttet. Ab 1873 verschlechterte sich sein Zustand zusehends; er litt unter ständigen Kopfschmerzen, Schlaflosigkeit, Nervosität, Übermüdung, Leberschmerzen, Karbunkeln, was ihn zwang, seine Arbeit einzuschränken. Jährliche Kur- und Erholungsaufenthalte in Karlsbad (1874 - 1876), Neuenahr (1877), Malvernbury (1878) und Ramsgate (1879/80) brachten nur vorübergehende Besserung. Ab Mitte 1878 verschlimmerte sich zudem das Befinden seiner Frau Jenny. Sie erkrankte an einem Leberleiden, das sich als unheilbar erwies. Die Schilderung der letzten Lebensjahre von Marx soll jedoch nicht hier, sondern zusammenfassend im 20. Kapitel erfolgen.

Unter diesen Umständen übernahm Engels einen zunehmend größeren Teil der internationalen Korrespondenz mit den Arbeiterführern in aller Welt. Er war es auch, der nun vornehmlich eingriff, wenn es galt, die gemeinsam entwickelte Theorie gegen Angriffe zu verteidigen.

Eugen Dühring

Der Vereinigungsparteitag von Gotha hatte ein widersprüchliches Ergebnis gebracht: Einerseits wuchs und erstarkte die Partei organisatorisch und macht in der praktischen Alltagsarbeit große Fortschritte, andererseits zeigte sich in bestimmten Parteikreisen, vor allem unter den Intellektuellen (Beamten, Angestellten, Schriftstellern, Studenten) die Tendenz, neue, zur Mode gewordene philosophische und ökonomische Theorien aufzunehmen und sie eklektisch mit dem Marxismus zu verbinden.

Eine Erscheinungsform dieses ideologischen Umherirrens war die Begeisterung vieler gebildeter Parteimitglieder für die Ansichten des deutschen Philosophen und Nationalökonomen Eugen Dühring.

Dühring (1833 - 1921) war seit 1863 Privatdozent an der Berliner Universität. In seinen Vorlesungen und zahlreichen Schriften, mit denen er von 1869 an den Büchermarkt förmlich überschwemmte, erhob er den Anspruch, eine neue „Universalwissenschaft" geschaffen zu haben. Er pries seine Ansichten als den Gipfel menschlichen Wissens und erklärte praktisch alle vorangegangenen philosophischen, politisch-ökonomischen und sozialistischen Lehren für völlig wertlos. In seinen Arbeiten - „Kritische Geschichte der Nationalökonomie und des Socialismus" (1871), „Cursus der National- und Socialökonomie" (1873, 2. Auflage 1876), „Cursus der Philosophie als streng wissenschaftlicher Weltanschauung und Lebensgestaltung" (1875) - ging Dühring vom Positivismus Auguste Comtes und einem mechanisch-materialistischen Weltverständnis aus, polemisierte gegen den Sozialismus Saint-Simons und Fouriers, die

Fichtesche und Schellingsche „unwissende Philosophastik“, die „Hegel-Seuche“ der Dialektik und - vor allem - gegen Marx, dessen Leistung „ohne dauernde Bedeutung und für die allgemeine Geschichte der geistigen Strömung höchstens als Symptom der Einwirkung eines Zweigs der neueren Sektenscholastik anzuführen“ sei. Seine eigenen Ansichten bezeichnete er als antidialektisches „natürliches System“ bzw. als „Wirklichkeitsphilosophie“. In seiner Nationalökonomie erhob er den Anspruch, in polemischer Abgrenzung zur klassischen englischen Politökonomie (Petty, Smith, Ricardo) die „allgemeinsten Naturgesetze aller Wirtschaft“ entdeckt zu haben; in Wahrheit vertrat er aber eine durch und durch kleinbürgerliche Eigentumskonzeption. (Übrigens schreckte er auch nicht davor zurück, in einem seiner Bücher den Antisemitismus zu rechtfertigen.)

Die Wirkung Dührings auf einige der sozialdemokratischen Parteiführer (Bernstein, Most, Vahlteich) ist heute, liest man seine ebenso anmaßenden wie verworrenen, vom Inhalt her zumeist banalen Schachtelsätze und Wortschrauben, schwer begreiflich. Dühring trat jedoch - für einen akademischen Lehrer auf deutschem Boden höchst ungewöhnlich - kühn, radikal und angriffslustig auf. Er unterstrich die Bedeutung der Aktivität, des Kampfes, des Protestes, er stellte gegenüber dem ökonomischen den politischen Faktor in den Mittelpunkt und betonte die Macht der Gewalt in der Geschichte. Obwohl er erblindet war, hielt er Vorlesungen sowohl über die Geschichte der Mechanik wie über politische Ökonomie und Philosophie. Diese Vielfalt der Kenntnisse erstaunte, weil jedermann wusste, dass man ihm alle Bücher, die er brauchte, vorlas und dass er alle seine Bücher diktierte.

Als Dühring außerdem noch mit den Berliner Professorenkollegen Rudolf Virchow und Hermann von Helmholtz in Streit geriet und auf deren Betreiben 1877 von den preußischen Universitätsbehörden gemaßregelt und mit Lehrverbot belegt wurde, sahen seine Anhänger in ihm vollends einen Mitstreiter, ja Märtyrer. Selbst Bebel und Liebknecht waren zeitweilig der Meinung, dass Dühring zwar konfus sei, aber „durchaus ehrlich ist und entschieden auf unserer Seite steht“.

Allmählich erkannten aber Parteiführer wie Bebel, Liebknecht, Blos, Bracke und Dietzgen die Notwendigkeit, dem Dühringianertum als einer Strömung, die die theoretischen Grundlagen der Arbeiterbewegung bedrohte, entgegenzutreten und Dühring öffentlich zu kritisieren. Sie baten die „Londoner Alten“ - wie sie Marx und Engels bereits respektvoll nannten - einzugreifen, weil in der Partei selbst sich niemand für theoretisch so gerüstet hielt, um es mit dem „Universalsystematiker“ aufnehmen zu können.

Zunächst schien es Marx und Engels nicht nötig zu sein, sich mit dem aus ihrer Sicht mittelmäßigen, „albernen“ und „faden“ Dühring auseinanderzusetzen. Sie betrachteten das als Verschwendung ihrer Zeit und Arbeitskraft. Engels steckte damals schon mitten in den Studien für ein großes philosophisch-naturwissenschaftliches Werk, das (unvollendet) erst nach seinem Tod unter dem Titel „Dialektik der Natur“ bekannt wurde. Marx wiederum arbeitete an den Folgebänden des „Kapital“, was ihm bei seinem schlechten Gesundheitszustand Kraft genug kostete. Aber Dührings Einfluss wuchs, und Liebknecht drängte. Wer sollte helfen? Erst als auch Marx zum Handeln mahnte, gab Engels sein Zögern auf. Etwas missgelaunt schrieb er Ende Mai 1876 seinem Freund:

> „Du hast gut sprechen. Du kannst im warmen Bett liegen - russische Bodenverhältnisse im besondern und Grundrente im allgemeinen treiben, und nichts unterbricht Dich -, ich aber soll auf der harten Bank sitzen und... plötzlich wieder alles unterbrechen und dem langweiligen Dühring auf den Pelz rücken.“

Doch im gleichen Brief entwickelte er bereits ausführlich seine Konzeption für die Art und Weise der Auseinandersetzung mit Dühring und schloss mit den Worten:

> „Anyhow, I have him on the hip now. (Jedenfalls hab’ ich ihn jetzt gefasst, H.H.) Mein Plan ist fertig... Anfangs geh’ ich rein sachlich und scheinbar ernsthaft auf den Kram ein, und die Behandlung verschärft sich in dem Maß, wie der Nachweis des Unsinns auf der einen Seite, der Gemeinplätzlichkeit auf der andern sich häuft, und zuletzt regnet’s dann hageldick.“

Engels’ „Anti-Dühring“

Engels las zunächst alles, was Dühring in den letzten Jahren publiziert hatte, und ging dann ans Schreiben. Noch während er daran arbeitete, erschien der „Anti-Dühring“ als Artikelserie im „Vorwärts“. Von Anfang Jänner bis Mai 1877 wurden die ersten zwanzig Artikel unter dem Titel „Herrn Eugen Dührings Umwälzung der Philosophie“ im Zentralorgan der Sozialistischen Arbeiterpartei Deutschlands veröffentlicht. Den zweiten Abschnitt, „Herrn Eugen Dührings Umwälzung der politischen Ökonomie“, brachte der „Vorwärts“ in neun Teilen von Juli bis Dezember 1877. Der dritte Abschnitt, betitelt „Herrn Eugen Dührings Umwälzung des Sozialismus“, folgte in der Zeit von Mai bis Juli 1878 und schloss die Serie ab. Außerdem erschienen sämtliche Beiträge (insgesamt 34) als Sonderdruck in zwei Teilen und kurz darauf, unmittelbar vor Erlass des Bismarckschen Sozialistengesetzes, als Buch. Auf diese Weise wurde Engels’ Schrift Tausenden Arbeitern bekannt und hatte eine große Massenwirkung.

Wie notwendig die systematische Auseinandersetzung mit den kleinbürgerlichen Auffassungen Dührings war, zeigte sich, als die erste Artikelserie im „Vorwärts“ erschien. Die Anhänger Dührings in der deutschen Partei, darunter Most, Vahlteich, Bernstein u.a., liefen Sturm gegen Engels’ Polemik und verlangten auf dem Parteitag in Gotha 1877 sogar, den Abdruck der Artikel im Zentralorgan einzustellen, mit der Begründung, dass sie „für die weitaus größte Mehrheit der Leser des ‘Vorwärts’ völlig ohne Interesse (!) oder gar höchst anstoßerregend“ seien. Das hätte einen formidablen Skandal gegeben. Mit einiger Mühe gelang es

Bebel und Liebknecht, ihn abzuwenden. Sie schlugen in einer Gegenresolution vor, den Abdruck der Engelsschen Artikel fortzusetzen, aber nicht im Zentralorgan selbst, sondern in der Beilage. Damit gab man sich zufrieden.

„Herrn Eugen Dührings Umwälzung der Wissenschaft", wie der eigentliche Titel des „Anti-Dühring" lautet, ist eines der grundlegenden Werke des Marxismus. Erst aus ihm erfuhr die neue Generation, die ihre Parteiarbeit in der zweiten Hälfte der siebziger Jahre begann, was wissenschaftlicher Sozialismus ist, was seine philosophischen Grundsätze sind, welcher Methode er sich bedient. Die Schrift erlebte viele Auflagen und unzählige Übersetzungen. Kein anderes Buch nach dem „Kapital" hatte für die Verbreitung des Marxismus eine so große Bedeutung. Alle jungen Sozialistinnen und Sozialisten, die seit Anfang der achtziger Jahre auftraten, studierten mit diesem Werk erstmalig den Marxismus im Zusammenhang: Kautsky, Plechanow, Clara Zetkin, später Lenin, Karl Liebknecht und Rosa Luxemburg, aber auch Bernstein, der nach der Lektüre aus der Front der Dühringianer ausscherte.

Im „Anti-Dühring" gab Engels eine Zusammenfassung und Systematisierung aller seit Erscheinen des „Manifests der Kommunistischen Partei" erarbeiteten marxistischen Erkenntnisse, wobei er grundlegende Leitsätze des Marxismus weiterentwickelte. Er erläuterte in einer geschlossenen Darstellung die drei Bestandteile des Marxismus: dialektischer und historischer Materialismus, politische Ökonomie und wissenschaftlicher Sozialismus. Dem entsprachen auch die drei Hauptabschnitte des Werkes.

Im Philosophieteil begründete Engels die These, dass „die Einheit der Welt in ihrer Materialität besteht". Bei der Behandlung des Zusammenhangs zwischen Materie und Bewegung schrieb er die klassisch gewordene Definition: „Die Bewegung ist die Daseinsweise der Materie", und: „Materie ohne Bewegung ist ebenso undenkbar wie Bewegung ohne Materie". Als die grundlegenden Existenzformen der Materie betrachtete Engels Raum und Zeit, eine Erkenntnis, die in den folgenden Jahrzehnten durch Entdeckungen auf naturwissenschaftlichem Gebiet auf ganz neue Weise bestätigt wurde, nicht zuletzt durch die Einsteinsche Relativitätstheorie. Engels bestimmte auch den Gegenstand der materialistischen Dialektik, indem er schrieb:

> „Die Dialektik ist... die Wissenschaft von den allgemeinen Bewegungs- und Entwicklungsgesetzen der Natur, der Menschengesellschaft und des Denkens."

Diese Erkenntnisse belegte Engels mit umfangreichem Material aus den Natur- und Gesellschaftswissenschaften. Er schrieb über die Entstehung und Entwicklung des Lebens, über das Verhältnis zwischen Ökonomie und Politik, die Entstehung der Klassen, die Rolle der Gewalt in der Geschichte, die materiellen Grundlagen des Militärwesens, den Zusammenhang von Freiheit und Notwendigkeit, die Moral und das Recht als Formen des Überbaus und viele andere Probleme.

Der zweite Teil des „Anti-Dühring"

enthält eine Zusammenfassung der bis dahin erarbeiteten Erkenntnisse auf dem Gebiet der politischen Ökonomie. Durch eine wissenschaftliche und gleichzeitig populäre Erläuterung solcher Kategorien wie Ware, Wert, Arbeitskraft, Kapital und Mehrwert wurde den vulgären Auffassungen Dührings entgegengetreten. Darüber hinaus ging Engels auch auf Fragen des Profits und der Grundrente ein, deren umfassende Analyse erst später, im zweiten und dritten Band des „Kapital" erfolgte. In diesem Zusammenhang machte Engels auf neue, die Tendenz zum Monopol und sogar zum Staatskapitalismus ankündigende Erscheinungen in der kapitalistischen Wirtschaft aufmerksam. Er verwies darauf, dass der Konzentrationsprozess der Produktion und des Kapitals die Kapitalisten zwinge, sich in „verschiednen Arten von Aktiengesellschaften" zusammenzuschließen, jedoch:

> „Auf einer gewissen Entwicklungsstufe genügt auch diese Form nicht mehr: der offizielle Repräsentant der kapitalistischen Gesellschaft, der Staat, muss ihre Leitung übernehmen."

Während bürgerliche und revisionistische Ideologen im letzten Drittel des 19. Jahrhunderts diese frühen Erscheinungen des Staatskapitalismus als sozialistische Phänomene auszugeben suchten, legte Engels unmissverständlich dar:

> „Je mehr Produktivkräfte er (der bürgerliche Staat, H.H.) in sein Eigentum übernimmt, desto mehr wird er wirklicher Gesamtkapitalist, desto mehr Staatsbürger beutet er aus. Die Arbeiter bleiben Lohnarbeiter, Proletarier. Das Kapitalverhältnis wird nicht aufgehoben, es wird vielmehr auf die Spitze getrieben."

Im dritten Teil seines Buches gab Engels eine Darstellung der Geschichte und Theorie des wissenschaftlichen Sozialismus. Zunächst ging es ihm darum, den Unterschied zwischen der von Marx und ihm begründeten Theorie und dem utopischen Sozialismus klarzumachen. Engels würdigte die scharfe und geistreiche Kritik der utopischen Sozialisten an der bürgerlichen Gesellschaft, erläuterte aber auch die entscheidende Schwäche der Utopisten, die seiner Meinung nach darin bestand, dass der Sozialismus für sie nicht eine historische Notwendigkeit, sondern nur eine Forderung der Vernunft, ein moralisches Postulat war. Für Marxisten seien jedoch

> „die letzten Ursachen aller gesellschaftlichen Veränderungen und politischen Umwälzungen zu suchen nicht in den Köpfen der Menschen, in ihrer zunehmenden Einsicht in die ewige Wahrheit und Gerechtigkeit, sondern in Veränderungen der Produktions- und Austauschweise; sie sind zu suchen nicht in der *Philosophie*, sondern in der *Ökonomie* der betreffenden Epoche."

Folglich seien auch die Methoden zur Beseitigung erkannter gesellschaftlicher Missstände, die Mittel für die Befreiung der Arbeiter „nicht etwa aus dem Kopf zu *erfinden*, sondern ver- mittelst des Kopfes in den vorliegenden materiellen Tatsachen der Produktion zu *entdecken*".

Zuletzt erörterte Engels auch eine Reihe von allgemeinen Merkmalen des Übergangs vom Kapitalismus zum Sozialismus und von Grundzügen der künftigen sozialistischen Gesellschaft. Diese Umgestaltung der Gesellschaft betrachtete er als Übergang von einer sich im wesentlichen spontan vollziehenden Entwicklung zu einer Entwicklung, die von den Menschen bewusst gestaltet wird. Er schrieb:

> „Mit der Besitzergreifung der Produktionsmittel durch die Gesellschaft ist die Warenproduktion beseitigt und damit die Herrschaft des Produkts über die Produzenten. Die Anarchie innerhalb der gesellschaftlichen Produktion wird ersetzt durch planmäßige bewusste Organisation. Der Kampf ums Einzeldasein hört auf. Damit erst scheidet der Mensch, in gewissem Sinn, endgültig aus dem Tierreich, tritt aus tierischen Daseinsbedingungen in wirklich menschliche. Der Umkreis der die Menschen umgebenden Lebensbedingungen, der die Menschen bis jetzt beherrschte, tritt jetzt unter die Herrschaft und Kontrolle der Menschen, die nun zum ersten Male bewusste, wirkliche Herren der Natur, weil und indem sie Herren ihrer eignen Vergesellschaftung werden. Die Gesetze ihres eignen gesellschaftlichen Tuns, die ihnen bisher als fremde, sie beherrschende Naturgesetze gegenüberstanden, werden dann von den Menschen mit voller Sachkenntnis angewandt und damit beherrscht. Die eigne Vergesellschaftung der Menschen, die ihnen bisher als von Natur und Geschichte oktroyiert gegenüberstand, wird jetzt ihre eigne freie Tat. Die objektiven, fremden Mächte, die bisher die Geschichte beherrschten, treten unter die Kontrolle der Menschen selbst. Erst von da an werden die Menschen ihre Geschichte mit vollem Bewusstsein selbst machen, erst von da an werden die von ihnen in Bewegung gesetzten gesellschaftlichen Ursachen vorwiegend und in stets steigendem Maße auch die von ihnen gewollten Wirkungen haben. Es ist der Sprung der Menschheit aus dem Reiche der Notwendigkeit in das Reich der Freiheit."

Marx' Beitrag

Marx las das Manuskript vor dem Druck und solidarisierte sich völlig mit seinem Inhalt. Dies zu betonen ist deshalb wichtig, weil Gegner des Marxismus schon seit nunmehr hundert Jahren behaupten, dass Engels im „Anti-Dühring" Marx' Ansichten vulgarisiert und unzulässig vereinfacht habe. Marx war aber über sämtliche Pläne von Engels stets unterrichtet und unterstützte ihn bei der Arbeit in allem. So nahm er sich wieder die Werke Robert Owens vor, stellte eine Bibliographie von dessen Schriften zusammen und half Engels auch bei der Suche nach anderen Materialien.

Bei der Abfassung des zweiten Abschnitts hat Marx unmittelbar mitgewirkt. Er übernahm die kritische Analyse der Ansichten Dührings über die Geschichte der ökonomischen Lehren. Bereits Anfang März 1877 schickte er Engels die entsprechende Ausarbeitung, die er im August durch eine Analyse des „Tableau économique" ergänzte. Alles zusammen bildete das Kapitel 10 des zweiten Teils: „Aus der 'Kritischen Geschichte'". Engels schrieb an Marx: „Besten Dank für die lange Arbeit von wegen 'kritischer Geschichte'. Das ist mehr, als ich brauche, um den Kerl auch auf diesem

Gebiete vollständig abzumurksen".

Das von Marx verfasste Kapitel ist eine Perle polemischer Formulierungskunst. Da Dühring für ihn ein „gewissermaßen erheiternder Skribler" war, verzichtete er auf seinen sonst üblichen ätzend-vernichtenden Sarkasmus und behandelte den „Burschen" fast schon gutmütig, wie ein Schachgroßmeister, der sich über die ungeschickten Züge eines ihn herausfordernden Kaffeehausspielers amüsiert.

Im Gegensatz zu Dühring hob Marx klar die Verdienste hervor, die den Vertretern der klassischen Schule, von Petty und Boisguillibert bis Ricardo, bei der Entwicklung der ökonomischen Theorie zukommt. Er zeigte, dass Dühring selbst bei der Behandlung der Klassiker von den Theorien ihrer Epigonen und Vulgarisatoren - des Deutschen List, des Amerikaners Carey und anderer - zehrte und von ihnen abschrieb, ohne die Originalwerke wirklich studiert und begriffen zu haben.

Ein wahres Kleinod ist Marx' Beschreibung des „Tableau économique" des Physiokraten François Quesnay aus dem Jahr 1758, den er als genialen Versuch einer schematischen Darstellung der Produktion und Zirkulation des Gesamtreichtums eines Landes einschätzte. Das „Tableau" blieb für die bürgerlichen Politökonomen ein Rätsel, an dem sie sich - und selbstredend auch Dühring - „umsonst die Zähne ausbissen". Marx war der erste, der es im „Anti-Dühring" auf sieben Seiten in allen Einzelheiten und Verästelungen zu erklären imstande war, eine Passage, die als Beweis seiner einzig dastehenden Kenntnisse auf dem Gebiet der politischen Ökonomie und seiner Fähigkeit, auch komplizierteste volkswirtschaftliche Theorieprobleme zu entwirren, nicht ihresgleichen hat.

Das Sozialistengesetz

1878 leiteten in Deutschland die junkerlich-bourgeoisen Kreise und ihr Interessenvertreter Bismarck den Generalangriff gegen die sozialistische Arbeiterbewegung ein, derer man mit den alten Machtmitteln nicht mehr Herr zu werden glaubte. Zwei Attentate auf Kaiser Wilhelm I., verübt von den Arbeitern Hödel und Nobiling, die der Sozialdemokratie fern standen, nutzte Bismarck dazu aus, um am 19. Oktober 1878 im Reichstag ein Ausnahmegesetz durchzupeitschen, das „Gesetz gegen gemeingefährliche Bestrebungen der Sozialdemokratie".

Nach dem „Sozialistengesetz" waren Vereine (§ 1), Versammlungen (§ 9) und Druckschriften (§ 11) sowie Geldsammlungen (§ 16), „welche durch sozialdemokratische, sozialistische oder kommunistische Bestrebungen den Umsturz der bestehenden Staats- oder Gesellschaftsordnung bezwecken", verboten. Dadurch wurde der Arbeiterschaft die Möglichkeit genommen, sich in einer sozialistischen Partei oder in sozialistischen Gewerkschaften zu organisieren. Die Teilnahme an verbotenen Vereinen und Versammlungen, die Verbreitung verbotener Druckschriften sowie die Teilnahme an verbotenen

Geldsammlungen wurde mit hohen Geld- oder Gefängnisstrafen geahndet. Von besonderer Bedeutung war der Paragraph 28 des Gesetzes, nach dem der „Kleine Belagerungszustand“ über Städte wie Berlin, Hamburg, Leipzig, Frankfurt am Main u.a. verhängt und Sozialdemokraten von dort ausgewiesen werden konnten.

Das Sozialistengesetz forderte von der Arbeiterschaft und ihren politisch aktiven Vertretern - Sozialdemokraten und Gewerkschaftern - große Opfer. Insgesamt wurden in der Periode des Sozialistengesetzes (dessen dreijährige Befristung viermal, bis 1890, verlängert wurde) rund 1350 periodische und nichtperiodische Druckschriften verboten, 900 Sozialdemokraten aus ihren Wohnorten - zum Teil mehrmals - ausgewiesen, unzähligen Proletariern die Existenzgrundlage genommen und ca. 1000 Jahre Freiheitsstrafe gegen Arbeiter und Arbeiterführer verhängt.

Die deutsche Arbeiterbewegung widerstand jedoch unter der Führung der Sozialdemokratie dem Polizei- und Justizterror, entwickelte durch geschickte Verbindung von legalem und illegalem Kampf eine wirksame Taktik, die zur politischen, ideologischen und organisatorischen Stärkung der Partei und zum Aufbau schlagkräftiger gewerkschaftlicher Vereinigungen wesentlich beitrug. (Zum Verständnis der Situation muss angeführt werden, dass die Möglichkeit der Kandidatur von Sozialdemokraten als Einzelperson für die Reichstagswahlen unangetastet blieb; bei den vier Wahlgängen bis 1890 wurden zwischen 11 und 35 Abgeordnete in die Volksvertretung gewählt, unter ihnen Bebel, Liebknecht, Singer und andere, die die Parlamentstribüne politisch virtuos auszunützen verstanden.)

Marx und Engels erlebten mit Genugtuung, dass die Masse der deutschen Arbeiter, angeleitet von den revolutionär gesinnten Parteiführern, ohne Schwanken den Kampf gegen das Ausnahmegesetz aufnahm, illegal Flugblätter und -schriften herausgab, über die „Rote Feldpost“ Agitationsmaterial ins Land schmuggelte und der Repression der Herrschenden ihre Solidarität entgegensetzte. Es war das die große Zeit der deutschen Sozialdemokratie als revolutionär-marxistischer Musterpartei, in der das zukunftsgewisse Wort umging: „Den Sozialismus in seinem Lauf hält weder Ochs noch Esel auf“.

Der „Zirkularbrief“

Aber es gab nicht nur Grund zur Genugtuung. Wie stets unter erschwerten Klassenkampfbedingungen gewannen mit dem Erlass des Sozialistengesetzes in Deutschland linksradikale, anarchistische Tendenzen an Gewicht und Einfluss. Wortführer dieser Anschauungen waren der Dühringianer Johann Most und der einstige Lassalleaner Wilhelm Hasselmann. Ende 1878 zusammen mit anderen Sozialdemokraten aus Berlin ausgewiesen, fuhr Most nach London. Dort übernahm er im Auftrag des Londoner Deutschen Bildungsvereins für Arbeiter die Redaktion des Wochenblatts „Freiheit“. Die erste Nummer erschien im Jänner 1879. Die Zeitung wandte sich zunächst gegen den Reformismus, propagierte dann aber bald ultralinke, anarchistische Prinzipien. Sie bezichtigte die Parteiführung um Bebel und Liebknecht des Opportunismus, ohne vor wüsten Unterstellungen zurückzuschrecken. Most und seine Anhänger waren gegen die legalen Formen der Parteiarbeit, gegen eine Teilnahme an Wahlen und gegen die Ausnutzung der Reichstagstribüne. Sie forderten die Organisierung offener Kollisionen mit den Behörden und der Polizei, die Vorbereitung eines Aufstands und bezeichneten die Attentate von Hödel und Nobiling als echte revolutionäre Handlungen. „In der 'Freiheit' wird Revolution schwadroniert auf Mord und Brand", schrieb Engels an Becker am 1. Juli 1879. Marx und Engels distanzierten sich in zahlreichen Briefen an Arbeiterführer entschieden von Most, der das Gerücht verbreitete, von ihnen unterstützt zu werden, und befürworteten die Bekämpfung dieser anarchistischen Richtung durch die Führer der Sozialdemokratie. 1880 wurden Most und Hasselmann auf dem Wydener Kongress der deutschen Sozialdemokratie in der Schweiz aus der Partei ausgeschlossen. Für noch größer hielten Marx und Engels aber die Gefahr, die der Partei von rechts, vom Reformismus drohte. Einige ihrer Vertreter hatten sich nach Zürich begeben und wollten dort eine Parteizeitung gründen, die illegal in Deutschland vertrieben werden sollte. Als Redakteur war Carl Hirsch vorgesehen. Während der Verhandlungen mit ihm wurde jedoch klar, dass es außer der Redaktionskommission in Leipzig mit Bebel und Liebknecht am Erscheinungsort der Zeitung in Zürich noch eine Art „Aufsichts- oder Verwaltungskommission" geben musste. Für sie waren der Reformist Karl Höchberg, der Dühringianer Carl August Schramm und Eduard Bernstein vorgesehen. Durch diese Zusammensetzung der Redaktion sowie die finanzielle Abhängigkeit der geplanten Zeitung durch Höchberg (den Marx 1877 als einen Bourgeois, der „sich in die Partei eingekauft" hat, charakterisierte) besaß die Züricher Gruppe den entscheidenden Einfluss auf die Haltung der Zeitung. Da Hirsch nicht die Rolle des Strohmanns spielen wollte, verzichtete er auf den Redakteursposten. Marx und Engels billigten Hirschs Verhalten und nahmen ihr bereits gegebenes Versprechen zur Mitarbeit an der Zeitung zurück. Engels erklärte Bebel am 4. August 1879 brieflich in seinem eigenen und in Marx' Namen, dass sie mit dem der Kontrolle des *„Sozialphilanthropen"* Höchberg unterstellten Parteiorgan nichts zu tun haben wollen.

Ihr Verdacht bestätigte sich, als Anfang September 1879 in Zürich das erste Heft des von Höchberg herausgegebenen „Jahrbuchs für Sozialwissenschaft und Sozialpolitik" mit dem Artikel „Rückblicke auf die sozialistische Bewegung in Deutschland" erschien. Der nur mit drei Sternen gezeichnete Artikel stammte, wie sich bald herausstellte, von Höchberg, Bernstein und Schramm.

Der Artikel des „Dreigestirns", wie Marx die Verfasser ironisch nannte, war eine Art Manifest aller rechten Elemente. Er machte das gesamte Wirken der Sozialdemokratie in der Vergangenheit madig, einschließlich der

Unterstützung der Pariser Kommune. Die Verfasser warfen der Partei vor, dass sie selbst das Sozialistengesetz durch ihre „Unmäßigkeit" heraufbeschworen habe. Den ganzen Artikel durchzog der Appell, auf revolutionäre Ziele zu verzichten, sich dem Bismarckschen Polizeiregime widerspruchslos zu fügen und die vergangenen revolutionären „Vergehen" zu bereuen. Das Züricher Trio verurteilte auch den Kampf der Partei gegen die Bourgeoisie und erklärte, dass Bürgerliche in die Partei aufgenommen werden sollten, die führenden Posten bürgerlichen Intellektuellen eingeräumt werden müssten, da die Arbeiter dafür nicht gebildet genug seien.

Marx und Engels waren maßlos empört über diese „Arschkriecherei". Sie verfassten einen langen Protestbrief, den sie noch im September 1879 an Bebel, Liebknecht, Bracke und andere Parteiführer schickten. Der Brief ist unter dem Namen „Zirkularbrief" bekannt geworden. Er gehört zu den wichtigsten Dokumenten von Marx und Engels über die Rolle der Partei und die Notwendigkeit eines prinzipiellen Kampfes gegen den rechten Opportunismus.

Die beiden erläuterten ihren Vertrauten in Deutschland klipp und klar, dass eine Geisteshaltung wie die der Verfasser des Jahrbuch-Artikels darauf hinziele, die Arbeiterbewegung den Interessen der Bourgeoisie zu unterwerfen:

> „Statt entschiedner politischer Opposition - allgemeine Vermittlung; statt des Kampfs gegen Regierung und Bourgeoisie - der Versuch, sie zu gewinnen und zu überreden; statt trotzigen Widerstands gegen Misshandlungen von oben - demütige Unterwerfung und das Zugeständnis, man habe die Strafe verdient. Alle historisch notwendigen Konflikte werden umgedeutet in Missverständnisse und alle Diskussionen beendigt mit der Beteuerung: in der Hauptsache sind wir ja alle einig."

Mit diesen Worten gaben Marx und Engels eine grundsätzliche, bis heute zutreffende Charakteristik des Rechtsopportunismus. Am Schluss hieß es:

> „Was uns betrifft, so steht uns nach unsrer ganzen Vergangenheit nur ein Weg offen. Wir haben seit fast 40 Jahren den Klassenkampf als nächste treibende Macht der Geschichte und speziell den Klassenkampf zwischen Bourgeoisie und Proletariat als den großen Hebel der modernen sozialen Umwälzung hervorgehoben; wir können also unmöglich mit Leuten zusammengehn, die diesen Klassenkampf aus der Bewegung streichen wollen. Wir haben bei Gründung der Internationalen ausdrücklich den Schlachtruf formuliert: Die Befreiung der Arbeiterklasse muss das Werk der Arbeiterklasse selbst sein. Wir können also nicht zusammengehn mit Leuten, die es offen aussprechen, dass die Arbeiter zu ungebildet sind, sich selbst zu befreien, und erst von oben herab befreit werden müssen, durch philanthropische Groß- und Kleinbürger. Wird das neue Parteiorgan eine Haltung annehmen, die den Gesinnungen jener Herren entspricht, bürgerlich ist und nicht proletarisch, so bleibt uns nichts übrig, so leid es uns tun würde, als uns öffentlich dagegen zu erklären und die Solidarität zu lösen, mit der wir bisher die deutsche Partei dem Ausland gegenüber vertreten haben.

Doch **dahin** kommt's hoffentlich nicht."

Es kam nicht dazu. Der Zirkularbrief hatte die von Marx und Engels erhoffte Wirkung. Sie konnten feststellen, dass die revolutionären deutschen Parteiführer ebenfalls den Jahrbuch-Artikel verurteilten und die notwendigen Maßnahmen trafen, um den rechten Wortführern den Einfluss auf das geplante Parteiblatt zu nehmen.

Wenige Monate später konnten Marx und Engels ihren langjährigen Briefpartner August Bebel erstmals persönlich begrüßen. Bebel kam nach London, um die beiden über die Situation in der Partei zu informieren und sich mit ihnen zu beraten. Begleitet wurde er von Eduard Bernstein, der seinen früheren Ansichten abgeschworen hatte und sich nun zum Marxismus bekannte. Marx und Engels schlossen mit beiden Freundschaft.

„Die Entwicklung des Sozialismus von der Utopie zur Wissenschaft"

In den Jahren 1879/80 brauchte neben der deutschen besonders die französische Arbeiterbewegung die Unterstützung von Marx und Engels. Die französischen Arbeiter hatten im Oktober 1879 auf dem sozialistischen Kongress in Marseille die Gründung einer Arbeiterpartei beschlossen. Bald darauf wandte sich einer ihrer Führer, Jules Guesde, mit der Bitte an Marx und Engels, der jungen Partei bei der Ausarbeitung ihres Programms zu helfen. Beide sagten zu. Anfang Mai 1880 kam Guesde nach London, und in Engels' Wohnung wurde gemeinsam mit Marx und Paul Lafargue das Programm entworfen. Marx formulierte den theoretischen Teil, und gemeinsam mit Engels überarbeitete er den zweiten Teil, der die unmittelbaren politischen und sozialen Forderungen enthielt.

Schon zuvor hatte Engels den französischen Sozialisten geholfen, sich mit den unter ihnen weit verbreiteten kleinbürgerlichen und utopisch-sozialistischen Ansichten auseinanderzusetzen. Im Frühjahr 1880 schrieb er für die Arbeiterzeitung „L'Egalité" mehrere Artikel. Außerdem stellte er auf Bitten Paul Lafagues drei Kapitel seines „Anti-Dühring" zu einer selbständigen Schrift zusammen. Im Sommer 1880 erschien sie, von Lafargue übersetzt, unter dem Titel „Socialisme utopique et socialisme scientifique" („Utopischer Sozialismus und wissenschaftlicher Sozialismus") in einer französischen Zeitschrift, bald darauf auch als Broschüre. Marx, der sie mit einer Vorbemerkung versah, nannte sie „gewissermaßen eine *Einführung in den wissenschaftlichen Sozialismus*".

Auf Wunsch der deutschen Parteiführung stellte Engels die Arbeit zur Veröffentlichung in deutscher Sprache zur Verfügung; im März 1883 erschien sie in Zürich. Allein im Jahr 1883 kamen drei Auflagen heraus, insgesamt 10.000 Exemplare, die illegal in Deutschland vertrieben wurden. Die Broschüre mit dem Titel „Die Entwicklung des Sozialismus von der Utopie zur Wissenschaft" wurde bald zu einem der meistgelesenen Bücher in der internationalen Arbeiterbewegung und hatte eine außerordentliche Bedeutung für die Verbreitung und

Durchsetzung marxistischer Prinzipien.

Engels behandelte darin die theoretischen Grundlagen der proletarischen Weltanschauung und die Hauptthesen des wissenschaftlichen Sozialismus. Nachdrücklich zeigte er auf, dass durch die zwei großen Entdeckungen von Karl Marx - die Entdeckung der materialistischen Geschichtsauffassung und die Enthüllung des Geheimnisses der kapitalistischen Produktion durch die Entdeckung des Mehrwerts - der Sozialismus sich zur Wissenschaft des Proletariats entwickelte. Vor allem legte er Wert auf die Darlegung der unterschiedlichen Positionen des wissenschaftlichen und des utopischen Sozialismus.

In der „Entwicklung des Sozialismus von der Utopie zur Wissenschaft“ stellte Engels erneut seine ungewöhnliche Gabe unter Beweis, ein Thema gleichermaßen theoretisch anspruchsvoll wie allgemeinverständlich zu behandeln. Die Lektüre der glänzend formulierten Schrift ist auch heute noch ein einziger Genuss.

Im Schlusskapitel ging Engels auf den Grundwiderspruch des Kapitalismus ein und legte dar, dass dieser nur durch die proletarische Revolution gelöst werden könne. Diese für die marxistische Staatstheorie bedeutsame Passage, die von Lenin 1917 in „Staat und Revolution“ eingehend analysiert wurde, lautet:

> *„Das Proletariat ergreift die Staatsgewalt und verwandelt die Produktionsmittel zunächst in Staatseigentum*... Der erste Akt, worin der Staat wirklich als Repräsentant der ganzen Gesellschaft auftritt - die Besitzergreifung der Produktionsmittel im Namen der Gesellschaft -, ist zugleich sein letzter selbständiger Akt als Staat. Das Eingreifen einer Staatsgewalt in gesellschaftliche Verhältnisse wird auf einem Gebiete nach dem andern überflüssig und schläft dann von selbst ein. An die Stelle der Regierung über Personen tritt die Verwaltung von Sachen und die Leitung des Produktionsprozesses. Der Staat wird nicht ‘abgeschafft’, er **stirbt ab**. Hieran ist die Phrase vom ‘freien Volksstaat’ zu messen, also sowohl nach ihrer zeitweiligen agitatorischen Berechtigung wie nach ihrer endgültigen wissenschaftlichen Unzulänglichkeit; hieran ebenfalls die Forderung der sogenannten Anarchisten, der Staat solle von heute auf morgen abgeschafft werden.“

20. Kapitel: Die Töchter von Karl Marx; Marx' Altersstudien und Tod

Ende der sechziger, Anfang der siebziger Jahre kam es in der Privatsphäre von Marx zu jenen Veränderungen, die im Leben jedes Menschen mit zunehmendem Alter gewöhnlich eintreten: die älteren Töchter heirateten, Schwiegersöhne kamen ins Haus, und bald stellten sich Enkelkinder ein.

Die Töchter von Karl Marx waren Frauen außergewöhnlichen Formats, intellektuell und künstlerisch hochbegabt. Alle drei waren seit ihrer Jugend glühende Sozialistinnen, die sich mit den politischen Ideen ihres Vaters über dessen Tod hinaus bedingungslos identifizierten. Dazu trug nicht nur die ganze Atmosphäre im Elternhaus bei, sondern auch, dass der Vater die heranwachsenden Mädchen mehr und mehr in seine wissenschaftliche und politische Arbeit einbezog, sie mit Aufgaben bei der Sichtung der internationalen Presse oder mit dem Führen seiner Korrespondenz betraute. Und auch die zahlreichen Revolutionäre, Männer und Frauen, die, aus vielen Ländern kommend, im Hause von Marx ein- und ausgingen, beeinflussten das Denken und Fühlen der jungen Mädchen. Mit vielen verband sie eine enge Freundschaft. Unter ihnen fanden sie ihre Lebensgefährten.

Laura Lafargue

Die erste, die das Elternhaus verließ, war die mittlere der drei Töchter, Laura, geboren 1845 in Brüssel. Sie war blond gelockt und ähnelte im Habitus mehr ihrer Mutter als dem Vater. Von ruhigem Temperament, kühl und reserviert, ertrug sie die Belastungen, die die Familie Marx in den fünfziger und sechziger Jahren heimsuchten, besser als ihre Schwestern. Sie wählte auch einen Mann, der zu ihr passte und mit dem sie, soweit sich feststellen lässt, in harmonischer und glücklicher Ehe lebte.

1868 heiratete sie Paul Lafargue (1842 - 1911), einen in Kuba geborenen Kreolen und angehenden Arzt, der seit Anfang der sechziger Jahre in der französischen Arbeiterbewegung wirkte. Im Auftrag der Pariser Sektion der Internationale hatte er im Februar 1865 Marx besucht. Als er Ende des Jahres wegen seines revolutionären Auftretens zeitweilig von der Pariser Universität verwiesen war, hatte er seine Studien in London fortgesetzt. Dort wurde er vom Generalrat der IAA zum korrespondierenden Sekretär für die spanische Sektion gewählt. Im Hause von Marx wurde er häufiger Gast. Jenny Marx schrieb über ihn im Herbst 1866 an Wilhelm Liebknechts Frau: „Er kam oft und öfter, und ich war naiv genug, mir einzubilden, er komme, um sich bei Karl, dessen Ansichten er bald annahm, in Politik, Philosophie etc. weiter auszubilden, und war wie vom Blitz gerührt, als er plötzlich um Lauras Hand anhielt".

Liest man Marx' Briefe aus jenen Jahren an seine Familienangehörigen und an Engels, spürt man im Hinblick auf die Zukunftspläne seiner Töchter einen großen Zwiespalt. Marx war mit Recht stolz auf seine Kinder, die sich - ganz im Gegensatz zu den Bourgeoistöchtern jener Zeit - zu klugen, selbständig denkenden und selbstbewussten Frauen, zu Sozialistinnen, entwickelten. Er wusste aber auch aus eigener bitterer Erfahrung, wie schwer in der bürgerlichen Gesellschaft das Leben eines proletarischen Revolutionärs war. Deshalb bestand Marx hartnäckig darauf, dass sich seine Töchter und ihre künftigen Lebensgefährten mit allem Ernst prüften, ob sie und ihre Zuneigung solchen hohen Anforderungen gewachsen wären.

Die Zukunft bestätigte Marx' Sorge, aber auch die Charakterstärke seiner Kinder. Auf sie alle wartete ein schweres, unruhiges Leben mit tragischem Ausgang.

Laura zeichnete sich durch eine vielseitige Begabung aus, vor allem durch ihr Sprachtalent. Sie war eine leidenschaftliche und hochqualifizierte Übersetzerin. Schon in früher Jugend übersetzte sie Heine, Goethe und andere deutsche Dichter ins Englische. Als Fünfzehnjährige versuchte sie Engels' „Die Lage der arbeitenden Klasse in England" ins Englische zu übersetzen. Mit ihrem Mann zusammen übersetzte sie das „Manifest der Kommunistischen Partei" ins Französische, und Marx wollte ihr die Übersetzung des „Kapital" ins Englische anvertrauen (wozu es nicht kam). Dennoch übersetzte sie eine ganze Anzahl der Werke von Marx und Engels ins Französische, darunter so schwierige wie „Zur Kritik der politischen Ökonomie". Neben alledem fand sie noch Zeit, auch schöne Literatur zu übersetzen: die Minnesänger, Baudelaire, Goethe und andere ins Englische.

Nach der Hochzeit - Friedrich Engels wirkte als Trauzeuge - zogen Paul und Laura Lafargue nach Paris und widmeten sich dort der Propagierung sozialistischer Ideen. Bei Ausbruch des Deutsch-Französischen Krieges 1870 übersiedelten sie nach Bordeaux und gingen nach der Ausrufung der Pariser Kommune daran, in Südwestfrankreich Solidaritätsaktionen mit der Pariser Arbeiterrevolution vorzubereiten. Als im Mai 1871 die Kommunarden der Übermacht erlagen und im ganzen Land Massenverhaftungen einsetzten, mussten Paul und Laura mit ihren damals zwei kleinen Kindern in ein Städtchen in den Pyrenäen fliehen. Aus welchem Holz diese Marx-Tochter geschnitzt war, zeigt ein Brief, den sie in jenen Tagen an den Vater schrieb:

> „Wir versuchen, uns mit der Hoffnung zu trösten, dass wenigstens einigen unserer Freunde die Rettung gelingen wird und dass sie weiterleben werden, um die Gefallenen zu rächen... Ich habe vor, mich in den hiesigen Wäldern und auf den Fluren im Pistolenschießen zu üben, da ich sehe, wie tapfer sich die Frauen bei den kürzlichen Kämpfen schlugen, und man nicht weiß, was noch geschehen kann."

Doch kurz darauf musste die Familie nach Spanien fliehen. Die Verfolgungen, Strapazen und das Hungerdasein forderten schwere Opfer: Laura und Paul Lafargue verloren innerhalb von zwei Jahren ihre drei kleinen Kinder.

1872 gingen sie zurück nach London. Da Paul Lafargue seinen Beruf als Arzt nach dem Tod seiner Kinder nicht mehr ausüben wollte, schlug sich das Paar mühselig mit journalistischen Arbeiten durch. Paul Lafargue eröffnete ein Fotoatelier, und Laura gab Privatstunden, um den Lebensunterhalt zu sichern.

Erst 1880, nach einer Amnestie für die verfolgten Kommunekämpfer, konnte das Ehepaar nach Paris zurückgehen. In der Folgezeit wurde Paul Lafargue einer der bedeutendsten Führer der französischen Arbeiterbewegung und ihrer marxistischen Partei, die er 1880 gemeinsam mit Jules Guesde gründete. Er verfasste zahlreiche propagandistische Schriften, in denen er den revolutionären Marxismus verteidigte, die aber nicht frei von Mängeln waren. Sein bekanntestes Buch wurde „Das Recht auf Faulheit".

Auch Laura blieb der Parteiarbeit dreißig Jahre lang, bis zu ihrem Tod, eng verbunden. An verschiedenen sozialistischen Zeitungen und Zeitschriften - französischen und englischen, österreichischen und nordamerikanischen - arbeitete sie als Autorin und Übersetzerin mit und widmete einen großen Teil ihrer Zeit und Kraft dem Kampf für die Interessen der arbeitenden Frauen. Das Haus der Lafargues in Draveil, damals 25 km von Paris entfernt, wurde um die Jahrhundertwende ein Treffpunkt von Führern der internationalen Arbeiterbewegung. Auch Lenin und seine Lebensgefährtin Nadeshda Krupskaja waren bei Paul und Laura Lafargue im Jahr 1910 zu Gast. Im November 1911 schieden Laura und Paul Lafargue - sie war sechsundsechzig, er neunundsechzig Jahre alt - gemeinsam aus dem Leben. Der Gärtner ihres Hauses, das sie sich mit einer Erbschaft von Engels gekauft hatten, fand die beiden tot in ihren Sesseln sitzend vor. Sie waren festlich gekleidet und hatten sich Zyankali in den Arm gespritzt.

Dieser Doppelselbstmord kam völlig unerwartet. Abschiedsbriefe waren nicht vorhanden, sodass das Motiv bis heute unbekannt ist. In der offiziellen Marx-Literatur der seinerzeitigen sozialistischen Länder wurde der Suizid zumeist vertuscht, da er mit der kommunistischen Ethik des Optimismus und der Zukunftsgewissheit unvereinbar war, gewissermaßen als Desertion vor dem Kampf um den Sozialismus aufgefasst werden musste. Einer der Redner am Grabe von Laura und Paul Lafargue war Lenin.

Jenny Longuet

Die älteste Tochter, Jenny, war die Erstgeborene und als solche, jedenfalls nach dem Zeugnis von Eleanor, „die von Mohr am meisten geliebte Tochter". Sie wurde 1844 in Paris geboren und hat das Schicksal ihrer Eltern wohl am bewusstesten miterlebt. Mit ihrem dunklen Teint und ihren schwarzen Haaren glich sie ganz dem Vater; psychisch war sie gefährdet und labil, was sich schon früh in körperlichen Leiden (Asthma, Schlaflosigkeit) äußerte.

Bereits seit Mitte der sechziger Jahre unterstützte sie Marx als Sekretärin und Assistentin. Bis dahin hatte ihm vor allem seine Frau geholfen, Tausende Seiten im Lauf der Jahre kopiert, zahllose Briefe in seinem Auftrag geschrieben und ihm auch viele der unerlässlichen, oft unerquicklichen Verhandlungen mit Redakteuren oder Verlegern abgenommen. Nun trat die Tochter Jenny mehr und mehr an ihre Stelle. Das konnte sie freilich nur in den Nachmittags- und Abendstunden, dann am Vormittag arbeitete sie als Hauslehrerin, um die schlechte finanzielle Lage der Familie aufzubessern. Sie schrieb zahlreiche Dokumente des Generalrats der Internationale, die der Vater entworfen hatte, für den Druck ab, wertete englische, französische und deutsche Zeitungen für Marx' Arbeit am „Kapital" aus und fertigte Auszüge aus wissenschaftlichen Büchern für Marx an.

Seit Ende der sechziger Jahre ergriff sie selbst in der Presse das Wort. Besonders engagierte sie sich für das von den englischen Kolonialherren unterdrückte irische Volk. Als sich die Iren 1867 empörten, als die englische Regierung den Aufstand niederschlug und mit den gefangenen Revolutionären brutal abrechnete, als die IAA die englischen Arbeiter zur Solidarität mit den irischen Freiheitskämpfern aufrief, erhob auch Jenny ihre Stimme. In der französischen Zeitung „La Marseillaise" prangerte sie in einer Artikelserie die Gefängnisgräuel der englischen Regierung gegenüber den eingekerkerten Iren an. Für ihre aufsehenerregenden Enthüllungen, die sogar das englische Parlament beschäftigten, wählte sie das Pseudonym J. Williams.

Nach der Niederschlagung der Pariser Kommune half sie den nach England geflüchteten Kommunarden, unter denen sich ihr künftiger Ehemann befand: Charles Longuet (1839 - 1903). Der damals 32jährige Longuet hatte schon eine erstaunliche revolutionäre Vergangenheit. 1866 hatte er als korrespondierender Sekretär für Belgien neben seinem künftigen Schwiegervater im Generalrat der IAA gewirkt. Im revolutionären Paris hatte er dem Rat der Kommune angehört und die offizielle Zeitung der Kommune redigiert. Mit knapper Not gelang es ihm im Mai 1871, den Versaillern zu entkommen und nach London zu fliehen. Im Mai 1872 verlobten sich Jenny Marx und Charles Longuet, und wenige Monate darauf heirateten sie.

Acht Jahre mussten sich beide in London und Oxford recht und schlecht durchschlagen. Erst nach jahrelangen Bemühungen fanden sie Arbeit als Fremdsprachenlehrer für Französisch. In dieser Zeit halfen Jenny und Charles Longuet auch Karl Marx bei der Übersetzung des ersten Bandes des „Kapital" ins Französische.

Inzwischen war Nachwuchs gekommen. Nachdem Jennys erstes Kind kaum einjährig gestorben war, brachte sie zwischen 1876 und 1882 noch vier Söhne und eine Tochter zur Welt. Die Kinder hielten sich viel im Hause der Großeltern auf und brachten entsprechende Lebhaftigkeit in Marx' Heim. Besonders hing Marx an seinem ältesten Enkel Jean, genannt, Johnny, der die meiste Zeit bei den Großeltern wohnte. August Bebel, der bei Karl Marx dessen älteste Tochter und zwei der Enkel kennen lernte, schrieb in seinen Erinnerungen:

> „Hierbei wurde ich sehr angenehm überrascht, zu sehen, mit welcher Herzlichkeit und Zärtlichkeit Marx, der zu jener Zeit überall als der schlimmste Menschenfeind verschrien war, mit den beiden Enkelkindern zu spielen verstand und mit welcher Liebe diese an dem Großvater hingen."

Im Jahr 1880 durfte Longuet - wie auch Lafargue und andere ehemalige Kommunarden - wieder nach Frankreich zurückkehren. Während Charles als Redakteur einer Arbeiterzeitung wirkte, half Jenny, die Ideen ihres Vaters zu verbreiten. Doch eine 1882 einsetzende Krankheit (Gebärmutterkrebs) setzte ihrem Leben am 11. Jänner 1883 ein jähes Ende. Der Tod seiner Lieblingstochter im Alter von 38 Jahren traf Marx furchtbar schwer. Er hat sie nur um zwei Monate überlebt.

Eleanor Marx-Aveling

Die jüngste Tochter Eleanor, geboren 1855 in London und allgemein „Tussy" genannt, war von allen Töchtern wohl die begabteste, psychisch aber auch die zerbrechlichste. Sie war hyperaktiv, fahrig, litt an nervösen Zuckungen, Schlaflosigkeit und Essstörungen. Sie wollte ursprünglich zum Theater gehen, Schauspielerin werden, und entwickelte sich zu einer wahren Redekünstlerin, die in Arbeiterversammlungen stets großen Erfolg hatte.

Schon mit siebzehn Jahren war sie dem Vater eine zuverlässige Sekretärin. Später beantwortete sie selbständig einen Teil seiner Korrespondenz. Als Neunzehnjährige übersetzte sie für die Wochenschrift „Rouge et noir" eine Reichstagsrede Liebknechts ins Französische. Später übersetzte sie politische Arbeiten russischer Autoren ins Englische, ebenso Lissagarays "Geschichte der Kommune von 1871". Auch als Übersetzerin von Belletristik trat Tussy hervor, und die Engländer verdanken ihr eine Übersetzung des berühmten Romans von Gustave Flaubert „Madame Bovary". Daneben war sie dauernd mit der Herausgabe der Werke ihres Vaters beschäftigt, überarbeitete die erste englische Ausgabe des „Kapital", gab nach dem Tode von Engels, mit dem sie eine innige Freundschaft verband, einige Sammelbände mit Zeitungsartikeln von ihm heraus, usw. Sie war auch als selbständige Publizistin tätig und schrieb für englische, deutsche, österreichische, russische sozialistische Zeitungen politische Artikel, später auch, um Geld zu verdienen, Feuilletonistisches. Wie früher ihr Vater saß sie dann, um Material zu sammeln, von früh bis spät, hinter einem Berg von Büchern verschanzt, im British Museum. Eleanor war es auch, die Marx auf seinen Kurreisen nach Karlsbad, Neuenahr und in den Schwarzwald begleitete.

In der Wahl ihres Lebensgefährten hatte Eleanor weniger Glück als ihre Schwestern, ja es kam sogar in dieser Frage zu einem Konflikt mit ihrem Vater. Der 18jährigen Tussy hatte Marx, offensichtlich sehr energisch, einen Freier ausgeredet, beziehungsweise diesem seine Tochter. Es handelte sich um den damals vierunddreißigjährigen Prosper Lissagaray, einen französischen

Journalisten, der in der Pariser Kommune mitgekämpft und später deren Geschichte geschrieben hatte. Marx war von der Solidität Lissagarays nicht überzeugt und musste gegen seine Tochter einen langen, vier Jahre dauernden Kampf ausfechten, ehe er seinen Willen durchsetzte. Wahrscheinlich trug er dadurch bei, das Leben von Eleanor in eine unheilvolle Richtung zu lenken, denn sie wandte sich nun einem irischen Pastorensohn, Dr. Edward Aveling, zu. Die Verbindung mit ihm ging sie 1883 - kurz nach dem Tod ihres Vaters - ein, wobei Aveling bereits verheiratet war und seine Frau sich einer Scheidung widersetzte, sodass Aveling und Eleanor keine andere Möglichkeit als eine „wilde" Ehe blieb. Marx hat jedenfalls Aveling gekannt und offenbar nicht nur durch sein Veto gegen Lissagaray, sondern auch durch seine positive Beurteilung Avelings zu der Verbindung seiner Tochter mit diesem beigetragen.

Dieser Dr. Edward Aveling (1851 - 1898) muss eine höchst eigenartige Persönlichkeit gewesen sein. Er hatte Naturwissenschaften studiert, war ein Anhänger Darwins, ging dann aber zur Bühne, leitete eine Zeitlang eine fahrende Schauspielertruppe und wandte sich nach deren Pleite den Freidenkern zu, hielt für diese Vorträge, durch die er in radikalen Kreisen sehr populär wurde, und schloss sich endlich den Sozialisten an. Obschon er einerseits, was Geld und Frauen anbelangt, von haltlosem Charakter war, hat er sich andererseits agitatorisch sehr für die Sache des Sozialismus eingesetzt. Vor allem muss er etwas Gewinnendes, Faszinierendes an sich gehabt haben, denn Marx wie Engels verteidigten ihn durch dick und dünn, obwohl Aveling in den sozialistischen Kreisen Englands den denkbar schlechtesten Ruf genoss.

George Bernhard Shaw, der Tussy und Aveling gut kannte, hat deren Schicksal in dem Theaterstück „Der Arzt am Scheideweg" in einer Nebenhandlung dargestellt. Aveling tritt dort als der Maler Dubedat auf, Tussy als Jennifer, seine Frau. Im Stück stirbt der todkranke Maler, dessen Frau ihm über den Tod hinaus und wider alles bessere Wissen blind ergeben bleibt. Die Wirklichkeit war noch schlimmer. Aveling verließ Eleanor, die vierzehn Jahre mit ihm zusammengelebt hatte, nahm dabei offenbar auch noch alles Geld mit, sodass Eleanor in materielle Bedrängnis geriet, ließ sich dann aber, als er schwer erkrankte, wieder von ihr pflegen und unterstützen, nährte in ihr den Glauben an die Möglichkeit, die Krise in ihren Beziehungen zu überwinden, heiratete aber in Wahrheit - seine Frau war inzwischen gestorben - hinter ihrem Rücken eine blutjunge Schauspielerin. Das geschah im Jahr 1898. Als Eleanor das erfuhr, nahm sie Gift. Sie war zweiundvierzig Jahre alt.

Auch der Selbstmord von Eleanor Marx-Aveling ist in der Literatur der realsozialistischen Länder zumeist schamhaft verschwiegen worden, zumal die Tatsache, dass zwei der drei Töchter von Marx - ganz entgegen den kommunistischen Moralbegriffen - freiwillig aus dem Leben schieden, mehr als auffallend ist. Marxkritische Biographen wie Arnold Künzli haben daraus den Schluss gezogen, dass der

Selbstmord der Töchter ein verspäteter, stellvertretender Suizid des „jüdischen Selbsthassers“ Karl Marx gewesen sei:

> „Seine bedauernswerten Töchter brachten als Frauen trotz aller hohen Intellektualität soviel herrisch-männliches Selbstbewusstsein, wie es ihrem Vater eigen war, nicht auf, als dass sie darin einen sichernden Anker hätten finden können. Andererseits aber waren sie von ihrem Vater allzusehr, allzu einseitig und allzu früh auf Intellektualismus geschult worden und hatten von ihrer Mutter, deren psychische und physische Gesundheit zerrüttet war, allzuwenig mütterliche Nestwärme mitbekommen, die ihnen später hätte helfen können, den tragenden Grund ihrer Existenz in ihrer Fraulichkeit, im mehr Gefühlshaften zu suchen und zu finden. So wiederholte sich in dem tragischen Schicksal der Töchter von Karl Marx die existentielle Entfremdungslogik ihres Vaters auf erschütternde Weise.“

Diese „tiefenpsychologische“ Deutung ist reine Spekulation. Suizidgefährdete gibt es in allen Altersstufen, Sozialschichten, religiösen und politischen Gemeinschaften. Weder „Vererbung“ noch „Milieu“, weder „Vaterdominanz“ noch „mütterlicher Liebesentzug“ lassen sich als Ursachen festmachen, weil die alltägliche Erfahrung beweist, dass dieselben „Präformationen“ bei anderen Menschen in keiner Weise Selbstmordgelüste auslösen. Der Suizid ist ein nie zur Gänze aufzulösendes Rätsel, das wir, so tragisch die Umstände sein mögen, als Faktum akzeptieren müssen, ohne jemandem die „Schuld“ zuweisen zu können. Das gilt auch für Laura Lafargue und Eleanor Marx-Aveling.

Marx’ letzte Lebensjahre

Von manchen Biographen wird behauptet, dass Marx’ letzte Lebensjahre einer langsamen Agonie glichen. Es steht fest, dass die langen Jahre materieller, physischer und seelischer Not seine Gesundheit zerrütteten, die von 1873 an immer schwächer wurde. Er litt unter ständigen Kopfschmerzen, die zu seiner seit den fünfziger Jahren chronischen Leberentzündung hinzutraten und ihn zwangen, seine Arbeit einzuschränken und sich durch Kuren und Klimawechsel Linderung zu verschaffen. Er versuchte mehrmals, den zweiten Band des „Kapital“ neu zu schreiben und arbeitete nicht ohne Mühe an Engels’ „Anti-Dühring“ mit. Ansonsten beschränkte sich seine Tätigkeit nach außen auf die Korrespondenz und einige kürzere Artikel.

Nichtsdestoweniger füllte Karl Marx - unglaublich für diese an eigenen Schriften so wenig fruchtbare Zeit von 1873 bis 1883 - rund fünfzig Studienhefte mit Notizen, fast ausschließlich mit Auszügen seiner Lektüren: fast dreitausend mit mikroskopisch kleiner Schrift beschriebene Seiten. Die Leseleidenschaft, die bei Marx schon in seinen großen schöpferischen Perioden zu beobachten war, wandelte sich gegen Ende seines Lebens zu einer regelrechten Lesebesessenheit.

Die theoretischen Studien von Marx waren in seinen letzten Jahren breit gestreut. Auf ökonomischem Gebiet hatte er die meisten Probleme des zweiten und dritten Bandes des „Kapital“ bereits in den Jahren zuvor geklärt; nun ergänzte er sie durch das Studium der neuesten Literatur über den Handel, die Finanzen, das Bankwesen und die Agrarverhältnisse. Immer mehr beschäftigte ihn die ökonomische Entwicklung Russlands und der USA. Die Bücherliste, die er 1881 über Russland zusammenstellte, enthielt mehr als 120 Titel. Zu den russischen Agrarverhältnissen machte er sich Exzerpte in vier Heften mit einem Umfang von mehr als 40 Druckbogen. Zwischen Mitte 1879 und November 1880 schrieb Marx längere kritische Bemerkungen zum ersten Band des von Adolph Wagner verfassten „Lehrbuchs der politischen Ökonomie“, die für das Verständnis seiner Werttheorie von großer Bedeutung sind.

Beim Studium der Grundrente hielt er es für erforderlich, sich die letzten Erkenntnisse der Agrochemie anzueignen. So vertiefte er sich in die entsprechenden Bereiche der Chemie, Biologie, Geologie und anderer Disziplinen. 1875 konspektierte er Engelhardts Werk „Chemische Grundlagen der Landwirtschaft“, 1878 wandte er sich Johnstons „Lectures on Agricultural Chemistry and Geology“ („Vorlesungen zur Agrochemie und Geologie“) zu. Er erweiterte auch sein Allgemeinwissen in der organischen Chemie. 1882 studierte er das Chemie-Lehrbuch von Roscoe und Schorlemmer sowie Meyers Buch über moderne Theorien in der Chemie. Zahlreiche Exzerpte stammen aus Büchern zur Geologie und Mineralogie sowie zur Physiologie der Pflanzen, der Tiere und des Menschen.

An besonderer Stelle in Marx' wissenschaftlichem Wirken jener Jahre stand das Studium der höheren Mathematik. Interesse an den mathematischen Disziplinen gewann er im Zusammenhang mit den oft komplizierte Berechnungen erfordernden ökonomischen Studien. In den Heften finden sich immer wieder Notizen, die seine Beschäftigung mit der Geschichte der Mathematik, kommerziellen Arithmetik, analytischen Geometrie und der Algebra widerspiegeln. Mit der Lösung mathematischer Aufgaben, auch aus der höheren Mathematik, füllte Marx schon immer Stunden der Muße.

Die zu Hilfs- und Anwendungszwecken begonnenen mathematischen Studien erweiterte Marx allmählich zu selbständigen Forschungen auf diesem Wissensgebiet. Das erklärt sich weitgehend daraus, dass die Mathematik viele Berührungspunkte mit der dialektischen Logik hat, deren Ausarbeitung Marx erstrangige Bedeutung beimaß. (Er hatte vor, nach Beendigung seiner Arbeit am „Kapital“ ein Buch über Dialektik zu schreiben.)

Studien zur Weltgeschichte

Die historischen Untersuchungen von Marx waren ebenfalls mit seiner Arbeit am zweiten und dritten Band des „Kapital“ verknüpft. Sie widerspiegelten die Absicht, die politische Ökonomie im weiten Sinne zu behandeln, um die ökonomischen Gesetzmäßigkeiten auch der vorkapitalistischen Gesellschaftsformationen herauszufinden.

Beim Studium der Agrarverhältnisse und der Herausbildung der Grundrente untersuchte Marx die Geschichte der

Entstehung des Grundeigentums bei den verschiedenen Völkern. Diese Forschungen führten ihn in den siebziger Jahren zu neuen Erkenntnissen bei der Untersuchung des Gemeineigentums an Grund und Boden als einer dem Privateigentum am Boden vorangehenden Form. Schon vorher hatte er anhand der Länder des Orients die außerordentliche Zählebigkeit und Stabilität eines so abgeschlossenen sozialen Organismus wie der Dorfgemeinde erkannt. Diese bildete bei verschiedenen alten Völkern die Grundzelle im System eines bestimmten Typs von Produktionsverhältnissen, den Marx im Vorwort seiner Schrift „Zur Kritik der politischen Ökonomie" (1859) als *asiatische* Produktionsweise bezeichnet hatte und der sich, wie Marx meinte, in den östlichen Ländern bis ins Mittelalter erhalten hatte. Durch die Ausbeutung so isolierter kleiner Welten (Marx bezeichnete die Dorfgemeinde als einen *„lokal gebundenen Mikrokosmos*") konnten sich die despotischen Staaten des alten und des mittelalterlichen Orients halten.

Das intensive Studium der Geschichte des gemeinschaftlichen Grundeigentums nicht nur in Asien, sondern auch in den Ländern Europas, Afrikas und Amerikas bestärkte Marx in seiner Überzeugung, dass die Dorfgemeinde den Charakter einer *universellen* Gesellschaftsform hatte. Er sah in ihr eine der ältesten sozialen Einrichtungen, ein Produkt der auf Verwandtschaft und dem Gemeineigentum an der Produktionsmitteln beruhenden urgesellschaftlichen Verhältnisse. Nach der Auflösung der Urgesellschaft habe sich die Dorfgemeinde beträchtlich verändert: aus einer Gentilgemeinde verwandelte sie sich in eine Territorialgemeinde, deren Mitglieder zur individuellen Bodenbearbeitung übergingen, während Haus und Vieh sich bereits in privater Hand befanden. Erhalten blieb jedoch der Gemeinbesitz am Grund und Boden, der immer wieder auf die einzelnen Familien aufzuteilen war; in kollektiver Nutzung verblieben die Wälder, Weiden, das Brachland der Dorfgemeinde. Die nachfolgende Entwicklung der Dorfgemeinde variierte bei den verschiedenen Völkern je nach dem „historischen Milieu". In der Dorfgemeinde selbst, betonte Marx, lagen zwei historische Tendenzen begründet: die eine führte zu einer Stärkung des Privateigentums, zur Auflösung der Dorfgemeinde, die andere zur Erhaltung des kollektiven Prinzips, wodurch die Dorfgemeinde ein lebensfähiger Organismus blieb, der sich in der einen oder anderen Form in die Epoche des Feudalismus und in ökonomisch zurückgebliebenen Ländern sogar in das Zeitalter des Kapitalismus hinüberrettete (z.B. in Russland die „Mir").

Im Jahr 1877 erschien von dem amerikanischen Ethnographen Lewis Henry Morgan das Buch „Ancient Society" („Urgesellschaft"). Aufgrund langjähriger Untersuchungen der alten Sitten vor allem der nordamerikanischen Indianerstämme führte Morgan den Nachweis, dass die soziale Zelle der Urgesellschaft die Gens und dass die Ehe eine Gruppenehe mit verschiedenen Arten der Polygamie war, die sich in archaischen Verwandtschaftssystemen niederschlugen. Morgan bestätigte die

Hypothese des Schweizers Bachofen, dass die Vorrangstellung der Frau bei den Urstämmen damit zusammenhing, dass die Abstammung unter den Bedingungen der Gruppenehe nach der Mutter bestimmt wurde. Er stellte die in Johann Jakob Bachofens Buch „Das Mutterrecht" (1861) dargelegte Theorie des Matriarchats in Verbindung mit seiner Lehre von der Gentilverfassung der Urgesellschaft, wobei er nachwies, dass der patriarchalischen Gens die matriarchalische vorangegangen war.

Während die offizielle Wissenschaft in Europa und in den USA Morgans Forschungsergebnisse weitgehend ignorierte, werteten Marx und Engels sein Buch als ein hervorragendes wissenschaftliches Ereignis. Sie sahen in den Schriften des amerikanischen Gelehrten einen neuen konkreten Beweis für die Richtigkeit der von ihnen entdeckten materialistischen Geschichtsauffassung.

Marx nahm sich vor, über Morgans Entdeckungen eine eigene Arbeit zu verfassen. Er konspektierte gründlich das Buch „Ancient Society" (offenbar Ende 1880 bis Anfang 1881) und studierte die Literatur zur Geschichte der Kultur in der Urgesellschaft. Diese Exzerpte und Notizen wurden später von Engels in seinem Buch „Der Ursprung der Familie, des Privateigentums und des Staats" verwendet.

An seinem Lebensabend versuchte Marx eine Zusammenfassung seines historischen Wissens, eine synoptische Tabelle für die historische Entwicklung aller Länder. Dieses Vorhaben konnte er nur teilweise und im wesentlichen anhand der Geschichte Europas sowie einiger Völker Asiens und Afrikas (der Araber, Mongolen, Turkvölker, der Bewohner Chiwas) verwirklichen. Aber auch das, was er schaffte, war enorm. Von Ende 1881 bis Ende 1882 füllte er vier umfangreiche Hefte mit Notizen zur Weltgeschichte, die die Ereignisse vom Beginn des ersten Jahrhunderts vor Christi bis zur Mitte des 17. Jahrhunderts umfassen. Als wichtigste Vorlage diente Marx die neunbändige „Weltgeschichte" von Friedrich Christoph Schlosser. Beim Ordnen der von Marx hinterlassenen Papiere betitelte Engels das riesenhafte Manuskript mit „Chronologische Auszüge".

Eine kleinere, aber hochinteressante Arbeit entstand im Jahr 1880. Marx schrieb für die französischen Sozialisten einen 100 Punkte umfassenden Fragebogen, anhand dessen unter den Arbeitern eine Umfrage über ihre wirtschaftliche, soziale und politische Lage durchgeführt werden sollte. Die Fragen verdeutlichen, wie genau Marx die Arbeitsweltbedingungen kannte; sie sind auch heute noch, will man Daten und Fakten zur objektiven Lage der Werktätigen erheben, als vorbildlich zu bezeichnen.

Schwere Verluste, letzte Krankheit und Tod

Im Sommer 1880 verschlechterte sich rapide Jenny Marx' Gesundheit; die Ärzte hatten bei ihr schon früher ein Leberleiden festgestellt. Anfang Oktober erhielt Marx einen noch schlimmeren medizinischen Befund: Leberkrebs. „Was Möhmchen anbelangt", schrieb er seiner ältesten Tochter am 6. Juni 1881, „so bist

Du Dir wohl im klaren, dass es für die Krankheit, an der sie leidet, keine Heilung gibt, und sie wird in der Tat schwächer".

Ende Juni 1881 brachte Marx die Kranke an die Küste, nach Eastburne, wo sie gemeinsam einen ganzen Monat verbrachten. Um Jennys sehnlichen Wunsch, ihre Enkelkinder wieder zu sehen, zu erfüllen, fuhr er mit ihr nach langem Zögern nach Frankreich. Helene Demuth begleitete beide. In Argenteuil in der Nähe von Paris, wo die Familie Longuet wohnte, traf Marx mit den Begleiterinnen am 26. Juli ein. Mitte August erhielt er jedoch die Nachricht, dass Eleanor schwer erkrankt war. So überließ er Jenny der Fürsorge Helene Demuths und begab sich schleunigst nach London zurück, wo er die jüngste Tochter in äußerster nervlicher und physischer Erschöpfung vorfand. Die von ihm veranlassten Maßnahmen halfen, und Eleanor genas langsam. Bald kehrten auch Jenny Marx und Helene Demuth nach London zurück.

Von Herbst 1881 an konnte Jenny immer seltener aufstehen, bis sie schließlich ganz ans Bett gefesselt war. Da suchte auch Marx ein schweres Leiden heim. Im Oktober erkrankte er an Rippenfell-, Bronchien- und Lungenentzündung so schwer, dass man um sein Leben bangen musste. Sein Leiden wurde noch schlimmer durch das Wissen, dass neben ihm die Frau im Sterben lag. Am 2. Dezember 1881 verschied Jenny Marx.

Der Tod seiner Frau traf Marx so schwer, dass er die Folgen dieses Schlages nicht mehr überwinden konnte. Als Jenny am 5. Dezember bestattet wurde, untersagte ihm der Arzt, das Haus zu verlassen; er war noch zu schwach und zu tief erschüttert, um beim Begräbnis anwesend sein zu können.

Die ersten drei Wochen des Jänner 1882 verbrachte Marx zusammen mit Eleanor in Ventnor auf der Insel Wight. Er hoffte, dass ihm die Seeluft helfen würde, die chronisch gewordene Bronchitis und die quälenden Hustenanfälle zu überwinden, die die ohnehin schwere Schlaflosigkeit noch verschlimmerten. Nach London zurückgekehrt, bestanden die Ärzte auf einer Reise in ein südliches Land und empfahlen Algerien. Marx traf dort am 20. Februar 1882 mit einer bösen Erkältung ein; statt erhoffter Wärme und sonnigen Wetters gab es Kälte, Regen und stürmischen Wind. Im April beschloss Marx, Algier mit der französischen Riviera zu vertauschen und reiste nach Monte Carlo weiter. Aber auch dort hatte er kein Glück. Der Arzt, der ihn untersuchte, stellte ein erneutes Ausbrechen seiner Rippenfellentzündung fest. Marx verließ Monte Carlo am 3. Juni 1882. Für die weitere Kur riet ihm ein Lungenspezialist, eine Gebirgsgegend zu wählen. Marx beschloss aber, eine Zeitlang in Argenteuil bei Jenny und den Enkelkindern zu verbringen. Im Kreise der Verwandten und Angehörigen fühlte er sich besser, und diesmal blieb er recht lange, vom 8. Juni bis zum 22. August, bei gleichzeitiger Schwefelbad- und Inhalationskur in dem nahe gelegenen Enghien. Danach fuhr er in Begleitung von Laura Lafargue in die Schweiz, an den Genfer See. Einen Monat, bis zum 25. September, verbrachte er in Vevey. Vor seiner Abreise aus der Schweiz besuchte er in Genf seinen alten Freund Johann Philipp Becker, den er sehr schätzte. In Argenteuil traf Marx wieder am 28. September 1882 ein. Die Ärzte waren mit dem Ergebnis seiner Reise in die Schweiz zufrieden und erlaubten ihm die Rückkehr nach England, forderten aber, den Aufenthalt im smoganfälligen London auf höchstens zwei bis drei Wochen zu beschränken. Fast den ganzen Oktober über blieb Marx zu Hause in der Maitland Park Road. Er vertiefte sich erneut in Studien, beschäftigte sich mit der Geschichte der Urgesellschaft, den Agrarverhältnissen in Russland und anderen Problemen. Danach begab er sich wieder auf die Insel Wight, wo er seine wissenschaftliche Arbeit fortsetzte. Anfang Jänner 1883 erfuhr er in Ventnor, dass seine älteste Tochter Jenny schwer erkrankt war. Die Nachricht löste eine psychische Erschütterung aus, die Hustenanfälle nahmen die Form gefährlicher Krämpfe an. Am 12. Jänner brachte Eleanor die schreckliche Nachricht, dass Jenny am Tag zuvor gestorben war. Der Tod seiner Lieblingstochter im Alter von nur 38 Jahren, die fünf Kinder zurückließ, traf Marx wie ein Keulenschlag. Er kehrte nach London heim, gebrochen durch das Leid, physisch entkräftet.

Die zerstörenden Folgen der Krankheit rückten das tragische Ende mit jedem Tag näher. Die Bronchitis verschlimmerte sich, hinzu kam eine Kehlkopfentzündung, sodass lange Zeit Milch zur einzigen Nahrung wurde. Im Februar stellten die Ärzte einen Lungenabszess fest. Marx wurde zusehends schwächer. Am 14. März 1883 um 14.30 Uhr fand Engels, der seinen Freund täglich besuchte, die Angehörigen in Tränen. Der Kranke hatte am Morgen einen Blutsturz gehabt, wonach die Kräfte rapid abnahmen. Helene Demuth fand ihn in seinem Zimmer im Lehnstuhl halb im Schlaf. Sie eilte sofort hinunter und bat Engels, zum Kranken zu kommen. Am Tag darauf schrieb Engels an Sorge:

> „Als wir eintraten, lag er da, schlafend, aber um nicht mehr aufzuwachen. Puls und Atem waren fort. In den zwei Minuten war er ruhig und schmerzlos entschlummert... Die Doktorenkunst hätte ihm vielleicht noch auf einige Jahre eine vegetierende Existenz sichern können, das Leben eines hülflosen, von den Ärzten zum Triumph ihrer Künste nicht plötzlich, sondern zollweise absterbenden Wesens. Das aber hätte unser Marx nie ausgehalten. Zu leben, mit den vielen unvollendeten Arbeiten vor sich, mit dem Tantalusgelüst, sie zu vollenden, und der Unmöglichkeit, es zu tun - das wäre ihm tausendmal bittrer gewesen als der sanfte Tod, der ihn ereilt."

Die Nachricht vom Ableben des Denkers und Revolutionärs Marx verbreitete sich rasch. Nicht nur die proletarischen, sondern auch die bürgerlichen Presseorgane vieler Länder Europas und Amerikas berichteten darüber, denn Marx war seit den siebziger Jahren bereits eine internationale Berühmtheit. Freund und Feind waren sich in der Anerkennung von Marx' geistiger Leistung einig. Die österreichische bürgerliche Zeitung „Neues Wiener Tagblatt" hob in der Nummer vom 17. März 1883 hervor, dass Marx zu den bedeutendsten und anerkanntesten

Zeitgenossen gezählt werden müsse.

Marx wurde am 17. März 1883 auf dem Highgate-Friedhof beigesetzt, dort, wo gewöhnlich die von der offiziellen Gesellschaft und der Kirche verstoßenen Toten beerdigt wurden. Das Begräbnis war schlicht - so hatte es der Verstorbene gewollt. Unter denen, die Marx das letzte Geleit gaben, befanden sich seine Verwandten, Helene Demuth, die Lafargues, die gleichzeitig die Arbeiterpartei Frankreichs vertraten, Charles Longuet, die Mitstreiter im Bund der Kommunisten Liebknecht, der eine Rede hielt, Leßner und Lochner. Es kamen auch zwei bedeutende Naturwissenschaftler, der Biologe Ray Lankester und der Chemiker Carl Schorlemmer. Kränze legten die Redaktion des „Sozialdemokrat“ und der Londoner Deutsche Bildungsverein für Arbeiter nieder. Longuet verlas die eingegangenen Telegramme.

Am offenen Grab, das bereits die Asche von Jenny Marx aufgenommen hatte, ergriff Engels das Wort. Er endete mit den Sätzen:

> „Regierungen, absolute wie republikanische, wiesen ihn aus, Bourgeois, konservative wie extrem-demokratische, logen ihm um die Wette Verlästerungen nach. Er schob das alles beiseite wie Spinnweb, achtete dessen nicht, antwortete nur, wenn äußerster Zwang da war. Und er ist gestorben, verehrt, geliebt, betrauert von Millionen revolutionärer Mitarbeiter, die von den sibirischen Bergwerken an über ganz Europa und Amerika bis Kalifornien hin wohnen, und ich kann es kühn sagen: Er mochte noch manchen Gegner haben, aber kaum noch einen persönlichen Feind. Sein Name wird durch die Jahrhunderte fortleben und so auch sein Werk!“

21. Kapitel: Engels in den Jahren 1878 bis 1884; Engels' „Dialektik der Natur"; Engels' „Der Ursprung der Familie, des Privateigentums und des Staats"

Seinem Wunsch entsprechend war Engels mit Datum 30. Juni 1875 als Gesellschafter aus der Firma „Ermen & Engels, Manchester" ausgeschieden. Von verschiedenen Seiten, auch von seinen Verwandten in Barmen, wurde er bedrängt, ins Geschäftsleben zurückzukehren und an die Spitze einer neu zu gründenden Firma zu treten. Engels aber hatte an solchen Projekten kein Interesse mehr. Er wollte seine ganze Zeit und Kraft der Arbeiterbewegung und der Weiterentwicklung des Marxismus widmen.

Obwohl das in den siebziger und achtziger Jahren seine Haupttätigkeit wurde, war er in dieser Zeit doch noch mit der Welt des Kommerzes verbunden. Für die Firma Engels in Barmen tätigte er Einkäufe von Halbfabrikaten der Textilbranche, was für ihn ohne großes Risiko war und offensichtlich guten Gewinn abwarf. Über die Entwicklung der Textilindustrie in Lancashire in den siebziger Jahren gab er erstaunlich sichere Prognosen ab. Engels schlussfolgerte nicht nur, dass hier „noch ein gutes Stück Geld zu machen" sei (22. März 1875), sondern nutzte seine Erkenntnisse auch. Er stand mit verschiedenen Textilfirmen in England in Verbindung und tätigte wohl auch Ein- und Verkäufe für sie. Er besuchte die Londoner Börse und handelte offensichtlich auch an ihr. „Und wenn ich sicher wäre, an der Börse morgen eine Million profitieren zu können und damit der Partei in Europa und Amerika Mittel in großem Maß zur Verfügung zu stellen, ich ging(e) sofort an die Börse" (1. März 1883). In Köln erwarb er Bankaktien des Schaafhausenschen Bankvereins.

Der Tod von Lizzy Burns

Einerseits ein erfolgreicher, angesehener Geschäftsmann, dem das erworbene Vermögen einen Ruhestand in Wohlhabenheit gestattete, befand sich Engels andererseits mit seinen Verwandten im Rheinland (darunter auch mit seiner Mutter, die 1873 starb) in ständigen Querelen. Anlass war Lydia („Lizzy") Burns, seine zweite Lebensgefährtin, die man als Schwiegertochter nie akzeptierte, weil sie aus einer Proletarierfamilie stammte. Auch in den Geschäftskreisen, in denen Engels verkehrt hatte, war die Lebensgemeinschaft zwischen ihm und Lydia Burns verworfen und als Mesalliance verächtlich gemacht worden.

Engels hatte für seine Haltung plausible Gründe. Bisher hatten er und seine Frau nicht offiziell geheiratet, weil Engels die Form der bürgerlichen Ehe ablehnte und den Standpunkt vertrat, eine Lebensgemeinschaft zweier Menschen könne sich nicht auf einen papiernen Trauschein gründen, sondern müsse auf gegenseitiger Liebe und Achtung beruhen. Das aber sei eine persönliche Angelegenheit zwischen Mann und Frau und bedürfe keiner Bestätigung durch den bürgerlichen Staat oder eine christliche Religionsgemeinschaft.

Engels vertrat diesen Standpunkt sein ganzes Leben hindurch, wenngleich es so scheinen mag, als habe er in der Praxis seinen Prinzipien abgeschworen, als er sich 1878 plötzlich - nach sechzehnjährigem Zusammenleben - mit Lizzy Burns offiziell trauen ließ. Er tat das Lydia zuliebe, die seine Anschauungen in dieser Frage nicht teilte.

Lydia Burns litt seit vielen Jahren an Asthma und einem schweren, sehr schmerzhaften Gelenksrheumatismus. 1878 kam ein bösartiger Tumor hinzu, der sie schließlich ganz ans Bett fesselte. Unter diesen Umständen begann Lydia Burns aus religiösen Motiven auf eine Heirat zu drängen: Aus national-irischer Tradition Katholikin, glaubte sie - offensichtlich unter dem Einfluss der mit der Krankheit verbundenen Depressionszustände - nach dem Tode mit ewigen Fegefeuerqualen rechnen zu müssen. Engels, der durch den behandelnden Arzt wusste, dass sie nicht mehr lange zu leben hatte, erfüllte ihren letzten Wunsch und heiratete sie in einem kirchlichen Trauakt, zu dem ein Pfarrer ins Haus kam, auf dem Totenbett. Das geschah am 11. September 1878. Einen Tag später starb Lizzy Burns.

Über Engels' seelischen Zustand ist aus diesen Tagen keine Äußerung überliefert. Mehr als Worte aber spricht die Tatsache für sich, dass Engels, der sonst so intensiv am internationalen politischen Geschehen teilnahm, seine Korrespondenz mit Gesinnungsgenossen in Deutschland, Frankreich und anderen Ländern jetzt für viele Wochen fast völlig unterbrach. Erst gegen Jahresende 1878 fing er sich wieder. Der Verlust seiner Frau Lizzy, der Tod von Jenny und Karl Marx, die 1882 erfolgte Übersiedlung der Familie Lafargue nach Frankreich - all das brachte für Engels die Gefahr der Vereinsamung mit sich. Kurze Zeit schwankte er, ob er in die Schweiz übersiedeln solle. Doch Ende April 1883 hatte er sich entschieden. Er blieb in London. An August Bebel schrieb er:

> „Hier allein hat man Ruhe für theoretisches Weiterarbeiten... Ja, wenn es wieder wäre wie 48 und 49, da stieg ich auch wieder zu Pferd, wenn's sein muss. Aber jetzt - strenge Teilung der Arbeit... Denk nur an die ungeheure, früher zwischen M(arx) und mir geteilte Korrespondenz, die ich seit über einem Jahr allein zu führen habe. Denn die vielen Fäden aus allen Ländern, die in M(arxen)s Studierzimmer freiwillig zusammenliefen, wollen wir doch ungebrochen erhalten, soweit es in meinen Kräften steht."

Zwei Umstände erleichterten es Engels, diese Vorsätze in die Tat umzusetzen: Helene Demuth erklärte sich bereit, den Haushalt zu führen, und Eleanor Marx wurde Engels eine unentbehrliche Stütze bei der Herausgabe der Marxschen Schriften. Helene Demuth war eine große Hilfe beim Ordnen des Nachlasses von Karl Marx. Sie sorgte dafür, dass Engels die zum Arbeiten nötige Ruhe fand und zugleich 122, Regent's Park Road ein weltoffenes, seiner Gastfreundschaft wegen gerühmtes Haus blieb. In Eleanor Marx-Aveling fand Engels eine enge Kampfgefährtin. Sie war fest entschlossen, das Werk ihres Vaters nach besten Kräften weiterzuführen, und unterstützte den von ihr hochverehrten „General" bei der Verbreitung der Marxschen Schriften.

„Dialektik der Natur"

Wenn Engels im „Anti-Dühring" so ausführlich auf naturwissenschaftliche Fragen und besonders auf das Verhältnis von Naturforschung und Philosophie eingehen konnte, so nur deshalb, weil er sich durch jahrelange Studien die Voraussetzungen dafür erarbeitet hatte. Er selbst berichtete später rückblickend:

> „Marx und ich waren wohl ziemlich die einzigen, die aus der deutschen idealistischen Philosophie die bewusste Dialektik in die materialistische Auffassung der Natur und Geschichte hinübergerettet hatten. Aber zu einer dialektischen und zugleich materialistischen Auffassung der Natur gehört Bekanntschaft mit der Mathematik und der Naturwissenschaft. Marx war ein gründlicher Mathematiker, aber die Naturwissenschaften konnten wir nur stückweise, sprungweise, sporadisch verfolgen. Als ich daher durch Rückzug aus dem kaufmännischen Geschäft und Umzug nach London die Zeit dazu gewann, machte ich, soweit es mir möglich, eine vollständige mathematische und naturwissenschaftliche 'Mauserung'... durch und verwandte den besten Teil von acht Jahren darauf."

Es waren die Jahre von 1873 bis 1876 und von 1878 bis 1883. Unterbrechen musste Engels seine naturwissenschaftlichen Studien 1876, als er den „Anti-Dühring" zu schreiben begann; abbrechen musste er sie, als er nach Marx' Tod 1883 den Hauptteil seiner Arbeitskraft und Zeit darauf verwandte, Marx' hinterlassene ökonomische Manuskripte zum Druck vorzubereiten und vor allem den immer größer werdenden Pflichten als Ratgeber der internationalen Arbeiterbewegung zu genügen. Nur 1885/86 konnte er seinen Niederschriften noch einige Ergänzungen hinzufügen. So blieb das Werk, bestehend aus zehn mehr oder weniger abgeschlossenen Artikeln und etwa 170 Notizen, unvollendet. Unter dem Titel „Dialektik der Natur" wurde es erst vier Jahrzehnte später, 1925, vom Marx-Engels-Institut in Moskau herausgegeben. Die Aufgabe, die Engels bei der Arbeit an der „Dialektik der Natur" lösen wollte, formulierte er folgendermaßen:

> „Es handelte sich bei dieser meiner Rekapitulation der Mathematik und der Naturwissenschaften... darum, mich auch im einzelnen zu überzeugen - woran im allgemeinen kein Zweifel für mich war -, dass in der Natur dieselben dialektischen Bewegungsgesetze im Gewirr der zahllosen Veränderungen sich durchsetzen, die auch in der Geschichte die scheinbare Zufälligkeit der Ereignisse beherrschen; dieselben Gesetze, die, ebenfalls in der Entwicklungsgeschichte des menschlichen Denkens den durchlaufenden Faden bildend, allmählich den denkenden Menschen zum Bewusstsein kommen."

Es ging ihm also auf der einen Seite darum, zu zeigen, wie in einem zwar widersprüchlichen, aber doch unaufhaltsamen Prozess die Naturwissenschaft zur materialistischen Dialektik drängt.

Auf der anderen Seite wollte er beweisen, dass der philosophische Materialismus durch die Ergebnisse der Naturwissenschaft bestätigt wird.

Zu Lebzeiten von Marx und Engels kam es auf dem Gebiet der Naturwissenschaften zu einer ganzen Reihe herausragender Entdeckungen, zur Feststellung neuer Tatsachen und Gesetze, zur Schaffung neuer Hypothesen und Theorien und zur Entstehung neuer Wissenschaftszweige. Die wichtigsten Meilensteine dieses Höhenflugs der Naturwissenschaften waren drei große Entdeckungen: die organische Zelle, das Gesetz von der Erhaltung und Umwandlung der Energie und die Darwinsche Evolutionslehre.

In den Jahren 1838 und 1839 stellten Matthias Jakob Schleiden und Theodor Schwann die Identität der pflanzlichen und tierischen Zellen fest. Sie wiesen nach, dass die Zelle die Grundform und strukturelle Einheit des Organismus bildet und schufen eine geschlossene Zellulartheorie des Aufbaus der Organismen. Dadurch wurde die Einheit der gesamten organischen Welt bewiesen.

In den Jahren 1842 bis 1847 entdeckten und begründeten Robert Mayer, James Prescott Joule, Hermann von Helmholtz u.a. das Gesetz von der Erhaltung und Umwandlung der Energie. Dadurch stellte sich die Natur als ein ununterbrochener Prozess der Verwandlung von einer Form der universellen Bewegung der Materie in eine andere dar.

Im Jahr 1859 erschien das Hauptwerk von Charles Darwin „ On the Origin of Species by Means of Natural Selection“ („Die Entstehung der Arten durch natürliche Zuchtwahl“), das die Entwicklung der evolutionären Ideen eines ganzen Jahrhunderts vollendete und zum Fundament der ganzen neueren Biologie wurde. Die philosophische Bedeutung dieser Entdeckungen bestand darin, dass sie in konzentrierter Form den dialektischen Charakter der Naturprozesse aufzeigten. Anhand umfangreichen Tatsachenmaterials aus der Geschichte der Naturwissenschaften demonstrierte Engels, dass die Entwicklung der Naturwissenschaften in letzter Instanz durch die Bedürfnisse der Praxis, der Produktion bedingt sei. Er untersuchte in der „Dialektik der Natur“ auch - und zwar zum ersten Mal in der Geschichte des Marxismus - nach allen Seiten hin die Wechselbeziehungen von Philosophie und Naturforschung und legte dar, dass „in der Naturwissenschaft durch ihre eigene Entwicklung die metaphysische Auffassung unmöglich geworden“ sei, die „Rückkehr zur Dialektik... sich unbewusst, daher widerspruchsvoll und langsam“ vollziehe und die Dialektik, befreit von Idealismus und Mystizismus „eine absolute Notwendigkeit für die Naturwissenschaft“ geworden sei. In diesem Zusammenhang stellte Engels den Naturwissenschaftlern die Aufgabe, sich *bewusst* der dialektischen Methode zu bedienen.

Engels’ Grundidee in der „Dialektik der Natur“ war die Klassifizierung der Bewegungsformen der Materie und dementsprechend die Klassifizierung der Wissenschaften, die diese Bewegungsformen erforschen.

Die niedere Form der Bewegung sei die einfache Ortsveränderung, die höchste das Denken. Die Grundformen der Bewegung, die von den Naturwissenschaften studiert werden, seien die mechanische, die physikalische, die chemische und die biologische Bewegungsform. Jede niedrigere Bewegungsform gehe durch einen dialektischen Sprung in eine höhere Form über. Jede höhere Bewegungsform enthalte in sich als untergeordnetes Moment eine niedrigere Form, lässt sich aber nicht auf sie zurückführen. Sich auf diese Grundidee stützend, untersuchte Engels den dialektischen Inhalt der Mathematik, der Mechanik, der Physik, der Chemie und der Biologie. Hierbei wählte er in der Mathematik das Problem der scheinbaren Apriorität der mathematischen Abstraktionen, in der Astronomie das Problem der Entstehung und Entwicklung des Sonnensystems, in der Physik die Lehre von der Umwandlung der Energie, in der Chemie das Problem der Atomistik, in der Biologie das Problem der Entstehung und des Wesens des Lebens, der Zellentheorie und den Darwinismus. Den Übergang von der Naturwissenschaft zur Geschichte der Gesellschaft bildete die hier von Engels ausgearbeitete Theorie von der Arbeit als der Grundbedingung für die Entwicklung des Menschen. In einem der Artikel der „Dialektik der Natur“, betitelt „Anteil der Arbeit an der Menschwerdung des Affen“, legte Engels dar, wie sich in einem langwierigen historischen Prozess mit Hilfe der Arbeit und durch die Herstellung und bewusste Handhabung von Werkzeugen aus dem affenähnlichen Vorfahren der Mensch, ein von seinem Vorfahren qualitativ verschiedenes, gesellschaftliches Wesen, entwickelte. Mit seiner Theorie von der Arbeit als der Grundbedingung für die Entwicklung des Menschen klärte Engels ein wichtiges theoretisches Problem des Übergangs von der Natur zur Gesellschaft. Bei der Untersuchung all dieser Probleme begnügte sich Engels nicht damit, einfach diese oder jene naturwissenschaftliche Entdeckung festzustellen, sondern er interpretierte unter Anwendung der dialektisch-materialistischen Methode auf neue Art die wichtigsten Ergebnisse der Naturforschung. So unterstrich Engels zum Beispiel dort, wo er von der Bedeutung der Entdeckung Robert Mayers und anderer Gelehrter spricht, die das Gesetz von der Erhaltung der Energie feststellten, dass das spezifisch Neue an dieser Entdeckung gerade die Formulierung des absoluten Naturgesetzes war: Jede Form der Bewegung ist befähigt und gezwungen, in jede andere Form der Bewegung umzuschlagen. Engels bereicherte das Verständnis des Gesetzes von der Erhaltung der Energie durch die These, dass die Energie nicht nur in quantitativer, sondern auch in qualitativer Beziehung unzerstörbar sei und dass im unendlichen Universum keine der Bewegungsformen, wenn sie in andere Bewegungsformen umschlagen, vollständig als solche verschwinden könne. Bei der Darstellung des Darwinismus kritisierte Engels die einseitige Vorstellung, die den „Kampf ums Dasein“ als absolut hinstellte (was schon bald als „Sozialdarwinismus“ zu einer Waffe reaktionärer Herrschaftsideologie wurde) und hob die Rolle der Umwelt in der Entwicklung der Organismen und die Rolle des Stoffwechsels als ihre bestimmenden Funktionen hervor. Engels befürwortete auch den Gedanken vom komplizierten Aufbau der Atome: „Nun aber gelten die Atome keineswegs für einfach oder überhaupt für die kleinsten bekannten Stoffteilchen“. Engels sah die Existenz von Teilchen voraus, die analog den mathematischen unendlich kleinen Größen verschiedener Grade seien. Die moderne Lehre von der Struktur der Materie (Atomkern und Hülle, Protonen, Elektronen, Neutronen, Quarks usw.) bestätigte diese Ansicht in Bezug auf den komplizierten Aufbau des Atoms und seine Unerschöpflichkeit. Das Leben definierte Engels als die „Daseinsweise der Eiweißkörper“.

Das Wesentlichste in der „Dialektik der Natur“ war die Methode, die materialistische Dialektik. Engels zeigte hier mit größtem Nachdruck die Rolle des theoretischen Denkens, die Rolle der Methode bei der Erkenntnis der Welt. Er schrieb:

> „Man verachtet in der Tat die Dialektik nicht ungestraft. Man mag noch so viel Geringschätzung hegen für alles theoretische Denken, so kann man doch nicht zwei Naturtatsachen in Zusammenhang bringen ohne theoretisches Denken. Es fragt sich dabei nur, ob man richtig denkt oder nicht, und die Geringschätzung der Theorie ist selbstredend der sicherste Weg, ... falsch zu denken.“

Und: die Dialektik sei die einzige der Naturwissenschaft „in höchster Instanz angemessne Denkmethode“.

Merkmale des Engelsschen dialektischen Materialismus

Bei allen Erörterungen naturwissenschaftlicher Fragen blieb Hegel die Gestalt, an der Engels seine Überlegungen in der „Dialektik der Natur“ orientierte. Hegel hatte im Rahmen seiner idealistischen Philosophie die Probleme der Subjekt-Objekt-Relation und des dialektischen Charakters alles Seienden gelöst. Engels ging von diesen Voraussetzungen aus, allerdings im Zeichen der Kritik an der idealistischen Spekulation Hegels. Er schlussfolgerte: Wenn es keine Diskrepanz zwischen Subjekt und Objekt gibt (die Welt also prinzipiell erkennbar ist) und wenn dieses Verhältnis wesentlich durch die Praxis bestimmt ist, so muss in diesem Fall das grundlegende Prinzip, das jeden Materialismus charakterisiert, das Prinzip der Welt in ihrer Materialität sein. Engels schrieb:

> „Die Einheit der Welt besteht nicht in ihrem Sein, obwohl ihr Sein eine Voraussetzung ihrer Einheit ist, da sie doch zuerst *sein* muss, ehe sie *eins* sein kann. Das Sein ist ja überhaupt eine offene Frage von der Grenze an, wo unser Gesichtskreis aufhört. Die wirkliche Einheit der Welt besteht in ihrer Materialität, und diese ist bewiesen nicht durch ein paar Taschenspielerphrasen, sondern durch eine lange und langwierige Entwicklung der Philosophie und der Naturwissenschaft.“

Die Art und Weise des Seins der Materie ist Bewegung. Jedes Ruhen, jedes Gleichgewicht ist nur relativ und hat seinen

Sinn nur in Beziehung zu dieser oder jener bestimmten Form der Bewegung:

> „Bewegung in dem allgemeinsten Sinn, in dem sie als Daseinsweise, als inhärentes Attribut der Materie gefasst wird, begreift alle im Universum vorgehenden Veränderungen und Prozesse in sich, von der bloßen Ortsveränderung bis zum Denken."

Im Bestreben, eine mechanistische Auffassung der Materie und der Bewegung zurückzuweisen, unterstrich Engels ausdrücklich: „Bewegung, auf die Materie anwendbar, ist *Veränderung überhaupt*". Daraus folge, dass man die verschiedenen Bewegungsformen nicht auf die einfachste Form, die mechanische Bewegung, reduzieren kann, da „Veränderung überhaupt" die ganze Mannigfaltigkeit der Bewegungen und Veränderungen, von den anorganischen bis zu den sozialen und psychischen, umfasst. Dieser Standpunkt setzt also qualitativ verschiedene Bewegungsformen voraus, aber jede dieser Veränderungen schließt in sich die einfachste Bewegungsform ein, nämlich die Ortsveränderung. Engels setzte fort:

> „Womit nicht gesagt sein soll, dass nicht jede der höheren Bewegungsformen stets notwendig mit einer wirklichen mechanischen (äußerlichen oder molekularen) Bewegung verknüpft sein mag; grade wie die höheren Bewegungsformen gleichzeitig auch andre produzieren, chemische Aktion nicht ohne Temperatur- und Elektrizitätsänderung, organisches Leben nicht ohne mechanische, molekulare, chemische, thermische, elektrische etc. Änderung möglich. Aber die Anwesenheit dieser Nebenformen erschöpft nicht das Wesen der jedesmaligen Hauptform. Wir werden sicher das Denken einmal experimentell auf molekulare und chemische Bewegungen im Gehirn 'reduzieren'; ist aber damit das Wesen des Denkens erschöpft?"

Da Engels die Bewegung als Veränderung an sich versteht, folgt, dass man die Unzerstörbarkeit der Bewegung nicht nur quantitativ, sondern auch qualitativ verstehen muss; die Unzerstörbarkeit der Bewegung der Materie bedeutet demnach auch die Fähigkeit der Materie, aus der einen in die andere Form überzugehen, qualitativ verschiedene Formen des eigenen Seins hervorzubringen. Vom Standpunkt der Objektivität der Materie und der Bewegung her verstand Engels Zeit und Raum als die Grundformen alles materiellen Seins: „Ein Sein außer der Zeit ist ein ebenso großer Unsinn, wie ein Sein außerhalb des Raums". Wenn also Raum und Zeit Funktionen einer Materie in der Bewegung sind, folgt notwendig, dass Raum und Zeit ohne Materie und Bewegung nur menschliche Abstraktionen sind, die der Wirklichkeit nicht entsprechen. Aus der Bindung von Zeit und Raum an die Materie in Bewegung folgt ebenso logisch auch die Relativität von Zeit und Raum, desgleichen ihre Ewigkeit und Unendlichkeit.

Wenn wir die Engelssche Philosophie zusammenfassend betrachten, so haben wir eine naturwissenschaftlich orientierte Weltanschauung vor uns, die das Bild einer dynamischen, in der Entwicklung zu immer höheren Stufen fortschreitenden, innerlich konflikthaften und durch die Konflikte reicher werdenden Welt von mannigfacher qualitativer Differenziertheit entwirft.

Da Engels vom Stand der Naturwissenschaften Mitte des 19. Jahrhunderts ausging und ausgehen musste, sind einige seiner Ausführungen in der „Dialektik der Natur“ heute überholt (z.B. die Kant-Laplacesche Kosmogonie-Theorie, die Hypothese vom Äther als Medium der Ausbreitung des Lichts u.a.m.). Nichtsdestoweniger ist die allgemeine Orientierung seines Denkens - die naturwissenschaftliche Interpretation der Welt, die Konzeption der Erkenntnis als Widerspiegelung der Wirklichkeit, die Theorie der Relativität der Erkenntnis, der Gedanke von der Dialektik der Natur - in den Marxismus als fester Bestandteil eingegangen.

Das Konzept der Naturdialektik fand aber nicht nur Beifall, sondern stieß auch auf Kritik, auch unter Marxisten. Bei Max Adler finden sich Bemerkungen über Differenzen zwischen Marx und Engels in dieser Frage. Später erhob Georg Lukács grundsätzliche Einwände gegen die Idee der Dialektik der Natur. Diese Einwände zielten in folgende Richtung: Der Gedanke, die Natur selbst könne sich dialektisch verhalten, sei mit dem Marxschen Verständnis von Dialektik unvereinbar; für Marx sei die Dialektik die Bewegung der Wechselwirkungen zwischen Subjekt und Objekt, eine ihre Einheit anstrebende Bewegung gewesen. Marx sei somit nicht von einer „fertigen“ Natur ausgegangen, die sich der Mensch kognitiv aneignet; er habe in ihr vielmehr das Gegenglied der praktischen Anstrengung gesehen, ein Gegenglied, das nur in der Perspektive der Praxis gegeben sei. Das bloße Wissen darum, dass der Mensch die Natur im allgemeinen umgestaltet - was im übrigen selbstverständlich ist - hebe nach Marx noch nicht die kontemplative Erkenntniseinstellung auf, sofern die Praxis nichts anderes sei als die Exploitation der Naturkräfte oder das Kriterium, das die Triftigkeit unserer Annahmen bestätigt. Die Dialektik, die im Marxschen Verständnis die Einheit von Theorie und Praxis ist, könne nur in einer Weise formuliert werden, in der sie auf die Natur an sich bezogen wäre, da sie die praktische Bewusstseinsbewegung voraussetzt. Während der Mensch für Engels durch die allgemeinen Naturgesetze verständlich wird, gewissermaßen einbezogen ist in den Lauf der natürlichen Evolutionsgesetze, die von ihm so erkannt werden können, wie sie an sich sind, so stelle für Marx die Natur, wie sie sich unserer Erkenntnis zeigt, eher eine Fortsetzung des Menschen, sein praktisches Organ dar. Der Mensch hat nach Marx’ Meinung die Natur selbstverständlich nicht erschaffen, und sie ist auch nicht etwa seine subjektive Vorstellung, doch den Inhalt der menschlichen Erkenntnis stelle nicht die Natur an sich, sondern der menschliche Kontakt mit der Natur dar. Mit anderen Worten meinen Max Adler, Georg Lukács und andere: Der Praxisbezug der Erkenntnis habe für Marx einen anderen Sinn als den, der sich auf die Beobachtung beschränkt. Die menschliche Praxis selbst sei der eigentliche Erkenntnisgegenstand, d.h., dass bei Marx sich unsere Erkenntnis nie vom situationsbedingten, praktischen

Charakter ihrer Gewinnung befreien kann.

Abweichungen in den Weltvorstellungen zwischen Marx und Engels gab es zweifellos. Sie wurden von den genannten Autoren aber in unzulässig übertriebener Weise hervorgestrichen. Wenn man will, kann man die Differenz darin erblicken, dass in der Engelsschen Dialektik mehr so etwas wie ein naturalistischer Evolutionismus, in der Marxschen Dialektik mehr der Anthropozentrismus, die Bezogenheit auf den Menschen und seine Praxis im Vordergrund steht. Daraus prinzipiell gegensätzliche und miteinander unvereinbare Standpunkte ableiten zu wollen, ist jedoch völlig abwegig.

„Der Ursprung der Familie, des Privateigentums und des Staats"

Nach dem Tod von Karl Marx sichtete Engels mit Hilfe von Helene Demuth und Eleanor Marx bis 31. März 1884, also ein ganzes Jahr lang, den Nachlass seines Freundes. Dabei fand er von Marx verfasste, umfangreiche Auszüge aus dem 1877 erschienenen Buch des amerikanischen Völkerkundlers Lewis Henry Morgan „Ancient Society, or Researches in the Lines of Human Progress from Savagery through Barbarism to Civilisation" („Die Urgesellschaft oder Forschungen über die Entwicklung der Menschheit von der Wildheit über die Barbarei bis zur Zivilisation").

Morgan hatte, das war Engels' erster Eindruck, „die Marxsche materialistische Geschichtsanschauung in den durch seinen Gegenstand gebotenen Grenzen selbständig neu entdeckt". Ende März 1884 entschloss sich Engels - „ich bin es eigentlich M(arx) schuldig" -, unter Verwendung der kritischen Anmerkungen von Marx zu Morgans Buch, dessen Forschungsergebnisse vom Standpunkt des historischen Materialismus zu analysieren und zu verallgemeinern. Doch stützte sich Engels keineswegs nur auf Morgan. Gleichzeitig wertete er neue Forschungsergebnisse nordamerikanischer und englischer, deutscher und französischer, russischer und anderer Wissenschaftler aus und griff damit in die damals sehr lebhafte internationale Diskussion über die Ur- und Frühgeschichte der Menschheit ein.

Im Vorwort zur ersten Auflage 1884 hieß es:

> „Meine Arbeit kann nur einen geringen Ersatz bieten für das, was meinem verstorbenen Freunde zu tun nicht mehr vergönnt war. Doch liegen mir in seinen ausführlichen Auszügen aus Morgan kritische Anmerkungen vor, die ich hier wiedergebe, soweit es irgend angeht... In der nachfolgenden Darstellung wird der Leser im ganzen und großen leicht unterscheiden, was von Morgan herrührt und was ich hinzusetzte. In den geschichtlichen Abschnitten über Griechenland und Rom habe ich mich nicht auf Morgans Belege beschränkt, sondern hinzugefügt, was mir zu Gebote stand. Die Abschnitte über Kelten und Deutsche gehören wesentlich mir an; Morgan verfügte hier fast nur über Quellen zweiter Hand... Die ökonomischen Ausführungen, die bei Morgan für seinen Zweck hinreichend, für den meinigen aber durchaus ungenügend, sind alle von mir neu bearbeitet. Und endlich bin ich selbstredend verantwortlich für alle Schlussfolgerungen, soweit

nicht Morgan ausdrücklich zitiert wird."

Engels schrieb das Werk, das zu seinen umfangreicheren gehört und etwa 150 Druckseiten umfasst, sehr schnell, von März bis Mai 1884, nieder. Es wurde unter dem Titel „Der Ursprung der Familie, des Privateigentums und des Staats" im Herbst 1884 in Zürich gedruckt und erlebte binnen weniger Jahre fünf Auflagen in deutscher Sprache sowie Übersetzungen ins Polnische, Italienische, Rumänische und Dänische. Diese starke Wirkung erklärt sich daraus, dass Morgan zwar wichtige Merkmale und Entwicklungsstadien der Urgesellschaft richtig *beschrieben* hatte, Engels es aber darum ging, zu *erklären*, wie sich aus der klassenlosen Urgemeinschaft die Menschheit zu der in Klassen gespaltenen Gesellschaft entwickelte. Diese Erkenntnis war damals neu, ja geradezu sensationell. Wenn es in der Menschheitsgeschichte schon einmal eine klassenlose Gesellschaft gegeben hatte - und daran konnte jetzt kein Zweifel mehr bestehen -, dann erwies sich die Klassengesellschaft als historisch bedingtes, vorübergehendes Stadium der Entwicklung der Menschheit.

Dem Zweck des Buches entsprach der Aufbau in neun Kapiteln: I. Vorgeschichtliche Kulturstufen (mit den Unterabschnitten I.I. Wildheit und I.II. Barbarei), II. Die Familie, III. Die irokesische Gens, IV. Die griechische Gens, V. Entstehung des Athenischen Staats, VI. Gens und Staat in Rom, VII. Die Gens bei Kelten und Deutschen, VIII. Die Staatsbildung der Deutschen, IX. Barbarei und Zivilisation.

Ausgehend von der bestimmenden Rolle der materiellen Produktion im gesellschaftlichen Leben, wies Engels anhand einer Fülle geschichtlicher Fakten in seinem Buch nach, dass die Formen der Familien- und Eigentumsverhältnisse, der Klassen und des Staates historisch bedingt und folglich veränderlich sind.

Die große zeitgenössische Resonanz des Buches besonders in Deutschland erklärt sich nicht zuletzt daraus, dass sich Engels in ihm erneut mit der lassalleanischen Auffassung vom Staat auseinandersetzte. Er legte dar, dass sich der Staat schon immer als Repräsentant der „*ganzen*" Gesellschaft aufgespielt habe, dass er in Wirklichkeit jedoch „ausnahmslos der Staat der herrschenden Klasse ist und in allen Fällen wesentlich Maschine zur Niederhaltung der unterdrückten, ausgebeuteten Klasse bleibt".

Engels ging es aber nicht nur um die Staatsfrage, die das Kernstück dieser Schrift bildet. Darüber hinaus attackierte er auch die Überschätzung des allgemeinen Stimmrechts. Die großartigen Wahlerfolge der deutschen Sozialdemokratie negierte Engels in keiner Weise, sondern würdigte sie vielmehr als Resultate einer revolutionären Taktik, dank derer die deutsche Arbeiterbewegung international bedeutsame Erfahrungen bei der Ausnutzung des bürgerlichen Wahlrechts machen konnte. Aber Engels wandte sich gegen alle, die die Idee verfochten, die Arbeiterklasse könne mit Hilfe des Stimmzettels zur politischen Herrschaft gelangen. In dem Zusammenhang machte er die klassisch gewordene Feststellung:

> „Das allgemeine Stimmrecht ist... der Gradmesser der Reife der Arbeiterklasse. Mehr kann und wird es nie sein im heutigen Staat."

Weiters analysierte Engels die einzelnen Staatsformen, insbesondere die bürgerlich-demokratische Republik. Mit bemerkenswertem Scharfsinn wies er bereits 1884 auf Tendenzen der weiteren Entwicklung des bürgerlichen Staates hin, die später, in der Ära des Imperialismus, zur vollen Herausbildung gelangen sollten. Er schrieb, dass in der demokratischen Republik

> „der Reichtum seine Macht ausübt... in der Form der Allianz von Regierung und Börse, die sich umso leichter vollzieht, je mehr die Staatsschulden steigen und je mehr Aktiengesellschaften nicht nur den Transport, sondern auch die Produktion selbst in ihren Händen konzentrieren und wiederum in der Börse ihren Mittelpunkt finden."

Erstmals in der Entstehungsgeschichte des Marxismus untersuchte Engels in dem Buch „Der Ursprung der Familie, des Privateigentums und des Staats" ausführlich die Entwicklung der Familie, der Ehe und im Zusammenhang damit die in den einzelnen Gesellschaftsformationen unterschiedliche Stellung der Frau. Er ging davon aus, dass sich gesellschaftliche Einrichtungen wie Ehe und Familie aus den Produktions- und Besitzverhältnissen ableiten, und unterzog die bürgerliche Ehe einer scharfen Kritik. Engels demonstrierte, dass die Frau ihre zunächst völlig gleichberechtigte Stellung mit dem Übergang von der Urgesellschaft zur Sklaverei, das heißt mit der Entstehung des Privateigentums, verlor, dass also die rechtliche Ungleichheit der Frau in der Klassengesellschaft ökonomische Ursachen habe. Unter den Bedingungen des Privateigentums an den Produktionsmitteln, schrieb er, wurde die Frau „erste Dienstbotin, aus der Teilnahme an der gesellschaftlichen Produktion verdrängt. Erst die große Industrie unsrer Zeit hat ihr - und auch nur der Proletarierin - den Weg zur gesellschaftlichen Produktion wieder eröffnet".

Erst im Sozialismus und Kommunismus, schrieb Engels, werde sich eine neue, höhere Form der Ehe und der Familie herausbilden, werde „ein neues Geschlecht" heranwachsen:

> „ein Geschlecht von Männern, die nie in ihrem Leben in den Fall gekommen sind, für Geld oder andere soziale Machtmittel die Preisgebung einer Frau zu erkaufen, und von Frauen, die nie in den Fall gekommen sind, weder aus irgendwelchen andern Rücksichten als wirklicher Liebe sich einem Mann hinzugeben, noch dem Geliebten die Hingabe zu verweigern aus Furcht vor den ökonomischen Folgen."

22. Kapitel: Engels in den Jahren 1884 - 1890; „Das Kapital", 2. Band; „Ludwig Feuerbach und der Ausgang der klassischen deutschen Philosophie"; „Die Rolle der Gewalt in der Geschichte"

Nach dem Tod von Marx wirkte Engels als Wissenschaftler und Publizist unermüdlich fort. Dabei nahmen seine Pflichten als ideologischer Testamentsvollstrecker von Marx ständig zu, weil sich die Arbeiterbewegung in der Periode nach 1883 ungemein schnell entwickelte, sowohl zahlenmäßig wie territorial. Engels stand in den achtziger und neunziger Jahren formell nie an der Spitze einer nationalen oder internationalen Organisation. Aber die Vertreter der führenden - der deutschen und französischen - als auch der erst entstehenden Arbeiterparteien wandten sich an ihn um Rat und Hilfe. Täglich brachte der Postbote Engels Briefe und Zeitungen ins Haus. Die überlieferten etwa 1200 Briefe von Engels aus den achtziger und neunziger Jahren (sie bilden nur einen Teil der tatsächlich geschriebenen) machen deutlich, wie ernst er seine Aufgabe nahm. Alle an ihn gerichteten Fragen von Kampfgefährten, von bekannten Führern wie von unbekannten Mitstreitern, suchte er zu beantworten. Mancher dieser Briefwechsel war kurzfristig, mancher erstreckte sich über Jahre, einige währten sogar Jahrzehnte. Regelmäßige Briefpartner waren die deutschen Arbeiterführer August Bebel und Wilhelm Liebknecht, die Redakteure Eduard Bernstein und Karl Kautsky sowie weitere deutsche Sozialisten wie Paul Singer, Johann Heinrich Wilhelm Dietz, Julius Motteler, Franz Mehring und Carl Hirsch. In Frankreich waren Paul und Laura Lafargue Engels' ständige und engste Briefpartner, aber auch Jules Guesde und Éduard Vaillant. Mit den russischen Revolutionären Pjotr Lawrow, Nikolai Danielson, Vera Sassulitsch und Georgi Plechanow korrespondierte er häufig, ebenso mit dem polnischen Sozialisten Walery Wróblewski. In Italien zählten Achille Loria, Antonio Labriola und Filippo Turati, in Österreich Victor Adler zu seinen Briefpartnern. So manches Schreiben ging von Engels nach den Niederlanden an Ferdinand Domela Nieuwenhuis, nach der Schweiz an Johann Philipp Becker, nach Spanien an Pablo Iglesias, an Leo Frankel nach Ungarn und an Emile Vandervelde nach Belgien. Zu dem langjährigen Freund Friedrich Adolph Sorge gesellten sich in den USA als Korrespondenzpartner Hermann Schlüter und Philip Van Patten. Wer einen Eindruck von der enormen Vielfalt der Probleme und der gedanklichen Tiefe dieses internationalen Briefwechsels gewinnen will, der findet ihn auf über 3000 Druckseiten in der Marx/Engels-Werkausgabe ausgebreitet. Nicht nur durch die Lektüre der Arbeiterpresse und durch seinen Briefwechsel war Engels mit dem Geschehen in der internationalen Arbeiterbewegung verbunden. Kaum eine Woche verging, in der er nicht diesen oder jenen Abgesandten einer

Arbeiterpartei, einen seiner Briefpartner oder einen ihn konsultierenden Wissenschaftler bei sich begrüßen konnte.

Mit seiner Zeit ökonomisch umzugehen, hatte sich Engels schon als junger Mann bemüht. Jetzt, nach Marx' Tod, als seine Pflichten sich verdoppelten, achtete er noch mehr darauf. Dieser exakten Zeiteinteilung und eiserner Selbstdisziplin verdankte Engels die für sein Alter ungewöhnliche Schaffenskraft, die selbst seine nahen Freunde immer wieder in Erstaunen versetzte. Das tägliche strenge Arbeitsregime sah gewöhnlich so aus: Morgens ausschlafen, Frühstück, kleiner Morgenspaziergang; von 10 bis 17 Uhr konzentrierte Arbeit, dann Mittagessen; am Abend Empfang von Besuchern oder Führen der Korrespondenz, Studium der Presse und neuer Bücher. Engels wusste, dass Körper und Geist, sollen sie hohe Leistungen vollbringen, einen wohldurchdachten Wechsel von Anspannung und Erholung brauchen. Er verstand nicht nur hart zu arbeiten, sondern auch ausgelassen, ja übermütig zu sein. Als Rheinländer blieb er bis in seine letzten Lebensjahre ein Freund des Frohsinns und der Geselligkeit, guten Essens und Trinkens.

In den achtziger Jahren bürgerte sich bei ihm der Brauch ein, seine in London lebenden Freunde oder in der Stadt weilende Gäste am Sonntagabend in seinem Haus zu versammeln. Es war eine Auszeichnung und ein besonderer Genuss, zu dieser Tafelrunde geladen zu werden. Von Helene Demuth bewirtet, saß man bis tief in die Nacht bei Wein und Bier zusammen, hörte, was die Besucher aus anderen Ländern an Neuigkeiten zu berichten hatten, stritt über aktuelle Ereignisse im öffentlichen Leben Londons oder debattierte Probleme der internationalen Arbeiterbewegung und der Politik der herrschenden Klassen.

Regelmäßige Teilnehmer an den sonntäglichen Zusammenkünften waren Eleanor Marx-Aveling und ihr Lebensgefährte Edward Aveling, Friedrich Leßner und der englische Arbeiterführer John Burns, Karl Kautsky, der von London aus die theoretische Zeitschrift der deutschen Sozialdemokratie, „Die Neue Zeit“, redigierte, und seine Frau Louise, Eduard Bernstein, der seit 1888 in London lebte, mitunter August Bebel oder Wilhelm Liebknecht, der bekannte Chemiker Carl Schorlemmer oder der Jurist Samuel Moore und nicht selten Arbeitervertreter aus Russland, Polen, Belgien, Österreich oder Frankreich.

An der Seite der illegalen deutschen Partei

Besondere Aufmerksamkeit widmete Engels der Sozialistischen Arbeiterpartei Deutschlands, die von 1878 bis 1890 verboten war und in diesen Jahren einen Kampf auf Sein oder Nichtsein ausfocht. In einem seiner Altersbriefe schrieb er, dass es ihm seine internationale Vertrauensstellung nicht verbiete, sich „zu erinnern, dass ich ein Deutscher bin, und stolz zu sein auf die Position, die unsre deutschen Arbeiter vor allen andern sich erkämpft“. Höchst erfreut war Engels, wenn er aus Deutschland Einzelheiten über den Kampf der Sozialdemokraten gegen das Sozialistengesetz, über den Erfindungsreichtum, die Pfiffigkeit und Opferbereitschaft der Arbeiter erfuhr. Die deutsche Partei setzte seinen Rat, alle nur möglichen außerparlamentarischen und legalen Kampfformen miteinander zu verbinden, um den Masseneinfluss zu vergrößern, damals bravourös in die Tat um.

In allen Orten, in denen Sozialdemokraten wirkten, wurden illegale Organisationen gebildet. Ihre Vertrauensmänner hielten untereinander über ganz Deutschland Verbindung. Sie besorgten den illegalen Vertrieb der sozialistischen Literatur, darunter auch vieler Werke von Marx und Engels, und des wöchentlich erscheinenden „Sozialdemokrat", des Zentralorgans der Partei. Diese von Julius Motteler geleitete Vertriebsorganisation, genannt „Rote Feldpost", schlug der Bismarckschen Polizei immer wieder ein Schnippchen. Daneben nutzten die verfolgten Sozialisten legale Organisationen wie Hilfs- und Unterstützungskassen, Sport- und Vergnügungsvereine und vor allem gewerkschaftliche Vereinigungen für die Agitation unter den Arbeitermassen.

Seit Ende 1881 veröffentlichte Engels eine ganze Reihe seiner Schriften im „Sozialdemokrat". Er vertrat die Meinung, dass im Zentralorgan stets eine offensive Taktik verfolgt werden müsse. Eduard Bernstein, dem damaligen Redakteur des „Sozialdemokrat", empfahl er:

> „Nicht sich drehen und winden unter den Schlägen des Gegners, heulen und winseln und Entschuldigungen stammeln... Wiederhauen muss man, für jeden feindlichen Hieb zwei, drei zurück. Das war unsre Taktik von jeher, und wir haben bis jetzt, glaub' ich, noch so ziemlich jeden Gegner untergekriegt."

Als die deutsche Sozialdemokratie ab 1883 eine theoretische Monatszeitschrift, „Die Neue Zeit", herausgab, publizierte Engels auch hier. Die bedeutendste der für die „Neue Zeit" geschriebenen Arbeiten war seine Studie „Ludwig Feuerbach und der Ausgang der klassischen deutschen Philosophie".

Mehrmals musste die illegal kämpfende deutsche Partei schwere innere Auseinandersetzungen durchmachen. Als Mitte der achtziger Jahre rechte Kräfte in der Partei erneut versuchten, ihr eine Reformpolitik aufzudrängen, stellte sich Engels mit seiner ganzen Autorität an die Seite der revolutionären Parteiführer. Eine Arbeiterpartei dürfe bei Strafe des Untergangs keine Vertreter der bürgerlichen Ideologie in ihren Reihen dulden, erklärte er. Schon Jahre zuvor hatte er an August Bebel geschrieben:

> „Darauf aber kannst Du sicher rechnen: Wenn es zur Auseinandersetzung mit diesen Herren kommt und der linke Flügel der Partei Farbe bekennt, so gehn wir unter allen Umständen mit Euch und das aktiv und mit offnem Visier."

Es war in entscheidendem Maße Engels geschuldet, dass in den innerparteilichen Auseinandersetzungen jener Jahre die revolutionären Kräfte die Oberhand behielten. Sie setzten auch durch, dass die Delegierten des illegalen Parteitages zu St. Gallen in der Schweiz 1887 beschlossen, ein neues, von allen lassalleanischen Auffassungen befreites Parteiprogramm auszuarbeiten. Dank dieser Kampfentschlossenheit und Prinzipienfestigkeit gewannen die deutschen Sozialisten immer größerer Teile der Arbeiterschaft für ihre Ziele.

1890 war es soweit: Unter dem Druck der Massen erhielt das Sozialistengesetz nicht mehr die erforderliche Mehrheit im Reichstag. Wenige Wochen darauf, am 20. Februar, gaben der Sozialdemokratie 1,427.298 Wähler ihre Stimme; sie wurde damit erstmals zur stimmenstärksten deutschen Partei überhaupt, eine Position, die sie bis zu den letzten Reichstagswahlen vor dem ersten Weltkrieg, 1912, nicht mehr verlor, vielmehr kontinuierlich ausbaute. (Zum Vergleich erhielten 1890 das Zentrum 1,342.113, die Nationalliberale Partei 1,177.807, die Konservative Partei 815.103 und die Reichspartei 482.314 Stimmen.)

Engels triumphierte: „Der 20. Februar 1890 ist der Anfang vom Ende der Ära Bismarck". Und tatsächlich: Am 20. März musste Bismarck seine Ämter niederlegen und damit das Scheitern seiner Politik gegenüber der Sozialdemokratie eingestehen.

Die Herausgabe des zweiten Bandes des „Kapital"

Kurz vor seinem Tod hatte Marx seine Tochter Eleanor gebeten, die Manuskripte des „Kapital" Engels zu übergeben; er sollte daraus „etwas machen". Als er in den ersten Wochen nach Marx' Tod den schriftlichen Nachlass sichtete, fand Engels sehr umfangreiche Entwürfe, Notizen und Exzerpte für die Fortsetzung des „Kapital" vor. Zunächst schien es ihm, er könnte binnen Jahresfrist die Fragmente für den Druck vorbereiten. Erst dann, als er sich näher mit dem Zustand der Manuskripte vertraut gemacht hatte, wurde ihm das Ausmaß der zu bewältigenden Arbeit klar. An Johann Philipp Becker schrieb er:

> „Zunächst gilt es, den 2. Band des 'Kapital' herauszugeben, und das ist kein Spaß. Vom 2. Buch existieren 4 - 5 Bearbeitungen, von denen nur die erste vollendet, die späteren nur angefangen; das wird Arbeit kosten, bei einem Mann wie M(arx), der jedes Wort auf die Goldwaage legte. Aber es ist mir eine liebe Arbeit, ich bin doch wieder mit meinem alten Kameraden zusammen."

Engels' erste Aufgabe bestand darin, die für andere fast unlesbare Handschrift von Marx zu entziffern und sie in ein lesbares Manuskript zu übertragen. Aus vielen Briefen geht hervor, welch große Sorgen er sich darum machte, dass wenigstens dieses Problem schnell gelöst würde. Als er bald nach Marx' Tod erkrankte, schrieb er an Lawrow:

> „Ach - dieser 2. Band! Wenn Sie wüssten, mein alter Freund, wie mich der bedrückt! Aber ich habe sechs Monate verloren wegen meiner verwünschten Krankheit... Das bedrückt mich umso mehr, *als ich der einzige bin*, der diese Schrift und diese Wort- und Satzkürzungen entziffern kann."

Tage- und nächtelang saß Engels, um die Manuskripte abzuschreiben, bis ihm die Ärzte wegen seines Gesundheitszustandes die Nachtarbeit strikt verboten. Er engagierte einen Sekretär, dem er täglich von 10 bis 17 Uhr, auf dem Sofa liegend, die Reinschrift diktierte. Als im Jahr 1889 seine Sehkraft merklich nachließ, schlug Engels Karl Kautsky vorsorglich vor, sich die „Hieroglyphenschrift" einzupauken, damit notfalls er in der Lage sei, Marx' Handschrift zu entziffern und die Veröffentlichung der restlichen Manuskripte zu übernehmen. Als nächstes wählte Engels aus den vorhandenen Textvarianten, die zu verschiedenen Zeiten zwischen 1861 und 1880 entstanden waren, die reifste Fassung aus. Doch neben einzelnen, ausführlich dargestellten Teilen gab es andere, die mit Stichworten und skizzenhaften Notizen nur angedeutet waren. Daraus erwuchs das schwierigste Problem: die zahlreichen in den Manuskripten anzutreffenden Lücken so auszufüllen, als ob der Text von Marx selbst ausgearbeitet worden wäre. Engels löste diese Aufgabe hervorragend, so, wie es sonst niemand zustande gebracht hätte. Er gruppierte und systematisierte die vorhandenen Manuskripte, stellte umfangreiches neues Tatsachenmaterial zusammen und vervollständigte den vorliegenden Text durch zahlreiche Anmerkungen und Zusätze.

Der Zirkulationsprozess des Kapitals

Am 5. Mai 1885 beendete Engels die Arbeit am zweiten Band, der im gleichen Jahr (so wie der erste Band) im Verlag Otto Meißner in Hamburg erschien. Hatte Marx im ersten Band den Produktionsprozess behandelt, so ging es ihm im zweiten Band darum, die Veränderungen der Formen zu analysieren, denen das industrielle Kapital in der Zirkulationssphäre unterliegt.

Der Unternehmer muss, um in den Besitz des Mehrwerts zu gelangen, auf dem Markt einen Käufer für die Waren finden, in denen der Mehrwert vergegenständlicht ist. Gelingt der Verkauf nicht, dann realisiert sich nicht nur der Mehrwert nicht, sondern der Unternehmer gelangt auch nicht in den Besitz des Geldkapitals, das er für die Produktion vorgeschossen hat.

Ein funktionierender kapitalistischer Betrieb besteht aus bestimmten Produktionsmitteln (Grund und Boden, Gebäude, Maschinen, Werkzeuge, Rohstoffe usw.), die von den Lohnarbeitern und den Angestellten zur Herstellung bestimmter Waren verwendet werden. Kapital sind weder die Produktionsmittel noch die Arbeitskraft des Lohnarbeiters an sich. Sie werden zum Kapital erst dann, wenn sie miteinander in Verbindung treten, erst dadurch, dass die Produktionsmittel Kapitalisten gehören und die Arbeiter und Angestellten diesen ihre Arbeitskraft verkaufen müssen, um leben zu können.

Im Produktionsprozess verwandelt sich das ganze vorgeschossene Kapital früher oder später in Waren, nimmt es die Form des Warenkapitals an. Auch in dieser Form vollführt das Kapital einen besonderen Kreislauf, den Kreislauf des Warenkapitals. Hier stößt der Kapitalist, wie schon gesagt, auf das Problem, die produzierten Waren abzusetzen. Der Absatz der Waren muss dem Kapitalisten den Rückfluss des ganzen vorgeschossenen Kapitalwerts gewährleisten und ihm außerdem den von den Lohnarbeitern produzierten Mehrwert einbringen. Die Bedingungen und Besonderheiten des Warenabsatzes zu untersuchen, zählt zu den Hauptanliegen, die Marx im zweiten Band verfolgt.

Vor Marx hatte kein Ökonom die Kreisläufe des Kapitals in all seinen Formen, in ihren Zusammenhängen und Einzelheiten analysiert. Erst durch Marx wurde der Kapitalbegriff zum ersten Mal als *Einheit von Produktion und Zirkulation*, als kontinuierliche Bewegung des Kapitalwerts in Zeit und Raum, von der einen Form zur anderen, von der einen Größe zu einer anderen, umfassenderen dargestellt. Und darauf kommt es an, denn, wie Marx schrieb, kann das Kapital „nur als Bewegung und nicht als ruhendes Ding begriffen werden".

Das Kapital zirkuliert infolgedessen in einem ständigen Kreislauf, in dem es nacheinander die Form des *Geldkapitals*, des *produktiven Kapitals* und des *Warenkapitals* annimmt und wieder abstreift.

Es sei daher noch einmal festgehalten: Bedingung für die Realisierung des Mehrwerts ist - außer der Produktion - die Warenzirkulation; der Kapitalist muss sein Produkt absetzen, wenn der Überschuss des von ihm erzielten Werts, der über die Produktionskosten hinausgeht, sich realisieren soll.

Doch die Warenzirkulation schafft eine Reihe zusätzlicher Komplikationen. Bekanntlich ist es nicht so, dass die Ware automatisch einen Abnehmer findet; auch entspricht die Produktion faktisch nicht dem wirklichen gesellschaftlichen Bedarf: sie findet auf der Skala der ganzen Gesellschaft planlos statt. Der Warenumsatz beeinflusst, wie Marx im zweiten Band des „Kapital" aufweist, die Profitrate. Der Umsatz erfordert nämlich Zeit, und somit bleiben kleinere oder größere Teile des Kapitals in der Zeit, in der sich der Umsatz vollzieht, untätig. Daher ist das in der Produktion aktive und den Mehrwert erzeugende Kapital stets geschmälert um jene untätigen Werte, die z.B. in den Rohstoffvorräten oder unverkauften Waren enthalten sind. Das Umsatztempo erhöht demnach die Mehrwerte, die man schaffen kann, steigert mithin auch die Profitrate.

Der Markt ist daher der Ort des Kampfes um die prompte Verwandlung der Ware in Geld. Dieser Kampf findet unter den Bedingungen der ständigen Inkongruenz von Angebot und Nachfrage statt und erzeugt demnach eine Bewegung der Preise, die ständig vom Wert abweichen.

Die Analyse, der Marx die Kreisläufe aller drei Hauptformen des Kapitals (des Geld-, des produktiven und des Warenkapitals) für sich allein und zusammen unterzog, ist auch deshalb so bedeutsam, weil er damit die tiefen Widersprüche in der Kapitalbewegung bloßlegte.

Für das gesellschaftliche Gesamtkapital ist kontinuierliche Bewegung charakteristisch. In ihr entstehen jedoch ständig allgemeine und Teilkrisen, kommt es zu Revolutionen in den Werten und Preisen der Waren. Die einen Kapitalisten haben zuviel Geldkapital, die anderen werden ruiniert wegen Mangels an Geldkapital, die einen produzieren und erweitern ihre Produktion fieberhaft, während bei den anderen die stillstehenden Maschinen rosten. Warenmengen bleiben liegen, verderben oder verlieren an Wert, werden auch manchmal einfach vernichtet, während die Werktätigen ihre Bedürfnisse nicht befriedigen können und Not leiden. Die einen Arbeiter müssen sich überanstrengen, während die anderen Arbeitslosigkeit zu erdulden haben. Marx zeigte, dass diese und ähnliche Erscheinungen keineswegs zufällig, sondern notwendige und gesetzmäßige Folgen sind, die sich aus dem Wesen der Kapitalbewegung ergeben.

Schon vor Marx hatte die klassische bürgerliche politische Ökonomie versucht, das außerordentlich schwierige Problem der Reproduktion des gesellschaftlichen Gesamtkapitals als Einheit von gebrauchswertmäßiger und wertmäßiger Reproduktion zu lösen. Sie war aber trotz beachtenswerter theoretischer Ansatzpunkte (z.B. Quesnay mit seinem „Tableau Économique“) gescheitert.

Marx entdeckte den Schlüssel zur Lösung dieses Problems, indem er das gesamte gesellschaftliche Produkt in zwei große Abteilungen gliederte: die Abteilung I, in der Produktionsmittel, und die Abteilung II, in der Konsumtionsmittel produziert werden. Diese Untergliederung gestattete, in dem scheinbaren Chaos zahlloser individueller Warenbewegungen die entscheidenden Massenströme sichtbar zu machen, ihre Wechselbeziehungen zu untersuchen und die inneren Gesetzmäßigkeiten der einfachen und der erweiterten Reproduktion aufzudecken. Damit sich der Reproduktionsprozess reibungslos vollziehen kann, müssen die notwendigen Proportionen zwischen den beiden Abteilungen eingehalten werden. Der Reproduktionsprozess vollzieht sich aber als Folge des Grundwiderspruchs des Kapitalismus in antagonistischen Formen. Das führt dazu, dass die notwendigen Bedingungen ständig verletzt werden, dass sich der Widerspruch zwischen Produktion und Konsumtion vertieft, sich Disproportionen und periodische Krisen herausbilden.

Profitrate und Profitverteilung

Marx stellte im zweiten Band dar, dass es in den unterschiedlichen Produktionszweigen auch unterschiedliche Profitraten geben müsse. Je nach den Unterschieden in der so genannten „organischen Zusammensetzung des Kapitals“ (d.h. im Verhältnis seines variablen zu seinem konstanten Teil) und abhängig von der unterschiedlichen Zeit, die in unterschiedlichen Produktionszweigen für den Umschlag des Kapitals benötigt wird, weise das Verhältnis der Steigerung der Mehrwertrate zum *gesamten investierten Kapital*, also die *Profitrate*, gewaltige Differenzen auf. Doch das Kapital wendet sich selbstverständlich in die Richtung, wo die Profitrate größer ist. Der Kapitalüberschuss in einem bestimmten Produktionszweig im Verhältnis zur Möglichkeit der Abnahme der entsprechenden Ware durch den Markt wiederum bewirkt, dass die Ware nicht abgesetzt werden kann und die dadurch gebremste Zirkulation die wertschaffende Effizienz des Kapitals senkt, somit auch die Profitrate, und das Kapital dazu zwingt, in andere Zweige abzufließen. Durch diesen unaufhörlichen Prozess des Rück-, Ab- und Durchströmens des Kapitals bildet sich die *durchschnittliche Profitrate* heraus, die alle Zweige der industriellen Produktion umfasst. Die Konkurrenz gleicht also die Profitrate aus, bewirkt jedoch gleichzeitig erhebliche Abweichungen der Preise von den Warenwerten.

Der Kapitalist eignet sich jedoch keineswegs den Gesamtprofit an, der im Verlauf der Produktion erzielt wird. An der Profitverteilung partizipiert auch das *Handelskapital*, das nicht an der Schaffung des Mehrwerts beteiligt, doch bei der Realisierung des Profits durch den Kapitalisten unentbehrlich ist. Somit hat das Handelskapital Einfluss auf die Gestaltung der allgemeinen Durchschnittsprofitrate. An der Profitverteilung partizipiert weiters das *Leihkapital*. Die Existenz des Kreditzinses ist nicht dadurch zu erklären, dass das Kapital automatisch, aus eigener Kraft, einen Wertzuwachs erfährt. Der Kapitalzins ist laut Marx das Mitschneiden des Leihkapitals an eben jenem Mehrwert, der vom industriellen Kapital erzeugt wird. Die Möglichkeit des Kreditzinses kommt eben daher, dass die Zeit der Zirkulation Einfluss auf die Profitrate hat und der Kapitalist, der sich Geld leiht, dank dessen produktionsgemäß bestimmte zusätzliche Werte aktivieren kann und danach den Profit mit seinem Gläubiger teilt; daher hängt die Zinsrate von der allgemeinen Profitrate ab.

An der Profitverteilung ist schließlich (und damit sei hier bereits ein Ergebnis des dritten Bandes des „Kapital“ vorweggenommen) auch der *Grundeigentümer* beteiligt. Marx betrachtete die landwirtschaftliche Produktion unter der modellhaften Voraussetzung, dass auch dort durchwegs kapitalistische Produktionsbedingungen herrschen, d.h., dass die Landwirtschaft ein besonderer Industriezweig ist, in den der Kapitalist Produktionsmittel placiert, und - nach dem gleichen Prinzip wie in der Industrie - Lohnarbeiter beschäftigt. Dieser Kapitalist muss sich den Profit mit dem Eigentümer des gepachteten Bodens teilen, dieser Eigentümer wiederum eignet sich einen Teil des Mehrwerts in Form der Grundrente an (wobei es in der Sache irrelevant ist, ob es sich um Ackerland oder Baugelände handelt usw.) Die *Grundrente* partizipiert mithin am von Lohnarbeiter geschaffenen Mehrwert. Das Privileg des Bodeneigentümers besteht darin, dass der Boden nicht in unbegrenzter Menge verfügbar ist und dass dieser Umstand es ihm erlaubt, vom industriellen Kapital Beteiligung am Profit zu verlangen. Die Grundrente stellt somit ein Nebenprodukt der kapitalistischen Wirtschaft dar. Diese Situation macht auch die Tatsache verständlich, dass der Boden überhaupt einen Preis haben kann, ohne einen Wert zu besitzen: Der Bodenpreis ist nämlich die vorweggenommene Grundrente, die aus der Möglichkeit des Bodeneigentümers resultiert, Anspruch auf Beteiligung am kapitalistischen Profit zu erheben, wenngleich er selber durch nichts zu seiner Entstehung beiträgt (ähnlich wie der Preis der Sklaven in der Antike der vorweggenommene Mehrwert war, den man aus seiner

Arbeit herauspressen konnte).

Sehr wichtig ist die im zweiten Band von Marx vorgenommene Unterscheidung des Kapitals in *fixes* und *zirkulierendes* Kapital. Er stellte zum ersten Mal in der Geschichte der politischen Ökonomie fest, dass die Produktionsmittel nur insofern zu fixem bzw. zirkulierendem Kapital werden, als ihr Wert auf die Ware übertragen wird - allmählich oder auf einmal, teilweise oder ganz.

Das vom Kapitalisten für die Arbeitskraft verausgabte variable Kapital unterscheidet sich nämlich laut Marx in Bezug auf den Charakter seines Umschlags überhaupt nicht von demjenigen Teil des konstanten Kapitals, welches das zirkulierende ausmacht. Das zirkulierende Kapital besteht also aus zwei Teilen, die in der Wert- und Mehrwertproduktion eine ganz verschiedene Rolle spielen, im Zirkulationsprozess des Kapitals jedoch als Einheit in Erscheinung treten. Dieser Umstand verschleiert das Wesen der kapitalistischen Produktion. Er erzeugt die Illusion, als entstehe der Mehrwert in der Zirkulationssphäre beim Absatz der produzierten Waren.

Marx hat also im zweiten Band des „Kapital" gezeigt, dass ideale Proportionen für eine kontinuierliche Reproduktion im Kapitalismus nicht möglich sind, dass mit Notwendigkeit verschiedene Disproportionen, Teil- und Gesamtkrisen der Reproduktion, Geldkrisen auftreten. Die kapitalistische Reproduktion funktioniert so, dass es ständig zu Ungleichmäßigkeiten und periodischen Schwankungen kommen muss. Das war von großer Bedeutung für die Praxis der marxistischen Arbeiterparteien, einerseits im Kampf gegen die Theorien vom „automatischen Zusammenbruch" des Kapitalismus, andererseits gegen die Vorstellungen von der „Prosperität" und „harmonischen Entwicklung" der kapitalistischen Wirtschaft.

„Ludwig Feuerbach und der Ausgang der klassischen deutschen Philosophie"

Hatte Friedrich Engels im „Anti-Dühring" den dialektischen und historischen Materialismus in systematischer Form dargelegt, so ging er nun daran, die philosophischen Grundlagen und Voraussetzungen des Marxismus im einzelnen darzustellen. Diesem Ziel diente die von ihm Anfang 1886 geschriebene Arbeit „Ludwig Feuerbach und der Ausgang der klassischen deutschen Philosophie".

Über die Entstehung dieses Werkes schrieb Engels selbst in einer Vorbemerkung, dass Marx und er schon 1845 die Absicht gehabt hätten, das Verhältnis ihrer Philosophie zu der Hegels und Feuerbachs zu behandeln, jedoch nie Gelegenheit oder Zeit gewesen wäre, ihren Standpunkt in dieser Frage ausführlich darzulegen. Wunsch und Notwendigkeit, das jetzt nachzuholen, wurden dadurch verstärkt, dass in den achtziger Jahren im europäischen Geistesleben eine bürgerliche philosophische Modeströmung, der Neukantianismus, zu einer Umwertung der klassischen deutschen Philosophie geführt hatte, die manche Intellektuelle in den Reihen der deutschen Sozialdemokratie zu beeinflussen begann. So entsprang auch diese Arbeit von Engels aus den unmittelbaren Bedürfnissen des politischen Kampfes der Arbeiterbewegung.

In seiner Schrift, die im April und Mai 1886 in der „Neuen Zeit" und 1888 als Broschüre erschien, würdigte Engels kritisch die philosophischen Quellen des wissenschaftlichen Kommunismus, insbesondere die dialektische Methode bei Hegel und den Materialismus in der Philosophie Feuerbachs. In den beiden ersten Abschnitten erläuterte er die epochale Leistung Hegels für die Entwicklung des dialektischen Denkens und Feuerbachs revolutionierende Tat, der „den Materialismus ohne Umschweife wieder auf den Thron erhob". Damit verteidigte Engels die progressiven Traditionen der bürgerlichen Klasse auf philosophischem und weltanschaulichem Gebiet.

Engels verband seine Würdigung Feuerbachs mit einer prinzipiellen Kritik an dessen Unverständnis gegenüber der Dialektik und an dessen idealistischer Geschichtsauffassung. Er knüpfte dabei an jene Erkenntnisse an, zu denen er bereits 1845/46 gemeinsam mit Marx bei der Ausarbeitung der „Deutschen Ideologie" vorgestoßen war, und benutzte wahrscheinlich auch die damals angefertigten Niederschriften. Er zeigte, dass Feuerbach ebenso wie alle anderen Materialisten, die die Natur als das Primäre und den Geist als das Sekundäre ansahen, bei der Betrachtung der menschlichen Gesellschaft und deren Geschichte den Idealismus nicht überwinden konnten. Feuerbach, sagte Engels, „war unten Materialist, oben Idealist".

In diesem Zusammenhang formulierte Engels - indem er Feuerbachs Gedanken aufgriff und weiterführte - in klassischer Weise die Erkenntnis: „Die große Grundfrage aller, speziell neueren Philosophie ist die nach dem Verhältnis von Denken und Sein". Engels zeigte auf, dass die Beantwortung dieser Frage - nach dem Verhältnis von Sein und Bewusstsein, von Materie und Geist - das entscheidende Kriterium für die Unterscheidung von Materialisten und Idealisten darstelle.

Im letzten Abschnitt seiner Studie ging Engels auf das Problem der Gesetzmäßigkeit der gesellschaftlichen Entwicklung ein. Er erläuterte noch einmal - wie bereits in früheren Schriften -, warum erst die Entdeckung der materialistischen Dialektik es Marx und ihm ermöglicht habe, über Feuerbach hinausgehend, den Materialismus auf die Entwicklung der menschlichen Gesellschaft anzuwenden und die auch im Leben der Gesellschaft wirkenden allgemeinen Gesetzmäßigkeiten aufzudecken. Andererseits warnte er vor jeder Gleichsetzung der in der Natur und in der Gesellschaft wirkenden allgemeinen Gesetze:

> „In der Natur sind es - soweit wir die Rückwirkung der Menschen auf die Natur außer acht lassen - lauter bewusstlose, blinde Agenzien, die aufeinander einwirken und in deren Wechselspiel

das allgemeine Gesetz zur Geltung kommt. Von allem, was geschieht... , geschieht nichts als gewollter, bewusster Zweck. Dagegen in der Geschichte der Gesellschaft sind die Handelnden lauter mit Bewusstsein begabte, mit Überlegung oder Leidenschaft handelnde, auf bestimmte Zwecke hinarbeitende Menschen; nichts geschieht ohne bewusste Absicht, ohne gewolltes Ziel."

Engels ging auch auf das Verhältnis von Basis und Überbau ein. Er stellte fest, dass dem historischen Prozess ökonomische Verhältnisse zugrunde liegen, aus denen „der gesamte Überbau der rechtlichen und politischen Einrichtungen sowie der religiösen, philosophischen und sonstigen Vorstellungsweise... zu erklären sind". Gleichzeitig unterstrich er die *aktive* Rolle des Überbaus, seine Fähigkeit, sich selbständig zu entwickeln, sowie seine Rückwirkung auf die Basis. Engels wandte sich gegen die Behauptung, dass der Marxismus eine einseitige, rein ökonomische Erklärung der Geschichte gebe und den Einfluss und die Rolle aller anderen Faktoren, der politischen, ideologischen usw., bestreite.

Friedrich Engels gab mit seiner „Feuerbach"-Schrift, die zu seinen besten, am schönsten geschriebenen Werken gehört, der internationalen Arbeiterbewegung eine wirkungsvolle theoretische Grundlage für ihre Auseinandersetzung mit der bürgerlichen Philosophie in die Hand. Seine Arbeit half den Sozialisten aller Länder, die Anhänger der idealistischen Weltanschauung zu erkennen und gegen sie aufzutreten.

„Die Rolle der Gewalt in der Geschichte"

Viel Zeit widmete Engels in den achtziger Jahren der Neuherausgabe früher erschienener Arbeiten von Marx und ihm sowie den Übersetzungen ihrer Werke. Zahlreiche Schriften, die auf Wunsch der Sozialisten verschiedener Länder wieder aufgelegt wurden, versah er mit Vorworten, in denen er den neuesten Stand der Erkenntnisse resümierte, sich mit bürgerlichen Kritikern auseinandersetzte, historische Erläuterungen gab oder terminologische Fragen klärte.

1883 schrieb Engels zur dritten deutschen Ausgabe des „Manifestes der Kommunistischen Partei" und zu dem im gleichen Jahr in dritter, vermehrter Auflage erscheinenden ersten Band des „Kapital" ein Vorwort. Im folgenden Sommer gab er Marx' „Lohnarbeit und Kapital" und 1885 zum ersten Mal in deutscher Sprache Marx' „Elend der Philosophie" heraus. Auch zu diesen beiden Veröffentlichungen verfasste er Vorworte.

Eine längere Arbeit, die nicht bis zur Publikmachung zu seinen Lebzeiten gedieh, schrieb Engels um die Jahreswende 1887/88 unter dem Titel „Die Rolle der Gewalt in der Geschichte". Sie war als viertes Kapitel für eine Broschüre unter dem gleichen Titel gedacht. Die ersten drei Kapitel dieser Broschüre sollten Kapitel aus dem „Anti-Dühring" bilden, die dort den Titel „Gewalttheorie" führen. Aus Engels' Aufzeichnungen ist ersichtlich, dass er am konkreten Beispiel der Geschichte

Deutschlands die Richtigkeit der im „Anti-Dühring" gezogenen Schlussfolgerungen über die Beziehungen zwischen Ökonomie und Politik in der Geschichte nachzuweisen beabsichtigte.

In der Arbeit „Die Rolle der Gewalt in der Geschichte" sind die Besonderheiten in der Entwicklung Deutschlands nach 1848 dargelegt. Während Engels in den Fragmenten für die Neuausgabe des „Deutschen Bauernkriegs" die Ursachen für die Aufrechterhaltung der feudalen Zersplitterung in Deutschland bis Mitte des 19. Jahrhunderts aufdeckte, untersuchte er in der „Rolle der Gewalt in der Geschichte" die ökonomischen und politischen Voraussetzungen für die später durchgeführte Einigung des Landes. Engels analysierte die zur Einigung Deutschlands führenden Wege und kam auf die Ursachen zu sprechen, die zur Einigung „von oben" unter der Hegemonie Preußens führten. Engels betrachtete die Einigung als einen Fortschritt - trotz der Tatsache, dass sie „von oben" erfolgte -, demonstrierte aber gleichzeitig die ganze historische Beschränktheit und den bonapartistischen Charakter der Bismarckschen Politik, die zwangsläufig zur Festigung des Polizei- und Obrigkeitsstaates in Deutschland, zur Stärkung des Junkertums - dieser ökonomisch und politisch überlebten Klasse - und zum Anwachsen des Militarismus führten. Er prangerte die Unentschlossenheit der deutschen Bourgeoisie an, die sich als unfähig erwies, ihre eigenen Interessen bis zum Ende zu verfechten und die feudalen Überreste endgültig zu beseitigen. Engels verurteilte scharf die kriegslüsterne Außenpolitik der herrschenden Klassen Deutschlands, die am deutlichsten in der Ausplünderung Frankreichs 1871 und in der Annexion von Elsass-Lothringen sichtbar wurde. Aufgrund seiner Analyse des inneren Zustandes des Deutschen Reiches - der Verteilung der Klassenkräfte, der bereits seit der Gründung vorhandenen inneren Widersprüche sowie der militaristischen und aggressiven Bestrebungen - kam Engels zu der Schlussfolgerung, dass der Untergang dieses Reiches unvermeidlich sei.

Eine Prophezeiung aus dem Jahr 1887

Am 15. Dezember 1887 beendete Friedrich Engels eine sechs Seiten lange Einleitung zu der Broschüre von Sigismund Borkheim „Zur Erinnerung für die deutschen Mordspatrioten. 1806-1807". Borkheim (1825 - 1886), ein 48er-Revolutionär, der nach England emigriert war, hatte, „ohne sich an ein bestimmtes Programm zu binden, ... es stets mit der Partei der extremsten Revolution" gehalten und zu Marx und Engels freundschaftlichen Kontakt gepflegt. Seine „Mordspatrioten"-Schrift war zuerst unmittelbar nach dem Deutsch-Französischen Krieg im „Volksstaat" erschienen und erlebte nun eine Neuauflage. In ihr erinnerte Borkheim an den schmählichen Zusammenbruch der preußischen Armee und des preußischen Staates nach der Schlacht bei Jena und Auerstedt im Oktober 1806, was sich „als ein höchst wirksames Gegengift gegen den überpatriotischen

Siegesrausch“ erwies, in dem Deutschland und seine herrschenden Schichten nach 1871 schwelgten.

In der Einleitung kam Engels nebenbei auch auf die Zukunft des militaristischen deutschen Kaiserreiches zu sprechen und entwickelte hier eine frappierende, in ihrer Scharfsicht geradezu beklemmende Vision, verblüffend deshalb, weil buchstäblich *alles* in diesen paar Sätzen dreißig Jahre später genauso eingetreten ist:

> „Und endlich ist kein andrer Krieg für Preußen-Deutschland mehr möglich als ein Weltkrieg, und zwar ein Weltkrieg von einer bisher nie geahnten Ausdehnung und Heftigkeit. Acht bis zehn Millionen Soldaten werden sich untereinander abwürgen und dabei ganz Europa so kahlfressen, wie noch nie ein Heuschreckenschwarm. Die Verwüstungen des Dreißigjährigen Kriegs zusammengedrängt in drei bis vier Jahre und über den ganzen Kontinent verbreitet; Hungersnot, Seuchen, allgemeine, durch akute Not hervorgerufene Verwilderung der Heere wie der Volksmassen; rettungslose Verwirrung unsres künstlichen Getriebs in Handel, Industrie und Kredit, endend im allgemeinen Bankerott; Zusammenbruch der alten Staaten und ihrer traditionellen Staatsweisheit, derart, dass die Kronen zu Dutzenden über das Straßenpflaster rollen und niemand sich findet, der sie aufhebt; absolute Unmöglichkeit, vorherzusehen, wie das alles enden und wer als Sieger aus dem Kampf hervorgehen wird; nur ein Resultat absolut sicher: die allgemeine Erschöpfung und die Herstellung der Bedingungen des schließlichen Siegs der Arbeiterklasse.“

23. Kapitel: Der Sieg des Marxismus in der Arbeiterbewegung; die Gründung der II. Internationale; Engels und Victor Adler

Mit der I. Internationale hatte der Sozialismus als Weltbewegung die Bühne der Geschichte betreten. Es war Marx' Verdienst gewesen, Arbeiterparteien unterschiedlicher Prägung über die nationalen Grenzen hinweg zusammengefasst zu haben. Die Arbeiterbewegung war jedoch in den sechziger und siebziger Jahren des 19. Jahrhunderts politisch noch zu zersplittert, um auf Dauer eine gemeinsame Plattform finden zu können.

Zum Ende der I. Internationale trug auch bei, dass die europäischen Regierungen, aufgeschreckt durch die Pariser Kommune, eine konzertierte Aktion gegen diese Bewegung einleiteten, die die bestehende Ordnung bedrohte. In Hochverratsprozessen wurden ihre Mitglieder der Vorbereitung des Umsturzes bezichtigt und zu hohen Strafen verurteilt. Frankreich regte in einer Note an die europäischen Regierungen ein gemeinsames Vorgehen bei der Bekämpfung der Internationale an. Bismarck unterstützte diese Forderung durch den Vorschlag zur Bildung einer europäischen Allianz gegen die Internationale. Papst Pius IX. erklärte, die „Herren von der Internationale sind zu fürchten, weil sie für die Rechnung des ewigen Feindes Gottes und der Menschheit arbeiten". Sein Nachfolger, Leo XIII., nannte die Internationale einen „verbrecherischen Bund", dem kein Katholik beitreten dürfe. Spanien verfolgte sie durch Sondergesetze und versuchte ebenfalls, ein gemeinsames Konzept der europäischen Mächte zu ihrer Bekämpfung durchzusetzen. Die Anstrengungen zur Bildung einer Allianz gegen die Internationale scheiterten jedoch immer wieder an England, das - keineswegs aus Sympathie für den Sozialismus, aber aus prinzipiellen politischen Erwägungen heraus - ein solches Bündnis ablehnte und zur rettenden Insel für die verfolgten Revolutionäre wurde.

Trotz des 1873 erfolgten faktischen Endes der Internationalen Arbeiter-Assoziation lebte die Idee, die Marx mit seinem Kampfruf „Proletarier aller Länder, vereinigt Euch" in die Welt gesetzt hatte, fort. In einer Zeit, in der das Bürgertum den nationalen Gedanken zum engstirnigen Chauvinismus pervertierte, konnte die Alternative der Arbeiter nur der Zusammenschluss über die Grenzen hinweg sein.

Die ersten Schritte zur Reaktivierung der Internationale unternahmen die belgischen Sozialisten. Sie riefen 1880 alle sozialistischen Parteien in Europa und Amerika auf, „praktische Schritte zur Wiederbelebung der Internationalen Arbeiter-Assoziation" zu beraten. Die deutsche Sozialdemokratie, die durch ihre Verfolgung unter Bismarcks Sozialistengesetz die Notwendigkeit internationaler Solidarität am eigenen Leib erfuhr, begrüßte diesen Vorschlag. Beide Parteien luden zu einem Kongress nach

Chur in die Schweiz ein. Das Ergebnis des Treffens, zu dem außer den Einladenden nur Delegierte aus den USA, Frankreich und Dänemark erschienen waren, war negativ. Die Delegierten befanden, dass die Zeit für eine zweite Internationale noch nicht reif sei, weil die meisten Arbeiterparteien gerade erst aufgebaut würden und mehrere unter staatlichen Verfolgungen litten. Eine lebendige Internationale bedürfe aktionsfähiger, wirksam organisierter nationaler Parteien.

Die Situation der Arbeiterparteien in Europa

Die bestorganisierte Arbeiterbewegung stellte nach wie vor das Geburtsland des Kapitalismus, *Großbritannien*. Von seinen rund zehn Millionen Industriearbeitern um 1890 waren bereits eine Million Mitglieder der Gewerkschaften. Aufgrund ihrer bisherigen politischen und sozialen Erfolge lehnten die britischen Trade-Unions im Gegensatz zur Arbeiterbewegung des Kontinents den Klassenkampf lange Zeit ab und versuchten im Bündnis mit den Liberalen, die parlamentarische Vertretung der Arbeiter zu stärken. Erst während der schweren Wirtschaftskrise der siebziger und achtziger Jahre, die die Arbeitslosen auf die Straße trieb, fanden die Ideen von Karl Marx auch in seinem Gastland Beachtung. Der Schriftsteller Henry Mayers Hyndman las 1879 den ersten Band des „Kapital“ und führte anschließend eine Reihe von Gesprächen mit Marx. Hyndman nahm den Sozialismus in seine Gedankenwelt auf und regte die Gründung einer eigenständigen politischen Vertretung der britischen Arbeiter an, die „Democratic Federation“ (1881), die sich drei Jahre nach ihrer Entstehung ein marxistisches Programm gab und den Namen „Social Democratic Federation“ annahm. 1884 gab sie die erste moderne sozialistische Zeitschrift Großbritanniens mit dem Titel „Justice“ heraus. Doch auch die Federation erlitt das Schicksal so viele Arbeiterparteien ihrer Zeit. Bereits 1884 spalteten sich Anarchisten und andere Anti-Parlamentarier ab und gründeten eine zweite Partei, die im Lauf der nächsten Jahre weiter zerfiel. Die Federation bestand weiter, kam jedoch über ein Schattendasein nie hinaus.

Einen ungleich stärkeren Einfluss auf die britische Öffentlichkeit übte die 1883 gegründete „Fabian Society“ aus (benannt nach dem römischen Konsul Quintus Fabius Maximus „Cunctator“ - so viel wie „Zauderer“ -, der im zweiten punischen Krieg gegen Hannibal eine Verzögerungs- und Ermattungsstrategie betrieb), eine Gruppe von Intellektuellen, die sich für soziale Reformen einsetzten. Ihre Mitglieder George Bernhard Shaw und H. G. Wells schufen mit ihren Schauspielen bzw. Romanen in einer breiten Öffentlichkeit das Bewusstsein für sozialistische Ideen. Das Fabier-Ehepaar Sidney und Beatrice Webb gehörte zu den international bedeutendsten Sozialwissenschaftlern.

Nach der Wirtschaftskrise Ende der achtziger Jahre strömten die Arbeiter in die Gewerkschaften. Die Zeit war reif für eine von den Liberalen unabhängige politische Vertretung der britischen Arbeiter. Einer der schottischen Gewerkschaftsführer, der Bergmann

James Keir Hardie, gründete 1889 die schottische Arbeiterpartei, die Vorläuferin der Independent Labour Party (ILP), die vier Jahre später auf einer Konferenz in Bradford im Jänner 1893 unter dem Vorsitz von Hardie konstituiert wurde. 1895 zählte die ILP schon mehr als 50.000 Mitglieder.

Der Untergang der Pariser Kommune hatte die Arbeiterbewegung in *Frankreich* für Jahre gelähmt. Einer ihrer Führer, Jules Guesde, erklärte später diesen Stillstand so: „Unsere Bourgeoisie, die rücksichtsloseste und unbarmherzigste aller Bourgeoisien - man erinnere sich an die Metzeleien der Arbeiter im Juni 1848 und im Mai 1871 - hat das französische Proletariat zu Pulver zerrieben, in Atome aufgelöst, es durch die Unterdrückung der Gewerkschaftsbewegung und der Vereinsfreiheit jeder gemeinsamen Handlung entwöhnt". Erst als die Regierung eine Amnestie für die Überlebenden des Massakers von 1871 erließ, kam es im Oktober 1879 zu einem Arbeitertreffen in Marseille, das zur Gründung der „Fédération du Parti des Travailleurs Socialistes" führte. Ihr Führer war Jules Guesde, ein republikanischer Journalist, der durch das Erlebnis der Kommune Sozialist geworden war. Die neue Partei, in der auch Marx' Schwiegersöhne Paul Lafargue und Charles Longuet mitwirkten, stellte sich auf den Boden der Marxschen Forderungen, hatte aber auch zahlreiche Anarchisten sowie Anhänger Proudhons in ihren Reihen. Diese verwarfen die Theorie des Klassenkampfes und setzten auf die Einführung des Sozialismus durch Genossenschaften. Eine dritte, vom Marxismus abweichende Haltung vertraten die „Possibilisten" (von „possible" = „möglich"), die sich unter Führung von Paul Brousse für einen reinen Reformkurs einsetzten.

Die Zusammenarbeit dieser unterschiedlichen Gruppen dauerte nur zwei Jahre. 1881 trennten sich Anarchisten und Proudhonisten von der Partei, und 1882 befand sich der marxistische Parteigründer Guesde auf dem Kongress in St. Etienne gegenüber den Anhängern von Paul Brousse in der Minderheit. Die Marxisten schieden aus der „Fédération" aus und bildeten die eng mit den Gewerkschaften zusammenarbeitende „Parti Ouvrier Français". Doch die Spaltung der französischen Arbeiterparteien ging weiter: Von den „Possibilisten" trennten sich die Anhänger des Kommunarden Jean Allemane ab. Auch die Blanquisten organisierten sich unter Führung Édouard Vaillants neu.

Trotz dieser Zersplitterung in sechs Hauptströmungen wuchs der Einfluss der französischen Arbeiterparteien rasch. Ihre Stimmenzahl kletterte seit Gründung der Fédération bis zu den Parlamentswahlen 1893 von 30.000 auf 440.000.

Zum theoretischen Streit, der die meisten Arbeiterparteien spaltete, kam in *Belgien* noch der Sprachengegensatz zwischen Flamen und Wallonen hinzu. So hatte sich die einstmals so einflussreiche belgische Sektion der I. Internationale 1877 in zwei Parteien neu organisiert: die (flämische) Sozialistische Partei, deren Gründer Edouard Anseele den Sozialdemokraten nahe stand, und die (wallonische) „Brabanter

Sozialistische Partei", die anarchistische und blanquistische Ziele verfocht.

Diese Spaltung konnte 1885 überwunden werden. Aber auch die vereinigte „Parti Socialiste Belge" wurde weiter durch innerparteilichen Richtungsstreit erschüttert. Nach der blutigen Niederschlagung eines Bergarbeiterstreiks 1886 lösten sich die Anhänger des revolutionären Massenstreiks noch einmal von der Partei, kehrten aber zwei Jahre später wieder zur Mutterpartei zurück. Diese erkannte den Massenstreik als Mittel im politischen Kampf an und setzte ihn auch ein, um ihrer Forderung nach einer Wahlrechtsreform Nachdruck zu verleihen. Tatsächlich folgten den Aufrufen zum Generalstreik Hunderttausende Arbeiter, die durch ihre Arbeitsniederlegung die regierenden Konservativen zu einem Kompromiss zwangen.

Die belgische sozialistische Partei war eine Organisation von Genossenschaften, Arbeiterkrankenkassen und sozialistischen Vereinen, die einen bestimmten Teil ihrer Einnahmen an die Parteieinrichtungen abführen mussten. Sie galt als eine der bestorganisierten Parteien Europas.

Die Situation in *Deutschland* in den siebziger und achtziger Jahren wurde bereits behandelt; die in *Österreich* soll am Ende dieses Kapitels erfolgen.

Unter den romanischen Ländern war neben Spanien *Italien* eine der Hochburgen des Anarchismus. Die italienische Sektion der I. Internationale hatte für den Bruch mit Marx gesorgt. Sie war einer der Tragpfeiler der „antiautoritären" bakunistischen Internationale gewesen. Die Führer der etwa 30.000 Mitglieder zählenden Partei, Andrea Costa, Carlo Cafiero und Enrico Malatesta, alle drei Akademiker, sahen während der italienischen Wirtschaftskrise 1873/74 die Chance, durch einen bewaffneten Aufstand den Staat zu zerschlagen, ihrer Ansicht nach die Voraussetzung für eine „herrschaftslose" Gesellschaft. Doch bei zwei derartigen Versuchen blieben die „revolutionären Massen" aus. Der Polizei gelang es ohne Mühe, beide Aufstände im Keim zu ersticken. Bakunin, der während des ersten Aufstandes in einem Versteck in Bologna auf die Revolution gewartet hatte, flüchtete als Dorfpfarrer verkleidet in die Schweiz. Costa, der nach dem zweiten Revolutionsfiasko ins Ausland gegangen war, wurde in Paris ins Gefängnis geworfen und revidierte dort seine politischen Auffassungen. Er setzte sich nach seiner Freilassung für die Gründung einer Arbeiterpartei ein, die durch soziale Reformen die Massen gewinnen sollte, der „Italienischen Revolutionären Arbeiterpartei" (1882). Zur gleichen Zeit organisierten Constantino Lazzari und Giuseppe Croce die „Italienische Arbeiterpartei", die jede Ideologie ablehnte und ausschließlich die wirtschaftlichen und sozialen Interessen der Arbeiter vertreten wollte. Eine im eigentlichen Sinne sozialistische Partei kam erst 1892 zustande. Schon zwei Jahre später wurde sie durch ein Sozialistengesetz zerschlagen. Sie konstituierte sich im Mai 1894 neu als „Partito Socialista Italiano" (PSI).

In *Spanien*, das wie Italien in weiten Teilen noch nicht industrialisiert war, dessen besitzlose Landarbeiter und dessen städtisches Proletariat in tiefstem Elend lebten, fanden die anarchistischen Theorien besonders großen Anklang. Nach der bürgerlichen Revolution von 1868 wollten Bakunins Anhänger im Gegensatz zu Marx sofort die soziale Revolution in die Tat umsetzen, scheiterten aber auch hier kläglich. Marx schickte 1871 seinen Schwiegersohn Paul Lafargue nach Spanien, um einen Gegenpol zum Anarchismus zu bilden. Lafargue und seine Anhänger wurden aber bereits ein Jahr später aus der spanischen Sektion der Internationale ausgeschlossen. Sie gründeten eine eigene Sektion, die Vorläuferin der „Partido Socialisto Obrero Espanol“ (PSOE), die 1879 vom Buchdrucker Pablo Iglesias ins Leben gerufen wurde, sich aber erst 1888 offiziell konstituierte. Die Masse der Arbeiter blieb aber bei den Anarchisten.

Während der Haager Konferenz 1872 hatten die Sozialisten der *Niederlande* die Opposition gegen Marx unterstützt, ohne jedoch die Ideologie Bakunins zu teilen. In den siebziger Jahren zerfiel die niederländische Arbeiterbewegung und organisierte sich erst 1881 neu unter der Führung von Ferdinand Domela Nieuwenhuis in der „Sozialistischen Liga“. Nieuwenhuis glaubte, durch die direkte Aktion der in den Gewerkschaften organisierten Arbeiter den Kapitalismus abschaffen zu können. Diejenigen niederländischen Arbeiterführer, die ihre Hoffnungen auf den parlamentarischen Kampf setzten, spalteten sich 1893 von der Liga ab und bildeten ein Jahr später die Sozialdemokratische Arbeiterpartei nach dem Vorbild der SPD.

Während in Mittel-, Süd- und Osteuropa der Anarchismus zumindest eine Zeitlang zahlreiche Anhänger um sich scharen konnte, setzten die skandinavischen Arbeiter auf Marx. In *Norwegen* hatte der Lehrer Marcus Thrane bereits 1848 eine Organisation gegründet, die sich in ihren Zielen auf eine Neuverteilung von Grund und Boden, das allgemeine Wahlrecht und bessere Bildungschancen konzentrierte. Trotzdem unterstellte ihr die Regierung „revolutionäre Absichten“ und zerschlug in den fünfziger Jahren die Partei, die rund 30.000 Mitglieder zählte. Erst 1885 stellte der Gewerkschafter und Buchdrucker Christian Holtermann-Knudsen wieder eine Arbeiterpartei auf die Beine, die 1887 den Namen Norwegische Arbeiterpartei annahm.

In *Dänemark* ging die Gründung einer Sektion der Internationale, des „Internationalen Arbeitervereins für Dänemark“, 1871 von der Pariser Kommune aus. Nach einem blutig niedergeschlagenen Streik wurde die Arbeiterpartei durch ein Ausnahmegesetz unterdrückt. Ihr Initiator, der Postbeamte Louis Pio, wurde zu vier Jahren Zwangsarbeit verurteilt. Schon bald nach seiner Entlassung organisierte er einen großen Kongress von Gewerkschaftsgruppen und sozialistischen Vereinen, die insgesamt 6000 Mitglieder aufwiesen. Pio ließ sich aber von der Polizei bestechen, nach Amerika auszuwandern. 1880 wurde ein neuer Organisationsversuch unternommen. Zehn Jahre später hatte die Dänische Sozialdemokratische Partei etwa 20.000 Mitglieder.

In *Schweden* organisierten sich die Arbeiter erst in den achtziger Jahren. Ihr Führer, der Schneider August Palm, wanderte dreimal zu Fuß durchs ganze Land und gründete überall sozialistische Gruppen, die erste 1882 in Malmö. Zu ihm stießen Alex Ferdinand Danielsson und ein junger Student namens Hjalmar Branting, der der erste Vorsitzende der 1889 gegründeten Schwedischen Sozialdemokratischen Arbeiterpartei wurde.

Unter der Despotie des Zarismus waren legale Arbeiterorganisationen in *Russland* unmöglich. In den achtziger Jahren entstanden aber zahlreiche revolutionäre Geheimbünde. Mehrfach streikten unorganisierte Arbeiter; Zar Alexander II. und andere Repräsentanten des verhassten Systems fielen Attentaten zum Opfer. Theoretisch zerfiel der russische Sozialismus in zwei Richtungen: die Narodniki, die späteren Sozialrevolutionäre, und die Marxisten, deren unbestrittener Führer Georgi Walentinowitsch Plechanow war. Er begann im Jahr 1883 mit der von ihm gegründeten Gruppe „Befreiung der Arbeit" den Marxismus in Russland zu propagieren. Die Gruppe übersetzte Schriften von Marx und Engels sowie Arbeiten westeuropäischer Marxisten ins Russische und publizierte sie. Plechanow selbst veröffentlichte eine Reihe von Schriften gegen die Narodniki (Volkstümler) und trat für den Marxismus ein. Seine Bücher „Zur Frage der Entwicklung der monistischen Geschichtsauffassung", „Beiträge zur Geschichte des Materialismus", „Sozialismus und politischer Kampf" und „Die Rolle der Persönlichkeit in der Geschichte" gehören zu den besten marxistischen Arbeiten jener Zeit. Plechanow stand in Briefwechsel mit Friedrich Engels, der ihn sehr schätzte.

Im russischen Teil *Polens* schlossen sich die Geheimbünde 1892 zur Polnischen Sozialistischen Partei zusammen. Ihr Führer wurde Josef Pilsudski, der sich für eine unabhängige Republik einsetzte. Eine Gruppe von Sozialisten, die als Hauptziel nicht die nationale Befreiung Polens, sondern den gemeinsamen Kampf mit den russischen Arbeitern proklamierte, spaltete sich 1895 ab. Gemeinsam mit der litauischen Partei gründeten diese „Internationalisten" unter der Führung von Rosa Luxemburg und Leo Jogiches im Jahr 1900 die „Sozialdemokratische Partei des Königtums Polen und Litauen". In Russisch-Polen, Litauen und Weißrussland organisierten sich in den neunziger Jahren die jüdischen Arbeiter in eigenen Gruppen. Sie schlossen sich 1897 zum „Allgemeinen Jüdischen Arbeiter-Bund in Russland und Polen" zusammen. Der „Bund" erwartete von einer siegreichen sozialistischen Revolution für die Juden Gleichberechtigung und kulturelle Autonomie.

Kapitalistische Entwicklung und Arbeiterbewegung 1871 - 1889

Mit den siebziger Jahren des 19. Jahrhunderts begann eine neue Etappe des Kapitalismus. Er entwickelte sich rasch in die Breite und in die Tiefe. In England und Frankreich war die industrielle

Umwälzung bereits abgeschlossen, und auch in anderen Ländern Europas ging sie schnell ihrem Ende entgegen. Die Industrieproduktion der Welt erhöhte sich von 1871 bis 1900 um etwa 150 Prozent, das Volumen des Welthandels vergrößerte sich um 50 Prozent, die Länge der Eisenbahnlinien stieg fast auf das Vierfache. Die kapitalistischen Verhältnisse wurden vorherrschend.

Mit dem Wachstum der Industrie vergrößerte sich die Zahl der Arbeiter schnell. In Deutschland zum Beispiel war die Zahl der Arbeiter in der Zeit von 1894 - 1902 doppelt so groß wie in der Zeit von 1868 - 1878. Die Arbeiterklasse wurde ergänzt durch ehemalige Angehörige nichtproletarischer Schichten. Daher war die Masse der Arbeiterschaft in ideologischer und politischer Hinsicht nicht homogen. Ihren Kern bildeten die Industrieproletarier. Dem kleinbürgerlichen Milieu seit ein oder zwei Generationen bereits entrissen, verbanden sie ihre Hoffnungen auf Befreiung von Unterdrückung und Ausbeutung mit dem Klassenkampf und waren die wichtigste soziale Stütze der revolutionären Richtung in der sozialistischen Arbeiterbewegung.

Obwohl auf den Boom der „Gründerzeit“ (1867 - 1873) eine schwere und lang andauernde Wirtschaftskrise folgte, kam es damals in keinem kapitalistischen Land Europas zu einer revolutionären Situation. In Westeuropa waren die Hauptaufgaben der bürgerlichen Revolution bereits gelöst, und für sozialistische Revolutionen war die Zeit noch nicht reif. In Osteuropa waren die Aufgaben der bürgerlichen Revolution noch ungelöst, doch gab es in diesen Ländern noch keine Kraft, die fähig gewesen wäre, die bestehende Ordnung umzustürzen, und daher fanden auch im Osten keine Revolutionen statt. Somit unterschied sich die Periode von 1871 bis 1904/05 (bis zur ersten russischen Revolution) von der vorangegangenen durch ihren „friedlichen“ Charakter.

Ab der Mitte der achtziger Jahre setzte erneut ein Aufschwung der Arbeiterbewegung ein, der sich vor allem in großen Streikkämpfen offenbarte. In Deutschland streikten im Jahr 1889 trotz der mit dem Sozialistengesetz zusammenhängenden Schwierigkeiten 90.000 Bergarbeiter des Ruhrgebiets. Sie forderten die Einführung des Achtstundentages und eine Erhöhung der Löhne. Der gegen sie eingesetzten Polizei leisteten die Streikenden Widerstand. In ganz Deutschland kam es aus diesem Anlass zu Solidaritätsstreiks.

Auch in England waren die achtziger Jahre durch eine Verschärfung des Streikkampfes gekennzeichnet. Die neuen Trade-Unions spielten dabei eine aktive Rolle. Im Jahr 1889 führte der Verband der Gaswerkarbeiter einen machtvollen Streik durch. Die Arbeiter erzwangen die Einführung des Achtstundentages in den Gaswerken. Erfolgreich war auch ein Streik der Londoner Hafenarbeiter, die eine Erhöhung der Löhne durchsetzten.

Im Jahr 1886 fand in Decazeville ein Streik der französischen Bergarbeiter statt, der fast sechs Monate dauerte. Unter dem Einfluss dieses Ausstandes bildeten drei Abgeordnete der Arbeiter, die bisher zu den Radikalen gehörten, in der französischen Kammer eine selbständige Fraktion, die erste sozialistische Gruppe im Parlament der Dritten Republik. Die Bedeutung dieses Ereignisses ging weit über die Grenzen Frankreichs hinaus. Frankreich war jetzt nach Deutschland das zweite Land, in dessen Parlament es eine sozialistische Fraktion gab. Die mutigen Reden der Abgeordneten Basly und Camélinat zur Verteidigung der Streikenden machten sowohl in Frankreich als auch in anderen Ländern einen großen Eindruck.

Die Streikbewegung verstärkte sich auch in Österreich-Ungarn, Italien und anderen europäischen Ländern. In Russland kam es in den siebziger Jahren zu 326 Streiks und Unruhen.

Eine gewaltige Streikwelle ging über die USA dahin. Allein im Jahr 1886 beteiligten sich mehr als 610.000 Arbeiter an Streikaktionen. Die wichtigste Forderung war die Einführung des Achtstundentages. Am 1. Mai 1886 wurde diese Forderung während des Streiks in zahlreichen Städten der USA erhoben. An dem Ausstand waren 400.000 Arbeiter beteiligt. In Chicago überfiel die Polizei eine Demonstration der Streikenden und tötete sechs Arbeiter. Drei Tage danach, am 4. Mai, fand auf dem Haymarket in Chicago eine Protestkundgebung statt. In deren Verlauf provozierten Polizeiagenten die Ermordung weiterer Arbeiter und mehrerer Polizisten. Daraufhin ließen die Behörden vier Arbeiter verhaften, die wegen angeblichen Mordes zu Tode verurteilt und gehängt wurden. Alle Arbeiter waren von Empörung ergriffen. Während im Jahr 1884 in den USA 485 Streiks und Aussperrungen stattfanden, stieg die Zahl dieser Aktionen im Jahr 1888 auf fast 2000.

Die Vorfälle in Chicago wurden in ganz Europa bekannt. Die Arbeiter der europäischen Länder erklärten sich mit den amerikanischen Arbeitern solidarisch. Aus dieser Solidarität entstand die 1.-Mai-Bewegung.

In den Streikkämpfen wuchs die Geschlossenheit der Arbeiter und festigten sich ihre internationalen Verbindungen. Zugleich machte die Entwicklung der Kämpfe es erforderlich, die Aktionen der Arbeiter verschiedener Länder, ihrer Parteien und Gewerkschaften erneut zu koordinieren.

Engels als Geburtshelfer der II. Internationale

Engels hatte nach dem Ende der Internationalen Arbeiter-Assoziation dem Drängen mancher seiner Freunde, die Bildung einer neuen Internationale vorzubereiten, sehr abwartend, ja skeptisch gegenübergestanden. Er vertrat die Meinung, die nächste Internationale könne „keine Propagandagesellschaft mehr sein..., sondern nur noch eine Gesellschaft für die Aktion". Solch eine Organisation dürfe nicht „in verhältnismäßig noch ruhiger Zeit... vernutzt und verschleißt" werden; man müsse vielmehr den „Moment einer großen Manifestation... und der Herstellung einer *offiziellen*, förmlichen Internationale" abwarten. Aus diesen Gründen hatte Engels seinen Gesinnungsgenossen in den achtziger Jahren geraten, die zahlreichen Versuche von anarchistischer, trade-unionistischer und reformistischer Seite, eine neue Internationale ins Leben zu rufen, zwar sorgfältig zu beobachten, praktisch aber zu ignorieren. Und in der Tat waren alle diese Bemühungen gescheitert.

Gegen Ende der achtziger Jahre aber änderte sich die Situation. Engels konnte beobachten, dass in zahlreichen Ländern im Zusammenhang mit den Streiks neue Gewerkschaften entstanden und gleichzeitig bei den fortgeschrittenen Arbeitern das Bedürfnis nach politischer Organisation wuchs. Mitte 1889 bestanden in Belgien, Dänemark, Deutschland, England, Frankreich, Holland, Italien, Norwegen, Österreich, Schweden, in der Schweiz, in Spanien, Ungarn und in den Vereinigten Staaten Arbeiterparteien, in anderen Ländern, wie in Russland, marxistische Gruppen oder proletarische Organisationen. Sie alle drängten danach, ihre Kräfte zu vereinen.

Im Herbst 1888 erfuhr Engels, dass die Possibilisten, also die französische reformistische Partei, für den Juli 1889 einen internationalen Arbeiterkongress in Paris vorbereiteten. Jetzt bestand plötzlich die Gefahr, dass sich die Rechten der Führung der künftigen Internationale bemächtigten. Engels sah keinen anderen Weg, als sich selbst in die Vorbereitungsarbeiten einzuschalten, sosehr ihn auch die „Schreibereien und Laufereien wegen des verdammten Kongresses“ wieder von der Weiterarbeit am dritten Band des „Kapital“ abhielten. Mehrere Monate widmete er den größten Teil seiner Zeit und Kraft der gründlichen politischen Vorbereitung des Kongresses. Seine rechte Hand dabei war Eduard Bernstein. Engels’ Taktik war darauf gerichtet, den Kongress der Possibilisten, wenn man ihn schon nicht verhindern konnte, zur Bedeutungslosigkeit zu verurteilen. Das konnte nur geschehen, indem ihm die marxistischen Kräfte in der internationalen Arbeiterbewegung einen Kongress entgegensetzten, der die Massen des europäischen Proletariats repräsentierte. Die Initiatoren eines solchen marxistischen Kongresses mussten die von Guesde und Lafargue geführte französische Partei und die deutsche Sozialdemokratie sein. In Dutzenden Briefen an Paul und Laura Lafargue, an Liebknecht und Bebel gab Engels taktische Empfehlungen, forderte er eine scharfe Trennung von Brousse und anderen Führern der Possibilisten sowie eine Distanzierung von der Haltung der Trade-Unionisten, drängte zur Eile und zu entschlossenem Handeln. In einem Brief an Lafargue kritisierte er:

> „Wenn Ihr nichts tut, um Euren Kongress für 1889 anzukündigen und vorzubereiten, wird alle Welt zu dem der Broussisten gehen, denn man läuft nicht hinter denen her, die verzichten. Kündigt also Euren Kongress an, macht ein bisschen Lärm in der sozialistischen Presse aller Länder, damit die anderen merken, dass Ihr immer noch da seid.“

Engels war sich darüber im klaren, dass sich hinter den komplizierten taktischen Problemen bei der Einberufung und Vorbereitung des Kongresses die

Grundfrage nach dem Charakter der Arbeiterbewegung und ihrem Verhältnis zur Bourgeoisie verbarg. Ein Sieg der Trade-Unionisten und Possibilisten, die nach wie vor die Bildung revolutionärer Klassenparteien und den Kampf für die politische Befreiung der Arbeiter ablehnten und durch den gewerkschaftlichen Kampf im Rahmen der bürgerlichen Ordnung ersetzen wollten, hätte die internationale Arbeiterbewegung in ihrer Entwicklung um Jahrzehnte zurückgeworfen.

Gemeinsam mit Bernstein schrieb Engels Ende März 1889 ein Pamphlet gegen die Possibilisten, das - unter Bernsteins Namen - im „Sozialdemokrat“ veröffentlicht wurde und in englischer Sprache als Flugblatt erschien. Engels ging es hauptsächlich darum, für die neue Internationale eindeutig marxistische Ausgangspositionen zu sichern. An Sorge schrieb er, es sei

> „wieder der alte Riss durch die Internationale..., der hier zutage tritt... Die Gegner sind dieselben, nur dass die anarchistische Flagge mit der possibilistischen vertauscht ist: Verkauf des Prinzips an die Bourgeoisie gegen Konzessionen im Detail und namentlich gegen gutbezahlte Posten für die Führer.“

So war es in starkem Maße der monatelangen intensiven Hilfe Friedrich Engels’ zu danken, dass der internationale Arbeiterkongress in Paris zu einem vollen Erfolg für die marxistische Arbeiterbewegung wurde.

Der Gründungskongress in Paris 1889

Am 1. und 2. Juni 1889 erschien in den sozialistischen Zeitungen ein Aufruf, in dem die sozialistischen Parteien zu dem für den 14. Juli 1889 nach Paris anberaumten Kongress eingeladen wurden. Unterzeichnet war der Aufruf von bekannten Persönlichkeiten der Arbeiterbewegung aus elf Ländern. Die Possibilisten weigerten sich, die Führung der Marxisten anzuerkennen, und luden alle Arbeiterparteien zu einem Kongress ein, den sie ebenfalls für den 14. Juli nach Paris anberaumten. An diesem Tag, dem 100. Jahrestag des Sturms auf die Bastille, wurden also in Paris gleichzeitig zwei internationale Kongresse eröffnet; den einen hatten die Possibilisten, den anderen die Marxisten organisiert. Schon die Tatsache, dass ein internationaler Sozialistenkongress von den Marxisten einberufen worden war, bedeuteten eine Niederlage für die Possibilisten. Ihre Versuche, die Hegemonie in der internationalen Arbeiterbewegung an sich zu reißen, waren fehlgeschlagen. Die Possibilisten, die mehr Teilnehmer auf die Beine gebracht hatten als die Marxisten, tagten in der Rue Lancre mit etwa 550 Delegierten aus neun Ländern, die Marxisten in der Rue Petrelle mit 393 Delegierten aus 22 Ländern (darunter zehn aus Österreich, drei aus Ungarn und einem aus Böhmen). Hier stellten die Franzosen mit dem Kommunarden Édouard Vaillant, mit Jules Guesde, Paul Lafargue, Charles Longuet sowie dem Anarchisten Sébastien Faure die stärkste Delegation. Der deutschen Abordnung gehörten außer Liebknecht auch August

Bebel, Eduard Bernstein, Georg von Vollmar und Clara Zetkin an. Auch die bekannten Führer der anderen Parteien waren anwesend: James Keir Hardie aus Großbritannien, César de Paepe und Edouard Anseele aus Belgien, Andrea Costa und Amilcar Cipriani aus Italien, Victor Adler aus Österreich, Georgi Plechanow aus Rußland, Pablo Iglesias aus Spanien und Domela Nieuwenhuis aus den Niederlanden. Damit war der Kongress der Marxisten repräsentativer, als die Initiatoren zu hoffen gewagt hatten. Engels schrieb drei Tage nach der Eröffnung begeistert:

> „Unser Kongress sitzt und ist ein brillanter Erfolg. 358 Delegierte bis vorgestern und noch immer neue am Kommen. Über die Hälfte Ausländer, darunter 81 Deutsche aus allen Staaten und Städtchen und Provinzen außer Posen."

Die Salle Petrelle, der Tagungsort der Marxisten, war mit roten Tüchern und Fahnen geschmückt. In Goldbuchstaben prangte über der Tribüne der Schlussappell des Kommunistischen Manifests „Proletarier aller Länder, vereinigt Euch". Eine weitere Inschrift verkündete das Ziel des geplanten internationalen Zusammenschlusses: „Politische und wirtschaftliche Enteignung der Kapitalistenklasse - Vergesellschaftung der Produktionsmittel".

Nach der Konstituierung debattierte der Kongress zwei Tage lang über die Vereinigung mit der Konkurrenz in der Rue Lancre. Liebknechts Antrag, einen Verständigungsversuch mit den Possibilisten zu unternehmen, wurde angenommen. Die Verhandlungen scheiterten jedoch, weil die Possibilisten alle Vorschläge der Marxisten ablehnten. Der Bruch war vollständig. Engels hieß diese Entscheidung gut.

Der Kongress wandte sich nun seiner eigentlichen Arbeit zu. In ihrem Mittelpunkt standen konkrete Forderungen zur Verbesserung der Lage der Arbeiter in den Betrieben. August Bebel hatte einen Resolutionsentwurf vorgelegt, der z.B. die Einführung des Achtstundentages, das Verbot der Kinder- und Nachtarbeit und die Verbesserung des Frauen- und Jugendlichenarbeitsschutzes vorsah. An dieser Resolution entzündeten sich erneut Gegensätze. Die Anarchisten bezeichneten Bebels Programm als „Reformismus" und lehnten die Mitarbeit in Parlamenten entschieden ab. Doch der Anarchismus hatte seine starke Position bereits eingebüßt. Die große Mehrheit der Delegierten stimmte Bebels Antrag zu.

Den Teilnehmern war aber auch bewusst, dass parlamentarische Arbeit allein nicht zum Erfolg führen könne. So stellte der französische Gewerkschaftsführer Raymond Lavigne den Antrag,

> „für einen bestimmten Zeitpunkt eine große internationale Manifestation zu organisieren, und zwar dergestalt, dass gleichzeitig in allen Ländern und in allen Städten an einem Tage die Arbeiter an die öffentlichen Gewalten die Forderung richten, den Arbeitstag auf acht Stunden festzusetzen und die übrigen Beschlüsse des Internationalen Kongresses von Paris zur Ausführung zu bringen."

Nach dem Beispiel der amerikanischen

Gewerkschaftsbewegung sollte der 1. Mai Tag dieser internationalen Kundgebung sein. Ohne Einzelheiten festzulegen, stimmten die Delegierten diesem Antrag zu. Schon im nächsten Jahr streikten und demonstrierten am 1. Mai Millionen Arbeiter in Europa und in den USA für soziale Reformen.

Ferner nahm der Kongress eine Resolution über die Ersetzung der stehenden Heere durch die allgemeine Volksbewaffnung an. In der Resolution wurde darauf hingewiesen, dass Kriege eine unvermeidliche Folge des kapitalistischen Systems seien und erst mit dessen Beseitigung verschwinden würden. Die Resolution nannte den Frieden die erste und unerlässliche Voraussetzung für die Befreiung der Arbeiter und verpflichtete die Sozialisten, in den Parlamenten gegen Kriegskredite zu stimmen.

Auf dem Pariser Kongress lag kein Antrag vor, eine neue Internationale zu gründen. Es wurde auch kein Beschluss über eine bestimmte Organisationsform oder einen Namen gefasst. Zum Schluss des Pariser Kongresses wurden lediglich die belgischen und Schweizer Sozialisten damit beauftragt, eine nächste Konferenz vorzubereiten. Erst nachträglich wurde das Sozialistentreffen in Paris als Gründungsversammlung der „Zweiten Internationale" bezeichnet, als deutlich wurde, dass dieses Treffen eine neue dauerhafte Zusammenarbeit der Sozialisten vieler Länder eingeleitet hatte.

Die II. Internationale lebte elf Jahre nur in ihren Kongressen. Erst 1900 beschloss man die Schaffung einer „dauernden internationalen Zentralkommission" und eines „besonderen internationalen Sekretariats". Im Internationalen Sozialistischen Büro (ISB), wie sich die Zentralkommission nannte, waren die Mitgliedsparteien durch zwei Delegierte vertreten. Es tagte mindestens einmal im Jahr. Ein Exekutivkomitee wurde aus Mitgliedern der belgischen Delegation besetzt. Präsident der Internationale wurde Emile Vandervelde, der Führer der belgischen Arbeiterpartei. Er behielt dieses Amt bis zum Ende der II. Internationale.

Anders als in der I. Internationale der Generalrat hatte das ISB als Gremium der II. Internationale keine wirklichen Leitungsfunktionen. Es verstand sich lediglich als ausführendes Organ der Kongresse; die Autonomie der Mitgliedsparteien blieb bestehen. Da in vielen Ländern bereits sozialistische Massenorganisationen bestanden, erschien es überflüssig, die Internationale als sozialdemokratische Einheitspartei in der Art der I. Internationale zu organisieren.

Mit der Gründung der II. Internationale hatte der Marxismus über die anderen Ideologien in der Arbeiterbewegung einen historischen Sieg errungen. Zum Ausdruck kam das in der Präambel der Pariser Kongressresolution, in der es hieß:

> „In der Überzeugung, dass die Emanzipation der Arbeit und der Menschheit nur ausgehen kann von dem als Klasse und international organisierten Proletariat, welches sich die politische Macht erringt, um die Expropriation des Kapitalismus und die gesellschaftliche Besitzergreifung der Produktionsmittel ins Werk zu setzen;

In Erwägung,
dass die kapitalistische Produktionsweise in ihrer rapiden Entwicklung nach und nach alle Länder mit moderner Kultur umfasst;
dass diese Entwicklung der kapitalistischen Produktionsweise die steigende Ausbeutung der Arbeiter bedeutet;
dass die immer intensiver werdende Ausbeutung die politische Unterdrückung, ökonomische Unterjochung und physische wie moralische Degeneration der Arbeiterklasse verursacht;
dass infolgedessen die Pflicht der Arbeiter aller Länder ist, mit allen ihnen zu Gebote stehenden Mitteln eine soziale Organisation zu bekämpfen, welche sie erdrückt und überhaupt jede freie Entwicklung der Menschheit bedroht;
dass es sich jedoch vor allen Dingen darum handelt, den zerstörenden Wirkungen der gegenwärtigen ökonomischen Ordnung tätigen Widerstand entgegenzusetzen,
beschließt der Kongress..."

Damit stand die II. Internationale in allen wesentlichen Punkten auf dem Boden der Lehre von Marx und Engels. War es noch Aufgabe der I. Internationale gewesen, die Arbeiterbewegung zum wissenschaftlichen Sozialismus zu führen und die Bildung nationaler Klassenparteien vorzubereiten, so konnte sich die II. Internationale darauf konzentrieren, die Entwicklung proletarischer Massenparteien und -organisationen in den einzelnen Ländern zu fördern.

Die Entwicklung in Österreich

Die ersten erfolgreichen Schritte der österreichischen Arbeiterbewegung fielen in die Jahre 1867 bis 1870, als die Umwandlung des Habsburgerreiches in eine konstitutionelle Monarchie die legale Betätigung erleichterte. Die Arbeiterbildungsvereine breiteten sich sehr rasch aus. 1869 teilte der Generalrat der I. Internationale in einem Bericht mit, dass in Österreich 13.350 Personen der Internationalen Arbeiter-Assoziation beigetreten waren, davon aus dem Wiener Raum allein 10.000. Der größte Erfolg in diesen drei Jahren war im April 1870 zu verzeichnen, als nach Massenaktionen der Wiener Arbeiter das Koalitionsrecht gesetzlich eingeführt wurde. Nunmehr war es erlaubt, sich wegen gemeinsamer Einstellung der Arbeit zu verabreden, zur Durchsetzung besserer Arbeitsbedingungen mit Streik zu drohen und Vereinbarungen zur Unterstützung von Streikenden zu treffen.

Dieser Erfolg wurde auch nicht beeinträchtigt, als sich die kaiserliche Regierung für die erzwungenen Freiheiten rächte und zu einem Schlag gegen die Arbeiterorganisationen ausholte. Nachdem Heinrich Oberwinder und Andreas Scheu als österreichische Delegierte 1869 am Eisenacher Kongress der deutschen Sozialdemokratie teilgenommen hatten und das Eisenacher Programm auch für die österreichische Bewegung als verbindlich erklärt wurde, sah das Ministerium des Inneren darin einen staatsgefährlichen Akt. So kam es im Sommer 1870 zum Wiener Hochverratsprozess gegen Oberwinder, Scheu, Most, Pabst und andere, der mit der Verurteilung der Angeklagten zu sechs bzw. fünf Jahren schweren Kerkers endete.

Der Aufschwung der Jahre 1867 bis 1870 hatte die Gründung einer eigenen Partei der Arbeiterschaft auch in Österreich auf die Tagesordnung gesetzt. Diesem

Problem standen nicht allein und nicht in der Hauptsache die behördlichen Schikanen entgegen, sondern vielmehr die Unklarheit in der Arbeiterschaft und in deren Führung selbst. Der Kern der Sache war die Loslösung von der Bevormundung seitens der Bourgeoisie und die Entwicklung der Arbeiterbewegung zu einer selbständigen Kraft. An dieser Frage entzündete sich der Meinungsstreit zwischen Heinrich Oberwinder und Andreas Scheu. Oberwinder, mehr bürgerlicher Demokrat als Sozialist, wollte in einer Arbeiterpartei nur eine Teilfraktion der liberalen Bewegung sehen und verband seine Propaganda mit großdeutschem Vokabular. Scheu vertrat einen kompromisslosen, zwar etwas engen, aber doch im Wesen proletarischen Klassenstandpunkt, der auf das Nichtpaktieren, auf die scharfe Opposition zum Bürgertum abzielte. Der Streit gewann sehr rasch an Intensität, spaltete die Organisationen und artete in eine wüste persönliche Fehde mit gegenseitigen Beschimpfungen aus.

Am 5. April 1874 fand im österreichisch-ungarischen Grenzdorf Neudörfl eine geheime Zusammenkunft von Vertretern der Arbeitervereine aus dem ganzen Reich statt. Dieser eigentliche Gründungsparteitag der österreichischen Sozialdemokratie, dem die Oberwinder- Fraktion fernblieb, nahm ein neues Programm an, das sowohl die nächsten Tagesforderungen als auch das Endziel klar umriss und eine ausgezeichnete Grundlage zum Aufbau einer selbständigen Arbeiterpartei bot. Neudörfl bestätigte auch in der nationalen Frage die Forderung nach dem Selbstbestimmungsrecht der Völker, dem brüderlichen Zusammenwirken aller Arbeiter des Habsburgerreiches. Die Berücksichtigung nationaler Eigenheiten ermöglichte die Gründung einer einheitlichen internationalen Arbeiterpartei.

Ab 1878 machten sich die Folgen des Sozialistengesetzes im Deutschen Reich auch in Österreich negativ bemerkbar. Es wurde zum letzten Anstoß der Spaltung der Arbeiterbewegung in eine „gemäßigte“ und eine „radikale“ Fraktion. Eine verhängnisvolle Rolle spielte die von Johann Most in London herausgegebene Zeitung „Freiheit“, die, immer vehementer anarchistische Dogmen verkündend, in großer Zahl nach Österreich eingeschmuggelt wurde und deren Ideen in der damaligen Situation der tiefen Wirtschaftskrise beinahe von selbst großen Einfluss gewannen.

Die *Radikalen* glaubten an die Möglichkeit der sofortigen Beseitigung der kapitalistischen Ordnung durch einen revolutionären Aufstand. Sie waren Gegner jeglicher sozialen Reform, Feinde der legalen politischen Betätigung und wollten von der Erkämpfung des allgemeinen Wahlrechts nichts wissen. Die *Gemäßigten* waren „Ökonomisten“. Sie verwiesen darauf, dass erst die ökonomische Entwicklung des Kapitalismus zu einer bestimmten Reife gelangen müsse, ehe man den Sozialismus erkämpfen könne. Sie beschränkten sich gänzlich auf die Forderung nach sozialen Reformen und erklärten sich für ein ausschließlich friedliches Vorgehen auf dem Boden und unter Einhaltung der bestehenden Gesetze. Beide Gruppen hatten also gleichermaßen falsche Ansichten, da sie jeweils eine Seite des Kampfes der Arbeiterschaft verabsolutierten.

Dazu kam, dass der österreichischen Bewegung nach dem Ausscheiden von Andreas Scheu, der Ende der siebziger Jahre nach England übersiedelte, eine wirkliche Führerpersönlichkeit fehlte. Verhängnisvoll wirkte sich nun aus, dass ihr in Josef Peukert, der aus London kam und Parteigänger Mosts war, ein zwar zur Massenführung befähigter Agitator erstand, der aber mit seiner „Propaganda der Tat" einen anarchistischen Putschismus begünstigte und seit 1881 entscheidenden Einfluss erlangte. Die unter seiner Führung stehenden Ultralinken griffen in den Jahren 1882 bis 1884 zu terroristischen Kampfmitteln wie Verübung von Attentaten (auf den Schuhfabrikanten Merstallinger im Herbst 1882) und Tötung von Polizeibeamten (Dezember 1883). Sämtliche Streikbewegungen dieser Jahre endeten erfolglos und verstärkten die inneren Zerwürfnisse. Polizeiliche Verfolgung, die Verhängung des Ausnahmezustandes über Wien und Umgebung im Jahr 1884, und die darauf folgenden Prozesse mit hohen Strafen führten zum faktischen Zusammenbruch der Bewegung. Die Zeitungen mussten eingestellt werden, die Vereine wurden aufgelöst und öffentliche Versammlungen konnten nicht stattfinden. Im Jänner 1885 folgte mit der Vorlage eines Sozialistengesetzes nach deutschem Muster im Reichsrat der härteste geplante Schlag gegen die Arbeiterschaft. Dieser Entwurf ging aber dank dem Eingreifen der Abgeordneten Pernerstorfer und Kronawetter nicht durch.

Hainfeld

1886 war der Wendepunkt erreicht, als sich Männer wie Engelbert Pernerstorfer und Victor Adler aus Protest gegen die Gefahr eines Sozialistengesetzes der Arbeiterbewegung zuwandten, und die Radikalen mit den Gemäßigten aufgrund dieser beide Gruppen treffenden Bedrohung langsam wieder ins Gespräch kamen. Victor Adler begann am 11. Dezember 1886 die „Gleichheit" herauszugeben, eine Zeitung, die von Anfang an eine Vermittlerposition einnahm und das Vertrauen beider Richtungen erwarb. In langen, mühseligen Verhandlungen fand Victor Adler durch diplomatisches Geschick, zähe Beharrlichkeit und kluge Überlegtheit eine gemeinsame Gesprächsbasis. Adler erkannte klar die nun auf der Tagesordnung stehenden brennenden Probleme der Arbeiterbewegung und den Weg, sie zu lösen. Die Zeit war auch in Österreich für die Gründung einer Partei herangereift, und deren Programm konnte nur ein marxistisches sein.

So fand am 31. Dezember 1888 und 1. Jänner 1889 in Hainfeld jener Einigungsparteitag statt, der die österreichische Sozialdemokratie schuf. Die von Victor Adler und Karl Kautsky ausgearbeitete Hainfelder Prinzipienerklärung bezeichnete klar den „Einzelbesitz an Produktionsmitteln" als eigentliche Ursache der „steigenden Massenarmut und der wachsenden Verelendung immer breiterer Volksschichten“, ebenso den gegenwärtigen Staat als Klassenstaat, der die Interessen der Kapitalisten vertrete. Es wurde der Übergang der „Arbeitsmittel in den gemeinschaftlichen Besitz der Gesamtheit des arbeitenden Volkes“ als Voraussetzung für die Befreiung der Arbeiterklasse gefordert.

> „Das Proletariat politisch zu organisieren, es mit dem Bewusstsein seiner Lage und seiner Aufgaben zu erfüllen, es geistig und physisch kampffähig zu machen und zu erhalten, ist daher das eigentliche Programm der sozialdemokratischen Arbeiterpartei in Österreich.“

Das Hainfelder Programm verwarf den individuellen Terrorakt als schädlich, wies aber auch auf den begrenzten Nutzen von Reformen hin und vermied in unmissverständlicher Weise, die legalen Kampfmittel als die einzig zulässigen zu erklären. In den sieben aufgestellten Grundsätzen wurden die Vorrechte der Nation, der Geburt und des Besitzes verurteilt; das Recht der freien Meinungsäußerung; das allgemeine, gleiche und direkte Wahlrecht; Arbeiterschutz und Beschränkung der Arbeitszeit; unentgeltlicher Unterricht und Trennung von Staat und Kirche; Ersatz des stehenden Heeres durch die allgemeine Volksbewaffnung gefordert.

Die Hainfelder Prinzipienerklärung war ein - wenn auch nicht in allen Formulierungen ideales - marxistisches Programm. Damit trug auch die österreichische Sozialdemokratie die typischen Züge jener Parteien, die sich 1889 in Paris zur II. Internationale zusammenschlossen.

Engels und Victor Adler

Victor Adler (1852 - 1918), die überragende Persönlichkeit der österreichischen Arbeiterbewegung zwischen Hainfeld und dem Ende des ersten Weltkriegs, war der Sohn eines wohlhabenden Prager Kaufmanns. Er besuchte in Wien das Schottengymnasium und studierte ab 1872 Medizin an der Wiener Universität. Als Mitglied der Burschenschaft „Arminia“ kam er in Kontakt mit der deutschnationalen Bewegung Schönerers und gehörte (neben Pernerstorfer, Friedjung und Steinwender) zu den Autoren des „Linzer Programms“. Als jedoch Schönerers antisemitische Tendenzen offenkundig wurden, wandte sich Adler von den Großdeutschen ab. Seit 1869 Mitglied des Wiener Arbeiterbildungsvereins, näherte er sich ab 1882 der sozialdemokratischen Bewegung. Beruflich arbeitete Adler nach Abschluss des Studiums als Assistent am Chemischen Laboratorium sowie als Arzt an der Psychiatrischen Klinik der Universität Wien, dann etablierte er sich als Armenarzt. An sozialen Problemen interessiert, suchte er der zerstrittenen Arbeiterbewegung durch seine berufliche Qualifikation behilflich zu sein.

Im Sommer 1883 unternahm Victor Adler eine Studienreise durch Deutschland, die Schweiz und England, um die Einrichtungen der Gewerbeinspektion kennen zu lernen. Die Absichten, die ihn dabei leiteten, waren durchaus sozialistische. In Österreich sollte 1884 die Gewerbeinspektion eingeführt werden. Er wollte Gewerbeinspektor werden, um gegenüber den Vertuschungsversuchen in Interesse der herrschenden Klassen, die zu erwarten waren, die Wahrheit über die Lage der Arbeiterschaft in Österreich ans Licht zu bringen. Seine Absichten wurden vorzeitig durchschaut, und der zum Zentralgewerbeinspektor bestimmte Dr. Migerka verhinderte seine Anstellung.

Bei seiner Studienreise kam Victor Adler im Sommer 1883 nach London. Sein Besuch bei Friedrich Engels galt nicht nur dem Mann, der ihm bei seinen Studien über die Fabriksinspektion in England behilflich sein konnte, sondern vor allen dem verehrten sozialistischen Theoretiker, dessen Freund Karl Marx wenige Monate vorher gestorben war. Adler hatte ein Empfehlungsschreiben von Leo Frankel mit, der 1871 in der Pariser Kommune an hervorragender Stelle gestanden war und in den achtziger Jahren in Wien lebte. Über diesen ersten Kontakt Adlers mit Engels gibt es keinerlei schriftliche Mitteilungen. Aus Adlers Erzählungen ist aber bekannt, welch starken Eindruck Engels auf ihn machte. Engels begrüßte auf das lebhafteste Adlers Plan, Gewerbeinspektor zu werden; er meinte, dass die sozialistische Bewegung Agitatoren genug hätte, aber kaum jemand, der den Verwaltungsapparat kenne - und gerade solche würde man brauchen, wenn man zur Macht komme.

Die Freundschaft, die Victor Adler mit Engels bis an dessen Lebensende verband, entsprang aber erst ihrem zweiten Zusammentreffen, das sechs Jahre später, nach dem internationalen sozialistischen Kongress in Paris 1889, stattfand. Während Adler vor dem zweiten Londoner Aufenthalt 1889 nur Karten von den Neujahrsfeiern im Kreise seiner Familie und persönlichen Freunde an Engels sandte, begann im Dezember 1889 ein Briefwechsel, der durch fünfeinhalb Jahre bis zu Engels' Tod währte. Während dieser Zeit sahen sich Adler und Engels noch einige Male. Nach dem Brüsseler Kongress der II. Internationale im August 1891 verbrachte Adler gemeinsam mit Bebel drei Tage in London bei Engels. Im Sommer 1893 trafen sich Adler und Engels zunächst auf dem Kongress der II. Internationale in Zürich, sodann kam Engels nach Österreich und hielt sich mehrere Tage in Wien auf. Im Juli 1895 verbrachte Victor Adler nahezu zwei Wochen am Sterbelager seines Freundes.

Der Briefwechsel zwischen Engels und Victor Adler fiel in eine der wichtigsten Perioden der österreichischen Arbeiterbewegung. Der 1. Mai 1890 zeigte, dass das österreichische Proletariat den Beschluss des Pariser Kongresses besser in die Tat umzusetzen verstand, als es sonst in irgendeinem anderen Land gelang. Die Maifeier hob das Kraftbewusstsein der Arbeiterschaft. Sie ging zur Offensive über und konnte am 10. Oktober 1893 den großen Erfolg der Einbringung der Wahlreform durch den Grafen Taaffe verzeichnen. Die Sozialdemokratie rückte in den Mittelpunkt des öffentlichen Interesses, die Ausgestaltung der „Arbeiter-Zeitung“ zum zweimal wöchentlichen und schließlich am 1. Jänner 1895 zum täglichen Erscheinen wurde nötig.

Auf alle diese Kämpfe, Erfolge und dazugehörigen Verfolgungen (Victor Adler wurde in den achtziger und neunziger

Jahren nicht weniger als siebzehn Mal verurteilt und verbrachte insgesamt achtzehn Monate im Arrest) wirft die 1922 im Ersten Heft von „Victor Adlers Aufsätze, Reden und Briefe“ veröffentlichte Korrespondenz mit Engels aufklärende Schlaglichter. Bei dem restlosen Vertrauen, das sie füreinander hatten, ist er in vielen Fragen eine der wertvollsten Geschichtsquellen jener Periode.

24. Kapitel: Engels in den Jahren 1890 - 1893; Engels' „Zur Kritik des sozialdemokratischen Programmentwurfs 1891"; Engels' „Kann Europa abrüsten?"; die Altersbriefe über den historischen Materialismus

Der großartige Erfolg der Gründung der II. Internationale und die dadurch weiter gefestigte internationale Verbindung der marxistischen Kräfte spiegelte sich auch in Engels' persönlichem Leben wider. Je mehr Länder in den Strom der proletarischen Bewegung gezogen wurden, umso zahlreicher wurden seine Kontakte. Er war nun der weltweit berühmteste und verehrteste Sozialist. Nach dem Pariser Kongress tauchten viele neue Namen unter seinen Korrespondenten auf. Ihm schrieben Deutsche und Franzosen, Russen und Polen, Engländer und Amerikaner, Spanier und Italiener, Österreicher und Schweizer, Tschechen und Ungarn, Rumänen und Dänen, Belgier und Holländer. „... eine Menge Leute, die ich nie gesehen habe", berichtete er Laura Lafargue im Spätsommer 1889, hätten sich scheinbar verschworen, „mich mit Briefen, Besuchen, Anfragen, Bitten aller Art zu überfallen". In Paris hatten die Delegierten entschieden, künftig alljährlich am 1. Mai für den Achtstundentag und für eine Arbeiterschutzgesetzgebung zu demonstrieren. Mit diesem Beschluss wurde der internationale Kampf- und Feiertag der Arbeiterbewegung geboren. Engels nahm an der Maikundgebung in London teil, über die er an August Bebel begeistert schrieb:

> „Es war geradezu *überwältigend*. Ich war auf Platform 4 (einem großen Güterwagen) und konnte nur einen Teil - 1/5 bis 1/8 - der Masse übersehn, aber es war Kopf an Kopf, so weit das Auge reichte. 250 bis 300.000 Menschen, davon über 3/4 demonstrierende Arbeiter. Aveling, Lafargue und Stepniak sprachen von meiner Platform - ich war bloß Zuschauer... Ich trug den Kopf zwei Zoll höher, als ich von dem alten Güterwagen herabstieg."

Als Engels an jenem 1. Mai 1890 das Vorwort für die bereits vierte deutsche Ausgabe des „Manifests der Kommunistischen Partei" abfasste, beendete er es mit den Worten:

> „'Proletarier aller Länder, vereinigt euch!' Nur wenige Stimmen antworteten, vor nunmehr 42 Jahren... Aber dass der... ewige Bund der Proletarier aller Länder noch lebt, und kräftiger lebt als je, dafür gibt es keinen bessern Zeugen als grade den heutigen Tag. Denn heute, wo ich diese Zeilen schreibe, hält das europäische und amerikanische Proletariat Heerschau über seine zum ersten Mal mobil gemachten Streitkräfte, mobil gemacht als **ein** Heer, unter **einer** Fahne und für **ein** nächstes Ziel... Stünde nur Marx noch neben mir, dies mit eignen Augen zu sehn!"

Zu dieser Hochstimmung trug der Sieg der deutschen Arbeiterbewegung über das Bismarcksche Sozialistengesetz bei, der mit dem Übergang der sozialdemokratischen Partei in die Legalität am 1. Oktober 1890 besiegelt wurde.

Engels' 70. Geburtstag

In diesen bewegten Monaten des Jahres 1890 bereiteten sich Engels und seine Freunde wie Kampfgefährten auf seinen 70. Geburtstag vor. Leider traf Engels wenige Wochen vor seinem Ehrentag ein schwerer Schlag. Helene Demuth erkrankte Mitte Oktober plötzlich und starb am 5. November 1890. An Friedrich Adolph Sorge schrieb er:

> „Wir waren die zwei Letzten von der alten Garde von vor 1848. Jetzt steh' ich wieder allein da. Wenn während langer Jahre Marx, und in diesen sieben Jahren ich, Ruhe zum Arbeiten fand, so war das wesentlich ihr Werk. Wie es jetzt mit mir werden wird, weiß ich nicht. Ihren wunderbar taktvollen Rat in Parteisachen werde ich auch schmerzlich vermissen."

Engels grübelte tagelang, um einen Ausweg zu finden. Endlich sah er eine Möglichkeit: Louise Kautsky. Sie, die erste Frau Karl Kautskys, hatte Engels während ihres Londoner Aufenthalts Mitte der achtziger Jahre kennen gelernt und mit ihr nach der von Kautsky 1889 erwirkten Scheidung weiter korrespondiert. Jetzt lebte sie in Wien und übte den Beruf einer Hebamme aus. Engels schrieb ihr, und Louise Kautsky willigte ein, als Nachfolgerin Helene Demuths seinen Hausstand zu führen. Sie weilte bereits in Engels' Haus, als dieser am 28. November 1890 seinen 70. Geburtstag feierte und sich Gratulationen und Gratulanten in großer Zahl einstellten. Seinen öffentlichen Dank für die Glückwünsche aus aller Welt schloss er mit den Worten:

> „Es ist mein Schicksal, dass ich den Ruhm und die Ehre einernten muss, deren Saat ein Größerer als ich, Karl Marx, ausgestreut hat. Und so kann ich nur geloben, den Rest meines Lebens im aktiven Dienst des Proletariats so zu verbringen, dass ich womöglich mich jener Ehren noch nachträglich würdig mache."

Engels war nicht nur mit der Herausgabe des dritten Bandes des „Kapital" beschäftigt, sondern traf bereits Vorbereitungen für den vierten, der dann aber erst später unter dem Titel „Theorien über den Mehrwert" erschien. Auch historische Werke wollte er noch schreiben. Und immer wieder kam er auf seinen alten Lieblingsplan zurück, die Biographie seines verstorbenen Freundes zu verfassen und Marx' Schriften und Artikel in einer geschlossenen Sammlung herauszugeben. Vor allem aber war sein Vorsatz für das achte Lebensjahrzehnt, „dass ich, solange mir die Kraft dazu bleibt, ausharren werde im Kampf für die Befreiung der Arbeiterklasse".

„Zur Kritik des sozialdemokratischen Programmentwurfs 1891"

Im Sieg über das Sozialistengesetz sah Engels einen Wendepunkt in der Entwicklung der deutschen Arbeiterbewegung. Die Arbeiterschaft hatte sich die zwar äußerst begrenzten, aber für ihren Kampf doch sehr wichtigen bürgerlich-demokratischen Rechte zurückerobert. Die herrschenden Klassen waren gezwungen worden, die Legalität der sozialistischen Bewegung anzuerkennen. Jetzt ergänzten sie ihre Politik der Peitsche durch das

Zuckerbrot, durch scheinliberale und soziale Zugeständnisse.

Friedrich Engels erkannte frühzeitig die Gefahren, die der sozialistischen Bewegung aus der Veränderung des Kräfteverhältnisses der Klassen und damit aus der Politik des „Neuen Kurses" erwuchsen - Gefahren, die vor allem im verstärkten Aufleben des Anpasslertums bestanden. Die Rechtsopportunisten sahen im „Neuen Kurs" eine grundsätzliche Änderung der Politik der Herrschenden und folgerten daraus, dass nunmehr ein „friedliches Hineinwachsen in den Sozialismus" möglich sei. Ihr Wortführer war der bayrische Sozialdemokrat und Reichstagsabgeordnete Georg von Vollmar.

Die rechten Auffassungen waren zu diesem Zeitpunkt besonders gefährlich, weil die deutsche Sozialdemokratie vor der Aufgabe stand, eine den neuen Verhältnissen entsprechende Strategie und Taktik auszuarbeiten. Es galt, den während der Zeit des Sozialistengesetzes erreichten politisch-ideologischen Reifegrad in einem Organisationsstatut und in einem neuen Programm zu fixieren. Damit rückten politisch-ideologische und theoretische Fragen wieder in den Vordergrund der Parteiarbeit.

Zur Einsicht, dass das Gothaer Programm durch ein neues ersetzt werden musste, waren die Delegierten bereits auf dem Parteitag in St. Gallen 1887 gelangt. Der Parteitag in Halle 1890 hatte diesen Beschluss bestätigt und - wie es Wilhelm Liebknecht formulierte - vom zukünftigen Programm vor allem jene „wissenschaftliche Präzision" gefordert, „welche ein Programm unserer Partei unbedingt haben sollte - das Programm einer Partei, die sich mit Recht als die Partei des *wissenschaftlichen* Sozialismus bezeichnet".

Jetzt sah Engels den Zeitpunkt gekommen, ein Vermächtnis seines verstorbenen Freundes zu erfüllen. Er veröffentlichte in der zweiten Jännerhälfte 1891 in der „Neuen Zeit" unter dem Titel „Zur Kritik des sozialdemokratischen Parteiprogramms aus dem Nachlass von Karl Marx" die Marxschen „Randglossen" zum Gothaer Programmentwurf. Kautsky schrieb, unmittelbar nachdem er die Marxsche Programmkritik erhalten hatte, enthusiasmiert an Engels: „Den Marxschen Programmartikel habe ich heute erhalten. Er ist großartig und kommt im Moment wie gerufen. Die ganze Programmdiskussion erhält damit eine neue Grundlage... Die Veröffentlichung ist *notwendig*. Gerade jetzt". Tatsächlich übten die Marxschen Randglossen entscheidenden Einfluss auf die Ausarbeitung des neuen Parteiprogramms aus. Das Manuskript, so erklärte Engels, „macht jede Halbheit und Phrasenhaftigkeit im nächsten Programm unmöglich und liefert unwiderstehliche Argumente, die die meisten von ihnen vielleicht kaum den Mut gehabt hätten, aus eigner Initiative vorzubringen".

Engels wusste, dass Wilhelm Liebknecht und August Bebel seit Mai 1891 an einem Entwurf des neuen Parteiprogramms arbeiteten. Nach Beratungen im Parteivorstand, die im Juni stattfanden, war ein Entwurf fertig gestellt, der zunächst streng vertraulich an Engels sowie an Kautsky und andere Theoretiker der Partei, an die Mitglieder der Reichtagsfraktion und des Parteivorstandes zur Begutachtung gesandt wurde. Kaum im Besitz dieses Schriftstückes, legte Engels alles andere beiseite und erarbeitete eine ausführliche Analyse mit konkreten Vorschlägen zur Verbesserung des Entwurfs. Die Analyse ging in die Geschichte des Marxismus unter dem Titel „Zur Kritik des sozialdemokratischen Programmentwurfs 1891“ ein.

Zunächst erkannte Engels insgesamt an: „Der jetzige Entwurf unterscheidet sich sehr vorteilhaft vom bisherigen Programm. Die starken Überreste von überlebter Tradition - spezifisch lassalleanistischer wie vulgärsozialistischer - sind im wesentlichen beseitigt, der Entwurf steht nach seiner theoretischen Seite im ganzen auf dem Boden der heutigen Wissenschaft und lässt sich von diesem Boden aus diskutieren“.

Im ersten Teil seiner Schrift zergliederte Engels sorgfältig den theoretischen Abschnitt des Entwurfs, wies auf Fehler, Halbheiten und Ungenauigkeiten hin und fasste seine Vorschläge in einer Beilage zusammen, die den Charakter eines selbständigen Entwurfs trug. Diese Vorschläge wurden dann fast ausnahmslos bei der Überarbeitung berücksichtigt.

Von außerordentlicher Bedeutung waren Engels’ Hinweise auf den sich nun vollziehenden Übergang vom Kapitalismus der freien Konkurrenz zum Monopolkapitalismus sowie seine Gedanken über den Einfluss des Kampfes der Arbeiter auf ihre Lage im Kapitalismus. Heftige Kritik übte Engels an dem Teil, der die politischen Forderungen der Partei enthielt und der starke Konzessionen an den Rechtsopportunismus aufwies. Engels ging davon aus, dass die *demokratische Republik* die unerlässliche historische Vorbedingung dafür sei, die Mehrheit der Arbeiterklasse für den Kampf um den Sozialismus zu gewinnen. „Wenn etwas feststeht“, schrieb er, „so ist es dies, dass unsre Partei und die Arbeiterklasse nur zur Herrschaft kommen kann unter der Form der demokratischen Republik. Diese ist sogar die spezifische Form für die Diktatur des Proletariats“. Seine Forderung nach der „einen und unteilbaren Republik“ erläuterte er näher:

> „Einerseits muss die Kleinstaaterei beseitigt werden... Andererseits muss Preußen aufhören zu existieren, muss in selbstverwaltende Provinzen aufgelöst werden, damit das spezifische Preußentum aufhört, auf Deutschland zu lasten. Kleinstaaterei und spezifisches Preußentum sind die beiden Seiten des Gegensatzes, worin Deutschland jetzt gefangenliegt und wo immer die eine Seite der anderen als Entschuldigung und Existenzgrund dienen muss.“

Friedrich Engels war sich jedoch durchaus bewusst, dass die Forderung nach der demokratischen Republik wegen der herrschenden Polizeigesetze in Deutschland nicht ohne weiteres in das Programm aufgenommen werden konnte. Er schlug daher vor, die Forderung nach der demokratischen Republik zu umschreiben als:

„Konzentration aller politischen Macht in den Händen der Volksvertretung“ und: „Vollständige Selbstverwaltung in Provinz, Kreis und Gemeinde durch nach allgemeinem Stimmrecht gewählte Beamte. Abschaffung aller von Staats wegen ernannten Lokal- und Provinzialbehörden“.

Zielte Engels mit seiner Programmkritik einerseits darauf ab, Unklarheiten in der Staats- und Revolutionstheorie bei den deutschen Parteiführern zu beseitigen, so eröffnete er andererseits schonungslos den Kampf gegen den verstärkt auftretenden Rechtsopportunismus. Er äußere sich, schrieb er, besonders in der Leugnung des Klassenkampfes und in der Ablehnung der Diktatur des Proletariats: „Dies Preisgeben der Zukunft der Bewegung um der Gegenwart der Bewegung willen“ sei und bleibe Opportunismus. Scharf attackierte Engels die Vorstellung, man könne unter den Bedingungen der obrigkeitsstaatlichen politischen Ordnung in Deutschland „auf gemütlich-friedlichem Weg die Republik einrichten, und nicht nur die Republik, sondern die kommunistische Gesellschaft“, sowie die in einem Teil der sozialdemokratischen Presse gebrauchte Phrase,

> „‘die heutige Gesellschaft wachse in den Sozialismus hinein’, ohne sich zu fragen, ob sie nicht damit ebenso notwendig aus ihrer alten Gesellschaftsverfassung hinauswachse und diese alte Hülle ebenso gewaltsam sprengen müsse wie der Krebs die seine, als ob sie in Deutschland nicht außerdem die Fesseln der noch halb absolutistischen und obendrein namenlos verworrenen politischen Ordnung zu sprengen habe.“

Die Engelssche Kritik am Erfurter Programmentwurf gehört zu den wichtigsten theoretischen Schriften des Marxismus und blieb nicht ohne Wirkung. In dem von Karl Kautsky und Eduard Bernstein überarbeiteten Programm waren zwar nicht alle seine Vorschläge wörtlich übernommen worden, es kam aber seinen Vorstellungen sehr nahe. Engels schrieb, als er die Nachricht von der Annahme des neuen Programms in Erfurt erhielt, hoch befriedigt an F.A. Sorge: „Wir haben die Satisfaktion, dass die Marxsche Kritik komplett durchgeschlagen hat“. Dieser Erfolg war ihm umso wichtiger, als er darin einen Markstein in der Entwicklung nicht nur der deutschen, sondern der internationalen Arbeiterbewegung sah. Das Programm der stärksten und in der II. Internationale führenden Partei musste naturgemäß neue Maßstäbe für die programmatische Ausrichtung der anderen sozialistischen Parteien setzen. Tatsächlich wurde das marxistische Erfurter Programm beispielgebend für die weltweite sozialistische Arbeiterbewegung und war bis zum Ausgang des 19. Jahrhunderts das beste Programm, das sich eine revolutionäre Massenpartei international gegeben hatte.

„Kann Europa abrüsten?“

In den gleichen Wochen, da sich Engels mit der Vorbereitung des Erfurter Programms beschäftigte, erörterte er mit Bebel, Lafargue und anderen Führern der internationalen Arbeiterbewegung intensiv ein weiteres Problem: die Stellung des Proletariats zur Außenpolitik der herrschenden Klassen im allgemeinen und zum Wettrüsten und zur Kriegsgefahr im besonderen.

Wie Marx und Engels 1870/71 vorausgesagt hatten, war infolge der Annexion Elsass-Lothringens durch Preußen-Deutschland der Keim zu einem künftigen Krieg gelegt worden, einem Krieg, der unweigerlich europäische Ausmaße annehmen musste. Zu dieser Erkenntnis war Friedrich Engels bereits Mitte der achtziger Jahre gekommen. Das immer heftigere Wettrüsten der europäischen Großmächte - an ihrer Spitze das Hohenzollernreich - bestätigte diese Voraussage. Hinzu kam, dass das unterschiedliche Entwicklungstempo der einzelnen kapitalistischen Staaten, in dem sich bereits erste, für den Imperialismus typische Wesenszüge offenbarten, die internationale Lage verschärfte. Auch zeichnete sich zu Beginn der neunziger Jahre deutlich ab, dass die Verschlechterung der deutsch-russischen Beziehungen eine verstärkte französisch-russische Annäherung zur Folge hatte, die schließlich zu einem festen, gegen den Dreibund Deutschland - Österreich-Ungarn - Italien gerichteten Militärbündnis führte.

Hatten Marx und Engels 1848 offen einen revolutionären Volkskrieg gegen das zaristische Russland, als das Hauptbollwerk der europäischen Reaktion, propagiert und in den fünfziger und sechziger Jahren noch an dieser Konzeption festgehalten, so überwog bei Engels nunmehr eindeutig die Meinung, dass ein europäischer Krieg zwar die Macht der herrschenden Klassen erschüttern, durch das Aufflammen von Nationalismus und Chauvinismus aber auch den Siegeszug der Arbeiterbewegung hemmen würde. Engels schlussfolgerte daraus, dass die sozialistische Arbeiterbewegung wie die Völker überhaupt für ihre weitere Entwicklung unbedingt den Frieden brauchen, weil unter friedlichen Bedingungen sich das organisierte Proletariat am besten auf den Kampf um die Eroberung der politischen Macht vorbereiten könne. Allerdings ging es Engels dabei keineswegs um einen Frieden an sich und um jeden Preis. Er war kein bloßer Pazifist. Ebenso wie den Kampf um die Demokratie betrachtete er auch das Ringen um die Erhaltung des Friedens als dem Kampf um den Sozialismus untergeordnet. Engels hatte sich schon in den achtziger Jahren in seiner Korrespondenz und in Artikeln mit der Möglichkeit der Arbeiterbewegung beschäftigt, bereits unter den Bedingungen kapitalistischer Herrschaft Gefahrenquellen für den Frieden zu beseitigen oder zumindest einzudämmen. Dabei ging er nüchtern vor und vermied alle Illusionen. Bloßes Gerede von Friedenssehnsucht und allgemeiner Völkerverbrüderung lehnte er ab. Erfahrung und wissenschaftliche Erkenntnis hatten ihn gelehrt, dass Krieg und Kriegsgefahr nur mit Hilfe von Taten, nur durch den Kampf der Volksmassen gebannt werden konnten. Hierfür galt es sowohl die ideologischen Voraussetzungen - in Gestalt des fest verwurzelten proletarischen Internationalismus und des demokratischen Antimilitarismus - als auch die organisatorischen Vorbedingungen - durch den Zusammenschluss aller Kriegsgegner um die Arbeiterbewegung und mittels der Verbreitung militärischer Kenntnisse unter den klassenbewussten Arbeitern - zu schaffen.

Als die junkerlich-bürgerliche deutsche Regierung 1892/93 eine neue gewaltige Erhöhung der Militärausgaben vom Reichstag forderte, veröffentlichte Friedrich Engels auf Bitten von August Bebel im „Vorwärts", dem neuen Zentralorgan der deutschen Arbeiterpartei, ab März 1893 in acht Fortsetzungen den Artikel „Kann Europa abrüsten?", der auch als selbständige Broschüre in hoher Auflage erschien. Darin prangerte er das Wettrüsten an: Es verschärfe die Kriegsgefahr, stärke den Militarismus und ruiniere die Völker wirtschaftlich. Wiederum begnügte sich Engels nicht damit, die düsteren Folgen einer solchen Perspektive auszumalen. Er knüpfte an die objektiven militärischen Entwicklungstendenzen an, die von der Sozialdemokratie aus politischen und militärtheoretischen Gründen nicht ignoriert werden durften. Danach lag es im Interesse einer wirksamen Landesverteidigung, durch den revolutionären Druck von unten die herrschenden Klassen zu zwingen, jeden kriegsdienstfähigen Mann an der Waffe auszubilden, nicht aber ein zahlenmäßig sehr starkes stehendes Heer zu unterhalten. Selbst unter kapitalistischen Bedingungen gab es, wie Engels nachwies, keine militärische Notwendigkeit, durch ständige Vergrößerung des Militärapparats die Heeresausgaben immer mehr anwachsen zu lassen. Wenn dies trotzdem geschah, dann nicht aus militärischen, sondern aus politischen Gründen: Die Armeen sollen „nicht so sehr gegen den äußern wie gegen den innern Feind" schützen. Engels schlug vor, durch eine internationale Absprache aller Militärmächte die aktive Dienstzeit allmählich herabzusetzen und Schritt für Schritt sich einem auf der allgemeinen Volksbewaffnung beruhenden Milizsystem zu nähern. Er ging davon aus, dass die Arbeiterbewegung an der Erhaltung des Friedens, aber auch an der nationalen Unabhängigkeit und an der Ausnutzung der allgemeinen Wehrpflicht für die Ziele ihres Klassenkampfes interessiert sein müsse. Engels schlug sodann den europäischen Großmächten ein Abrüstungsprogramm vor, das dem gegenseitigen Sicherheitsbedürfnis Rechnung trug. Es war das der erste wirklich begründete und äußerst konkrete Abrüstungsvorschlag in der Geschichte der sozialistischen Bewegung. Über den unmittelbaren Anlass hinaus enthielt er eine Reihe von Grundsätzen, die für die Friedensbewegung bis heute von aktueller Bedeutung sind. Engels legte dar, dass der Kampf für die Abrüstung allgemeindemokratischen Charakter hat, dass er eine Bewegung ist, in der die Arbeiterschaft zwar die Initiative ergreifen und die Führung übernehmen muss, die aber wie wenige andere geeignet sei, die breitesten Massen zu erfassen und zu mobilisieren. Möglich und nötig sei das, weil die Volksmassen „fast ausschließlich die Masse der Soldaten zu stellen und die Masse der Steuern zu zahlen" haben. Engels ging davon aus, dass, um die Massen zu mobilisieren, vor allem die gemeinsamen Interessen aller arbeitenden, aller friedliebenden Menschen an der Abrüstung hervorgehoben werden müssen. Doch gleichzeitig war er der Auffassung, dass darüber hinaus auch die besonderen, spezifischen Interessen der verschiedenen Staaten, Völker, Klassen und Schichten (auch von Teilen der Bourgeoisie) an der Abrüstung deutlich gemacht werden müssen, um die aggressiven Kreise zu isolieren, die Kriegsvorbereitungen zu vereiteln und sie zu einem Abkommen über die Abrüstung zu zwingen. Engels verwandte in seinem Mahnruf an die Völker Europas viel Mühe darauf, bis ins einzelne zu untersuchen und deutlich zu machen, dass eine Abrüstung jedem europäischen Staat und allen Völkern Vorteile bringt.

Von bleibender Bedeutung ist ebenfalls die Tatsache, dass Engels eine *schrittweise* Abrüstung vorschlug. Im Unterschied zu pazifistischen Vorstellungen und zugleich im Gegensatz zu Auffassungen, die die Abrüstungsfrage zu einem schroffen „alles oder nichts“ zuspitzten, ging Engels von einer realistischen Analyse des politischen und militärischen Kräfteverhältnisses aus und forderte, dass man auch im Kampf um die Abrüstung Schritt für Schritt die nächsten, erreichbaren Ziele anstreben müsse. Denn schon die Fixierung und Erfüllung realistischer Teilaufgaben in diesem Ringen sowie die erreichten Erfolge seien geeignet, immer mehr Menschen in den Kampf gegen die Kriegsgefahr einzubeziehen, ihnen Kraft, Mut und Selbstvertrauen zu geben. Obwohl Engels den Kampf gegen Wettrüsten und Kriegsgefahr als eine internationale Aufgabe betrachtete, betonte er in seiner Schrift, dass dem deutschen Volk dabei eine besondere Verantwortung zukomme. Nachdem er eingehend die ökonomischen und moralisch-politischen Vorteile untersucht hatte, die eine von Deutschland ausgehende Initiative in der Abrüstungsfrage bringen würde, schrieb er mahnend von Deutschlands Verpflichtung, „voranzugehn im Werk der Abrüstung, wie dies von Rechts wegen dem Lande zukommt, das das Signal zur Rüstung gegeben hat“.

Die Altersbriefe über den historischen Materialismus

In seinen letzten Lebensjahren untersuchte Friedrich Engels auch intensiv Probleme der materialistischen Geschichtsauffassung, insbesondere die Anwendung des Wechselverhältnisses von Ökonomie, Politik und Ideologie auf das gesellschaftliche Leben. Er bedauerte, nicht die Zeit zu finden, über diesen Fragenkomplex „so exakt ausgearbeitet zu schreiben, wie ich es für die Öffentlichkeit müsste“, aber er hielt seine wesentlichen Gedankengänge in konzentrierter Form in seinen sogenannten philosophischen Altersbriefen fest, einer kleinen Gruppe von Briefen, die Engels zwischen 1890 und 1895 an Joseph Bloch, Walther Borgius, Paul Ernst, Franz Mehring, Conrad Schmidt, Werner Sombart, Heinz Starkenburg u.a. schrieb. Diese Briefe, in denen Engels die marxistische Theorie wesentlich bereicherte, entstanden vor dem Hintergrund einer damals schon laut werdenden Kritik, die die materialistische Geschichtsauffassung des ökonomischen

Automatismus bezichtigte und sie als fatalistisches Negieren der aktiven Rolle des Menschen und der Ideen hinstellte.

In diesen oft sehr ausführlichen Briefen wiederholte Engels an erster Stelle jene Gedanken, die schon die „Deutsche Ideologie“ ausführlich entwickelt hatte. Nach der materialistischen Geschichtsauffassung sei das in letzter Instanz bestimmende Moment die Art und Weise, worin die Menschen einer bestimmten Gesellschaft ihren Lebensunterhalt produzieren und die Produkte untereinander austauschen. Dazu gehöre die ganze Technik der Produktion und des Transports ebenso wie die geographische Grundlage, auf der die ökonomischen Verhältnisse sich abspielen, und die tatsächlich überlieferten Reste früherer ökonomischer Entwicklungsstufen. In dem Brief an Joseph Bloch vom 21. September 1890 erklärte Engels:

> „Mehr hat weder Marx noch ich je behauptet. Wenn nun jemand das dahin verdreht, das ökonomische Moment sei das einzig Bestimmende, so verwandelt er jenen Satz in eine nichtssagende abstrakte, absurde Phrase. Die ökonomische Lage ist die Basis, aber die verschiedenen Momente des Überbaus - politische Formen des Klassenkampfs und seine Resultate - Verfassungen, nach gewonnener Schlacht durch die siegende Klasse festgestellt usw. - Rechtsformen, und nun gar die Reflexe aller dieser wirklichen Kämpfe im Gehirn der Beteiligten, politische, juristische, philosophische Theorien, religiöse Anschauungen und deren Weiterentwicklung zu Dogmensystemen, üben auch ihre Einwirkung auf den Verlauf der geschichtlichen Kämpfe aus und bestimmen in vielen Fällen vorwiegend deren Form. Es ist eine Wechselwirkung aller dieser Momente, worin schließlich durch die unendliche Menge von Zufälligkeiten (d.h. von Dingen und Ereignissen, deren innerer Zusammenhang untereinander so entfernt und so unnachweisbar ist, dass wir ihn als nicht vorhanden betrachten, vernachlässigen können) als Notwendiges die ökonomische Bewegung sich durchsetzt. Sonst wäre die Anwendung der (marxistischen, H.H.) Theorie auf eine beliebige Geschichtsperiode ja leichter als die Lösung einer einfachen Gleichung ersten Grades.“

Bei der Untersuchung der materiellen Basis und ihrem Verhältnis zum Überbau warnte Engels vor jedem dogmatischen Übertreiben. Man solle nicht etwa die Existenz jedes deutschen Kleinstaates der Vergangenheit und Gegenwart oder den Ursprung der deutschen Lautverschiebung ökonomisch erklären wollen. Es werde sich „kaum ohne Pedanterie behaupten lassen, dass unter den vielen Kleinstaaten Norddeutschlands gerade Brandenburg durch ökonomische Notwendigkeit und nicht auch durch andere Momente (vor allem seine Verwicklung, durch den Besitz von Preußen, mit Polen und dadurch mit internationalen politischen Verhältnissen, die ja auch bei der Bildung der österreichischen Hausmacht entscheidend sind) dazu bestimmt war, die Großmacht zu werden, in der sich der ökonomische, sprachliche und seit der Reformation religiöse Unterschied des Nordens vom Süden verkörperte“. Ebenso pedantisch wäre es, wollte man in der Geschichte der Religion „für all diesen urzuständlichen Blödsinn“ ökonomische Ursachen suchen.

In diesen Briefen seiner Spätzeit gab Engels der materialistischen Geschichtsbetrachtung diejenige Auslegung, die nach seiner Intention auf die Nachwelt übergehen sollte. Er gestand dabei ein, dass Marx und er, bestrebt, ihre revolutionäre Geschichtsauffassung im Kampf gegen alle anderen, die damals noch herrschten, zum Sieg zu führen, das von den Gegnern am meisten bestrittene Hauptprinzip zu *einseitig* betont, allen Nachdruck zu sehr auf die Ableitung der ideologischen Vorstellungen aus den ökonomischen Grundtatsachen gelegt hätten. Dabei hätten sie, so bekannte er, „die formelle Seite über der inhaltlichen vernachlässigt“, die Art und Weise, wie diese Vorstellungen zustande kommen, nicht hinreichend berücksichtigt.

Über das Entstehen und Wesen der Ideologien äußerte sich Engels in grundsätzlicher Weise in dem Brief an Mehring vom 14. Juli 1893:

> „Die Ideologie ist ein Prozess, der zwar mit Bewusstsein von sogenannten Denkern vollzogen wird, aber mit einem falschen Bewusstsein. Die eigentlichen Triebkräfte, die ihn bewegen, bleiben ihm unbekannt, sonst wäre es eben kein ideologischer Prozess. Er imaginiert sich also falsche oder scheinbare Triebkräfte. Weil es ein Denkprozess ist, leitet er seinen Inhalt wie seine Form aus dem reinen Denken ab, entweder seinem eigenen oder dem seiner Vorgänger. Er arbeitet also mit bloßem Gedankenmaterial, das er unbesehen als durchs Denken erzeugt hinnimmt und sonst nicht weiter auf einen entfernteren, vom Denken unabhängigen Prozess untersucht.“

So hat der Ideologe auf jedem Gebiet der Geisteswissenschaft einen Stoff, der sich selbständig aus dem Denken früherer Generationen gebildet und im Gehirn dieser einander folgenden Generationen eine selbständige eigene Entwicklung durchgemacht hat:

> „Es ist dieser Schein einer selbständigen Geschichte der Staatsverfassungen, der Rechtssysteme, der ideologischen Vorstellungen auf jedem Sondergebiete, der die meisten Leute vor allem blendet. Wenn Luther und Calvin die offizielle katholische Religion, wenn Hegel den Fichte und Kant, Rousseau indirekt mit seinem Contrat Social den konstitutionellen Montesquieu ‘überwindet’, so ist das ein Vorgang, der innerhalb der Theologie, der Philosophie, der Staatswissenschaft bleibt, eine Etappe in der Geschichte dieser Denkgebiete darstellt und gar nicht aus dem Denkgebiete herauskommt. Und seitdem die bürgerliche Illusion von der Ewigkeit und Letztinstanzlichkeit der kapitalistischen Produktion dazugekommen ist, gilt ja sogar die Überwindung der Merkantilisten durch die Physiokraten und Adam Smith als ein bloßer Sieg des Gedankens, nicht als Gedankenreflex veränderter ökonomischer Tatsachen, sondern als die endlich errungene richtige Einsicht in stets und überall bestehende tatsächliche Bedingungen... Ganz analog bildet der Jurist sich ein, mit aprioristischen Sätzen zu operieren, während es doch nur ökonomische Reflexe sind.“

Auch noch einer anderen Unterlassung bekannte Engels jetzt Marx und sich schuldig. Er gestand ein, dass sie in der Hitze des Kampfes „die übrigen an der Wechselwirkung beteiligten Mächte nicht zu ihrem Recht“ hätten kommen lassen. Sie wollten den Ideologien, die in der Geschichte eine Rolle spielen, die Selbständigkeit der historischen Entwicklung, aber nicht etwa jede historische Wirksamkeit absprechen. Einen solchen „blödsinnigen“ Missverstehen konnte, so behauptete Engels jetzt, nur eine „ordinäre, undialektische Vorstellung von Ursache und Wirkung als starr einander entgegengesetzte Pole zugrunde“ liegen. Wer wollte leugnen, „dass ein historisches Moment, sobald es einmal durch andere, schließlich ökonomische Tatsachen in die Welt gesetzt ist, nun auch reagiert auf seine Umgebung und selbst auf seine eigenen Ursachen zurückwirken kann?“

„Die Menschen“, schrieb er 1894 an Walther Borgius, „machen ihre Geschichte selbst“. Aber bis jetzt tun sie es nicht mit einem Gesamtwillen nach einem Gesamtplan. Sie tun es „in einem gegebenen, sie bedingenden Milieu auf Grundlage vorgefundener tatsächlicher Verhältnisse, unter denen die ökonomischen, so sehr sie auch von den übrigen politischen und ideologischen beeinflusst werden mögen, doch in letzter Instanz die entscheidenden sind und den durchgehenden, allein zum Verständnis führenden roten Faden bilden“.

Wenn also die ökonomischen Verhältnisse sich ändern, können die juristischen, philosophischen und religiösen Vorstellungen nicht dieselben bleiben. Was insbesondere das Verhältnis von Politik und Wirtschaft betrifft, so war Engels auch hier überzeugt, dass die ökonomische Bewegung sich zwar im großen und ganzen durchsetzt, dass sie aber Rückwirkungen erleidet von der durch sie selbst eingesetzten und mit relativer Selbständigkeit agierenden politischen Bewegung. „Es ist Wechselwirkung zweier ungleicher Kräfte“.

Die Fragen nach der Bedeutung des Zufalls und dem Einfluss der Persönlichkeit in der Geschichte waren für Engels gewissermaßen Unterkategorien des Problems der Wechselwirkung. Wo er hiervon sprach, wiederholte er, was er schon früher über die Geschichte als das Ergebnis unzähliger einander durchkreuzender Kräfte gesagt hatte. Ein jeder trage zu diesem Ergebnis bei, „das keiner so gewollt hat“, und ist insofern in ihm einbegriffen. Dass ein bedeutender Mensch zu einer bestimmten Zeit in einem bestimmten Land aufsteht, schrieb er am 25. Jänner 1894 an Starkenburg, sei freilich reiner Zufall:

> „Aber streichen wir ihn weg, so ist Nachfrage da für Ersatz, und dieser Ersatz findet sich tant bien que mal (wohl oder übel, H.H.), aber er findet sich auf die Dauer. Dass Napoleon, gerade dieser Korse, der Militärdiktator war, den die durch eigenen Krieg erschöpfte französische Republik nötig machte, das war Zufall; dass aber in Ermangelung eines Napoleon ein anderer die Stelle ausgefüllt hätte, das ist bewiesen dadurch, dass der Mann sich jedesmal gefunden, sobald es nötig war: Cäsar, Augustus, Cromwell etc. Wenn Marx die materialistische Geschichtsauffassung entdeckte, so beweisen Thiers, Mignet, Guizot, die sämtlichen englischen

Geschichtsschreiber bis 1850, dass darauf angestrebt wurde, und die Entdeckung derselben Auffassung durch Morgan beweist, dass die Zeit reif war und sie eben entdeckt werden musste. So mit allem anderen Zufälligen und scheinbar Zufälligen in der Geschichte." (Anmerkung H.H.: Bis 1967 wurde als Adressat dieses Engels-Briefes irrtümlich Heinz Starkenburg angesehen, ein Redakteur der „Neuen Zeit". Das Schreiben war jedoch an Walther Borgius, einen Studenten der Rechtswissenschaft an der Breslauer Universität gerichtet.)

„In letzter Instanz" sind also für Engels die großen Persönlichkeiten machtlos gegenüber der von der ökonomischen Entwicklung beherrschten geschichtlichen Bewegung.

Engels genügte es nicht, die materialistische Geschichtsauffassung nun genauer erläutert zu haben; er wünschte auch, dass anhand dieses „Leitfadens" aus den Quellen heraus die Zusammenhänge in neuem Lichte dargestellt würden. Nur ein klarer theoretischer Blick sei imstande, den richtigen Weg im Labyrinth der Tatsachen zu zeigen, schrieb er 1889 an Conrad Schmidt, und ein Jahr später: die ganze Geschichte müsse neu studiert, die Daseinsbedingungen der verschiedenen Gesellschaftsformationen müssten im einzelnen untersucht werden, ehe man versuchen dürfe, die politischen, privatrechtlichen, ästhetischen, philosophischen, religiösen usw. Anschauungsweisen, die ihnen entsprechen, aus ihnen abzuleiten. „Darin können wir Hilfe in Masse brauchen". Solche Hilfe brachte vor allem Franz Mehrings Buch „Die Lessing-Legende". Sie musste Engels, als sie 1892 zuerst in der „Neuen Zeit" als Artikelserie erschien, sehr erwünscht kommen. „Ich würde manches anders motivieren und nuancieren", schrieb er an Bebel, „aber im ganzen und großen hat er den Nagel mitten auf den Kopf getroffen". Und er gab seiner Freude Ausdruck, dass die materialistische Geschichtsauffassung, „nachdem sie - in der Regel - seit zwanzig Jahren in den Arbeiten der jüngeren Parteileute als großmäulige Phrase hat herhalten müssen, endlich anfängt, als das benutzt zu werden, was sie eigentlich war - ein Leitfaden beim Studium der Geschichte".

Dem Autor gegenüber bezeichnete er das Werk - „den Lessing sagt man, den Alten Fritz meint man" - als das weitaus Beste, was über diese Epoche der deutschen Geschichte existiere, und ermunterte ihn, doch in der gleichen Weise die ganze preußische Geschichte zu behandeln. Kaum irgend etwas schien Engels unter seinem revolutionären Gesichtspunkt dringender geboten, als dass der historische Materialismus „die preußische Ecke der deutschen Geschichte" ausfegt und hier die „monarchisch-patriotische Legende" zerstört, die auch „die falsche Sentimentalität" konserviert und dadurch das Verständnis der wirklichen Zusammenhänge verdeckt.

25. Kapitel: Engels in den Jahren 1893 und 1894; Engels' „Zur Geschichte des Urchristentums"; Marx' „Das Kapital", 3. Band: „Der Gesamtprozess der kapitalistischen Produktion"

Wiederholt war Engels nach 1890 von August Bebel und Victor Adler eingeladen worden, Deutschland und Österreich zu besuchen. Engels' Interesse an einer solchen Reise war groß, doch gab es berechtigte Bedenken, wie sich die deutschen und österreichischen Polizeibehörden dem Nestor der internationalen Arbeiterbewegung gegenüber verhalten würden. Während eines zweiwöchigen Aufenthalts in London Ende Mai 1892 war es Bebel offenbar gelungen, diese Bedenken zu zerstreuen. So nahm die Idee einer Rundreise reale Gestalt an.

Im August 1893 tagte in Zürich der dritte Kongress der II. Internationale. Engels war von der deutschen Sozialdemokratie eingeladen worden, daran teilzunehmen. Am 1. August 1893 trat Friedrich Engels seine Reise an. Louise Kautsky und deren Verlobter Dr. Ludwig Freyberger, ein österreichischer Arzt und Sozialist, der in London lebte und Engels ärztlich betreute, begleiteten ihn. Die Fahrt ging von London nach Köln und dann weiter in Gesellschaft von August Bebel und dessen Frau über Mainz und Straßburg in die Schweiz. Dort verweilte Engels eine Woche im Kanton Graubünden, wo er sich mit einem seiner Brüder traf. Engels hatte bestimmt, dass er an den Verhandlungen des Kongresses nicht teilnehmen werde, doch wollte er die Anwesenheit zahlreicher führender Sozialisten zu Gesprächen nutzen. Erst am Schlusstag des Züricher Kongresses, am 12. August 1893, erschien, stürmisch bejubelt, Engels und hielt in deutscher, französischer und englischer Sprache eine Dankesrede.

Um sich von den erlebnisreichen und zugleich anstrengenden Tagen in Zürich etwas zu erholen und für die weitere Fahrt Kräfte zu sammeln, reiste Engels für mehrere Tage ins Berner Oberland. Am 4. September setzte er, begleitet von Bebel, seine Reise über München und Salzburg nach Wien fort.

Engels in Wien

Mit dem öffentlichen Auftreten auf dem Kongress der Internationale war „die Tonart für die ganze Reise gegeben" und Engels' Absicht, „als purer Privatmann zu reisen, total versalzen". In Wien musste er gleich an zwei großen Veranstaltungen teilnehmen.

Am 11. September 1893 lud die österreichische Sozialdemokratie zu einem Fest-Commers „zu Ehren eines der treuesten Kämpfer für unsere Prinzipien" in die Drei-Engel-Säle in Wien-Wieden, Große Neugasse. 600 geladene Gäste - Funktionäre und Mitglieder der Partei - waren anwesend. (Der „Commers" war eine damals übliche Art des festlichen, ehrenvollen Empfanges mit künstlerischen Darbietungen wie Rezitation, Chorgesang usw., also keine Versammlung herkömmlicher Weise, wie auch am 11. September keine Reden gehalten wurden.) Engels, dem Ehrungen sehr zuwider waren - „vor dem Publikum zu paradieren“, wie er sich ausdrückte, hasste er -, war dennoch „erstaunt über die Großartigkeit des Empfanges“ (so Engels später in einem Brief an F.A. Sorge).

Aber der Wiener Arbeiterschaft genügte ein „Commers“ nicht. Drei Tage später, am 14. September 1893, fand eine öffentliche Versammlung im großen Drehersaal in Wien-Landstraße statt. Victor Adler, August Bebel, Karl Leuthner und Louise Kautsky hielten Ansprachen und berichteten vom Züricher Kongress. Zum Schluss ergriff Engels das Wort und sagte:

> „Werte Genossen und Genossinnen! Ich kann diesen Saal nicht verlassen, ohne meinen herzlichen, tiefgefühlten Dank auszusprechen über den unverdienten Empfang, den der heutige Abend mir gebracht. Ich kann nur sagen: es ist leider mein Schicksal, den Ruhm meines verstorbenen Freundes einzuernten. In diesem Sinne nehme ich Ihre Ovationen auf. Wenn ich irgend etwas für die Bewegung habe tun können in den fünfzig Jahren, die ich in derselben gestanden habe, so verlange ich keinen Lohn dafür. Der schönste Lohn sind Sie! Wir haben unsere Leute in den Gefängnissen von Sibirien, wir haben sie in den Goldminen von Kalifornien, überall bis nach Australien hin. Er gibt kein Land, keinen großen Staat, wo nicht die Sozialdemokratie eine Macht ist, mit der alle rechnen müssen. Alles, was geschieht in der ganzen Welt, geschieht mit Rücksicht auf uns. Wir sind eine Großmacht, die zu fürchten ist, von der mehr abhängt, als von den anderen Großmächten. Das ist mein Stolz! Wir haben nicht umsonst gelebt und können auf unsere Arbeiten mit Stolz und Zufriedenheit zurückblicken. Man hat in Deutschland die Bewegung gewaltsam ersticken wollen, und jedesmal hat die Sozialdemokratie geantwortet, wie es die Bourgeoisie nicht erwartet hat. Die wiederholten Wahlen, dieses sichere unwiderstehliche Anschwellen der sozialdemokratischen Stimmen, macht die Bourgeoisie bange, macht Caprivi (Nachfolger Bismarcks als Reichskanzler, H.H.) bange, macht sämtliche Mächte bange. (Stürmischer Beifall.) Der Vorredner (gemeint Leuthner, H.H.) hat bemerkt, es wurde im Ausland immer die sozialdemokratische Bewegung unterschätzt. Meine werten Genossen, ich bin durch die Straßen Wiens gewandert und habe mir die wunderschönen Gebäude, welche die Bourgeoisie für das Proletariat der Zukunft zu bauen so gütig war (stürmische Heiterkeit), angesehen und habe mir auch den prachtvollen Arkadenbau des Rathauses, von welchem Sie so würdig Besitz ergriffen, zeigen lassen. Seit jener Besitzergreifung unterschätzt Sie keiner mehr. (Lebhafter Beifall.) Der Tag hat Epoche gemacht. Ich habe - ich war damals in London - den Schrecken der englischen Zeitungskorrespondenten gesehen, als sie berichteten, dass am 9. Juli das Proletariat Wien beherrscht hat, besser beherrscht, als es je beherrscht worden ist. (Tosender, langanhaltender Beifall und Händeklatschen. Hochrufe auf Engels, die sich fortwährend erneuern.)“ (Engels meinte hier eine große Massenkundgebung im Arkadenhof des Rathauses, als 50.000 Wiener Arbeiter das allgemeine Wahlrecht forderten, H.H.)

Eine kleine, scheinbar unbedeutende Episode während des Wiener Aufenthalts von Engels zeugt von seinem Einfühlungsvermögen und seinem Bemühen, besonders den jungen Mitstreitern und den Frauen, die zusätzliche Vorurteile im Emanzipationskampf der Arbeiterklasse zu überwinden hatten, zu helfen. Engels wusste von Adelheid Dworak, einer Wiener Fabrikarbeiterin und Delegierten der österreichischen Sozialdemokratie, die er schon in Zürich kennen gelernt und ins Herz geschlossen hatte, dass sie von ihrer Mutter wegen ihrer politischen Tätigkeit fortwährend geschmäht und angefeindet wurde. Gemeinsam mit Bebel besuchte Engels die Mutter Adelheid Dworaks; er wollte versuchen, sie umzustimmen, bei ihr Verständnis für die Handlungsweise der Tochter zu wecken und damit deren Leben zu erleichtern. Zwar gelang das nicht, doch in ihren Erinnerungen gedachte die österreichische Sozialistin dankbar dieser Bemühungen von Engels. Als Adelheid Popp (1869 - 1939) gehörte sie später zu den bekanntesten Führerinnen der sozialdemokratischen Frauenbewegung.

Engels reiste am 15. September 1893 von Wien ab und gelangte über Prag und Berlin - auch hier mit längerem Aufenthalt und einem „Fest-Commers“ - nach London zurück, wo er am 29. September eintraf. In einem Brief an Victor Adler vom 11. Oktober 1893 gab er mit beeindruckender Prägnanz ein Resümee seiner gewonnenen Eindrücke:

> „Seit ich mir Euer Land und Volk und Eure Regierung angesehen, ist mir immer klarer geworden, dass da für uns ganz besondere Erfolge zu holen sind. Eine in starker Entwicklung begriffene, aber infolge langjährigen hohen Zollschutzes meist noch mit zurückgebliebenen Produktionskräften arbeitende Industrie (die böhmischen Fabrikanlagen, die ich sah, beweisen mir das); die Industriellen selbst der Mehrzahl nach - die größeren meine ich - ebenso mit der Börse verwachsen wie mit der Industrie selbst; ein politisch ziemlich indifferentes, in Phäakentum aufgehendes Philistertum in den Städten, das vor allem seine Ruh’ und seine Genüsse haben will; auf dem Land rapide Verschuldung respektive Aufsaugung des Kleingrundbesitzes; als wirklich herrschende Klassen den Großgrundbesitz, der aber mit seiner politischen Stellung, die ihm eine mehr indirekte Herrschaft sichert, ganz zufrieden ist, und eine Großbourgeoisie, wenig zahlreiche haute finance und damit eng verknüpfte Großindustrie, deren politische Macht *noch viel indirekter* zur Geltung kommt, die aber ebenfalls damit ganz zufrieden ist; unter den besitzenden Klassen, also bei den Großen, kein Wunsch, die indirekte Herrschaft in eine direkte, konstitutionelle zu verwandeln, und bei den Kleinen kein ernsthaftes Streben nach wirklicher Beteiligung an der politischen Macht; Resultat: Indifferenz und Stagnation, die nur gestört wird durch die Nationalitätskämpfe der verschiedenen Adeligen und Bourgeois untereinander und durch die Entwicklung des Verbands mit Ungarn... Nun gut. In einem solchen stagnierenden Staatszustand, wo die Regierung trotz ihrer überaus günstigen Stellung gegenüber den einzelnen *Klassen* dennoch in ewigen Schwierigkeiten ist: 1. weil diese Klassen in x Nationalitäten geteilt sind und daher, gegen die strategische Regel, vereint marschieren (gegen die Arbeiter), aber getrennt schlagen (nämlich aufeinander), 2. wegen der ewigen Finanznot, 3. wegen Ungarn, 4. wegen auswärtiger

Verwicklungen - kurz in dieser Situation, sagte ich mir, muss eine Arbeiterpartei, die ein Programm und eine Taktik hat, die weiß, was sie will und wie sie es will... nur die hinreichende Fähigkeit entwickeln, um ganz besondere Erfolge zu erlangen. Unter lauter Parteien, die nicht wissen, was sie wollen, und einer Regierung, die ebenfalls nicht weiß, was sie will, und von der Hand in den Mund lebt, muss eine Partei, die weiß, was sie will und dies mit Zähigkeit und Ausdauer will, schließlich immer siegen. Und dies umso mehr, als alles, was die österreichische Arbeiterpartei will und wollen **kann**, nur das ist, was die fortschreitende ökonomische Entwicklung des Landes ebenfalls verlangt."

Die Fahrt in die Schweiz, nach Österreich und Deutschland im August und September 1893 war Engels' letzte größere Reise, und sie gestaltete sich zu einem Triumphzug. Die Begeisterung, die ihm von den Arbeitern entgegenschlug, hinterließ bei ihm einen unvergesslichen Eindruck von der Kraft, welche die proletarische Bewegung in den deutschsprachigen Ländern des Kontinents erreicht hatte. Mit Genugtuung konnte Engels feststellen, wie sehr die Lehren des Marxismus bereits zum Allgemeingut des bewusstesten Teils der Arbeiterschaft geworden waren. Die Arbeiter, die in Zürich, Wien und Berlin Gelegenheit hatten, Engels zu sehen und zu hören, bewunderten ihrerseits die Rüstigkeit und „Jugendfrische" des fast 73jährigen Vorkämpfers der sozialistischen Bewegung, aber auch seine menschliche Größe, Schlichtheit und Bescheidenheit. Von Engels' Frische zeugte, dass er 1894 sogar noch die Strapazen eines Umzugs auf sich nahm. Louise Kautsky heiratete nämlich Dr. Ludwig Freyberger. Das Haus wurde etwas eng, und Engels willigte ein, mit dem jungen Paar wenige hundert Meter weiter in ein geräumigeres Haus umzuziehen, um sich nicht auf seine „alten Tage in fremde Hände zu überliefern". So fand er die nötige Ruhe für seine wissenschaftlichen Arbeiten.

„Zur Geschichte des Urchristentums"

Zu den interessantesten Arbeiten seiner Spätzeit gehört der im Sommer 1894 verfasste Artikel „Zur Geschichte des Urchristentums", der in der „Neuen Zeit" erschien. Er ist eines der grundlegenden Werke des wissenschaftlichen Atheismus.

Engels hatte sich schon seit 1841 mit der Entstehung und dem Wesen des Christentums beschäftigt und seine Ansichten in den Aufsätzen „Bruno Bauer und das Urchristentum" (1882) und „Das Buch der Offenbarung" (1883) dargelegt. Im Unterschied zu den Vulgärmaterialisten (Vogt, Büchner, Moleschott) betrachtete er das Christentum wie die Religion überhaupt mit den Augen des Historikers. Das Interesse für die Bibelkritik begleitete ihn sein Leben hindurch, wobei es ihm darum ging, eine materialistische Darstellung der Ursachen des Entstehens des Christentums, seiner historischen Wurzeln und seines sozialen Wesens zu liefern. Sein Anliegen war, wie er 1886 während der Arbeit am „Feuerbach" niederschrieb, keineswegs die „einfache Verwerfung des ganzen Gedankeninhalts" von zwei Jahrtausenden Christentum und idealistischer Weltanschauung, sondern deren Kritik, deren „Losschälung der innerhalb der falschen, aber für ihre Zeit und den Entwicklungsgang selbst unvermeidlichen idealistischen Form gewonnenen Resultate aus dieser vergänglichen Form“.

Engels knüpfte bei seiner Arbeit an die Erkenntnisse der so genannten „Tübinger Schule“ der Theologie an. Deren Verdienst hatte darin bestanden, dass sie erstmalig die neutestamentarischen Evangelien systematisch analysierte. Sie entdeckte vielfältige Unterschiede zwischen den drei ersten, den so genannten synoptischen Evangelien, und dem Evangelium nach Johannes, stellte fest, dass das älteste das Evangelium nach Markus ist, machte auf eine Menge Widersprüche in den Evangelien aufmerksam und bewies endlich, dass der größere Teil der Briefe, die dem Apostel Paulus zugeschrieben werden, nicht vor dem 2. Jahrhundert verfasst worden sein kann. Somit erbrachte die Arbeit der Tübinger viel Wertvolles für die wissenschaftliche Kritik an den Texten der frühchristlichen Werke, doch wegen ihrer idealistischen Weltanschauung kümmerten sie sich überhaupt nicht um die sozialökonomischen Ursachen der Entstehung des Christentums. Nach einer Formulierung von Engels ging die Tübinger Schule

> „in der kritischen Untersuchung so weit, wie eine *theologische* Schule gehen kann. Sie gibt zu, dass die vier Evangelien... spätere Überarbeitungen... sind... Sie streicht alle Wunder und alle Widersprüche als unzulässig aus der Geschichtserzählung aus; von dem übrigen aber sucht sie ‘zu retten, was noch zu retten ist’... Jedenfalls aber kann alles, was die Tübinger Schule im Neuen Testament als ungeschichtlich oder untergeschoben verwirft, als endgültig für die Wissenschaft beseitigt gelten.“

Große Verdienste um die Erforschung der frühchristlichen Literatur erwarb sich der Jugendfreund von Marx Bruno Bauer (1809 - 1882), Professor der Theologie an der Universität Bonn. In den Jahren 1840 bis 1842 veröffentlichte er seine Untersuchungen „Kritik der evangelischen Geschichte des Johannes“ und „Kritik der evangelischen Geschichte der Synoptiker“, in denen er darlegte, dass die Evangelisten als Quelle über das Leben Jesu kein Vertrauen verdienen und ihre Bedeutung im wesentlichen darin besteht, dass sie die allgemeine Situation in den frühchristlichen Gemeinden ausdrücken. Nach seiner Auffassung stellt das Christentum eine eigene Synthese der griechisch-römischen philosophischen Strömung des Stoizismus (besonders Senecas) mit dem hellenisierten Judentum dar. Diese Schlussfolgerungen führten Bauer logisch zur Verneinung der historischen Existenz Jesu. Engels schätzte die Bedeutung der Forschungen Bruno Bauers so ein:

> „Die offiziellen Theologen, unter ihnen Renan, schrieben ihn ab und schwiegen ihn deshalb einstimmig tot. Und doch war er mehr wert als sie alle und hat mehr geleistet als sie alle in einer Frage, die auch uns Sozialisten interessiert: in der Frage nach dem geschichtlichen Ursprung des Christentums.“

An Bruno Bauer anknüpfend, aber über ihn weit hinausgehend, schuf Engels in seinem Artikel aus dem Jahr 1894 eine neue Theorie der Entstehung des Christentums vom Standpunkt des historischen Materialismus. Er charakterisierte das Urchristentum als Religion der Sklaven und der Unterdrückten und hob hervor, dass das frühe Christentum aus einer Unzahl von Sekten bestand, die untereinander einen darwinistischen Kampf um ihre Existenz führten. Die Ideologie all dieser Sekten steckte voller Vorurteile und Aberglauben. Doch das Christentum konnte die Massen um sich vereinen und den Sieg erringen, weil es den Mühseligen und Beladenen einen, wenn auch illusorischen, Ausweg aus ihrer hoffnungslosen Armut und Verzweiflung wies. Es versprach ihn nicht für die Wirklichkeit, sondern für die jenseitige Welt. Zu den Faktoren, welche die Verbreitung des Christentums förderten, rechnete Engels das Fehlen eines Zeremoniells in der Anfangsperiode. Das Christentum hob alle ethnischen und sozialen Abgrenzungen auf und verkündete die Idee der Gleichheit, wenn es sie auch negativ verstand, d.h. als eine Gleichheit in der Ursünde und vor Gott. Schließlich betonte Engels, dass sich das Urchristentum durch Kampfeslust auszeichnete und gesunde Rache an den römischen Machthabern predigte (besonders deutlich sichtbar in der Offenbarung des Johannes, des um das Jahr 68 entstandenen und damit ältesten Teil des Neuen Testaments).

Engels Erkenntnisse, heute Allgemeingut, für die damalige Zeit aber neu, revolutionär und eine Pioniertat, wurden zum Ausgangspunkt für die wissenschaftliche Erforschung vieler Probleme der antiken Geschichte und befruchteten die Arbeiten späterer marxistischer Historiker auf diesem Gebiet. Dabei suchten sie Engels' Hinweis in die Tat umzusetzen, dass man mit einer Religion wie dem Christentum nicht durch Verspottung und Lächerlichmachung fertig werden kann, sondern sie wissenschaftlich, das heißt mittels historischer Erklärung, überwinden muss.

Die Herausgabe des dritten Bandes des „Kapital“

Engels' größte Leistung seiner letzten Lebensjahre war die Edition des dritten Bandes des „Kapital“, dessen Vorwort er am 4. Oktober 1894 vollendete und der gegen Jahresende erschien. Neun Jahre hatte er der Fertigstellung dieses Buches gewidmet, das den Gesamtprozess der kapitalistischen Produktion und seine Widersprüchlichkeit behandelt, und dabei die von Marx meist nur in Form von Rohentwürfen hinterlassenen Teile gesichtet, neu geordnet, für die Herausgabe überarbeitet und unentbehrliche Zusätze gemacht. Die Darstellung der marxistischen politischen Ökonomie verband Engels mit ihrer offensiven Verteidigung gegen bürgerliche Angriffe und Verfälschungsversuche. Speziell im Vorwort zum dritten Band des „Kapital“, in Briefen und in polemischen Artikeln, wie beispielsweise gegenüber Lujo Brentano, setzte er sich mit Marx-Gegnern auseinander. Unmittelbar vor seinem Tod plante Engels, in zwei für die „Neue Zeit“ vorgesehenen Artikeln „einzelne wichtigere Ergänzungen des 1865 geschriebenen Textes (des dritten Bandes des ‘Kapital’, H.H.) auf den Stand der Dinge von 1895 nachzutragen". Einen dieser Artikel, betitelt „Ergänzung und Nachtrag zum III. Buche des 'Kapital'", in dem er in Polemik mit bürgerlichen Angriffen die Beziehung von Wertgesetz und Profitrate darstellte, konnte Engels noch vollenden. Für den anderen, der die veränderte Rolle der Börse zum Inhalt haben sollte, konnte er nur noch die Disposition skizzieren. In ihm wollte er näher auf die neuen Entwicklungstendenzen des Kapitalismus eingehen, zum Beispiel auf die allmähliche Verwandlung der Industrie in Aktienunternehmungen. Er schrieb:

> „Ein Zweig nach dem andern verfällt dem Schicksal. Zuerst Eisen, wo Riesenanlagen jetzt nötig (vorher Bergwerke...). Dann chemische Industrie ditto. Maschinenfabriken... Textilindustrie... Dann die Trusts, die Riesenunternehmungen mit gemeinsamer Leitung schaffen (wie die United Alkali). Die gewöhnliche Einzelfirma + & + (mehr und mehr, H.H.) nur Vorstufe... Dasselbe vom Handel... Dasselbe von Banken und andern Kreditinstituten... Auf dem Gebiet des Ackerbaues dasselbe... Nun aber die auswärtigen Anlagen alle in Aktien... Dann die Kolonisation. Diese ist heute rein Sukkursale (veraltet für: Filiale einer Firma, H.H.) der Börse, in deren Interesse die europäischen Mächte vor ein paar Jahren Afrika geteilt... haben."

So gelang es Engels, der - wie sein Nachtrag zeigt - unablässig an Problemen der politischen Ökonomie weiterarbeitete, wichtige neue Erscheinungen der monopolkapitalistischen Entwicklung zu erkennen, obwohl diese in den neunziger Jahren noch nicht voll herausgebildet waren.

Der Inhalt

Der dritte Band des „Kapital" beschließt die theoretische Analyse der gesamten kapitalistischen Produktionsweise. Hier untersucht Marx den Prozess der kapitalistischen Produktion als untrennbare Einheit von Produktion und Zirkulation. Das Verhältnis der drei Bände des „Kapital" zueinander und insbesondere das Anliegen des dritten finden sich unmittelbar am Beginn dieses Bandes dargestellt. Marx schrieb:

> „Im ersten Buch wurden die Erscheinungen untersucht, die der kapitalistische *Produktionsprozess*, für sich genommen, darbietet, als unmittelbarer Produktionsprozess, bei dem noch von allen sekundären Einwirkungen ihm fremder Umstände abgesehn wurde. Er wird in der wirklichen Welt ergänzt durch den *Zirkulationsprozess*, und dieser bildete den Gegenstand der Untersuchungen des zweiten Buchs. Hier zeigte sich, namentlich im dritten Abschnitt, bei Betrachtung des Zirkulationsprozesses als der Vermittlung des gesellschaftlichen Reproduktionsprozesses, dass der kapitalistische Produktionsprozess, im ganzen betrachtet, Einheit von Produktions- und Zirkulationsprozess ist. Worum es sich in diesem dritten Buch handelt, kann nicht sein, allgemeine Reflexionen über diese Einheit anzustellen. Es gilt vielmehr, die konkreten Formen aufzufinden und darzustellen, welche aus dem *Bewegungsprozess des Kapitals, als Ganzes betrachtet*, hervorwachsen. In ihrer wirklichen Bewegung treten sich die Kapitale in solchen konkreten Formen gegenüber, die für die Gestalt des Kapitals

im unmittelbaren Produktionsprozess, wie seine Gestalt im Zirkulationsprozess, nur als besondere Momente erscheinen. Die Gestaltungen des Kapitals, wie wir sie in diesem Buch entwickeln, nähern sich also schrittweise der Form, worin sie auf der Oberfläche der Gesellschaft, in der Aktion der verschiedenen Kapitale aufeinander, der Konkurrenz, und im gewöhnlichen Bewusstsein der Produktionsagenten selbst auftreten.“

Im Rahmen der ganzen Gesellschaft äußern sich die Sonderinteressen der einzelnen Fraktionen der Kapitalistenklasse verschieden. Zwischen der Industrie, dem Verkehrswesen, der Landwirtschaft, dem Handel, den Banken tobt ständig ein Kampf um den „Platz an der Sonne“, um den größeren Anteil an dem aus den Lohnarbeitern gepressten Mehrwert. Es ist sehr schwierig, sich in diesem komplizierten und vielgestaltigen Konglomerat von Sonderinteressen, in den inneren Widersprüchen, die die Klasse der Eigentümer der Produktionsmittel zerreißen, zu orientieren, die besondere Stellung und Rolle jeder größeren Kapitalistengruppe gegenüber den anderen Kapitalistengruppen und der Arbeiterklasse zu ermitteln und zu zeigen. Die gesamte bürgerliche politische Ökonomie vor Marx war dazu außerstande.

Marx zeigte im dritten Band, wie namentlich der Wert der Waren in ihre Marktpreise umschlägt, wie sich der ganze vom Arbeiter geschaffene Mehrwert in den Profit der Kapitalisten verwandelt, wie dieser Profit zwischen den verschiedenen Kapitalisten aufgeteilt wird und wie durch diese Teilung der verschieden großen Profitraten - das Verhältnis der Masse des Mehrwerts zur Summe des konstanten und des variablen Kapitals - in den verschiedenen Anlagesphären des Kapitals zur allgemeinen *Durchschnitts*profitrate für ein bestimmtes Kapital eines beliebigen Kapitalisten werden.

Die Ökonomen vor Marx konnten das Problem, wie durch das Wirken des Wertgesetzes eine gleiche Durchschnittsprofitrate entstehen kann und tatsächlich entsteht, nicht lösen. Wenden zwei funktionierende Kapitale von gleichem Wert eine gleiche Anzahl Arbeiter und Angestellte an, beuten sie deren Arbeitskraft in gleicher Weise aus und entlohnen sie sie in gleicher Weise, so müssen diese Kapitale bei sonst gleichen Kreislaufbedingungen ihren Eigentümern den gleichen Profit bringen. Das ergibt sich mit Notwendigkeit aus dem Wertgesetz. Beuten diese Kapitale jedoch eine unterschiedliche Anzahl von Arbeitern und Angestellten aus, und zwar in verschiedenem Grade - der eine mehr und der andere weniger -, so können sie aufgrund eben dieses Wertgesetzes nicht mehr den gleichen Profit produzieren und sich aneignen.

In der Praxis des kapitalistischen Alltags beobachtet man jedoch etwas völlig Entgegengesetztes. Faktisch ergeben gleich große Kapitale in der gleichen Zeit den gleichen Profit, unabhängig davon, ob sie viel oder wenig lebendige Arbeit ausbeuten. Daher entsteht und besteht ständig der Schein, als ob der Wert der Waren und ihr Verkaufspreis nicht durch die Verausgabung lebendiger Arbeitskraft, nicht durch die in den Waren vergegenständlichte gesellschaftlich notwendige Arbeit bestimmt wird. Verlässt man sich auf diesen Schein, so stimmt die Arbeitswerttheorie nicht, wird das Wertgesetz in der Praxis ständig verletzt.

Mit seinen Untersuchungen erklärte Marx auf der Grundlage der Arbeitswerttheorie, wie es kommt, dass bei gleich großen Kapitalen mit verschiedener organischer Zusammensetzung ein gleich großer Profit entsteht.

Jeder Kapitalist, jede Zweiggruppe von Kapitalisten strebt danach, für jeden Teil des in einem Betrieb, in diesem oder jenem Produktionszweig angelegten Gesamtkapitals den entsprechenden Teil des im Rahmen der ganzen Gesellschaft gebildeten gesamten Mehrwerts (oder Profits) zu erhalten. Marx hat mathematisch exakt nachgewiesen, dass in denjenigen Produktionszweigen, in denen sich die organische Zusammensetzung des Kapitals mit der organischen Zusammensetzung des gesellschaftlichen Gesamtkapitals deckt, der Verkaufspreis der Waren dieser Zweige mit ihrem wirklichen Wert zusammenfällt. In allen übrigen Zweigen müssen die Verkaufspreise der Waren von ihren Werten abweichen. In denjenigen Zweigen, in denen der Teil des konstanten (fixen und zirkulierenden) Kapitals relativ groß ist, liegen die Preise der Waren über ihren Werten. In den anderen Zweigen mit einer Zusammensetzung des Kapitals, die niedriger als der gesellschaftliche Durchschnitt ist, liegen die Preise der Waren unter ihrem Wert. Die Gesamtsumme aller Waren drückt den Wert des gesellschaftlichen Gesamtprodukts in Geld aus. Die Preise werden jedoch unmittelbar *nicht* durch den Wert im eigentlichen Sinne, sondern durch ihre verwandelte Form, den *Produktionspreis*, geregelt, der sich aus dem Kostpreis der Ware und dem Durchschnittsprofit zusammensetzt. Der Produktionspreis ist die Größe, die die Marktpreise der Waren bestimmt; um ihn herum schwanken die Marktpreise.

Den Begriff des Produktionspreises kannten auch die bürgerlichen Ökonomen. Keiner von ihnen erforschte aber den Unterschied zwischen dem Produktionspreis und dem Wert, keiner bewies auch die „Blutsverwandtschaft" beider Kategorien, die einander nur äußerlich negieren. Das tat erst Marx.

Großes Verdienst kommt Karl Marx für die im dritten Band enthaltene Analyse des Handelskapitals und des Handelsprofits zu, bei deren Betrachtung selbst so hervorragende Ökonomen wie Smith und Ricardo in eine Sackgasse gerieten. Marx wies nach, dass das Handelskapital ein verselbständigter Teil des industriellen Kapitals und der Handelsprofit ein Teil des Mehrwerts ist, den die industriellen Unternehmer den Handelskapitalisten abgeben. Es wurde damit endgültig mit der Illusion aufgeräumt, dass das Handelskapital selbst Mehrwert erzeugt.

Marx untersuchte im dritten Band auch das zinstragende Kapital und den Zins. Er demonstrierte dabei die Einheit des zinstragenden Kapitals mit allen anderen Kapitalarten und des Zinses mit allen anderen verwandelten Formen des Mehrwerts. Gleichzeitig berücksichtigte er auch die Besonderheiten des zinstragenden Kapitals und des Zinses, ihre Unterschiede zu anderen Formen des Kapitals und des Mehrwerts. In der Form des zinstragenden Kapitals, der parasitärsten Form des Kapitals und der Form, in der der Fetischismus des Kapitals am ausgeprägtesten in Erscheinung tritt, ist jede Spur von der tatsächlichen Herkunft des Mehrwerts ausgelöscht.

Keiner der vormarxschen Ökonomen besaß eine systematische Kredittheorie. Karl Marx wies als erster nach, dass der Kredit die Bewegungsform des zinstragenden Kapitals ist. Er erforschte die beiden Hauptformen des Kredits, den kommerziellen und den Bankkredit, und zeigte die Rolle des Kredits in der Entwicklung des Kapitalismus.

Die Grundrente

Im dritten Band des „Kapital" untersuchte Karl Marx schließlich die Grundrente. Die Rententheorie war vor Marx schon von Ricardo sehr weit ausgebildet worden. Aber Ricardo enthüllte nicht das klassenbedingte Wesen, den Ausbeutungscharakter der kapitalistischen Rente und konnte diesen auch gar nicht entschleiern. Er untersuchte nur die Differentialrente und brachte sie mit dem „Gesetz vom abnehmenden Bodenertrag" in Verbindung. Marx griff die wissenschaftlichen Elemente von Ricardos Rententheorie auf. Aber seine Lehre unterschied sich grundlegend von der Ricardos. Marx wies erstmalig nach, dass die Rente eine Form des Mehrwerts ist, analysierte im einzelnen die Differentialrente, entdeckte und untersuchte die absolute Rente und gab eine wissenschaftliche Erklärung für den Bodenpreis.

Was bedeutet nun „Differentialrente" und „absolute Grundrente"? Die Differentialrente ist der Surplusprofit über dem Durchschnittsprofit, der in Wirtschaften mit günstigen Produktionsbedingungen erzielt wird. Der Extraprofit der Kapitalisten in der Landwirtschaft hängt mit dem Monopol auf dem Boden als Wirtschaftsobjekt zusammen. Die Konkurrenz dieser Kapitalisten innerhalb des Zweiges führt zur Herausbildung von Marktpreisen für ihre Waren, die durch den Produktionspreis nicht auf den besten und mittleren, sondern auf den *schlechtesten* der bearbeiteten Böden geregelt werden. Dadurch wird die Erzielung eines Extraprofits auf weniger produktiven Parzellen möglich, der als Differentialrente in Erscheinung tritt.

Marx führte als erster den theoretischen Nachweis, dass sich im Kapitalismus auch eine absolute Grundrente herausbilden kann. Die absolute Grundrente ist der Tribut, den die Gesellschaft den Grundbesitzern allein für den Eigentumstitel zahlt. Die Landlords und Gutsbesitzer sind eine Art Rentiers, die Coupons von „ihrem" Boden schneiden, ohne sich an der Organisation und Leitung der landwirtschaftlichen Produktion auch nur im geringsten zu beteiligen. Wegen der niedrigen organischen Zusammensetzung des Kapitals und der geringen Produktivität der Arbeit in der Landwirtschaft sind der Wert und der Preis ihrer Erzeugnisse im Durchschnitt höher als der Wert und der Produktionspreis der Industrieerzeugnisse. Gleichzeitig schließt das Monopol des privaten Grundeigentums die Möglichkeit aus, die Preise der landwirtschaftlichen Erzeugnisse durch Konkurrenz auf das jeweilige Niveau der gesellschaftlichen Produktionspreise zu bringen. Der Unterschied zwischen dem hohen Wert der landwirtschaftlichen Erzeugnisse und den Produktionspreisen der anderen Waren bildet die absolute Grundrente.

Die Existenz der absoluten Grundrente ist *keine* notwendige Voraussetzung der kapitalistischen Produktion. Im Gegenteil: durch die Abzweigung eines Teils des Mehrwerts und des Kapitals zugunsten der schmarotzenden Klasse der Bodenaristokratie hemmt sie die Entwicklung der Produktion. Die Forderung nach der Nationalisierung des Bodens entspricht daher im Grunde den Interessen der Bourgeoisie. Wenn sie vor einem Angriff auf das private Grundeigentum zurückschreckt, so nur deshalb, weil ein Angriff gegen diese Art des Privateigentums die Kettenreaktion eines Angriffes gegen das Prinzip des Privateigentums an Produktionsmitteln insgesamt auslösen kann.

Sehr interessant sind Marx' Exkurse in die vorkapitalistischen Produktionsweisen bei der Behandlung der Grundrente sowie des Handels- und Wucherkapitals. Hier analysierte er die für die früheren Produktionsweisen charakteristischen historisch-ökonomischen Prozesse.

Marx arbeitete den dritten Band des „Kapital“ nicht bis zum Ende aus. Über den abschließenden Teil lässt sich nur anhand eines Briefes an Engels urteilen, in dem Marx darauf hinwies, dass sich die Bewegung der kapitalistischen Produktionsweise im Klassenkampf auflöst, der notwendig zum Untergang der kapitalistischen Gesellschaft führt.

Der tendenzielle Fall der Profitrate

Die bürgerlichen Ökonomen verschiedener Schulen vor Marx hatten bereits bemerkt, dass die allgemeine Profitrate mit der Entwicklung des Kapitalismus eine sinkende Tendenz aufweist, jedoch vergeblich versucht, die Frage nach dem weshalb zu beantworten. Marx gab im dritten Band des „Kapital“ die Antwort.

Mit dem technischen Fortschritt und dem damit verbundenen Anwachsen des konstanten Kapitals wird das Arbeitsquantum, das zur Herstellung derselben Produktenmenge erforderlich ist, immer kleiner, infolgedessen verringert sich das variable Kapital relativ zum konstanten Kapital. Anders ausgedrückt: die „organische Zusammensetzung des Kapitals“ verändert sich zugunsten des konstanten Kapitals, d.h. dass im Kapitalismus das konstante Kapital (die Produktionsmittel, Maschinen, Rohmaterialien usw.) wesentlich schneller wächst als das variable Kapital (die Arbeitskraft). Indem sich aber die organische Zusammensetzung, bedingt durch die Notwendigkeit der Fortentwicklung der kapitalistischen Produktion, in dieser Weise verändert, sinkt zugleich das, was für den Kapitalisten am wichtigsten ist - nämlich die Profitrate. Da die Profitrate das Verhältnis des Mehrwerts zum gesamten Kapital ausdrückt, der Mehrwert jedoch von der Arbeitskraft produziert wird, die sich in Relation zum konstanten Kapital verringert, so ist der Fall der Profitrate die allgemeine Erscheinung und das Gesetz der kapitalistischen Produktionsweise.

Das Kapital wächst auf der einen Seite nur dank der Erhöhung des Mehrwerts an und strebt danach, dass die Masse dieses Werts im Verhältnis zu den angewandten Mitteln maximal groß sei; auf der andren Seite wiederum ist es, infolge der Konkurrenz und des technischen Fortschritts, gezwungen, Bedingungen zu schaffen, die die Profitrate unentwegt senken.

Marx zeigte indes auch die vielen Einflüsse auf, die diesem Gesetz entgegenwirken, es mildern und modifizieren. Vor allem sind das 1. die Erhöhung des Ausbeutungsgrads der Arbeit; 2. die Herabsetzung des Lohnes unter den Wert der Arbeitskraft; 3. die Verbilligung der Elemente des konstanten Kapitals; 4. die offene und latente Arbeitslosigkeit (relative Überbevölkerung); 4. die breite Entfaltung des Außenhandels und des Kapitalexports in die Kolonien zwecks Ausbeutung billiger Arbeitskraft. Eben dadurch hat das Gesetz des tendenziellen Falls der Profitrate nur den Charakter einer *Tendenz*.

Das Kapital versucht dieser Senkung durch die ständige Vergrößerung der Ausbeutungsrate entgegenzuwirken, vor allem durch Verlängerung des Arbeitstags und das Drücken der Arbeiterlöhne unter den Wert der Arbeitskraft. Einen Faktor, der das Sinken der Profitrate bremst, stellt auch die Entstehung - dank derselben Umstände, die die Profitrate senken, nämlich dank der Steigerung der Arbeitseffizienz - einer Reservearmee von Arbeitern, d.h. die „relative Übervölkerung“ dar, die zu einem Konkurrenzgegensatz unter den Arbeitern führt und es erlaubt, die Löhne zu drücken. Auch der Außenhandel wirkt hemmend, sofern er zur Senkung der Preiselemente des konstanten Kapitals oder zur Verbilligung der Unterhaltskosten beiträgt.

Trotz aller dieser Faktoren, welche die fallende Tendenz der Profitrate schwächen, bahnt sie sich nach Überzeugung von Marx dennoch ihren Weg in der kapitalistischen Wirtschaft. Sie ist die Quelle der wachsenden Ausbeutung und fördert zugleich die Konzentration des Kapitals, weil sie die Position der kleinen Kapitalisten schwächt und sie in steigendem Maße dazu verurteilt, vom großen Kapital geschluckt zu werden.

Der Fall der Profitrate ist auch ein wesentlicher Faktor bei der Entstehung der Überproduktion, des überflüssigen Kapitals, der relativen Übervölkerung und der Krisen. Die Angst der Kapitalisten angesichts dieses Prozesses, ihr „Horror vor der fallenden Profitrate“, verrate, schrieb Marx,

> „das Gefühl, dass die kapitalistische Produktionsweise an der Entwicklung der Produktivkräfte eine Schranke findet, die nichts mit der Produktion des Reichtums als solcher zu tun hat; und diese eigentümliche Schranke

> bezeugt die Beschränktheit und den nur historischen, vorübergehenden Charakter der kapitalistischen Produktionsweise; bezeugt, dass sie keine für die Produktion des Reichtums absolute Produktionsweise ist, vielmehr mit seiner Fortentwicklung auf gewisser Stufe in Konflikt tritt.“

Um den Fall der Profitrate auszugleichen, sind die Kapitalisten gezwungen, das Gesamtkapital durch Steigerung der Profitsumme bzw. -masse zu vergrößern. Aber das Wachstum des Kapitals und der Produktion hat ja gerade jene Folgen, die wir bei der Erörterung des allgemeinen Gesetzes und der historischen Tendenz der kapitalistischen Akkumulation kennen gelernt haben. Daher kommt es zur Hyperproduktion, zur Vernichtung der schwächeren Kapitale, zu den Krisen usw., und es zeigt sich zugleich, dass der Kapitalismus aufgrund der Zwänge seiner inneren Entwicklung außerstande ist, die weitere ungestörte Entwicklung der Gesellschaft zu gewährleisten.

Das Gesetz des tendenziellen Falls der Profitrate ist ein Bestandteil der Analyse, die am Ende zu dem Ergebnis führt, dass der Kapitalismus kraft der inneren Widersprüche zusammenbrechen müsse, die er selber erzeugt. Marx hat jedoch nie behauptet (was ihm zuweilen unterstellt wird), dass der Fall der Profitrate *allein* den weiteren Fortbestand des Kapitalismus zu einer ökonomischen Unmöglichkeit machen werde. Dem Fall der Profit*rate* steht nämlich das Wachstum der absoluten Profit*masse* gegenüber, wobei sich die Auswirkungen der beiden gegenläufigen Tendenzen quantitativ nur sehr schwer feststellen und prognostizieren lassen. Ob der Fall der Profitrate sich als stärker erweist als seine Gegentendenzen, er also über sie unausweichlich dominiert, lässt sich nur auf der Grundlage empirischer Datenerfassung, nicht aber auf dem Weg der Deduktion aus der allgemeinen Profitratendefinition erschließen. Empirisch hat sich aber in der Entwicklung des Kapitalismus seit dem Erscheinen des dritten Bandes des „Kapital“ ein permanenter Fall der Profitrate *nicht* bestätigt - was nicht heißt, dass das Marxsche Gesetz falsch sein muss, wohl aber, dass die es abmildernden, hemmenden und konterkarierenden Einflüsse bisher noch nicht an die Grenzen ihrer Entfaltungsmöglichkeiten gestoßen sind.

Die Krisentheorie

Das Gesetz des tendenziellen Falls der Profitrate als Ausdruck der Marxschen Überzeugung von der Unfähigkeit des Kapitalismus, mit seinen Widersprüchen fertig zu werden, ist auch, wie schon gesagt, ein essentieller Bestandteil seiner Krisentheorie.

Die Konsumtion kann mit dem Produktionswachstum nicht Schritt halten, das durch die grenzenlose Habgier der Kapitalisten nach dem Mehrwert angetrieben wird, denn dieselbe Habgier lässt keine Vergrößerung der Konsummöglichkeiten der Masse der Bevölkerung zu. Die Summe des geschaffenen Reichtums ist keineswegs zu groß im Verhältnis zu den wirklichen Bedürfnissen, sie erweist sich aber stets als zu groß, gemessen an den Möglichkeiten des Marktes. Das Gesetz des tendenziellen Falls der Profitrate steht der Entwicklung der produktiven Arbeitskraft stets im Wege, deren Entwicklung wiederum seine Quelle ist. Die Akkumulation des Kapitals wird von einer ständigen Konzentration begleitet, der Entstehung immer größerer Kapitalanhäufungen auf Kosten der Vernichtung der kleinen Produzenten. Das kapitalistische Eigentum überwindet seine Widersprüche in periodischen Krisen der Überproduktion, die den Ruin der Masse der kleinen Eigentümer zur Folge haben und gewaltige Opfer unter der Arbeiterschaft erfordern, indem sie dadurch das gestörte Marktgleichgewicht für einige Zeit wiederherstellen. Diese Krisen sind die Konsequenz des anarchischen Charakters der Produktion und der Tatsache, dass der Produktionszweck ausschließlich in der Mehrwertverwertung besteht.

Die Krisen verursachen eine Verschwendung gesellschaftlichen Reichtums in ungeheurem Ausmaß und decken die Unfähigkeit des Kapitalismus zur Bewältigung seiner eigenen Widersprüche auf. In ihnen tritt der Konflikt zwischen dem erreichten technischen Niveau und den gesellschaftlichen Zuständen zutage, unter denen diese Technik wirksam wird, d.h. der Konflikt zwischen den Produktionsmitteln und den Produktionsverhältnissen. Der Kapitalist, der über die Produktionsmittel verfügt und ausschließlich die Mehrwertmaximierung bezweckt, hat auch aufgehört, der für das wirksame Funktionieren der Produktion unerlässliche Organisator zu sein - der er in der ursprünglichen Phase der Akkumulation gewesen ist; er vertraut die Leitung seines Betriebes zumeist anderen an. Eigentum und Verwaltung trennen sich immer stärker. Die private Aneignung des Arbeitsprodukts bei steigendem gesellschaftlichen Charakter der Produktion wird immer anachronistischer. Marx schrieb darüber im 15. Kapitel des dritten Bandes:

> „So wächst die Macht des Kapitals, die im Kapitalisten personifizierte Verselbständigung der gesellschaftlichen Produktionsbedingungen gegenüber den wirklichen Produzenten. Das Kapital zeigt sich immer mehr als gesellschaftliche Macht, deren Funktionär der Kapitalist ist und die in gar keinem möglichen Verhältnisse mehr zu dem steht, war die Arbeit eines einzelnen Individuums schaffen kann - aber als entfremdete, verselbständigte gesellschaftliche Macht , die als Sache, und als Macht des Kapitalisten durch diese Sache, der Gesellschaft gegenübertritt. Der Widerspruch zwischen der allgemeinen gesellschaftlichen Macht, zu der sich das Kapital gestaltet, und der Privatmacht der einzelnen Kapitalisten über diese gesellschaftlichen Produktionsbedingungen entwickelt sich immer schreiender und schließt die Auflösung dieses Verhältnisses ein, indem sie zugleich die Herausarbeitung der Produktionsbedingungen zu allgemeinen, gemeinschaftlichen, gesellschaftlichen Produktionsbedingungen einschließt.“

Damit hat die proletarische Revolution denselben Gegensatz zur Voraussetzung, der, nach Marx' Ansicht, die bürgerlichen Revolutionen verursacht hat: Die von der Bourgeoisie entwickelten Produktivkräfte erwiesen sich ab einem bestimmten Zeitpunkt als mit den gesellschaftlichen Verhältnissen des Feudalismus unvereinbar, die der Produktion Zunftrestriktionen und lokale oder Standesprivilegien auferlegten und die, darüber hinaus, die Freizügigkeit der Lohnarbeit behinderten. Analog dazu schafft die Bourgeoisie mit dem weiteren Wachstum der Produktivkräfte eine Situation, in der das Kapitalmonopol zur Fessel der Produktionsweise wird und das eintritt, was Marx im ersten Band des „Kapital" mit den berühmt gewordenen Worten prophezeite:

> „Die Zentralisation der Produktionsmittel und die Vergesellschaftung der Arbeit erreichen einen Punkt, wo sie unverträglich werden mit ihrer kapitalistischen Hülle. Sie wird gesprengt. *Die Stunde des kapitalistischen Privateigentums schlägt. Die Expropriateurs werden expropriiert*."

26. Kapitel: Engels' „Die Bauernfrage in Frankreich und Deutschland"; Engels' „Einleitung zu 'Die Klassenkämpfe in Frankreich 1848 bis 1850'"; Engels' Krankheit und Tod

Mit Genugtuung konnte Engels beobachten, wie sich Ende der achtziger und zu Beginn der neunziger Jahre einige sozialdemokratische Parteien zu Massenparteien entwickelten. Die deutsche Sozialdemokratie - als stärkste Abteilung der internationalen Arbeiterbewegung - zählte Mitte der neunziger Jahre etwa 150.000 Mitglieder. Friedrich Engels war sich bewusst, dass damit neue Probleme für die Parteiarbeit aufgeworfen wurden. Eine gegenüber den früheren Jahren unvergleichlich größere Anzahl von Parteimitgliedern musste jetzt zu bewussten Sozialisten erzogen werden.

Immer wieder hob er hervor, dass die Arbeiterbewegung und ihre Partei ihre Mission nur durch eine klare Klassenpolitik erfüllen könnten. Mit Nachdruck wandte er sich gegen Bestrebungen, den Klassencharakter der Partei in Frage zu stellen, als er - wie schon anderthalb Jahrzehnte zuvor im „Zirkularbrief" - Ende 1894 erneut betonte:

> „In unsrer Partei können wir zwar Individuen aus jeder Gesellschaftsklasse, aber durchaus keine kapitalistischen, keine mittelbürgerlichen oder mittelbäuerlichen Interessengruppen gebrauchen."

Eine wie auch immer geartete „Gleichberechtigung" von rechten und marxistischen Auffassungen innerhalb der Partei war für Engels undenkbar.

Je mehr die Strategie und die Taktik des Kampfes um die Macht an Aktualität gewannen, um so größeres Gewicht bekam die Frage nach den Verbündeten der Arbeiterklasse im Kampf um Demokratie und Sozialismus. Marx und Engels hatten sich mit diesem Problem seit den vierziger Jahren beschäftigt. Im „Manifest der Kommunistischen Partei", in den 17 „Forderungen der Kommunistischen Partei in Deutschland" und in der „Neuen Rheinischen Zeitung" hatten sie auf die Übereinstimmung der Interessen der Arbeiter und Bauern sowie anderer Schichten im Ringen um einen bürgerlich-demokratischen deutschen Nationalstaat hingewiesen und waren für die Enteignung des Großgrundbesitzes und für die Wiedergutmachung des in Jahrhunderten an der kleinen Bauern und Landarbeitern begangenen Unrechts eingetreten. In seiner Studie über den „Deutschen Bauernkrieg" hatte Engels die revolutionär-demokratischen Traditionen der Bauernschaft vorgeführt und in den darauf folgenden Jahrzehnten die Arbeiterschaft mehrmals an diesen ihren natürlichen Bundesgenossen erinnert. Nun aber, am Ausgang des Jahrhunderts, angesichts der bestehenden oder sich herausbildenden proletarischen Massenparteien, ging es nicht nur um die Frage der *demokratischen*, sondern auch schon um die der *sozialistischen* Perspektive des Bündnisses zwischen Arbeitern und Bauern. 1894 schrieb Engels:

> „Die Eroberung der politischen Macht durch die sozialistische Partei ist in absehbare Nähe gerückt. Um aber die politische Macht zu erobern, muss diese Partei vorher von der Stadt aufs Land gehn, muss eine Macht werden auf dem Land.“

Diese Aufgabe galt für die gesamte internationale Arbeiterbewegung. Für ihre einzelnen Abteilungen traten dabei jedoch jeweils verschiedene Aspekte des Agrarproblems in den Vordergrund.

Naturgemäß hatten die sozialistischen Arbeiterparteien ihre Hauptstützpunkte in den Städten. Aber selbst in entwickelten kapitalistischen Ländern wie in Deutschland lebte um 1895 noch die Hälfte der Bevölkerung auf dem Lande. Historische Erfahrungen und strategische Überlegungen machten deutlich, dass es für den Erfolg des proletarischen Klassenkampfes von ausschlaggebender Bedeutung sein musste, welche Stellung die Landbevölkerung einnahm. Gelang es den Herrschenden, die Agrarbezirke weiterhin als Bollwerk des Konservativismus zu erhalten, dann blieben entscheidende gesellschaftliche Kräfte für den demokratischen Kampf gegen preußisch-deutschen Militärstaat untätig; dann wurde auch das Ringen der Arbeiterschaft um die sozialistische Perspektive ungemein erschwert. Gelang es dagegen den sozialistischen Parteien, das Landproletariat für den Klassenkampf zu mobilisieren, die bäuerliche Bevölkerung dem Einfluss des Klerikalismus und feudaler Untertanenmentalität zu entziehen und sie als Bundesgenossen zu gewinnen, dann konnte der demokratische Kampf mit viel größerer Intensität geführt werden, dann waren die Eroberung der politischen Macht und die sozialistische Umgestaltung der Gesellschaft ebenfalls wesentlich leichter und mit geringeren Opfern zu erreichen.

Engels konnte noch erleben, wie die sozialistische Bewegung selbst in ökonomisch noch rückständigen Ländern Fuß fasste. Die sozialdemokratischen Parteien Dänemarks, Rumäniens, Ungarns und Italiens waren besonders stark mit Agrarproblemen konfrontiert und drängten deshalb darauf, gerade diesen Fragenkomplex mit den anderen sozialistischen Parteien zu diskutieren. Von noch größerer Bedeutung war die Bauernfrage für Russland.

„Die Bauernfrage in Frankreich und Deutschland“

In den letzten Lebensjahren von Friedrich Engels rückte daher die Bündnisfrage als theoretisches Problem und praktische Aufgabe mehr und mehr in den Vordergrund des Meinungsstreits innerhalb der Arbeiterbewegung. Verstärkt wurde dies noch dadurch, dass in den neunziger Jahren, insbesondere in Frankreich und Deutschland, die zunehmende Konzentration des Kapitals auch in der Landwirtschaft zu wachsender Unzufriedenheit unter den Bauern führte. Die Bauernschaft, bisher ein „politischer Machtfaktor... meist nur durch seine in der Isolierung des Landlebens begründete Apathie“, geriet in Bewegung. Der Klein- und Mittelbauer suchte nach einem Ausweg aus der Existenzbedrohung, die die kapitalistische Entwicklung ihm brachte. Dadurch eröffnete sich für die sozialistischen Parteien die reale Möglichkeit, die Landbevölkerung in den Kampf gegen die Großgrundbesitzer und die Groß- bourgeois sowie deren Klassenstaat einzubeziehen.

Als erste sozialistische Partei erstellte die marxistische Parti ouvrier in Frankreich, dem „klassischen Land der Kleinbauernwirtschaft", ein spezielles Agrarprogramm. Engels nannte das 1892 vom Marseiller Parteitag angenommene Programm, das Reformen für Landarbeiter, Kleinbauern und Pächter forderte, einen praktischen Anhaltspunkt für eine Bündnispolitik mit den Bauern. Zwei Jahre später, im September 1894, beschloss jedoch der in Nantes tagende Kongress der Parti ouvrier ein Agrarprogramm, das zwar das Parzelleneigentum als „unrettbar dem Untergang geweiht" bezeichnete, im Gegensatz dazu aber die Sozialisten verpflichtete, nicht nur „die selbstarbeitenden Bauern im Besitz ihrer Landstückchen zu erhalten gegenüber dem Fiskus, dem Wucher und den Eingriffen der neu entstandenen großen Grundherren", sondern auch „diesen Schutz auszudehnen auf die Produzenten, die unter dem Namen Pächter oder Teilpächter... fremdes Land bebauen und... Taglöhner ausbeuten". Dagegen erhob Engels Einspruch, weil hier Grundprinzipien des Marxismus preisgegeben wurden. Wenn sich die sozialistische Partei sogar für den Schutz des Eigentums derjenigen Pächter erkläre, die Lohnarbeiter beschäftigen, so sei das, schrieb er, mehr, „als die meisten Menschen außerhalb Frankreichs werden schlucken können".

In Deutschland stand die Agrarfrage gleichfalls auf der Tagesordnung des Parteitages, der Ende Oktober 1894 in Frankfurt am Main zusammentrat. Auf ihm gelang es dem Wortführer der Rechten, Georg von Vollmar, die Parteitagsdelegierten zu überrumpeln und eine Resolution zur Annahme zu bringen, in der nicht die marxistische, sondern eine opportunistische Konzeption in der Bauernfrage vorherrschte. Dabei berief er sich auf das Agrarprogramm von Nantes und überdies auf Engels, der angeblich dieses Programm gebilligt hätte. Vollmar überbetonte die Besonderheiten der landwirtschaftlichen Entwicklung gegenüber der Industrie, gab zu verstehen, dass die Zukunft nicht dem Groß-, sondern dem agrarischen Kleinbetrieb gehöre, und dass folglich der private bäuerliche Kleinbetrieb die Grundlage einer künftigen sozialistischen Landwirtschaft bilden werde. Von der Sozialdemokratischen Partei forderte er deshalb, gemeinsam mit dem bürgerlichen Staat uneingeschränkt den bäuerlichen Kleinbetrieb zu schützen als „Linie der Entwicklung zum Sozialismus". Indem Vollmar die Vergesellschaftung der Produktionsmittel als für die Landwirtschaft undurchführbar hinstellte, gestand er der Theorie vom Klassenkampf und vom Sozialismus nur noch partielle Bedeutung - nämlich für die Industrie - zu.

Bebel drängte Engels, in diese Auseinandersetzung einzugreifen. In einer kurzen Presseerklärung im „Vorwärts" legte Engels den Gegensatz zwischen seiner und Vollmars Auffassung dar: „Will man den Kleinbauern permanent erhalten, so erstrebt man meiner Ansicht ökonomisch Unmögliches, opfert das Prinzip, wird reaktionär". Zugleich kündigte er einen Artikel an, in dem er seine Ansicht begründen werde.

Die Stellungnahme im „Vorwärts" löste in der deutschen Sozialdemokratie eine der erbittertsten Polemiken zwischen den Marxisten und den Rechten aus. Als Wilhelm Liebknecht die Gegensätze zu verniedlichen suchte, stellte sich Engels nachdrücklich hinter Bebel, der „entschieden recht" habe. Vollmars „Bauernpolitik" gehe „schon übers Kleinbürgerliche hinaus nach *rechts*". Und er fügte im Brief an Liebknecht hinzu:

> „Du sagst, V(ollmar) sei kein Verräter. Mag sein... Aber wie nennst Du einen Menschen, der einer proletarischen Partei zumutet, sie soll den oberbayrischen Groß- und Mittelbauern, Eignern von 10 - 30 Hektaren, ihren jetzigen Zustand verewigen, der zur Grundlage hat die Ausbeutung von Gesinde- und Taglöhnern. Eine proletarische Partei, express gestiftet zur Verewigung der Lohnsklaverei! Der Mann mag ein Antisemit sein, ein bürgerlicher Demokrat, ein bayrischer Partikularist, was weiß ich, aber ein Sozialdemokrat?!"

Ende November 1894 erschien dann Engels' Streitschrift „Die Bauernfrage in Frankreich und Deutschland" in der „Neuen Zeit". Sie führte die Agrardiskussion wieder auf das *Grundproblem* zurück, von dem die Rechten die Bündnisfrage zu trennen suchten: auf den Kampf um die politische Macht. Gleichzeitig betonte Engels - gegen scheinradikale Auffassungen gewandt, die das Bündnis mit den Bauern überhaupt negierten - die Notwendigkeit für die Arbeiterschaft, den Bauern zu gewinnen, der überall in Europa, mit Ausnahme Großbritanniens und Ostelbiens, „ein sehr wesentlicher Faktor der Bevölkerung, der Produktion und der politischen Macht" sei. „... *Gegen* den Kleinbauern ist... keine dauernde Umwälzung möglich", fügte er hinzu.

Engels konzentrierte sich in seinem Aufsatz zunächst auf die Stellung und die Zukunft des Kleinbauern. Im Kleinbauern - dem Eigentümer oder Pächter „eines Stückchens Land, nicht größer, als er mit seiner eignen Familie in der Regel bebauen kann, und nicht kleiner, als was die Familie ernährt" - sah Engels einen „Arbeiter, der sich vom modernen Proletariat dadurch unterscheidet, dass er noch im Besitz seiner Arbeitsmittel ist". Gegenüber den rechten Fehleinschätzungen und Illusionen verwies Engels auf die ökonomischen und sozialen Gesetzmäßigkeiten, die auch in der Landwirtschaft wirkten. Die kapitalistische Großproduktion, betonte er, habe dem landwirtschaftlichen Kleinbetrieb den Lebensnerv abgeschnitten und werde über ihn hinweggehen „wie eine Eisenbahnzug über eine Schubkarre". Die Erhaltung des Kleinbetriebes zu fordern, hielt er für eine Torheit, die nur dazu führen könne, „den Bauern direkt den Weg zu ihrer Befreiung (zu) versperren". Nachdrücklich hob er hervor, dass es für die Bauern nur ein „einziges Rettungsmittel" gebe, nämlich „den Großbetrieb selbst einzuführen, nicht für kapitalistische, sondern für ihre eigne gemeinsame Rechnung". Die Aufgabe der Arbeiterpartei gegenüber den Kleinbauern sah er deshalb darin, sie „nicht mit Gewalt, sondern durch Beispiel und Darbietung von gesellschaftlicher Hilfe“ zur genossenschaftlichen Produktion zu führen. Das aber setze unabdingbar voraus, dass „wir im Besitz der Staatsmacht sind“.

Gegenüber sektiererischen Auffassungen bekräftigte Engels ausdrücklich:

> „Und wir stehn ja entschieden auf Seite des Kleinbauern..., weil wir den selbstarbeitenden Kleinbauern als virtuell zu uns gehörend betrachten... Je größer die Anzahl der Bauern ist, denen wir den wirklichen Absturz ins Proletariat ersparen, die wir schon als Bauern für uns gewinnen können, desto rascher und leichter vollzieht sich die gesellschaftliche Umgestaltung. Es kann uns nicht dienen, wenn wir mit dieser Umgestaltung warten müssten, bis die kapitalistische Produktion sich überall bis auf ihre letzten Konsequenzen entwickelt hat.“

Engels analysierte sehr differenziert das Verhältnis der Arbeiterschaft zu den verschiedenen Teilen der Landbevölkerung und deren Perspektive. Er schrieb:

> „Eine Arbeiterpartei hat natürlich in erster Linie für die Lohnarbeiter einzutreten, also für die Knechte, Mägde und Taglöhner; es verbietet sich ihr damit von selbst, den Bauern irgendwelche Versprechungen zu machen, die die Fortdauer der Lohnknechtschaft der Arbeiter einschließen.“

Engels zeigte, dass der Sozialismus aber auch den Großbauern eine Perspektive bietet, und zwar durch die „Zusammenlegung der Güter zu genossenschaftlichen Betrieben..., bei denen die Ausbeutung der Lohnarbeit mehr und mehr beseitigt und die allmähliche Verwandlung in gleichberechtigte und gleichverpflichtete Zweige der großen nationalen Produktionsgenossenschaft eingeleitet werden kann“.

Nur beim Großgrundbesitz liege die Sache ganz einfach:

> „Sobald unsre Partei im Besitz der Staatsmacht ist, hat sie die Großgrundbesitzer einfach zu expropriieren, ganz wie die industriellen Fabrikanten... Die so der Gesamtheit zurückgegebenen großen Güter hätten wir den sie schon jetzt bebauenden, in Genossenschaften zu organisierenden Landarbeitern zur Benutzung unter Kontrolle der Gesamtheit zu überlassen... Und das Beispiel dieser Ackerbaugenossenschaften würde auch die letzten etwa noch widerstrebenden Parzellenbauern und wohl auch manche Großbauern von den Vorteilen des genossenschaftlichen Großbetriebs überzeugen.
> Hier also können wir den Landproletariern eine Aussicht eröffnen, ebenso glänzend wie die, welche dem Industriearbeiter winkt.“

Die ostelbischen Landarbeiter für die sozialistische Bewegung zu gewinnen, betrachtete Engels als erstrangige Aufgabe der Sozialdemokratie: „Haben wir aber die ostelbischen Landarbeiter, so weht in ganz Deutschland ein anderer Wind... Die ‘Kernregimenter’ der preußischen Armee werden sozialdemokratisch, und damit vollzieht sich eine Machtverschiebung, die eine ganze Umwälzung in ihrem Schoße trägt“. Engels’ „Die Bauernfrage in Frankreich und Deutschland“ gehört zu den grundlegenden marxistischen Arbeiten über die Agrarfrage. Seine Schrift widerlegt die oft zu hörende Behauptung, dass die Bauernfrage erst durch Lenin dem Marxismus „angehängt“ worden sei. In Wahrheit knüpfte er bei der Ausarbeitung seines Genossenschaftsplans der sozialistischen Umgestaltung des Dorfes in Russland hier direkt an die Auffassungen von Engels an.

„Einleitung zu Karl Marx' 'Klassenkämpfe in Frankreich 1848 bis 1850'“

Anfang 1895 machte sich Engels auf Vorschlag des Verlages der „Vorwärts“-Buchhandlung daran, Marx' „Klassenkämpfe in Frankreich 1848 bis 1850“ wieder herauszugeben, die seinerzeit in der „Neuen Rheinischen Zeitung. Politisch-ökonomische Revue“ veröffentlicht worden waren. Der Plan kam ihm insofern gelegen, als er sich nach wie vor mit dem Gedanken trug, durch verschiedene Einzelstudien eine Biographie seines verstorbenen Freundes schrittweise vorzubereiten. Deshalb stand es für ihn auch fest, dass Marx' Schrift aus dem Jahr 1850 nur mit einer Einleitung erscheinen konnte, in der er erklären wollte, „warum wir damals berechtigt waren, auf einen bevorstehenden und endgültigen Sieg des Proletariats zu rechnen, warum es nicht dazu kam und inwieweit die Ereignisse dazu beigetragen haben, dass wir die Dinge heute anders sehen als damals“. Engels schrieb diese Einleitung von Mitte Februar bis Anfang März 1895. In ihrem ersten Teil würdigte er die theoretische Bedeutung der Marxschen Schrift, insbesondere für die Anwendung des historischen Materialismus und für die Revolutionstheorie. Er betonte, dass die Geschichte eindeutig bewiesen habe, „wie unmöglich es 1848 war, die soziale Umgestaltung durch einfache Überrumpelung zu erobern“, weil „der Stand der ökonomischen Entwicklung auf dem Kontinent damals noch bei weitem nicht reif war für die Beseitigung der kapitalistischen Produktion“.

Im zweiten Teil seiner Einleitung untersuchte Engels die Frage, welche Strategie und Taktik die Arbeiterbewegung im allgemeinen und die deutsche Sozialdemokratie im besonderen in der neu entstandenen Situation am Ausgang des 19. Jahrhunderts befolgen solle. Zunächst stellte er fest, dass die industrielle Revolution in Deutschland in den zurückliegenden fünf Jahrzehnten „eine wirkliche Bourgeoisie und ein wirkliches großindustrielles Proletariat erzeugt und in den Vordergrund der gesellschaftlichen Entwicklung gedrängt“ und der Klassenkampf damit eine Intensität erreicht hatte, wie sie um die Mitte des 19. Jahrhunderts noch undenkbar gewesen war. Aus kleinen Anfängen hätte sich die Arbeiterbewegung entwickelt zu einer großen internationalen „Armee von Sozialisten, unaufhaltsam vorschreitend, täglich wachsend an Zahl, Organisation, Disziplin, Einsicht und Siegesgewissheit“, geschart um die „die letzten Zwecke des Kampfes scharf formulierende Theorie von Marx“.

Aus diesen veränderten Verhältnissen zog Engels konkrete Schlussfolgerungen für den Kampf um die politische Macht. Er trat jenen mit dem Anarchismus liebäugelnden Arbeitervertretern entgegen, die nicht verstanden, dass die Partei alle Möglichkeiten der bürgerlichen Legalität ausnutzen musste, ohne jemals den illegalen Kampf auszuschließen. Beide Methoden des proletarischen Klassenkampfes - gleichermaßen berechtigt und notwendig - müssten beachtet werden, um neue Massen für den Kampf um die Demokratie und den Sozialismus zu gewinnen.

In der proletarisch-revolutionären Parlamentstaktik sah er eine wirksame Kampfesweise, indem die Arbeiterklasse „Staatseinrichtungen, in denen die Herrschaft der Bourgeoisie sich organisiert“, ausnutzte, um eben diesen bürgerlichen Staat zu bekriegen. Zugleich wies Engels die deutsche Partei warnend darauf hin, dass die ständig wachsenden Wahlerfolge der Sozialisten für die herrschenden Klassen eine so große Gefahr bilden, dass sie eines Tages die von ihnen selbst geschaffene bürgerliche Gesetzlichkeit aufheben und zu Gewaltaktionen und blutigen Provokationen gegen die Arbeiter schreiten könnten.

Müssen die Sozialisten, so schlussfolgerte Engels, auch mit allen Mitteln die bürgerliche Demokratie zur Stärkung ihrer Bewegung ausnutzen, so hielt er doch an dem Grundsatz fest: „Selbstverständlich verzichten unsere ausländischen Genossen nicht auf ihr Recht auf Revolution“. Im Gegenteil: Das restlose Ausschöpfen aller Möglichkeiten des legalen Kampfes, die dadurch erreichte Stärkung für den möglicherweise bald nötigen illegalen Kampf seien die besten Methoden, den „Tag der Entscheidung“ vorzubereiten. „Die Ironie der Weltgeschichte“, schrieb Engels, „stellt alles auf den Kopf... Dem sozialdemokratischen Umsturz, der augenblicklich davon lebt, dass er die Gesetze hält, können sie“, d.h. die Herrschenden und ihre so genannten Ordnungsparteien, „nur beikommen durch den ordnungsparteilichen Umsturz, der nicht leben kann, ohne dass er die Gesetze bricht“.

Dabei betonte Engels, dass diese für den Augenblick zweckmäßige Taktik infolge der Politik der herrschenden Kreise möglicherweise über Nacht geändert werden müsse. Unmissverständlich schrieb er, seinen in der „Einleitung“ dargelegten Standpunkt kommentierend, an Paul Lafargue:

> „Diese Taktik aber predige ich nur für das *heutige Deutschland*, und dann noch **mit** *erheblichen Vorbehalten*. Für Frankreich, Belgien, Italien, Österreich eignet sich diese Taktik in ihrer Gesamtheit nicht, und für Deutschland kann sie schon morgen unanwendbar werden.“

Kaum hatte Friedrich Engels seine „Einleitung“ zur Veröffentlichung nach Berlin geschickt, war er gezwungen, seine Auffassungen klarzustellen. Die herrschenden Cliquen in Deutschland versuchten im Frühjahr 1895, im Reichstag einen unter dem Namen „Umsturzvorlage“ bekannt gewordenen Gesetzentwurf gegen die Sozialdemokratische Partei durchzubringen. Angesichts dieser

Situation erklärte sich Engels, wenn auch schweren Herzens, auf Drängen des deutschen Parteivorstandes bereit, einige Formulierungen in seinem Text so abzuschwächen, dass sie der Justiz keinen Anlass zum Einschreiten gegen die sozialistische Bewegung liefern konnten. Doch mahnend schrieb er:

> „Ich kann doch nicht annehmen, dass Ihr Euch mit Leib und Seele der absoluten Gesetzlichkeit, der Gesetzlichkeit unter allen Umständen, der Gesetzlichkeit auch gegenüber den von ihren Urhebern gebrochenen Gesetzen, kurz der Politik des Hinhaltens der linken Backe dem, der auf die rechte gehauen hat, zu verschreiben beabsichtigt... Ich bin der Ansicht, dass Ihr nichts dadurch gewinnt, wenn Ihr den absoluten Verzicht aufs Dreinschlagen predigt. Glauben tut's kein Mensch, und **keine** Partei irgendeines Landes geht so weit, auf das Recht zu verzichten, der Ungesetzlichkeit mit den Waffen in der Hand zu widerstehn."

Da aber erschien im „Vorwärts" ein Leitartikel mit Auszügen aus Engels' noch unveröffentlichter Einleitung, *„ohne mein Vorwissen abgedruckt* und derartig zurechtgestutzt, dass ich als friedfertiger Anbeter der Gesetzlichkeit quand même (unter allen Umständen, H.H.) dastehe". Engels war aufs äußerste empört und begrüßte Kautskys Vorschlag, den Text der Einleitung sofort in der „Neuen Zeit" zu publizieren, „damit dieser schmähliche Eindruck verwischt" werde. In der darauf folgenden Broschürenveröffentlichung erschien der Text dann ebenfalls so, wie ihn Engels gebilligt hatte.

Engels konnte freilich nicht ahnen, dass sein Aufsatz schon bald nach seinem Tode von den Trägern bürgerlicher Auffassungen in der deutschen und in der internationalen Arbeiterbewegung, die in Eduard Bernstein ihren Wortführer fanden, missbraucht werden sollte. Als sie unter der Flagge einer „Revision des Marxismus" ihren Feldzug gegen die revolutionären Grundlagen der Partei eröffneten, beriefen sie sich dabei auf Engels und gaben dessen Einleitung zu Marx' „Klassenkämpfen in Frankreich 1848 bis 1850" als sein angebliches „politisches Testament" aus.

Vor allem wiesen sie auf die Stellen hin, in denen Engels seine Skepsis gegenüber der „Rebellion alten Stils", den „Straßenkampf mit Barrikaden" bekundete, einen „wirklichen Sieg des Aufstandes über das Militär im Straßenkampf" als zu den „größten Seltenheiten" gehörend bezeichnete und schrieb:

> „Die Zeit der Überrumpelungen, der von kleinen bewussten Minoritäten an der Spitze bewusstloser Massen durchgeführten Revolutionen ist vorbei. Wo es sich um eine vollständige Umgestaltung der gesellschaftlichen Organisation handelt, da müssen die Massen selbst mit dabei sein, selbst schon begriffen haben, worum es sich handelt, für was sie mit Leib und Leben eintreten. Das hat uns die Geschichte der letzten fünfzig Jahre gelehrt. Damit aber die Massen verstehen, was zu tun ist, dazu bedarf es langer, ausdauernder Arbeit, und diese Arbeit ist es gerade, die wir jetzt betreiben, und das mit einem Erfolg, der die Gegner zur Verzweiflung bringt."

Dass gerade Bernstein es war, der der

Engelsschen „Einleitung“ den Stempel einer „testamentarischen Empfehlung des reformistischen Weges“ aufdrückte, kann nur als Infamie bezeichnet werden. Bernstein, der damals, 1895, in Engels’ Haus ein und aus ging, kannte wie kaum ein anderer die Gründe, die Engels widerstrebend veranlasst hatten, seiner Veröffentlichung durch Kürzungen eine Form zu geben, die selbst wütenden Gegnern der Sozialisten keine Handhabe zu Provokationen gegen die Partei bot. Mehr noch: Bernstein selbst war es, der jahrzehntelang Engels’ ursprüngliches, völlig ungekürztes Manuskript der „Einleitung“ aufbewahrte, vor der Öffentlichkeit jedoch verbarg.

Letzte Krankheit und Tod

Friedrich Engels war bis in seine letzten Lebensjahre in seinem Wesen jung und in seiner äußeren Erscheinung sehr rüstig geblieben. Erst etwa ein Jahr vor dem Tod, mit dem Sommer 1894, setzte der Alterungsprozess mit Macht ein. Engels wollte es zunächst nicht wahrhaben, da er sich ungemindert geistiger Frische erfreute. Deshalb finden sich erst seit der Jahreswende 1894/95 in seinen Briefen einige Bemerkungen über das Altern. „Was mich betrifft, so habe ich mich zwar nicht zu beklagen“, heißt es am 18. Dezember 1894, „ich merke aber doch, dass 74 nicht 47 ist“. Und am 3. Jänner 1895 gesteht er: „Allerdings“ mache sich erheblich bemerkbar, „dass ich mir nicht mehr alle Freiheiten mit Essen, Trinken etc. nehmen kann, auch nicht mehr so wetterfest bin wie früher“. Auch Konzentrationsmängel und Gedächtnisschwäche stellten sich ein. „Ich wollte Ihnen noch über vieles schreiben, aber wenn es nötig ist, fällt es einem nicht ein“, klagte er am 3. April 1895. „So langsam wird man alt“. Mitte April 1895 stellte sich eine Schwellung an der rechten Seite des Halses ein. Die „eklige Halsdrüsenanschwellung mit vielen Schmerzen und obligater Schlaflosigkeit“, die Engels „fast total arbeitsunfähig“ machte, war - wie sein Arzt wusste - Speiseröhrenkrebs, der rasch fortschritt. Engels ahnte jedoch nichts von der Bösartigkeit seiner Krankheit. Für den Fall seines Todes hatte Engels schon in den Jahren zuvor sehr genaue Anordnungen getroffen. Nachdem von ihm ursprünglich Marx zum Universalerben bestimmt worden war, hatte er nach dessen Tod ein neues Testament verfasst, in dem Marx’ Töchter Laura und Eleanor sowie die Kinder von Jenny, der verstorbenen ältesten Tochter von Marx, und Helene Demuth zu Engels’ Erben erklärt wurden. Zwei Jahre vor seinem Tod setzte Engels sein letztes, vom 29. Juli 1893 datiertes Testament auf, zu dem er am 26. Juli 1895 einen Nachtrag machte. Demnach sollten je drei Achtel seiner Hinterlassenschaft (es war das ein Barvermögen in der Höhe von etwa 30.000 Pfund Sterling, eine erkleckliche Summe) Marx’ Töchter Laura Lafargue und Eleanor Marx-Aveling erhalten, die davon je ein Drittel für die noch minderjährigen Kinder von Marx’ ältester Tochter Jenny Longuet verwahren sollten. Auf diese Weise sicherte er auch für die Zukunft den Kindern und Enkeln seines Freundes eine auskömmliche Existenz. Die übrigen zwei Achtel des Nachlasses einschließlich der Wohnungseinrichtung vermachte Engels

Louise Kautsky-Freyberger. Außerdem setzte er einen namhaften Betrag für die Nichte seiner Frau, Mary Ellen Rosher, geborene Burns, aus und bestimmte, dass die deutsche Sozialdemokratie 1000 Pfund (20.000 Goldmark) erhalten sollte.

Marx' Korrespondenz sowie alle an Marx gerichteten Briefe überantwortete Engels Eleanor Marx-Aveling. Zu seinen literarischen Testamentsvollstreckern bestimmte er August Bebel und Eduard Bernstein. Seine umfangreiche Bibliothek übereignete er der deutschen Sozialdemokratie.

Am 23. Juli 1895, noch in Eastburne, schrieb Engels an Laura Lafargue und unterrichtete sie von der Anwesenheit Victor Adlers, der einen Urlaub aus dem Gefängnis benutzt hatte, um seinen todkranken Freund noch einmal zu besuchen. Am Schluss des Briefes aber brach es aus Engels heraus: „Ich habe nicht mehr die Kraft, lange Briefe zu schreiben, so lebt denn wohl". Es war dies der letzte Brief, den Friedrich Engels eigenhändig schreiben konnte. Am 24. Juli kehrte er, von Victor Adler begleitet, von Eastburne in seine Londoner Wohnung zurück. Bis zuletzt hoffte Engels, die Krankheit besiegen zu können.

Am 3. August 1895 musste Victor Adler London wieder verlassen. Auf der Reise nach Wien traf er sich unterwegs mit August Bebel und berichtete ihm über Engels' Zustand. August Bebel schrieb zwei Tage später an Wilhelm Liebknecht:

> „Als A(dler) nach dort (London, H.H.) kam, konnte E(ngels) noch sprechen und sprach halbe Stunden lang, das hat aufgehört. Er kann sich nur noch durch die Schreibtafel verständigen, er soll aber trotzdem bei guter Stimmung sein, Hoffnung haben und nicht ahnen, was ihm fehlt, weil bei einem Manne seines Alters Carcium (hier fälschlich geschrieben anstatt Carcinom bzw. Karzinom, eine Krebsgeschwulst, H.H.) undenkbar sei. Auch machte er noch auf der Schreibtafel schlechte Witze. Ein wahres Glück, dass es so ist. Nahrung kann er nur noch flüssig einnehmen, körperlich ist er sehr herunter. Bis kurz vor A(dler)s Abreise hat er noch alles an sich selbst vorgenommen, das hat ebenfalls aufgehört. Es muss sich beim An- und Auskleiden helfen lassen... Die Sache steht also so, dass sein Zustand noch eine Woche dauern kann, dass aber ebensogut jeden Tag die Katastrophe eintreten kann. Wir müssen darauf gefasst sein."

An diesem 5. August 1895 lag Friedrich Engels bereits zwei Tage ohne Bewusstsein. Gegen 22.30 Uhr starb er.

Auf Engels' ausdrücklichen Wunsch nahmen nur seine engsten Freunde, Schüler und Kampfgefährten an der Trauerfeier teil, die am 10. August 1895 im Wartesaal der Eisenbahnstation Waterloo, Westminster Bridge, stattfand. Unter den etwa achtzig Trauergästen befanden sich - außer einigen Mitgliedern der Familie Engels - Eduard Anseele, Eleanor Marx-Aveling, Edward Aveling, August Bebel, Eduard Bernstein, der Holländer van der Goes, Karl Kautsky, Sergej Michailowitsch Krawtschinski (Stepniak), Paul Lafargue, Friedrich Leßner, Wilhelm Liebknecht, Stanislaw Mendelsohn, Samuel Moore, der englische Arbeiterführer Harry Quelch, Vera Iwanowna Sassulitsch, Paul Singer, der englische Gewerkschaftsführer James Thorne, je eine Deputation des Londoner Kommunistischen Arbeiterbildungsvereins, der Socialist League und der Berliner Arbeiter. An der Bahre sprachen außer einem Neffen von Engels und Samuel Moore noch Wilhelm Liebknecht im Namen der deutschen, August Bebel im Auftrag der österreichischen Arbeiterbewegung, Paul Lafargue im Namen der französischen, Eduard Anseele als Vertreter der belgischen Arbeiterpartei, van der Goes für die holländischen und Edward Aveling für die englischen Sozialisten. Ferner wurden Telegramme aus Russland, Ungarn, Dänemark, Italien und aus anderen Ländern verlesen.

Den mit Kränzen und Blumen bedeckten Sarg brachte ein Sonderzug nach dem Krematorium in Woking. Engels hatte gewünscht, dass seine Asche ins Meer versenkt werde. Am 27. August 1895 vollstreckten Eleanor Marx-Aveling, Edward Aveling, Eduard Bernstein und Friedrich Leßner bei Eastburne, ungefähr fünf Seemeilen von der Küste entfernt, seinen letzten Willen.

27. Kapitel: Die Entwicklung des Marxismus 1895 - 1917 (Revisionismus, Zentrismus, Bolschewismus)

Kurz nach dem Tod von Engels, an der Wende vom 19. zum 20. Jahrhundert, trat der Kapitalismus in ein neues Entwicklungsstadium ein, in die Periode des Imperialismus. Sie stellte die sozialistische Bewegung vor vitale neue Aufgaben, erforderte von ihr eine neue Orientierung und die Antwort auf Fragen, die es früher, in der vormonopolistischen Etappe des Kapitalismus, nicht gegeben hatte. Besondere Bedeutung gewann die Erforschung der Entwicklungsgesetze des Revolution, das Problem der Machtergreifung durch das Proletariat, die Parteitheorie, die nationale Frage, das Problem der Verbündeten der Arbeiterklasse und der Diktatur des Proletariats.

Bei der Analyse dieser Fragen bildeten sich drei Hauptströmungen heraus: der Revisionismus, begründet von Eduard Bernstein; der „orthodoxe", theoretisch jedoch zunehmend verflachende Marxismus, repräsentiert durch Karl Kautsky; und die revolutionäre Linie, deren wichtigster Vertreter Lenin war.

Bernstein und der Revisionismus

Eduard Bernstein (1850 - 1932) wurde als Sohn eines kinderreichen jüdischen Lokomotivführers in Berlin geboren. Er besuchte das Gymnasium und lernte in einem Berliner Bankhaus. 1872 trat er der Sozialdemokratischen Partei der Eisenacher bei und war 1875 Delegierter des Gothaer Vereinigungsparteitags. Zeitweilig stand er unter dem Einfluss der Ansichten Dührings und veröffentlichte 1879 gemeinsam mit den sozialreformerischen Publizisten Karl Höchberg und Carl Schramm das von Marx und Engels scharf kritisierte opportunistische Credo „Rückblicke auf die sozialistische Bewegung in Deutschland. Kritische Aphorismen". Seit einem Besuch gemeinsam mit Bebel bei Marx und Engels (1880) stand er mit beiden in Briefwechsel und redigierte unter ihrem Einfluss 1881 bis 1890 erst in Zürich und später in London das illegale Parteiorgan der SPD „Der Sozialdemokrat". In dieser Zeit vertrat er im wesentlichen politischen Fragen eine marxistische Position. In den neunziger Jahren geriet Bernstein unter den Einfluss der Fabian Society, einer sozialreformistischen Gesellschaft bürgerlicher Intellektueller, und rezipierte die in der internationalen Arbeiterbewegung wirkenden unterschiedlichen politischen und theoretischen Ansichten. Nach 1895 flossen zunehmend Auffassungen der Marburger Schule des Neukantianismus in seine Konzeption ein.

Die ersten revisionistischen Aufsätze Bernsteins erschienen unter dem zusammenfassenden Titel „Probleme des Sozialismus" 1896 in der „Neuen Zeit", dem theoretischen Organ der Sozialdemokratischen Partei Deutschlands. 1898 folgten weitere. In diesen Aufsätzen leugnete Bernstein, dass die sozialistische Revolution notwendig, ja sogar wünschenswert sei, und behauptete, die neuen Erscheinungen in der Entwicklung des Kapitalismus eröffneten die Möglichkeit einer „teilweisen Verwirklichung des Sozialismus“ im Rahmen der bestehenden bürgerlichen Gesellschaft. Das Wesen seiner Anschauungen (und der Anschauungen des Revisionismus insgesamt) formulierte Bernstein wie folgt:

> „Ich gestehe es offen, ich habe für das, was man gemeinhin unter ‘Endziel des Sozialismus’ versteht, außerordentlich wenig Sinn und Interesse. Dieses Ziel, was immer es sei, ist mir gar nichts, die Bewegung alles.“

Am ausführlichsten legte Bernstein seine antimarxistischen Konzeptionen in dem im Jänner 1899 erschienen Buch „Die Voraussetzungen des Sozialismus und die Aufgaben der Sozialdemokratie“ dar. Darin behauptete er, die marxistische Theorie habe die Prüfung der Zeit nicht bestanden, und attackierte den dialektischen Materialismus. Er versuchte, die „Widersprüchlichkeit“ und „Unhaltbarkeit“ der materialistischen Geschichtsauffassung zu beweisen. Ebenso wie die bürgerlichen Kritiker des „Kapital“ sagte nun auch Bernstein, Marx’ Mehrwerttheorie sei nicht geeignet, das Wesen der Ausbeutung des Arbeiters im Kapitalismus zu erklären, und die marxistische These von der Konzentration des Reichtums in den Händen einiger weniger Kapitalisten und von der Proletarisierung immer breiterer Volksmassen werde nicht vom Verlauf der gesellschaftlichen Entwicklung bestätigt. Bernstein lehnte die marxistische Krisentheorie ab und behauptete, angesichts der Bildung des kapitalistischen Weltmarktes, der raschen Entwicklung der Transport- und Nachrichtenmittel, der Elastizität des Kreditsystems sowie der Aktiengesellschaften, Kartelle und anderen kapitalistischen Vereinigungen seien Weltwirtschaftskrisen bereits nicht mehr möglich.

Unter dem Eindruck seines mehrjährigen Aufenthalts in Großbritannien sah er dort einen Kapitalismus am Werk, der seiner Meinung nach imstande war, der Arbeiterklasse wesentliche Zugeständnisse zu machen, ohne daran zu zerbrechen. Bernstein hielt dies nicht für eine Besonderheit eines aufgrund weitgehender Dominanz auf dem Weltmarkt privilegierten Landes, sondern ging nunmehr von einer immanenten Stabilisierungsfähigkeit des kapitalistischen Systems aus. Zentrale Mittel hierfür seien die Aktiengesellschaften und Trusts. In ihnen erblickte er ein überzeugendes Zeichen dafür, dass der Kapitalismus die Anarchie der Produktion überwunden habe. Die Tatsache, dass die Löhne einzelner Sparten des Proletariats geringfügig gestiegen waren und sich ihre Arbeitsbedingungen verbessert hatten, war für ihn der Beweis, dass die Klassengegensätze in der bürgerlichen Gesellschaft allmählich aufgehoben werden.

Daraus leitete er seine wichtigste Schlussfolgerung ab: Es sei unmöglich, eine wissenschaftliche Begründung des Sozialismus zu geben. Dieser wurde in der Interpretation Bernsteins zu einer Art ethischer Kategorie, welche die abstrakten Ideen der „Gerechtigkeit", der „Gleichheit", des „Humanismus" usw. verkörpere. Der Sozialismus erschien bei ihm nicht mehr als historische - vor allem ökonomische - Notwendigkeit und objektives Ziel der Arbeiterklasse, sondern als moralisches Postulat, dem man sich zwar ständig nähern, niemals aber erreichen könne. Daher hielt es Bernstein „weder für möglich noch für nötig", dem Sozialismus „eine rein materialistische Begründung zu geben".

Den historischen Materialismus kritisierte er erkenntnistheoretisch: die „Fallstricke der hegelianisch-dialektischen Methode" hinderten diesen an einer adäquaten Wahrnehmung der Realität. Die zentralen Begriffe und Thesen von Marx (Basis und Überbau, Mehrwert etc.) seien Produkte dieser verfehlten Methode. Er unterstellte Marx und Engels die Auffassung von einer Tendenz zum letztlich automatischen „Zusammenbruch" des Kapitalismus, die sich aber tatsächlich bei ihnen nicht findet.

Man kann ohne Übertreibung sagen, dass Bernstein bei seiner Behandlung der Dialektik und Hegels nichts anderes tat, als dem Geist der Zeit nachzueifern, wie dieser sich in der bürgerlichen Philosophie und Ideologie manifestierte. Wenn manche Philosophen Hegel auch schätzten, so taten sie dies mehr wegen der Grandiosität seines Systems; alle dagegen verwarfen den Geist der Hegelschen Philosophie, seine Dialektik, und setzten ihr einmütig Kants kritische Methode entgegen. Darum auch hatte für Bernstein die angebliche „Zweideutigkeit" und „Widersprüchlichkeit" in den Marxschen und Engelsschen Standpunkten ihren Grund in der Hegelschen Dialektik. Bernstein schrieb:

> „Diese Zweideutigkeit aber, die so wenig dem Charakter von Engels entsprach, wurzelt zuletzt in der von Hegel übernommenen Dialektik. Deren ‘ja, nein und nein, ja’ statt des ‘ja, ja und nein, nein’, ihr Ineinanderfließen der Gegensätze und Umschlagen von Quantität in Qualität, und was der dialektischen Schönheiten noch mehr sind, stellte sich immer wieder der vollen Rechenschaftsablegung über die Tragweite erkannter Veränderungen hindernd entgegen."

Zweifellos war keine Etappe in der Entwicklung des Marxismus frei von Vulgarisierung und Schablonisierung gerade aufgrund einer schematischen Auffassung der Dialektik. Aber daran ist - damals wie heute - nicht die Dialektik schuld, sondern diejenigen, die sie mangels einer genügenden Kenntnis Hegels und Marxens als leere Phrase oder als Schema für die Lösung jeder Frage benützen. Weder sie noch ihre Gegner (und Bernstein) haben begriffen, dass die Dialektik bis heute die tiefste Erkenntnis vom Gang der Dinge (das Denken eingeschlossen) und diejenige Methode ist, die weder durch eine aprioristisch-transzendentale, noch irgendeine analytische Methode (den diese letztere ist nur ein notwendiges Element jeder Methode) ersetzt oder bereichert werden kann.

Es ist deshalb nicht verwunderlich, dass Bernstein bei dem Dilemma Reform oder Nicht-Reform, d.h. Revolution, aufgrund seines formallogischen Vorgehens nur auf die eine Möglichkeit geschlossen hat, und zwar auf die erstere. Und da er wusste, dass sowohl bei Marx als auch bei Engels beide Konzeptionen vorkommen, folgerte er, sie seien inkonsequent und widersprüchlich. Der Begriff der Revolution sei also bei Marx und Engels letztlich nur Ergebnis eines verfehlten Denkansatzes. Stattdessen empfahl Bernstein nunmehr der Arbeiterbewegung eine politische Durchdringung des kapitalistischen Systems mit Gewerkschaften, Genossenschaften, parlamentarischer Arbeit. Er war der Auffassung, die Sozialdemokratie müsse zu einer „demokratisch-sozialistischen Reformpartei" werden. Die marxistische Lehre vom Staat als Instrument der Klassenherrschaft lehnte er gleichfalls ab. Er charakterisierte die bürgerliche Demokratie als über den Klassen stehend und sah sie als Interessenvertreterin der ganzen Gesellschaft an.

Besonders vehement fiel Bernstein über Marx' Lehre von der Diktatur des Proletariats her. Er erklärte, die Arbeiterklasse sei in gar keiner Weise auf die Ergreifung und Ausübung der politischen Macht vorbereitet, und behauptete, die Inhomogenität des Proletariats schließe die Möglichkeit eines einheitlichen Klassenbewusstseins und einer einheitlichen Klassenposition aus.

Bernsteins Kritik am Marxismus unterschied sich nur geringfügig von den Äußerungen der Marxismusgegner aus dem bürgerlichen Lager. Letztere erhoben jedoch zumindest nicht, wie Bernstein dies tat, den Anspruch darauf, den Marxismus „verbessern" und „weiterentwickeln" zu wollen. Bernstein hingegen, der sich nach wie vor für einen Anhänger der Lehre von Marx hielt, gab vor, den Marxismus den neuen ökonomischen und politischen Bedingungen anzupassen, da er angeblich diesen Bedingungen nicht mehr entspreche. In Wirklichkeit verfolgte Bernstein jedoch ein anderes Ziel: Ihm ging es darum, die Sozialdemokratie zu einer Partei der Zusammenarbeit mit der Bourgeoisie zu machen.

Bernsteinianer auch anderswo

Der Bernsteinsche Revisionismus war keine deutsche Besonderheit, sondern eine internationale Erscheinung. Seine Auffassungen fanden Unterstützung bei den opportunistischen Elementen in der Arbeiterbewegung mehrerer Länder.

In *Deutschland* wurde Bernstein von einigen prominenten Funktionären der SPD in Schutz genommen. Unter ihnen befanden sich Georg von Vollmar, der schon seit langem für seine rechten Ansichten bekannt war, Eduard David, der sich auf Entstellungen der marxistischen Auffassungen in der Agrarfrage spezialisiert hatte, Wolfgang Heine und Max Schippel, die sich für ein „Überdenken" des antimilitaristischen Programms der Sozialdemokratie einsetzten, Conrad Schmidt, der die Marxsche Politökonomie kritisierte, und andere. Einer der Führer der SPD, Ignaz Auer, begründete das „Recht" Bernsteins auf eine „Kritik" des Marxismus. Bernstein wurde zu Exponenten aller rechten Kräfte in der Partei, die eine zahlenmäßig kleine, aber einflussreiche Gruppe bildeten und deren literarisches Sprachrohr die ab 1897 erschienenen „Sozialistischen Monatshefte“ waren. Diese Leute schlossen sich Bernstein nicht nur bei seinen Versuchen an, den Marxismus zu revidieren, sondern legten seine Ideen auch ausführlich in der Presse dar.

In *Frankreich* fanden die Anschauungen Bernsteins in den Kreisen der ehemaligen Possiblisten und der Unabhängigen Sozialisten Anklang, die noch kurz zuvor der bürgerlichen Radikalen Partei angehört hatten. Gerade der „unabhängige Sozialist“ Étienne-Alexandre Millerand war es, der als erster die praktische Schlussfolgerung aus dem Bernsteinschen Revisionismus zog: Im Juli 1899 wurde er ohne Wissen der parlamentarischen Gruppe der Sozialisten Mitglied der französischen Regierung, der als Kriegsminister General Gallifet, der Henker der Pariser Kommune, angehörte. Dieses Ereignis, das von den meisten Sozialisten innerhalb und außerhalb Frankreichs mit Empörung aufgenommen wurde, erhielt die Bezeichnung „Fall Millerand“. Es gab den Anstoß zu einer extrem rechten Strömung im französischen Sozialismus, dem „Ministerialismus“. In *Russland* wurden ähnliche Gedanken wie die Bernsteins von den „Ökonomisten“ vertreten, die das einzige Ziel der Arbeiterbewegung in der Durchführung von Maßnahmen zur Verbesserung der wirtschaftlichen Lage der Werktätigen sahen. In *England* standen den Anschauungen Bernsteins die Theorien der Fabier nahe, die, wie schon erwähnt, dem Revisionismus entscheidende ideologische Bestandteile geliefert hatten. (Allerdings betrachteten sich die Fabier im Gegensatz zu Bernstein nicht als Anhänger von Marx.)

Auch in mehreren anderen Ländern machte sich bei einzelnen sozialistischen Funktionären der Einfluss des Revisionismus bemerkbar. In *Ungarn* solidarisierte sich die Führung der Sozialdemokratischen Partei - wenngleich sie auch formal das Bernsteinianertum ablehnte - im Grunde genommen mit einigen revisionistischen Thesen und billigte öffentlich das Verhalten Millerands. Anhänger Bernsteins gab es auch unter den *tschechischen* Sozialisten. In *Italien* fand Bernstein in dem ehemaligen Anarchisten Merlino und einigen anderen Funktionären der Sozialistischen Partei Gesinnungsgenossen; in gewissem Maße ließ sich auch Filippo Turati von seinen Anschauungen beeinflussen. Zum Revisionismus tendierten die Führer der *belgischen* Arbeiterpartei, vor allem Edouard Anseele. In *Schweden* vertrat Hjalmar Branting die Ideen Bernsteins.

Die Kritik am Revisionismus

Erstmals scharf kritisiert wurde Bernstein auf dem 1898 in Stuttgart abgehaltenen Parteitag der SPD. Auf ihm verurteilten neben Rosa Luxemburg, Clara Zetkin, Wilhelm Liebknecht und einigen anderen auch Karl Kautsky die revisionistischen Ansichten. Obwohl seine Rede Vorbehalte enthielt, schätzte Kautsky die Artikel Bernsteins (dessen Buch war noch nicht erschienen) insgesamt überaus kritisch ein. Die wirkliche Stimmung der Masse der einfachen Sozialisten wurde auf zahlreichen Versammlungen von örtlichen Parteiorganisationen nach dem Parteitag zum Ausdruck gebracht. Die meisten Teilnehmer dieser Versammlungen verurteilten die Revisionisten, viele kritisierten die Führung der Partei für deren Duldsamkeit gegenüber den Opportunisten.

Eine wesentliche Rolle im ideologisch-theoretischen Kampf gegen den Revisionismus spielte das im April 1899 erschienene Buch „Sozialreform oder Revolution?" von Rosa Luxemburg, das eine scharfe, wissenschaftlich begründete marxistische Kritik des gesamten Systems der Anschauungen Bernsteins enthielt. Rosa Luxemburg legte dar, dass Opportunismus und Marxismus unvereinbar seien und dass es „keinen Sozialismus mehr außer dem Marxischen" gebe. Kurze Zeit danach erschien Karl Kautskys Buch „Bernstein und das sozialdemokratische Programm. Eine Antikritik", in dem er den Marxismus verteidigte.

Die Erörterung der Ansichten Bernsteins nahm auch auf dem Parteitag der SPD in Hannover, der im Oktober 1899 stattfand, breiten Raum ein. Die Referenten (August Bebel, Wilhelm Liebknecht, Rosa Luxemburg und mehrere andere) erteilten Bernstein und seinen Anhängern eine scharfe Absage. Wenngleich eine ganze Gruppe von Delegierten sich auf die Seite Bernsteins stellte, so nahm der Parteitag dennoch mit überwältigender Stimmenmehrheit (216 gegen 21) eine von Bebel vorgeschlagene Resolution an, in der unterstrichen wurde, dass die „Entwicklung der bürgerlichen Gesellschaft... der Partei keine Veranlassung (gibt), ihre Grundanschauungen über dieselbe aufzugeben", und dass „die Partei... nach wie vor auf dem Boden des Klassenkampfes" steht und es „als geschichtliche Aufgabe der Arbeiterklasse" betrachtet, „die politische Macht zu erobern". Die Resolution wies entschieden jeden Versuch zurück, die Partei auf den Weg des Verzichts auf ihre revolutionären Grundsätze zu bringen und die SPD „aus der sozialdemokratischen Partei in eine demokratisch-sozialistische Reformpartei" zu verwandeln.

Zu den schärfsten Gegnerinnen des Revisionismus gehörte auch Clara Zetkin. Sie protestierte sowohl in der sozialdemokratischen Presse als auch als Diskussionsrednerin auf den Parteitagen entschieden gegen Versuche, die Kritik an Bernstein abzuschwächen.

In Italien war es Antonio Labriola, der in seinen Schriften zum historischen Materialismus Bernstein, den Positivismus, den Neukantianismus sowie Versuche, den Marxismus zu vulgarisieren, einer eingehenden Kritik unterzog. Einen aktiven Kampf gegen die französischen Gesinnungsgenossen Bernsteins, die Millerandisten, führten Jules Guesde und Paul Lafargue; massive Kritik an Bernstein übten die Vertreter des linken Flügels der Sozialdemokratischen Arbeiterpartei Bulgariens, in erster Linie Dimiter Blagojeff.

In Russland wandte sich Plechanow gegen Bernstein und bezeichnete ihn und seine Verbündeten als „wütendste Feinde des Marxismus“. Plechanow, der die auf dem Stuttgarter Parteitag an Bernstein geübte Kritik für ungenügend ansah, bestand in einem an Kautsky gerichteten offenen Brief darauf, dass es notwendig sei, entschlossener und energischer gegen Bernstein in der Presse vorzugehen. Plechanow hob hervor, dass Bernstein „den kleinbürgerlichen Anhängern einer ‘sozialen Reform’ weitaus näher steht als der revolutionären Sozialdemokratie“, und bezeichnete es als einen Fehler der SPD, Bernstein nicht aus der Partei ausgeschlossen zu haben.

Lenin befand sich zu der Zeit, als die heftige Diskussion im Zusammenhang mit der Bernsteiniade ausgetragen wurde, in der sibirischen Verbannung, wo ihm bei weitem nicht alle Materialien zur Verfügung standen. Durch einen Vergleich zwischen den Publikationen der Revisionisten und denen der Marx-Kritiker in Russland, der „Ökonomisten“, gelangte er zur Schlussfolgerung, dass zwischen diesen beiden Strömungen eine enge geistige Verwandtschaft bestand. Nachdem er sich mit Bernsteins Buch vertraut gemacht hatte, schrieb er:

> „Theoretisch ist es unglaublich schwach; eine Wiederholung fremder Gedanken, Phrasen über Kritik, und nicht einmal der Versuch einer ernsthaften und selbständigen Kritik. Praktisch ist es Opportunismus (genauer: Fabianismus: die Originalfassung zahlloser Behauptungen und Ideen Bernsteins findet sich in den letzten Büchern der Webbs), grenzenloser Opportunismus und Possibilismus...“

Einen wichtigen Beitrag bei der Bekämpfung revisionistischer Anschauungen in philosophischen Fragen leistete Franz Mehring. In einer Reihe von Aufsätzen lieferte er eine tiefgehende Kritik des Neukantianismus, in dem er die entscheidende philosophische Wurzel des Revisionismus sah. Der Neukantianismus, so schrieb er, sei seinem objektiven Wesen nach der Versuch, den historischen Materialismus zu zerrütten.

Gegenüber der Methode Bernsteins, der Revolution die soziale Reform entgegenzustellen und deren dialektisches Wechselverhältnis zu zerschneiden, traf Rosa Luxemburg den Nagel auf den Kopf, als sie schrieb:

> „Wer sich daher für den gesetzlichen Reformweg *anstatt* und *im Gegensatz* zur Eroberung der politischen Macht und zur Umwälzung der Gesellschaft ausspricht, wählt tatsächlich nicht einen ruhigeren, sicheren, langsameren Weg zum *gleichen* Ziel, sondern auch ein *anderes* Ziel..., dass sie im Grunde genommen nicht auf die Verwirklichung der *sozialistischen* Ordnung, sondern bloß auf die Reformierung der *kapitalistischen*, ... auf die Beseitigung der kapitalistischen Auswüchse und nicht des Kapitalismus selbst abzielen.“

Die sozialen Wurzeln des Revisionismus

Die überwiegende Mehrheit der Sozialisten in allen Ländern stand den Äußerungen Bernsteins und seiner Anhänger negativ gegenüber. Dennoch barg das Aufkommen des Revisionismus ernste Gefahren für die weitere Entwicklung der sozialistischen Arbeiterbewegung in sich. Er war keineswegs ein zufälliger Sündenfall einzelner Sozialisten, die noch unlängst als Anhänger des revolutionären Marxismus gegolten hatten. Der Revisionismus spiegelte die Stimmungen bestimmter Schichten der Arbeiterschaft sowie der an der Bewegung teilnehmenden Vertreter der Intelligenz und des Kleinbürgertums wider.

Mit dem Beginn der imperialistischen Epoche verstärkte sich der Strukturwandel innerhalb der Arbeiterklasse. Die mächtigen Großbetriebe, die in den letzten Jahrzehnten des 19. Jahrhunderts entstanden waren, benötigten zur unmittelbaren Leitung, Überwachung und Verwaltung des Produktionsprozesses eine große Zahl von Meistern, Vorarbeitern, hochqualifizierten Facharbeitern, Lagerverwaltern, Aufsehern usw. Die Monopolisten verwandten einen Teil ihrer Extraprofite dazu, diese Schicht durch höhere Löhne, bessere Arbeits- und Wohnbedingungen, gesicherte Stellung in Krisenzeiten und andere Vergünstigungen zu korrumpieren, zu verbürgerlichen und so der Arbeiterklasse zu entfremden. Hinzu kam eine massive politisch-ideologische Beeinflussung. Die ökonomische Grundlage für die Bildung dieser Arbeiteraristokratie charakterisierte Lenin folgendermaßen:

> „Dadurch, dass die Kapitalisten eines Industriezweiges unter vielen anderen oder eines Landes unter vielen anderen usw. hohe Monopolprofite herausschlagen, bekommen sie ökonomisch die Möglichkeit, einzelne Schichten der Arbeiter, vorübergehend sogar eine ziemlich bedeutende Minderheit der Arbeiter zu bestechen und sie auf die Seite der Bourgeoisie des betreffenden Industriezweiges oder der betreffenden Nation gegen alle übrigen hinüberzuziehen. Diese Tendenz wird durch den verschärften Antagonismus zwischen den imperialistischen Nationen wegen der Aufteilung der Welt noch verstärkt. So entsteht der Zusammenhang von Imperialismus und Opportunismus..."

Die Politik der Abspaltung privilegierter Schichten der Arbeiter von den Massen des Proletariats blieb nicht ohne Erfolg. Die Arbeiteraristokratie wuchs verhältnismäßig stark an. Die sozialen Unterschiede zwischen ihr und der großen Masse der Arbeiter wurde allmählich größer. Unter diesen Umständen strebte die Arbeiteraristokratie nach dem Lebensstil und den Anschauungen des Kleinbürgertums und entfernte sich unter dem Einfluss des Revisionismus mehr und mehr von der Klassenideologie des Proletariats. Diese Entwicklung darf allerdings nicht schematisch aufgefasst werden - als sei jeder besser bezahlte Arbeiter gleichsam automatisch zum Feind der Arbeiterbewegung geworden. In den Klassenkämpfen dieser Jahre bildeten vielerorts gerade hochqualifizierte, relativ gut entlohnte Arbeiter den Kern revolutionärer Gruppen.

Neue Erscheinungen gab es auch in den Organisationen, in der Partei und vor allem in den Gewerkschaften. Das stürmische Wachstum der Arbeiterbewegung führte dazu, dass in wachsendem Maße hauptamtliche Funktionäre angestellt wurden. Die Zahl der hauptamtlichen Gewerkschaftsfunktionäre in den Zentralverbänden erhöhte sich z.B. in Deutschland zwischen 1899 und 1907 von

108 auf 1625. Die ständige Vergrößerung des Funktionärsapparats sowie der Redaktionen der sozialistischen Presse, die zunehmende Kompliziertheit der Verwaltung, des Geschäftsverkehrs, der Kassenführung etc. brachten es mit sich, dass bei der Auswahl der einzustellenden Kräfte oft mehr auf formale Kenntnisse gesehen wurde als auf die Verbundenheit mit der Arbeiterklasse, ihrer Partei und auf die Vertrautheit mit dem Marxismus. In zunehmendem Maße betrachteten zahlreiche Funktionäre die Organisation als Selbstzweck, als Grundlage ihrer materiellen Existenz und stellten die Sorge um den Erhalt und die Verbesserung ihrer Posten bald über die Solidarität mit den Massen und über den Kampf um die soziale Befreiung der gesamten Arbeiterklasse. Die Aussicht auf opfervolle Kämpfe flößte ihnen Furcht ein.

Ein weiterer Faktor, der mit dem Übergang zum Imperialismus für die Arbeiterbewegung an Bedeutung gewann, war der wachsende Zustrom kleinbürgerlicher Elemente ins Proletariat. Die Konzentration der Produktion und des Kapitals und die Bildung der Monopole bewirkten, dass zahlreiche Gewerbetreibende, Handwerker, Ladenbesitzer, Kleinbauern usw. ruiniert und ins Proletariat hinabgestoßen wurden. Diese proletarisierten Elemente erkannten jedoch nicht, dass ihr wirtschaftlicher Ruin eine Folge der gesellschaftlichen Entwicklung war, sondern empfanden ihre Lage als zufälligen Schicksalsschlag. Infolgedessen blieben sie in ihrer kleinbürgerlichen Denkweise befangen. Sie sehnten sich zurück nach ihrer verloren gegangenen Position und erwarteten von Sofortmaßnahmen, sozialen Reformen und dergleichen eine Verbesserung ihrer Lebenslage. Sie erstrebten keine grundlegende Änderung des gesellschaftlichen Systems. Die sozialistische Bewegung wirkte auf sie anziehend, weil sie in ihr eine Kraft sahen, die die bestehenden kapitalistischen Verhältnisse verbessern wollte. Aus diesem Grunde gaben viele dieser Kleinbürger der Sozialdemokratie bei den Wahlen ihre Stimme oder schlossen sich einer proletarischen Organisation an.

Unter den Sozialdemokraten bürgerlicher oder kleinbürgerlicher Herkunft gab es zahlreiche Intellektuelle, die mit der Klasse, der sie entstammten, nie wirklich gebrochen hatten, die aber, begünstigt durch ihre formale Bildung sowie ihre literarischen und rednerischen Fähigkeiten, eine relativ große Rolle in den Organisationen der Arbeiterbewegung spielten.

Arbeiteraristokratie, Arbeiterbürokratie und proletarisierte Kleinbürger bildeten die soziale Grundlage des Revisionismus, der sich als internationale Erscheinung folgerichtig mit dem Eintritt in die Ära des Imperialismus zu entwickeln begann.

Die marxistische „Orthodoxie“ und ihre Verflachung durch Karl Kautsky

Der einflussreichste Theoretiker der deutschen Sozialdemokratie und der II. Internationale nach dem Tod von Engels war Karl Kautsky (1854 - 1938). Er wurde in Prag als Sohn eines Theaterdekorateurs und einer Schauspielerin geboren.

Nach Privatunterricht und Besuch einer Privatschule in Wien besuchte er von 1864 bis 1866 das Gymnasium des Benediktinerstifts in Melk und studierte von 1874 bis 1877 Geschichte, Nationalökonomie, Philosophie und Jus in Wien.

Kautskys weltanschauliche Entwicklung vollzog sich unter dem Einfluss der bürgerlichen Aufklärung des 18. Jahrhunderts, der Philosophie Feuerbachs, der sozialpolitischen Anschauungen Friedrich Albert Langes und der Evolutionsauffassungen von Spencer, Malthus und Darwin. 1875 trat er der Sozialdemokratischen Arbeiterpartei Österreichs bei und veröffentlichte Artikel in österreichischen und deutschen sozialistischen Zeitungen. Von 1880 bis 1882 war er in Zürich Mitarbeiter des Verlegers und Publizisten Karl Höchberg, wo er Bernstein, Bebel und Liebknecht traf und mit den Problemen der deutschen Sozialdemokratie bekannt wurde. 1881 lernte er in London Marx und Engels kennen.

Seinen bürgerlichen Habitus hat Kautsky auch als Intellektueller, der seine Fähigkeiten und sein Wissen in den Dienst der Arbeiterbewegung stellte, nie ablegen können und wollen, weshalb ihn seine Kritiker einen „Partei gewordenen deutschen Professor“ nannten. Karl Marx fällte nach der ersten Begegnung und Unterredung über ihn im Brief an seine Tochter Jenny vom 11. April 1881 ein wenig schmeichelhaftes Urteil:

> „Er ist eine Mittelmäßigkeit, von kleinen Gesichtspunkten, überweis (erst 26 alt), Besserwisser, in einer gewissen Art fleißig, macht sich viel mit Statistik zu schaffen, liest aber wenig Gescheutes heraus, gehört von Natur zum Stamm der Philister, im übrigen in seiner Art ein anständiger Mensch, ich wälze ihn möglichst auf Freund Engels ab.“

Unter Mitwirkung von Kautsky wurde 1882 die theoretische Zeitschrift der deutschen Sozialdemokratie, „Die Neue Zeit“, gegründet. Kautsky war vom ersten Heft (1883) bis zum Sommer 1917 ihr Chefredakteur und entwickelte sie zur führenden marxistischen Zeitschrift der II. Internationale. Von 1885 bis 1890 lebte Kautsky in London, wo er als enger Mitarbeiter von Engels einer der namhaften Interpreten und Propagandisten des Marxismus wurde. Er vermochte es, die materialistische Geschichtsauffassung in vieler Hinsicht selbständig auf die Erforschung historischer, ökonomischer und politischer Prozesse anzuwenden.

Knotenpunkte in Kautskys marxistischer Schaffensperiode bildeten seine Darstellungen zu den ökonomischen Lehren des Marxismus (1887), seine Mitarbeit am Erfurter Programm (1891), die Erläuterungen zu diesem Programm (1892), die Arbeiten zu den Vorläufern des neueren Sozialismus (1887 und 1895), seine Analyse der Entwicklung des Kapitalismus in der Landwirtschaft (1899), seine Verteidigung des Marxismus gegen den Revisionismus Bernsteins (1899) sowie seine Arbeiten zur marxistischen Revolutionstheorie (1906 und 1909). Ansätze zu einer historisch-materialistischen Sichtweise der Moral finden sich in der Schrift „Ethik und materialistische Geschichtsauffassung“ (1906).

Über die marxistischen Arbeiten Kautskys urteilte Lenin: „Wir wissen..., dass er es *verstanden hat*, ein marxistischer Historiker zu sein, dass *diese* seine Arbeiten, trotz seines späteren Renegatentums, dauerndes Besitztum des Proletariats bleiben werden“.

In sehr wesentlichem Maße ist es der Wirkung Kautskys zuzuschreiben, dass die deutsche Sozialdemokratie, die zunächst stark von den Ideen Ferdinand Lassalles beeinflusst war, sich der Marxschen Lehre vom revolutionären Klassenkampf öffnete und diese schließlich zur verbindlichen Richtschnur ihres politischen Wollens und Handelns erhob. In zahllosen Artikeln und Büchern popularisierte Kautsky eine orthodoxe Version des dialektischen und historischen Materialismus, deren auffälligstes Merkmal die Abstinenz gegenüber philosophischer Reflexion war, die das in der Tradition Hegels stehende Marxsche Werk auszeichnete. Kautskys Stärke lag ausgesprochen im geschichtlichen, soziologischen und ökonomischen Bereich. Viele dieser Arbeiten sind bis heute lesenswert, besonders das zweibändige Werk „Vorläufer des neueren Sozialismus“.

In der Auseinandersetzung mit Bernstein, mit dem er persönlich eng befreundet war, nahm Kautsky eine eigene Position ein. Hatte Rosa Luxemburg in ihrer Polemik gegen Bernstein diejenige Frage in den Mittelpunkt gestellt, die gerade unter den Bedingungen des Imperialismus die entscheidende war, die Frage des Kampfes um die Eroberung der Macht, so blieb Kautsky in seinem ebenfalls 1899 erschienen Buch „Bernstein und das sozialdemokratische Programm“ in diesem wichtigsten Punkt weit hinter Rosa Luxemburg zurück. Er kämpfte nicht, wie sie, gegen einen Abtrünnigen, sondern er polemisierte gegen einen Irrenden. Ob Bernsteins „Schrift wirklich den Abfall vom Sozialismus der Sozialdemokratie bedeutet“, schrieb Kautsky, „darüber ein Urteil zu fällen ist hier noch nicht am Platze“. Mit Wendungen wie der, dass die Entscheidung über das Problem der proletarischen Diktatur ganz ruhig der Zukunft überlassen werden könne, verkleisterte er, wie Lenin später hervorhob, den wesentlichen Unterschied zwischen Marxismus und Opportunismus hinsichtlich der Aufgaben der proletarischen Revolution. So deutete sich schon damals Kautskys spätere Entwicklung an.

Dennoch war seine Polemik in der konkreten Widerlegung Bernsteins wichtig, da sie nachwies, dass dessen Thesen auf falschen Voraussetzungen beruhten und zu falschen Schlussfolgerungen führten. Besonders ausführlich beschäftigte sich Kautsky mit der Behauptung, dass die jüngste Entwicklung der kapitalistischen Gesellschaft die Marxsche Analyse der Gesellschaft in wesentlichen Punkten widerlegt hätte. Er zeigte, dass die von Bernstein als marxistisch bezeichnete „Katastrophentheorie“ eine willkürliche Konstruktion Bernsteins war, die mit der Theorie von Marx und Engels nichts zu tun hatte. In sorgfältiger Analyse eines reichen Zahlenmaterials wies Kautsky die Unhaltbarkeit der ökonomischen Darlegungen Bernsteins nach. Dabei deckte er zahlreiche Fälschungen auf, die Bernstein an den statistischen Daten vorgenommen hatte, um seine Behauptung vom allmählichen Ausgleich der sozialen Gegensätze zu erhärten. Kautsky zeigte, dass die Prognosen von Marx über den Prozess der Konzentration des Kapitals und über die Verringerung der Kleinbetriebe nach wie vor durch die gesellschaftliche Wirklichkeit bestätigt wurden. Entschieden wandte sich Kautsky schließlich gegen die Umwandlung der Sozialdemokratischen Partei in eine liberale Volkspartei, die, wie er richtig hervorhob, stets auf dem Boden der gegebenen Gesellschaftsordnung, des Privateigentums an den Produktionsmitteln und der Freiheit der Privatproduktion stehen bleiben müsse.

Höhe-, aber auch Endpunkt des Wirkens Karl Kautskys als marxistischer Theoretiker war seine 1909 erschienene Schrift „Der Weg zur Macht“, die Lenin als sein „bestes Werk“ bezeichnete. Hier legte er seine Ansichten zum Problem der Revolution dar und schrieb:

> „Wir sind weder Männer der Gesetzlichkeit um jeden Preis, noch auch Revolutionäre um jeden Preis. Wir wissen, dass wir die historischen Situationen nicht nach Belieben schaffen können, dass unsere Taktik ihnen angepasst sein muss.“

Das europäische Proletariat, argumentierte Kautsky, sei in eine Periode der entscheidenden Kämpfe um die Macht eingetreten, und es würden sich in Kürze vielleicht bedeutende Änderungen der Machtverhältnisse zugunsten des Proletariats vollziehen. Deshalb dürfe sich die Sozialdemokratie nicht mit der Blockpolitik der bürgerlichen Parteien verbinden, die sich immer mehr prostituieren und kompromittieren. Solange die Sozialdemokratie noch nicht die wirkliche politische Macht erobert habe, könne sie nur um den Preis an der Staatsmacht teilhaben, „dass sie einer bürgerlichen Partei ihre politische Macht verkauft. Das *Proletariat* als Klasse kann dabei nie gewinnen, sondern im besten Falle nur die *Parlamentarier*, die das Verkaufsgeschäft abschließen“.

Kautsky vermied es jedoch auch hier, vom Staat *nach* der Revolution zu sprechen, also von einer Zentralfrage der revolutionären Aktion. Den Gedanken von der Zerstörung der alten Staatsmaschinerie konnte Kautsky nie akzeptieren. Und gerade diese Konzession wurde sehr bald zur Basis seiner Kollaboration mit dem Revisionismus sowie seiner Grundidee vom Gegensatz zwischen Demokratie und Diktatur des Proletariats.

In der Periode, in der der „Weg zur Macht“ geschrieben wurde, entstand eine immer größere und tiefere Spaltung innerhalb der deutschen Sozialdemokratie und der II. Internationale überhaupt. Der revisionistische Flügel wurde jetzt eindeutig reformistisch und verband sich gemeinsam mit den Gewerkschaftsführern immer mehr der bourgeoisen Politik. Auch das Zentrum mit Kautsky an der Spitze neigte in seiner Taktik mehr und mehr zum Reformismus. Das zeigte sich vor allem bei der großen Diskussion innerhalb der Internationale über den Generalstreik („Massenstreikdebatte“).

Im Jahr 1910 propagierte Kautsky mit der „Ermattungsstrategie“ eine neue Theorie, die objektiv als Begründung für die Absage rechter sozialdemokratischer Führer und Gewerkschaftsführer an den außerparlamentarischen Massenkampf diente. Kautsky behauptete unter Berufung auf Engels’ „Einleitung zu den ‘Klassenkämpfen in Frankreich 1848 bis 1850’“, daß der Kampf des Proletariats im Gegensatz zur „Niederwerfungsstrategie“, die bis zur Pariser Kommune gültig gewesen sei, nunmehr nur noch als Kleinkampf auf parlamentarischer Ebene geführt werden könne. Die parlamentarische Aktion allein schon untergrabe die politischen Machtpositionen der herrschenden Klasse und ermatte sie somit. Bei Befolgung dieser Taktik sei es schließlich möglich, friedlich in den Sozialismus hineinzuwachsen, d.h. den Übergang zum Sozialismus ohne Sturz der kapitalistischen Verhältnisse zu vollziehen.

Nach den Worten von Rosa Luxemburg hatte die „Ermattungsstrategie“ die politische Funktion, eine „theoretische Schirmwand für die Elemente in der Partei und in den Gewerkschaften..., die sich bei der weiteren rücksichtslosen Entfaltung der Massenbewegung unbehaglich fühlen... und sich am liebsten so schnell wie möglich auf die alten bequemen Bahnen des parlamentarischen und gewerkschaftlichen Alltags zurückziehen möchten“, geliefert zu haben. Mit der „Ermattungsstrategie“ verwirrte Kautsky in einem bedeutungsvollen Stadium des Klassenkampfes große Teile der Arbeiterschaft und wirkte dem revolutionierenden Einfluss der Linken und ihren Forderungen zur Weiterentwicklung der Taktik des Klassenkampfes theoretisch entgegen.

Die Verflachung der marxistischen Theorie durch Karl Kautsky äußerte sich auf mehreren Gebieten. Es gelang ihm nicht, sich zum vollen Verständnis der philosophischen Grundlagen des Marxismus emporzuarbeiten. Er unterschätzte die weltanschaulichen Grundlagen und Funktionen der materialistischen Geschichtsauffassung und unterlag positivistischen Einflüssen. Die materialistische Dialektik erschien in seinen Interpretationen nur als gesellschaftswissenschaftliche Untersuchungsmethode und nicht als philosophische Wissenschaft. Seine Arbeiten zum Verlauf der gesellschaftlichen Entwicklung und des Klassenkampfes sowie zum Verhältnis von Ökonomie und Politik brachten die Dialektik von Objektivem und Subjektivem im gesellschaftlichen Leben nur unvollkommen zum Ausdruck. Es gelang ihm auch nicht, sich völlig vom Einfluss biologistischer Evolutionsauffassungen frei zu machen.

Kautsky war sich vor allem über die Beziehungen zwischen der marxistischen Philosophie und der Soziologie nicht im klaren. Er meinte, die materialistische Geschichtsauffassung sei ihrem Wesen nach an keine philosophische Konzeption gebunden. An einer Stelle schrieb er:

„Sie (die materialistische

> Geschichtsauffassung, H.H.) ist vereinbar mit jeder Weltanschauung, die sich der Methode des dialektischen Materialismus bedient, oder wenigstens mit ihr nicht in unvereinbarem Widerspruche steht."

Die Meinung, es gebe eine Weltanschauung, die sich der Methode des dialektischen Materialismus bedient, selbst aber nicht materialistisch ist, zeigt nur, dass Kautsky die Grundfrage der Philosophie nicht wirklich verstand.

Kautsky verkannte außerdem das Wesen des Imperialismus. 1915 suchte er mit seiner Theorie vom „Ultraimperialismus" zu begründen, dass der Imperialismus nur eine besondere Phase in der bürgerlichen *Politik* sei und dass es daher möglich wäre, die Widersprüche des Imperialismus auf seiner eigenen sozialökonomischen Grundlage zu lösen. Kautsky zufolge konnte die zu Kriegen führende Politik des Kampfes der imperialistischen Staaten untereinander insbesondere aufgrund der zunehmenden internationalen Kapitalverflechtung von der gemeinsamen Ausbeutung der Welt durch das international verbündete Finanzkapital abgelöst werden, was die weitgehende Abschwächung der imperialistischen Gegensätze bedeuten würde. Diese evolutionäre Entwicklung des Imperialismus würde zur Verständigung der Nationen, zur Abrüstung und zu dauerhaftem Frieden führen, sodass der Ultraimperialismus „eine Ära neuer Hoffnungen und Erwartungen innerhalb des Kapitalismus" eröffne. Schon unter den Bedingungen der vollständigen imperialistischen Beherrschung der Welt sei es demzufolge möglich, den Frieden auf dem Wege von Verhandlungen zu sichern.

Für Lenin war die Kautskysche Theorie vom „Ultraimperialismus" aus dem Jahr 1915 angesichts des Weltkrieges „eine höchst reaktionäre Vertröstung der Massen auf die Möglichkeit eines dauerhaften Friedens im Kapitalismus, indem man die Aufmerksamkeit von den akuten Widersprüchen und akuten Problemen der Gegenwart ablenkt".

In der politischen Praxis äußerte sich der Kautskyanismus als *Zentrismus*, als Ideologie der Versöhnung und Verschleierung der prinzipiellen Gegensätze zwischen der proletarischen und der bürgerlichen Klassenlinie in der Arbeiterbewegung. Dadurch verdeckte er viele Jahre die Krise, die sich in der SPD seit dem Übergang zum Imperialismus zu entwickeln begonnen hatte. Die Zentristen gaben sich als Hüter der „Einheit der Partei" aus und bedienten sich dabei eines Pseudomarxismus und Scheinradikalismus in Worten. Kautskyanismus und Zentrismus waren wesentliche Ursachen dafür, dass sich die deutsche Sozialdemokratie aus einer revolutionären Massenpartei mit einem marxistischen Programm in eine reformistische Arbeiterpartei verwandelte und die meisten Parteien der II. Internationale zu jenem überlebten Typus einer sozialistischen Partei wurden, die, wie Lenin schrieb, „in ihrer Mitte einen Opportunismus duldete, der sich in den Jahrzehnten der 'friedlichen' Periode immer mehr ausbreitete, aber im Verborgenen blühte, der sich den revolutionären Arbeitern anpaßte, von ihnen ihre marxistische Terminologie *übernahm* und jeder klaren, prinzipiellen Abgrenzung aus dem Weg ging".

Lenin und die Tradierung des revolutionären Marxismus

Wladimir Iljitsch Lenin (Uljanow 1870 - 1924) wurde in Simbirsk als Sohn eines kleinadeligen Schulinspektors und einer Arzttochter geboren. Durch seinen älteren Bruder Alexander, einem Mitglied des revolutionären Flügels der Volkstümler, der 1887 wegen der Organisierung eines Attentats auf den Zaren hingerichtet wurde, kam Lenin in Kontakt mit revolutionär-demokratischen Traditionen und der marxistischen Literatur. Seine ersten revolutionären Erfahrungen sammelte Lenin als Student der Juristischen Fakultät der Kasaner Universität. Hier wurde er 1887 verhaftet, in das Dorf Kokuschkino verbannt und unter Polizeiaufsicht gestellt. Seit dieser Zeit widmete er sein ganzes Leben dem Kampf gegen Zarismus und Kapitalismus.

Er las systematisch politische Literatur, insbesondere die Werke der russischen revolutionären Demokraten, und schloss sich bei der Rückkehr nach Kasan im Herbst 1888 einem Zirkel an, in dem er die Werke von Marx, Engels und Plechanow studierte. In Samara, wohin Lenin gemeinsam mit der Familie übersiedelte, arbeitete er weiter an seiner marxistischen Bildung und wirkte gleichzeitig als Propagandist. 1891 legte er als Externer die Examen an der Juristischen Fakultät der Petersburger Universität ab. In den Jahren des Aufenthalts in Kasan und Samara (1887 - 1893) bildeten sich die marxistischen Überzeugungen Lenins endgültig heraus. Die entscheidende Rolle bei seiner Entwicklung zum Führer des revolutionären russischen Proletariats kam jedoch seiner Tätigkeit in Petersburg (1893 - 1895) zu, wo er seine Aufmerksamkeit vor allem auf die Vereinigung der Theorie des Marxismus mit der Arbeiterbewegung richtete.

Lenin schuf im Laufe seines Lebens ein gewaltiges Werk: etwa 9000 Arbeiten, Artikel, Briefe und andere Dokumente. Das Neue, das Lenin in den Marxismus einbrachte, gründete sich auf die wissenschaftliche Verallgemeinerung neuer Erscheinungen und Prozesse der gesellschaftlichen Entwicklung in der Epoche des Imperialismus und der proletarischen Revolutionen. Die Besonderheit Lenins als Denker und Revolutionär bestand darin, dass er die marxistische Theorie stets als Leitfaden des praktischen Handelns anwandte, dass er bei der Fortentwicklung des Marxismus diesen ständig mit der Praxis der revolutionären Bewegung, mit dem Kampf der Arbeiter für Demokratie und Sozialismus verband. Der Leninismus ist damit vornehmlich Methodologie des revolutionären Denkens und Handelns.

Um die Wende vom 19. zum 20. Jahrhundert, d.h. in den Jahren der raschen Entwicklung des Kapitalismus und des Aufschwungs der Arbeiterbewegung zu einer Massenbewegung und damit des Heranreifens der Bedingungen für eine bürgerlich-demokratische Revolution richtete Lenin seine Aufmerksamkeit vor allem auf die Untersuchung der gesellschaftlichen

Struktur Russlands, speziell auf die Rolle der verschiedenen Klassen in der bevorstehenden Revolution. Im Zentrum seiner theoretischen Tätigkeit stand die Ausarbeitung der *marxistischen Lehre von der Partei des Proletariats*, ihren ideologischen, programmatischen, organisatorischen und taktischen Prinzipien. („Womit beginnen?“ 1901; „Was tun?“ 1902; „Ein Schritt vorwärts, zwei Schritte zurück“ 1904; Artikel in der Zeitung „Iskra“ 1900 - 1903). Gleichzeitig war die praktische Tätigkeit Lenins auf die Schaffung einer Partei neuen Typs gerichtet, die sich grundsätzlich von den Parteien der II. Internationale unterscheiden sollte. Dieses Ziel wurde durch die auf dem II. Parteitag der SDAPR 1903 vollzogene Gründung der Partei der Bolschewiki erreicht.

Den Hauptfehler der in der II. Internationale vereinten sozialdemokratischen Arbeiterparteien erblickte Lenin darin, dass sie auch unter den veränderten Bedingung des Imperialismus an den Kampfmethoden festhielten, die sich in der Zeit der relativ friedlichen Entwicklung des Kapitalismus bewährt hatten (Kampf um demokratische Errungenschaften, um das allgemeine Wahlrecht, für soziale Reformen, Ausnützung parlamentarisch-legaler Formen, Stärkung der Organisationen). Die Überschätzung und Verabsolutierung der dadurch erreichten positiven Ergebnisse mündeten in der Vorstellung eines stetigen, unaufhaltsamen Aufstiegs, eines bruchlosen, glatten Hineinwachsens in den Sozialismus. Das ließ eine Tendenz aufkommen, die nach und nach bewirkte, dass die großen Parteien der II. Internationale ihre kämpferischen, revolutionären Eigenschaften einbüßten. Die Prinzipien des Zentralismus, der ideologischen Einheit und Geschlossenheit wurden vernachlässigt. Gegenüber den Revisionisten, die sich hinter der Losung von der „Freiheit der Kritik“ verschanzten, verabsäumte man es, einen klaren Trennungsstrich zu ziehen.

Lenins Verdienst war es, die Notwendigkeit der Schaffung einer proletarischen Partei neuen Typs schon sehr früh und in aller Schärfe erkannt zu haben. Sie sollte befähigt sein, den Kampf gegen die Monopolbourgeoisie, die zur Aufrechterhaltung ihrer Herrschaft einen weit verzweigten staatlichen Repressivapparat, eine mächtige Militärmaschinerie und ein ganzes Arsenal von ökonomischen, politischen und ideologischen Mitteln zur Entsolidarisierung, Zersplitterung und Entwaffnung der Werktätigen geschaffen hatte, zu leiten und zum Erfolg zu führen. Die Arbeiterpartei neuen Typs sollte nicht nur zur Avantgarde, zum organisierten und bewussten Teil der Arbeiterklasse, sondern auch zur höchsten Form ihrer Organisation werden, die alle Formen des proletarischen Kampfes koordinierte. Sie sollte berufen sein, die Veränderungen der Gesellschaft mit marxistischen Methoden zu analysieren und auf dieser theoretischen Grundlage eine politische Linie auszuarbeiten, die in strategischer Hinsicht auf die sozialistische Revolution, auf die Erringung der politischen Macht durch das Proletariat abzielte. Eine solche Zielsetzung erforderte - nach Lenins Überzeugung - im

Interesse des Kampfes gegen einen hoch organisierten, zentralisierten Gegner die strikte Einhaltung der Prinzipien des demokratischen Zentralismus, die Sorge für die Verbindlichkeit der Parteibeschlüsse, die Stärkung der bewussten Disziplin und die Gewährleistung der Einheit der Reihen der Partei.

In der Periode der russischen bürgerlich-demokratischen Revolution von 1905 standen Fragen der *Revolutionstheorie*, insbesondere die Strategie und Taktik der Partei, im Zentrum der theoretischen und praktischen Tätigkeit Lenins. („Zwei Taktiken der Sozialdemokratie in der demokratischen Revolution“ 1905; Referate und Beiträge auf dem III. Parteitag der SDAPR 1905).

Während die bürgerlich-demokratischen Revolutionen in der Vergangenheit unter der Führung der Bourgeoisie stattgefunden und eine Stufe auf dem Weg des Aufstiegs der Kapitalistenklasse zur Macht gebildet hatten, entstanden in der nunmehrigen Epoche - Lenins Lehre zufolge - reale Möglichkeiten für eine solche Revolution *unter Führung des Proletariats*, das aufgrund des akuten sozialen Konflikts zwischen Kapital und Arbeit nicht nur den Kampf für eine demokratische Erneuerung der Gesellschaft zu leiten, sondern diesen auch in den Kampf für grundlegende soziale Umgestaltungen einmünden zu lassen vermag. (These von der „Hegemonie des Proletariats“ bei der demokratischen und sozialistischen Umgestaltung der Gesellschaft.) In den Jahren nach der Niederlage der Revolution (1907 - 1910) verstärkte sich der Einfluss bürgerlicher Ideologie und vor allem der idealistischen Philosophie auf das Proletariat und seine Partei. Insbesondere versuchten die Revisionisten, die Philosophie des Marxismus durch in Mode stehende idealistische Konzeptionen von Mach, Avenarius und anderen zu ersetzen. Unter diesen Bedingungen schrieb Lenin sein wichtigstes philosophisches Werk *„Materialismus und Empiriokritizismus“* (1908).

Während der Zeit des erneuten revolutionären Aufschwungs in Russland (1910 - 1914) führte Lenin die theoretische Grundlegung der Partei neuen Typs, ihres Programms und ihrer Taktik sowie des Kampfes um die Einheit der Arbeiterbewegung und gegen den Opportunismus weiter. Er entwickelte die marxistische *Theorie der nationalen Frage* und die entsprechenden programmatischen Positionen der Partei. („Kritische Bemerkungen zur nationalen Frage“ 1913; „Über das Selbstbestimmungsrecht der Nationen“ 1914).

In der Periode des Ersten Weltkrieges und des Sieges der bürgerlich-demokratischen Februarrevolution in Russland (1914 - 1917) analysierte Lenin den *„Imperialismus als höchstes Stadium des Kapitalismus“* (1916). Vor allem aber entwickelte er in dieser Zeit die marxistische *Theorie der sozialistischen Revolution* weiter, deckte die Ursachen und das Wesen des Zusammenbruchs der II. Internationale auf und erarbeitete die konkrete Strategie und Taktik der Partei zu Krieg, Frieden und sozialistischer Revolution („Der Zusammenbruch der II. Internationale“ 1915; „Das Militärprogramm der proletarischen Revolution“ 1916; „Über die Losung der Vereinigten Staaten von Europa“ 1915; „Über eine Karikatur auf den Marxismus und über den imperialistischen Ökonomismus“ 1916 u.a.)

Immer wieder wurde von bürgerlichen antikommunistischen Denkern und rechten Sozialdemokraten behauptet, dass zwischen dem Marxismus und dem Leninismus eine tiefe, unüberbrückbare Kluft bestehe. Sie stellten Marx als Theoretiker und Deterministen, als Objektivisten, der ausschließlich auf den natürlichen Lauf der Dinge baute, Lenin hingegen als Praktiker und „Voluntaristen“, als ungeduldigen Subjektivisten dar, der alle seine Hoffnungen auf die revolutionäre Gewalt setzte; den Marxismus sahen sie als Wissenschaft an, während sie dem Leninismus diese Eigenschaft absprachen; die Theorie von Marx wurde als eine lediglich unter den Bedingungen des entwickelten Kapitalismus anwendbare Doktrin, die Lehre Lenins indessen als spezifische Interpretation des Marxismus hingestellt, die nur für rückständige Länder tauge; Marx wurde als Verfechter, Lenin aber als Gegner von Demokratie und Humanismus geschildert und dergleichen mehr.

Unsere gesamte Darstellung hat aber zur Genüge gezeigt, dass Marx und Engels vor allem *Revolutionäre* waren und dass der Marxismus eine *revolutionäre* Lehre ist. Wenn es nach dem Tod von Marx und Engels jemanden gab, der imstande war und dafür sorgte, diesen überhaupt wichtigsten Wesenszug des Marxismus am Leben zu erhalten und im Kampf gegen das kapitalistische System erfolgreich anzuwenden, dann Lenin. Bei dem Kampf, den Lenin gegen die bürgerliche Ideologie und den Opportunismus führte, formten und entwickelten sich seine Ideen und Prinzipien zu einem logisch aufgebauten System, das sämtliche Bestandteile des Marxismus erfasste und diesen bereicherte.

Die theoretische und politische Tätigkeit Lenins seit der Wende vom 19. zum 20. Jahrhundert gewährleistete also die Fortführung und Weiterentwicklung des revolutionären Marxismus und schuf die Voraussetzungen für die Entfaltung der großen Klassenkämpfe des Proletariats, die mit der russischen Oktoberrevolution 1917 und den revolutionären Bewegungen der Jahre 1918 bis 1923 in anderen Ländern Europas ihren Höhepunkt fanden.

Anhang

Karl Marx

Thesen über Feuerbach
(Geschrieben im Frühjahr 1845)

1. Der Hauptmangel alles bisherigen Materialismus (den Feuerbachschen mit eingerechnet) ist, dass der Gegenstand, die Wirklichkeit, Sinnlichkeit nur unter der Form des **Objekts oder der Anschauung** gefasst wird; nicht aber als **sinnlich menschliche Tätigkeit, Praxis**; nicht subjektiv. Daher die **tätige** Seite abstrakt im Gegensatz zu dem Materialismus von dem Idealismus - der natürlich die wirkliche, sinnliche Tätigkeit als solche nicht kennt - entwickelt. Feuerbach will sinnliche - von den Gedankenobjekten wirklich unterschiedne Objekte: aber er fasst die menschliche Tätigkeit selbst nicht als **gegenständliche** Tätigkeit. Er betrachtet daher im „Wesen des Christentums" nur das theoretische Verhalten als das echt menschliche, während die Praxis nur in ihrer schmutzig jüdischen Erscheinungsform gefasst und fixiert wird. Er begreift daher nicht die Bedeutung der „revolutionären", der „praktisch-kritischen" Tätigkeit.

2. Die Frage, ob dem menschlichen Denken gegenständliche Wahrheit zukomme - ist keine Frage der Theorie, sondern eine **praktische** Frage. In der Praxis muss der Mensch die Wahrheit, i.e. Wirklichkeit und Macht, Diesseitigkeit seines Denkens beweisen. Der Streit über die Wirklichkeit oder Nichtwirklichkeit des Denkens - das von der Praxis isoliert ist - ist eine rein **scholastische** Frage.

3. Die materialistische Lehre von der Veränderung der Umstände und der Erziehung vergisst, dass die Umstände von den Menschen verändert und der Erzieher selbst erzogen werden muss. Sie muss daher die Gesellschaft in zwei Teile - von denen der eine über ihr erhaben ist - sondieren.
Das Zusammenfallen des Änderns der Umstände und der menschlichen Tätigkeit oder Selbstveränderung kann nur als **revolutionäre Praxis** gefasst und rationell verstanden werden.

4. Feuerbach geht von dem Faktum der religiösen Selbstentfremdung, der Verdopplung der Welt in eine religiöse und eine weltliche aus. Seine Arbeit besteht darin, die religiöse Welt in ihre weltliche Grundlage aufzulösen. Aber dass die weltliche Grundlage sich von sich selbst abhebt und sich ein selb-

ständiges Reich in den Wolken fixiert, ist nur aus der Selbstzerrissenheit und Sichselbstwidersprechen dieser weltlichen Grundlage zu erklären. Diese selbst muss also in sich selbst sowohl in ihrem Widerspruch verstanden als praktisch revolutioniert werden. Also nachdem z.B. die irdische Familie als das Geheimnis der heiligen Familie entdeckt ist, muss nun erstere selbst theoretisch und praktisch vernichtet werden.

5. Feuerbach, mit dem **abstrakten Denken** nicht zufrieden, will die **Anschauung**; aber er fasst die Sinnlichkeit nicht als **praktische** menschlich-sinnliche Tätigkeit.

6. Feuerbach löst das religiöse Wesen in das **menschliche** Wesen auf. Aber das menschliche Wesen ist kein dem einzelnen Individuum inwohnendes Abstraktum. in seiner Wirklichkeit ist es das ensemble der gesellschaftlichen Verhältnisse.
Feuerbach, der auf die Kritik dieses wirklichen Wesens nicht eingeht, ist daher gezwungen:

> 1. von dem geschichtlichen Verlauf zu abstrahieren und das religiöse Gemüt für sich zu fixieren, und ein abstrakt - **isoliert** - menschliches Individuum vorauszusetzen.
>
> 2. Das Wesen kann daher nur als „Gattung", als innere, stumme, die vielen Individuen **natürlich** verbindende Allgemeinheit gefasst werden.

7. Feuerbach sieht daher nicht, dass das „religiöse Gemüt" selbst ein gesellschaftliches Produkt ist und dass das abstrakte Individuum, das er analysiert, einer bestimmten Gesellschaftsform angehört.

8. Alles gesellschaftliche Leben ist wesentlich **praktisch**. Alle Mysterien, welche die Theorie zum Mystizismus veranlassen, finden ihre rationelle Lösung in der menschlichen Praxis und im Begreifen dieser Praxis.

9. Das Höchste, wozu der anschauende Materialismus kommt, d.h. der Materialismus, der die Sinnlichkeit nicht als praktische Tätigkeit begreift, ist die

Anschauung der einzelnen Individuen und der bürgerlichen Gesellschaft.

10. Der Standpunkt des alten Materialismus ist die bürgerliche Gesellschaft, der Standpunkt des neuen die menschliche Gesellschaft oder die gesellschaftliche Menschheit.

11. Die Philosophen haben die Welt nur verschieden **interpretiert**, es kömmt drauf an, sie zu **verändern**.

Ferdinand Freiligrath

Abschiedswort der Neuen Rheinischen Zeitung
19. Mai 1849

Kein offner Hieb in offner Schlacht -
es fällen die Nücken und Tücken,
es fällt mich die schleichende Niedertracht
der schmutzigen West-Kalmücken!
Aus dem Dunkel flog der tötende Schaft,
aus dem Hinterhalt fielen die Streiche -
und so lieg ich nun da in meiner Kraft,
eine stolze Rebellenleiche!

Auf der Lippe den Trotz und den zuckenden Hohn,
in der Hand den blitzenden Degen,
noch im Sterben rufend: Die Rebellion!
So bin ich mit Ehren erlegen.
O gern wohl bestreuten mein Grab mit Salz
der Preuße zusamt dem Zare -
doch es schicken die Ungarn, es schickt die Pfalz
drei Salven mir über die Bahre!

Und der arme Mann im zerriss'nen Gewand,
er wirft auf mein Haupt die Schollen;
er wirft sie hinab mit der fleißigen Hand,
mit der harten, der schwielenvollen.
Einen Kranz auch bringt er aus Blumen und Mai'n,
zu ruhn auf meinen Wunden;
den haben sein Weib und sein Töchterlein
nach der Arbeit für mich gewunden.

Nun Ade, nun Ade, du kämpfende Welt,
nun Ade, ihr ringenden Heere!
Nun Ade, du pulvergeschwärztes Feld,
Nun Ade, ihr Schwerter und Speere!
Nun Ade - doch nicht für immer Ade!
Denn sie töten den Geist nicht, ihr Brüder!
Bald richt ich mich rasselnd in die Höh,
bald kehr ich reisiger wieder!

Wenn die letzte Krone wie Glas zerbricht,
in des Kampfes Wettern und Flammen,
wenn das Volk sein letztes Schuldig! spricht,
dann stehn wir wieder zusammen!
Mit dem Wort, mit dem Schwert, an der Donau, am Rhein, -
eine allzeit treue Gesellin
wird dem Throne zerschmetternden Volke sein
die Geächtete, die Rebellin!

Karl Marx

Fragebogen für Arbeiter
(Geschrieben in der ersten Aprilhälfte 1880)

I

1. In welchem Gewerbe arbeiten Sie?
2. Gehört das Unternehmen, in dem Sie arbeiten, Privatkapitalisten oder einer Aktiengesellschaft? Nennen Sie die Namen des privaten Unternehmers oder des Direktors der Gesellschaft.
3. Nennen Sie die Anzahl der Beschäftigten.
4. Nennen Sie deren Geschlecht und Alter.
5. Was ist das Mindestalter, zu dem Kinder - männlich oder weiblich - eingestellt werden?
6. Nennen Sie die Anzahl der Aufsichtspersonen und anderen Angestellten, die keine einfachen Lohnarbeiter sind.
7. Sind Lehrlinge beschäftigt? - Wieviele?
8. Gibt es außer den häufig und regelmäßig beschäftigten Arbeitern auch solche, die zu einer bestimmten Saison von außerhalb herbeigeholt werden?
9. Arbeitet der Betrieb Ihres Lohnherrn ausschließlich oder hauptsächlich für ortsansässige Kunden, für den allgemeinen Binnenmarkt oder für den Export in andere Länder?
10. Liegt die Arbeitsstätte auf dem Lande oder in der Stadt?
11. Falls Ihr Gewerbe auf dem Lande betrieben wird: bildet es Ihre hauptsächliche Erwerbs- quelle oder betreiben Sie es zusätzlich zu oder gemeinsam mit der Landwirtschaft?
12. Beruht die Arbeit gänzlich oder in der Hauptsache auf Hand- oder Maschinenarbeit?
13. Berichten Sie über die Arbeitsteilung in dem Gewerbe, in dem Sie arbeiten.

14. Wird Dampf als Antriebskraft verwandt?

15. Berichten Sie über die Anzahl der Arbeitsräume, die den verschiedenen Zweigen des Gewerbes dienen, und beschreiben Sie jenen Teil des Arbeitsprozesses, an dem Sie mitwirken, nicht nur in technischer Hinsicht, sondern auch in bezug auf die Muskel- und Nervenanspannung, die die Arbeit erfordert, und die allgemeinen Auswirkungen auf die Gesundheit der Arbeiter.

16. Beschreiben Sie die hygienischen Bedingungen der Arbeitsstätte in bezug auf Größe (des jedem Arbeiter zur Verfügung stehenden Platzes), Lüftung, Temperatur, ob die Wände geweißt sind, über Abortverhältnisse, allgemeine Reinlichkeit, Maschinenlärm, Staub, Feuchtigkeit etc.

17. Werden seitens der Regierung oder der Stadt die hygienischen Bedingungen der Arbeitsstätte überwacht?

18. Gibt es in Ihrem Gewerbe irgendwelche besondere schädliche Einwirkungen, die unter den Arbeitern bestimmte Krankheiten hervorrufen?

19. Ist die Arbeitsstätte mit Maschinen überfüllt?

20. Sind die Antriebskraft, die Transmissionsvorrichtungen und die laufenden Maschinen mit ausreichenden Schutzvorrichtungen gegen Unfälle versehen?

21. Berichten Sie aus eigener Erfahrung von Unfällen, die Verletzungen bzw. den Tod von Arbeitern verursachten.

22. Falls Sie in einem Bergwerk arbeiten, berichten Sie über Schutzmaßnahmen, die Ihr Unternehmer ergriffen hat, um für Lüftung zu sorgen und Explosionen sowie andere gefährliche Unfälle zu verhindern.

23. Falls Sie in einer Metallwaren- oder chemischen Fabrik, bei der Eisenbahn oder in einem anderen mit besonderen Gefahren verbundenen Gewerbe arbeiten, berichten Sie über die von Ihrem Unternehmer ergriffenen Schutzmaßnahmen.

24. Womit wird Ihr Arbeitsplatz beleuchtet, mit Gas, Petroleum etc.?

25. Sind im Falle eines Brandes genügend Fluchtmöglichkeiten innerhalb und außerhalb der Arbeitsgebäude vorhanden?

26. Ist der Unternehmer bei Unfällen gesetzlich verpflichtet, den Betroffenen oder seine Familie zu entschädigen?

27. Wenn das nicht der Fall ist, entschädigt er in irgendeiner Weise diejenigen, die Unfälle dabei erlitten, als sie durch ihre Arbeit zu seiner Bereicherung beitrugen?
28. Ist an Ihrer Arbeitsstätte für ärztliche Hilfe gesorgt?
29. Falls Sie Heimarbeit leisten, beschreiben Sie den Zustand Ihres Arbeitsraums; berichten Sie, ob Sie nur Werkzeuge oder auch kleine Maschinen benutzen; ob Sie von Ihrer Frau und den Kindern oder anderen Gehilfen, Erwachsenen oder Kindern, männlich oder weiblich, bei Ihrer Arbeit helfen lassen; ob Sie für Privatkunden oder für einen „entrepreneur“ (Unternehmer, H.H.) arbeiten; ob Sie mit ihm direkt oder durch eine Zwischenperson verhandeln.

II

1. Wieviel Stunden arbeiten Sie täglich und wieviel Tage in der Woche?
2. Wieviel Feiertage haben Sie während des Jahres?
3. Welche Pausen treten während des Arbeitstages ein?
4. Sind für Mahlzeiten bestimmte regelmäßige Pausen festgesetzt oder werden sie unregelmäßig eingenommen?
5. Wird während der Mahlzeiten weitergearbeitet?
6. Falls Dampfkraft benutzt wird, nennen Sie die genauen Zeiten, wann sie an- und abgestellt wird.
7. Gibt es Nachtarbeit?
8. Wieviel Stunden arbeiten Kinder und Jugendliche unter 16 Jahren?
9. Lösen sich Kinder und Jugendliche schichtweise während des Arbeitstages ab?
10. Sorgt die Regierung für die Einhaltung der gesetzlichen Bestimmungen über Kinderarbeit, soweit es solche gibt, und werden sie von den Unternehmern genau befolgt?
11. Bestehen irgendwelche Schulen für Kinder und Jugendliche, die in Ihrem Gewerbe arbeiten? Wenn ja, zu welcher Tageszeit sind die Kinder in der

Schule? Was lehrt man sie?

12. Falls Tag und Nacht gearbeitet wird, wie ist der Schichtwechsel geregelt? Erfolgt die Ablösung einer Gruppe Arbeiter durch eine andere Gruppe?

13. Wieviel Arbeitsstunden werden in Zeiten besonders starker Geschäftstätigkeit zusätzlich zu den üblichen geleistet?

14. Werden die Maschinen von einer besonderen Gruppe Arbeiter gereinigt, die für diese Arbeit angestellt sind, oder besorgen die an den Maschinen beschäftigten Arbeiter die Reinigung unentgeltlich während ihres gewöhnlichen Arbeitstages?

15. Welche Bestimmungen und Strafen gibt es, um pünktliches Erscheinen der Arbeiter bei Beginn des Tagewerks oder nach den Mahlzeiten zu sichern?

16. Wieviel Zeit verlieren Sie täglich für den Weg zur Arbeitsstätte und für den Rückweg zu Ihrer Wohnung?

III

1. Welcher Art ist das Arbeitsverhältnis mit ihrem Lohnherrn? Sind Sie für den Tag, für die Woche oder für den Monat etc. eingestellt?

2. Welche Fristen sind für die Kündigung seitens des Unternehmers oder Ihrerseits festgesetzt?

3. Welche Strafen sieht Kontraktbruch vor, wenn der Lohnherr der schuldige Teil ist?

4. Welche Strafen erwarten den Arbeiter, wenn er der schuldige Teil ist?

5. Falls Lehrlinge beschäftigt sind, nennen Sie ihre Vertragsbedingungen.

6. Stehen Sie dauernd in Arbeit oder mit Unterbrechungen?

7. Wird in Ihrem Gewerbe hauptsächlich während einer bestimmten Saison gearbeitet, oder ist die Arbeit mehr oder weniger gleichmäßig über das ganze Jahr verteilt? Falls Ihre Arbeit an eine bestimmte Saison gebunden ist, wie leben Sie dann in der Zwischenzeit?

8. Erhalten Sie Zeit- oder Stücklohn?

9. Wenn Zeitlohn, wird er nach der Stunde oder nach dem ganzen Arbeitstag berechnet?

10. Erfolgt eine besondere Entlohnung - und welche - im Falle von Überstunden?

11. Wenn Sie Lohn nach der Stückzahl erhalten, berichten Sie, wie dieser festgesetzt wird. Falls Sie in Industriezweigen beschäftigt sind, wo die geleistete Arbeit nach Quantität oder Gewicht berechnet wird (wie z.B. in Kohlengruben), so berichten Sie, ob der Lohnherr und seine Kreaturen zu Prellereien greifen, um Sie um einen Teil des Verdienstes zu betrügen.

12. Falls Sie im Stücklohn bezahlt werden: wird die Qualität des Produkts zum Vorwand genommen, um Ihren Lohn auf betrügerische Weise zu kürzen?

13. Ob Sie nun im Zeit- oder im Stücklohn beschäftigt sind, nach welcher Frist erhalten Sie Ihren Lohn? Mit anderen Worten, wie lange müssen Sie warten, bis Ihr Lohnherr Ihnen den Lohn für bereits ausgeführte Arbeit auszahlt? Wird Ihr Lohn nach einer Woche, einem Monat etc. bezahlt?

14. Werden Sie durch solche Verzögerungen bei der Lohnzahlung gezwungen, häufig das Pfandhaus in Anspruch zu nehmen, dort hohe Zinsen zu zahlen und obendrein Gegenstände zu entbehren, die Sie nötig gebrauchen, oder müssen Sie bei den Kaufleuten Schulden machen und werden dadurch als Schuldner deren Opfer?

15. Werden die Löhne direkt vom „patron“ („Herrn“, H.H.) oder durch eine Zwischenperson, einem „marchandeur“ („Zwischenmeister“, H.H.) etc. bezahlt?

16. Wie sind die Bedingungen Ihres Kontrakts, falls die Löhne durch „marchandeurs“ oder andere Zwischenpersonen ausgezahlt werden?

17. Wie hoch ist Ihr Geldlohn pro Tag und pro Woche?

18. Wie hoch sind die entsprechenden Löhne der Frauen und Kinder, die mit Ihnen in der gleichen Werkstatt arbeiten?

19. Nennen Sie den höchsten und den niedrigsten Tagelohn im vergangenen Monat.

20. Nennen Sie den höchsten und den niedrigsten Stücklohn im vergangenen Monat.

21. Nennen Sie ihr tatsächliches Einkommen während dieser Zeit, und, falls Sie Familie haben, auch das Ihrer Frau und der Kinder.

22. Werden die Löhne in Geld oder zum Teil auf andere Weise gezahlt?

23. Falls der Unternehmer Ihnen die Wohnung vermietet, unter welchen Bedingungen geschieht das? Zieht er die Miete von Ihrem Lohn ab?

24. Nennen Sie die Preise der notwendigen Dinge, wie zum Beispiel:

a) Ihre Wohnungsmiete und dazu die Mietbedingungen; Zahl der Zimmer und der Personen, die darin wohnen; Reparaturen und Versicherung; Kauf und Unterhalt des Mobiliars; Schlafstelle; Feuerung; Beleuchtung; Wasser etc.

b) Nahrung: Brot, Fleisch, Gemüse (Kartoffeln etc.), Milchprodukte, Eier, Fisch; Butter, Öl, Fett; Zucker, Salz, Gewürze; Kaffee, Tee, Zichorie; Bier, Apfelwein, Wein etc., Tabak.

c) Kleidung (für Eltern und Kinder); Wäsche; Körperpflege, Bäder, Seife etc.

d) verschiedene Angaben, wie Briefporto, Darlehen, Aufbewahrungskosten in den Pfandhäusern, Schulgeld für die Kinder, Lehrgeld, Erwerb von Zeitungen, Büchern etc,; Mitgliedsbeiträge, Beiträge für Gesellschaften zur gegenseitigen Hilfe, für Streikkassen, für verschiedene Vereinigungen, Gewerkschaften etc.

e) Kosten, sofern es solche gibt, die durch die Ausübung Ihres Berufs entstehen.

f) Steuern.

25. Versuchen Sie, Ihre wöchentlichen und jährlichen Einnahmen (und die Ihrer Familie, falls Sie eine haben) und die wöchentlichen und jährlichen Ausgaben in Form eines Budgets aufzuschreiben.

26. Haben Sie aus eigener Erfahrung ein stärkeres Ansteigen der Preise für die lebensnotwendigen Dinge (wie Wohnungsmiete, Nahrung etc.) als das der Löhne festgestellt?

27. Berichten Sie über die Lohnschwankungen, so weit Sie sich zurückerinnern können.

28. Berichten Sie über das Absinken der Löhne in Zeiten der Stagnation oder Krise.
29. Berichten sie über das Steigen der Löhne in sogenannten Zeiten der Prosperität.
30. Berichten Sie über Arbeitsunterbrechungen infolge Veränderungen in der Mode und infolge von Teil- oder allumfassenden Krisen.
31. Berichten Sie über Veränderungen im Preis von Waren, die Sie produzieren, bzw. der Dienste, die Sie leisten, und berichten Sie zum Vergleich, ob Ihr Lohn sich gleichzeitig verändert hat oder ob er der alte geblieben ist.
32. Kennen Sie Fälle, dass Arbeiter infolge Einführung von Maschinen oder anderen Vervollkommnungen ihren Arbeitsplatz verloren haben?
33. Haben mit der Entwicklung der Maschinen und der Erhöhung der Arbeitsproduktivität die Intensität und die Dauer der Arbeit zu- oder abgenommen?
34. Sind Ihnen Lohnerhöhungen als Folge von erhöhter Produktion bekannt?
35. Sind Ihnen jemals Fälle bekannt geworden, dass ein einfacher Arbeiter mit dem Geld, das er als Lohnarbeiter verdient hatte, sich im Alter von 50 Jahren zur Ruhe setzen konnte?
36. Wieviel Jahre kann in Ihrem Gewerbe ein Arbeiter von durchschnittlicher Gesundheit seine Arbeit ausführen?

IV

1. Gibt es in Ihrem Gewerbe Gewerkschaften und wie werden sie geleitet?
2. Wieviel Streiks fanden nach Ihren persönlichen Erfahrungen statt?
3. Wie lange haben diese Streiks gedauert?
4. Waren es Teilstreiks oder allgemeine Streiks?
5. War das Ziel der Streiks eine Lohnerhöhung, oder wurde gestreikt, um gegen eine Lohnherabsetzung zu kämpfen; oder ging es bei den Streiks um die Länge des Arbeitstags; oder hatten sie andere Ursachen?
6. Welches waren ihre Ergebnisse?
7. Unterstützt man in Ihrem Gewerbe die Streiks von Arbeitern aus anderen

Gewerben?

8. Nennen Sie die von Ihrem Lohnherrn zur Beherrschung seiner Arbeiter erlassenen Bestimmungen und die Strafen, wenn sie verletzt werden.

9. Bestehen Vereinigungen der Lohnherren, um Lohnkürzungen, Verlängerung des Arbeitstags zu erzwingen, um Streiks zu zerschlagen und um im allgemeinen der Arbeiterklasse ihren Willen aufzuzwingen?

10. Kennen Sie Fälle, wo die Regierung die bewaffnete Macht missbrauchte und sie den Lohnherren gegen ihre Arbeiter zur Verfügung gestellt hat?

11. Haben Sie erlebt, dass die gleiche Regierung sich jemals im Interesse der Arbeiter eingeschaltet hat, wenn die Lohnherren Übergriffe begingen und sich ungesetzlich zusammenschlossen?

12. Verschafft die gleiche Regierung den Fabrikgesetzen, soweit welche bestehen, gegenüber den Lohnherren Geltung? Nehmen ihre Inspektoren - soweit es welche gibt - ihre Pflichten ernst?

13. Gibt es in Ihrem Betrieb oder in Ihrem Gewerbe Gesellschaften zur gegenseitigen Hilfe und Unterstützung bei Unfällen, Krankheiten, Todesfällen, vorübergehender Arbeitsunfähigkeit und im hohen Alter etc.?

14. Ist die Mitgliedschaft in solchen Gesellschaften freiwillig oder obligatorisch? Stehen die Mittel ausschließlich unter Kontrolle der Arbeiter?

15. Falls die Beiträge obligatorisch sind und unter der Kontrolle des Lohnherrn stehen: zieht er die Beiträge vom Lohn ab; zahlt er Zinsen dafür? Werden die Beiträge den Arbeitern zurückerstattet, wenn sie kündigen oder entlassen werden?

16. Gibt es in Ihrem Industriezweig Arbeitergenossenschaften? Wie werden sie geleitet? Sind in ihnen auch andere Lohnarbeiter in derselben Weise wie bei den Kapitalisten beschäftigt?

17. Gibt es in Ihrem Gewerbe Betriebe, in denen ein Teil der Bezahlung der Arbeiter unter dem Namen Lohn, ein anderer Teil in Form angeblicher Gewinnbeteiligung am Profit Ihres Lohnherrn erfolgt? Vergleichen Sie das gesamte Einkommen dieser Arbeiter mit demjenigen, das andere Arbeiter erhalten, bei denen keine angebliche Gewinnbeteiligung besteht. Berichten

Sie über die Verpflichtungen der Arbeiter, die unter diesen Bedingungen arbeiten. Können sie sich an Streiks beteiligen etc. oder dürfen sie nur die ergebenen „Diener" ihres Lohnherrn sein?

18. Wie ist der allgemeine körperliche, geistige und moralische Zustand der in Ihrem Beruf beschäftigten Arbeiter und Arbeiterinnen?

Der Werdegang des „Kapital" 1844 - 1867

Exzerpte	*Manuskripte/Entwürfe*	*Veröffentlichungen zu Lebzeiten von Marx*
	1844: Ökonomisch-philosophische Manuskripte	
		1847: Das Elend der Philosophie
		1849: Lohnarbeit und Kapital
1850-53: Londoner Hefte (ökonomische Studien) 24 Hefte		
1857/58: Krisenhefte 3 Hefte	1857/58: Grundrisse der Kritik der politischen Ökonomie 1. Entwurf des „Kapital" 7 Hefte	
		1859: Zur Kritik der politischen Ökonomie. Erstes Heft
	1861-63: 2. Entwurf des „Kapital", darunter: „Theorien über den Mehrwert" 23 Hefte	
1863: Beihefte 8 Hefte	1863-65: 3. Entwurf des „Kapital" mit ersten systematischen Entwürfen für den späteren zweiten und dritten Band	
	1865: Lohn, Preis und Profit. Vortrag	
		1867: Das Kapital. Erster Band: Der Produktionsprozeß des Kapitals

Produktionsmittel und Produktionsweise

Produktionsmittel

Arbeitsgegenstände

Rohstoffe, Halbfabrikate usw., auf die der Mensch im Arbeitsprozeß einwirkt

Arbeitsmittel

Werkzeuge, Maschinen, mit deren Hilfe der Mensch auf die Arbeitsgegenstände einwirkt

Produktionsweise

Produktivkräfte

a) Produktionsmittel

b) Menschen, die die Produktionsmittel in Bewegung setzen

Produktionsverhältnisse

a) Eigentumsverhältnisse an den Produktionsmitteln

b) Die Stellung der Klassen in der Produktion

c) Distributions- und Austauschverhältnisse der Produktionsergebnisse sowie deren Konsumtion

Gemeinsamkeiten und Unterschiede der einfachen und der kapitalistischen Warenproduktion

Gemeinsame Merkmale

Gesellschaftliche Arbeitsteilung

Privateigentum an Produktionsmitteln

Produktion von Erzeugnissen für den Verkauf

Der spontane, anarchische Charakter der Produktion

Unterschiede

Einfache Warenproduktion	Kapitalistische Warenproduktion
Die Produktionsmittel gehören dem unmittelbaren Produzenten	Die Produktionsmittel gehören dem Kapitalisten
Das Produkt wird durch persönliche Arbeit des Produzenten geschaffen	Das Produkt wird von Lohnarbeitern hergestellt, die keine Produktionsmittel besitzen
Das Produkt gehört dem Produzenten	Das Produkt gehört dem Kapitalisten
Die Arbeitskraft ist keine Ware	Die Arbeitskraft ist eine Ware
Die einfache Warenproduktion wird nicht zur allgemeinen Form der Produktion	Die kapitalistische Warenproduktion trägt allgemeinen Charakter

Die Ware und ihre Eigenschaften

Ware

Produkt der menschlichen Arbeit, das geeignet ist, bestimmte Bedürfnisse des Menschen zu befriedigen, und das gegen andere Waren austauschbar ist

Gebrauchswert

Nützliche Eigenschaften eines Gegenstandes, die ihn geeignet machen, bestimmte Bedürfnisse des Menschen bzw. der Gesellschaft zu befriedigen

Wert

Gesellschaftliche Arbeit, die in der Ware verkörpert ist und durch den Austausch (Tauschwert) in Erscheinung tritt

Gesellschaftliches Verhältnis zwischen den Menschen, das durch eine dingliche Hülle verdeckt wird

Tauschwert als Erscheinungsform des Wertes

Quantitatives Verhältnis, nach dem die Waren einer Art mit Waren einer anderen Art ausgetauscht werden. Beispiel:

1 Beil = **20 kg Getreide**

oder

die Quantität der Arbeit, die für die Produktion eines Beils verausgabt wird = der Quantität der Arbeit, die für die Produktion von 20 kg Getreide verausgabt wird

Der Doppelcharakter der in der Ware verkörperten Arbeit

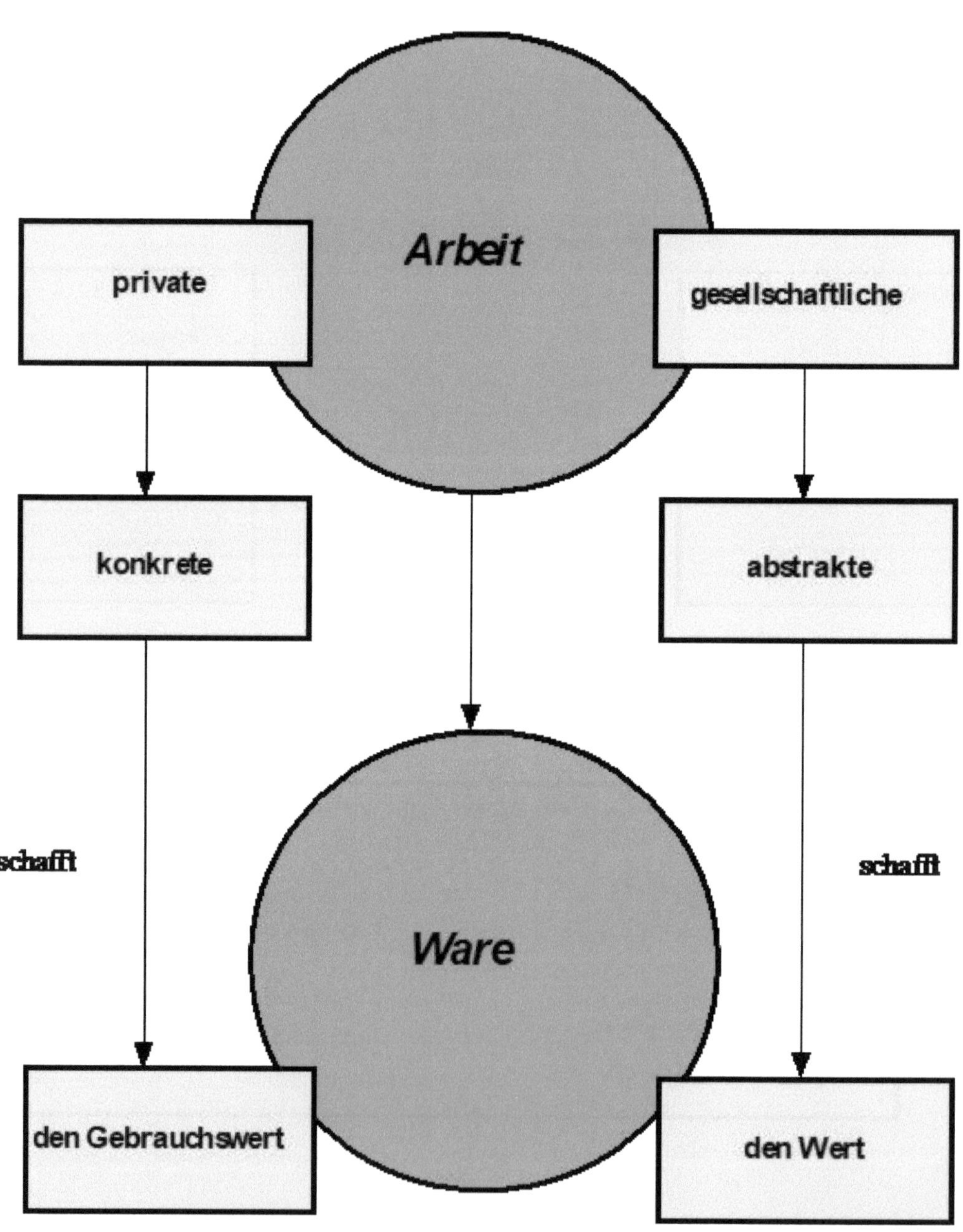

Die Wertgröße der Ware

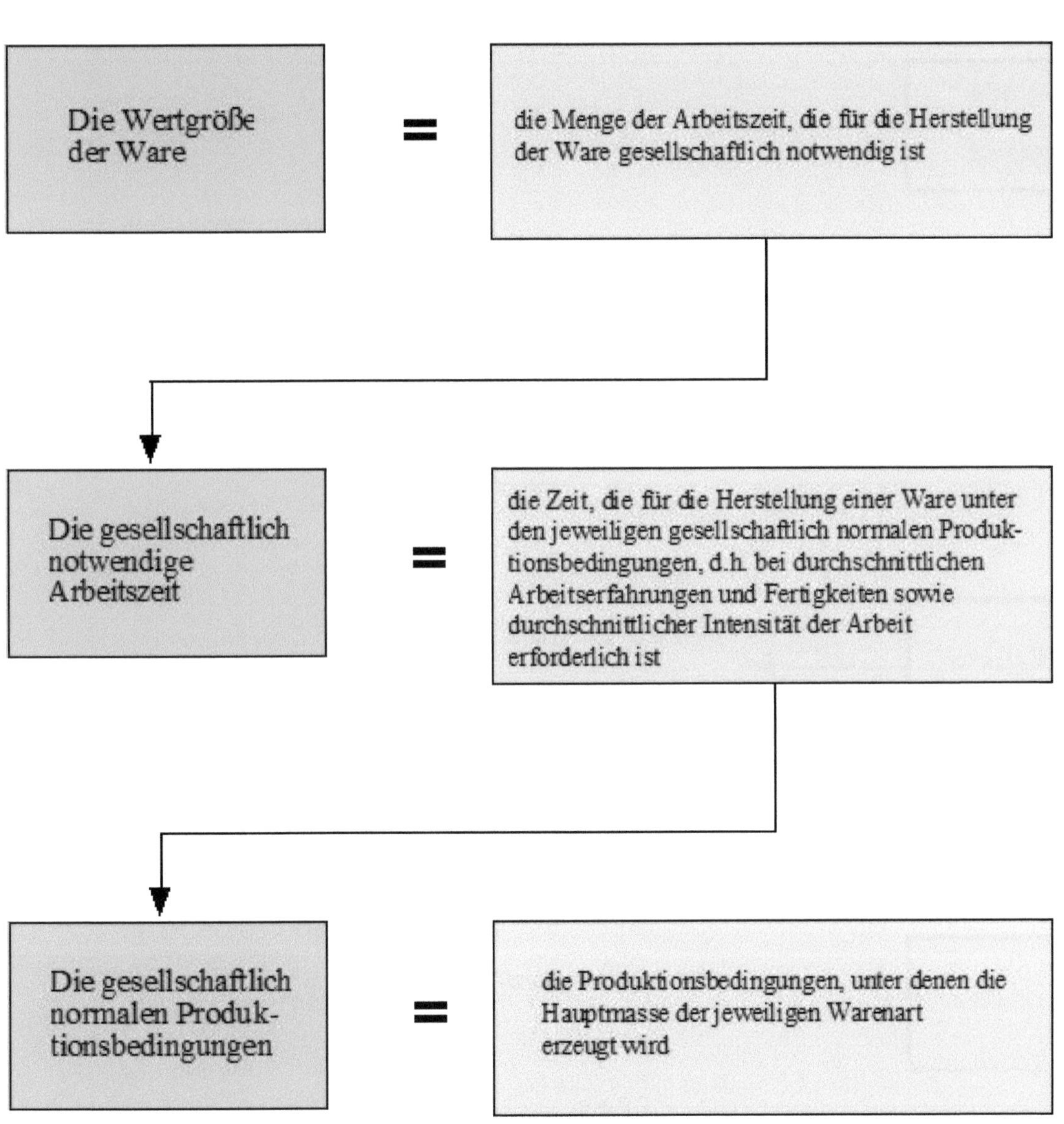

Die Entwicklung der Wertform

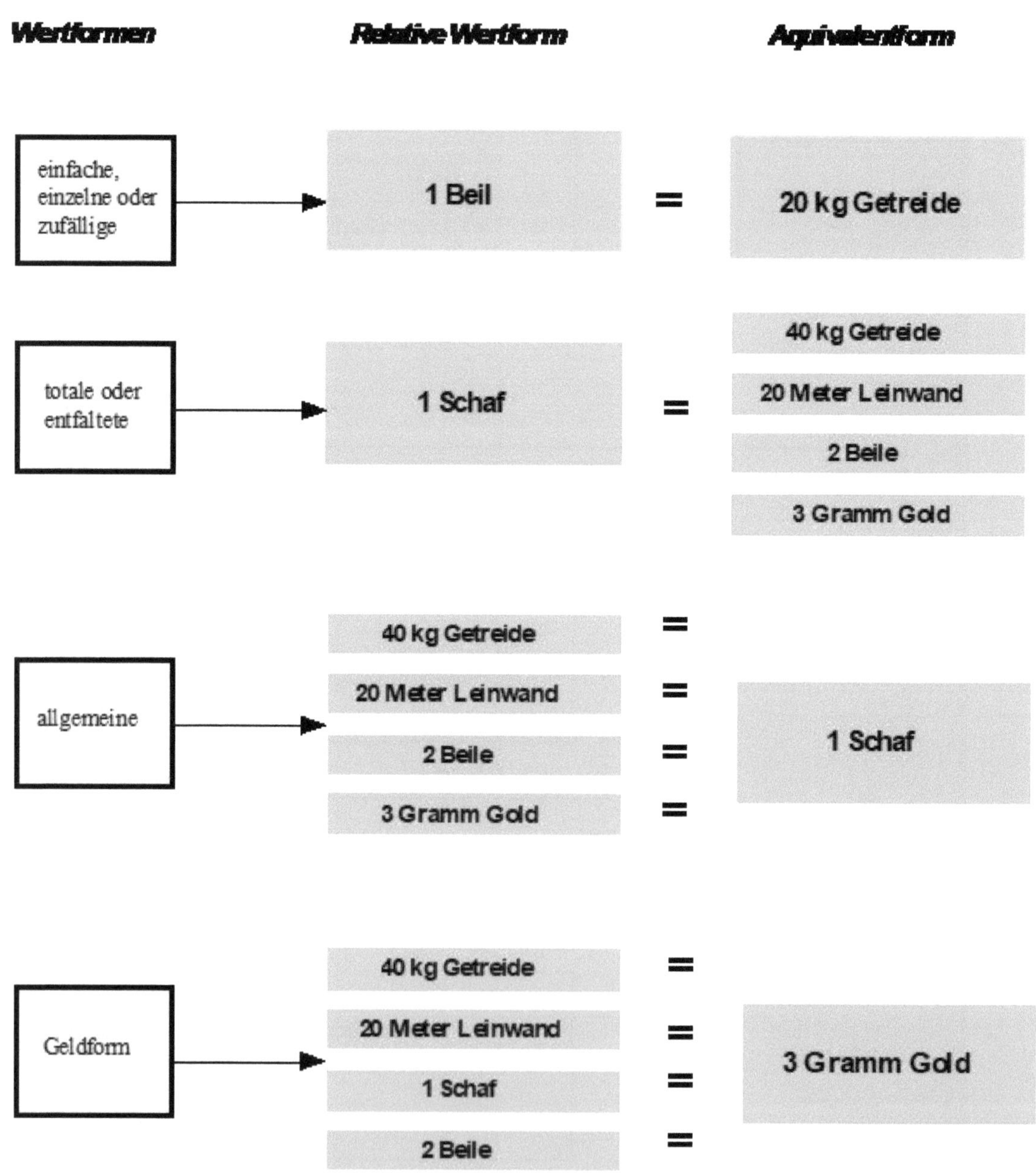

Das Marxsche Wertgesetz

Das Wertgesetz ist das ökonomische Gesetz der Warenproduktion, „wonach der Wert einer Ware gemessen wird durch die in ihr enthaltene gesellschaftlich notwendige Arbeit“.

Friedrich Engels

„Der Wert einer Ware verhält sich zum Wert jeder anderen Ware wie die zur Produktion der einen notwendigen Arbeitszeit zu der für die Produktion der anderen notwendigen Arbeitszeit“.

Karl Marx

<u>Ursachen für das Abweichen des Preises der Ware von ihrem Wert</u>

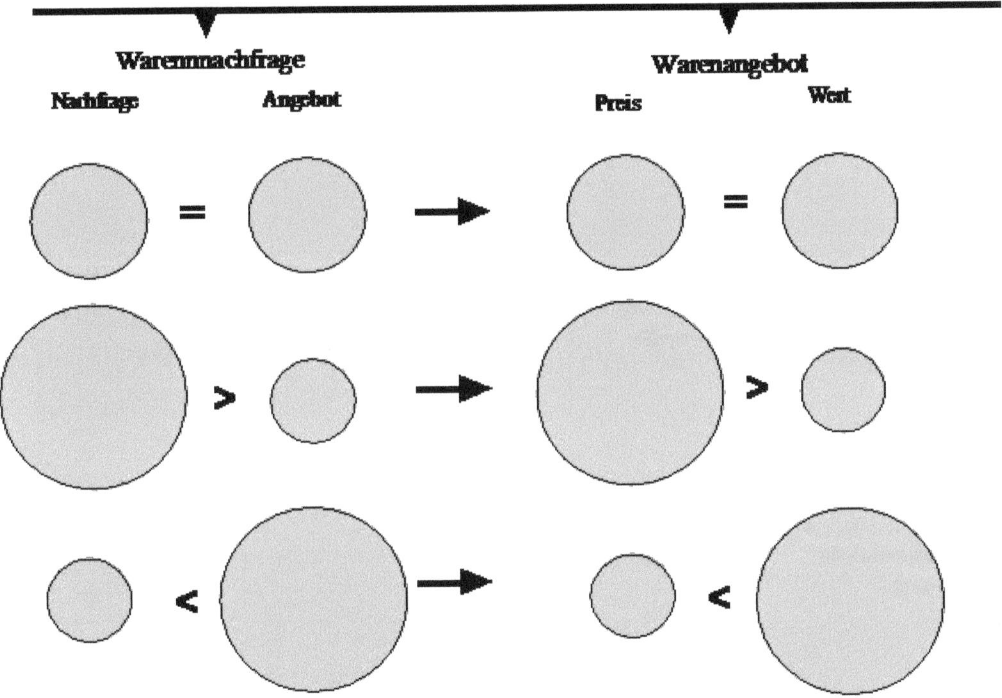

Die Rolle des Wertgesetzes in der Entwicklung der Warenproduktion

Es reguliert spontan die Verteilung der Produktionsmittel und der gesellschaftlichen Arbeit auf die verschiedenen Zweige durch den Preis

Es ruft eine spontane Entwicklung der Produktivkräfte und eine Erhöhung der Produktivität der gesellschaftlichen Arbeit hervor

Warenzirkulation und Kapitalzirkulation

	Formel der einfachen Warenzirkulation	Formel der Kapitalzirkulation
	W - G - W	**G - W - G´**
Ausgangs- und Endpunkt der Bewegung →	Ware	Geld
Gebrauchswert des Ausgangs- und Endpunkts der Bewegung →	qualitativ unterschiedlich	qualitativ gleich
Wert des Ausgangs- und Endpunkts der Bewegung →	quantitativ gleich	quantitativ unterschiedlich G´ > G (G´= G + g)
Endziel der Bewegung →	Bedarf, Befriedigung der Bedürfnisse	Anwachsen des Wertes, Gewinnung von Mehrwert

Unterschiede

W = Ware G = Geld G´ = um den Mehrwert gewachsene Geldsumme

g = Überschuß über die ursprünglich vorgeschossene Geldsumme (Mehrwert)

Die Ware Arbeitskraft

Gebrauchswert

Eigenschaft der Ware Arbeitskraft, im Produktionsprozeß einen größeren Wert zu schaffen, als sie selbst besitzt

Wert

Er wird bestimmt durch den Wert der Existenzmittel (Nahrung, Kleidung, Wohnung usw.), die für die Befriedigung der Bedürfnisse des Arbeiters sowie für die Erhaltung seiner Familie einschließlich der Kosten für Bildung und soziale Bedürfnisse notwendig sind

„Im Gegensatz zu den anderen Waren enthält also die Wertbestimmung der Arbeitskraft ein historisches und moralisches Element."

Karl Marx

Die Zusammensetzung des in der Produktion fungierenden Kapitals

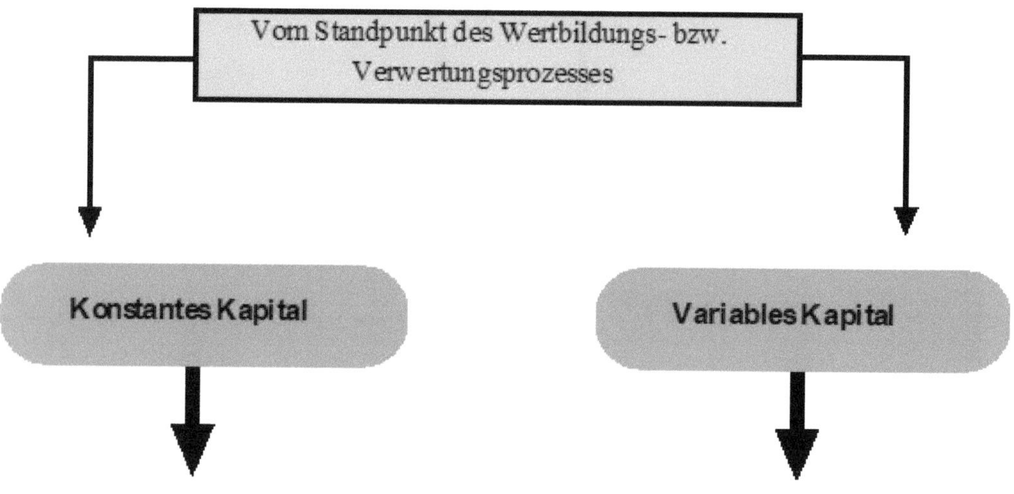

Der für den Kauf von Produktionsmitteln vorgeschossene Kapitalteil

Im Produktionsprozeß verändert sich die Größe seines Wertes nicht

Er ist die Voraussetzung für die Schaffung von Mehrwert

Der für den Kauf von Arbeitskräften vorgeschossene Kapitalteil

Dieser Kapital- bzw. Wertteil verändert seine Größe bzw. verwertet sich im Prozeß der Produktion

Er ist die Quelle des Mehrwerts

Absoluter und relativer Mehrwert

I. Absoluter Mehrwert

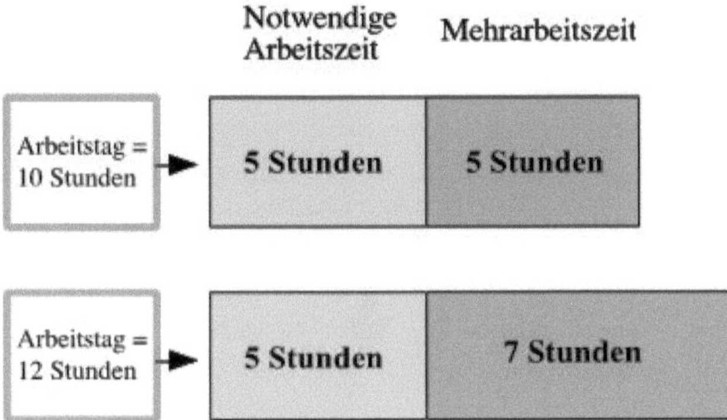

$$m' = \frac{5}{5} \cdot 100 = 100\ \%$$

$$m' = \frac{7}{5} \cdot 100 = 140\ \%$$

II. Relativer Mehrwert

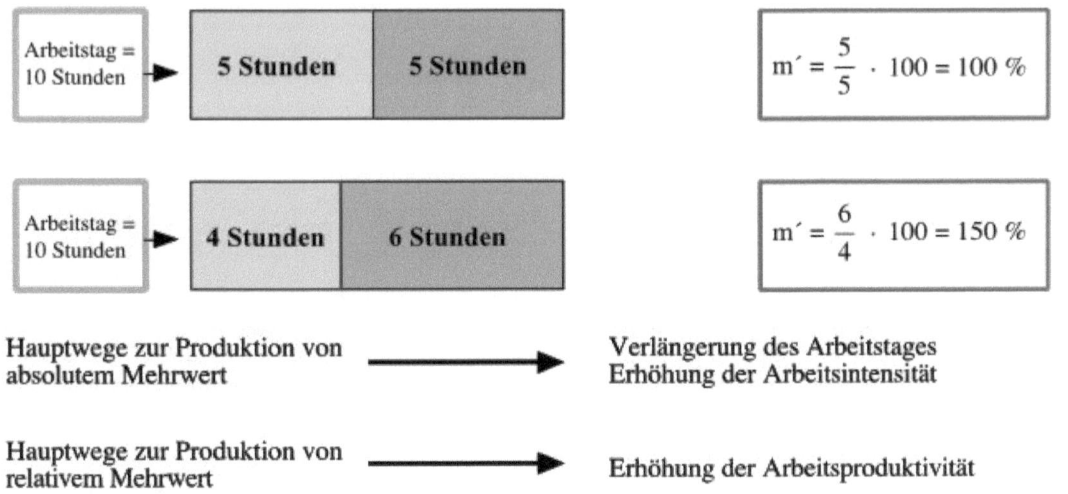

Die Marxsche Formel der Mehrwertrate: $m' = \frac{m}{v} \cdot 100$

m´= Mehrwertrate m = Mehrwert v = variables Kapital

Die Akkumulation des Kapitals

„Anwendung von Mehrwert als Kapital oder Rückverwandlung von Mehrwert in Kapital heißt Akkumulation des Kapitals."

Karl Marx

Arten der Reproduktion

Einfache Reproduktion

Der Produktionsprozeß wiederholt sich in unverändertem Umfang

Der Mehrwert wird vollkommen für den persönlichen Bedarf des Kapitalisten ausgegeben

Erweiterte Reproduktion

Der Produktionsprozeß wiederholt sich auf erweiterter Stufenleiter

Ein Teil des Mehrwerts wird akkumuliert, verwandelt sich also in Zusatzkapital.

Der übrige Teil des Mehrwerts wird für den persönlichen Bedarf des Kapitalisten ausgegeben (Revenue).

Faktoren, die den Umfang der Kapitalakkumulation bestimmen

1) Die absolute Höhe des Mehrwerts, abhängig
   a) vom Grad der Ausbeutung der Arbeitskraft
   b) vom Stand der Arbeitsproduktivität
   c) von der absoluten Größe des vorgeschossenen Kapitals

2) Die proportionale Teilung des Mehrwerts in Kapital und Revenue

3) Die Höhe der Differenz zwischen angewandtem und konsumiertem Kapital

Konstantes und variables, fixes und zirkulierendes Kapital

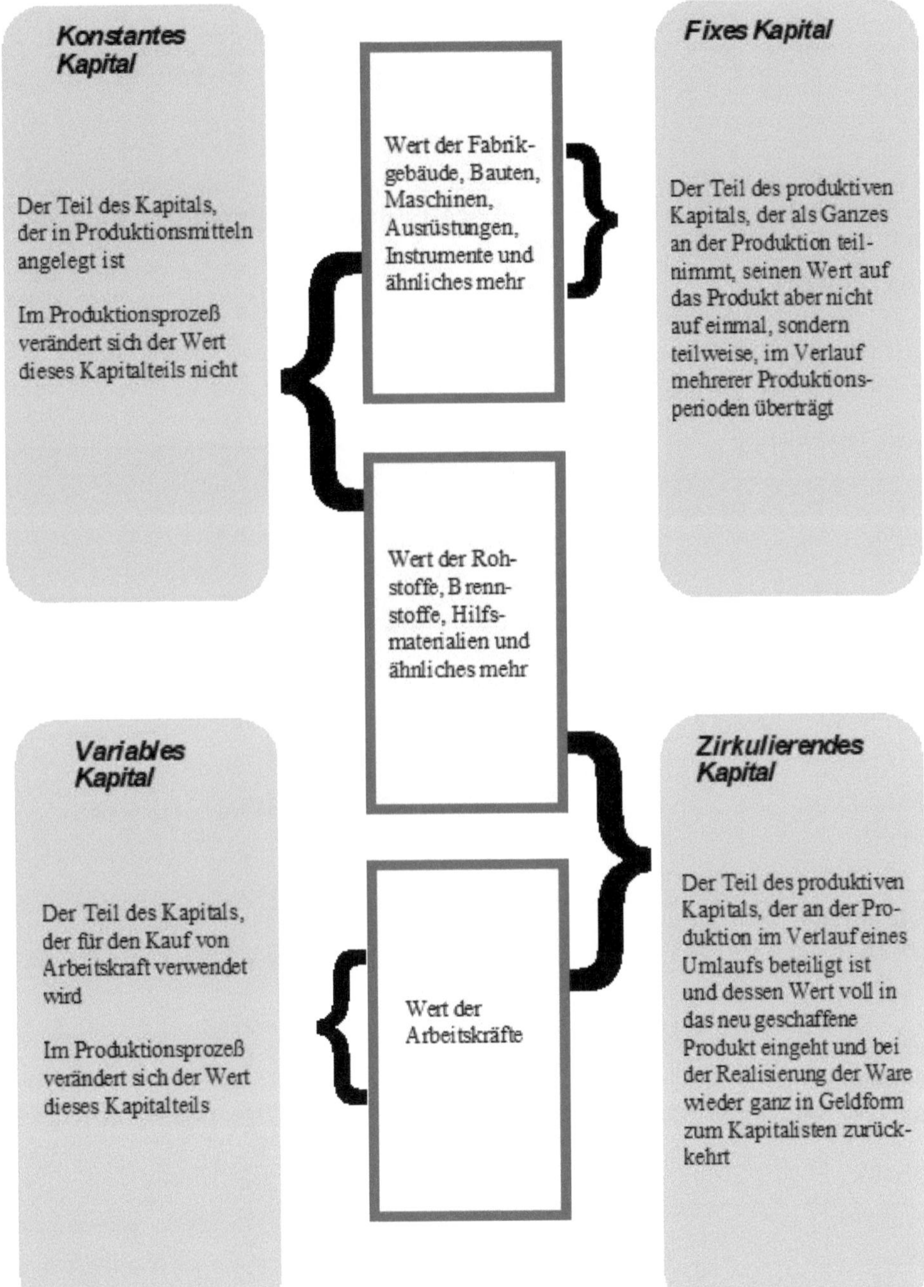

Kreislauf und Umschlag des Kapitals

„Das Kapital als sich verwertender Wert umschließt nicht nur Klassenverhältnisse, einen bestimmten gesellschaftlichen Charakter, der auf dem Dasein der Arbeit als Lohnarbeit ruht. Es ist eine Bewegung, ein Kreislaufprozeß durch verschiedene Stadien, der selbst wieder drei verschiedene Formen des Kreislaufprozesses einschließt. Es kann daher nur als Bewegung und nicht als ruhendes Ding begriffen werden.“

Karl Marx

Die drei Stadien des Kreislaufs des Kapitals

I. Sphäre der Zirkulation

$$G - W < \genfrac{}{}{0pt}{}{A}{Pm}$$

II. Sphäre der Produktion

$$W < \genfrac{}{}{0pt}{}{A}{Pm} \dots \; P \dots \; W'(W+w)$$

III. Sphäre der Zirkulation

$$W' - G'(G+g)$$

Der Kreislauf des industriellen Kapitals

$$G - W < \genfrac{}{}{0pt}{}{A}{Pm} \dots \; P \dots \; W' - G'$$

Der Kreislauf des Geldkapitals

$$G - W < \genfrac{}{}{0pt}{}{A}{Pm} \dots \; P \dots \; W'(W+w) - G'(G+g)$$

Der Kreislauf des produktiven Kapitals

$$P \dots \; W' - G' - W < \genfrac{}{}{0pt}{}{A}{Pm} \dots \; P$$

Der Kreislauf des Warenkapitals

$$W' - G' - W < \genfrac{}{}{0pt}{}{A}{Pm} \dots \; P \dots \; W'$$

G = Geldkapital

W = Warenkapital

A = Arbeitskraft

Pm = Produktionsmittel

P = Produktionsprozeß

W‘(W+w) = Um den Mehrwert gewachsenes Warenkapital

G‘(G+g) = Um den Mehrwert gewachsenes Geldkapital

Die Umschlagszeit des Kapitals

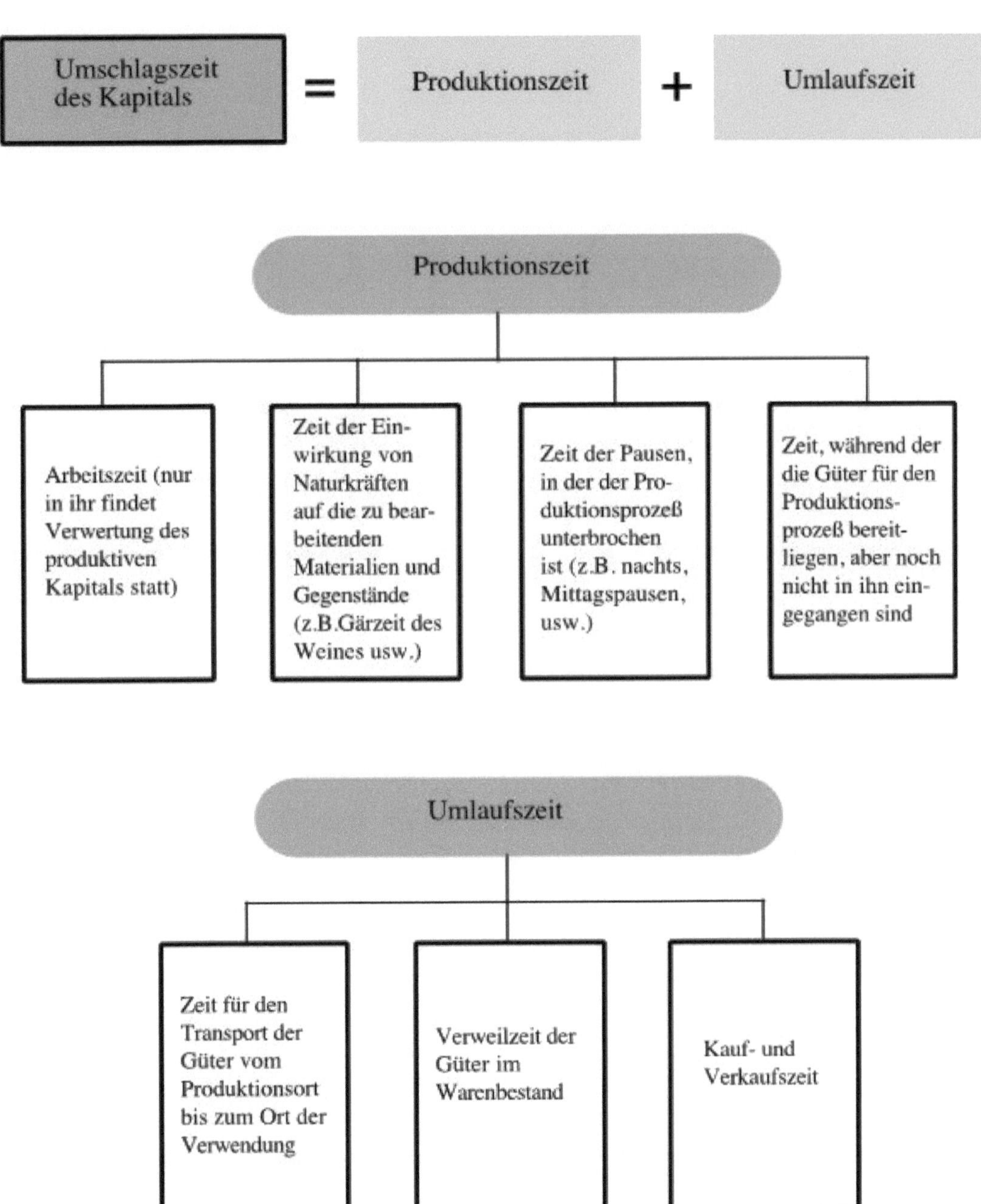

Faktoren, die die Umschlagszeit des Kapitals beeinflußen

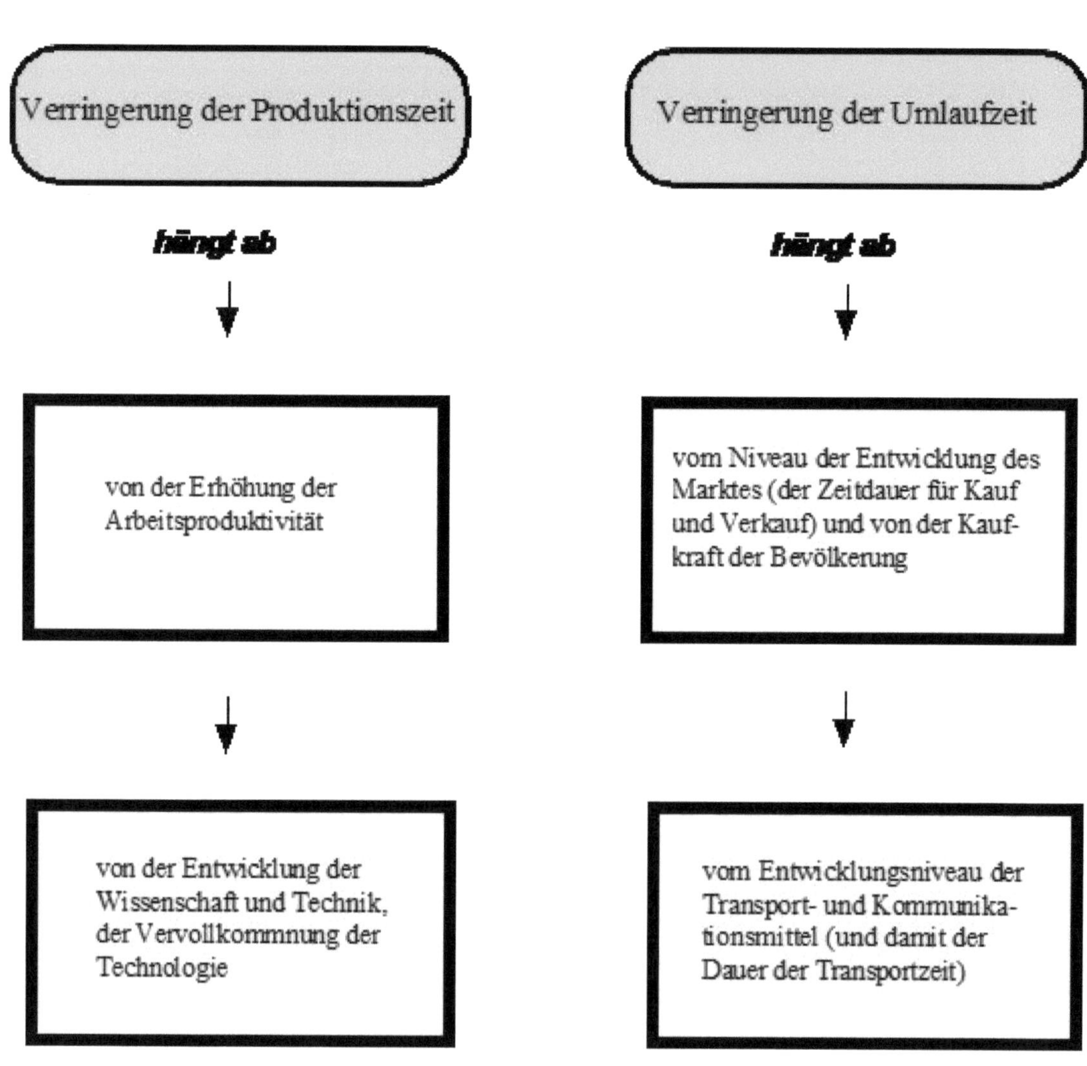

Die Zirkulationskosten

	Zusammensetzung	Unterschiede
Reine Zirkulationskosten (Kosten, die durch den Kauf und Verkauf der Waren entstehen)	Kosten, die durch die Bezahlung des Ein- und Verkaufspersonals, für Buchführung, Werbung, Unterhalt der Handelskontore usw. entstehen	Die hierfür aufgewandte Arbeit schafft keinen Wert und keinen Mehrwert
Zusätzliche Kosten in der Zirkulation (Kosten, die durch die Fortsetzung des Produktionsprozesses in der Zirkulationssphäre hervorgerufen werden)	Kosten für den Transport, für Aufbewahrung, Nacharbeit und Verpackung der Waren	Die hierfür aufgewandte Arbeit schafft Wert und Mehrwert

Profit, Produktionspreis und Profitrate

„Als... vorgestellter Abkömmling des vorgeschossenen Gesamtkapitals erhält der Mehrwert die verwandelte Form des Profits."

Karl Marx

Profit ist eine der verwandelten Formen des Mehrwerts, die die Ausbeutung der Arbeitskraft als der einzigen Quelle des Mehrwerts verschleiert. Für den Kapitalisten erscheint Profit als das Produkt des vorgeschossenen Gesamtkapitals, das er in Form von Produktionsmitteln und Löhnen zur Durchführung der Produktion anwendet.

$$W = c + v + m \longrightarrow W = K + p$$

(K+p bilden den **Produktionspreis**, der die Marktpreise der Waren bestimmt)

„... die Rate des Mehrwerts gemessen am Gesamtkapital heißt Profitrate."

Karl Marx

$$p' = \frac{m}{c+v} \cdot 100 = \frac{m}{K} \cdot 100$$

W=Warenwert c=konstantes Kapital v=variables Kapital m=Mehrwert

K=Kostpreis bzw. vorgeschossenes Gesamtkapital (c+v) p=Profit p'=Profitrate

Unterschiede zwischen der Profitrate und der Mehrwertrate

	qualitative Unterschiede	quantitative Unterschiede
Rate des Mehrwerts (m')	*Grad der Ausbeutung der Lohnarbeit durch das Kapital*	m' > p'
Profitrate (p')	*Verwertungsgrad des vorgeschossenen Gesamtkapitals*	

Das Handelskapital

Formel für die Bewegung des Handelskapitals

G - W - G'

Die Formen des Handelskapitals und ihre Funktionen

Warenhandlungskapital → Realisierung des Warenkapitals und des Mehrwerts

Geldhandlungskapital → Abschluß von Geschäften mit Geld

Die Rolle des Handelskapitals im Reproduktionsprozeß

Es unterstützt die Entwicklung zur Verringerung der Umlaufzeit bzw. zur Beschleunigung der Umlaufgeschwindigkeit des Kapitals.

Es unterstützt die Entwicklung zur Erhöhung des Kapitalteils, der unmittelbar in der Sphäre der Produktion angelegt wird.

Das zinstragende Kapital (Leihkapital)

Formel der Bewegung des zinstragenden Kapitals

G - G'

Die Quellen des zinstragenden Kapitals

- Geldkapital, das im Kreislaufprozeß des industriellen Kapitals zeitweilig frei wird (z.B. Amortisationsfonds)
- Kapitalien der Rentiers (der Geldkapitalisten)
- Geldeinkommen und Erspamisse der Bevölkerung
- Freie Geldmittel des Staates, der Versicherungsgesell-schaften usw.

Die wichtigsten Besonderheiten des zinstragenden Kapitals

- Trennung des Kapitaleigentums von der Kapitalfunktion
- Das Kapital tritt hier als eine besondere Ware auf
- Aussonderung eines Teils des Kapitals und sein selbständiges (und ausschließliches) Auftreten als Leihkapital
- Die parasitärste Form des Kapitals
- Die Form des Kapitals, in der der Fetischismus des Kapitals am ausgeprägtesten in Erscheinung tritt

Die Grundrente

Schema der kapitalistische Agrarverhältnisse

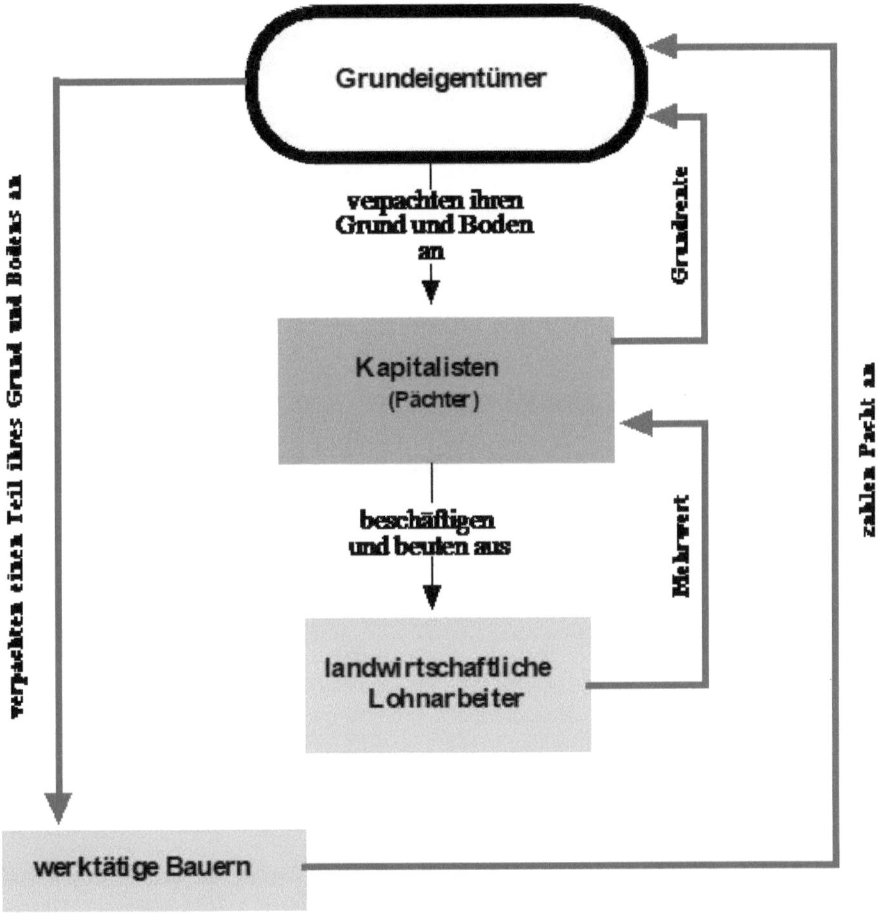

Grundeigentümer
verpachten ihren Grund und Boden an
Grundrente
Kapitalisten
(Pächter)
beschäftigen und beuten aus
Mehrwert
landwirtschaftliche Lohnarbeiter
zahlen Pacht an
verpachten einen Teil ihres Grund und Bodens an
werktätige Bauern

Die Verteilung des Mehrwerts in der kapitalistischen Landwirtschaft

Der Durchschnittsprofit geht an den kapitalistischen Pächter
Den Überschuß über den Durchschnittsprofit eignet sich der Grundeigentümer als Grundrente an

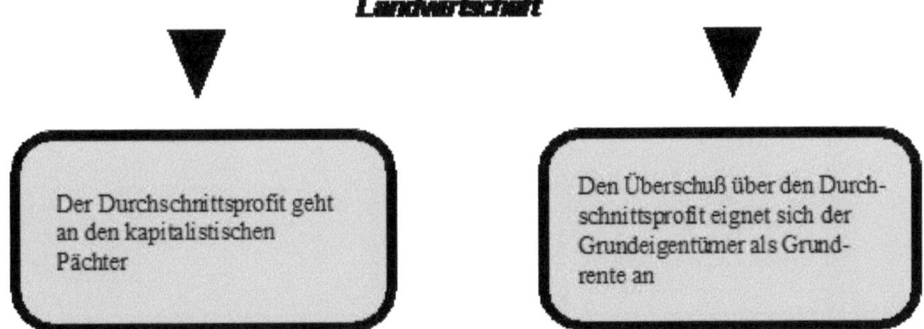

Die Hauptformen der Grundrente im Kapitalismus

„Welches immer die spezifische Form der Rente sei, alle Typen derselben haben das gemein, daß die Aneignung der Rente die ökonomische Form ist, worin sich das Grundeigentum realisiert."

Karl Marx

Formen	Ursachen der Bildung	Quelle der Bildung
Differential-rente	Das Monopol der kapitalistischen Bewirtschaftung des Bodens auf der Grundlage der Beschränktheit des Bodens	Der durch die Arbeit der Landarbeiter geschaffene Mehrwert
Absolute Rente	Das Monopol des Privateigentums an Grund und Boden	Der durch die Arbeit der Landarbeiter geschaffene Mehrwert
Monopol-rente	Das Monopol des Privateigentums an Grund und Boden mit besonders günstigen Naturbedingungen. Die hier in beschränktem Umfang bei niedrigen Produktionskosten erzeugten Produkte können weit über dem Wert verkauft werden	Monopolpreis

Der Autor

Hans Hautmann
geb. 1943 in Wien, Dr. phil., war außerordentlicher Universitätsprofessor am Institut für Neuere Geschichte und Zeitgeschichte der Johannes Kepler Universität Linz. Von 1993 bis 2005 Präsident des Archiv- und Bibliotheksvereins „Alfred Klahr Gesellschaft"; von 1998 bis 2007 Präsident des „Vereins zur Förderung justizgeschichtlicher Forschungen". Seit dem 1. August 2005 befindet sich Hans Hautmann im Ruhestand.

Forschungsschwerpunkte:
Österreichische und internationale Arbeiterbewegung; Rätebewegung und Rätetheorie; Revolutionsgeschichte und Revolutionstheorie; Geschichte Österreichs im 19. und 20. Jahrhundert; Geschichte des Strafrechts, der Strafjustiz und des Strafvollzuges; Militärgerichtsbarkeit in Österreich-Ungarn im Ersten Weltkrieg.

Auswahl aus den Veröffentlichungen:
Die Anfänge der linksradikalen Bewegung und der Kommunistischen Partei Deutschösterreichs 1916-1919, Wien 1970
Die verlorene Räterepublik. Am Beispiel der Kommunistischen Partei Deutschösterreichs, Wien-Frankfurt-Zürich 1971
Gemeinsam mit Rudolf Kropf: Die österreichische Arbeiterbewegung vom Vormärz bis 1945. Sozialökonomische Ursprünge ihrer Ideologie und Politik, Wien 1974 (2. Aufl. 1976, 3. Aufl. 1978)
Gemeinsam mit Rudolf Hautmann: Die Gemeindebauten des Roten Wien 1919-1934, Wien 1980
Gemeinsam mit Winfried R. Garscha: Februar 1934 in Österreich, Berlin und Wien 1984
Geschichte der Rätebewegung in Österreich 1918-1924, Wien-Zürich 1987
Was hat uns der November 1918 heute zu sagen? Betrachtungen zum 70.

Jahrestag der Gründung der Republik, Wien 1988

Gemeinsam mit Franz Kain und Leo Furtlehner: Verdrängt, vergessen, verschwiegen. Beiträge zum 500-Jahr-Jubiläum der Stadt Linz, Linz 1990

Kriegsgesetze und Militärjustiz in der österreichischen Reichshälfte 1914-1918, in: Erika Weinzierl/Karl R. Stadler (Hrsg.), Justiz und Zeitgeschichte, Wien-Salzburg 1977

Prozesse gegen Defätisten, Kriegsgegner, Linksradikale und streikende Arbeiter im Ersten Weltkrieg, in: Karl R. Stadler (Hrsg.), Sozialistenprozesse. Politische Justiz in Österreich 1870-1936, Wien-München-Zürich 1986

Die Anfänge der Partei bis 1920, in: Die Kommunistische Partei Österreichs. Beiträge zu ihrer Geschichte und Politik, Wien 1987

Historisch-politische Entstehungsbedingungen des Bundes-Verfassungsgesetzes 1918-1920, in: Nikolaus Dimmel/Alfred-Johannes Noll (Hrsg.), Verfassung. Juristisch-politische und sozialwissenschaftliche Beiträge anlässlich des 70-Jahr-Jubiläums des Bundes-Verfassungsgesetzes = Juristische Schriftenreihe, Band 22, Wien 1990

Die Arbeiter- und Soldatenräte, in: Handbuch des politischen Systems Österreichs. Erste Republik 1918 - 1933. Hrsg. Tàlos/Dachs/Hanisch/Staudinger, Wien 1995

Die revolutionäre Tradition in der österreichischen Geschichte, in: Anton Szanya (Hg.), Brüder, zur Sonne, zur Freiheit! Mythen und Legenden über das Revolutionäre, Wien 1997

Unternehmer, Militär und Arbeiter im Ersten Weltkrieg, in: Politische Ökonomie, Macht und Arbeitnehmerinstitutionen im Kapitalismus. Festschrift für Erwin Weissel, hrsg. von Josef Schmee, Marburg 2000

Gemeinsam mit Claudia Kuretsidis-Haider: Judical Crimes as an Instrument of Internal Warfare and Subject of Post-War Justice in Austria: a Comparison of WWI and II, in: The Second World War in 20th Century History. Oslo - August 11-12, 2000. 19th International Congress of Historical Sciences = Bulletin du Comité international d´histoire´de la Deuxième Guerre mondiale, n° 30/31 - 1999/2000, Cachan 2000

Der Polizeiliche Hilfsdienst für die Kommandantur der Stadt Wien im Jahr 1945, in: Quellen & Studien 2000. Die Alfred Klahr Gesellschaft und ihr Archiv. Beiträge zur österreichischen Geschichte des 20. Jahrhunderts, Wien 2000

Militärdienstverweigerung aus der Sicht des Historikers, in: Gewissensfreiheit und Militär¬dienst, hrsg. von Reinhard Kohlhofer = Schriftenreihe Colloquium, Band 2, Wien 2000

Zur Vorgeschichte der „Benes-Dekrete“, in: Alfred Klahr Gesellschaft. Mitteilungen, 8. Jg., Nr.2, Juni 2001

Auseinandersetzungen um Österreichs Neutralität in den fünfziger und sechziger Jahren, in: Von der sozialen zur militärischen Sicherheit? Die Rolle der Neutralität im 21. Jahrhundert, hrsg. von Thomas Roithner und Lucia Bauer, Wien 2001 7 S

Eine vollständige Liste der Veröffentlichungen der Jahre 1969 bis 2018 ist zu finden unter:
http://www.klahrgesellschaft.at/Hautmann_Publikationen.html (2. Mai 2018)

Bildnachweis
Schemata © Hans Hautmann
Portraits und Signaturen von Marx und Engels sind Wikipedia entnommen und gemeinfrei.
Globus Verlag - Logo © beim Verlag